Dr. Wieselhuber & Partner GmbH (Hrsg.)

Börseneinführung mit Erfolg

Dr. Wieselhuber & Partner GmbH (Hrsg.)

Börseneinführung mit Erfolg

Voraussetzungen, Maßnahmen und Konzepte

2. Auflage

Die Deutsche Bibliothek – CIP-Einheitsaufnahme

Ein Titeldatensatz für diese Publikation ist bei
Der Deutschen Bibliothek erhältlich

1.Auflage 1996
2.Auflage 2001

Alle Rechte vorbehalten
© Betriebswirtschaftlicher Verlag Dr. Th. Gabler GmbH, Wiesbaden 2001
Lektorat: Guido Notthoff

Der Gabler Verlag ist ein Unternehmen der Fachverlagsgruppe BertelsmannSpringer.

Das Werk einschließlich aller seiner Teile ist urheberrechtlich geschützt. Jede Verwertung außerhalb der engen Grenzen des Urheberrechtsgesetzes ist ohne Zustimmung des Verlages unzulässig und strafbar. Das gilt insbesondere für Vervielfältigungen, Übersetzungen, Mikroverfilmungen und die Einspeicherung und Verarbeitung in elektronischen Systemen.

www.gabler.de

Höchste inhaltliche und technische Qualität unserer Produkte ist unser Ziel. Bei der Produktion und Verbreitung unserer Bücher wollen wir die Umwelt schonen. Dieses Buch ist deshalb auf säurefreiem und chlorfrei gebleichtem Papier gedruckt. Die Einschweißfolie besteht aus Polyäthylen und damit aus organischen Grundstoffen, die weder bei der Herstellung noch bei der Verbrennung Schadstoffe freisetzen.

Die Wiedergabe von Gebrauchsnamen, Handelsnamen, Warenbezeichnungen usw. in diesem Werk berechtigt auch ohne besondere Kennzeichnung nicht zu der Annahme, dass solche Namen im Sinne der Warenzeichen- und Markenschutz-Gesetzgebung als frei zu betrachten wären und daher von jedermann benutzt werden dürften.

Umschlaggestaltung: Nina Faber de.sign, Wiesbaden
Druck und buchbinderische Verarbeitung: Wilhelm & Adam, Heusenstamm
Printed in Germany

ISBN 3-409-24216-3

Vorwort zur zweiten Auflage

Als wir im Jahr 1996 die erste Auflage dieses Werkes heraus gegeben haben, rechneten wir noch damit, dass verstärkt Familienunternehmen aus dem so genannten „reiferen" Mittelstand den Schritt an die Börse wagen würden. Der Börsengang war damals noch ein Finanzierungsinstrument, das erst auf breiter Ebene erschlossen werden musste.

Mittlerweile hat sich viel verändert: Der Börsengang ist in aller Munde, der Neue Markt ist über alle Erwartungen hinaus erfolgreich etabliert worden, und man kann damit rechnen, dass pro Jahr circa 200 Unternehmen einen Börsengang wagen werden. Die Börse ist damit nicht nur ein Instrument geworden, mit dem etablierte Unternehmen ihre nächsten Wachstumsschritte finanzieren können. Vielmehr ist sie auch Motor für umfassende Veränderungen unserer gesamten Volkswirtschaft. Eine neue Wachstumsdynamik ist durch Unternehmen in Gang gesetzt worden, von denen vor Kurzem noch niemand gehört und mit denen niemand gerechnet hatte.

Insgesamt hat diese Entwicklung aber auch dazu geführt, dass alle Beteiligten inzwischen umfassende Erfahrungen sammeln konnten. Die Konsequenz daraus ist, dass Anlage suchendes Kapital zwar in großer Menge zur Verfügung steht, dass es für Kapital suchende Unternehmen aber auch schwieriger geworden ist, Banken und Investoren für ihren Börsengang in dem notwendigen Maß zu begeistern.

Es ist deutlich geworden, dass es eben nicht ausreicht, den zweifellos komplexen formalen Anforderungen an einen Börsengang zu genügen und den viel Kapazitäten bindenden Prozess des Börsengangs zu beherrschen. Das Erlangen der Börsenreife ist nur die „Pflicht". Vielmehr muss auf Basis einer perfekten Markt- und Wettbewerbsstrategie ein schlüssiges Geschäftsmodell mit plausibler Business-Planung durch ein hoch qualifiziertes, verkäuferisches und vertrauenswürdiges Top-Management an ein zunehmend erfahrenes und kritisches Publikum „rübergebracht" werden können. Die dazu erforderlichen Schritte beschreibt die „Kür" – sie entscheidet letztlich über die zu steigernde Börsenattraktivität, nicht nur einen gelungenen Börsengang selbst, sie legt vor allem auch den Grundstein für ein erfolgreiches Leben nach dem Börsengang.

Pflicht und Kür erfordern in erster Linie eine perfekte Vorbereitung in allen Aspekten eines Börsengangs. Dies in geeigneter Weise und verständlich zu umreißen, ist das Ziel dieser vollkommen überarbeiteten Neuauflage. Besonderen Wert wurde auf die „Kür" gelegt – denn in ihr liegt der eigentliche Anspruch.

München, im Herbst 2000　　　　　　　　　　　　　　*Dr. Norbert Wieselhuber*
　　　　　　　　　　　　　　　　　　　　　　　　　Dr. Sven Oleownik

Autorenverzeichnis

Gerald Auböck — Berater des Bereichs Corporate Finance bei der Unternehmensberatung Dr. Wieselhuber & Partner GmbH, München

Jella Susanne Benner-Heinacher — Geschäftsführerin der Deutschen Schutzvereinigung für Wertpapierbesitz e. V., Düsseldorf

Arndt Brandenburg — Mitarbeiter am Lehrstuhl für Organisation und Personal an der wirtschaftswissenschaftlichen Fakultät der katholischen Universität Eichstätt

Dr. Tobias Bürgers — Rechtsanwalt, Fachanwalt für Steuerrecht; Organisatorischer Leiter der gesellschaftsrechtlichen Abteilung von Nörr Stiefenhofer Lutz, München

Michael Bussmann — Berater des Bereichs Corporate Finance bei der Unternehmensberatung Dr. Wieselhuber & Partner GmbH, München

Dr. Volkhard Emmrich — Partner und Mitglied der Geschäftsführung der Unternehmensberatung Dr. Wieselhuber & Partner GmbH, München

Dr. Bernhard Erning — Leiter des Bereichs Equity Capital Markets bei der WestLB, Düsseldorf

Thomas Eufinger — Leiter des Referats zur Überwachung von Insidergeschäften des Bundesaufsichtsamts für den Wertpapierhandel, Frankfurt am Main

Peter J. Ferres — Generalbevollmächtigter der Crédit Suisse First Boston AG, Frankfurt am Main

Roland Friedrich	Partner und Mitglied der Geschäftsleitung der Unternehmensberatung Dr. Wieselhuber & Partner GmbH, München
Klaus M. Geiger	Leiter des Buy Side Company Research der Dresdner Bank Investmentgruppe, Frankfurt am Main
Roman Gulumjan	Berater des Bereichs Human Resources bei der Unternehmensberatung Dr. Wieselhuber & Partner GmbH, München
Thomas Haffa	Vorsitzender des Vorstands der EM.TV & Merchandising AG, München
Axel Haubrok	Vorsitzender des Vorstands der Haubrok AG, Düsseldorf
Dr. Lothar Heimeier	Geschäftsführender Gesellschafter der Dr. Lothar Heimeier & Partner Management- und Personalberatung, Stuttgart
Klaus Höchstetter	Rechtsanwalt, Fachanwalt für Steuerrecht, München
Alfons Hörmann	Vorsitzender des Vorstands der CREATON AG, Wertingen
Michael Hoppe	Freier Berater, München
Werner Huttner	Mitglied des Aufsichtsrates der infor business solutions AG, Karlsruhe
Dr. Klaus Rainer Kirchhoff	Vorsitzender des Vorstands der Kirchhoff Consult AG, Hamburg
Markus Last	Berater des Bereichs Corporate Finance bei der Unternehmensberatung Dr. Wieselhuber & Partner GmbH, München

Dr. Günter Lubos	Geschäftsführer der TAC Turn Around Consulting Gesellschaft für Sanierung und Krisenmanagement mbH, München/Düsseldorf
Professor Dr. Dr. h. c. Marcus Lutter	Ordentlicher Professor für Bürgerliches Recht und deutsches und europäisches Handels- und Wirtschaftsecht an der Universität Bonn
Dr. Hanspeter Maute	Wirtschaftsprüfer, Steuerberater; Partner bei Honert Funke Maute Neumayer, Rechtsanwälte, Wirtschaftsprüfer, Steuerberater, München
Markus Mayer	Leiter des Bereichs Human Resources, der Unternehmensberatung Dr. Wieselhuber & Partner GmbH, München
Dr. Andreas Oldenbourg	Wirtschaftsprüfer/Steuerberater, Gesellschafter, Sozietät Haarmann, Hemmelrath & Partner, München
Dr. Sven Oleownik	Leiter des Bereichs Corporate Finance und Mitglied der Geschäftsleitung der Unternehmensberatung Dr. Wieselhuber & Partner GmbH, München
Dr. Martin Peltzer	Notar und Rechtsanwalt, Partner der Sozietät Peltzer & Riesenkampff, Frankfurt am Main
Dr. Martin Prillmann	Projektleiter bei der Unternehmensberatung Dr. Wieselhuber & Partner GmbH, München
Professor. Dr. Max Josef Ringlstetter	Professor für Organisation und Personal an der wirtschaftswissenschaftlichen Fakultät der katholischen Universität Eichstätt; Leiter des Instituts für Unternehmensentwicklung
Michael Rohleder	Generalbevollmächtigter des Geschäftsbereichs Corporate Finance der Dresdner Bank AG, Frankfurt am Main
Martin Scherer	Senior Berater für Investor Relations bei der Haubrok AG, Düsseldorf

Dr. Claus Schild	Wirtschaftsprüfer/Steuerberater, Gesellschafter, Sozietät Haarmann, Hemmelrath & Partner, München
Dr. Andrés Söllhuber Kretzer	Direktor bei Standard & Poor's International Ratings, Frankfurt am Main
Johannes Spannagl	Partner und Mitglied der Geschäftsleitung der Unternehmensberatung Dr. Wieselhuber und Partner GmbH, München
Adrian Taciulescu	Mitglied des Vorstands der SHS Informationssysteme AG, Köln
Elmar Thöne	Leitung Investment Banking Firmenkunden Mittelstand bei der DG Bank AG, Frankfurt am Main
Stefan Wachtel	Senior Coach der Repräsentanz für Medien- und Managementtrainer Expert, Frankfurt am Main
Christian Weyand	Direktor Financial Communications der Finanzkommunikationsberatung Gavon Anderson & Company, Frankfurt am Main
Dr. Norbert Wieselhuber	Geschäftsführer der Unternehmensberatung Dr. Wieselhuber & Partner GmbH, München
Stefan Wilhelm	Manager im German Corporate Finance Team der J. Henry Schroder GmbH, Frankfurt am Main
Helmut Zahn	Leiter der Abteilung Investment Banking bei der Sal. Oppenheim jr. & Cie KG aA, Köln

Inhaltsverzeichnis

Vorwort V
Autorenverzeichnis VII

Der Gang an die Börse – ein Weg zum Erfolg 1
Elmar Thöne

Kapitel I:
Unternehmerische Entscheidung – Wachstumsgrenzen sprengen und Kapitalengpass überwinden

Motive für den Börsengang 15
Peter Ferres

Flexible Mittelbeschaffung nach dem Börsengang 29
Helmut Zahn

Wahrung der Interessen der Alt-Aktionäre bei und nach dem Börsengang ... 39
Klaus Höchstetter

Erfahrungsbericht: Kosten- und Zeitbelastung eines Going Public für den Vorstand 57
Werner Huttner

Finanzierungsmöglichkeiten zur Steigerung der Ertragskraft – außerhalb des Börsengangs 69
Michael Hoppe

„Zukünftige Anforderungen an erfolgreiche IPOs" – Ergebnis und Auswertung einer Expertenbefragung 87
Michael Bussmann

Kapitel II:
Die Pflicht – Den formalen Anforderungen der Börse genügen

Umwandlung in eine börsenfähige Rechtsform 105
Andreas Oldenbourg / Claus Schild

Rechte und Pflichten des Aufsichtsrats 131
Marcus Lutter

Besetzung des Aufsichtsrats 137
Lothar Heimeier

Vergütungsregeln für den Aufsichtsrat 145
Martin Peltzer

Kriterien zur Beurteilung von Organisation und Prozessen bei Börsenkandidaten 153
Roland Friedrich

Effizientes Unternehmenscontrolling – wesentliches Element eines gelungenen Börsengangs 167
Günter Lubos

Management Audit – ein Investment zur Beurteilung des Managements von Börsenkandidaten 177
Roman Gulumjan / Markus Mayer

Internationalisierung der Rechnungslegung 187
Gerald Auböck

Kapitel III:
Die Kür – Die Anforderungen der Investoren nach Attraktivität übertreffen

Wer ist heute an der Börse gefragt? 201
Sven Oleownik / Markus Last

Markt- und Innovationspotenziale –
entscheidende Elemente der Börsenreife 211
Johannes Spannagl

Langfristige Sicherung der Börsenattraktivität
durch strategische Unternehmensführung 223
Volkhard Emmrich

Mitarbeiterbeteiligung im Rahmen der Neuemission 257
Max Josef Ringlstetter / Arndt Brandenburg

Stock Options als Leistungsanreiz für das Management 277
Adrian Taciulescu

Erwartungen und Anforderungen von Privatanlegern
an Neuemissionen 287
Jella Susanne Benner-Heinacher

Institutionelle Investoren – Anlageziele, -strategien und -verhalten
bei Neuemissionen 297
Stefan Wilhelm

Nutzen des Ratings beim Börsengang und Ablauf
des Ratingverfahrens 309
Andrés Söllhuber Kretzer

Kapitel IV:
Die Hürden durch Projektmanagement überwinden

Erfolgreiche Börseneinführung benötigt ein kompetentes Projektmanagement 319
Norbert Wieselhuber

Auswahl eines Emissionsberaters und dessen Unterstützung 329
Alfons Hörmann

Wahl von Aktiengattung, Marktsegment und Börsenplatz 335
Markus Last

Auswahl des Konsortiums 341
Sven Oleownik / Markus Last

Erfolgreich die Due Diligence überstehen 353
Hanspeter Maute

Timing als Erfolgsfaktor des Börsengangs 365
Bernhard Erning

Ergebnis nach DVFA/SG als Basis der Emissionspreisfindung 377
Klaus M. Geiger

Emissionspreisfindung und Emissionsverfahren 393
Michael Rohleder

Kapitel V:
Aufmerksamkeit schaffen und Stärken gezielt kommunizieren

Finanzkommunikation – Grundsätzliches zum Marketing
von Börsengängen 409
Christian Weyand

Vorstandspräsentation, Roadshow und TV-Interview 417
Stefan Wachtel

Organisatorische Verankerung von Investor Relations 429
Axel Haubrok / Martin Scherer

Kommunikationskonzept der EM.TV & Merchandising AG
zum Going Public 445
Thomas Haffa

Kapitel VI:
Post IPO – die erste Zeit nach dem Going Public erfolgreich meistern

Informations- und Verhaltenspflichten des Wertpapierhandelsgesetzes
nach der Börseneinführung 457
Thomas Eufinger

Vorbereitung und Durchführung der Hauptversammlung 475
Tobias Bürgers

Wertorientierte Unternehmensführung –
Ziele, Anforderungen und Gestaltungsmöglichkeiten 487
Martin Prillmann

**Gute IR bringt 20-prozentige Kurssteigerungen –
Verantwortung des Vorstands** 503
Klaus Rainer Kirchhoff

Stichwortverzeichnis 512

Elmar Thöne

Der Gang an die Börse – ein Weg zum Erfolg

1. Kein Wachstum ohne Eigenkapital 2
2. Eigenkapital für außergewöhnliches Wachstum 3

1. Kein Wachstum ohne Eigenkapital

Unternehmer wollen Wachstum finanzieren, neue Märkte erschließen, andere Firmen übernehmen oder neue Produkte entwickeln. Jedoch bleiben diese Träume vielen mittelständischen Unternehmen versagt, da es ihnen am notwendigen Eigenkapital fehlt. Tatsache ist, dass der Mittelstand die tragende Säule der deutschen Wirtschaft darstellt. Kleine und mittlere Unternehmen stellen die überwältigende Mehrheit aller deutschen Firmen. Zudem erwirtschaften sie laut dem Deutschen Industrie- und Handelstag (DIHT) über die Hälfte des Sozialproduktes, beschäftigen etwa zwei Drittel aller Arbeitnehmer und stellen drei Viertel der Ausbildungsplätze.

Betrachtet man die Entwicklung der Eigenkapitalquote in den deutschen Unternehmen, so ist festzustellen, dass sie in den letzten 30 Jahren gleichmäßig abgenommen hat. Nach Angaben der Deutschen Bundesbank betrug die Eigenkapitalquote Ende der Sechzigerjahre noch 30 Prozent und Mitte der Neunzigerjahre nur noch 18 Prozent. Im Vergleich dazu betrug Ende der Achtzigerjahre die Eigenkapitalquote in Großbritannien knapp 50 Prozent, in Frankreich immerhin 30 Prozent und in den USA sogar über 50 Prozent (Quelle: OECD; DG BANK Berechnung).

Die Gründe für die Verringerung des Eigenkapitalanteils an der Gesamtfinanzierung der deutschen Unternehmen – insbesondere in der jüngeren Vergangenheit – werden vornehmlich in dem raschen Wirtschaftswachstum nach dem Krieg bei relativ hohen Gewinnen, hoher Besteuerung und schnell steigenden Arbeitskosten gesehen, mit der Folge, dass das Wirtschaftswachstum überwiegend fremdfinanziert werden musste. Dabei vergaben die Geschäftsbanken in der Vergangenheit weniger Kredite an den Mittelstand. So sank zwischen 1991 und 1998 etwa der Anteil der Großbanken an den für den Mittelstand wichtigen Durchleitungskrediten der KfW von 32 auf 15 Prozent. Eigenkapital zu beschaffen, ist daher für deutsche Unternehmen unerlässlich. In den letzten Jahren hat eine Umwandlung der Finanzkultur stattgefunden. Es werden zunehmend andere Finanzierungsmittel, etwa Aktienemissionen, eingesetzt. Die Deutsche Börse hat mit ihren Themenmärkten Neuer Markt (Handelsplattform für junge, innovative Wachstumsunternehmen) und Smax (Qualitätssegment für kleine und mittlere Unternehmen) der wichtigsten Unternehmensklasse den Weg zu mehr Wachstum und (internationaler) Wettbewerbsfähigkeit geebnet. Der Erfolgsfaktor ist das Eigenkapital. Wachstumsfinanzierung ist zwar der wichtigste, aber längst nicht der einzige Aspekt eines Börsenganges. Immer stärker rücken Motive wie die Steigerung des Bekanntheitsgrades oder die Konzentration auf die Kernkompetenz in den Vordergrund. Der mit einem Going Public verbundene Imagegewinn erleichtert es, neue qualifizierte Mitarbeiter und Führungskräfte zu rekrutieren und hochwertigere sowie langfristigere Geschäftsbeziehungen aufzubauen.

Das Ergebnis der Mittelstandsumfrage der DG BANK vom September 1999 zeigt, dass von insgesamt 2 456 Unternehmen 5 Prozent bereits an der Börse sind, ein weiteres Prozent einen Börsengang plant und 10 Prozent einen solchen erwägen. Deutliche regionale Unterschiede sind nicht zu verzeichnen. Allerdings macht sich die Ernüchterung über die Kursentwicklung am Neuen Markt seit Frühjahr 1999 tendenziell auch in den Antworten der mittelständischen Unternehmen bemerkbar. Die Anzahl derjenigen, die konkret einen Börsengang planen, ist leicht zurückgegangen. Leicht gestiegen ist demgegenüber die Anzahl derer, die sich mit der Frage des Börsenganges beschäftigen. Trotz der Kursrückgänge am Neuen Markt im Herbst 1999 und der nicht mehr so enthusiastischen Einschätzung der Möglichkeiten der Kapitalbeschaffung auf diesem Wege bleibt also das Going Public für die Unternehmen unvermindert eine interessante Perspektive.

Der Neue Markt gibt dem innovativen Mittelstand neuen Auftrieb. Er führt kapitalsuchende Wachstumsunternehmen mit Investoren zusammen, die eine ertragreiche Anlageform suchen, gleichzeitig aber auch bereit sind, Risiko zu übernehmen. So wird die Grundlage dafür geschaffen, dass der Mittelstand auch in der Zukunft als tragende Säule die deutsche Wirtschaft stützt.

2. Eigenkapital für außergewöhnliches Wachstum

Erfolg des Neuen Marktes

Der Neue Markt ist in mehrfacher Hinsicht erfolgreich. 1999 kann bislang als das Jahr des Emissionsbooms an den deutschen Aktienmärkten bezeichnet werden. So gingen insgesamt 168 Unternehmen an die Börse, davon 131 an den Neuen Markt, 28 an den Amtlichen Handel und neun an den Geregelten Markt. Mit 200 notierten Gesellschaften zu Ende 1999 hat sich die Zahl in dem Wachstumssegment im Vergleich zu 1998 gut verdreifacht. Das Emissionsvolumen lag im vergangenen Jahr insgesamt bei 12,99 Mrd. € und hat sich damit gegenüber dem Vorjahreswert von 3,31 Mrd. € fast vervierfacht. Im Neuen Markt stieg das Volumen von 1,54 Mrd. € im Jahr 1998 auf 6,78 Mrd. €. Der Anteil des Neuen Marktes am Erstplatzierungsvolumen aller deutschen Aktienmarktsegmente stieg auf 52,2 Prozent gegenüber 46,7 Prozent im Jahr 1998. Damit avancierte der Neue Markt zum bedeutendsten Motor für das deutsche Aktiengeschäft. Nach Berechnung der DG BANK ist dabei die Durchschnittsgröße der Emissionen am Neuen Markt von 35,9 Mio. € im Jahr 1998 auf 51,8 Mio. € angewachsen. Doch die Anleger sind wählerischer geworden, verglichen mit 1998 (85 Prozent) konnten im letzten Jahr nur noch 70 Prozent der Börsengänge am oberen Ende der Bookbuilding-Range zugeteilt werden. Mit Blick auf die langfristige Entwicklung ist klar zu erkennen, dass die Einführung des Neuen Marktes die Initialzündung für den Emissionsboom in Deutschland gegeben hat.

Der Neue Markt dominiert die europäischen Wachstumsmärkte. Die Marktkapitalisierung von 209,1 Mrd. € macht mittlerweile fast 81 Prozent der Marktkapitalisierung der EURO.NM-Märkte aus. Die 113 Gesellschaften der französischen Initiative repräsentieren eine Kapitalisierung von 32,0 Mrd. €, und die Niederlande verzeichnen 13 Wachstumsunternehmen mit 1,6 Mrd. € Volumen. Belgien schließlich kämpft gegen die lokale Konkurrenz der EASDAQ (European Association of Securities Dealers Automated Quotation) und kommt daher nur auf 13 Unternehmen und ein Marktvolumen von 0,6 Mrd. €. Die italienische Markt ist der jüngste im EURO.NM-Bund und notiert bis dato sechs Gesellschaften mit 15,8 Mrd. € Marktkapitalisierung.

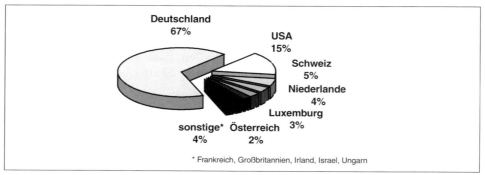

Abbildung 1: Anteile der Länder nach Marktkapitalisierung

Wie Abbildung 1 zeigt, ist der Neue Markt auch für ausländische Investoren attraktiv und entwickelt sich mehr und mehr zu einer paneuropäischen Börse. Bis Ende Februar 2000 notierten 33 ausländische Gesellschaften am Neuen Markt, diese nehmen einen Anteil von 28,2 Prozent an der Marktkapitalisierung ein. Die Gesellschaften kommen aus den USA (9), Österreich (8), Schweiz (5), Israel (5), Niederlande (3), Großbritannien (3), Irland (1), Frankreich (1), Luxemburg (1) und Ungarn (1). Die amerikanischen Unternehmen nehmen gemessen an der Marktkapitalisierung des gesamten Neuen Marktes mit 15,6 Prozent den höchsten Anteil der ausländischen Unternehmen ein.

Nach nahezu drei Jahren seines Bestehens ist der Neue Markt gereift und kann mit anderen etablierten Wachstumssegmenten wie der NASDAQ verglichen werden.

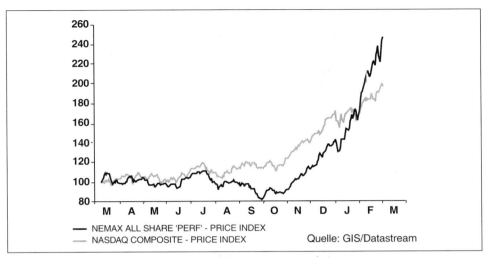

Abbildung 2: Index – Performance – Vergleich von März 1999 bis März 2000

Versprechungen von Neuemissionen ...

In der Vergangenheit zeigte sich ein Zusammenhang zwischen dem Volumen an Neuemissionen und der Kursentwicklung. Der Neue Markt verzeichnete meistens eine hervorragende Performance, wenn nur wenige oder überhaupt keine Neuemissionen stattfanden.

Betrachtet man die Entwicklung des Neuen Marktes seit seinem Start im März 1997, fällt auf, dass die Kursschwankungen einen spezifischen Zyklus herausgebildet haben: Es gab drei sehr dynamische, rund drei Monate andauernde Aufwärtsbewegungen. Diese führten zu Gewinnen zwischen 120 und 150 Prozent. Danach folgten jeweils drei Abwärtszyklen mit Kursverlusten zwischen 20 und 40 Prozent, bevor jeweils im Oktober oder November der nächste Aufwärtszyklus begann. Die Saisonalität an den Aktienmärkten allgemein verläuft in etwa nach dem gleichen Muster, nur weniger dynamisch. Vorstellbar ist, dass mit zunehmender Reife des Neuen Marktes die Zyklen weniger ausgeprägt ausfallen.

1998 kam eine Zuteilung bei einer Neuemission in der Regel einem sicheren Zeichnungsgewinn gleich – „blind" zeichnen am Neuen Markt lohnte sich für den Anleger. Die durchschnittliche Zeichnungsrendite betrug 69 Prozent. Im Jahr 1999 wurde deutlich, dass die Investoren begonnen hatten zu selektieren. Bei 16 Emissionen war die Zeichnungsrendite negativ, vor allem bei den Initial Public Offerings (IPOs) im Mai. Im Schnitt konnte ein Zeichnungsgewinn von 48 Prozent erzielt werden – eine regelmäßige Zuteilung vorausgesetzt.

Analysten, Investoren und auch andere Marktteilnehmer sind zu der Erkenntnis gelangt, dass es nicht um einen zufälligen Kursrutsch handelt, sondern die logische Folge, einen zu schnell gewachsenen Marktes wieder auf den Boden der Tatsachen zu holen. Diese Trockenperiode ist selbst verschuldet. Sie ist die negative Seite des schnellen Erfolges. Die Konsortialabteilungen führten immer neue Kandidaten an den Markt, beanspruchten so einen erheblichen Teil der nicht mehr so üppig vorhandenen Liquidität. Bei den Titeln des Neuen Marktes stehen sich Investition und Hoffnung sowie erhebliche Unternehmenswerte gegenüber. Das gilt auch dann, wenn die Kurs-Gewinn-Verhältnisse (KGV) in luftigen Höhen schweben oder die Gewinne erst in Zukunft erwartet werden. Aber auch für Wachstumskandidaten werden keine Mondpreise bezahlt.

Zu Beginn des Jahres 1999 war der Neue Markt das wohl teuerste Segment weltweit. Die weiterhin hohe Bewertung des Wachstumssegmentes, gemessen am KGV, trägt zu einer hohen Einschätzung der Neuemissionen bei. Das durchschnittliche Ergebnisplus wurde für das Jahr 2000 abgeschwächt, daraus resultierte ein Anstieg der KGV-Quote. Auf Basis der Schätzung für das Jahr 2000 hat das Markt-KGV mit einem Wert von 88,2 mittlerweile den Höchstwert erreicht. Für 2001 beträgt das von der DG BANK berechnete KGV 101,4 und liegt damit oberhalb des 2000er-Wertes. Dies ist nicht mit sinkenden Gewinnen zu erklären, sondern resultiert daraus, dass einige Aktien, die im Jahr 2000 noch Verluste ausgewiesen haben oder deren KGV bisher oberhalb 300 lag, neu in die Markt-KGV-Berechnung aufgenommen wurden. Im Vergleich zum Neuen Markt liegt das durchschnittliche KGV des DAX für 2000 bei 29,5 und wird für 2001 bei 26,2 erwartet. Die Kennziffer KGV hat jedoch am Neuen Markt schon längst ausgedient, Analysten arbeiten vor allem mit einem über Jahre gemittelten Gewinnwachstum und setzen es in Relation zum KGV.

Doch ist auch Gefahr im Verzug hinsichtlich der Kursgewinne am Neuen Markt von knapp 200 Prozent seit September vergangenen Jahres. Immer mehr Banken halten eine massive Korrektur für überfällig. Kurseinbrüche von bis zu 40 Prozent werden erwartet. Deutliche Anzeichen einer Überhitzung sind zu erkennen; ein maximaler Anstieg des Nemax auf 8 500 Punkte wird geschätzt (Monatsabschluss Februar 2000: 7 756,75). Ab diesem Niveau kann selbst der kleinste Anlass einen Kurssturz auslösen – sei es eine stärkere Erhöhung der Zinsen durch die Notenbanken, oder ein wichtiges Unternehmen enttäuscht die Anleger. Nach einer deutlichen Kurskorrektur erwartet die DG BANK einen gefestigten Stand zum Jahresende von 6 000 Punkten.

... und was sie gehalten haben

War es in den Jahren 1997 und 1998 nur jeweils ein Unternehmen, das am ersten Handelstag unter Emissionskurs notierte, ist die Zahl in 1999 auf 16 angestiegen. Zudem gibt es noch 17 weitere Gesellschaften, bei denen der erste Kurs weder Gewinn noch Verlust aufwies. Da am laufenden Band Unternehmen an die Börse geführt wurden, erschöpfte sich die Liquidität der anlagewilligen Investoren sehr bald. Hinzu kam das große Emissionsvolumen der Kapitalerhöhung (10 Milliarden DM) der Deutschen Telekom im Juni 1999.

Mit dem steigenden Angebot setzte ein Selektionsprozess der Anleger ein. Welche Aktien gerade „in" sind, lässt sich anhand einer Betrachtung des Marktes feststellen. Seit dem Tiefpunkt der Korrektur am 30. September 1999 geht ein Trend in Richtung der Branchen Biotechnologie, Internet und Telekommunikationsausrüster (hier nur auf einen einzigen Hersteller zurückzuführen). Drei der fünf seit Ende September notierten Biotechnologie-Aktien konnten mit dreistelligen Prozentsätzen im Kurs zulegen. Ein zusätzliches Plus ist das noch begrenzte Angebot am Neuen Markt von Biotechnologiewerten. Knappheitspreise bilden sich. Bis auf wenige Ausnahmen hat sich auch der Internetsektor sehr positiv entwickelt. Es zeigt sich jedoch, dass die Investoren am Neuen Markt nicht mehr ausschließlich auf einen Sektor setzen, denn Titel innerhalb einer Branche entwickeln sich häufig unterschiedlich.

Der lange Weg zum Börsenstar

Die Möglichkeiten zur Stärkung der Eigenkapitalbasis sind bei nicht-emissionsfähigen Unternehmen und damit bei der Mehrheit des Mittelstandes begrenzt. Daher gewinnt die Beteiligung aus der Hand von Kapitalbeteiligungsgesellschaften (Venture-Capital-Finanzierung) wachsende Bedeutung. Venture Capital ist in seiner Grundform unternehmerisches, nicht verzinsliches und nicht rückzahlbares Kapital. Der Idealtyp der Venture-Finanzierung, über die verschiedenen Lebenszyklen eines Unternehmens hinweg, lässt sich sehr grob in den Bereich der Frühphasen-Finanzierung und in den Bereich der Expansionsphasen-Finanzierung unterteilen.

Gibt es Bedenken hinsichtlich der Konsequenzen eines Börsengangs oder sind die Kriterien der Börsenreife noch unzureichend erfüllt, existieren verschiedene Finanzierungsalternativen, die in Betracht gezogen werden können. Während kleinere Unternehmen meist zunächst noch eine Beteiligungsgesellschaft als Anteilseigner mit einbeziehen, fassen kleine bis mittelgroße Unternehmen auch andere Möglichkeiten ins Auge. Dies können eindeutige Alternativen zum Börsengang oder die zeitliche Vorstufe hierfür sein. In Abhängigkeit von der jeweiligen

Lebensphase, in der sich das Wachstumsunternehmen gerade befindet, wird dem Unternehmen Kapital ohne Begehung der organisierten Kapitalmärkte zugeführt (Private Equity). Eine solche Zufuhr von Kapital kommt nicht nur in der allgemeinen Wachstumsfinanzierung zur Anwendung, sondern ist häufig die entscheidende Voraussetzung dafür, den notwendigen Wachstumssprung zu einem börsenreifen Unternehmen überhaupt vollziehen zu können.

Private Equity ist nur ein Baustein in einer langfristig geplanten Börseneinführung. So kann jeder Phase eine bestimmte Finanzierungsform zugewiesen werden. In der so genannten Venture-Capital-Finanzierung werden fünf verschiedene Stufen unterschieden: Seed, Start up, First Stage (zusammengefasst als Early Stage), Expansion Stage und Late Stage. Mit jeder Investition ist ein Risiko verbunden, das von Phase zu Phase abnimmt. Ein potenzieller Unternehmensgründer hat eine Idee oder ein Konzept; Ausreifung und Umsetzung müssen finanziert werden, um einen Prototypen zu bauen, eine Marktstudie durchzuführen, einen detaillierten Geschäftsplan auszuarbeiten oder ein Managementteam zusammen zu stellen. Das ist die Seed-Phase, „Saat"-Kapital wird benötigt. Das in dieser Phase bestehende Risiko ist äußerst hoch, es reicht vom Produktrisiko in Form von technischer Machbarkeit über das Marktrisiko bis zum Managementrisiko.

In der nächsten Phase – dem Start up – gilt es, die technischen und organisatorischen Voraussetzungen für einen erfolgreichen Markteintritt zu schaffen. Die Bandbreite der zu finanzierenden Aktivitäten reicht vom Ausbau der Produktionskapazitäten und Vertriebskanäle bis hin zur Bildung einer Organisationsstruktur. Das Risiko ist immer noch sehr hoch, wenn auch die technische Machbarkeit gesichert ist, denn noch immer besteht ein Markt- und Managementrisiko.

Die nächste Phase ist geprägt durch die Zielsetzung, den Umsatz zu steigern. Das ist die First Stage. Der Ausbau der Produktionskapazitäten und Vertriebskanäle ist erforderlich, zur besseren Marktdurchdringung müssen die Marketingaktivitäten intensiviert werden. Das höhere Alter des Unternehmens und eine deutlich definierte Marktposition führen zu einem insgesamt geringeren Risiko. Die Early Stage ist hier abgeschlossen.

In der Expansion Stage nähert sich das Unternehmen bei steigenden Umsätzen der Gewinnzone. Der Cash Flow reicht noch nicht aus, um aggressiv die Wachstums- und Marktanteilsziele anzugehen und eine Expansion von innen zu finanzieren. Das Marktrisiko verringert sich stetig, während die Anforderungen an das Management wegen des zu bewältigenden Wachstums relevanter werden. Der Unternehmensgründer ist zwar technisch versiert, bringt jedoch selten ausreichendes betriebswirtschaftliches Wissen mit, um den neuartigen Anforderungen gerecht zu werden.

Die letzte Phase ist mit der Late Stage erreicht. Das Technologie- und Marktrisiko der Unternehmen ist kalkulierbar. Sind diese erfolgreich, weisen sie ein starkes Umsatzwachstum auf und erwirtschaften Gewinne. Neben der Wachstumsfinanzierung kann auch ein geplanter Börsengang der Grund dafür sein, dass das Unternehmen in dieser Phase auf dem Private-Equity-Markt Kapital nachfragt. Ein Bridge Financing, also eine kurz- bis mittelfristige Finanzierung wird oftmals im Vorfeld eines Börsengangs zur Verbesserung der Eigenkapitalquote oder zur Finanzierung der Kosten einer Börseneinführung benötigt. Beim Bridge Financing wird Fremdkapital durch Eigenkapital ersetzt. Hierbei handelt es sich nicht um eine Erweiterung der Kapitalbasis, sondern lediglich um eine Änderung in der Kapitalstrukur. Das ist insbesondere dann erforderlich, wenn langfristiges Anlagevermögen mit kurzfristigen Bankkrediten finanziert wurde, um die Gefahr potenzieller Liquiditätsschwierigkeiten zu vermeiden, oder wenn eine Akquisition in einem ersten Schritt mit Fremdkapital finanziert wurde. Es kann sich jedoch im Sinne einer Optimierung der Kapitalstruktur auch aus anderen Gründen anbieten.

Ein Going Public kann aber bereits in der Planung der Finanzierung enthalten sein und in späteren Phasen, insbesondere nach Aufnahme der operativen Tätigkeit der Projektgesellschaft, für notwendiges Kapital zur Schuldendeckung sorgen. Der Börsengang ist ein wichtiger Exit-Kanal für den Private-Equity-Markt in Deutschland. Er wird häufig auch als Königsweg bezeichnet. Ein Grund hierfür sind die erzielbaren Veräußerungsgewinne, die bei der Publikumsöffnung in der Regel wesentlich höher ausfallen als bei anderen Exit-Möglichkeiten

Erfahrungen für ein Happy End

Leider gehen viele Börsenaspiranten von der Annahme aus, dass die Zufuhr von Eigenkapital ihre Probleme löst. Dem ist aber nicht so, da sie nach dem Gang in die Öffentlichkeit (Going Public) der Kontrolle von außen unterliegen. Sie sind jetzt gegenüber den neuen Teilhabern zur Rechenschaft über ihre Handlungen verpflichtet. Viele Emittenten sind zu einem zu frühen Zeitpunkt an die Börse gegangen: Die Gesellschaft war noch nicht reif, die Zeitplanung nach dem Börsengang war einfach nicht realistisch. Da es sich meist um junge Firmen handelt, ist dies auch nicht weiter verwunderlich. Mangelnde betriebswirtschaftliche Kenntnisse, ein fehlendes Managementinformationssystem und eine nicht ausreichende Unternehmensstruktur können für ein Scheitern verantwortlich sein. Ein versierter Konsortialführer weiß die Börsenreife zu beurteilen. Hierzu nimmt er den Börsenkandidaten im Rahmen einer mehrtägigen und umfassenden Due Diligence unter die Lupe.

Das Risiko reduziert sich zunehmend mit einem gewissen Alter des Unternehmens und einer deutlich definierten Marktposition. Sonst wird den Unternehmen eine Zeitplanung abverlangt, die sie zuvor noch nie aufgestellt, vor allen Dingen in dieser Form noch nie erprobt haben. Es gibt neue Aufgabenfelder, die sich bewähren müssen, vor allen Dingen müssen sie sich aufeinander einspielen. Erfahrungsgemäß ist dafür etwa ein Geschäftsjahr notwendig, bis ein Unternehmen den Börsengang in Angriff nehmen sollte. Neben der Hinwendung zu einem stärker entwickelten Unternehmen wird das zu emittierende Volumen größer. Der Neue Markt fordert per se einen voraussichtlichen Kurswert der zuzulassenden Aktien in Höhe von 5 Mio. €, um eine ausreichende Liquidität am Markt zu sichern.

Blick in die Zukunft

Für das Jahr 2000 stehen zahlreiche Unternehmen in den Startlöchern für ein Going Public. Gleich im Januar begrüßte ein regelrechtes Emissionsfeuerwerk (22 allein bis Ende Februar) das neue Jahrtausend. Die DG BANK rechnet für den Neuen Markt, den Amtlichen Handel und Geregelten Markt inklusive Smax mit rund 150 bis 200 Neuzugängen für das Gesamtjahr. Allein im Neuen Markt gehen sie davon aus, dass bis Ende 2000 rund 140 Gesellschaften zusätzlich notiert sein werden. Außerdem kann erneut mit einigen „Jumboemissionen" im Amtlichen Handel gerechnet werden, für die ein Börsendebüt im Jahr 2000 bereits angekündigt wurde.

Die Rahmenbedingungen sind günstig: Zum 20. März diesen Jahres wird die Deutsche Börse den Nemax 50, der am 1. Juli 1999 als Benchmark eingeführt wurde, neu zusammensetzen. Der Index umfasst die 50 größten Unternehmen des Neuen Marktes. Er hat sich bisher nicht als Qualitätsindex etabliert, da Werte enthalten sind, die grundsätzlich nicht alle Marktteilnehmer überzeugen. Dies mag auf die rasante Entwicklung des Segments zurückzuführen sein, seit der Index ins Leben gerufen wurde. Die Auswahl der Werte erfolgt analog zu den anderen Aktienindizes der Deutschen Börse. Kriterien sind die Marktkapitalisierung und der Börsenumsatz. Deutsche wie ausländische Unternehmen können in den Index aufgenommen werden. Voraussetzung ist die 60/60-Regel, das heißt, das Unternehmen gehört sowohl beim Börsenumsatz als auch bei der Marktkapitalisierung zu den 60 größten Neuer-Markt-Titeln.

Im Mai dieses Jahres sollen laut Deutsche Börse AG strukturierte Branchenindizes am Neuen Markt eingeführt werden, mit der Absicht die Unternehmen vergleichbarer zu machen sowie deren zukünftige Entwicklung einschätzen zu können.

Für den Neuen Markt gibt es bereits einen gemeinsamen europäischen Markt, den EURO.NM. Im November 2000 wird es einen gemeinsamen elektronischen Markt für die 300 bis 600 liquidesten Aktienwerte geben, an dem die Handelssysteme der acht Börsen Amsterdam, Brüssel, Frankfurt am Main, London, Madrid, Mailand, Paris und Zürich über eine einheitliche elektronische Schnittstelle beteiligt sein sollen. Vorteile für private und institutionelle Anleger werden in einer höheren Liquidität und einer gestiegenen Transparenz gesehen.

Kapitel I:

Unternehmerische Entscheidung – Wachstumsgrenzen sprengen und Kapitalengpass überwinden

Peter Ferres

Motive für den Börsengang

1. Rahmenbedingungen im deutschen Eigenkapitalmarkt 16
2. Gründe für den Börsengang im Überblick 18
3. Wachstumsfinanzierung 19
4. Sicherung der Unternehmensnachfolge für Mittelständler 22
5. Erhöhte Transparenz und größerer Bekanntheitsgrad 23
6. Erhöhung der Mitarbeitermotivation durch Aktienbeteiligungsprogramme 25
7. Transparenz und Konzentration auf Kernkompetenzen der Konzerne . 25
8. Fazit 27

1. Rahmenbedingungen im deutschen Eigenkapitalmarkt

Die Unternehmenslandschaft in Deutschland befindet sich in einer revolutionären Umbruchphase. Internationalisierung, technologischer Fortschritt, die Deregulierung der Märkte und nicht zuletzt eine zunehmende Anwendung des Wertsteigerungsprinzips in Unternehmen (Shareholder Value) führen zu einem rapiden Strukturwandel, der alle Unternehmensformen ergreift und der massiven Einfluss auf die Anzahl und die Motive für Börseneinführungen hat.

Diversifizierte Konzerne konzentrieren sich auf ihre Kernkompetenzen und trennen sich von Randbereichen im Wege der börsenmäßigen Abspaltung (Hoechst Celanese) oder Veräußerung (Preussag Salzgitter, Bayer AGFA) über die Börse. Andere Unternehmen bringen strategisch wichtige Tochterunternehmen mit Minderheitsquoten an die Börse (Telekom T-Online, Siemens Infineon), während kleine, junge Unternehmen in neuen Industrien explosionsartig wachsen und auf der Suche nach Wachstumskapital die Börse ansteuern. Daneben haben es die traditionellen, langjährig gewachsenen mittelständischen Unternehmen, die zur Nachfolgesicherung ein Listing anstreben, oft schwer, sich als attraktive Börsenkandidaten zu behaupten.

All diese derzeit parallel ablaufenden Entwicklungen in Deutschland machen deutlich, dass die Gründe der Eigentümer und der Gesellschaften dafür, an die Börse zu gehen, höchst unterschiedlich sind. In ihrer Summe führten sie in den letzten Jahren zu einem rasanten Anstieg der Anzahl der Börsengänge pro Jahr.

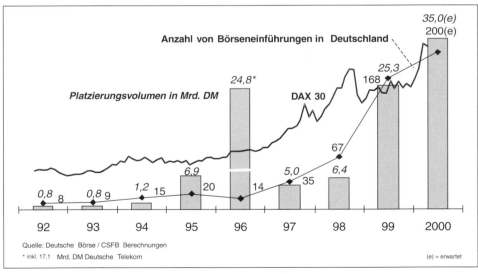

Abbildung 3: Volumen und Anzahl der Börseneinführungen 1992 – 2000

Während von 1980 bis 1995 durchschnittlich 15 Börseneinführungen pro Jahr stattfanden, waren es 1998 schon 30, 1999 bereits 170 und für das Jahr 2000 werden über 200 Börseneinführungen erwartet, überwiegend von kleineren und mittleren Unternehmen im Neuen Markt. Für diese Emissionsflut ist nicht nur der Angebotsdruck von Börsenaspiranten verantwortlich, sondern auch die gestiegene Nachfrage nach Investitionsmöglichkeiten in deutsche Aktien. Privatanleger entdecken die Aktie als attraktive Investition nicht nur für ihre private Altersvorsorge und steigerten ihre direkten und indirekten Aktieninvestments von 181 Mrd. DM in 1992 auf 492 Mrd. DM in 1998 (Deutsche Bundesbank, Kapitalmarktstatistik Juni 1999).

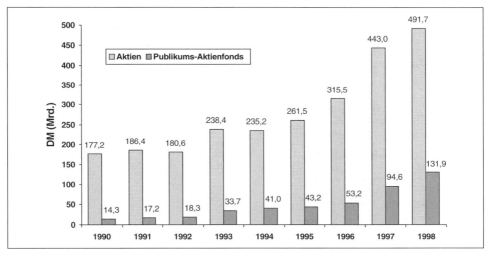

Abbildung 4: *Aktien und Publikums-Aktienfonds im Besitz der privaten Haushalte (Quelle: Deutsche Bundesbank Kapitalmarktstatistik)*

Das zunehmende Interesse der Privatanleger wird begleitet von einem wachsenden Angebot von konkurrierenden Direktbanken, die die Transaktionskosten am Kapitalmarkt auch für Kleinanleger reduzieren und einer Informationsflut von aktuellen Kapitalmarktdaten in der Presse und den neuen Medien, wie Videotext, Internet und Mobilfunk (WAP, später UMTS). Da die Quote der Aktieninvestitionen der Privathaushalte relativ zu deren gesamtem Geldvermögen mit circa 11 Prozent immer noch deutlich geringer ist als das Versicherungssparen mit circa 22 Prozent und die Spareinlagen mit 21 Prozent, gefolgt von festverzinslichen Wertpapieren mit circa 13 Prozent steckt hier noch erhebliches Wachstumspotenzial (Deutsche Bundesbank, Kapitalmarktstatistik Juni 1999). Dass das Gesamtwertvolumen der deutschen Aktienmärkte noch steigerungsfähig ist, wird auch verdeutlicht durch die Börsenkapitalisierung in Prozent des Bruttoinlandsprodukts, die in Deutschland nur 51 Prozent beträgt, im Vergleich zu Großbritannien mit 175 Prozent und den USA mit 157 Prozent (Deutsches Aktieninstitut Factbook 1999, Daten 1998).

2. Gründe für den Börsengang im Überblick

Einen ersten Überblick zur Fragestellung, warum Unternehmen an die Börse gehen und welche Erfahrungen sie dabei machen, gibt die Umfrage des Deutschen Aktieninstituts (DAI), die sich an alle deutschen Neuemittenten zwischen 1994 und 1997 wandte. Insgesamt sahen sich 92 Prozent der 50 antwortenden Unternehmen in ihren Erwartungen an den Börsengang vollkommen oder überwiegend bestätigt, 6 Prozent teilweise und 2 Prozent nicht bestätigt. 98 Prozent der befragten Unternehmen würden sich aus ihren Erfahrungen wieder für die Börseneinführung entscheiden, lediglich ein Unternehmen war sich hier unsicher.

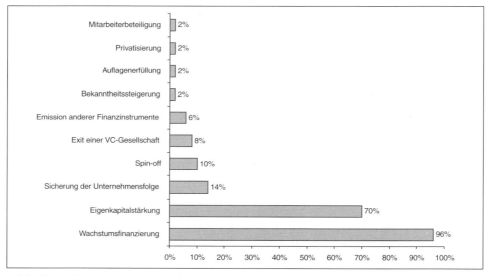

Abbildung 5: DAI Analyse zum Thema Motive für den Börsengang 1994 – 1997 (Quelle: Deutsches Aktieninstitut e.V., Mehrfachnennungen der Motive möglich)

Die Gründe für den Börsengang liegen auch schon vor der Blütezeit des Neuen Marktes ganz überwiegend in der Wachstumsfinanzierung mit 96 Prozent, gefolgt von der Eigenkapitalstärkung mit 70 Prozent. Weit abgeschlagen folgt die Sicherung der Unternehmensnachfolge mit 14 Prozent, der so genannte Spin-Off von Konzerntöchtern mit 10 Prozent und der Exit der Venture Capital Gesellschaften. Die sonstigen Gründe wie Zugang zu anderen Finanzierungsinstrumenten

(6 Prozent), Bekanntheitgradsteigerung (2 Prozent) und Mitarbeiterbeteiligung (2 Prozent) folgen in deutlichem Abstand.

Zu ähnlichen Ergebnissen kam die LEK Consulting Umfrage vom August 1999, in der 44 Börsenunternehmen befragt wurden. Hier konnte die Emissionsflut am Neuen Markt schon berücksichtigt werden. Die Wachstumsfinanzierung steht auch hier mit 93 Prozent der Nennungen klar an erster Stelle, allerdings gefolgt von der Erhöhung des Bekanntheitsgrades der oft noch sehr jungen Unternehmen mit 72 Prozent. An dritter Stelle folgt die Steigerung der Attraktivität für neue Mitarbeiter mit 65 Prozent und die Eigenkapitalkosten/Eigenkapitalsituation mit 46 Prozent. Alle anderen Motive spielen eine weit untergeordnete Rolle, wie Abbildung 6 zu entnehmen ist.

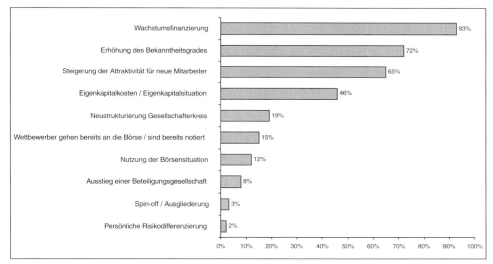

Abbildung 6: *Die wichtigsten Motive für den Börsengang (Quelle: LEK Consulting GmbH: Analyse der Erfolgsfaktoren beim Börsengang, München, Januar 2000, Mehrfachnennungen möglich)*

3. Wachstumsfinanzierung

Die Eigenkapitalausstattung ist in der mittelständisch geprägten deutschen Unternehmenslandschaft mit 26 Prozent der Bilanzsumme deutlich niedriger als in Ländern mit hoch entwickeltem Aktienmarkt, wie zum Beispiel Großbritannien mit 36 Prozent oder gar den USA mit 40 Prozent (DAI Factbook 1999). Der Zugang zu Risikokapital, sprich Eigenkapital, wird allerdings auch in Deutschland von Jahr zu Jahr erleichtert. Der Gesetzgeber verbessert die gesetzlichen Rahmenbedingungen (KonTraG), die Nachfrage nach Eigenkapital nimmt sowohl bei Privatanlegern als auch bei Institutionellen Anlegern im In- und Ausland zu, und auch das Angebot an Investitionsmöglichkeiten wird mit einem explodierenden Neuen Markt immer breiter.

Neben der Verfügbarkeit von organisierten Eigenkapitalmärkten spielen aber auch die Besteuerung in Deutschland und die relativ leichte Verfügbarkeit von Krediten eine entscheidende Rolle. Unter dem Druck nominal hoher Steuersätze ermöglichen steuerlich abzugsfähige Zinsaufwendungen – das heißt Fremdkapital – die Möglichkeit zur Senkung der Steuerlast. Zudem bietet das in Deutschland weitgehend einlagenfinanzierte Bankensystem den Unternehmen immer noch relativ günstige Kreditfinanzierungen.

Ausgestattet mit relativ geringen Eigenmitteln sehen sich die deutschen Unternehmen in zunehmend globalen Märkten dem Druck ausgesetzt, immer schneller zu wachsen und auf Marktveränderungen schnell – mittels Investitionen – zu reagieren. Dies führt viele Unternehmen an die Grenzen ihrer Innenfinanzierung. Eine idealtypische Abfolge der Wachstumsfinanzierung ist in Abbildung 7 dargestellt.

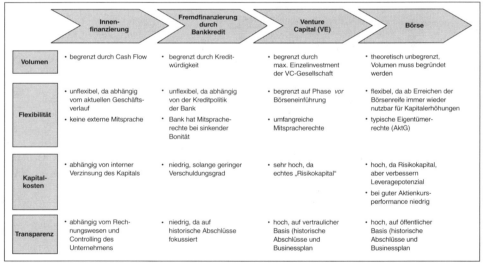

Abbildung 7: Grundformen der Wachstumsfinanzierung

Eine Erhöhung der Fremdfinanzierung ist bei dem ohnehin hohen Verschuldungsgrad nur noch begrenzt möglich, so dass Eigenkapitalinstrumente in den Vordergrund rücken, wie zum Beispiel Venture Capital oder die klassische Beteiligungsfinanzierung. Die damit verbundenen hohen Kapitalkosten und die direkten Mitspracherechte dieser Kapitalgeber führen zu einem zeitlich befristeten Einsatz dieser Instrumente und dem „natürlichen" Desinvestment dieser Kapitalgeber über die Börse. Allerdings beschränken sie sich dabei in der Regel auf die Veräußerung von wenigen Prozent des Unternehmenskapitals, so dass der überwiegende, oft dominierende Anteil der Börseneinführung aus der von Aktienmarktinvestoren bevorzugten Kapitalerhöhung stammt. Sechs Monate später, wenn die Haltepflicht der Alt-Aktionäre in der Regel beendet ist, können dann weitere Anteilspakete als Sekundärplatzierung an die Börse gebracht werden, wo sie dann auch oft einen wesentlich höheren Preis pro Aktie erzielen.

Wachstumsfinanzierung über die Börse – per Kapitalerhöhung – eröffnet eine Reihe von Vorteilen gegenüber den anderen Grundformen der Wachstumsfinanzierung:

- sie bietet – aus Unternehmenssicht – die Chance zur Aufnahme beliebig großer Mengen an Eigenkapital, solange das Unternehmen erklären kann, für welche Investitionen diese Mittel wertsteigernd eingesetzt werden sollen,
- größtmögliche Flexibilität, da ab Börseneinführung immer wieder, im Wege von Kapitalerhöhungen, neue Finanzierungen möglich sind,
- Beschränkung der Flexibilität des Unternehmens nur durch die Mitspracherechte der Aktionäre gemäß Aktiengesetz – das heißt durch die Hauptversammlung – nicht durch in das Tagesgeschäft hineinwirkende Eigentümer,
- führt zwar auf den ersten Blick zu hohen Kapitalkosten für das aufgenommene Eigenkapital, die aufgenommenen Mittel verbessern aber die Eigenkapitalbasis und schaffen damit neuen Raum für kostengünstige Fremdmittel (Leveragepotenzial), sodass der gewichtete Gesamtkapitalkostensatz des Unternehmens optimiert wird. Bei guter Aktienkursperformance verringern sich die Kapitalkosten im Anschluss an den Börsengang. Das wird an der Vielzahl der erfolgreichen Nachfolgeemissionen im Neuen Markt deutlich.

Für kleine und mittlere Wachstumsunternehmen, wie zum Beispiel Technologie-, Medien- und Internetfirmen, ist die Börse oft sogar der einzige Weg, um relativ schnell substanzielle Beträge für ihr weiteres Wachstum aufzunehmen. Mangels mehrjähriger Historie und Kreditwürdigkeit stehen ihnen die anderen Grundformen der Wachstumsfinanzierung nicht oder nicht in ausreichendem Maße und schnell genug zur Verfügung.

4. Sicherung der Unternehmensnachfolge für Mittelständler

Für den deutschen Mittelstand bietet die Börse einen eleganten Weg, die Unternehmensnachfolge zu regeln und gleichzeitig die Unabhängigkeit des Unternehmens zu sichern. An Stelle eines externen, industriellen Käufers von Kapitalanteilen, der in der Regel selbst in der Unternehmensführung aktiv vertreten sein will, ist der Aktienstreubesitz nur an finanziellen Zielen in Gestalt von Aktienkurssteigerung und Dividenden interessiert. Für die typischen Inhaberunternehmer kann mit dem Börsengang so die Trennung von Unternehmensführung und Kapitalgebern eingeleitet werden. Das Problem, dass ausscheidenden Familiengesellschaftern Kapitalanteile von anderen Familienmitgliedern abgekauft werden müssen, entfällt, da nach dem Listing aller Aktien des Unternehmens an der Börse Verkäufe wie auch Käufe über die Börse durchgeführt werden können, nachdem die übliche sechsmonatige Haltefrist ab Börsengang verstrichen ist.

Soll die Unternehmensführung durch neue Manager ergänzt oder völlig neu besetzt werden, so ist das bei der börsennotierten Aktiengesellschaft mittels Aktienoptionsprogrammen und der eigenverantwortlichen Leitung der AG durch ihren Vorstand leichter möglich als vor dem Börsengang.

Oft möchte die Inhaberfamilie weiterhin starken Einfluss auf das börsennotierte Unternehmen ausüben. Hier stehen ihr als Hauptinstrumente stimmrechtslose Vorzugsaktien und die Rechtsform der Kommanditgesellschaft auf Aktien (KGaA) zur Verfügung. Die stimmrechtslosen Vorzugsaktien sind mit einem Vorab-Gewinnanteil, der so genannten Vorzugsdividende, ausgestattet. Sie dürfen maximal bis zu 50 Prozent des Aktienkapitals der AG ausmachen, was sich bei späteren Kapitalerhöhungen über die Börse als Wachstumsbremse herausstellen kann.

Die Rechtsform der KGaA ist beispielsweise bei den Börseneinführungen der Merck KGaA und der Eff-Eff Fritz Fuss GmbH & Co KGaA gewählt worden. Die an der Börse platzierten Aktien der Kommanditaktionäre haben auf der Hauptversammlung kein den AG-Aktionären vergleichbares Stimmrecht. So können die Komplementäre, in der Regel die Familiengesellschafter, den Vorstand der KGaA allein bestimmen und darüber hinaus in der Satzung einen Katalog von Geschäften definieren, die ihrer Zustimmung bedürfen. Solche Regelungen machen allerdings die KGaA aus Börsensicht relativ unattraktiv, sodass diese Rechtsform immer seltener anzutreffen ist und sich KGaAs, wie zum Beispiel die BHF-Bank, im Sinne des Wertsteigerungsprinzips (Shareholder Value) in normale Aktiengesellschaften umwandeln.

Jedwede Einschränkung der Aktionärsrechte (Vorzugsaktien, KGaAs, Satzungsrestriktionen) verringert tendenziell die Nachfrage nach der betroffenen Aktie und wirkt sich damit negativ auf deren Preis und damit auf den Unternehmenswert aus. Wie hoch dieser Wertabschlag ausfällt, hängt im Einzelfall auch noch von weiteren Faktoren wie zum Beispiel der Sektorattraktivität und der Liquidität der Aktie ab und kann durchaus im unteren zweistelligen Prozentbereich liegen.

Wählt der Mittelständler ein Emissionskonzept, das zu einem Aktienstreubesitz (Free-Float) von bis zu 50 Prozent führt, können mit einfacher Hauptversammlungsmehrheit die meisten Beschlüsse gefasst werden. Soll der Free-Float weniger als 25 Prozent ausmachen, so hat der Mittelständler die sogenannte qualifizierte Mehrheit, die es ihm ermöglicht, auf der Hauptversammlung alle strategischen Entscheidungen, welche eine Satzungsänderung erfordern – dazu zählt auch jede Kapitalerhöhung – zu beschließen.

5. Erhöhte Transparenz und größerer Bekanntheitsgrad

Die Nachteile der Publikumsöffnung aus der Sicht von Mittelständlern, insbesondere die Publizitätspflichten, sind zugleich auch die Chancen der börsennotierten Gesellschaft, durch erhöhte Transparenz die Bekanntheit des Unternehmens zu erhöhen und sein Profil bei Lieferanten, Kunden und Mitarbeitern zu schärfen.

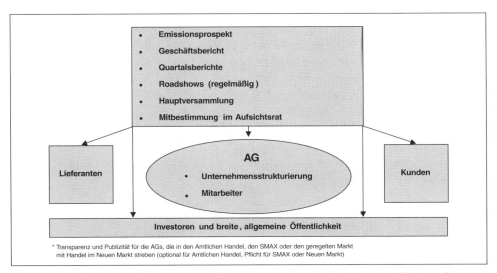

Abbildung 8: Auswirkungen von Transparenz- und Publizitätspflichten börsennotierter AGs*

Der ausführliche Börseneinführungs- und Verkaufsprospekt muss so umfangreich sein, dass er die AG umfassend beschreibt (gemäß Verkaufsprospektgesetz richtig und vollständig), sodass sich der Börseninvestor für seine Investitionsentscheidung ein vollständiges Bild des Unternehmens, seiner Finanz- und Ertragslage und seiner strategischen Chancen und Risiken machen kann. Die dem Börsengang folgende Quartalsberichterstattung und die unterjährigen Investorenbesuche des Vorstands (Roadshows) aktualisieren die Information regelmäßig, ebenso wie der Geschäftsbericht am Ende des Geschäftsjahres. Bei alledem geht es aber nicht um die Kommunikation von Betriebsgeheimnissen, die der AG im Wettbewerb schaden könnte, sondern um das Finden einer Balance zwischen den Unternehmensinteressen im Wettbewerb und dem Informationsbedarf des Kapitalmarktes. Gelingt es, eine Vertrauensbasis zwischen Vorstand und Investoren/Aktienanalysten herzustellen, schlägt sich diese börsenmäßige Offenheit in einer positiven Aktienkursentwicklung nieder. Aber auch in schwierigen Zeiten, in denen der Vorstand eine „Gewinnwarnung" bekannt geben muss, bewährt sich eine geschaffene Vertrauensbasis und halten viele Investoren die Aktie in ihrem Depot, da sie von der Strategie des Vorstands und den langfristigen Chancen der jeweiligen Aktie überzeugt sind. Insgesamt resultiert die Kommunikation mit Investoren in einer permanenten und aktuellen Bewertung des Unternehmens an der Börse, die das Management, die Gesellschafter, die Mitarbeiter und die breite Öffentlichkeit täglich in den Medien verfolgen können.

Neben den Kapitalmarkteffekten sind auch bei Lieferanten, Kunden und der breiten Öffentlichkeit positive Effekte der börsenmäßigen Transparenz- und Publizitätspflichten feststellbar:

- Die Börsenreife signalisiert ein gewisses Maß an Unternehmensqualität und führt so zu erhöhter Bonität der AG, die neue Lieferanten und Kunden erschließt und bei den Bestehenden zu besseren Lieferungs- und Zahlungsbedingungen führen kann.
- Ein relativ hoch entwickeltes Management-Informationssystem und Rechnungswesen, wie es für die Börse notwendig ist, führt zu besserer und schnellerer Information des Managements, und damit zu flexiblerem Handeln.
- Durch die breite Berichterstattung beim Börsengang in allen Medien ergibt sich ein generell erhöhter Bekanntheitsgrad in der allgemeinen Öffentlichkeit („kostenlose" PR).

6. Erhöhung der Mitarbeitermotivation durch Aktienbeteiligungsprogramme

Börsennotierte AGs haben mit ihrer Aktie ein hochattraktives und flexibles Instrument zur Mitarbeiterbezahlung zur Verfügung. Durch Aktienoptionsprogramme gelingt es, die Interessen der führenden Mitarbeiter mit den Interessen der Kapitalgeber, der Aktionäre, in Einklang zu bringen, und damit kommt es zur Steigerung des Unternehmenswertes. Dies honorieren die Aktionäre mit einer tendenziell höheren Bewertung des Unternehmens, während bei den begünstigten Mitarbeitern die Motivation, die Loyalität und Zufriedenheit erhöht wird. In Hightech-Branchen sind Spitzenkräfte mittlerweile nur noch mittels Aktienoptionsprogrammen zu gewinnen und im Unternehmen zu halten. Bei positiver Unternehmensentwicklung und entsprechender Aktienkurssteigerung kann ein Spitzenmanager so seine Basisvergütung verdoppeln oder gar vervielfachen, was sich in äußerster Leistungsbereitschaft niederschlägt.

Wählt man die typische Form der Aktienoptionen mittels bedingter Kapitalerhöhung unter Bezugsrechtsausschluss – das heißt, der Begünstigte erhält bei Fälligkeit neu emittierte Aktien, die allein zu diesem Zweck herausgegeben werden ohne allen Aktionären ein Bezugsrecht einzuräumen – so entstehen der AG keine buchungsmäßigen Kosten, sondern es erfolgt lediglich eine geringfügige Verwässerung der Anteilsrechte der Aktionäre durch die Kapitalerhöhung.

Breit angelegte Mitarbeiterbeteiligungsprogramme richten sich nicht an Spitzenmanager, sondern an die nachfolgenden Führungsebenen, oft sogar an alle Mitarbeiter. Da es sich hier nicht um sehr hohe Beträge für den einzelnen Mitarbeiter handelt, hat die Begünstigung lediglich einen allgemein motivierenden Charakter und wird auch von der Börse nicht so honoriert wie ein Programm für die Spitzenkräfte.

7. Transparenz und Konzentration auf Kernkompetenzen der Konzerne

In den letzten Jahren hat die Anzahl der so genannten Spin-Offs, der Ausgliederung von Konzerntöchtern über die Börse, stark zugenommen. An Stelle der in früheren Jahrzehnten dominierenden Meinung, dass Risikodiversifikation für Börsengesellschaften vorteilhaft wäre, ist heute die Fokussierung der Aktiengesellschaften auf ihr Kerngeschäft favorisiert. Die nun besser informierten Privatinvestoren stellen sich ihre Portfolios selbst zusammen; aktives Portfoliomanagement ist bei institutionellen Investoren noch ausgeprägter. Die abnehmende Beliebtheit von Konglomeraten führt dazu, dass der Börsenwert eines Konglomerats, das eine vorgefertigte Mischstruktur vorgibt, kleiner ist als die Summe der Werte seiner Einzelteile. So konzentrierte sich beispielsweise die Hoechst AG auf das Life Science Geschäft und brachte deshalb ihre Tochter SGL Carbon an die Börse und trennte sich im Wege der börsenmäßigen Abspaltung von der Celanese AG (Chemie). Als Folge solcher Börseneinführungen ist regelmäßig eine Wertaufhellung bei der Muttergesellschaft feststellbar, bei der plötzlich der Marktwert ihrer Einzelunternehmen transparent wird und die Konzentration auf Kernkompetenzen im Vordergrund steht. Dies führt in der Regel zum Wegfall des Konglomerat-Abschlags und zu höheren Bewertungsmultiplikatoren – zum Beispiel einem höheren Kurs-Gewinn-Verhältnis – bei der Mutter.

Besonders deutlich wird diese Wertaufhellung beim Spin-Off von Technologietöchtern. Die MobilCom AG erfuhr nach der Ankündigung der Börseneinführung ihrer Internettochter freenet.de im Oktober 1999 eine Kurssteigerung von 43 auf über 75 €. Selbst wenn man die Sektorbewegung der Telekommunikation rechnerisch eleminiert, bleibt eine signifikante Kurssteigerung, die mit der Kursexplosion der freenet-Aktie von 29 € Emissionspreis auf über 200 € innerhalb von zehn Wochen dazu beitrug, dass die Mobilcom-Aktie auf über 130 € stieg.

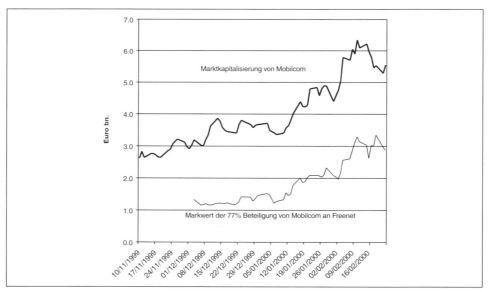

Abbildung 9: Kurseinfluss der Börseneinführung einer Tochter am Beispiel Mobilcom/freenet.de

8. Fazit

Die Gründe für den Börsengang sind vielfältig und in ihrer Bedeutung sehr unterschiedlich gewichtet, wie die bisherige Analyse gezeigt hat. Offensichtlich ist jede Entscheidung, an die Börse zu gehen, stark von den spezifischen Gegebenheiten des Einzelfalls abhängig. Aber dennoch scheinen die positiven Faktoren eines Börsengangs die potenziellen Risiken und vermeintlichen Nachteile, wie zum Beispiel die Publizitätspflichten, bei weitem aufzuheben, denn es kommen Jahr für Jahr mehr Unternehmen an die Börse, sowohl kleinere und mittlere als auch große Unternehmen in Form von Konzern-Spin-Offs. Die Gründe für den Börsengang sind letztlich der Motor für das weitere Wachstum nicht nur der Technologiebörsen (zum Beispiel Neuer Markt), sondern auch der traditionellen Börsen (zum Beispiel Amtlicher Handel).

Helmut Zahn

Flexible Mittelbeschaffung nach dem Börsengang

1. Einführung 30
2. Eigenkapitalmaßnahmen 30
3. Kapitalbeschaffung über hybride Kapitalformen 33
4. Fremdkapitalaufnahme 36

1. Einführung

Um nach einem Initial Public Offering weitere Finanzierungsrunden erfolgreich und mit der Auswahl der gesamten Palette an Möglichkeiten durchführen zu können, bedarf es nicht nur eines gelungenen Börsengangs sondern auch der dauerhaften Attraktivität des Unternehmens für Investoren. Im Prinzip kann festgehalten werden, dass bei einem enttäuschenden Post-IPO-Verlauf der Kurse nicht nur die Eigenkapitalmärkte verstopft sind, sondern auch eine Fremdkapitalbeschaffung zumindest schwieriger sein dürfte. Ziel eines jeden Börsenkandidaten muss es daher sein, eine auf Dauer angelegte Kapitalmarktstory zu verfolgen. Nur diese gewährleistet in der Zukunft, auf der Klaviatur aller Varianten der Mittelbeschaffung spielen zu können. Selbstverständlich muss daneben die Verfassung der jeweiligen Märkte stimmen.

Neben einer nachhaltigen Investorenakzeptanz spielt der Lebenszyklus eines Unternehmens eine gewichtige Rolle. Im Zuge zunehmend funktionierender Kapitalmärkte für die Aufnahme von Venture Capital im sogenannten Late Stage, zum Beispiel am Neuen Markt der Frankfurter Börse, wurde und wird die Finanzierung mit Eigenkapital erleichtert. Trotzdem wird die Fremdkapitalaufnahme für Unternehmen in der Early-Stage-Phase auch nach dem Börsengang schwierig bleiben. Verlustprognosen für weitere Jahre, das heißt die Erreichung des Break-Evens erst in mittlerer Zukunft, sind keine hinreichende Voraussetzung für eine Aufnahme von Bankkrediten. Daher bleibt die frühe Lebenszyklusphase eines Unternehmens auf Grund des damit verbundenen höheren – unternehmerischen – Risikos der Eigenkapitalbeschaffung vorbehalten.

Nach diesen grundsätzlichen, mehr einleitenden Ausführungen sollen im Nachfolgenden die einzelnen Formen der Mittelbeschaffung beschrieben werden. Diese lassen sich grundsätzlich in drei Kategorien einteilen:

- Eigenkapitalmaßnahmen,
- Kapitalbeschaffung über hybride Kapitalformen,
- Fremdkapitalaufnahme.

2. Eigenkapitalmaßnahmen

Bei der Kapitalerhöhung handelt es sich um die Zuführung neuer Kapitalien in der Form von Geld- und/oder Sacheinlagen. Dafür wird das gezeichnete Kapital erhöht und durch die Emission neuer Aktien gegen Bar- oder Sacheinlagen neue Gesellschaftsmittel generiert. Die Erhöhung des gezeichneten Kapitals erfüllt somit einerseits direkt, andererseits über die Erhöhung der Haftbasis zusätzlich indirekt eine Finanzierungsfunktion. Indirekt in diesem Sinne meint die Möglichkeit bei erweiterter Eigenkapitalbasis zusätzlich Fremdmittel zur Finanzierung im Sinne eines Leverage-Effektes akquirieren zu können.

Ein Unternehmen, das bereits durch ein Initial Public Offering (IPO) an die Börse gegangen ist, kann mit relativ geringem Aufwand eine Kapitalerhöhung durchführen. Vor allem Unternehmen mit starkem Wachstum werden den Kapitalmarkt zur finanziellen Absicherung der Expansion beanspruchen. Daneben können Finanzierungsanforderungen aus allen denkbaren größeren Investitionsvorhaben Anlass für eine Kapitalerhöhung sein. Grundsätzlich geht die Finanzierungstheorie davon aus, dass die Kapitalaufnahme dann erforderlich ist, wenn die Selbstfinanzierung, das heißt der betriebliche Cash Flow, und die Verschuldungsfähigkeit nicht mehr für die Unternehmensfinanzierung ausreicht. Außerdem können Kapitalerhöhungen auch dann zur Finanzierung erforderlich sein, wenn die eigenen Aktien als Akquisitionswährung für Unternehmenskäufe bzw. -zusammenschlüsse benötigt werden (zum Beispiel Vodafone/Mannesmann). Vielfach wird einer Kapitalerhöhung eine kurzfristige Fremdfinanzierung vorhergehen, die auf Grund der flexibleren Inanspruchnahme als Überbrückungskredit für Akquisitionen oder sonstige Opportunitäten dient.

Das Aktiengesetz kennt folgende vier unterschiedliche Kapitalerhöhungen (§§ 182 ff. AktG):

- ordentliche Kapitalerhöhung,
- bedingte Kapitalerhöhung,
- genehmigte Kapitalerhöhung und
- Kapitalerhöhung aus Gesellschaftsmitteln.

Da die Kapitalerhöhung aus Gesellschaftsmitteln keine Finanzierungsfunktion erfüllt, wird sie im Folgenden nicht weiter behandelt.

Die ordentliche Kapitalerhöhung wird nach AktG von der Hauptversammlung im Rahmen einer Satzungsänderung beschlossen und durch Ausgabe neuer Aktien gegen Geld- oder Sacheinlagen vollzogen. Den Alt-Aktionären steht ein gesetzliches Bezugsrecht zu, das allerdings von der Hauptversammlung ganz oder teilweise ausgeschlossen werden kann.

Bei einer bedingten Kapitalerhöhung wird das gezeichnete Kapital nur insoweit erhöht, wie ein Umtausch- oder Bezugsrecht ausgeübt wird, das die Aktiengesellschaft auf die neuen Aktien einräumt. Gesetzlich gilt dies für folgende drei Fälle:

- Gewährung von Umtausch- oder Bezugsrechten an Gläubiger von Wandelschuldverschreibungen,
- Vorbereitung des Zusammenschlusses mehrerer Unternehmen und

- Gewährung von Bezugsrechten an Arbeitnehmer der Gesellschaft zum Bezug neuer Aktien gegen Einlage von Geldforderungen, die den Arbeitnehmern aus einer ihnen von der Gesellschaft eingeräumten Gewinnbeteiligung zusteht.

Da die Ausübung dieser Bezugsrechte von Bedingungen abhängt, ist bei Beschlussfassung offen, wie viele Berechtigte von ihrem Bezugsrecht Gebrauch machen und damit das Kapital erhöhen. Das bedingte Kapital darf die Hälfte des im Zeitpunkt der Beschlussfassung gezeichneten Kapitals nicht übersteigen.

Grundsätzlich ist die Kapitalerhöhung mittels genehmigten Kapital die üblichste Form der Kapitalerhöhungen. Hintergrund dafür ist die flexible Nutzung dieser Variante unter der zeitlichen Befristung von fünf Jahren. Hierbei kann der Emissionszeitpunkt im Hinblick auf die Kapitalmarktverfassung gewählt werden. Dies ist nicht nur für die in Rede stehende, sondern auch für künftige Kapitalerhöhungen von enormer Bedeutung, da man mit jeder Kapitalerhöhung auch Benchmarks für die späteren Kapitalmaßnahmen setzt. Im Gegensatz dazu ist die ordentliche Kapitalerhöhung gesetzlich auf die kurzfristige Umsetzung beschränkt. Die genehmigte Kapitalerhöhung ist auf die vorgenannten drei Möglichkeiten limitiert.

Wenn nicht eine Unternehmensakquisition oder ein Merger anliegt, wird in den meisten Fällen eine Kapitalerhöhung gegen Bareinlage erfolgen. Über diesen Weg kann das Unternehmen Finanzierungsmittel zur freien Verfügung generieren. Bei der Kapitalerhöhung gegen Sacheinlage ist der Verwendungszweck letztendlich vorbestimmt.

Bei einer Kapitalerhöhung steht den bisherigen Aktionären grundsätzlich ein gesetzliches Bezugsrecht zu, um eine Verwässerung ihres Anteils zu verhindern. Andererseits besteht über die Zustimmung in der Hauptversammlung mit Dreiviertelmehrheit auch das Recht, das Bezugsrecht materiell auszuschließen. Ein Ausschluss des Bezugsrechts ist gesetzlich nach § 186 (3), 4 AktG explizit dann zulässig, wenn die Kapitalerhöhung gegen Bareinlagen zehn Prozent des Grundkapitals nicht übersteigt. Diese seit 1994 bestehende Erleichterung hat dazu geführt, dass sehr viele Aktiengesellschaften ihre Kapitalerhöhungen ohne Bezugsrecht im Hinblick auf diese Bestimmung durchführen. Bei großen Kapitalgesellschaften führt die Beschränkung auf 10 Prozent des Grundkapitals wegen des auch bei diesem Prozentsatz bedeutenden Platzierungsvolumens meist zu keiner Limitierung der Finanzierungserfordernisse. Im Zuge der auch in Europa zunehmenden Fusionswelle bekommt der Bezugsrechtsausschluss eine größere Bedeutung. Bei der nach § 2 Umwandlungsgesetz möglichen Fusion mittels der Verschmelzung durch Aufnahme erfordern bei der aufnehmenden Aktiengesellschaft den Bezugsrechtsausschluss der Alt-Aktionäre mit drei Vierteln der Stimmen der stimmberechtigten Aktionäre, um den Aktionären der aufgenommenen Gesellschaft auch alle neue Aktien im Tausch anbieten zu können.

Grundsätzlich bestimmt der Finanzierungsbedarf die Höhe des Volumens einer anstehenden Kapitalerhöhung. Darüber hinaus muss im Vorfeld eine realistische Einschätzung zur Aufnahmefähigkeit des Kapitalmarkts in Bezug auf die in Rede stehende Emission vorgenommen werden. Für eine erfolgreiche Kapitalerhöhung und die damit in Zusammenhang stehende Investition muss danach eine überzeugende Equity Story erstellt und kommuniziert werden, damit nicht während oder kurz nach der Kapitalerhöhung der Aktienkurs sinkt. Ziel muss es sein, eine Kapitalerhöhung dann zu platzieren, wenn die Aktienkurse attraktive Kapitalkosten aus Sicht des emittierenden Unternehmens erwarten lassen und möglichst gleichzeitig der historische Kursverlauf die bisherigen Aktionäre motiviert, vor dem zusätzlichen Hintergrund einer mit Kursphantasie verbundenen Equity Story, an der Kapitalerhöhung teilzunehmen.

Vom zeitlichen Ablauf der Kapitalerhöhungs-Transaktion her wird die emissionsführende Bank zunächst eine Due Diligence durchführen oder durchführen lassen, um danach in Zusammenarbeit mit dem Unternehmen den Prospekt der Kapitalerhöhung zu erstellen. Die Anforderungen an den Inhalt des Prospekts sind im Wesentlichen identisch mit denen anlässlich der Börseneinführung, das heißt, er muss Angaben zu der einzuführenden Aktie enthalten sowie Auskunft über die wirtschaftlichen Verhältnisse des Emittenten geben. Im Wesentlichen sind dies die Aktiengattung und der Nennbetrag, der für den Platzierungserlös geplante Verwendungszweck und die Geschäftsergebnisse der letzten fünf Jahre und des laufenden Jahres.

Um eine Kapitalerhöhung zu einem erfolgreichen Abschluss zu bringen, ist die eigentliche Platzierung des Emissionsvolumens durch das Konsortium von essenzieller Bedeutung. Hier kann vor allem bei Kapitalerhöhungen mit Bezugsrechtsausschluss die Selektion der institutionellen Investoren unter veränderten Zielsetzungen gegenüber der Erstemission oder der letzten Kapitalerhöhung vorgenommen werden. Dabei kommt der adäquaten Ansprache der Investoren über Roadshows oder andere mittlerweile zum Standard gehörenden Kommunikationsprozesse wie Telefon- und Videokonferenzen eine große Bedeutung zu. Von der Selbstdarstellung des Unternehmens durch das Management bei diesen Begegnungen mit Investoren und der Presse wird das Gelingen einer Kapitalerhöhung zunehmend beeinflusst.

3. Kapitalbeschaffung über hybride Kapitalformen

Aufgrund nicht befriedigender Risiko-/Ertragsrelationen ziehen sich immer mehr Kreditinstitute aus dem klassischen Kreditgeschäft zurück. Zusätzliches Eigenkapital bedingt hohe Kapitalkosten und/oder wird nicht auf Dauer zur Finanzierung anstehender Investitionen benötigt. Es könnten sich aus Sicht der bisherigen Aktionäre nicht gewollte Verschiebungen in der Aktionärsstruktur durch Kapitalerhöhungen ergeben, die Verwässerungen oder gar Einschränkungen der Mitspracherechte mit sich bringen.

Dies ist nur eine unvollständige Aufzählung von Fragestellungen bzw. Rahmenbedingungen, mit denen auch börsennotierte Unternehmen bei der Mittelbeschaffung konfrontiert werden. Um die dadurch entstehenden Finanzierungslücken zu schließen bzw. durch verbesserte Strukturierung ein angestrebtes Finanzierungsziel zu erreichen, haben die Finanzmärkte in den letzten Jahren einige innovative Kapitalbeschaffungsformen entwickelt bzw. weiterentwickelt:

- Genussscheine,
- Wandelschuldverschreibungen (Convertible Notes),
- Optionsanleihen,
- nachrangige Darlehen.

Alle diese Hybridkapitalien weisen sowohl eigen- als auch fremdkapitalbestimmende Faktoren auf. Je nach Formulierung der Bedingungen sind sie damit eher Fremdkapital mit Eigenkapitalmerkmalen oder umgekehrt. In der Fachliteratur wird bei der Behandlung dieser Instrumente auch oft von Mezzanine-Kapital oder mezzaninen Finanzierungsformen gesprochen.

(1) Genussscheine

Genussscheine zeichnen sich dadurch aus, dass sie gesetzlich wenig reglementiert und damit relativ frei gestaltbar sind. Das hat für den Emittenten den großen Vorteil, die Bedingungen für die Genussrechte weitgehend auf die anstehende Finanzierung abzustellen. Daraus ergibt sich meistens eine komplexe und erklärungsbedürftige Ausgestaltung, die dem Kapitalmarkt nur schwer zu vermitteln ist. Die überwiegende Anzahl der wenigen an der Börse notierten Genussrechte sind daher Buy-and-Hold-Papiere mit wenig Liquidität im Sekundärmarkt. Grundsätzlich eignen sich Genussscheine auf Grund der bereits erwähnten Erklärungsbedürftigkeit eher für eine Privatplatzierung.

In den meisten Fällen werden Genussscheine mit dem Anspruch auf den Residualgewinn des Schuldners ausgestattet. Hierbei kann durch Ausgestaltung dieses Rechtes ein wesentlicher Vorteil von Genussscheinen erzielt werden, das heißt, es kann bei einer entsprechenden Einschränkung dieses Rechts handelsrechtlich Eigenkapital entstehen. Dadurch kann das emittierende Unternehmen das Genusskapital in der Bilanz als Zwischenposten zwischen den Eigenkapitalpositionen und dem Fremdkapital ausweisen, was in letzter Konsequenz zu einer Verbesserung der Eigenkapitalrelationen führt. Trotzdem sehen diese Instrumente eine Rückzahlung am Ende der Laufzeit vor, die sieben Jahre nicht unterschreiten sollte, zumindest wenn man den Eigenkapitaleffekt zusätzlich erreichen möchte. Der Anreiz für die Investoren kann entweder in der variablen Verzinsung in Abhängigkeit vom Unternehmenserfolg liegen oder in einer – zumeist für institutionelle Anleger – vergleichsweise hohen Rendite. Für das Unternehmen hat ein eigenkapitalähnlich ausgestaltetes Genussrecht den zusätzlichen Vorteil, dass die Verzinsung auf Grund der trotzdem gegebenen Fremdkapitalelemente steuerrechtlich abzugsfähig ist und damit den steuerbaren Gewinn mindert. Als weiteres Ausgestaltungselement kann die Verknüpfung mit Wandlungs- und Optionsrechten hinzukommen. Die Ausgabe von Genussrechten muss nach Aktiengesetz von der Hauptversammlung beschlossen werden, wobei die Bezugsrechte für die Alt-Aktionäre entsprechend berücksichtigt werden müssen.

(2) Wandelschuldverschreibungen (Convertible Notes)

Wandelanleihen verbriefen ein zukünftiges Umtauschrecht der Fremdkapitalanteile in Eigenkapital. Mit Ausübung des Wandlungsrechts erlöschen die Forderungen des Anleihegläubigers. Die detaillierten Wandlungsbedingungen, die den Zeitraum für die Wandlung, das Wandlungsverhältnis und gegebenenfalls Zuzahlungen bestimmen, sind Bestandteil der Anleihebedingungen. Das Wandlungsrecht beginnt meist erst nach einem Ablauf von ein bis drei Jahren und einer dann anschließenden, zeitlich engen Wandlungsfrist.

Wandelschuldverschreibungen werden in der Regel von Unternehmen begeben, die mit der Phantasie deutlich über dem Wandlungspreis Legender zukünftiger Kurse argumentieren. Dies können junge Unternehmen sein, die sich in Wachstumsphasen befinden, oder aber solche Gesellschaften, die auf Grund von Restrukturierungen heute keine Kapitalerhöhung auf Grund schlechter aktueller Kapitalmarktbewertung durchführen können. So hatte der Neue Markt erst kürzlich die beiden ersten Wandelschuldverschreibungs-Emissionen von EM-TV und Augusta zu verzeichnen. Diese Instrumente tragen auf Grund des eingeräumten Wandlungsrechtes eine Kapitalkostenreduktion beziehungsweise. eine Kapitalkostenverschiebungskomponente in sich. Die Kapitalkosten sind gegenüber Straight Bonds durch das zinsvermindernde Wandlungsrecht deutlich günstiger. Durch eine mögliche künftige Wandlung der Anleihe in Aktien deutlich unterhalb des Marktpreises werden allerdings indirekt höhere Kapitalkosten verursacht.

(3) Optionsanleihen

Im Gegensatz zu den Wandelanleihen bleiben die Kapitalien aus Optionsanleihen immer Fremdkapital. Durch Ausübung der Option in der Zukunft erwirbt der Anleihegläubiger zusätzlich einen Eigenkapitalanteil an einem bestimmten Unternehmen. Es werden der eigentlichen Anleihe zusätzlich lediglich Rechte beigefügt, die dem Gläubiger in der Zukunft einen Anspruch auf Bezug von bestimmten Aktien aus dem Konzernumfeld des Emittenten einräumen. Dabei sind es zwar in aller Regel Optionsrechte auf Aktien des emittierenden Unternehmens, es können aber auch Optionsrechte auf Bezug von Aktien von aufblühenden Tochter- oder Schwestergesellschaften sein. Dem Investor soll damit ein Anreiz zur Zeichnung der Anleihe geboten werden, der ihm die Chance gibt, in der Ausübungsfrist der Option unterhalb des Börsenkurses Aktien des veroptionierten Unternehmens zu erwerben. Dem emittierenden Unternehmen gibt es wiederum die Möglichkeit, damit die Kapitalkosten je nach Optionsbedingungen deutlich zu senken. Derartige Optionsrechte können als so genannte Naked Warrants auch separat gehandelt werden.

(4) Nachrangige Darlehen

Diese Art von Hybridkapital ist von seiner Struktur eher als Fremdkapital anzusehen, und erst durch die Einräumung des Nachrangs durch den Gläubiger gegenüber anderen Gläubigern (Senior und Junior Debt) entsteht ein Mezzanine-Produkt. Nachrangige Darlehen werden häufig bei Akquisitionsfinanzierungen eingesetzt, um die meist nicht ausreichende Eigenkapitalbasis zu stärken. Da sie bisher nicht sekundärmarktfähig sind, kommen als Kapitalgeber aktuell nur Banken oder spezielle Mezzanine-Kapitalgeber in Frage. Bei börsennotierten Unternehmen ist die Aufnahme von Finanzierungsmitteln über Genussscheinemissionen diesem ähnlich strukturierten Produkt vorzuziehen.

4. Fremdkapitalaufnahme

Grundsätzlich gelten für die Fremdkapitalbeschaffung von Unternehmen nach dem Börsengang dieselben Bedingungen wie vorher. Die Erfahrung hat aber gezeigt, dass selbst die Aufnahme eines ganz normalen Bankkredits für börsennotierte Unternehmen entweder leichter oder mit geringeren Kapitalkosten zu erreichen ist. Das hängt wesentlich mit dem Umstand zusammen, dass künftig die Eigenkapitalbeschaffung über den Kapitalmarkt zur Ablösung von zwischenfinanziertem Fremdkapital deutlich einfacher möglich sein sollte. Hinzu kommen noch weitere so genannte weiche Faktoren, wie zum Beispiel Bekanntheitsgrad, die für einen größeren Wettbewerb unter den Kreditgebern, sozusagen von der Angebotsseite her, sorgt. Außerdem hilft der positive Bekanntheitsgrad eines Unternehmens aus dem Börsengang beim Zugang zum Anleihemarkt.

Im Folgenden werden diese Fremdkapitalaufnahmen unterschieden:

- (Bank-)Kreditfinanzierung,
- Unternehmensanleihen (Corporate Bonds).

(1) Kreditfinanzierung

Obwohl – wie bereits erwähnt – die Kreditinstitute sich in Deutschland zunehmend aus dem kommerziellen Kreditgeschäft zurückziehen, wird immer noch der größte Teil der kurz- und längerfristigen Finanzierung über Banken aufgenommen. Das hängt sowohl mit einem noch nicht effizienten deutschen Unternehmensanleihemarkt als auch mit einer im internationalen Vergleich immer noch hohen Kreditbereitschaft der Finanzintermediäre (Banken) zu nicht risikoadäquaten Finanzierungskosten zusammen. Von daher sind die kreditsuchenden Unternehmen noch nicht darauf angewiesen, wegen höherer (Kredit-)Kapitalkosten an den (Fremd-)Kapitalmarkt zu gehen. Außerdem ist das Rating von Unternehmen als Voraussetzung bzw. Unterstützung für die Kapitalmarktfähigkeit trotz mittlerweile langjährigen Bemühungen der Ratingagenturen noch immer nicht verbreitet.

Von der Kreditart stellen die Banken die allgemein bekannten Betriebsmittel- oder Zwischenfinanzierungen ebenso wie längerfristige Darlehen zur Verfügung. Auf Grund der meist vorhandenen Bankbeziehungen sind diese Fremdkapitalaufnahmen als sehr flexibel zu bezeichnen. Darüber hinaus nehmen größere Unternehmen mit einem Mittelbedarf über 100 Mio. DM zunehmend Konsortialkredite oder Syndicated Loans in Anspruch. Diese Konsortialkredite lösen regelmäßig die vorhandenen kurzfristigen Bankkreditlinien ab und werden deshalb als Revolving Credit Facilities strukturiert und vereinbart. Unter diesen Krediten sind bei überwiegend längerer Laufzeit rollierende kurzfristige Kreditbeziehungen vorgesehen und möglich. Für die Kreditbereitschaft erhalten die Konsortialbanken eine Bereitstellungsgebühr (Commitment Fee) bezogen auf die gesamte Kreditlinie. Die Preisgestaltung der einzelnen Inanspruchnahmen richtet sich nach dem vereinbarten Leitzinssatz, zum Beispiel Euribor, zuzüglich der individuellen Marge. Der Konsortialkredit wird von dem Konsortialführer (bei großen Krediten sind auch zwei Arranger üblich) entweder zu festen Bedingungen im Wege des so genannten Underwritings oder unter dem Vorbehalt der Platzierbarkeit (Best Effort) übernommen und danach an ein Bankensyndikat platziert.

(2) Unternehmensanleihen (Corporate Bonds)

Der deutsche Markt für Corporate Bonds (geratete Unternehmen) oder auch High Yield Bonds (nicht geratete Unternehmen) hinkt bisher im internationalen Vergleich deutlich hinterher. Obwohl einige wenige, allerdings größere Unternehmen wie Heidelberger Zement AG, seit Jahren diesen Markt mit Erfolg in Anspruch nehmen, haben sich Unternehmensanleihe-Emissionen noch nicht durchgesetzt. Das liegt sicher an dem immer noch funktionierenden Banken-Kreditmarkt, der sich allerdings in einem deutlichen Umbruch befindet. Es ist davon auszugehen, dass allein schon über die sich ändernden Regularien für Banken (Basler Akkord) in naher Zukunft mit einer restriktiveren Kreditvergabe durch Banken im Sinne einer Fokussierung auf Risiko-/Ertragsrelationen zu rechnen ist. Damit einhergehen wird eine Zunahme der Anzahl von Unternehmen, die sich von einer der am Markt operierenden Ratingagenturen bewerten lassen, um vom Bankenmarkt unabhängig zu sein. Beides zusammen wird für ein Anwachsen der Emissionen am Unternehmensanleihe-Kapitalmarkt sorgen.

Zur technischen Abwicklung von Anleihen ist Folgendes anzumerken: Anleihen werden in Teilschuldverschreibungen (meist als Inhaberpapiere) verbrieft und lauten auf entsprechende Teilbeträge des gesamten Emissionsvolumens. Sie werden je nach Volumen entweder öffentlich zur Zeichnung angeboten und an einer Börse zum Handel zugelassen oder im Rahmen einer Privatplatzierung Investoren direkt angeboten. Inhaberpapiere eignen sich wegen ihrer leichteren Übertragbarkeit durch Einigung und Übergabe für den Sekundärmarkt. Namenspapiere bedürfen zusätzlich der Abtretung der Rechte durch die Person, auf die die Namensschuldverschreibung ausgestellt ist. Auf der anderen Seite kann der Emittent bei dieser Anleiheform den Kreis der Investoren übersehen. Die Anleihen können zu pari, unter pari oder über pari ausgegeben werden, das heißt, es wird auf Grund von Investorenanreizen oder um kurzfristige Rentenmarktschwankungen ausgleichen zu können meist vom Nominalbetrag abgewichen. Je nach Zinssituation werden die Anleihen mit fixer, variabler (Floater) oder ohne Verzinsung, das heißt als Zero-Coupon-Bond ausgestattet. Die Tilgungsbedingungen können Ratentilgungen, Annuitäten oder Tilgungen in einer Summe am Ende der Laufzeit vorsehen. Bezüglich der sonstigen Anleihebedingungen wie Rangrechte oder sonstiger Covenants muss der Emittent im Rahmen der Gespräche mit der konsortialführenden Bank zu einer für beide Seiten befriedigenden Lösung kommen. Grundsätzlich haben sich hier Marktstandards etabliert, die es zu beachten gilt.

Klaus Höchstetter

Wahrung der Interessen der Alt-Aktionäre bei und nach dem Börsengang

1. Primärziele und Spannungsfelder im Zusammenhang
   mit einem Börsengang 41
2. Zielkonflikte im Zusammenhang mit Möglichkeiten
   der Einflussnahme 42
3. Möglichkeiten der Einflusswahrung durch die Art der Ausgestaltung
   der begebenen Aktien 43
   3.1 Organisation und Strukturierung von Mitgliedschaftsrechten,
       insbesondere von Stimmrechtsmehrheiten 43
       3.1.1 Verteilung des Kapitals durch Begebung von Stammaktien
             und Emissionsquote 43
       3.1.2 Mehrstimmaktien 44
       3.1.3 Gestaltungsvarianten zur Strukturierung von
             Mehrheitserfordernissen 45
       3.1.4 Gestaltungsmittel Vorzugsaktie 46
   3.2 Einflusswahrung durch Erschwerung der Aktienübertragung
       mittels Begebung vinkulierter Namensaktien 48
   3.3 Entsenderechte 49
4. Stärkung der Organe Aufsichtsrat und Vorstand 50
   4.1 Aufsichtsrat 50
   4.2 Vorstand 51
5. Organisation einheitlichen Stimmverhaltens durch Bündelung
   und Strukturierung von Interessen auf der Gesellschafterebene 52
   5.1 Stimmbindungsverträge und Stimmrechtsvollmachten ... 52
   5.2 Dinglich gesicherte Poolvereinbarungen 53

6. Zusammenfassung 54
   6.1 Interessenwahrung in der börsenfähigen Rechtsform AG 54
   6.2 Kombinationsmöglichkeiten 54
   6.3 Abgrenzung zwischen AG und KGaA 55
   6.4 Schlussbemerkung 56

1. Primärziele und Spannungsfelder im Zusammenhang mit einem Börsengang

Die mit einem Börsengang verfolgten Primärziele sowie die mit dem Vollzug eines Börsengangs bedingten Effekte (vor allem eine umfassende und quasi jederzeitige Publizität) verlangen einen Ausgleich der divergierenden Interessen der Alt-Aktionäre und der Investoren beziehungsweise der Neu-Aktionäre.

Die mit dem Börsengang eines Unternehmens verfolgten Primärziele sind insbesondere

- die Verbreiterung der Eigenkapital- und Liquiditätsgrundlage im Wege der direkten Kapitalzufuhr;
- die Erleichterung späterer Kapitalbeschaffung durch Kapitalerhöhung;
- Erleichterung des erfolgreichen Einsatzes weiterer Finanzinstrumente, wie Options- und Wandelanleihen oder die Vergabe von Genussscheinen oder Anleihen;
- die Erleichterung der Finanzierung von Akquisitionen anderer Unternehmen durch Anteilstausch;
- Kapitalzufuhr an die Alt-Aktionäre durch Zuführung zumindest teilweisen Emissionserlöses;
- Vermögensdiversifizierung und Beendigung der persönlichen Haftung für Unternehmensverbindlichkeiten seitens der Alt-Aktionäre;
- die Trennung von Kapital und Management zur Sicherung des Fortbestands eines Unternehmens;
- Unabhängigkeit der Kapitalbasis des Unternehmens von Dauer der Kapitalbindung durch liquiden Handel der Unternehmensanteile.

Die erfolgreiche Verfolgung und Realisierung vor allem der vorstehenden mit dem Börsengang eines Unternehmens verfolgten Primärziele setzt voraus, dass das Unternehmen in wirtschaftlicher, personeller und gesellschaftsrechtlicher Hinsicht vom Markt, das heißt von den potenziellen Investoren, angenommen wird.

Unter diesem Aspekt sind mithin die Voraussetzungen für größt mögliches Interesse potenzieller Investoren an den begebenen Aktien zu schaffen und aufrecht zu erhalten. Dies setzt zunächst die weitgehende Transparenz von Austauschverhältnissen und Leistungsbeziehungen des Unternehmens und seiner Partner voraus.

Im Innenverhältnis auf der Ebene gesellschaftsrechtlicher Strukturen jedoch hat die wichtigste Änderung und der Interessenausgleich mit den größten Auswirkungen zu geschehen: die Entflechtung der Unternehmensbeziehungen zu den

Alt-Aktionären und die Veränderung des Kreises der Altgesellschafter des Unternehmens durch Aufnahme neuer Aktionäre beziehungsweise Investoren. Originäres Ziel der neuen Aktionäre ist die Beschränkung des Einflusses unerwünschter oder unkontrollierbarer Mehrheiten, folglich die weitgehende Beschneidung des Einflusses der Alt-Aktionäre. Reziprok ist das sensibelste Anliegen der Alt-Aktionäre die maximale Einflusswahrung und der Schutz ihrer Interessensphären. Letzteres zu erreichen, ohne die Umsetzung der Primärzielsetzungen zu gefährden, mithin die Akzeptanz des Marktes und der Investoren zu gefährden, erfordert zwingend den Ausgleich widerstreitender Interessen.

2. Zielkonflikte im Zusammenhang mit Möglichkeiten der Einflussnahme

Ohne Wahrung der Interessen und des Einflusses der Alt-Aktionäre würde eine Vielzahl von Unternehmen nicht an die Börse geführt werden. Korrespondierend ist das Investorenanliegen nach Verhinderung unerwünschter Mehrheiten und nach Einflussnahme auf die Unternehmensentwicklung als Voraussetzung für deren Investitionsbereitschaft.

Rahmen und gleichzeitig Grundlage des vorzunehmenden Interessenausgleichs können nur die gesetzlichen Rahmendaten und Kreativität bei der Satzungsgestaltung sein. Der gesetzliche Rahmen wird im Wesentlichen durch das Aktiengesetz, das Börsengesetz, das Börsenzulassungsgesetz sowie die Richtlinien und Regelwerke der Deutschen Börse AG für den Amtlichen Handel und insbesondere für das Börsensegment Neuer Markt bestimmt.

Trotz der Regelungsdichte des Aktienrechts und der diversen Regelungswerke bestehen viele Gestaltungsmöglichkeiten, die Einflusswahrung der Alt-Aktionäre auf die Geschicke des Unternehmens bei und nach erfolgtem Börsengang zuverlässig, weitreichend und nachhaltig abzusichern.

3. Möglichkeiten der Einflusswahrung durch die Art der Ausgestaltung der begebenen Aktien

3.1 Organisation und Strukturierung von Mitgliedschaftsrechten, insbesondere von Stimmrechtsmehrheiten

3.1.1 Verteilung des Kapitals durch Begebung von Stammaktien und Emissionsquote

Zentraler Ausgangspunkt aller Überlegungen zur Wahrung des Einflusses der Alt-Aktionäre sind die aktienrechtlichen Organisationsstrukturen der Gesellschaft im Hinblick auf den Erhalt der Stimmenmehrheit. Interessen, die sich primär über die Ausübung zustehender Stimmrechte artikulieren, sind zu bündeln und zu strukturieren.

Wesentlicher Einfluss auf die Geschicke des Unternehmens wird über stimmenmehrheitliches, aktives Auftreten im Rahmen der Hauptversammlung ausgeübt. Da in der Hauptversammlung in der Regel nur Inhaber von Stammaktien stimmberechtigt sind, ist es evident, dass der Einfluss der Alt-Aktionäre dann gesichert ist, wenn diese in der Hauptversammlung über die jeweils erforderliche Stimmenmehrheit verfügen. Hinsichtlich der jeweils erforderlichen Stimmenmehrheit in der Hauptversammlung werden die verschiedenen Aspekte der Auswirkung tatsächlicher Präsenz der Aktionäre auf der Hauptversammlung vorliegend nicht berücksichtigt.

Es gilt daher, die in der Regel zur allgemeinen Gestaltung erforderliche einfache Mehrheit sowie die für Grundlagenentscheidungen, zum Beispiel Kapitalmaßnahmen oder Satzungsänderungen, erforderliche qualifizierte Mehrheit einer genaueren Betrachtung zu unterziehen. Ein Lösungsansatz bietet sich der Gestalt an, dass bei ausschließlicher Begebung von Stammaktion lediglich 25 Prozent der Stammaktien emittiert werden, was den Alt-Aktionären eine Dreiviertelmehrheit auf beinahe allen Entscheidungsebenen sichert. Abweichend hiervon würde es zur Aufrechterhaltung einer Sperrminorität in Händen der Alt-Aktionäre bei Grundlagenbeschlüssen, insbesondere bei Kapitalerhöhungen, ausreichen, wenn mindestens 25 Prozent der Stammaktien plus einer Aktie in Händen der Alt- Aktionäre verblieben.

Der vorstehende Lösungsansatz in Form der Begebung von lediglich 25 Prozent der Stammaktien würde in erheblichem Maße mit den verfolgten Primärzielen kollidieren. Denn eine geringe Anzahl emittierter Aktien hat selbstredend einen geringen Emissionserlös zur Folge.

Des Weiteren bringt eine geringe Anzahl emittierter Aktien eine geringe Liquidität der Unternehmensanteile mit sich. Dies macht die emittierten Aktien für potenzielle Investoren, insbesondere für institutionelle Anleger, unattraktiv, mit der Folge, dass seitens der Investoren nur ein geringer Emissionspreis gezahlt wird, der einen ebenfalls geringen Emissionserlös bedingt.

Eine geringe Emissionsquote, also eine lediglich geringe Anzahl emittierter Aktien, ist ein nach außen erkennbares untrügliches Anzeichen dafür, dass die Alt-Aktionäre ihren Einfluss in maximaler Weise zu bewahren trachten. Da der beherrschende Einfluss der Alt-Aktionäre reziprok zwingend eine Beschneidung des Einflusses von potenziellen Investoren beziehungsweise von neuen Aktionären zur Folge hat, wächst bei einer geringen Emissionsquote naturgemäß und nachvollziehbar die Skepsis der Investoren, insbesondere der institutionellen Anleger. Diese werden sich im Rahmen des vorstehenden Szenarios mit einer Investition in die emittierten Aktien zurückhalten. In der Konsequenz führt diese Skepsis dann zu einem geringen Emissionspreis, verbunden mit einem geringen Emissionserlös als ungewolltem Ergebnis.

Lösungsansätze zu vorstehender Problemstellung stellen sich dar wie folgt:

(1) Es werden zwischen 25 und 50 Prozent minus einer Aktie der Stammaktien eines Unternehmens emittiert. Dies dokumentiert dem Investor einerseits, dass sich die Alt-Aktionäre auch weiterhin für das nunmehr börsennotierte Unternehmen engagieren werden und gleichzeitig einen zumindest nicht unwesentlichen Einfluss auf die Geschicke des Unternehmens gewahrt wissen wollen. Andererseits dokumentiert eine so gestaltete Emission aber auch die Bereitschaft der Alt-Aktionäre, den neuen Aktionären beziehungsweise Investoren die Möglichkeit zur Mitwirkung einzuräumen und entsprechende Rechte zu vermitteln.

(2) Bei gleichzeitiger breiter Streuung der emittierten Aktien wird – zumindest der anfänglichen – Bündelung von Stimmrechten und der Bildung von Stimmpaketen entgegen gewirkt.

Dass letztere Maßnahme keinen eigenständigen, nachhaltigen Schutz der Einflusswahrung der Alt-Aktionäre bietet, sondern lediglich ergänzendes Vorgehen darstellt, ist evident.

3.1.2 Mehrstimmaktien

Nachdem – seit in Kraft treten des KonTraG – Mehrstimmaktien, also Aktien, die pro Anteil mehr als nur eine Stimme im Sinne des „one share, one vote" verleihen, verboten sind, erübrigt sich deren Diskussion.

3.1.3 Gestaltungsvarianten zur Strukturierung von Mehrheitserfordernissen

Komplexe Möglichkeiten der Wahrung und Sicherung der Stimmrechtsmehrheiten bietet der Freiraum bei der Ausgestaltung der Satzung.

(1) Senkung von Mehrheitserfordernissen

Einen ausgezeichneten Ansatzpunkt zur Gestaltung der Satzung in Hinblick auf eine Stärkung des Einflusses der Alt-Aktionäre bietet § 179 Abs. 2 AktG, wo es im Hinblick auf Änderungen der Satzung des Unternehmens heißt, dass, entgegen der üblichen Mehrheit von drei Vierteln des bei der Beschlussfassung vertretenen Grundkapitals, die Satzung eine andere Kapitalmehrheit bestimmen kann. Im Rahmen einer entsprechenden Satzungsgestaltung kann daher bestimmt werden, dass die einfache Mehrheit des bei der Beschlussfassung vertretenen Grundkapitals für Satzungsänderungen ausreichend ist. Dies hat zur Folge, dass Satzungsänderungen, wie sie beispielsweise die Kapitalerhöhung darstellt, ohne qualifizierte Mehrheit vorgenommen werden können.

(2) Abberufung von Mitgliedern des Aufsichtsrats

Gleiches bestimmt § 103 Abs. 1 AktG im Hinblick auf die Abberufung von Aufsichtsratsmitgliedern, die von der Hauptversammlung ohne Bindung an einen Wahlvorschlag gewählt worden sind. Entgegen dem gesetzlichen Erfordernis eines Beschlusses zur vorzeitigen Abberufung solcher Aufsichtsratsmitglieder, der einer Mehrheit, die mindestens drei Viertel der abgegebenen Stimmen umfasst, bedarf, ist bei entsprechender Satzungsänderung zulässigerweise die vorzeitige Abberufung von Mitgliedern des Aufsichtsrats mit einfacher Mehrheit möglich.

(3) Grenzen dispositiver Satzungsgestaltung und deren faktische Konsequenzen

Die Freiräume kreativer Satzungsgestaltung werden durch diverse zwingende gesetzliche Regelungen begrenzt. Ein solcher ist beispielsweise § 179 Abs. 2 Satz 1 AktG, der für eine Änderung des Unternehmensgegenstands nur eine größere Kapitalmehrheit als eine Mehrheit, die (nur) mindestens drei Viertel des bei der Beschlussfassung vertretenen Grundkapitals umfasst, zulässt. Weitere zwingende, nicht dispositive Regelungen bestehen beispielsweise gemäß § 186 Abs. 3 Satz 3 AktG (Ausschluss des Bezugsrechts für Alt-Aktionäre), § 202 Abs. 2 Satz 3 AktG (Vorstandsermächtigung zur Kapitalerhöhung im Rahmen genehmigten Kapitals), § 222 Abs. 1 AktG (Kapitalherabsetzung) oder § 293 Abs. 1 Satz 2 AktG (Zustimmung der Hauptversammlung zu Unternehmensverträgen).

Das entscheidende Problem bei der Senkung qualifizierter Mehrheitserfordernisse stellt sich jedoch erst zu einem sehr viel späteren Zeitpunkt, wenn eine Kapitalerhöhung durchgeführt wird, an der die Alt-Aktionäre (aus welchen Gründen auch immer) nicht teilnehmen. Dies führt zu einer Verwässerung der Anteile der Alt-Aktionäre mit dem Ergebnis, dass ihnen einerseits die einfache Mehrheit abhanden gekommen ist und sie andererseits auf Grund einer korrespondierenden Ausgestaltung der Satzung auch über keine Sperrminorität mehr verfügen. Die im Interesse der Alt-Aktionäre durchgeführte Senkung qualifizierter Mehrheitserfordernisse kehrt sich nunmehr gegen diese.

3.1.4 Gestaltungsmittel Vorzugsaktie

Durch die Gestaltungsvariante der Emission stimmrechtsloser Vorzugsaktien, die nach § 139 Abs. 2 AktG höchstens bis zu einem Gesamtnennbetrag in Höhe der Hälfte des Gesamtnennbetrags der Unternehmensanteile ausgegeben werden dürfen, wird neuen (Vorzugs-)Aktionären jegliches Stimmrecht vorenthalten.

Da Vorzugsaktien mit Ausnahme des Stimmrechts jedem Aktionär die gleichen ihm aus der Aktie zustehenden Rechte verleihen (vgl. § 140 Abs. 1 AktG), ist es eine unternehmerische Entscheidung, ob dieser Vorteil durch den auf die Vorzugsaktie zu leistenden Vorzugsbetrag adäquat erkauft werden kann.

(1) Grenzen der Begebung von Vorzugsaktien

Des Weiteren sind die einschlägigen Börsenzulassungsverordnungen für den Amtlichen Handel beziehungsweise das einschlägige Regelwerk für das Marktsegment Neuer Markt zu beachten. So schreibt beispielsweise Ziff. 23.4 I. RWNM (Regelwerk Neuer Markt) vor, dass zumindest im Rahmen der ersten Kapitalerhöhung zur Platzierung von Aktien (Börsengang beziehungsweise IPO) im Marktsegment des Neuen Marktes zwingend stimmberechtigte Stammaktien emittiert werden müssen.

(2) Lösungsansätze: Stimmrechtsmehrheit versus Kapitalbindung

Der sich anbietende Lösungsansatz besteht aus einer Kombination der Emission von stimmberechtigten Stammaktien mit der Emission stimmrechtsloser Vorzugsaktien.

Sicherung der Dreiviertel-Stimmrechtsmehrheit

Soll eine Dreiviertelmehrheit gesichert werden, so sollen vorbehaltlich der jeweiligen Zulassungsverordnungen beziehungsweise des einschlägigen Regelwerkes gemäß § 139 Abs. 2 AktG 50 Prozent des Grundkapitals als stimmrechtslose Vorzugsaktien emittiert werden. Die verbleibenden 50 Prozent des Grundkapitals sind als stimmberechtigte Stammaktien zu begeben.

Behalten die Alt-Aktionäre nunmehr lediglich relative 75 Prozent des 50-prozentigen stimmberechtigten Grundkapitals, also absolute 37,5 Prozent des gesamten Grundkapitals in Form von stimmberechtigten Stammaktien, so sichern sie sich die qualifizierte Stimmrechtsmehrheit. Relativ 25 Prozent des 50-prozentigen stimmberechtigten Grundkapitals beziehungsweise 12,5 Prozent des Gesamtkapitals würden den neuen Aktionären beziehungsweise Investoren angeboten und entsprechend emittiert werden.

Fazit

Im Ergebnis verbliebe bei einer Kapitalbindung von lediglich 37,5 Prozent des Grundkapitals die satzungsändernde Dreiviertelmehrheit bei den Alt-Aktionären. In diesem Falle würden sich die Anteile am Kapital derart verteilen, dass 37,5 Prozent der Stämme bei den Alt-Aktionären verblieben, 12,5 Prozent des Kapitals in Form von Stämmen sowie 50 Prozent des Kapitals als stimmrechtslose Vorzugsaktien ebenfalls in Streubesitz gelangen würden. Hinsichtlich der Anteilsverteilung der Stimmrechte würden 75 Prozent der Stimmrechte bei den Alt-Aktionären verbleiben und lediglich 25 Prozent in Streubesitz gelangen.

Sicherung der einfachen Stimmrechtsmehrheit

Eine weitere Gestaltungsvariante würde sich derart darstellen, dass im Ergebnis den Alt-Aktionären die einfache Mehrheit der Stimmrechte vermittelt wird. In diesem Falle würde in Übereinstimmung mit § 139 Abs. 2 AktG die Hälfte des Kapitals in Form von stimmrechtslosen Vorzugsaktien den Investoren angeboten werden sowie 25 Prozent des Kapitals minus einer Aktie in Form von stimmberechtigten Stämmen. 25 Prozent zuzüglich einer Stammaktie würden bei den Alt-Aktionären verbleiben.

Fazit

Auf diese Weise würde die einfache Mehrheit bei den Alt-Aktionären verbleiben. Kritisch wirkt sich diese Variante zu Lasten der Alt-Aktionäre dann aus, wenn nach § 140 Abs. 2 AktG die emittierten Vorzugsaktien stimmberechtigt werden, weil die wirtschaftliche Lage des Unternehmens die gesetzeskonforme Bezahlung des auf die Vorzüge entfallenden Vorzugsbetrages nicht zulässt. In diesem Falle würden die emittierten Vorzugsaktien ihren Inhabern so lange Stimmrecht verleihen, bis sämtliche rückständigen Vorzugsbeträge geleistet sind.

3.2 Einflusswahrung durch Erschwerung der Aktienübertragung mittels Begebung vinkulierter Namensaktien

Die Emission vinkulierter Namensaktien stellt ein massives Instrument zur Einflussnahme auf die Zusammensetzung des Aktionärskreises, zur Absicherung von Machtpositionen und Einfluss-Sphären sowie zur Abwehr eines Unfriendly Takeover dar. Die Emission vinkulierter Namensaktien bedeutet die ausschließliche Emission von Namensaktien, deren Übertragbarkeit gemäß konkreter Satzungsbestimmung von der Zustimmung der Gesellschaft abhängig gemacht wird, vgl. § 68 Abs. 2 AktG.

Die Emission vinkulierter Namensaktien ist ein adäquates Mittel zum Schutz vor Überfremdung des Aktionärskreises, auch im Falle etwaiger Kapitalerhöhungen, da auch in diesem Falle das Zustimmungserfordernis der Gesellschaft gilt. Des Weiteren werden durch Einsatz dieser Aktienart bestehende Beteiligungsverhältnisse aufrecht erhalten und die Bildung von Mehrheitspositionen durch Zusammenschluss einzelner Mitaktionäre verhindert.

Nach § 68 Abs. 2 AktG ist der Vorstand der Gesellschaft für die zu erteilende Zustimmung zuständig, sofern nicht die Satzung bestimmt, dass der Aufsichtsrat oder die Hauptversammlung hierüber beschließt.

Darüber hinaus kann die Satzung auch konkrete Gründe bestimmen, aus denen die Zustimmung verweigert werden darf.

Dem ersten Eindruck nach gewährt die vinkulierte Namensaktie folglich einen umfassenden Alt-Aktionärsschutz, da im Falle einer Aktienübertragung nicht nur die Zustimmung der Gesellschaft einzuholen ist, sondern die Übertragung selbst auch bei der Gesellschaft anzumelden ist. Dies ist insbesondere dann problematisch, wenn der Vorstand oder das satzungsgemäß zuständige Organ (Aufsichtsrat beziehungsweise Hauptversammlung) die Zustimmung versagt.

Unabhängig von der Frage, ob im Einzelfall die Zustimmung versagt werden kann oder darf, weil die Satzung zu der konkreten Zustimmungskonstellation schweigt oder unvollständig ausführt oder fraglich ist, in wie weit der Versagungskatalog abschließend oder beispielhaft ist, erschwert oder schließt das Zustimmungsprozedere den liquiden Handel vinkulierter Namensaktien quasi aus.

Zwar lässt sich der Ermessensspielraum im Hinblick auf die Erteilung der erforderlichen Zustimmung dadurch einschränken, dass ein abschließender Zustimmungs- oder Versagungskatalog in die Satzung aufgenommen ist, der keine Ermessens- und Abwägungsentscheidungen zulässt, sondern ausschließlich präzise beschriebene Konstellationen erfasst. Andernfalls ist die Frage nach der zu erteilenden Zustimmung immer in das pflichtgemäße Ermessen des zuständigen Gesellschaftsorgans gestellt. Dieses hat letztlich über die Wirksamkeit eines Aktientransfers zu entscheiden. Ein liquider Handel kann mit derartigen Papieren folglich nur bedingt gewährleistet werden.

Des Weiteren stellt sich als problematisch dar, dass vinkulierte Namensaktien in die Konkursmasse fallen und im Übrigen die Pfändung in vinkulierte Aktien zulässig ist.

Im Ergebnis ist der durch die vinkulierte Namensaktie gewährte Schutz also sehr fraglich; dies vor allem auch auf Grund der Umgehungsmöglichkeiten nach § 134 Abs. 3 AktG, wonach Stimmrechtsvollmachten über eine Bündelung von Stimmrechten zu Mehrheitspositionen führen, ohne dass die Eigentumsrechte an den jeweiligen Namensaktien sich geändert hätten beziehungsweise dass Zustimmungsprozedere aktiviert worden wäre. Gleiches gilt für zulässige Stimmbindungsverträge zwischen den verschiedenen Inhabern vinkulierter Namensaktien.

Abgesehen von den Spezifika und Eigenarten der vinkulierten Namensaktie, die sowohl erhebliche Vor- aber auch Nachteile mit sich bringen, wird die vinkulierte Namensaktie den Erfordernissen des Marktes nicht gerecht. Wie vorstehend bereits beschrieben, muss der Anteilschein ohne Verzögerung liquide gehandelt werden können. Vor diesem Hintergrund gestatten die §§ 38 Abs.1 Nr. 1b BörsG in Verbindung mit 5 Abs. 2 Nr. 1 BörsZulV die Zulassung zum amtlichen Handel nur dann, wenn das Zustimmungserfordernis für die jeweilige Aktienübertragung beziehungsweise das Zustimmungsprozedere selbst den Börsenhandel nicht beeinträchtigt, mithin ein liquider Handel gewährleistet ist. Sind seitens der Gesellschaft nicht die entsprechenden Strukturen geschaffen, um dieser Prämisse gerecht zu werden, kann die Börse eine erteilte Zulassung im Problemfall jederzeit widerrufen.

Bezüglich der Begebung vinkulierter Namensaktien lässt sich abschließend festhalten, dass diese für Investoren inakzeptabel und am Markt nicht durchsetzbar ist. Die Liquidität und die Fungibilität des Handels der entsprechenden Anteilsscheine ist nicht gewährleistet.

3.3 Entsenderechte

Die Hauptversammlung kann weder dem Aufsichtsrat noch dem Vorstand Weisungen erteilen. Der Besitz der Stimmrechtsmehrheit in der Hauptversammlung ist daher kein Garant für die Sicherstellung und Wahrung von Interessensphären. Von besonderer Bedeutung sind somit die Schaffung von Strukturen zur Einflussnahme auf den Aufsichtsrat und den Vorstand.

Ein wirkungsvolles Instrument zur Wahrung des Einflusses der Alt-Aktionäre ist daher die Schaffung so genannter Entsendungsrechte. Nach § 101 Abs. 2 AktG kann das Recht, Mitglieder in den Aufsichtsrat zu entsenden, nur durch die Satzung und nur für bestimmte Aktionäre oder für die jeweiligen Inhaber bestimmter Aktien begründet werden. Diese Entsenderechte stellen Sonderrechte im Sinne des § 35 BGB dar.

Die Gewährung oder Schaffung von satzungsmäßigen Entsenderechten sollte im Idealfall zur vollständigen Nutzung des hierdurch gewonnenen Handlungsspielraums durch die Erteilung entsprechender Handlungsrichtlinien an die jeweils Entsandten ergänzt werden.

Im Falle einer Stimmrechts- oder Poolbindung mehrerer Anteilspositionen sollte die das Entsendungsrecht verkörpernde Namensaktie mit übertragen werden.

Die Stärke des Entsendungsrechts als Gestaltungsmittel resultiert daraus, dass dieses Sonderrecht nur durch eine Satzungsänderung oder durch Zustimmung des Entsendeberechtigten entzogen werden kann.

Einschränkungen außerhalb der Satzung erfahren Entsendungsrechte lediglich durch § 101 Abs. 2 Satz 4 AktG, wonach Entsendungsrechte insgesamt höchstens für ein Drittel der sich aus dem Gesetz oder der Satzung ergebenden Zahl der Aufsichtsratsmitglieder der Aktionäre eingeräumt werden können, und im Übrigen die den Entsandten mitgegebenen Richtlinien nicht mit allgemeinen Sorgfaltspflichten der Aufsichtsratsmitglieder kollidieren dürfen.

Im Ergebnis stellen Entsenderechte ein starkes Mittel der Einflussnahme dar.

4. Stärkung der Organe Aufsichtsrat und Vorstand

4.1 Aufsichtsrat

Wenn der Aufsichtsrat bereits als Forum der Einflussnahme verstanden wird, sollte dessen Position im Gesamtgefüge der Gesellschaftsorgane weiter gestärkt werden.

(1) Zustimmungspflichtige Geschäfte und Geschäftsordnung des Vorstands

Der Aufsichtsrat wird zum Schwergewicht im Gesamtgefüge der Organe, wenn die operative Unabhängigkeit des Vorstands durch die Erweiterung des Katalogs zustimmungspflichtiger Geschäfte eingeschränkt wird. Die Erweiterung kann durch entsprechende Satzungsgestaltung erfolgen oder im Wege des Erlasses einer Geschäftsordnung des Vorstands, die vom Aufsichtsrat verfasst und erlassen wird. Im Ergebnis werden durch derartige Maßnahmen die Kompetenzen und der operative Handlungsspielraum des Vorstands erheblich beschränkt und die Kanäle der Einflussnahme der Hauptversammlung beziehungsweise des Aufsichtsrats erheblich gestärkt. Die Stärke dieses Instrumentariums ergibt sich daraus, dass die vom Aufsichtsrat zu einer Handlung des Vorstands verweigerte Zustimmung gemäß § 111 Abs. 4 AktG nur durch die Zustimmung der Hauptversammlung ersetzt werden kann, die mit einer Mehrheit von mindestens drei Viertel der abgegebenen Stimmen beschlossen werden muss. Dieses Mehrheitserfordernis kann nicht geändert werden.

Weniger stark ausgeprägt ist der sich aus dem Katalog zustimmungspflichtiger Geschäfte ergebende Schutz, wenn dieser Katalog nicht in der Satzung, sondern lediglich in der Geschäftsordnung des Vorstands verankert ist. Auf Grund der Ein-Drittel-Beschränkung nach § 101 Abs. 2 Satz 4 AktG ergeben sich die zur Abänderung der Geschäftsordnung des Vorstands im Aufsichtsrat erforderlichen Mehrheiten wesentlich leichter als eine satzungsändernde Dreiviertelmehrheit in der Hauptversammlung.

(2) Berichtspflichten des Vorstands und Informationsrechte des Aufsichtsrats

Des weiteren können in der Satzung die Berichtspflichten des Vorstands beziehungsweise korrespondierend das Informationsrecht des Aufsichtsrats nach § 90 AktG erheblich erweitert werden. Dieser Bereich wird hinsichtlich seiner Gestaltungsmöglichkeiten häufig unterschätzt und vernachlässigt. Umfassende Informationspflichten des Vorstands an den Aufsichtsrat verbessern die Reaktionsmöglichkeiten des Aufsichtsrats erheblich. Die umfassende Regelung von Berichtspflicht des Vorstands beziehungsweise Informationsrecht des Aufsichtsrats ist nicht zwingend in der Satzung zu verankern. Ausreichend ist die vom Aufsichtsrat zu erlassende Geschäftsordnung des Vorstands.

4.2 Vorstand

Auch auf der Ebene des Gesellschaftsorgans „Vorstand" ergeben sich, wenngleich sehr viel geringere, Gestaltungsmöglichkeiten. Vor dem Börsengang sollte seitens der Alt-Aktionäre versucht werden, einen „eigenen" Vertreter zum Allein-Vorstand beziehungsweise zum Vorsitzenden des Vorstands zu machen. Nach § 77 Abs. 1 AktG ist eine Satzungsregelung dahin gehend zulässig, dass bei Stimmgleichheit der Mitglieder des Vorstands die Stimme des Vorsitzenden ausschlaggebend ist, jedoch keinesfalls gegen die Mehrheit der Mitglieder des Vorstands.

Die satzungsmäßige Implementierung der Position eines Vorstandsvorsitzenden birgt jedoch auch perspektivische Risiken, die nicht unterschätzt werden sollten. Sobald sich die Stimmrechtsverhältnisse ändern, wird die mächtige Position des Vorstandsvorsitzenden im Zweifel nicht mehr von einem „eigenen" Vertreter wahrgenommen werden, sondern vom Vertreter einer anderen Mehrheit.

Gleiches gilt für die Schaffung der Position des Allein-Vorstands. Auch diese Gestaltung gewährt lediglich Sicherheit der Einflusswahrung auf Zeit, da sich nach einem Börsengang die allgemeinen Stimmrechtsmehrheiten perspektivisch ändern.

Ebenfalls nur „Sicherheit" auf Zeit gewährleistet die Einräumung von (unüblicher) Alleinvertretungsberechtigung zu Gunsten des (vor-)bestimmten Alleinvorstands.

5. Organisation einheitlichen Stimmverhaltens durch Bündelung und Strukturierung von Interessen auf der Gesellschafterebene

Zur Erzielung dauerhafter Wirksamkeit der verschiedenen Möglichkeiten der Wahrung der Interessen der Alt-Aktionäre ist grundsätzlich eine Bündelung und Koordination von (Alt-)Aktionärsrechten und eine entsprechende Abstimmung dieser Interessensphären zwingend geboten. Hierzu ist insbesondere ein einheitliches Stimmverhalten sicherzustellen und die Verfügungsmöglichkeiten der einzelnen (Alt-)Aktionäre über die jeweils von ihnen innegehaltenen Gesellschaftsanteile zu beschränken.

5.1 Stimmbindungsverträge und Stimmrechtsvollmachten

Um die vorgenannten Ziele zu erreichen, bestehen diverse Gestaltungsvarianten von unterschiedlicher rechtlicher Verbindlichkeit. Vom rechtlich unverbindlichen Gentlemen's Agreement gelangt man schnell zu einer rechtlich zulässigen und verbindlichen schuldrechtlichen Vereinbarung über eine einheitliche Stimmrechtsausübung. Im Sinne einer worst-case-Betrachtung ist jedoch vertragswidriges Stimmverhalten im Außenverhältnis wirksam. Lediglich schuldrechtliche Vereinbarungen sollten daher unbedingt Sanktionen beinhalten, die im Falle des Vertragsbruchs greifen. Allgemeine Sanktionsmaßstäbe sind erfahrungsgemäß jedoch kaum durchsetzbar, da in den seltensten Fällen der Nachweis der Kausalität geführt werden kann. Einzig sinnvolle Sanktion für den Fall des Vertragsbruchs ist daher die Vereinbarung einer entsprechenden Vertragsstrafe. Hier allerdings sind die Grenzen des Gestaltungsspielraums des § 136 Abs. 2 AktG zu beachten, wonach die Verpflichtung zur Stimmrechtsausübung nach Weisung oder nach Vorschlag der Gesellschaft, des Vorstands, des Aufsichtsrats der Gesellschaft oder eines abhängigen Unternehmens nichtig ist.

Als äußerst wirksames Mittel hat sich in der Praxis jedoch der schuldrechtlich vereinbarte Stimmenpool bei gleichzeitiger Übertragung des Stimmrechts auf einen Treuhänder erwiesen. Der bevollmächtige Treuhänder tritt im Außenverhältnis im eigenen Namen, jedoch auf Rechnung des Pools auf. Gleichzeitig wird in dieser Variante ein Veräußerungsverbot der von den jeweiligen Anteilsinhabern gehaltenen Anteilsscheine (schuldrechtlich) vereinbart.

Problematisch ist hier wiederum die Bindungswirkung der schuldrechtlich getroffenen Vereinbarung. Diese ist letztlich wohl nur durch die Vereinbarung entsprechender Vertragsstrafen für den Fall des Vertragsbruchs herzustellen.

Daneben erweist es sich regelmäßig als problematisch, dass gerade die schuldrechtlich vereinbarten Veräußerungsverbote Ausnahmeregelungen beinhalten müssen, die Sondersituationen und -konstellationen, wie den Eintritt der Erbfolge, die Auflösung oder Beendigung einer bestehenden Gütergemeinschaft, den Konkursfall oder Pfändungsmaßnahmen regeln.

5.2 Dinglich gesicherte Poolvereinbarungen

Aus diesseitiger Sicht einzig adäquates und zuverlässiges Instrument zur Erzielung eines einheitlichen Stimmverhaltens und einer wirksamen Beschränkung der Verfügungsmöglichkeiten der einzelnen (Alt-)Aktionäre über deren Geschäftsanteile ist die Bildung eines Stimmpools durch Gründung einer Gesellschaft. Hierbei werden die Aktien sämtlicher Mitglieder der Gesellschaft auf die Gesellschaft übertragen. Im Gegenzug beziehungsweise im Tausch gegen die auf die Gesellschaft übertragenen Aktien erhalten die übertragenden (Alt-)Aktionäre Anteile an der Poolgesellschaft. Nachdem Aktionär nunmehr die Gesellschaft ist, ist die einheitliche Stimmrechtsausübung gesichert. Im Übrigen sind Veräußerungs- beziehungsweise Verfügungsmöglichkeiten der ehemaligen Alt-Aktionäre und nunmehrigen Pool-Gesellschafter ausgeschlossen, weil die jeweiligen Aktien dinglich auf die Pool-Gesellschaft übertragen sind. Die einheitliche Stimmrechtsausübung und die ausgeschlossenen Verfügungsmöglichkeiten sind nun nicht mehr schuldrechtlich vereinbart, sondern dinglich gesichert.

6. Zusammenfassung

6.1 Interessenwahrung in der börsenfähigen Rechtsform AG

Zusammenfassend lässt sich festhalten, dass auf Basis der AG-Strukturen sich die Kombination des oben dargestellten Instrumentariums als äußerst adäquat, wirksam, nachhaltig und zuverlässig für die Wahrung des Einflusses der Alt-Aktionäre darstellt.

6.2 Kombinationsmöglichkeiten

Die satzungsmäßigen Stimmrechtsmehrheiten werden derart gestaltet, dass 50 Prozent des Kapitals als Vorzüge emittiert werden und 50 Prozent des Kapitals als Stämme, wobei 37,5 Prozent des Kapitals in Form von Stämmen bei den Alt-Aktionären verbleiben. In diesem Falle wäre die Dreiviertel-Stimmrechtsmehrheit der Alt-Aktionäre gesichert. Alternativ verbleiben 25 Prozent des Kapitals in Stämmen zzgl. einer Stammaktie bei den Alt-Aktionären. In diesem Szenario würde die einfache Stimmrechtsmehrheit bei den Alt-Aktionären verbleiben.

Des Weiteren koordinieren die Alt-Gesellschafter ihre Rechte dahingehend, dass eine Pool-Gesellschaft gegründet wird, auf welche die dingliche Übertragung der jeweiligen Aktien im Tausch gegen die Übernahme von Anteilen an der Pool-Gesellschaft erfolgt. Diese Pool-Gesellschaft nimmt ein satzungsgemäß bestimmtes Entsendungsrecht von Vertretern in den Aufsichtsrat wahr.

Der Katalog, der satzungsgemäß zustimmungsbedürftigen Rechtsgeschäfte des Vorstands wird umfassend geregelt. Ergänzt und ausgestattet wird der Katalog der zustimmungsbedürftigen Rechtsgeschäfte durch die vom Aufsichtsrat erlassene Geschäftsordnung des Vorstands.

Im Rahmen der vom Aufsichtsrat erlassenen Geschäftsordnung für den Vorstand werden die Berichtspflichten des Vorstands nach § 90 AktG komplex ausgestaltet und erweitert.

Es wird auf Grund entsprechender Satzungsgestaltung für einen starken Aufsichtsrat ein „eigener" Vertreter in den Vorstand gewählt, und dieser wird Vorsitzender des Vorstands und im Übrigen mit satzungsgemäß verankerten (vgl. § 77 Abs. 1 AktG) und durch die Geschäftsordnung des Vorstands abgesicherten Sonderrechten bis hin zur Einzelvertretungsberechtigung ausgestattet.

Auf diese Weise werden in idealer Weise die divergierenden Interessen der Alt-Aktionäre nach Einflusswahrung und Realisierung ihrer Primärzielsetzungen einerseits und andererseits der Investoren nach Transparenz, Einflussnahme und Mitgestaltung sowie die Erfordernisse des Marktes ausgeglichen.

6.3 Abgrenzung zwischen AG und KGaA

Das aktienrechtliche Instrumentarium und die strukturellen Möglichkeiten der AG, die Interessenwahrung der Alt-Aktionäre hinsichtlich der Umsetzung der Primärzielsetzungen nicht an der Akzeptanz der Investoren und des Marktes scheitern zu lassen, ist zwar begrenzt, aber bei Ausschöpfung der gestalterischen Freiräume sehr effizient.

Die Möglichkeiten der Interessenwahrung in der Rechtsform der Kommanditgesellschaft auf Aktien (KGaA) sind zu Gunsten der Alt-Aktionäre umfassender und vielschichtiger. Trotzdem verhindern nachteilige Strukturen in der Praxis die breite Durchsetzbarkeit dieser börsenfähigen Rechtsform.

(1) Strukturmerkmale der KGaA

Die Rechtsform der KGaA bietet besonders weit gehende und zuverlässige Möglichkeiten der Absicherung der Interessen und des Einflusses der Alt-Aktionäre, vor allem mittels der Übernahme der Geschäftsführung durch den Komplementär und der fehlenden Personalhoheit des mitbestimmten Aufsichtsrats.

Trotzdem ist die KGaA an den Börsenplätzen dieser Welt sehr gering verbreitet. Dies liegt vornehmlich daran, dass bis zum Beschluss des BGH in 1997 die persönliche Haftung des Komplementärs als natürliche Person zwingend war. Erst seither dürfen auch Kapitalgesellschaften einziger vollhaftender Komplementärgesellschafter einer KGaA sein.

(2) Interessenwahrung der Alt-Aktionäre in der KGaA versus Investorenerwartung/Markterfordernisse

Darüber hinaus haben diverse Anforderungen des Marktes einer weiten Verbreitung der Rechtsform der KGaA entgegengewirkt:

- Zustimmungsvorbehalte des Aufsichtsrats sind nicht möglich. Es fehlt daher ein Kontrollorgan. Der geschäftsführende Komplementär ist lediglich an Weisungen der Hauptversammlung gebunden.

- Die gesetzlichen Zustimmungserfordernisse zu außerordentlichen Geschäften des geschäftsführenden Komplementärs können in der Satzung ausgeschlossen werden.

- Die Mitwirkung der Hauptversammlung an Geschicken des Unternehmens ist auf den Katalog des § 119 AktG beschränkt, wobei jede Beschlussfassung der Zustimmung des geschäftsführenden Komplementärs bedarf (vgl. § 285 AktG).

- Wenn die Geschäftsführung der KGaA von der Komplementär-GmbH übernommen wird, ist die Bestellung und Abberufung der KGaA-Geschäftsführung der Hauptversammlung entzogen. Die GmbH als juristische Person ist immer die Geschäftsführerin der KGaA. Wer innerhalb der GmbH jedoch die Organfunktion des Geschäftsführers (immer natürliche Person) übernimmt, bestimmen die Gesellschafter der GmbH und nicht die Kommanditisten der KGaA.

- Weisungen an die Geschäftsführer der geschäftsführenden Komplementär-GmbH erteilen nur die GmbH-Gesellschafter und nicht die KGaA-Kommanditisten.

- Der Aufsichtsrat ist weder berechtigt, eine Geschäftsordnung für die Geschäftsführung zu erlassen, noch den Jahresabschluss festzustellen, noch Einfluss auf die Geschäftsführung zu nehmen.

Abschließend ist festzuhalten, dass in der Rechtsform der KGaA zwar die Interessen und der Einfluss der Alt- und/oder Familienaktionäre erheblich besser gewahrt und gesichert werden können als in der alternativen börsenfähigen Rechtsform der AG. Angesichts der Tatsache, dass die Rechte der Hauptversammlung der KGaA auf minimale Mitwirkungs- und Überwachungsrechte reduziert sind, und im Übrigen alle wesentlichen Beschlüsse und Maßnahmen der Zustimmung des Komplementärs bedürfen, findet diese börsenfähige Rechtsform nur bedingt Akzeptanz am Markt. Die Möglichkeiten der Interessenwahrung in den Strukturen der KGaA sind einseitig und dienen nicht dem Interessenausgleich. Gerade im Ausland ist daher ein überproportionaler Erläuterungs- und Aufklärungsaufwand zu betreiben, um das Interesse potenzieller Investoren zu wecken.

6.4 Schlussbemerkung

Die AG ist im Hinblick auf den vorbeschriebenen Ausgleich divergierender Interessenlagen die akzeptablere, praktikablere und funktionalere börsenfähige Rechtsform im Vergleich zur KGaA. Umfassende Gestaltungsmöglichkeiten zur Wahrung der Interessen und des Einflusses der Alt-Aktionäre bestehen sowohl auf der Gesellschafts- wie auf der Gesellschafterebene.

Werner Huttner

Erfahrungsbericht: Kosten- und Zeitbelastung eines Going Public für den Vorstand

Der Börsengang ist einer der markantesten Meilensteine in der Entwicklung eines Unternehmens. Er stellt die Eigenkapitalbasis des Unternehmens auf eine komplett neue Grundlage. Für die meisten Unternehmen liefert er die benötigten Mittel, um das geplante weitere Unternehmenswachstum zu finanzieren.

Natürlich ist ein Börsengang kein Spaziergang sondern ein hartes Stück Arbeit. Bei der infor business solutions AG war über ein Jahr intensiver Vorbereitungen nötig, um das IPO (Initial Public Offering) erfolgreich durchzuführen.

Alles begann mit einer Idee. Die infor war als Softwarehaus und Anbieter einer betriebswirtschaftlichen Komplettlösung eines der am stärksten wachsenden IT-Unternehmen in Deutschland. Der Umsatz konnte bisher durchschnittlich alle zwei Jahre verdoppelt werden. Der Markt für betriebswirtschaftliche Komplettlösungen gilt auch in der Zukunft als Wachstumsmarkt. infor hatte es sich zum Ziel gesetzt, Marktführer im Mittelstand zu werden, mittelfristig in Europa und langfristig sogar weltweit. Aber die erforderlichen, ständig steigenden Investitionen in Produktinnovationen und Marketing konnten von den Inhabern allein nicht mehr finanziert werden.

Neue Themen wie Internet, e-Commerce, Customer Relationship Management (CRM) oder Supply Chain Management (SCM) tangierten direkt das Produktportfolio und eröffneten infor die Chance, sich neue, riesige Wachstumsmärkte zu erschließen. Eine weitere Perspektive öffnete sich durch die Internationalisierung. Im Marktsegment der Lösungen für den Mittelstand gab und gibt es bis heute keinen Global Player, aber die Globalisierung zeichnet sich ab. Auf Grund der guten Ausgangslage im deutschen Markt sah infor die Chance, zum ersten Global Player in diesem Segment aufzusteigen und sich zum Marktführer weltweit zu entwickeln. Doch woher konnten die Mittel zur Finanzierung all dieser Vorhaben kommen?

Der erste Schritt zum Börsengang liegt im Überlegen und Diskutieren möglicher Finanzierungskonzepte. Welche Finanzierungsmöglichkeiten hat ein mittelständisches Softwarehaus? In vielen Diskussionen wurden die Alternativen erarbeitet und abgewogen. In mehreren Gespräche mit Banken und Finanzierungsinstituten wurden die Vorstellungen konkreter. Die Fremdfinanzierung stellte sich für ein Softwareunternehmen wie infor in Deutschland 1998 immer noch als äußerst schwierig heraus. Auch die Eigenkapitalbeschaffung über eine Privatplatzierung ist ab einer gewissen Größenordnung für private Investoren nicht mehr interessant.

Erste Gespräche mit Venture-Capital-Gebern waren sehr erfolgsversprechend. Die konkreten Angebote waren aber dann, vor allem was die Bedingungen an die Inhaber des Unternehmens betraf, nicht akzeptabel. Sehr bald schon zeichnete sich ab, dass es zum Going Public keine echte Alternative gab. Nach einigen wenigen Wochen stand also fest: infor geht an die Börse.

Das in Frage kommende Börsensegment war ebenfalls schnell gefunden. Als Plattform für innovative Wachstumswerte war der zu diesem Zeitpunkt seit gut einem Jahr existierende Neue Markt an der Frankfurter Wertpapierbörse ideal geeignet.

Nach dieser Vorentscheidung wurde ein Team für das IPO zusammengestellt. Bei einem der wichtigsten Projekte der Unternehmensgeschichte ist es selbstverständlich, dass die Vorbereitung zum Börsengang Chefsache ist. So wurde das Team mit dem Geschäftsführer Hubert Becker, dem Leiter Finanzen, Ludwig Augustin, und dem Firmengründer und Leiter Public Relations, Werner Huttner, als ständige Mitglieder besetzt. Zu diesem Zeitpunkt war allerdings niemandem so recht bewusst, dass der Zeitaufwand für dieses Projekt stetig steigen und in den letzten Wochen vor der Erstnotiz den Tag voll ausfüllen würde.

Schnell wurde den Teammitgliedern klar, dass infor zwar ein exzellentes Softwarehaus mit umfassendem Know-how ist und über viel Erfahrung im ERP-Umfeld verfügt, dass aber jegliches Wissen über ein IPO fehlte. Als erstes machte man sich also auf die Suche nach einem IPO-Berater. Da einige am Neuen Markt notierte Unternehmen zu den Kunden von infor zählen, konnte man sich bei der Geschäftsleitung dieser Unternehmen eingehend informieren. So erhielt man eine Liste von IPO-Beratern und deren Referenzen. In einem zügigen Auswahlverfahren entschied man sich für die Firma Dr. Wieselhuber & Partner.

In den ersten Gesprächen mit den IPO-Beratern wurde sehr schnell klar, dass beim Börsengang auch eine Menge rechtlicher Fragen geklärt werden müssen. Der angedachte Zeitrahmen für das Going Public war mit einem Jahr sehr eng gesetzt worden. Alle rechtlichen Fragen mussten also zügig und vor allem zuverlässig geklärt werden. Jede zeitliche Verzögerung, z.B. bei der Umwandlung der

GmbH in eine AG, hätte den Zeitplan gefährdet. Wir entschieden uns daher mit dem Anwaltsbüro Hoffmann Liebs Fritsch Ruhe für eine der renommiertesten Kanzleien in Sachen Aktienrecht. Rückblickend war dies sicherlich die richtige Entscheidung. Alle auftretenden offenen Fragen wurden inhaltlich korrekt, umfassend und vor allem sehr zeitnah geklärt und auf den Weg gebracht.

Durch den Börsengang standen aber auch im Bereich Finanzen größere Veränderungen an. So musste auf Grund von Vorschriften der Deutschen Börse die Bilanzierung auf IAS (International Accounting Standards) oder US-GAAP umgestellt werden. infor entschied sich für eine Bilanzierung nach IAS. Mit Dr. Bernd Rödl & Partner GmbH wurde eine in IAS erfahrene Wirtschaftsprüfungsgesellschaft mit der Erstellung und Prüfung der Bilanzen beauftragt. Sie erstellte dann den Jahresabschluss 1998. Um die Finanzdaten vergleichen zu können, wurden dabei auch die beiden vorangegangenen Bilanzen rückwirkend auf IAS umgestellt.

Als nächstes musste das Management seine Hausaufgaben machen und alles Wissenswerte über das Unternehmen zusammentragen und in einem Factbook zusammenfassen. Das Factbook gibt einen umfassenden Überblick über das eigene Unternehmen. Es ist erstaunlich, welche Fülle an Informationen es zu einem Unternehmen gibt – vor allem, wenn man das Unternehmen einmal mit den Augen eines möglichen Kapitalgebers sieht.

Das Factbook bringt alle Beteiligten auf den gleichen Informationsstand. Es dient aber gleichzeitig auch als Ausschreibungsunterlage für die Banken. Es soll ihr Interesse wecken und die Firma als attraktives Unternehmen darstellen.

Neben der Bestandsaufnahme und der Darstellung der Fakten und nackten Zahlen sollte ein Factbook auch die Planungen für die kommenden Jahre enthalten. Die Erstellung des Geschäftsplans erwies sich dabei am zeitintensivsten. Die strategischen Ziele sollten dabei klar herausgearbeitet und erläutert werden. Die Anleger wollen die Chancen des Unternehmens in der Zukunft bewerten können.

Das Factbook sollte detailliert zu folgenden Fragen Auskunft geben:

- Welche Umsatz- und Ertragsziele setzt sich die Unternehmensleitung kurz-, mittel- und langfristig?
- In welchem Markt bewegt sich das Unternehmen?
- Was bietet das Produkt, wodurch hebt es sich vom Mitbewerberprodukt ab?
- Wie ist aktuell die Stellung im Markt?
- Welche Zukunftschancen bieten sich dem Unternehmen in diesem Markt?
- Werden neue Märkte angegangen und welches Potenzial ist in diesen Märkten vorhanden?

Eine Menge Fragen. Die Antworten sollten akribisch erarbeitet und verständlich dargelegt werden. Wer hier Sorgfalt investiert, schafft eine gute Grundlage für die weiteren Schritte auf dem Weg zur Börse.

Das Factbook wird anschließend mehreren Banken mit der Anfrage nach der Betreuung beim Börsengang vorgelegt. Diese bewerben sich auf der Basis der überlassenen Unterlagen um das Lead-Management. Sie sehen also, wie wichtig das Factbook ist. Bei rund 200 Neuemissionen im Jahr wollen die Banken sich vor allem die Perlen herauspicken. Je umfassender und verständlicher sich das Unternehmen im Factbook präsentiert, umso attraktiver ist das Engagement für die Banken.

Die ausgewählten Banken werden dann zum Vorstellungsgespräch, dem so genannten Beauty-Contest, eingeladen. Zunächst stellt die Bank sich vor und berichtet über ihre Erfahrungen beim „An-die-Börse-bringen". Wichtig ist auch, ob die Bank das Unternehmen, seine Geschäftsidee und die Ziele verstanden hat. Nur so ist eine optimale gemeinsame Vorbereitung auf den Börsengang möglich. Am wichtigsten ist natürlich die Präsentation des Emissionskonzepts. Von Unternehmerseite sind bei der Vorstellung der Banken auf jeden Fall die Mitglieder des IPO-Teams dabei. Da es sich um eine der wichtigsten Entscheidungen auf dem Weg zum Börsengang handelt, sollten aber auch alle weiteren Vorstandsmitglieder mit einbezogen werden.

In unserem Fall waren sechs Banken in der engeren Auswahl. Diesen Banken wurde mit der Einladung zur Präsentation des Emissionskonzeptes unser Factbook zugesandt. Alle sechs nahmen die Einladung an. Pro Vorstellungstermin wurde ein halber Tag festgesetzt.

Die Analysten der Banken erstellten zur Vorbereitung auf die Präsentation Researchberichte über das Unternehmen. Diese bildeten die Basis für eine erste Einschätzung. Die Banken konnten so bei der Präsentation schon eine grobe Vorstellung ihres Emissionspreises nennen.

Genau so wichtig ist die Präsentation zur Durchführung der Neuemission. Haken Sie hier nach, bis alles klar und verständlich erläutert wurde. Wir haben darauf bestanden, dass die im Falle der Auftragserteilung für infor zuständigen Betreuer auf jeden Fall bei der Präsentation mit dabei sind. Später verbringen Sie eine Menge Zeit mit diesen ausgewählten Mitarbeitern der Bank. Wenn hier die persönliche Beziehung nicht stimmt, könnte sich das negativ auf den gesamten Ablauf beim Börsengang auswirken.

Mit den beiden Banken, die wir in die Endausscheidung genommen hatten, wurde nochmals ein intensives halbtägiges Gespräch geführt. Dann wurde in einer Sitzung des IPO-Teams gemeinsam mit dem Emissionsberater die Bank ausgewählt. Beim Vergleich der unterschiedlichen Angebote tauchte noch die eine oder andere Frage auf. Fragen Sie nach, und lassen Sie sich alle offenen Punkte erklären, bis Sie der Meinung sind, die Angebote vergleichen zu können. Die Entscheidung war äußerst knapp, da sowohl die Bayerische HypoVereinsbank wie auch die Dresdner Kleinwort Benson ein alles in allem überzeugendes Emissionskonzept vorgestellt hatten. Die Entscheidung für das Lead-Management fiel auf die HypoVereinsbank, verknüpft mit der Bitte, die Dresdner Bank als Co-Lead mit ins Konsortium zu nehmen. Die ebenfalls überzeugende BW-Bank wurde als dritte Bank von der HypoVereinsbank mit ins Konsortium aufgenommen.

Während des gesamten Prozesses auf dem Weg an die Börse waren immer wieder Gesellschafter- beziehungsweise Hauptversammlungen nötig. Es mussten Beschlüsse zur AG-Umwandlung, zur Erhöhung des Stammkapitals oder zur Umstellung des Kapitals auf den Euro gefasst werden. Und alle Beschlüsse mussten in Rekordzeit in das Handelsregister eingetragen werden. Mit Unterstützung der Anwälte und des Notars wurde immer wieder alles termingerecht erledigt.

Die infor war vor dem Börsengang ein Unternehmen, das in seiner Zielgruppe und in Fachkreisen, also der Fertigungsindustrie und der IT-Branche, bereits sehr bekannt war. Es war allen verantwortlichen Personen klar, dass das für einen Börsengang nicht ausreiche. Mit dem Gang an die Börse sprach man eine völlig neue Zielgruppe, nämlich die Anleger, an. Ein ganz neues Metier. Auch hier erschien es sinnvoll, auf erfahrene Fachleute zurückzugreifen. Man entschloss sich also, eine Medien- und Kommunikationsagentur zur Unterstützung zu suchen.

Sowohl vom Emissionsberater als auch von den Banken kamen mehrere Anregungen. Man schrieb einige Agenturen an und bat um Unterlagen. Nach mehreren telefonischen Kontakten wurden fünf Kommunikationsagenturen zur persönlichen Vorstellung eingeladen. Sie präsentierten ihre Konzepte, die wieder auf den Informationen aus dem Factbook aufbauten. Bei den Präsentationen waren neben dem IPO-Team die Berater des IPO-Beratungshauses anwesend. Intern wurde noch der Marketingleiter, der damals auch für die Presse- und Öffentlichkeitsarbeit zuständig war, bei der Auswahl eingebunden. Es ist sinnvoll, all diejenigen Mitarbeiter mit einzubeziehen, die sich intensiv, wenn auch in der Vergangenheit schwerpunktmäßig produktbezogen, mit der Kommunikation nach außen beschäftigen.

Nach der Festlegung der Agentur wurde gemeinsam mit der Geschäftsführung und der Marketing- und Public-Relationsleitung das Kommunikationskonzept erstellt. Im Konzept wurden detailliert die Zielgruppen festgelegt, die angesprochen werden sollten. Für jede Zielgruppe wurde die optimale Art der Ansprache mit einem detaillierten Zeitplan ausgearbeitet.

Eine von der Konsortialbank beauftragte Wirtschaftsprüfungsgesellschaft prüfte das Unternehmen auf Herz und Nieren. Die so genannte Due Diligence nimmt dabei neben den Finanzdaten auch die Produkte des Unternehmens, den Markt, die Marktstellung und alle sonstigen Angaben zum Unternehmen unter die Lupe. Die Unternehmensplanung nimmt dabei einen breiten Raum ein. Das Ergebnis der Due Diligence bildet die Grundlage für die detaillierte Unternehmensbewertung durch die Banken.

Zur Due Diligence kamen die Experten der jeweiligen Fachgebiete von der Wirtschaftsprüfungsgesellschaft mehrere Tage ins Haus. Neben den Mitgliedern des IPO-Teams wurden immer wieder die Mitarbeiter der Fachabteilungen bei der Untersuchung mit hinzugezogen. Am intensivsten und zeitaufwendigsten war die Prüfung der Finanzen, die mehrere Tage in Anspruch nahm. Aber auch die Bereiche Produktentwicklung, Marketing, Marktentwicklung und Positionierung der infor im Markt, der Vertrieb, das Ausland und nicht zu vergessen die interne Organisation mit Themen wie der Auftragsabwicklung kosteten jeweils einen ganzen bzw. halben Tag.

Jetzt waren die Banken gefragt, die ihre Researches aktualisieren mussten. Als wichtigstes Ergebnis für infor wurde erstmals die von den Banken vorgeschlagene Preisspanne für die Neuemission fixiert.

Die Ergebnisse der Wirtschaftsprüfungsgesellschaft wurden in einem eintägigen Workshop den Banken und dem Unternehmen präsentiert. Das Urteil lautete: Börsenreif! Und auch die Chancen der infor auf eine gute Positionierung im weltweiten ERP-Markt wurden als sehr aussichtsreich eingeschätzt.

Mit dieser guten Nachricht wurde dann zügig die Präsentation für den Zulassungsausschuss des Neuen Marktes an der Frankfurter Börse vorbereitet. Vor dem Gremium stellte infor gemeinsam mit dem Konsortialführer das Unternehmen und die sehr aussichtsreiche Entwicklung vor. Nach rund einem Monat bekam infor von der Börse grünes Licht. Damit war der Weg frei für das Listing am Neuen Markt der Frankfurter Wertpapierbörse.

Die infor beabsichtigte, ihre Anteile als Namensaktien auszugeben. Der Tag in Frankfurt an der Börse wurde deshalb dazu genutzt, alle Vor- und Nachteile von Namensaktien mit den Experten der Börse zu diskutieren. Auch die technisch aufwendigere Abwicklung gegenüber Inhaberstammaktien wurde geprüft. Die Vorteile einer direkten Ansprache der Anleger überzeugten den Vorstand. Es blieb bei der Entscheidung für Namensaktien.

Nachdem der Börsengang nun in greifbare Nähe gerückt war, musste die bei einer Neuemission wichtigste Unterlage für Anleger, der Verkaufsprospekt, erstellt werden. Die Hauptarbeit liegt hier beim Konsortialführer. Das Factbook und die Ergebnisse der Due Diligence bilden die Basis. Bei einem innovativen Unternehmen, das sich wie infor in einem schnell ändernden Markt befindet, war es wichtig, diese Unterlagen permanent zu aktualisieren. Außerdem mussten Daten und Zahlen immer wieder im Detail erläutert werden. Der Verkaufsprospekt wendet sich an institutionelle und private Anleger. Er muss deshalb sehr allgemein verständlich gehalten werden.

Die Salesmitarbeiter der Konsortialbanken versorgten die institutionellen Anleger zu diesem Zeitpunkt mit dem vorläufigen Verkaufsprospekt und ihren Research-Analysen. Im Pre-Marketing wurde von den Banken die Resonanz am Kapitalmarkt ermittelt.

infor hatte sich entschieden, alle Mitarbeiter und Geschäftspartner über das Friends & Family-Programm am Börsengang zu beteiligen. Der Zeitbedarf für die rechtliche Ausgestaltung, die Information aller Beteiligten sowie die administrative und technische Abwicklung ist nicht zu unterschätzen.

Zwei Wochen vor der Erstnotiz beginnt die heiße Phase des Börsengangs. Jetzt arbeitete das IPO-Team fast rund um die Uhr. Den Auftakt bildete die Sitzung zur Festlegung der Bookbuilding-Spanne mit dem Konsortialführer. Hier wurde mehrere Stunden diskutiert, verhandelt und das Unternehmen nochmals bewertet. Im Mittelpunkt stand dabei vor allem die Stellung im Markt und die Bewertung vergleichbarer börsennotierter Softwareunternehmen, die ebenfalls betriebswirtschaftliche Komplettlösungen anbieten.

Die Ergebnisse wurden am nächsten Tag auf einer Pressekonferenz zur Bekanntgabe der Bookbuilding-Spanne der Öffentlichkeit vorgestellt. Am Nachmittag fand ein Analystenmeeting statt, bei dem das Unternehmen und der geplante Börsengang den Finanzanalysten ausführlich vorgestellt wurde. Die privaten Anleger wurden nun mit einer intensiven Medienkampagne für eine Zeichnung der Aktie umworben.

In einer eineinhalbwöchigen Roadshow durch Europa stellte sich die infor den institutionellen Investoren an den wichtigsten Finanzplätzen vor. Schon beim Frühstück wurden die ersten Gespräche geführt. Zwischen Frühstück und Mittagessen standen Einzelgespräche auf dem Programm. Beim Business-Lunch wurde die Story mehreren Investoren vermittelt. Danach ging es wieder mit Einzelgesprächen weiter. Den Abschluss bildete ein gemeinsames Abendessen mit mehreren Investoren. Nach einer kurzen Abschlussrunde mit Rückblick auf die geführten Gespräche ging es zügig ins Bett, um am nächsten Morgen wieder fit zu sein.

Als äußerst schwierig stellte es sich heraus, über diesen Zeitraum hinweg dieselbe Story immer wieder mit der notwendigen Begeisterung zu vermitteln. Es verlangt von den Präsentatoren höchste Konzentration, und das fast ununterbrochen vor insgesamt annähernd hundert institutionellen Investoren.

Datum	Uhrzeit	Stadt	Thema/Art der Präsentation
Mittwoch, 28. April 1999	17.00	Frankfurt	Festlegung der Preisspanne
Donnerstag, 29. April 1999	9.30	Frankfurt	Pressekonferenz
	11.00	Frankfurt	Bloomberg Interview
	12.30	Frankfurt	Lunch Presentation mit zehn Investoren
	14.00	Frankfurt	one on one
	16.00	Frankfurt	DVFA Veranstaltung
	22.00	Frankfurt	n-tv Interview
Freitag, 30. April 1999	9.00	Frankfurt	one on one
	10.15	Frankfurt	one on one
	11.15	Frankfurt	one on one
	13.00		Flug nach München
	16.15	München	Cocktail Präsentation mit elf Investoren
	20.00		Flug nach Saarbrücken
Montag, 03. Mai 1999	7.15		Flug Saarbrücken-Düsseldorf
	9.00	Bonn	one on one
	11.00	Düsseldorf	one on one
	13.00		Flug nach Wien
	15.30	Wien	one on one
	17.00	Wien	Cocktail Präsentation mit neun Investoren
	19.00		Flug nach Zürich
Dienstag, 04. Mai 1999	8.00	Zürich	one on one
	9.15	Zürich	one on one
	10.30	Zürich	one on one
	11.15	Zürich	one on one
	13.30		Flug nach Genf
	15.15	Genf	one on one
	17.00	Genf	Cocktail Präsentation mit zehn Investoren
	19.00		Flug nach Milano
Mittwoch, 05. Mai 1999	8.30	Lugano	Breakfast Presentation mit zwölf Investoren
	10.00	Lugano	one on one
	11.00	Lugano	one on one
	12.00		Fahrt nach Mailand
	13.30	Mailand	Lunchmeeting mit sieben Investoren
	15.30	Mailand	one on one
	19.00	Mailand	Flug nach Paris

Datum	Uhrzeit	Stadt	Thema/Art der Präsentation
Donnerstag, 06. Mai 1999	8.30	Paris	Breakfast Presentation mit zehn Investoren
	10.00	Paris	One-on-One
	11.00	Paris	One-on-One
	13.00		Flug nach Rotterdam, anschließend Fahrt nach Den Haag
	16.00	Den Haag	one on one
	17.15	Den Haag	one on one
	18.30		Fahrt nach Amsterdam
	19.30	Amsterdam	Dinner meeting one on one
Freitag, 07.05.1999	9.00	Amsterdam	one on one
	10.30		Flug nach London
	12.00	London	one on one
	13.15	London	Lunch Präsentation mit 15 Teilnehmern
	15.00	London	one on one
	16.30	London	one on one
	19.00		Flug nach Saarbrücken
Montag, 10. Mai 1999	7.15		Flug Saarbrücken - München
	10.00	München	Preisfestsetzung und Zuteilung

Abbildung 10: Roadshowplan der infor business solutions AG

Nach einem vergleichsweise ruhigen Wochenende wurde am Montag Morgen im Hause des Lead-Managers der Emissionspreis festgelegt. Da die Aktie vielfach überzeichnet war, wurde der Emissionspreis nach einer kurzen Diskussion einvernehmlich am oberen Ende der Bookbuilding-Spanne festgelegt.

Nicht ganz so schnell erfolgte die Zuteilung. Zunächst wurde die Aufteilung zwischen institutionellen Investoren und privaten Anlegern grob festgelegt. Danach ging man die Zeichnungsliste der Institutionellen Gesellschaft für Gesellschaft durch und entschied über die Höhe jeder einzelnen Zuteilung. Hier möchte ich Ihnen eine ganz persönliche Empfehlung geben: Lassen Sie sich dabei durchaus auch von Ihrem persönlichen Eindruck bei der Präsentation während der Roadshow leiten. Nachdem damit der Anteil für den Retailbereich endgültig feststand, wurde die Quote für die Zuteilung an die privaten Anleger festgelegt. Bei infor erhielt jeder siebte Zeichner 70 Aktien zugeteilt.

Am Tag der Börseneinführung werden die Vorstände des Unternehmens von der Börse eingeladen, um die Erstnotiz persönlich auf dem Parkett hautnah mitzuerleben. Natürlich fiebert man dem ersten am Kapitalmarkt frei ermittelten Kurs ungeduldig entgegen. Dieses für das Unternehmen bedeutende Ereignis wurde bei der infor am Nachmittag mit einem Fest für alle Mitarbeiter gefeiert. Alle am Börsengang beteiligten externen Berater waren dazu ebenfalls geladen. Mit be-

Inhalt	IPO-Team	Mitarbeiter aus dem Unternehmen	externe Beratung
Prüfen der verschiedenen Finanzierungsmöglichkeiten	20 MT		
Verhandlungen mit Venture-Capital-Geber	20 MT		
Auswahl des IPO-Beratungshauses	10 MT		
Auswahl des Anwaltbüros	5 MT		
Auswahl der Wirtschaftsprüfungsgesellschaft	10 MT		
Erstellen des Factbooks	30 MT	40 MT	25 MT
Auswahl des Konsortialführers und des Konsortiums	15 MT	5 MT	5 MT
Bridge-Finanzierung	5 MT		5 MT
Gesellschafterversammlungen incl. Eintragungen	20 MT	5 MT	15 MT
Auswahl einer Kommunikationsagentur	10 MT	10 MT	5 MT
und Erstellung eines Kommunikationskonzeptes	20 MT	35 MT	10 MT
Due Diligence	30 MT	35 MT	30 MT
Vorstellung bei der Börse und Antrag auf Zulassung	10 MT	10 MT	10 MT
Prüfung Namensaktien	10 MT	30 MT	10 MT
Friends&Family-Programm	10 MT	15 MT	10 MT
Finanzkommunikation	40 MT	35 MT	50 MT
Erstellung des Verkaufsprospekts	30 MT	20 MT	40 MT
Pressekonferenz und Analystenmeeting	12 MT	10 MT	10 MT
Roadshow	40 MT	15 MT	40 MT
Bookbuilding und Zuteilung	6 MT		10 MT

Abbildung 11: Zeitaufwand der einzelnen Phasen des IPOs in Manntagen (MT) im Überblick

Emissionsberater	Beratung in allen Fragen des Börsengangs, Projektplanung, Auswahl des Konsortiums und einer Kommunikationsagentur
Deutsche Börse AG	Für Zulassung, Prospektprüfung, Listing und Betreuung
Anwälte	Prüfung Verträge, Gesellschafter- und Gesellschaftsverträge, AG-Umwandlung, Betreuung der Gesellschafter- und Hauptversammlung, Beratung im AG-Recht
Wirtschaftsprüfer	Erstellung Bilanz, Bilanzprüfung, Umstellung auf IAS, Unternehmensprüfung
Werbung	Kommunikationsagentur, Medienwerbung, Präsentationen
Emissionsbank	Provision, inklusive Börsenprospekt, Roadshow

Abbildung 12: Einmalige externe Kosten bei einem Börsengang

deutenden Gästen aus Politik und Wirtschaft wurde der Börsengang ausgelassen gefeiert.

Zum Abschluss noch ein weiterer persönlicher Rat: Der Börsengang ist wohl für die meisten Unternehmen das wichtigste und größte Projekt ihrer Unternehmensgeschichte. Gehen Sie das Ganze also so konsequent und fundiert an wie andere wichtige Projekte. Machen Sie einen detaillierten Projektplan mit den entsprechenden Terminen und Verantwortlichkeiten. Genauso wichtig wie der Projektplan ist eine konsequente Budgetplanung. Unterschätzen Sie den notwendigen persönlichen Einsatz des Vorstands für dieses Unterfangen nicht. Insbesondere die Roadshow fordert sozusagen im Endspurt nochmals die ganze Energie und Aufmerksamkeit.

Happy End am Tag des Börsengangs? Ja, glücklich waren wir alle am Tag der Erstnotiz. Ein Ende der Investorenarbeit war es aber auf keinen Fall. Nehmen Sie die Stimmen ernst, die Ihnen raten, den Aufwand für Investor Relations nicht zu unterschätzen. Die weitere Kursentwicklung hängt, neben der allgemeinen Börsenentwicklung, der Branchenentwicklung und sonstige von Ihnen nicht direkt beeinflussbare Ereignisse und Entwicklungen, auch von einer systematischen und kontinuierlichen IR-Arbeit ab.

Michael Hoppe

Finanzierungsmöglichkeiten zur Steigerung der Ertragskraft – außerhalb des Börsengangs

1. Einleitung	70
2. Kapitalbeschaffungsprobleme kleiner und mittlerer Unternehmen	71
2.1 Abgrenzungsmerkmale	71
2.2 Bedeutung des Mittelstandes für die deutsche Wirtschaft	71
2.3 Eigenkapitalausstattung	72
2.4 Systematisierung der Finanzierungsformen	74
2.5 Auswirkungen asymmetrischer Informationsverteilung	75
2.6 Fazit	75
3. Kapitalbeschaffung über Venture-Capital-Gesellschaften	76
3.1 Abgrenzung zu Investment- und Kapitalbeteiligungsgesellschaften	77
3.2 Typologisierung der Venture-Capital-Finanzierung	77
3.3 Exitkanäle der Beteiligungen	79
3.4 Lage des Venture-Capital-Marktes in Deutschland	81
4. Kapitalbeschaffung über ein IWO – Initial Web Offering	82
4.1 Emittenten	83
4.2 Investoren	83
4.3 Der Handel	84
5. Fazit	85
6. Anhang	86

1. Einleitung

Es gibt in Deutschland zahlreiche junge, innovative Unternehmen mit sehr guten Wachstumsaussichten. Ihre Expansionen müssen allerdings finanziert werden. Es stellt sich daher für viele kleine und mittlere Unternehmen das Problem der Kapitalbeschaffung. Gerade eine komfortable Eigenkapitalausstattung erlaubt Risikofreude, gewährt Unabhängigkeit, verbilligt die Fremdfinanzierung und gibt Rückhalt für schwierige Zeiten. Von diesen Vorteilen profitieren die deutschen Unternehmen im internationalen Vergleich nur wenig, denn ihre Eigenkapitaldecke ist zumeist dünn. Leider ist die Eigenkapitalschwäche des Mittelstands schon fast ein Problem mit Tradition. Ein Drittel der kleinen westdeutschen Unternehmen weist eine Eigenkapitalquote von unter 10 Prozent auf. Nur ein Viertel hat eine Eigenkapitalquote von über 30 Prozent. Dies gilt grundsätzlich für beinahe jedes Bundesland, wobei dies umso schwerer wiegt, da über 92 Prozent der Unternehmen auf den Mittelstand entfallen – die Joblokomotive: 92,5 Prozent des Beschäftigungszuwachses im Jahr 1998 verdankt Deutschland Betrieben mit weniger als 500 Beschäftigten.

Die angesprochene Eigenkapitalschwäche deutscher Unternehmen hat darüber hinaus traditionelle Ursachen und liegt unter anderem. im deutschen Universalbanksystem begründet. In den USA gibt es das so genannte Trennbankensystem, in dem die Commercialbanks mit den Investmentbanks im Wettbewerb stehen. Demgegenüber gibt es in Deutschland durch die Monopolbankstruktur keinen Beschaffungswettbewerb zwischen Fremd- und Eigenkapital, so dass die deutschen Banken teilweise eher an Darlehen (und damit an ständigen Zinseinkünften) als an Eigenkapitalemissionen (die nur eine einmalige Emissionsprovision bringen) interessiert sind. Deshalb ist für den Mittelstand das vorbörsliche Beteiligungskapital die beste Chance: stimmrechtloses, breit gestreutes Investorenkapital (= bilanzrechtlicher Eigenkapitalersatz). Bei entsprechender Konzeption gibt es also keine weiteren Teilhaber und lästigen Gesellschafter, sondern nur renditesuchende Privatanleger. Der mittelständische Unternehmer bleibt also weiterhin Alleininhaber.

Die Unternehmen selbst sind somit gefordert. Innovationen sollten nicht nur bei der Entwicklung von Produkten, sondern auch bei der Beschaffung von Kapital Beachtung finden. In diesem Sinne wird die Kapitalbeschaffungsbemühung verschiedener Start-Up-Firmen gesehen, die mehr und mehr versuchen, durch Eigeninitiative und ohne Einschaltung von staatlichen Stellen, private Investoren für die weitere Finanzierung des Unternehmens zu gewinnen. Dabei bedient man sich neben dem Venture Capital mit dem Internet eines Mediums, welches in der Finanzwelt allgemein und in der Investmentbranche speziell immer mehr an Bedeutung erlangt. Aufbauend auf dieser Idee versuchen börsenähnliche Organisationen mit ihrer technischen Plattform jungen Unternehmen bereits in der Frühphase eine Möglichkeit der Kapitalbeschaffung zu bieten.

2. Kapitalbeschaffungsprobleme kleiner und mittlerer Unternehmen

2.1 Abgrenzungsmerkmale

Zu den qualitativen Merkmalen von kleinen und mittleren Unternehmen (KMU) zählen vor allem die Einheit von Leitung und Kapitalbesitz, die personenorientierte Struktur der Unternehmung sowie die rechtliche und wirtschaftliche Selbstständigkeit. Kleine und mittlere Unternehmen besitzen nur eingeschränkte Möglichkeiten der externen Kapitalbeschaffung, ihnen ist meist der Zugang zum organisierten Kapitalmarkt verwehrt. Man spricht hier auch von Nicht-Emissionsfähigkeit.

2.2 Bedeutung des Mittelstandes für die deutsche Wirtschaft

Neben einem wachsenden Konkurrenzdruck und der weiter voranschreitenden Globalisierung der Märkte sind auch andere Rahmenbedingungen des Unternehmens ständig Veränderungen unterworfen. Diese Rahmenbedingungen treffen zum einen das Unternehmen selbst (veränderte Organisationsstrukturen, Produktinnovation, Wechsel von Führungskräften), aber auch dessen Umfeld (kürzere Produktlebenszyklen, dynamische Märkte, Komplexität, Internationalisierung). In dieser fortlaufenden Weiterentwicklung der Wirtschaft spielt der Mittelstand eine bedeutende Rolle, da er bei gleichzeitig hoher Flexibilität und Anpassungsfähigkeit durch seine Innovationsfreude besondere Dynamik in das wirtschaftliche Geschehen bringt. Um jedoch dem ständigen Anpassungsdruck auf den Gütermärkten gewachsen zu sein, ist die Kapitalstruktur der Unternehmen und die damit verbundene Finanzierung von entscheidender Bedeutung.

Zum deutschen Mittelstand zählen circa 3,2 Millionen Unternehmen (vereinfacht werden hier Unternehmen mit bis zu 500 Mitarbeitern verstanden) mit rund 20 Millionen Beschäftigten. Unbestritten ist, dass KMU (insbesondere Existenzgründungen) zur Erneuerung der Wirtschaftsstrukturen und zur Aufrechterhaltung hoher Beschäftigung im Strukturwandel beitragen. Der langfristige Beschäftigungseffekt von Neugründungen darf nicht überbewertet werden, ist jedoch bedeutend für jede Volkswirtschaft. Kurze Entscheidungswege, ein hohes

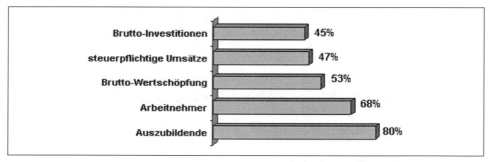

Abbildung 13: Bedeutung des Mittelstandes für die deutsche Wirtschaft

Maß an Flexibilität und ein unmittelbarer Kundenkontakt sind die entscheidenden Vorteile des Mittelstandes.

Andererseits stehen dem Nachteile bei der Informationsbeschaffung, bei der Ausnutzung von Größenvorteilen oder beim Zugang zum Kapitalmarkt gegenüber.

2.3 Eigenkapitalausstattung

Das Eigenkapital stellt die Grundlage der wirtschaftlichen Tätigkeit einer Unternehmung dar. Schon die gesetzlichen Vorschriften fordern ein Minimum bei der Gründung (§ 7 AktG, § 5 AGG). Darüber hinaus vergeben Kreditinstitute meist nur Mittel zur Finanzierung, wenn eine bestimmte Eigenkapitaldecke vorhanden ist, und der Eigentümer somit das Risiko mitträgt. Aus der Sicht des Fremdkapitalgebers bildet das Eigenkapital die Haftungsbasis und sichert vergebene Kredite ab. Bei einer negativen wirtschaftlichen Entwicklung gewährleistet eine hohe Eigenkapitalausstattung die Fortführung der Unternehmung. Eine hohe Eigenkapitalquote kann lediglich vorübergehend Verluste auffangen, aber langfristig kein Überleben des Unternehmens sicherstellen.

Die durchschnittliche Eigenkapitalquote der deutschen Wirtschaft ist in den letzten 20 Jahren von mäßigen 25 auf dürftige 18 Prozent zurückgegangen. Noch alarmierender wird die Zahl, wenn man bedenkt, dass der Eigenmittelanteil bei KMU deutlich geringer ist als bei Großunternehmen. Anteile von unter 10 Prozent sind keine Seltenheit. Der internationale Vergleich macht die Misere der EK-Ausstattung deutscher Unternehmen noch deutlicher und eine Besserung scheint nicht in Sicht.

Einer der Gründe für die geringe Eigenkapitalausstattung ist die schwache Präsenz deutscher Unternehmen am Kapitalmarkt. In Deutschland gibt es über 500 000 Kapitalgesellschaften, davon etwa 5 000 in der Rechtsform der Aktienge-

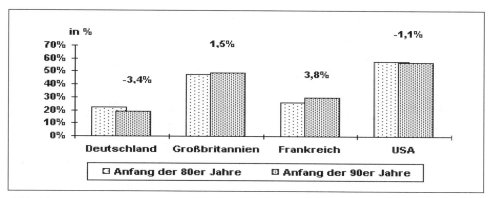

Abbildung 14: Entwicklung der Eigenkapitalausstattung im internationalen Vergleich

sellschaften, von denen weniger als 1 000 an einer deutschen Börse notiert sind. Hinzu kommt, dass deutsche Unternehmen zum Zeitpunkt des Börsengangs im Durchschnitt 55 Jahre alt sind, im Vergleich zu 13 Jahren in den USA oder acht Jahren in Großbritannien.

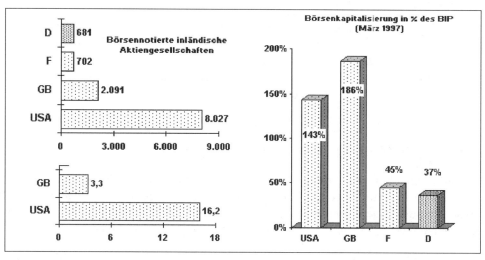

Abbildung 15: Kapitalmärkte im internationalen Vergleich

Fasst man die Abbildung mit Blick auf Deutschland zusammen, lässt sich als wesentlicher Aspekt herausheben, dass die Aktien im internationalen Vergleich angesichts der Wirtschaftskraft des Landes eine auffallend geringe Rolle als Finanzierungsinstrument spielen.

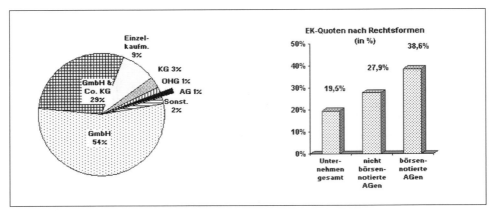

Abbildung 16: Rechtsformen, Börsennotierung und Eigenkapitalquoten

Börsennotierte Unternehmen verfügen über eine relativ höhere Eigenkapitalausstattung als nicht börsennotierte. Dies ist zum einen auf die Unternehmensgröße zurückzuführen, zum anderen verstärkt der Blick ins Ausland die These einer starken Korrelation zwischen börsennotierten Unternehmen und hoher Eigenkapitalquote.

Ist der Gang an den Kapitalmarkt schon für etablierte Unternehmen oftmals wenig attraktiv, so gilt dies verstärkt für mittelständische Unternehmen und Unternehmensgründer. Diesem Umstand können neben Venture Kapital und öffentlichen Förderprogrammen auch börsenähnliche Internetplattformen mit ihrer Dienstleistung Abhilfe schaffen.

2.4 Systematisierung der Finanzierungsformen

Grundsätzlich kann man die Unternehmungsfinanzierung in Eigen- und Fremdfinanzierung unterteilen. Unter Eigenfinanzierung wird dabei die Zuführung und Erhöhung des Eigenkapitals einer Unternehmung durch Einlagen der Unternehmenseigner oder aus dem Gewinn des Unternehmens verstanden.

Ein besonderes Unterscheidungsmerkmal ist dabei die Dauer der Kapitalbindung, welche beim Eigenkapital unbefristet, beim Fremdkapital meist beschränkt ist. Im Falle eines Konkurses kommt dem Fremdkapitalgeber eine rechtlich bevorzugte Gläubigerstellung zu. Der Eigenkapitalgeber muss sich mit dem verbleibenden Liquidationserlös zufrieden geben. Eigenkapital bildet die Haftungsbasis für die Gläubiger. Der Fremdkapitalgeber erhält einen vertraglich zugesicherten Anspruch auf Verzinsung, während der Eigenkapitalgeber am Gewinn der Unternehmung beteiligt wird. Schließlich dient das Eigenkapital als Finanzierungspotenzial für risikoreiche Investitionen, welche nicht durch Fremdkapital finanziert werden können, sowie zum Auffangen etwaiger Verluste. Dieser Funktion kommt besonders bei jungen, innovativen Unternehmen eine hohe Bedeutung zu.

Da KMU am Beginn ihres Unternehmenszyklus meist nicht in der Lage sind, ihr Wachstum durch Gewinnthesaurierung zu finanzieren, wird im Rahmen an dieser Stelle die Außenfinanzierung als Quelle der Finanzierung betrachtet. Unter Außenfinanzierung versteht man den externen Kapitalzufluss durch Kapitaleinlagen oder Kreditgewährung. Das Augenmerk liegt hierbei auf der Einlagen- oder Beteiligungsfinanzierung durch Zuführung von Eigenkapital beim Erwerb von Anteilen an Kapitalgesellschaften.

2.5 Auswirkungen asymmetrischer Informationsverteilung

Die Informationsverteilung zwischen mittelständischen Unternehmen und potenziellen Kapitalgebern ist stark asymmetrisch, was die Aufnahme von Finanzierungsbeziehungen erschwert. Dieses Problem trifft besonders innovative Unternehmen und Gründer. Ihnen fällt es schwer, den Kapitalgeber von der Solidität und Richtigkeit ihrer Vorhaben zu überzeugen, da entweder keine vergangenheitsbezogenen Daten existieren oder sie wenig aussagekräftig sind. Dies führt wiederum zu ungenauen Prognosen und damit zu einer ungesicherten Renditeerwartung des Investors. Wenn jedoch keine glaubwürdigen, objektiven Informationen über das Unternehmen vorliegen, lassen sich die Kapitalgeber diese über die leistungswirtschaftlichen Risiken hinausgehenden Risiken besonders entgelten und absichern. In Extremfällen verweigern sie die Finanzierung.

Von Venture-Capital-Gesellschaften erhofft man eine Verringerung dieser Informationslücke und damit die Eindämmung von Informationskosten. Sie sind spezialisiert auf Informationsbeschaffung und -auswertung sowie erfahren bei Unternehmensanalysen. Doch auch für sie ist es meist schwierig, die objektive Rendite-/Risikoposition eines Unternehmens zu erfassen.

2.6 Fazit

Wie aus den obigen Ausführungen deutlich wird, gibt es sowohl auf Investoren- als auch Unternehmensseite großen Bedarf an einem transparenten Beteiligungsmarkt, der es beiden Teilnehmern schon in sehr frühem Stadium ermöglicht aktiv zu werden. Unternehmen, die am Anfang ihres Unternehmenszyklus stehen, benötigen für ihr Wachstum Kapital. Auf der anderen Seite gibt es ausreichend

Geldgeber, die zu einer Finanzierung in der Frühphase bereit wären. Hier versuchen immer mehr börsenähnliche Plattformen im Internet einen unabhängigen Marktplatz zur Verfügung zu stellen, auf dem sich beide Seiten treffen und in Kontakt treten können.

3. Kapitalbeschaffung über Venture-Capital-Gesellschaften

Eine Alternative für kapitalsuchende Unternehmen stellt die Beschaffung von Kapital über Kapitalbeteiligungs- oder Venture-Capital-Gesellschaften dar. Der Begriff Venture bedeutet im Grund so viel wie Wagnis. Die angelsächsischen Länder verbinden jedoch mit dem Begriff vor allem die optimistische Aussicht auf zukünftigen Erfolg. Sogar der Misserfolg kann unter Umständen positiv ausgelegt werden, solange man aus den Fehlern lernt. Unter Venture wird etwas dynamisch vorwärts Gerichtetes verstanden, bei dem die Belohnung im Vordergrund steht, die eher wahrscheinlich als unwahrscheinlich ist. Im Gegensatz dazu werden in Deutschland „Risiko" und „Wagnis" meist als negativ bewertet. Risiko wird als etwas latent Vorhandenes gesehen, das nur schwer beeinflussbar ist, selbst aber starken Einfluss nimmt.

Das den Unternehmen zur Verfügung gestellte Kapital hat den Charakter von Eigenkapital. Eigenkapital nimmt im Venture-Capital-Konzept eine Schlüsselrolle ein, da es keinen Anspruch auf Rückzahlung und feste Verzinsung hat. Das eingebrachte Kapital ist voll haftend. Die Liquidität wird auch nicht durch Zins- oder Tilgungsverpflichtungen oder durch Gewinnentnahmen geschwächt.

Die durch Venture Capital eingegangene Partnerschaft ist zeitlich begrenzt. Ein Rückzug der Beteiligung ist nach drei bis zehn Jahren geplant. Je kürzer die Partnerschaft, desto besser für die Venture-Capital-Gesellschaft. Erst durch die Desinvestition erfolgt eine Gewinnrealisierung, die im Idealfall das überdurchschnittliche Risiko durch eine vergleichsweise hohe Rendite belohnt.

Die finanzielle Beteiligung ist gepaart mit einer umfassenden Managementunterstützung. Diese beinhaltet zum Beispiel sowohl die Bereitstellung von technischem Know-how als auch rechtliche und betriebswirtschaftliche Beratung. Auf der anderen Seite kompensiert die Venture-Capital-Gesellschaft die fehlenden Sicherheiten durch ein Mitsprache- und Kontrollrecht. Dieses sollte niemals das operative Geschäft betreffen, sondern nur bei strategischen Fragestellungen Anwendung finden. Venture Capital fließt einem Unternehmen mit hohen Wachstumschancen in einem zukunftsentscheidenden Moment seines Lebenszyklus zu.

Es dient nicht nur zur Gründung oder Erweiterung eines Unternehmens, sondern auch anderen Finanzierungsanlässen.

3.1 Abgrenzung zu Investment- und Kapitalbeteiligungsgesellschaften

Investmentgesellschaften stellen nach dem Gesetz über Kapitalanlagegesellschaften (KAGG) ebenfalls Kapital für Unternehmensfinanzierungen bereit. Aus Anlegerschutzgründen ist ihnen nach § 8 KAGG jedoch nur der Erwerb von Aktien, Schuldverschreibungen und Kuxen gestattet, die auf dem organisierten Kapitalmarkt gekauft und wieder verkauft werden können. Darüber hinaus handelt es sich um offene Fonds, bei denen der Anleger jederzeit seine Anteile an die Investmentgesellschaft zurückgeben kann, was bei Venture-Capital-Finanzierung auf Grund der Illiquidität der Beteiligung nicht möglich ist. Die Investmentgesellschaft besitzt keine vertraglichen Mitspracherechte. Außerdem werden sehr wohl laufende Gewinn- und Zinszahlungen erwartet.

Kapitalbeteiligungsgesellschaften gehören nicht zu dem, was nach obiger Definition unter Venture-Capital-Gesellschaften zu verstehen ist. Diese Gesellschaften – oft Tochterunternehmen von Kreditinstituten oder Versicherungen – beteiligen sich meist nur an gestandenen mittelständischen Unternehmen mit einer guten Ertragslage. Zur Risikoeingrenzung werden hierfür Beteiligungsformen gewählt, die hinsichtlich Verzinsung, Verlustpartizipation und Rückkaufmöglichkeiten der Beteiligung fast zum Nominalwert, fremdkapitalähnlichen Charakter haben. Venture-Capital-Gesellschaften dagegen nehmen unbeschränkt am Wachstum teil, mit all seinen Chancen und Risiken.

3.2 Typologisierung der Venture-Capital-Finanzierung

Venture Capital ist nicht nur auf Gründungsfinanzierung ausgerichtet, sondern umfasst die gesamte Bandbreite unternehmerischer Finanzierungsanlässe. Der Venture-Zyklus orientiert sich dabei am Lebenszyklus von Unternehmen. Man unterscheidet grundsätzlich Early Stage (Seed Capital, Start up, First Stage), Expansion Stage und Later Stage beziehungsweise Devesting Stage.

In der *Seed-Phase* dient die Finanzierung der Ausreifung und Umsetzung einer Idee in verwertbare Resultate bis hin zum Prototyp. Die Aufwendungen hierfür können bei forschungsintensiven Technologien verhältnismäßig hoch sein und bergen ein großes Risiko, da die richtige Einschätzung von Markt und Idee in diesem Stadium vage ist. Quellen zur Deckung des Kapitalbedarfs sind daher neben den staatlichen Fördermitteln (Gründungshilfen) vor allem eigene Mittel.

Unter *Start-Up*-Finanzierung wird die eigentliche Gründungsfinanzierung verstanden. Das Produkt liegt konkret vor und muss auf die Markteinführung vorbereitet werden. Produktionsvorbereitungen und ein detailliertes Marketingkonzept sind notwendig. Den hohen Aufwendungen stehen nach wie vor keine Einnahmen gegenüber. Auch eine genaue Abschätzung der weiteren Entwicklung des Unternehmens ist schwer möglich.

In der *First-Stage* tritt das Unternehmen erstmals als Anbieter auf dem Markt auf. Der Vertrieb wird aufgebaut, die Produktion beginnt und erste Verkaufserfolge stellen sich ein. Neue Probleme wie die Suche nach geeignetem Personal oder auch Lieferschwierigkeiten treten auf. Hohe Aufwendungen für Investitionen und Betriebsmittel machen die Erschließung weiterer Finanzierungsquellen notwendig. Dies sind Venture Capital, öffentliche Fördermittel, Lieferantenkredite oder Mittel aus OEM-Verträgen (Original Equipment Manufacturer).

Ist die Markteinführung gelungen, so gelangt das Unternehmen in die *Expansionsphase*. Der Break-Even-Point ist erreicht und erste Gewinne werden erwirtschaftet. Der Cash Flow ist jedoch für den Produkt- und Produktionsausbau sowie für Vertrieb und Erschließung weiterer Märkte nicht ausreichend. Es sind auch hohe Finanzierungsaufwendungen für Working Capital notwendig. Die Finanzierung durch Fremdkapital ist in dieser Phase erstmals in größerem Umfang sinnvoll und möglich. Das Risiko ist kalkulierbar, und Banken oder Beteiligungsgesellschaften sind bereit, bei Vorlage einer plausiblen Planung, Gelder zur Verfügung zu stellen.

Mit der Erschließung neuer Märkte, die häufig im Ausland stattfindet, setzt sich die weitere Wachstumsphase (*Second Stage*) fort. Dieser Unternehmensabschnitt ist oft verbunden mit Organisationsschwierigkeiten und dem Markteintritt von Konkurrenten. In den USA stehen dem Unternehmen in dieser Phase bereits der Over-the-Counter-Market (OTC) oder die NASDAQ für die weitere Wachstumsfinanzierung zur Verfügung.

Die Endphasen im Rahmen der Finanzierung mit Venture Capital laufen parallel. Bei der *Later-Stage*-Finanzierung wird weiteres Kapital notwendig für Sanierungen, Umstrukturierungen oder Diversifikation mit neuen Produkten. Hauptproblem ist hier vor allem die Gestaltung des Managements. Die Gründer müssen oft durch eine professionelle Führung ausgetauscht beziehungsweise mit fähigen Leuten ergänzt werden. Eine besondere Form der Finanzierung im fortgeschrittenem Stadium ist die *Bridge-Finanzierung*. Sie dient der Überbrückungsfinanzierung für Unternehmen, die in Vorbereitung auf den Gang zur Börse ihre Eigenkapitalquote verbessern müssen und dies mit Hilfe von Beteiligungsinvestoren erreichen können. Diese Börsenvorstufe ist in der Regel sehr kapitalintensiv. Auf der anderen Seite wird nach einem Ausstieg aus der Beteiligung gesucht (*Devesting-Stage*). Dafür kommen in der Praxis vor allem vier Möglichkeiten in

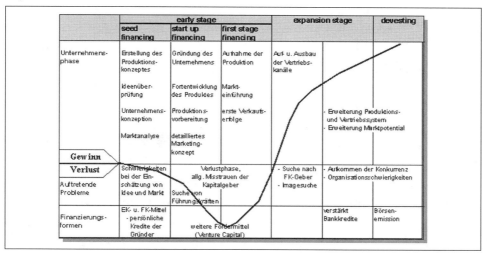

Abbildung 17: Idealtypischer Verlauf einer Venture-Capital-Finanzierung

Betracht, die anschließend näher erläutert werden, wobei besonders auf das Going Public eingegangen wird.

In der amerikanischen Literatur wird der aufgezeigte Kurvenverlauf auch als Ice-Hockey-Stick bezeichnet. Er kann sich in der Praxis selbstverständlich in ganz andere Richtungen entwickeln. Tatsächlich gibt es auch keine so scharfen Trennlinien zwischen den einzelnen Phasen. Die Übergänge sind vielmehr fließend.

3.3 Exitkanäle der Beteiligungen

Das Ziel von Venture-Capital-Gesellschaften ist es nicht, einen mittelständischen Konzern zu bilden, sondern vielmehr die Beteiligung nach einer bestimmten Zeit mit einer möglichst hohen Rendite abzustoßen. Der Ausstieg aus einem Projekt ist für den Venture-Capital-Geber so wichtig wie der Einstieg, da nur durch Verkauf die Wertsteigerung (Capital Gain) realisiert werden kann. *It is essential to plan the exit well before the investment is actually made.* Der Ausstieg gestaltet sich in Deutschland jedoch oft als schwierig, da es für Venture-Beteiligungen keinen expliziten Markt gibt. Folgende Exitkanäle haben sich in der Praxis durchgesetzt:

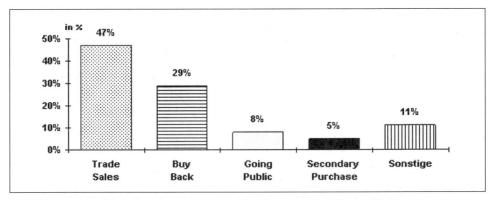

Abbildung 18: Verteilung der Venture-Capital-Exitkanäle in Deutschland

Beim Rückkauf der Anteile durch die Alteigentümer (*Buy Back*) erhält das Unternehmen die volle Unabhängigkeit zurück. Dies mag unter volkswirtschaftlichem Gesichtspunkt vielleicht die beste Desinvestitionsmöglichkeit sein, stellt sich in der Praxis aber problematisch dar. Es liegt auf der Hand, dass unterschiedliche Vorstellungen bezüglich des Verkaufspreises bestehen und ein Interessenskonflikt vorprogrammiert ist. Während der Unternehmer eine möglichst niedrige Bewertung des Unternehmens anstrebt, hat die Venture-Capital-Gesellschaft gegenteilige Absichten. Ferner kann die Aufbringung der Mittel Schwierigkeiten für die Unternehmer bringen und zu Liquiditätsbelastungen des Unternehmens führen.

Der Verkauf der Beteiligung an einen industriellen Investor, der durch den Zukauf Synergieeffekte oder einen Zugang zu Marktnischen und neuen Technologien gewinnt, wird als *Trade Sale* bezeichnet. Dies stellt für die Venture-Capital-Gesellschaft meistens eine lukrative Ausstiegsmöglichkeit dar. Die Unternehmer und das alte Management wehren sich jedoch oft dagegen, da ihre Unabhängigkeit auf dem Spiel steht. Verkauft die Venture-Capital-Gesellschaft ihre Anteile an eine andere Beteiligungsgesellschaft oder an einen Finanzinvestor, so spricht man von *Secondary Purchase*. Diese Investoren, die auf reifere Unternehmen spezialisiert sind, können das Unternehmen mit weiteren finanziellen Mitteln ausstatten, die ihm zum Durchbruch verhelfen können. Auch hier besteht für die alte Geschäftsführung die Gefahr, an Einfluss und Selbstständigkeit zu verlieren.

Es sei weiterhin noch auf die im Venture-Capital-Geschäft nicht auszuschließende Desinvestitionsmethode der *Liquidation* hingewiesen. Diese Form ist vom Kapitalgeber sicherlich am Anfang seiner Investition nicht geplant, in Anbetracht der hohen Ausfallrisiken jedoch durchaus denkbar. Es ist manchmal vorteilhafter das Beteiligungsunternehmen zu liquidieren, als weitere Gelder ohne Aussicht auf Erfolg in das Unternehmen zu stecken.

Die für alle Parteien vorteilhafteste Variante ist das *Going Public*. Bei Bestehen eines gut organisierten Markts werden Bewertungskonflikte vermieden, da die Beurteilung der Anteile durch den Markt erfolgt. Der Venture Capitalist strebt eine hohe Bewertung seines Anteils an, um nach dem langen Zeitraum der vorangegangenen Betreuungs- und Finanzierungsphase einen hohen Capital Gain zu erzielen. Der Unternehmer ist ebenfalls an einem hohen Marktwert seines Unternehmens interessiert, weil dies eine gute Ausgangsposition für eine nachfolgende Fremdfinanzierung bedeutet und auch er durch Verkauf eigener Anteile Gewinne realisieren möchte. Beide bilden eine Interessengemeinschaft gegenüber potenziellen Käufern der Anteile. Die Börseneinführung ermöglicht in der Regel die Erzielung eines höheren Preises als ein Private Placement, das allerdings meist weniger aufwendig und daher kostengünstiger abläuft. Weiterhin wird durch die Börseneinführung dem Unternehmen keine Liquidität entzogen. Die Emission ist mit einer starken Zunahme des Bekanntheitsgrades verbunden, die nicht zu unterschätzen ist.

Auf der anderen Seite ist eine Börseneinführung mit erheblichen *Publizitätspflichten* verbunden. Unternehmensberichte sind zu erstellen, Jahresabschlüsse müssen veröffentlicht und jährliche Aktionärsversammlungen abgehalten werden. Außerdem erhält die Konkurrenz einen leichteren Zugang zu den Daten des Unternehmens. Die Berichtspflicht kann sich auf die Führung des Unternehmens auswirken, die sich nach den oft kurzfristigen Erfolgserwartungen der Öffentlichkeit richtet. Auch die unternehmerische Beweglichkeit könnte auf Grund der erhöhten Haftungsrisiken eingeschränkt werden. Ein weiterer Nachteil der Börseneinführung ergibt sich aus dem damit verbundenen finanziellen Aufwand. Besonders ist hier im Zusammenhang mit Venture Capital das *Underpricing* hervorzuheben. Die Unterbewertung bei der Preisfestsetzung der zu emittierenden Anteile resultiert aus der Unsicherheit über den Wert des Unternehmens und die Nachfrage nach der Aktie. Diese Unsicherheit wird durch einen Preisabschlag abgegolten, der bis zu 50 Prozent betragen kann. Besteht ein gut organisierter Kapitalmarkt für diese Titel, werden Anleger kleinere Abschläge hinnehmen. Die aktive Einbeziehung der Venture-Capital-Gesellschaft als Intermediär bei der Börseneinführung als vertrauensbildende Maßnahme ist besonders jungen, risikoreichen Unternehmen zu empfehlen; sie wirkt dem Underpricing entgegen.

3.4 Lage des Venture-Capital-Markts in Deutschland

Der Venture-Capital-Markt in Deutschland ist im Vergleich zu den angelsächsischen Ländern immer noch unterentwickelt. In den USA gibt es kaum eine bekannte Hightech-Firma, die nicht von Venture Capitalists finanziert und mitentwickelt wurde. 1995 belief sich das Risikokapitalvolumen in Amerika auf über 65

Milliarden DM, hierzulande betrug es lediglich sechs Milliarden DM. Während die Banken in Deutschland die größten Kapitalgeber waren (55 Prozent), flossen in den USA die Gelder meist aus Pensionsfonds (44 Prozent). Wenn man dann noch berücksichtigt, dass von den sechs Milliarden DM nur sieben Prozent (USA: 61 Prozent) in neue Technologien investiert wurden, verdeutlicht dies die prekäre Situation der Risikofinanzierung für KMU in Deutschland. Wer an Beteiligungsgelder gelangen will, muss darüber hinaus einen strengen Ausleseprozess überstehen. Erfahrungsgemäß erhalten höchstens drei von 100 Anfragern eine Unterstützung durch Venture-Capital-Gesellschaften wobei die Unternehmen nicht selten eine Mitschuld an der schlechten Quote tragen. Es steht oftmals sehr wohl Kapital zur Verfügung, wenn die Unternehmen in der Lage wären, sich entsprechend zu präsentieren, wie dies etwa in den USA der Fall ist (Verkaufsshows, die die Unternehmen durchführen, um an Kapital zu gelangen).

Doch selbst die strenge Auswahl der Unternehmen ist für die Geldgeber keine Garantie für den Erfolg ihrer Beteiligungen. Nur 20 bis 30 Prozent der mit Venture Capital beteiligten Unternehmen sind letztendlich erfolgreich. Diese Gewinn bringenden Unternehmen müssen die weniger erfolgreichen kompensieren, um das Gesamtergebnis des Kapitalgebers positiv erscheinen zu lassen. Das Beispiel USA zeigt, dass die *Renditeerwartungen* durchaus groß sein können. So erzielten über die vergangenen 15 Jahre amerikanische Private-Equity- und Venture-Capital-Fonds einen durchschnittlichen Ertrag von 16,7 Prozent pro Jahr.

4. Kapitalbeschaffung über ein IWO – Initial Web Offering

Junge Technologieunternehmen oder Firmen mit innovativen Ideen können über börsenähnliche Plattformen im Internet der Öffentlichkeit vorgestellt werden. Interessierte Anleger können nun Aktien direkt vom Emittenten kaufen. Der Investor erhält so die Möglichkeit zu einem besonders frühen Zeitpunkt in ein Unternehmen einzusteigen. Den Chancen, am starken Wertzuwachs teilzunehmen, steht das Risiko, dass die Gesellschaft die gesteckten Ziele verfehlt, gegenüber. Ist man Aktionär geworden, so können die Aktien zu einem beliebigen Zeitpunkt in den Handelsforen dieser Internet-Plattformen zum Verkauf angeboten werden. Durch den öffentlichen Handel im Forum werden die Aktienpreise transparent gemacht und rechnerisch ein Aktienkurs zur Orientierung festgestellt.

4.1 Emittenten

Der Emittent ist in aller Regel ein junges, aufstrebendes Unternehmen, welches sein Wachstum über die Aufnahme von zusätzlichem Eigenkapital finanzieren möchte. Es handelt sich dabei um eine deutsche Aktiengesellschaft, die Aktien im Rahmen der Kapitalerhöhung an interessierte Anleger ausgibt.

Wie findet man mehr über die Emittenten heraus?
Der interessierte Investor besucht die Website der Emittenten und analysiert die Unternehmen. Dabei sollte man auch versuchen, die Wettbewerbsposition zu verstehen. Danach kontaktiert man ggf. Kunden, Lieferanten, Wettbewerber und Behörden. Ein persönlicher Besuch des Unternehmens ist durchaus angemessen.

Gibt es Bedingungen für die Zulassung auf einer Internet-Emissions- und Handelsplattform?
Der Emittent, der über eine Internet-Plattform an die Öffentlichkeit tritt, muss Zulassungsvoraussetzungen erfüllen. Diese orientieren sich am Neuen Markt Frankfurt oder dem Prädikatsmarkt der Bayerischen Börse. Es wird keine internationale Rechnungslegung, Mindestalter des Unternehmens oder ein bestimmtes Emissionsvolumen verlangt.

Wer kontrolliert die Emittenten?
Die Emittenten sind Aktiengesellschaften nach deutschem Aktienrecht. Die Organe, wie Vorstand und Aufsichtsrat, sind für die Führung und Zahlen des Unternehmens verantwortlich. Die Angaben sind im Emissionsprospekt beim Bundesaufsichtsamt für den Wertpapierhandel hinterlegt. Die Internet-Plattformen übernehmen keine Kontrollfunktion.

4.2 Investoren

Der Käufer ist in der Regel ein interessierter Anleger, der über eine Internet-Handelsplattform zu einem frühen Zeitpunkt in eines der emittierenden Unternehmen investieren möchte. Da der IWO (Initial WebStock Offering) jedoch nicht von einer Bank begleitet wird, ist er angehalten, sein Investment selbst sehr genau zu prüfen. Auch wenn es Zulassungsvoraussetzungen gibt, muss der Investor Verantwortung für sein Engagement übernehmen.

Wie wird man Aktionär?
Auf den Internetseiten der Plattformbetreiber gibt es Registrierungsformulare und den Zeichnungsschein der Emittenten. Diesen füllt man aus und sendet ihn ab. Nach wenigen Minuten erhält der Investor oder der Interessent weitere Anweisungen per E-Mail. Wird der Zeichnungsschein angenommen, wird der Investor aufgefordert, den Kaufpreis auf das im Zeichnungsschein angegebene Konto

einzuzahlen. Kommt der Investor der Aufforderung nicht nach, so entstehen keine weiteren Verpflichtungen. Wird der Betrag eingezahlt, erhält der Investor/Aktionär zunächst eine elektronische, später eine schriftliche Bestätigung und gegebenenfalls Aktien in Stücken ausgehändigt.

Welche Risiken gibt es?
Da es sich hier in der Regel um junge Unternehmen mit neuen Ideen handelt, die sich noch nicht lange im Wettbewerb behauptet haben, besteht im Extremfall das Risiko des Totalausfalls. Das würde bedeuten, dass das eingesetzte Kapital verloren wäre.

Wie kann man wieder verkaufen?
Zum Verkauf der Aktien stellt der Aktionär ein Angebot im Bereich Handel auf einer börsenähnlichen Internet-Plattform ein.

4.3 Der Handel

Als Aktionär möchte man seine Aktien zu einem späteren Zeitpunkt wieder verkaufen. Oder man hat während der Emission keine Anteile erhalten und möchten nun Aktien erwerben. Diesen Anforderungen stellen sich die Internet-Handelsplattformen.

Besucher
Als Besucher können Sie jederzeit im Handelsforum die Angebote einsehen und den Kurs einer Aktie verfolgen. Sie können jedoch als Besucher keine Transaktionen auslösen.

Aktiver
Wenn man selbst aktiv Aktien kaufen oder verkaufen möchten, lässt man sich registrieren und erhält dann einen durch Passwort geschützten Zugang. Danach können Verkaufsangebote oder Kaufgebote selbst eingestellt werden. Name und Anschrift sind nur bei der jeweiligen Internet-Handelsplattform bekannt und werden im Handelsforum nicht veröffentlicht.

Wie wird Geld und Aktie ausgetauscht?
In diesem Stadium des Systems werden die Aktien des Verkäufers bei einer Bank hinterlegt und die Herausgabe erfolgt an den Käufer Zug um Zug gegen Geld. Ohne Geldeingang wird die Aktie nicht ausgehändigt beziehungsweise ohne Aktienübergabe wird das Geld nicht abgebucht.

Welches Risiko besteht?
Es ist wie bei jedem herkömmlichen Kaufvertrag: Die jeweilige Handels-Plattform hat keinerlei Eingriff oder Verantwortung innerhalb der Transaktion. Ge-

handelt wird zwischen den Parteien direkt (Point-to-Point). Plausibilität und Bonität müssen selbst überprüft werden. Die bekannten Handelsplattformen wie Webstock oder TradeCross implementieren momentan elektronische Prüfverfahren und professionelle Settlementverfahren.

5. Fazit

Hierzulande ist die alternative Möglichkeit, Eigenkapital über eine Privatemission und eine Platzierung am freien Kapitalmarkt aufzunehmen (sog. Private Placement), wenig bekannt. Dabei ist die Palette anzubietender Beteiligungsmöglichkeiten im Rahmen einer Privatemission sehr viel breiter und interessanter als eine Wertpapieremission über die Börse. Insbesondere können am freien Kapitalmarkt wertpapierlose – und damit kostengünstigere – stimmrechtslose Beteiligungen (sogar mit Steuervorteilen) angeboten und vertrieben werden.

So wurden allein im Jahre 1998 nach Angaben des Statistischen Bundesamtes in Wiesbaden über 300 Milliarden DM auf diesem freien Kapitalmarkt umgesetzt; davon flossen insgesamt 40 Milliarden DM in Unternehmensbeteiligungen durch Kapitalmarktemission im Weg des Private Placement. Der freie Kapitalmarkt in Deutschland ist also ein sehr leistungsfähiger und aufnahmebereiter Markt mit besten Platzierungschancen.

Die Erhöhung des Eigenkapitals durch eine Kapitalmarktemission erfordert vielmehr ein hohes Engagement des imitierenden Unternehmens beziehungsweise der dort handelnden Personen. Nach Erarbeitung des Beteiligungskonzepts und Fertigstellung des Verkaufsprospekts müssen die Unternehmer eigenverantwortlich Finanzdienstleister und mögliche Investoren durch ein offensives Emissionsmarketing (Präsentationen, Roadshows, Mailings, Insertionen, PR, Internet) von der Perspektive ihres Unternehmens und den Aussichten ihres Beteiligungsprodukts überzeugen.

Dem Unternehmer öffnen sich durch das Internet zahlreiche zusätzliche Vertriebs- und Marketingmöglichkeiten, die zudem kostengünstig sind und zielgruppenorientiert wie kein anderes Medium genutzt werden können. Schon jetzt werden Emissionen über Internetportale an interessierte Anlegerkreise (teil-)vermarktet.

6. Anhang

Erledigungs-aufgaben und Kosten	Eigenemission (Private Placement am freien Markt)	Fremdemission (Bankenemission an der Börse)
Emissionsvorbereitungsarbeiten	• aktueller Jahresabschluss; evtl. Zwischenbilanz • Unternehmensplanung • Ertragsprognose	• Sachverständigengutachten zum Sachanlage- und Umlaufvermögen • WP-testierter Jahresabschluss • Unternehmensbewertungsgutachten zur Feststellung des Börsenemissionspreises
Beteiligungs-Verkaufsprospekt	Emissionsprospekt-Konzeption und Prospekterstellung	Emissionsprospekt-Konzeption und Prospekterstellung
Emissionsaufbereitungskosten	je nach Vereinbarung	500 000 bis 1 500 000 DM
Wertpapiere	keine	Druck der auszugebenden Wertpapiere
Banken-konsortium	keines	Gespräche, Verhandlungen über die Zusammenstellung des Bankenkonsortiums mit Konsortialvertrag
Platzierungsprovisionen	circa 3 bis 5 Prozent des Platzierungsvolumens unter Berücksichtigung einer vom Anleger gezahlten Abschlussgebühr	circa 10 bis 15 Prozent des Platzierungsvolumens (zusätzliche Abschlussgebühr vom Aktionär rechtlich nicht möglich)
Printmaterial	Marketing- und Druckkosten für das Emissionsmaterial (Prospekt, Werbematerial etc.)	Marketing- und Druckkosten für das Emissionsmaterial (Prospekt, Werbematerial etc.)
Börsenzulassung	keine; keine Kosten	Börsenzulassungskosten
Zeitdauer bis zum Start am Emissionsmarkt	circa 6 bis 12 Wochen	circa 6 bis 18 Monate

Abbildung 19: Erledigungsaufgaben und Kosten der Eigenkapitalbeschaffung über eine Kapitalmarktemission

Michael Bussmann

„Zukünftige Anforderungen an erfolgreiche IPOs" – Ergebnis und Auswertung einer Expertenbefragung

1. Ausgangssituation, Zielsetzung und Merkmale
   der Expertenbefragung 88
2. Erfolgsmaßstab für IPOs 88
3. Anforderungsprofil an zukünftige Börsenkandidaten 90
   3.1 Schlagkräftige Equity Story und kompetentes Management 91
   3.2 Ausgewogenes Emissionskonzept 93
   3.3 Aktive Kommunikationspolitik 96
4. Vorbereitende Aufgaben, um sich als erfolgsversprechendes IPO
   zu präsentieren 97

1. Ausgangssituation, Zielsetzung und Merkmale der Expertenbefragung

Deutschland im IPO-Boom. 1997 startete der Neue Markt mit lediglich 2 Unternehmen: MobilCom und Bertrandt. Anfang März 2000 notieren bei einer Marktkapitalisierung von über 100 Mrd. € bereits 226 Unternehmen am Neuen Markt und weitere 160 werden im Laufe des Jahres noch erwartet. Rund 40 Werte des Nemax-All-Share-Index, das heißt aller notierten Unternehmen am Neuen Markt, bewegen sich in der Nähe ihres all-time-highs. Allerdings notieren fast genauso viele Titel in der Gegend ihres absoluten Tiefpunktes und rund ein Viertel der am Neuen Markt notierten Gesellschaften bewegen sich unter ihrem Emissionskurs. Neben der anfänglichen allgemeinen Euphorie sind demnach einige Enttäuschungen vorprogrammiert – sowohl auf Seiten der Investoren als auch auf Seiten der Emittenten selbst.

Diese Entwicklungen antizipierend führten Dr. Wieselhuber & Partner im Herbst 1999 eine schriftliche Expertenbefragung durch, in der 55 in Deutschland ansässige Kreditinstitute über zukünftige Anforderungen an erfolgreiche IPOs befragt wurden. Mit 26 beantworteten Fragebögen erzielte die Aktion eine Rücklaufquote von knapp 50 Prozent.

2. Erfolgsmaßstab für IPOs

Wir sprechen von erfolgreichen IPOs – aber wann ist ein IPO als erfolgreich einzustufen? Altgesellschafter, Management, Anleger und Banken definieren den Erfolg bei einem IPO oft sehr unterschiedlich und verfolgen dabei auch unterschiedliche Zielsetzungen. Aus Sicht der Banken gilt folgender Erfolgsmaßstab (siehe Abbildung 20, Seite 94):

Ein Drittel der Experten sieht die Sekundärmarktentwicklung als Maßstab für das Gelingen eines IPOs an. Eine Aktie entwickelt sich nach Meinung der befragten Experten dann positiv am Sekundärmarkt, wenn die Differenz zwischen Emissionspreis und Erstnotiz mindestens 10 Prozent beträgt, andererseits aber 35 bis 40 Prozent nicht überschreitet. Im weiteren Verlauf der Aktie sollte die Differenz zwischen Erstnotiz und Kurs nach drei Monaten etwa +10 Prozent, nach sechs Monaten +15 bis +20 Prozent und nach einem Jahr +20 bis +30 Prozent betragen. Nur bei einem solchen Verlauf kann man davon ausgehen, dass das Unternehmen fair bewertet wurde und die Anteile nicht zu billig abgegeben wurden. Die enormen Zeichnungsgewinne zwischen Emissionspreis und Erstnotiz, die teilweise am Neuen Markt zu beobachten sind, sind zwar für den kurzfristig

Abbildung 20: Erfolgsfaktoren eines Börsengangs (Quelle: Expertenbefragung)

orientierten Anleger sehr erstrebenswert, nicht aber für das Unternehmen, dem durch den niedrigen Emissionspreis eben jenes Kapital verloren geht, das nun den Anlegern zufließt. Um als erfolgreiches IPO eingestuft zu werden, muss demnach der Emissionspreis so gewählt werden, dass der Aktie zwar ein Steigerungspotenzial innewohnt, das aber nur zu stetigen Kurszuwächsen führt.

Jeweils zwölf Prozent der befragten Experten geben als Indikator für einen erfolgreichen Börsengang eine hohe Marktliquidität, eine Überzeichnung der Aktien während des Bookbuilding oder einen ausgewogenen Aktionärsmix zwischen privaten (25 bis 40 Prozent des Emissionsvolumens) und institutionellen Anlegern (60 bis 75 Prozent des Emissionsvolumens) an.

Die Übererfüllung der Planzahlen wird von circa 10 Prozent als Erfolgsmaßstab für einen Börsengang herangezogen. Ein Preis am oberen Ende der Bookbuildingspanne ist nur aus Sicht weniger Banken unbedingt erforderlich, da die Preisspanne eine im Vorfeld ermittelte Spanne einer angemessenen Bewertung ist und damit – bei richtiger Einschätzung durch die Banken – jeder Wert aus der Bookbuildingspanne das Attribut „angemessen" trägt.

Keine der Banken macht den Erfolg eines IPOs explizit daran fest, dem Unternehmen möglichst viel Kapital zuzuführen. Die Garantie auf eine mehrfache Überzeichnung der Aktien – notfalls auch bei schlechten Kapitalmarktkonditionen – steht oftmals zu sehr im Vordergrund. Bestes Beispiel hierfür sind die hohen Zeichnungsgewinne der Vergangenheit und die teils stark voneinander abweichenden Bewertungen der Banken für ein und dasselbe Unternehmen. Die Zielsetzung eines hohen Kapitalzuflusses sollte der Unternehmer beziehungsweise sein Berater während des ganzen Börseneinführungsprojekts daher selbst im Auge behalten.

3. Anforderungsprofil an zukünftige Börsenkandidaten

Nahezu alle der großen, im Emissionsgeschäft aktiven Banken haben sich in der zweiten Jahreshälfte 1999 mit dem einen oder anderen Börsenmandat einen Problemfall eingehandelt. Genauer denn je werden heute Unternehmen, die für ihren Weg an die Börse einen Konsortialführer suchen, auf Substanz geprüft. Nur jenen Unternehmen, denen auch nach intensivster Prüfung viel versprechende Erfolgsaussichten zugeschrieben werden, überreichen die Banken ein Angebot zur Übernahme des Konsortiums oder zur Teilnahme an diesem.

Geprüft wird nach vielerlei Inhalten: Hohe Wachstumsraten, die durch ein qualifiziertes Management erzielt werden, sowie eine gelungene Abgrenzung zum Wettbewerb sind bei der Beurteilung eines Kandidaten durch eine Konsortialbank von zentraler Bedeutung. Um das Interesse der Banken an einer Teilnahme im Konsortium zu konkretisieren, muss der Börsenaspirant in den Augen der Banken zudem noch eine attraktive Emissionsgröße versprechen sowie das Potenzial aufweisen, eine ausreichende Liquidität der Aktien erreichen zu können.

Im Detail betrachtet stellen die Banken demnach die folgenden Anforderungen an potenzielle Mandanten – Anforderungen, die im Übrigen mit geringen Abweichungen später auch vehement von den Investoren gestellt werden.

Story	Finanztechnische Charakteristika	Kommunikation
Nachweislich qualifiziertes Management	Ausreichend großes Emissionsvolumen (bevorzugt > 50 Mio. €)	Sicherung ausreichender Research-Unterstützung
Attraktive, vom Wettbewerb differenzierte Equity Story	Keine bzw. minimale Anteilsabgabe durch die Altgesellschafter	Bestens vorbereitete und umfassende Roadshows
Umsatzwachstum und Gewinnaussichten		

Abbildung 21: Anforderungen an IPO-Kandidaten (Quelle: Expertenbefragung)

3.1 Schlagkräftige Equity Story und kompetentes Management

Die beiden wichtigsten Faktoren, die das Unternehmen aufweisen muss, sind ein nachweislich qualifiziertes Management und eine attraktive, vom Wettbewerb differenzierte Equity Story.

Einige Banken sind dazu übergegangen, keine (vorläufigen) Bewertungen des Unternehmens mehr abzugeben, bevor sie nicht das Management kennen gelernt haben. Denn Papier ist geduldig – deshalb lesen sich Konzepte meist überzeugend. Genauso überzeugend muss aber das Management selbst sein. Schließlich handelt es sich um diejenigen Menschen, deren Unternehmenskonzept durch die Anleger beurteilt und geglaubt – oder im negativen Fall eben nicht geglaubt – wird. Fachliches Know-how, strategische Kompetenz, betriebswirtschaftliche Sicherheit, Seriosität und Präsentationsgeschick stehen neben anderen Fähigkeiten auf dem Prüfstein – unabhängig davon, welcher Branche der Kandidat angehört.

Die Equity Story gibt die strategische Positionierung des Unternehmens wieder und hebt dessen Alleinstellungsmerkmal im Vergleich zum Wettbewerb hervor:

- Welches sind die Wachstumstreiber?
- Ist internes oder externes Wachstum geplant?
- Expansion im Kerngeschäft oder Erschließung neuer Geschäftsfelder und Märkte?
- Wie tief ist die Produktpipeline und wie weit ist der Lebenszyklus der vorhandenen Produkte fortgeschritten?
- Wie stark ist der Wettbewerb in Relation zur Marktentwicklung?
- Welche Vertriebskanäle unterlegen das geplante Wachstum? Wie ausgeprägt ist die Innovationskraft des Unternehmens?

Alles in allem muss die Unternehmensstrategie in sich stimmig und klar fokussiert sein. Der Gedanke, ein breiteres Geschäftsfeldportfolio aufzubauen, um die Unternehmensrisiken zu minimieren, wird von den Banken negativ beurteilt. Vom Management wird vielmehr erwartet, dass es seine Geschäftsidee verfolgt, an deren Realisierung glaubt und einen strategisch klaren Fokus aufweist. Risikodiversifikation betreibt der Anleger über den Kapitalmarkt.

Wichtigster Teil der Equity Story sind die Zukunftsperspektiven des Unternehmens. Während bis Mitte der Neunzigerjahre Umsatz oder Profitabilität vor und zum IPO-Zeitpunkt im Mittelpunkt standen, ist seit drei bis vier Jahren das zukünftige Umsatz- und Gewinnwachstum von fundamentalem Interesse. Diese Planzahlen werden heute genauer denn je von den Banken plausibilisiert. Damit rückt die Fähigkeit des Managements, Planungen zu erstellen, die in den späteren Quartalsberichten eingehalten beziehungsweise möglichst übertroffen werden, vehement in den Vordergrund – als Beurteilungsmaßstab dienen häufig vergangene Soll-/Ist-Abweichungen und die Qualität des Planungs- und Berichtssystems hinsichtlich darin einfließender Marktkenntnisse, Prämissen, Detaillierungsgraden und Frühwarnmechanismen. Aggressive, damit über den Vergleichsunternehmen liegende Business-Planungen werden von fast allen Experten als sehr kritisch hervorgehoben. Ehrgeizige, aber realistische Einschätzungen von Marktentwicklung und Wettbewerbsposition sind gefragt.

Nichtsdestotrotz müssen sich die Zuwachsraten – realistisch betrachtet eben – in attraktiven Größen bewegen, wobei „attraktiv" einerseits als absolute Größe zu verstehen ist und andererseits auch heißt, dass das eigene das durchschnittliche Branchenwachstum langfristig gesehen übertrifft.

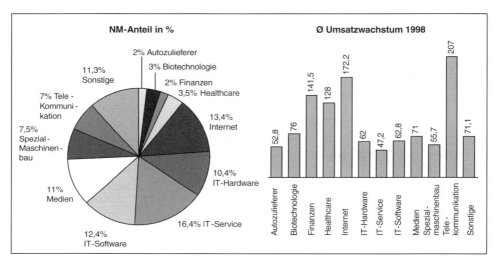

Abbildung 22: Struktur und Kennzahlen des Neuen Markts (Quelle: Interne Studie Dr. Wieselhuber & Partner, Stand: 3.Februar 2000)

Die Branchenzugehörigkeit selbst bezeichneten nur zehn Prozent der befragten Banker als einen entscheidenden Faktor in der Auswahl eines Börsenkandidaten. Als besonders attraktive Branchen der Zukunft werden der Bereich der Informationstechnologie, das Internet und die Medienbranche gesehen. Die Branchenindizes, die UBS für die stärksten Titel des Neuen Markts kreiert hat, verdeutlichen, dass sich diese Bereiche bereits in der Vergangenheit gut entwickelt haben – deren branchendurchschnittliche Kursentwicklung demonstriert dies deutlich (s. Abbildung 23).

Einen Startvorteil hatte in Vergangenheit derjenige, der eine Branche beziehungsweise ein bedeutendes Branchensegment am Neuen Markt eröffnet hat. Je mehr Unternehmen der gleichen Branche notiert sind, umso schwieriger fällt die

UBS Nemax 50 Branchen	Anzahl der Werte	Titel	Kurs-Performance 30.6.99-28.1.00
Internet	9	1 & 1, Artnet.com, Brokat Infosystems, Cybernet Internet, Endemann, Fortunecity.com, Ifao, Intershop, Utimaco	165%
Technologie	5	Aixtron, Basler AG, Pfeiffer Vacuum, Singulus, Steag Hamatech	131%
Hardware	5	Adva Optical Netw., Bintec, Jumptec, SCM Microsystems, Teles	70%
IT-Service	7	CE Cons. Electr., Heyde, IDS Scheer, Infomatec, Medion, Realtech, Teleplan Intern.	48%
Telekom	4	Mobilcom, Primacom, Teldafax, Telegate	44%
Medien	7	Cinemedia Film, Edel Music, EM.TV, Highlight Comm., Intertainment, Kinowelt Medien, Senator Film	42%
Software	10	Brain, CPU Software, Infor Business Solutions, Ixos Software, LHS, MB Software, Micrologica, Nemetschek, NSE Software, SER Systeme	–1%
Nemax 50	**50**		**62%**

Abbildung 23: Kursentwicklung der Branchenindizes (Quelle: UBS Warburg Dillon Read)

Abgrenzung und das Aufzeigen eines Alleinstellungsmerkmales des Unternehmens. Die Vermutung liegt nahe, dass einige der Unternehmen, denen die anfänglich überschäumende Emissionseuphorie zugute kam, heute größere Schwierigkeiten hätten und zumindest bedeutend mehr strategische Vorarbeit leisten müssten, um das Unternehmen mit dem gleichen Erfolg an der Börse zu positionieren.

3.2 Ausgewogenes Emissionskonzept

Rund ein Drittel der Banken bekannten sich schon 1999 zu dem, was heute allgemeiner Tenor ist: Das Emissionsvolumen soll eine bestimmte Größe erreichen. Dies hat primär zwei Gründe: Einerseits muss der Teil, der in den Besitz einer breit gestreuten Zahl von Investoren fließt, groß genug sein, dass auch für institutionelle Investoren ausreichend große Aktienpakete vergeben werden können und später die Liquidität der Aktie im Sekundärmarkt gesichert ist. Andererseits soll auch erwähnt sein, dass der Börsengang für die Banken durch den unterproportional anwachsenden Aufwand erst ab einem gewissen Mindestvolumen finanziell attraktiv wird und von deren Seite erst dann mit Nachdruck forciert wird.

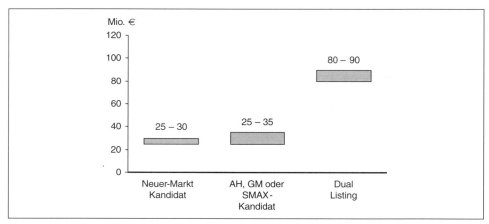

Abbildung 24: Minimale Emissionsvolumina (Quelle: Expertenbefragung)

Von großem Interesse ist in den Augen der meisten (großen) Banken ein Börsenkandidat erst dann, wenn ein Emissionsvolumen von circa 50 Mio. € und darüber denkbar erscheint.

Grundsätzlich determiniert durch die Bewertung der Aktie wird der Umfang des Emissionsvolumens natürlich auch davon beeinflusst, wie groß der Emittent seinen Free-Float-Anteil wählt. Der Free-Float-Anteil gibt den prozentualen Anteil am gesamten Aktienkapital des Unternehmens wieder, der an eine Zahl von breit gestreuten Anlegern geht. Die Expertenbefragung hat ergeben, dass der vorgeschriebene Mindest-Free-Float von 25 Prozent nicht mehr ausreicht, um die volumenmäßige Attraktivität der Aktien für alle Anlegergruppen zu gewährleisten. In den Augen der Banken erscheint besonders bei kleinen und mittleren Unternehmen ein Free-Float in Höhe von 30 bis 35 Prozent optimal, damit sich ein konstanter Handel und hohe Liquidität des Titels herausbilden.

Nahezu einhellig verneinend ist die Stellungnahme der Banken zu einer Anteilsabgabe der Altgesellschafter im Zuge des IPOs. Besonders der Neue Markt limitiert die Ausstiegsmöglichkeiten der Altgesellschafter beachtlich.

Maximale Abgabe der Altgesellschafter (in % vom Emissionsvolumen)	Neuer Markt-Kandidat	AH, GM oder SMAX-Kandidat
Bei Abgabe von Anteilen durch die operativ verantwortlichen Gesellschafter	10 – 15%	20 – 25%
Bei Abgabe von Anteilen durch eine Beteiligungs- oder Muttergesellschaft	25 – 30%	30 – 35%

Abbildung 25: Limitierte Abgabemöglichkeiten der Alt-Aktionäre (1) (Quelle: Expertenbefragung)

Die zukünftigen Investoren legen großen Wert darauf, dass ein möglichst großer Teil der Anteile aus einer Kapitalerhöhung stammt. Nur so fließt der Emissionserlös der Gesellschaft und nicht den privaten Kassen der Altgesellschafter zu. Durch die nunmehr gefüllte Kriegskasse des Unternehmens sollen das versprochene Wachstum vorangetrieben und die erhofften Wertzuwächse der Anteile realisiert werden.

Eine Studie von Dr. Wieselhuber & Partner hat verdeutlicht, dass die Anleger bei den Neunotierungen am Neuen Markt 1999 den vollständigen Verzicht auf Anteilsabgabe durch die Altgesellschafter als eine Art „Glaube an die Gesellschaft" interpretierten, was durch ein sichtbar höheres durchschnittliches Emissions-KGV belohnt wurde.

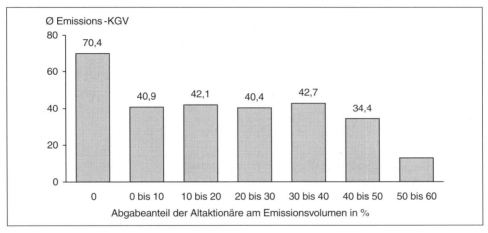

Abbildung 26: Limitierte Abgabemöglichkeiten der Alt-Aktionäre (2) (Quelle: Interne Studie Dr. Wieselhuber & Partner, Stand: 31.12.1999)

Überhaupt erweist sich die Bindung der bisherigen Antriebskräfte des Geschäfts – sei es auf Anteilseignerseite, sei es auf Managementseite – als ein wichtiger Faktor. Für die Investoren ist es von fundamentalem Interesse, dass diejenigen, die das Geschäft bisher entwickelt und vorangetrieben haben, auch weiterhin an Bord bleiben. Demgemäß wird die Lock-up-Periode, in der es den Altgesellschaftern verboten ist, ihre Anteile zu verkaufen, häufig von sechs auf zwölf Monate nach Börsengang ausgedehnt. Als optimal sehen es die Banken an, wenn sich die operativ verantwortlichen Altgesellschafter auf freiwilliger Basis weitere sechs bis zwölf Monate über die vorgeschriebene Haltefrist hinaus binden.

Einer ähnlichen Argumentation folgt die Befürwortung von Mitarbeiterbeteiligungsprogrammen. 70 Prozent der seit Anfang 1999 am Neuen Markt notierten

Unternehmen haben ihren Mitarbeitern eine Möglichkeit der Beteiligung am Unternehmen geschaffen. In Branchen mit hartem Personalwettbewerb ist dies heute schlichthin ein Muss, dessen Fehlen am Kapitalmarkt sanktioniert wird. Welcher Mitarbeiterkreis in das Beteiligungsprogramm aufgenommen wird, ist Frage der Branche, der Unternehmenskultur, der Wichtigkeit, die einzelnen Mitarbeitern beigemessen wird, und der Zielsetzung, die der Unternehmer damit verfolgt. Unerlässlich ist aus heutiger Sicht jedenfalls die kapitalmäßige Beteiligung der wichtigsten Know-how-Träger, deren Ausscheiden ein schmerzhaftes Loch in die Organisationsstruktur reißen würde.

3.3 Aktive Kommunikationspolitik

Die Vertreter der Banken sind sich darüber einig, dass die Informationsflut zu den Neuemissionen von den Anlegern nicht mehr verarbeitet werden kann. Auch auf Bankenseite stehen durch die Fülle der betreuten und neu anfragenden Unternehmen für die einzelne Gesellschaft immer weniger Kapazitäten zur Verfügung. Sich intensiv mit Neuemissionen und der Entwicklung von börsennotierten Unternehmen zu beschäftigen, nimmt viel Zeit in Anspruch, welche aber bei fast allen Investmentbanken Mangelware ist.

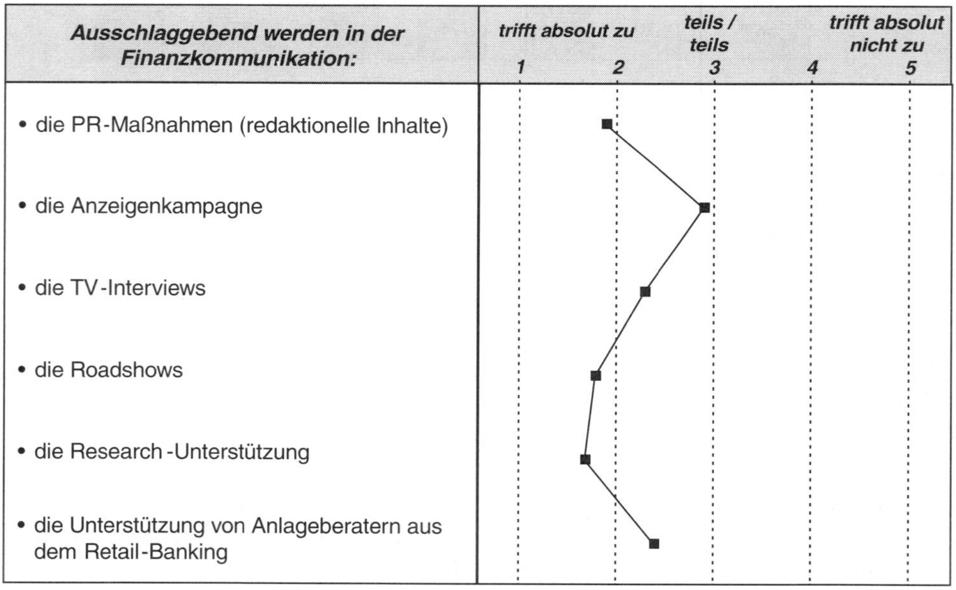

Ausschlaggebend werden in der Finanzkommunikation:	trifft absolut zu		teils / teils		trifft absolut nicht zu
	1	2	3	4	5
• die PR-Maßnahmen (redaktionelle Inhalte)			■		
• die Anzeigenkampagne				■	
• die TV-Interviews			■		
• die Roadshows			■		
• die Research-Unterstützung			■		
• die Unterstützung von Anlageberatern aus dem Retail-Banking				■	

Abbildung 27: Wichtige Faktoren der Finanzkommunikation (Quelle: Expertenbefragung)

In einem solchen Umfeld als Börsenkandidat Aufmerksamkeit zu generieren, ist schwer. Dementsprechend bejahte der Großteil der befragten Banken die Aussage, dass die Finanzkommunikation in Zukunft immer wichtiger wird. Einige Bereiche daraus dominieren in der Werteskala der Banken.

An Wichtigkeit gewinnen die Research-Unterstützung der Banken, die Roadshows, bei denen der Vorstand sein Unternehmen vor institutionellen Investoren präsentiert, und die Veröffentlichung redaktioneller Inhalte. Die Priorität ist offensichtlich: Sich darauf zu konzentrieren, Fakten für einen qualifizierten Anlegerkreis zu liefern, ist in der Regel die zielführendere Strategie als bei der breiten Masse Aufmerksamkeit schaffen zu wollen. Kleine und mittlere Unternehmen mit limitierten Budget können den Kampf um Aufmerksamkeit gegen einige Emissionsgiganten ohnehin kaum gewinnen. Erfolgsweisender ist es, der Forderung nach Inhalten zu genügen: Die Story muss stimmen, sonst fallen Roadshows und Researchberichte vernichtend aus und kehren ihre Wirkung ins Negative.

Die zunehmende Bedeutung der Roadshows lässt sich nicht zuletzt dadurch erklären, dass institutionelle Investoren zunehmend mehr Anteile einer Emission übernehmen und der Privatanlegeranteil an der einzelnen Emission sinkt, da die Zahl der Börsengänge überproportional zunimmt. Daher gewinnt es an Bedeutung, gerade den Institutionellenkreis mittels ausgedehnter und besser vorbereiteter Roadshows gezielter zu adressieren und die Analysten als wichtige Meinungsmultiplikatoren für sich zu gewinnen.

Die gesamte Kommunikationspolitik sollte ab dem Zeitpunkt, zu dem das Unternehmen ein Going Public anstrebt – also eine Public Company wird – diesem Attribut gerecht werden und von Offenheit geprägt sein. Diese offene Haltung sollte sich über den Notierungszeitpunkt hinaus fortsetzen und sich als solche im Unternehmen etablieren – konsequenterweise auch in schlechten Zeiten.

4. Vorbereitende Aufgaben, um sich als erfolgsversprechendes IPO zu präsentieren

Im Wissen darüber, auf welche Punkte die Konsortialführer und später auch die Investoren in der Auswahl ihrer Unternehmen Wert legen, stellt sich primär folgende Frage: Wie schafft es ein Unternehmen, sich genau in diesen Punkten von seiner attraktivsten Seite zu zeigen? Welche Schwachstellen treten trotzdem am häufigsten auf? Wie können diese Probleme behoben werden?

Die größten Schwachstellen liegen nach Ansicht der Banken im kaufmännischen Bereich und der internen Professionalisierung der Unternehmen.

	Schwachstellen der Börsenkandidaten	
1	Unzureichende Managementqualifikation hinsichtlich der Unternehmenssteuerung (Rechnungswesen, Controlling)	68%
2	Mangelnde Managementkapazität, da der Zeitbedarf für das IPO unterschätzt wurde	62%
3	Business-Plan zu wenig realitätsnah und detailliert	61%
4	Mangelhafte Selbstdarstellung im Umgang mit Presse, institutionellen Investoren, Analysten	54%
5	Ungenügende Vorbereitung auf die Einrichtung einer kontinuierlichen IR-Arbeit	30%
6	Zu hohe Preisvorstellungen / zu wenig Verständnis für den Kapitalmarkt	26%
7	Gesellschaftsrechtliche Aspekte	5%

Abbildung 28: Schwachstellen der Börsenkandidaten (Quelle: Expertenbefragung)

Die Schwächen in der Unternehmenssteuerung machen sich besonders in einem unzureichenden Rechnungswesen und der Vernachlässigung von Controlling und Reporting bemerkbar. Managementinformationssysteme sind wenig verbreitet, das Berichtswesen wenig institutionalisiert und zeitnah. Die heutigen Möglichkeiten einer effizienten Unternehmenssteuerung werden oft bei weitem nicht ausgeschöpft, wenn nicht sogar vernachlässigt. Den Transparenzanforderungen der Börse kann so nicht genügt werden, und das Management schneidet in der Bewertung der Banken keinesfalls gut ab.

Gleichzeitig erleiden viele Unternehmen mit dem Börsengang ein beachtliches Kapazitätsproblem, da der Zeitbedarf für die Vorbereitung des IPO und der anschließenden IR-Arbeit des Vorstands stark unterschätzt wird. Laut der Erfahrungen von Vorständen börsennotierter Unternehmen nimmt diese ab dem Zeitpunkt der Notierung immerhin ein Viertel der gesamten Arbeitszeit ein.

Mehr als die Hälfte der Banken geben an, dass sich die Unternehmensplanung der Emittenten immer wieder als problembehaftet erweist. Keine oder mangelhafte Planungsprämissen, unzureichende Planungsdetaillierung und -systematisierung, ungenügende Differenzierung nach Unternehmenssegmenten sowie zu oberflächliche Markt- und Wettbewerbskenntnisse führen im Zuge der Due Diligence der Banken immer wieder zu Abschlägen bei der Unternehmensbewertung – zu Abschlägen, die durch eine bessere Vorbereitung eigentlich vermeidbar gewesen wären.

(Noch) unzureichende Darstellungsfähigkeiten des Vorstands im Umgang mit Presse, institutionellen Anlegern und Analysten gibt immerhin gut die Hälfte der befragten Banker als Schwäche der Börsenaspiranten an. Die Equity Story des Unternehmens und dessen einzigartiges Profil wird nicht überzeugend vermittelt, da der Vorstand nicht ausreichend auf diese Aufgabe vorbereitet war.

Abhilfe kann bei diesen Problemen eine fundierte Vorbereitung schaffen. Der Grad der internen Professionalisierung sowie die Qualität von Unternehmenssteuerung und -planung müssen vorab, das heißt vor dem Zeitpunkt der Kontaktaufnahme mit Banken, zumindest auf ein gewisses Mindestniveau gehoben werden. Ehrgeiz zu Höherem ist hier durchaus von Vorteil. Die Prämissen des Business Plans müssen stärker abgestützt und plausibiliert sein, damit dieser – der die Eintrittskarte in Bankenverhandlungen darstellt – auf höchst soliden Füßen steht. Zielbringend ist es, bereits mit einer überarbeiteten Führung der Finanzen, mit einem ausgereiften Verständnis von finanzanalytischen Kennzahlen und Steuerungsinstrumenten an die Banken heranzutreten.

Diese Vorbereitungen kaufmännischer und strategischer Natur erfordern bereits vor der eigentlichen Arbeit rund um den Börsengang viel Aufmerksamkeit, Zeit und Know-how. Aus der Erfahrung der Vergangenheit lässt sich leicht feststellen, dass sich viele der Unternehmen genau diese Zeit nicht nehmen, da, sobald die Idee zum Börsengang einmal geboren ist, diese auch so schnell wie möglich realisiert werden soll. Ohne externe Hilfe und entsprechende Erfahrung sind die angesprochenen Schwachstellen aber im Zeitraum weniger Monate nicht zu beheben.

Die anschließende Vorbereitung und Durchführung des Börsengangs wirft in vielen Fällen endgültig ein ernstes Kapazitätsproblem auf, das leider oft zur Folge hat, dass sich der Vorstand in dieser Phase, in der der Verlauf seines Geschäfts einmalig stark im öffentlichen Rampenlicht steht, nicht mehr auf sein eigentliches Geschäft konzentrieren kann. Für ausreichende und qualifizierte Kapazitäten – intern oder extern – muss also von Beginn an gesorgt werden, denn darüber, dass ein Börsengang sehr viel Zeit in Anspruch nimmt, sind sich sämtliche Experten einig.

Zur Unterstützung in diesen Punkten erachten die Experten einen Emissionsberater als sehr hilfreich: 32 Prozent der Banker beurteilten einen qualifizierten Emissionsberater zur Unterstützung des Börsengangs als sehr empfehlenswert

(„ja, immer") und die restlichen 68 Prozent als eventuell empfehlenswert – abhängig vom Vorbereitungsstatus des Börsenkandidaten, der freien Managementkapazitäten und selbstverständlich der Qualität des Emissionsberaters selbst.

Auf die Frage der wichtigsten Funktionen eines IPO-Beraters hoben die Banken vor allem die Fähigkeit zur Unterstützung während der letzten Monate vor dem IPO hervor.

Kriterien	Bewertung heute und zukünftig				
	trifft absolut zu 1	2	teils / teils 3	4	trifft absolut nicht zu 5
Unterstützung bei der Umsetzung von Verbesserungsmaßnahmen in der Pre-IPO-Phase zur Steigerung der Börsenreife		● ▲			
Unterstützung des Emittenten bei der Strategiekonzeption, Business -Planung in der Pre-IPO-Phase		▲ ●			
Unterstützung bei der Umsetzung von Verbesserungsmaßnahmen in der Pre-IPO-Phase zur Steigerung der Börsenattraktivität			▲●		
Unabhängigkeit des Emissionsberaters von Banken ist wichtig			▲●		
Unabhängigkeit des Emissionsberaters von Beteiligungsgesellschaften ist wichtig			●▲		
	● heute		▲ zukünftig		

Abbildung 29: Die fünf wichtigsten Funktionen/Charakteristika des IPO-Beraters (Quelle: Expertenbefragung)

Demnach erachten die Banken Emissionsberater für fähig, den Börsenkandidaten genau in den Bereichen, die sie vorher als gravierendste Schwachstellen der Börsenaspiranten und damit auch als häufigste Ursache für Unternehmenswertabschläge eingestuft hatten, gut vorzubereiten und potenzielle Schwierigkeiten dieser Art zu umschiffen. Die Equity Story wird mit Hilfe eines erfahrenen Beraters um einiges überzeugender – der daraus resultierende Unternehmenswert ebenfalls.

Daran, diese Beratungs- und Umsetzungsaufgabe selbst zu übernehmen, zeigen die Banken wenig Interesse. Vielmehr sehen die Banken ihre eigene Suche nach attraktiveren Kandidaten vertreten und erachten einen Börsengang, der von einer qualifizierten Adresse beratend begleitet wird, teilweise sogar als mit einer Art Gütesiegel versehen.

Denn die Banken suchen auch heute – obgleich von Anfragen fast überrollt – intensivst nach viel versprechenden Kandidaten, nach Kandidaten mit hoher Erfolgswahrscheinlichkeit an der Börse. Sich bereits auf die ersten Kontakte mit den Banken bestens vorzubereiten und sich mittels einer professionellen Darstellung von Anfang an positiv abzuheben, ist daher eine sehr empfehlenswerte Erfolgsstrategie.

Kapitel II:

Die Pflicht – Den formalen Anforderungen der Börse genügen

Ich interessiere mich für weitere Themen im Bereich Wirtschaft:
- ❏ Wirtschaftswissenschaften
- ❏ Lexika/Nachschlagewerke
- ❏ Management
- ❏ Finanzdienstleistungen
- ❏ Marketing/Vertrieb

Bitte schicken sie mir kostenlos ein Probeheft der Zeitschrift:
- ❏ Bank Magazin
- ❏ Versicherungsmagazin
- ❏ Sales Profi
- ❏ Call Center Profi
- ❏ working@office
- ❏ Zeitschrift für Betriebswirtschaft
- ❏ Kostenrechnungspraxis
- ❏ management international review

Ich bin:
- ❏ Dozent/in
- ❏ Student/in
- ❏ Praktiker/in

Bitte in Druckschrift ausfüllen. Danke!

Hochschule/Schule/Firma — Institut/Lehrstuhl/Abteilung

Vorname — Name/Titel

Straße/Nr. — PLZ/Ort

Telefon* — Fax*

Geburtsjahr* — Branche*

Funktion im Unternehmen* — Anzahl der Mitarbeiter im Unternehmen*

Mein Spezialgebiet*

* Diese Angaben sind freiwillig.
Wir speichern Ihre Adresse, Ihre Interessengebiete unter Beachtung des Datenschutzgesetztes.

222 01 001

GABLER

Antwort

Gabler Verlag
Buchleser-Service / LH
Abraham-Lincoln-Str. 46

65189 Wiesbaden

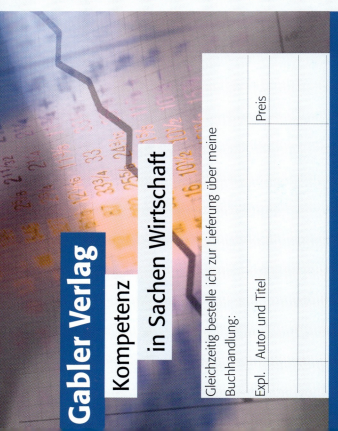

Gabler Verlag

Kompetenz
in Sachen Wirtschaft

Gleichzeitig bestelle ich zur Lieferung über meine Buchhandlung:

Expl.	Autor und Titel	Preis

Besuchen Sie uns im Internet
– *www.gabler.de* –
mit kostenlosem Newsletter

Andreas Oldenbourg / Claus Schild

Umwandlung in eine börsenfähige Rechtsform

1. Notwendigkeit einer Rechtsformumwandlung 107
2. Überblick über Strukturmerkmale der börsenfähigen
   Rechtsformen und ihre Besteuerung 107
   2.1 AG – klassische Gesellschaftsform für die Börse 107
       2.1.1 Struktur der AG 107
       2.1.2 Besteuerung der AG und der Aktionäre 109
   2.2 KGaA – Außenseiter oder interessante Alternativgestaltung? . . 110
       2.2.1 Struktur der KGaA 110
       2.2.2 Besteuerung der KGaA und ihrer Gesellschafter 112
3. Wege in die börsenfähige Rechtsform 113
4. Formwechsel als bloße Änderung des „Rechtskleids" 114
5. Überblick über den Ablauf eines Formwechsels 115
   5.1 Umwandlungsbericht 115
   5.2 Information des Betriebsrats 116
   5.3 Umwandlungsbeschluss 116
       5.3.1 Beschlussvorbereitung 116
       5.3.2 Inhalt 116
       5.3.3 Form 117
       5.3.4 Mehrheitserfordernisse und Zustimmungsbedürfnisse 117
       5.3.5 Anfechtung des Umwandlungsbeschlusses 118
6. Beachtung des Gründungsrechts 119
7. Anmeldung und Eintragung ins Handelsregister 119
8. Ausscheiden widersprechender Anteilsinhaber gegen Barabfindung . . 120
9. Praktische Handhabung des Formwechsels 120

10. Steuerrechtliche Auswirkungen des Formwechsels 121
   10.1 Besteuerung des Formwechsels der GmbH in die AG 121
   10.2 Besteuerung des Formwechsels der GmbH in die KGaA 121
   10.3 Besteuerung des Formwechsels einer
       Personenhandelsgesellschaft in die AG 122
   10.4 Besteuerung des Formwechsels einer
       Personenhandelsgesellschaft in die KGaA 123

11. Ergänzende Gesellschaftervereinbarungen zur Erhaltung
    des Einflusses 124

12. Kapitalmaßnahmen 125
   12.1 Effektive Kapitalerhöhung 125
      12.1.1 Ordentliche Kapitalerhöhung 125
      12.1.2 Genehmigtes Kapital 126
      12.1.3 Bedingtes Kapital 126
   12.2 Kapitalerhöhung aus Gesellschaftsmitteln 127

13. Zustimmung der Hauptversammlung zum Börsengang 128

14. Einhalten der Nachgründungsvorschriften 128

15. Holdingstruktur als Alternative zum Formwechsel 130

1. Notwendigkeit einer Rechtsformumwandlung

Wertpapiere, die an der Börse gehandelt werden sollen, müssen einen hohen Grad an Fungibilität (Austauschbarkeit) und eine gesteigerte Umlauffähigkeit aufweisen, was regelmäßig durch wertpapiermäßige Verbriefung erreicht wird. Hierbei ist eine Einzelverbriefung nicht erforderlich. Vielmehr genügt die Hinterlegung einer oder mehrerer Globalurkunden, an der die Aktionäre Miteigentumsanteile erwerben, bei der Clearstream Banking AG.

Unter den Mitgliedschaften an Gesellschaften erfüllen nur Aktien einer Aktiengesellschaft (AG) bzw. Kommanditaktien einer Kommanditgesellschaft auf Aktien (KGaA) diese Kriterien.

Rechtspolitische Überlegungen, neben der Aktie auch andere Gesellschaftsrechte, insbesondere Anteile einer Gesellschaft mit beschränkter Haftung (GmbH) leichter übertragbar und als in Wertpapieren verbriefte Titel marktfähig zu machen und für diesen Markt ein besonderes Börsensegment zur Verfügung zu stellen, sind letztlich nicht umgesetzt worden. So sind GmbH-Anteile nach wie vor schon deshalb nicht börsenfähig, weil ihre Abtretung gemäß § 15 Abs. 3 GmbHG einer notariellen Beurkundung bedarf.

Unternehmen anderer Rechtsformen müssen sich daher in Vorbereitung des Going Public grundsätzlich einem Rechtsformwechsel in die AG oder KGaA unterziehen, wenn ihre Mitgliedschaften als Wertpapiere an der Börse gehandelt werden sollen.

2. Überblick über die Strukturmerkmale der börsenfähigen Rechtsformen und ihre Besteuerung

2.1 AG – klassische Gesellschaftsform für die Börse

2.1.1 Struktur der AG

Die AG ist eine Gesellschaft mit eigener Rechtspersönlichkeit (juristische Person) und einem satzungsmäßig festgelegten Garantiekapital (dem Grundkapital), das in Aktien zerlegt ist (§ 1 AktG). Gemäß § 7 AktG muss das Grundkapital mindestens 50 000 € betragen. Für die Verbindlichkeiten der AG haftet den Gläubigern nur das Gesellschaftsvermögen, eine persönliche Haftung der Aktionäre ist ausgeschlossen. In Gestalt der Aktien sind die Anteile am Grundkapital wertpapierrechtlich einzel- oder (üblicherweise) globalverbrieft und aus diesem Grund dem Kapitalmarkt zugänglich.

Das gesetzliche Leitbild der AG wird geprägt durch die strenge Trennung zwischen dem Kreis der Kapitaleigner (Aktionäre) und dem Management. Im Vergleich zu den Gesellschaftern einer GmbH oder Personengesellschaft sind die gesetzlichen Rechte der Aktionäre zwar eingeschränkt, dafür aber durch die Satzung nur in engen Grenzen weitergehenden Einschränkungen zugänglich. Die formelle Organisationsstruktur der Aktiengesellschaften ist weitgehend homogen, da nach dem Prinzip der formellen Satzungsstrenge (§ 23 Abs. 5 AktG) die Satzung von den Vorschriften des Aktiengesetzes nur abweichen darf, wenn dies ausdrücklich zugelassen ist. Auch ergänzende Bestimmungen sind nur zulässig, soweit das Aktiengesetz keine abschließende Regelung enthält.

Die AG hat notwendigerweise 3 Organe: den Vorstand, den Aufsichtsrat und die Hauptversammlung.

Leitungsorgan der AG ist der Vorstand, der nur aus natürlichen Personen bestehen darf. Der Vorstand muss aus mindestens einem Mitglied oder jeder beliebigen höheren Zahl von Mitgliedern bestehen. Der Vorstand hat Befugnis zur Geschäftsführung und vertritt die Gesellschaft nach außen (§§ 76 ff. AktG).

Der Aufsichtsrat hat die Aufgabe, den Vorstand zu bestellen und abzuberufen sowie als Kontrollorgan die Geschäftsführung zu überwachen (§§ 84, 111 AktG). Der Aufsichtsrat besteht aus mindestens drei Mitgliedern. Die Satzung kann eine bestimmte höhere Zahl festsetzen, die jedoch durch drei teilbar sein muss. Die Höchstzahl beträgt ja nach Höhe des Grundkapitals 9 bis 21 (§ 95 AktG). Die Mitbestimmung der Arbeitnehmer vollzieht sich im Aufsichtsrat (§§ 94 ff. AktG). Nach § 76 Abs. 1 und 6 BetrVG/1952 besteht der Aufsichtsrat einer AG bei mehr als 500 Arbeitnehmern zu einem Drittel aus Vertretern der Arbeitnehmer (so genannte Drittelparität); nach § 1 MitBestG in Verbindung mit § 96 Abs. 1 AktG ist der Aufsichtsrat bei mehr als 2 000 Arbeitnehmern paritätisch besetzt. Soweit die AG der Mitbestimmung unterliegt, gelten auch hinsichtlich der Zahl der Aufsichtsräte besondere Regelungen.

Die Hauptversammlung ist die Versammlung der Aktionäre, in welcher diese ihre Rechte als Anteilseigner (Stimmrecht, Auskunftsrecht etc.) ausüben. Die Vorbereitung und Durchführung einer Hauptversammlung ist streng formalisiert. Die Hauptversammlung hat nach dem AktG keine umfassende Beschlusskompetenz. Sie beschließt nur in den im Gesetz und in der Satzung genau bezeichneten Fällen (§ 119 Abs. 1 AktG), insbesondere über die Bestellung des Aufsichtsrats, die Entlastung der Mitglieder des Vorstands und des Aufsichtsrats sowie Satzungsänderungen, über Fragen der Geschäftsführung jedoch nur, soweit der Vorstand dies verlangt (§ 119 Abs. 2 AktG). Die Aktionäre können anders als die

GmbH-Gesellschafter gegenüber dem GmbH-Geschäftsführer dem Vorstand keine Weisungen erteilen; dieser ist vielmehr unabhängig.

Das am 10. August 1994 in Kraft getretene „Gesetz für kleine Aktiengesellschaften und zur Deregulierung des Aktienrechts" (BGBl. I 1994, 1961 ff.) war zwar ursprünglich dazu bestimmt, die gesellschafts- und kapitalmarktrechtlichen Zutrittsschranken für mittelständische Unternehmen abzubauen und mit der sog. „kleinen AG" eine AG mit vereinfachten Gründungsvorschriften, flexiblerer Ausgestaltung der Mitgliedschaftsrechte und ohne obligatorischen Aufsichtsrat zur Verfügung zu stellen. Die tatsächlich erfolgten Änderungen im Aktiengesetz blieben jedoch hinter diesen Erwartungen zurück. Der Begriff „kleine AG" taucht nur noch in der Gesetzesüberschrift auf, jedoch nicht im Gesetzestext. Insofern hält das Aktiengesetz an der „Einheits-AG" fest. Es differenziert also nicht zwischen „kleinen AGs" und „großen AGs", vielmehr danach, ob es sich um eine börsennotierte oder nicht-börsennotierte Gesellschaft handelt. Wesentliche Erleichterungen, die durch das „Gesetz für kleine AGs" eingeführt wurden, wie fehlende Beurkundungspflicht für Hauptversammlung ohne satzungsändernde Beschlüsse, die Möglichkeit zur Einladung durch eingeschriebenen Brief statt durch Veröffentlichung im Bundesanzeiger oder der Wegfall der drittelparitätischen Mitbestimmung im Aufsichtsrat bei AGs mit weniger als 500 Beschäftigten, finden auf börsennotierte Gesellschaften entweder keine Anwendung oder sind zumindest ohne praktische Relevanz. Die „kleine AG" existiert also nicht als eigenständige Rechtsform, schon gar nicht als börsennotierte.

2.1.2 Besteuerung der AG und der Aktionäre

Die AG mit Geschäftsleitung oder Sitz im Inland ist gem. § 1 Abs. 1 Ziffer 1 KStG unbeschränkt körperschaftsteuerpflichtig und erzielt Gewinne aus Gewerbebetrieb. Die Aktionäre erzielen, soweit sie die Aktien im Privatvermögen halten, in Höhe der zugeflossenen Dividenden und sonstigen Bezüge aus den Aktien Einkünfte aus Kapitalvermögen gem. § 20 Abs. 1 Nr. 1 und 3 EStG. Halten natürliche Personen mit Wohnsitz im Inland die Aktien im Privatvermögen, sind Veräußerungsgewinne bzw. Veräußerungsverluste grundsätzlich steuerlich unbeachtlich, es sei denn, es handelt sich um ein privates Veräußerungsgeschäft (Spekulationsgeschäft) im Sinne des § 23 EStG oder eine wesentliche Beteiligung im Sinne des § 17 EStG oder um so genannte einbringungsgeborene Anteile im Sinne des § 21 UmwStG (s. dazu unten 10.3).

Hinsichtlich der Erbschaftsteuerbelastung kann die Umwandlung von der Personengesellschaft in die AG eine Schlechterstellung bedeuten: Während bei Personengesellschaften als Bemessungsgrundlage der Wert des Betriebsvermögens dient, bei dem nur die Substanz ohne Berücksichtigung der Ertragsaussichten bewertet wird, werden Anteile an Kapitalgesellschaften nach dem so genannten Stuttgarter Verfahren mit Substanz und Ertrag und bei Börsengängigkeit mit dem Börsenkurs bewertet (§ 11 BewG). Das Stuttgarter Verfahren führt in der Regel zu höheren Werten als die Bewertung anhand des Betriebsvermögenseinheitswerts. Ferner liegt der Börsenkurs regelmäßig noch um ein Mehrfaches über dem Wert, den das Stuttgarter Verfahren ergibt. Überdies werden der Freibetrag und der sog. Bewertungsabschlag des § 13a ErbStG bei Kapitalgesellschaftsanteilen erst ab einer Beteiligungsquote von mehr als 25 Prozent gewährt. Aus diesem Grund kann es empfehlenswert sein, vor einer Umwandlung in eine AG die nachfolgende Generation im Wege einer vorweggenommenen Erbfolge an dem Unternehmen zu beteiligen.

2.2 KGaA – Außenseiter oder interessante Alternativgestaltung?

2.2.1 Struktur der KGaA

Die Kommanditgesellschaft auf Aktien ist eine „personalistische Kapitalgesellschaft mit Börsenzugang". Nach der gesetzlichen Definition in § 278 Abs. 1 AktG ist sie eine Gesellschaft mit eigener Rechtspersönlichkeit, bei der mindestens ein Gesellschafter den Gesellschaftsgläubigern unbeschränkt haftet (persönlich haftender Gesellschafter) und die Übrigen an dem in Aktien zerlegten Grundkapital beteiligt sind, ohne persönlich für die Verbindlichkeiten der Gesellschaft zu haften (Kommanditaktionäre).

In der Bezeichnung „Kommanditgesellschaft auf Aktien" spiegelt sich die hybride Struktur dieser Gesellschaftsform wider:

Die KGaA ist ihrer Struktur nach eine Mischform aus Kommanditgesellschaft und Aktiengesellschaft. Kommanditgesellschaft ist sie, soweit die persönlich haftenden Gesellschafter (Komplementäre) nach den Vorschriften des HGB über die Kommanditgesellschaft zur Geschäftsführung und zur Vertretung der Gesellschaft befugt und verpflichtet sind (§ 278 Abs. 3 AktG), im Übrigen unterliegt sie jedoch den Vorschriften über die Aktiengesellschaft (§ 278 Abs. 3 AktG).

Die Struktur der KGaA wird dadurch geprägt, dass die Position des persönlich haftenden Gesellschafters, der bei der KGaA an die Stelle des Vorstands bei der AG tritt, gegenüber der des Vorstands einer AG erweitert und verfestigt ist. Damit verbunden ist eine entsprechend abgeschwächte Kompetenz des Aufsichtsrats. Dieser hat insbesondere weder die Kompetenz, den persönlich haftenden Gesellschafter als Geschäftsführer zu bestellen und abzuberufen, noch das Recht, bestimmte Geschäftsführungsmaßnahmen von seiner Zustimmung abhängig zu machen.

Anders als bei der KG kann der persönlich haftende Gesellschafter der KGaA ohne Weiteres auch Aktien übernehmen, sich also als Kommanditaktionär beteiligen. Als Komplementär muss er nicht notwendig auch Einlagen leisten. Sein Beitrag kann sich vielmehr auch auf die Übernahme der persönlichen Haftung beschränken.

Die Rechte der Kommanditaktionäre bestimmen sich nach den aktienrechtlichen Grundsätzen (§ 278 Abs. 3 AktG). Darüber hinaus ist die Hauptversammlung der KGaA befugt, wenn auch mit Zustimmung des Komplementärs, den Jahresabschluss festzustellen. Die Komplementäre stimmen in der Hauptversammlung nur mit, soweit sie auch Kommanditaktionäre sind (§ 285 Abs. 1 Satz 1 AktG). Andererseits bedürfen Hauptversammlungsbeschlüsse, die die Grundlagen der Gesellschaft betreffen, der Zustimmung der persönlich haftenden Gesellschafter (§ 285 Abs. 2 AktG).

Auch die KGaA hat ebenso wie die AG notwendigerweise einen Aufsichtsrat (§ 287 AktG), der die Geschäftsführung überwacht. Er führt die Beschlüsse der Kommanditaktionäre aus und vertritt diese in Rechtsstreitigkeiten gegen die Komplementäre. Die Stellung des Aufsichtsrats in der KGaA ist jedoch gegenüber der des Aufsichtsrats in der AG dadurch entscheidend geschwächt, dass ihm die Personalkompetenz über den Komplementär als Geschäftsführungs- und Vertretungsorgan fehlt: Der Aufsichtsrat bei der KGaA bestellt anders als der Aufsichtsrat bei der AG nicht das Vertretungsorgan der Gesellschaft, also die Komplementäre. Vielmehr sind die Komplementäre „geborene" Vertretungsorgane der KGaA und vom Aufsichtsrat unabhängig. Ihr Recht auf die Geschäftsführung ist unentziehbar. Der Aufsichtsrat der KGaA kann also auf die Geschäftspolitik des Unternehmens weder direkt noch indirekt Einfluss nehmen. Das bedeutet, dass die Mitbestimmung der Arbeitnehmer im Aufsichtsrat der KGaA sich auch nicht auf die Geschäftspolitik des Unternehmens erstreckt, also aus der Sicht vieler Familienunternehmen „entschärft" wird. Auch die Mitwirkung der Kommanditaktionäre bei der Wahl des Aufsichtsrats erscheint vor diesem Hintergrund weniger bedeutsam.

Die vorstehend skizzierte Organisationsverfassung der KGaA zeichnet sich gegenüber der der AG durch eine weitgehende Flexibilität aus. Das Prinzip der Satzungsstrenge gilt für die KGaA nicht. Soweit das Recht der Kommanditgesellschaft gilt, steht die Organisationsstruktur in weiten Bereichen zur Disposition des Satzungsgebers. Die sich hieraus ergebende Gestaltungsfreiheit kann zu Gunsten von Ausbau und Sicherung des Familieneinflusses genutzt werden. Umgekehrt ist mit der Wahl der Rechtsform KGaA regelmäßig ein höherer Beratungsaufwand verbunden.

Seitdem der BGH in einer Grundsatzentscheidung (BGHZ 134, 392 = NJW 1997, 1932, DB 1997, 1219 ff.) die gesellschaftsrechtliche Zulässigkeit der GmbH & Co.

KGaA, also der KGaA ohne natürliche Person als Komplementär, bestätigt hat, ist das Interesse an dieser Rechtsform zwar auch im Rahmen des Going Public gestiegen, da die GmbH & Co. KGaA die Beherrschung der Geschäftsführung ohne persönliches Haftungsrisiko ermöglicht. Wegen der eingeschränkten Aktionärsrechte, der mangelnden Standardisierung, die sie intransparent erscheinen lässt, und ihres ungewöhnlichen Status insbesondere aus der Sicht ausländischer Investoren sowie des damit aus Kapitalmarktsicht verbundenen substanziellen Bewertungsabschlages wird sie jedoch für den Börsengang auf absehbare Zeit nur im Ausnahmefall zu empfehlen sein.

Die Flexibilität hinsichtlich der Satzungsgestaltung und die fehlende Personalhoheit des Aufsichtsrats über die Geschäftsführung, die die KGaA aus der Sicht der Altgesellschafter gerade attraktiv machen, lassen sie aus der Sicht der Finanzinvestoren unattraktiv erscheinen: Die Vorzüge der KGaA sind ein Handicap auf dem Kapitalmarkt. KGaA-Titel weisen einen durchschnittlichen Kursnachteil von circa 20 bis 30 Prozent gegenüber den üblichen Stammaktien auf. Die klare Bevorzugung der AG spiegelt sich auch im zahlenmäßigen Verhältnis der beiden Rechtsformen wider: Während für die KGaA die Schwelle von bundesweit 50 Unternehmen noch in weiter Ferne ist, hat die AG bereits die Marke von 5 000 Gesellschaften überschritten, von denen allerdings weniger als ¼ börsennotiert ist.

2.2.2 Besteuerung der KGaA und ihrer Gesellschafter

Die KGaA selbst ist wie die AG Körperschaftsteuersubjekt. Die Kombination der zwei Gesellschaftsformen KG und AG spiegelt sich in der steuerlichen Behandlung der Kommanditaktionäre und Komplementäre wider: Während die Kommanditaktionäre wie Aktionäre einer AG behandelt werden, wird der Komplementär wie ein Gesellschafter einer Personengesellschaft besteuert. Sein nicht auf Kommanditaktien entfallender Gewinn- und Verlustanteil, seine Vergütung für die Tätigkeit im Dienst der Gesellschaft, für die Hingabe von Darlehen oder für die Überlassung von Wirtschaftsgütern sind gewerbliche Einkünfte im Sinne des § 15 Abs. 1 Satz 1 Ziff. 3 EStG. Diese Einkünfte werden also den Komplementären unabhängig von ihrer Ausschüttung zugerechnet. Der verbleibende Teil des Jahresergebnisses unterliegt bei der KGaA der Körperschaftsteuer. Gewinnrealisierungen aus Wertzuwächsen der Vermögenseinlage des Komplementärs sind grundsätzlich steuerbar und Wertverluste ausgleichs- bzw. abzugsfähig. Dividenden, die einer natürlichen Person als Komplementär aus Kommanditaktien zufließen, werden grundsätzlich (vorbehaltlich §§ 17, 23 EStG, § 21 UmwStG) als Einkünfte aus Kapitalvermögen behandelt, da die Aktien nach der BFH-Rechtsprechung nicht zum Sonderbetriebsvermögen gehören. Der Gewerbesteuer unterliegen Einkünfte des Komplementärs nur dann, wenn dieser einen selbstständigen Gewerbebetrieb oder einen Gewerbebetrieb kraft Rechtsform unterhält (§§ 95 ff. BewG). Der steuerliche Vorteil der Beteiligung als Komplementär an der KGaA wurde darin gesehen, dass gewerbliche Einkünfte der Kappungsgrenze des § 32c EStG unterlagen und daher mit max. 47 Prozent besteuert wurden, während Dividenden im Sinne des § 20 EStG bis zum Veranlagungszeitraum 1999 bei natürlichen Personen mit bis zu 53 Prozent besteuert wurden. Nachdem der Spitzensteuersatz für alle Einkunftsarten für die Veranlagungszeiträume 2000 und 2001 auf 51 Prozent, für Veranlagungszeiträume ab 2002 auf 48,5 Prozent abgesenkt wurde bzw. wird und andererseits mit Wirkung vom Veranlagungszeitraum 1999 der Spitzensteuersatz bei gewerblichen Einkünften auf 45 Prozent gesenkt und damit dem Steuersatz thesaurierter Gewinne angeglichen wurde, relativiert sich dieser Vorteil, zumal die Aufhebung der Tarifbegrenzung des § 32c EStG im Zuge der Unternehmensteuerreform geplant ist. Bis zum Veranlagungszeitraum 1999 konnte sich für den Komplementär eine nachteilhafte Besteuerung ergeben, soweit thesaurierte Gewinne bei der KGaA nur mit 45 Prozent, bei ihm jedoch auf Grund der ausschüttungsunabhängigen Zurechnung mit einem ggf. höheren individuellen Steuersatz von bis zu 47 Prozent besteuert wurden. Mit der Angleichung des Spitzensteuersatzes für gewerbliche Einkünfte an den thesaurierter Gewinne entfällt dieser Nachteil. Hinsichtlich der Erbschaft- und Schenkungsteuer gilt in Bezug auf die Kommanditaktien das zur AG Gesagte. Vorteile ergeben sich im Hinblick auf die Erbschaft- und Schenkungsteuer der Vermögenseinlage des Komplementärs, wenn dieser eine natürliche Person oder etwa eine GmbH & Co. KG ist. Insofern wird der anteilig auf die Vermögenseinlage entfallende Buchwert des Betriebsvermögens als Bemessungsgrundlage herangezogen. Ferner wird nach §§ 13a Abs. 1 und 2 ErbStG ein erbschaftsteuerlicher Freibetrag von 500 000 € gewährt und ein Bewertungsabschlag in Höhe von 40 Prozent unabhängig von der Höhe der Vermögenseinlage vorgenommen. Ist der Komplementär eine GmbH, so wird der Anteilswert der GmbH nach dem so genannten Stuttgarter Verfahren berechnet, welches regelmäßig, wenn auch nicht in demselben Maße, zu niedrigeren Werten als der Börsenkurs der Kommanditaktien führt. In beiden Fällen wird die Erbschaft- und Schenkungsteuer der Komplementäre bzw. ihrer Nachfolger vom Börsenkurs der Kommanditaktien abgekoppelt.

3. Wege in die börsenfähige Rechtsform

Als Weg in die „börsenfähige" Rechtsform bietet sich in erster Linie ein Formwechsel nach den §§ 190 ff. UmwG an. Auch eine Verschmelzung oder Spaltung auf eine AG oder KGaA (§§ 2 ff., 123 ff. UmwG) kann mit einer Änderung der

Rechtsform einhergehen, soweit der oder die übertragenden Rechtsträger eine andere Rechtsform haben bzw. hatten. Soll ausnahmsweise ein Einzelunternehmen direkt in eine AG oder KGaA umgewandelt werden, kommt zu diesem Zweck insbesondere eine Spaltung in der Form der Ausgliederung zur Neugründung einer AG oder KGaA nach den besonderen Bestimmungen der §§ 152 bis 160 UmwG in Betracht, da Einzelunternehmen nach § 191 UmwG nicht formwechselnde Rechtsträger sein können. Auch eine Vermögensübertragung auf eine Versicherungs-AG (§§ 174 f., 180 ff., 185 ff. UmwG) bewirkt eine Änderung der Rechtsform in die AG.

Da das Umwandlungsgesetz nach der Gesetzesbegründung andere als die dort behandelten Möglichkeiten der Umwandlung nicht beeinträchtigen soll, kann die gewünschte Rechtsform auch im Wege der Einzelrechtsübertragung als Sachgründung einer AG oder KGaA erreicht werden. Diese Möglichkeit kommt insbesondere in Betracht, wenn das Ausgangsunternehmen auf Grund seiner Rechtsform einen Formwechsel oder eine andere Umwandlung nach dem UmwG nicht durchführen kann. Welche Art der Unternehmensumwandlung die passende ist, sollte daher unter Berücksichtigung der Umstände des Einzelfalls und unter Hinzuziehung professioneller Berater geklärt werden. Im folgenden Überblick soll lediglich der Formwechsel behandelt werden, da dieser als bloße „Änderung des Rechtskleids" regelmäßig den einfachsten Weg darstellt, in die Rechtsform der AG oder KGaA umzuwandeln. Bei bestimmten Konstellationen kann es sich jedoch empfehlen, stattdessen die Anteile an der operativen Gesellschaft in eine neu gegründete AG einzubringen, die ihrerseits dann an der Börse eingeführt wird.

4. Formwechsel als bloße Änderung des „Rechtskleids"

Der Formwechsel nach den §§ 190 ff. UmwG unterscheidet sich wesentlich von den anderen Arten der Umwandlung nach dem Umwandlungsgesetz (Verschmelzung, Spaltung, Vermögensübertragung) dadurch, dass er einen internen Organisationsakt eines einzigen Rechtsträgers darstellt, dessen Identität in rechtlicher und wirtschaftlicher Hinsicht erhalten bleibt („Häutung der Gesellschaftsform"). Letztlich handelt es sich um eine vereinfachte, privilegierte Sachgründung. Mangels weiterer Beteiligter beruht die Umwandlung auch nicht auf einem Vertrag, sondern auf dem Umwandlungsbeschluss. Der Formwechsel lässt sowohl den Vermögensbestand des formwechselnden Rechtsträgers als auch den vor und nach der Umwandlung an ihm beteiligten Personenkreis regelmäßig unbeeinflusst. Nach dem heutigen, durch das Umwandlungsbereinigungsgesetz 1995 gewandelten Verständnis vom identitätswahrenden Formwechsel setzt dieser selbst beim Wechsel von der Personen- in die Kapitalgesellschaftsform oder umgekehrt keine Vermögensübertragung voraus.

Aus dem weiten Kreis der nach § 191 Abs. 1 UmwG an einem Formwechsel beteiligungsfähigen Rechtsträger, der neuerdings auch die Partnerschaftsgesellschaften einschließt, sollen hier nur Personenhandelsgesellschaften und die GmbH als Ausgangsrechtsträger näher betrachtet werden, da diese Rechtsformen praktisch am häufigsten das Bedürfnis entwickeln, zur Vorbereitung eines Börsengangs in eine AG oder KGaA umzuwandeln.

5. Überblick über den Ablauf eines Formwechsels

5.1 Umwandlungsbericht

Im Mittelpunkt der Vorbereitung eines Formwechsels steht der Umwandlungsbericht, den das Vertretungsorgan des formwechselnden Rechtsträgers, also bei der GmbH der Geschäftsführer und bei Personenhandelsgesellschaften die geschäftsführenden Gesellschafter, zu erstellen hat (vgl. § 192 UmwG). Der Umwandlungsbericht ist schriftlich zu erstatten, das heißt, er muss von allen Mitgliedern des Vertretungsorgans unterzeichnet werden (§ 126 Abs. 2 BGB). Diese können sich hierbei nicht vertreten lassen. Der Umwandlungsbericht soll den Formwechsel und insbesondere die künftige Beteiligung der Anteilsinhaber ausführlich in rechtlicher und wirtschaftlicher Hinsicht erläutern und begründen. Bestandteile des Umwandlungsberichts sind der Entwurf des Umwandlungsbeschlusses sowie eine Vermögensaufstellung, in der die Gegenstände und Verbindlichkeiten des formwechselnden Rechtsträgers mit dem wirklichen Wert am Berichtstag anzusetzen sind. Die Vermögensaufstellung ist aus der Sicht der Anteilsinhaber ein Ersatz für die beim Formwechsel anders als bei der Verschmelzung nicht vorgesehene Prüfung des Anteilswechsels. Im Umwandlungsbericht ist auch die Bewertung zu erläutern, auf deren Grundlage das Barabfindungsangebot für die widersprechenden Anteilsinhaber berechnet wird. Der unterzeichnete Umwandlungsbericht ist in bestimmten Fällen in der Gesellschafterversammlung auszulegen, so beim Formwechsel der GmbH in die AG oder KGaA (§§ 232 Abs. 1, 239 Abs. 1 UmwG).

In Anbetracht der Tatsache, dass die meisten Klagen gegen die Wirksamkeit des Umwandlungsbeschlusses auf Fehler bei der Erstattung des Umwandlungsberichts gestützt werden, ist die Hinzuziehung eines fachkundigen Beraters hier dringend anzuraten.

Im Hinblick auf die mit dem Umwandlungsbericht verbundenen Fehlerquellen und die darin verlangte Offenlegung der Verkehrswerte besteht andererseits ein Interesse, einen Umwandlungsbericht zu vermeiden, soweit er gesetzlich nicht zwingend vorgeschrieben ist. Der Umwandlungsbericht ist nur ausnahmsweise entbehrlich, wenn nämlich an dem formwechselnden Rechtsträger nur ein Anteilsinhaber beteiligt ist oder aber, wenn alle Anteilsinhaber auf die Erstattung des Berichts in notariell beurkundeter Form verzichten (§ 192 Abs. 3 UmwG). Beim Formwechsel von Personenhandelsgesellschaften ist der Umwandlungsbericht außerdem nach § 215 UmwG dann nicht erforderlich, wenn alle Gesellschafter zur Geschäftsführung berechtigt sind, weil sie in diesem Fall die notwendigen Informationen auf anderem Weg erlangen können.

5.2 Information des Betriebsrats

Hat der formwechselnde Rechtsträger einen Betriebsrat, so ist diesem der Entwurf des Umwandlungsbeschlusses spätestens einen Monat vor dem Tag der maßgeblichen Versammlung zuzuleiten (§ 194 Abs. 2 UmwG).

5.3 Umwandlungsbeschluss

5.3.1 Beschlussvorbereitung

Form und Frist der Einberufung zur Gesellschafterversammlung richten sich nach dem Einzelgesellschaftsrecht (zum Beispiel Einladung per Einschreiben mit einer Frist von mindestens einer Woche nach § 51 Abs. 1 GmbHG) und den (eventuell abweichenden) Regelungen im Gesellschaftsvertrag. Daneben sind bei der Vorbereitung der Gesellschafterversammlung besondere Bestimmungen im Umwandlungsgesetz zu beachten. Diese betreffen überwiegend die Ankündigung des Formwechsels gegenüber den Gesellschaftern und die Übersendung des Umwandlungsberichts und des Abfindungsangebots (§§ 216, 230 Abs. 1, 231, 238 Abs. 1 UmwG).

5.3.2 Inhalt

Gemäß § 194 Abs. 1 UmwG muss der Umwandlungsbeschluss zum Zweck des Formwechsels in die AG oder KGaA mindestens folgende Bestimmungen enthalten:

- Festlegung der neuen Rechtsform Aktiengesellschaft oder Kommanditgesellschaft auf Aktien,
- die Firma der neuen AG oder KGaA,
- die Beteiligung der bisherigen Anteilsinhaber an der neuen AG oder KGaA,
- Zahl, Art und Umfang der (Kommandit-)Aktien, die die Anteilsinhaber durch den Formwechsel erlangen sollen, oder der Beteiligung eines Anteilseigners als persönlich haftender Gesellschafter der KGaA,
- Sonderrechte einzelner Anteilsinhaber (zum Beispiel Vorzugsaktien, Mehrstimmrechtsaktien oder Entsendungsrecht in den Aufsichtsrat),
- ein Barabfindungsangebot nach § 207 UmwG für die Anteilsinhaber, die gegen den Umwandlungsbeschluss Widerspruch zur Niederschrift erklären, sofern der Umwandlungsbeschluss nicht ohnehin der Zustimmung aller Anteilsinhaber bedarf oder an dem bisherigen Rechtsträger nur ein Anteilsinhaber beteiligt ist,
- die Folgen des Formwechsels für die Arbeitnehmer und ihre Vertretungen sowie die insoweit vorgesehenen Maßnahmen.

Regelmäßig ist beim Formwechsel in die AG/KGaA darüber hinaus eine Beschlussfassung über folgende Gegenstände geboten:
- Feststellung der Satzung der künftigen AG/KGaA (§§ 243 Abs. 1, 218 Abs. 1 UmwG),
- Bestellung des Aufsichtsrats der AG/KGaA und eines Abschlussprüfers für das erste Geschäftsjahr (§ 197 UmwG, § 30 AktG) durch die Gründer.

5.3.3 Form

Den Umwandlungsbeschluss können die Anteilsinhaber des formwechselnden Rechtsträger nicht im Umlaufverfahren, sondern nur in einer Versammlung fassen (§ 193 Abs. 1 UmwG). Der Umwandlungsbeschluss sowie die etwa erforderlichen Zustimmungserklärungen einzelner Anteilsinhaber müssen notariell beurkundet werden (§ 193 Abs. 3 UmwG).

5.3.4 Mehrheitserfordernisse und Zustimmungsbedürfnisse

Welche Mehrheiten für den Umwandlungsbeschluss erforderlich sind, hängt von der bisherigen Rechtsform ab:

Ist der formwechselnde Rechtsträger eine Personenhandelsgesellschaft, so bedarf der Umwandlungsbeschluss nach § 217 UmwG der Zustimmung aller Gesellschafter, das heißt anwesender wie nicht erschienener Gesellschafter. Ein einziger Gesellschafter kann also den Formwechsel verhindern. Umso bedeutsamer ist die Möglichkeit, bereits im Gesellschaftsvertrag der Personenhandelsgesellschaft eine Mehrheitsentscheidung vorzusehen. Dabei kann jedoch ein Quorum von ¾ der abgegebenen Stimmen nicht unterschritten werden.

Soll eine GmbH in eine AG oder KGaA formwechseln, so bedarf der Umwandlungsbeschluss gemäß § 240 Abs. 1 UmwG einer Mehrheit von mindestens ¾ der bei der Gesellschafterversammlung der GmbH abgegebenen Stimmen, soweit nicht die Satzung eine größere Mehrheit und/oder weitere Erfordernisse vorsieht.

Beim Formwechsel in eine KGaA müssen ferner die Gesellschafter zustimmen, die die Stellung eines persönlich haftenden Gesellschafters haben sollen (§§ 217 Abs. 3, 225c, 240 Abs. 2 UmwG).

Sind die Anteile des formwechselnden Rechtsträgers, wie dies bei GmbHs häufig ist, vinkuliert, das heißt, ist die Abtretung von der Genehmigung einzelner Anteilsinhaber abhängig, so wird der Umwandlungsbeschluss nur mit der Zustimmung dieser Anteilsinhaber wirksam (§ 193 Abs. 2 UmwG).

Einstimmigkeit ist darüber hinaus immer dann erforderlich, wenn der Formwechsel nicht verhältniswahrend, also quotenverschiebend wirken soll.

5.3.5 Anfechtung des Umwandlungsbeschlusses

Haben nicht alle Anteilseigner dem Formwechsel zugestimmt, besteht grundsätzlich die Gefahr, dass binnen eines Monats nach der Beschlussfassung Klage gegen die Wirksamkeit des Umwandlungsbeschlusses erhoben wird (vgl. § 195 Abs. 1 UmwG). Allerdings kann kein Anteilsinhaber Klage mit dem Argument erheben, die in dem Umwandlungsbeschluss bestimmten Anteile an dem Rechtsträger neuer Rechtsform seien zu niedrig bemessen bzw. kein ausreichender Gegenwert für die Anteile oder Mitgliedschaft bei dem formwechselnden Rechtsträger (§ 195 Abs. 2 UmwG) oder das Barabfindungsgebot an widersprechende Anteilsinhaber sei zu niedrig bemessen oder die Barabfindung sei nicht ordnungsgemäß angeboten worden (§ 210 UmwG). Stattdessen kann der Anteilsinhaber von dem Rechtsträger einen Ausgleich durch bare Zuzahlung verlangen bzw. die Abfindung außerhalb der Beschlussanfechtungsklage gerichtlich überprüfen lassen (§§ 196, 212 UmwG).

Ist eine Klage anhängig, so kann der Formwechsel nur eingetragen und damit wirksam werden, wenn das Gericht rechtskräftig festgestellt hat, dass die Klage der Eintragung nicht entgegensteht, weil die Klage unzulässig oder offensichtlich unbegründet ist oder das Interesse an dem Wirksamwerden des Formwechsels vom Gericht als vorrangig bewertet wird (§§ 198 Abs. 3, 16 Abs. 3 UmwG).

6. Beachtung des Gründungsrechts

Gemäß § 197 Satz 1 UmwG kommen auf den Formwechsel grundsätzlich die für die neue Rechtsform geltenden Gründungsvorschriften zur Anwendung. Damit werden insbesondere die Bestimmungen über den Mindestnennbetrag des Grundkapitals (§ 7 AktG), die Gründerhaftung (§§ 46, 50, 51 AktG), den Gründungsbericht (§ 32 AktG) und die Gründungsprüfung (§§ 33 ff. AktG) in das Umwandlungsrecht einbezogen. Hinsichtlich des Kapitalschutzes sind ergänzend besondere Bestimmungen im Umwandlungsgesetz (§§ 220, 245 UmwG) zu beachten. Vorschriften über eine Mindestzahl der Gründer finden beim Formwechsel keine Anwendung (§ 197 Satz 2 UmwG). Seitdem durch das „Gesetz für kleine Aktiengesellschaften und zur Deregulierung des Aktienrechts" (siehe oben) auch bei der AG eine Ein-Mann-Gründung ermöglicht wurde, hat die Vorschrift zwar keine Bedeutung mehr für den Formwechsel in die AG, jedoch nach wie vor für den Formwechsel in die KGaA, da sie von der Mindestzahl von fünf Personen in § 280 Abs. 1 Satz 1 AktG dispensiert. Als Gründer gelten beim Formwechsel einer Personenhandelsgesellschaft deren Gesellschafter, im Falle einer Mehrheitsentscheidung die Gesellschafter, die für den Formwechsel gestimmt haben, sowie beim Formwechsel in eine KGaA auch beitretende persönlich haftende Gesellschafter (§ 219 UmwG). Beim Formwechsel einer GmbH in eine AG oder KGaA gelten als Gründer die Gesellschafter, die für den Formwechsel gestimmt haben, beim Formwechsel in eine KGaA auch beitretende persönlich haftende Gesellschafter (§ 245 Abs. 1 Satz 1 UmwG).

7. Anmeldung und Eintragung ins Handelsregister

Wirksam wird der Formwechsel erst mit der Eintragung ins Handelsregister (§ 202 UmwG). Der Anmeldung sind zahlreiche Anlagen beizufügen (§ 199 UmwG). Wer die Anmeldung vorzunehmen hat, bestimmt sich nach der Rechtsform. Beim Formwechsel einer Personenhandelsgesellschaft ist die Anmeldung durch alle Mitglieder des künftigen Vertretungsorgans, also des künftigen Vorstands der AG oder die persönlich haftenden Gesellschafter der KGaA, durch alle Mitglieder des bei der AG und KGaA obligatorischen Aufsichtsrats und durch alle Gründer vorzunehmen (§ 222 Abs. 1 und 2 UmwG). Dies kann sich mühsam gestalten, da eine Vertretung bei der Anmeldung durch Bevollmächtigte angesichts der persönlichen Verantwortlichkeit nicht möglich ist. Beim Formwechsel einer GmbH in eine AG oder KGaA hat der Geschäftsführer als Vertretungsorgan die Anmeldung vorzunehmen (§ 246 Abs. 1 UmwG).

Ist der Formwechsel einmal ins Handelsregister eingetragen, wird seine Wirksamkeit durch etwaige Mängel im Interesse der Rechtssicherheit nicht mehr berührt (§ 202 Abs. 3 UmwG).

8. Ausscheiden widersprechender Anteilsinhaber gegen Barabfindung

Minderheitsgesellschafter, die gegen den Umwandlungsbeschluss Widerspruch zur Niederschrift erklärt haben, werden nicht gezwungen, Anteilsinhaber des Rechtsträgers in der neuen Rechtsform zu bleiben. Der formwechselnde Rechtsträger ist verpflichtet, jedem dieser widersprechenden Anteilsinhaber den Erwerb der umgewandelten Anteile oder Mitgliedschaften gegen eine angemessene Barabfindung anzubieten.

Ausgenommen sind die persönlich haftenden Gesellschafter der KGaA (§ 227 UmwG), da der Umwandlungsbeschluss ohnehin ihrer Zustimmung bedarf.

Die Angemessenheit der Barabfindung ist stets durch einen Prüfer zu prüfen (§ 208 in Verbindung mit § 30 Abs. 2 UmwG), sofern die Berechtigten nicht in notariell beurkundeter Form auf die Prüfung oder den Prüfungsbericht verzichten. Überdies können die Aktionäre, die das Angebot der Barabfindung nicht angenommen haben, die Angemessenheit der Abfindung gerichtlich überprüfen lassen (§ 212 UmwG), allerdings nicht im Wege der Beschlussanfechtung (§ 210 UmwG), sondern in einem besonderen so genannten Spruch(stellen)verfahren.

9. Praktische Handhabung des Formwechsels

Mit der Vorbereitung und Durchführung eines Formwechsels wird ein Unternehmer in der Regel professionelle Berater betrauen, die die erforderlichen Dokumente (Umwandlungsbericht, Protokoll der Gesellschafterversammlung, eventuelle Verzichtserklärungen, weitere Gründungsdokumente, Satzung der AG oder KGaA, Geschäftsordnungen, Handelsregisteranmeldungen) erarbeiten. Dies erscheint schon vor dem Hintergrund eventueller Schadensersatzansprüche (§§ 205 f. UmwG) empfehlenswert.

Die Hinzuziehung eines Notars ist erforderlich für die Beurkundung des Umwandlungsbeschlusses, der Zustimmungs- und Verzichtserklärungen, der Feststellung der Satzung der AG oder KGaA und der Bestellung des ersten Aufsichtsrats und des Abschlussprüfers sowie für die Beglaubigung der Handelsregisteranmeldungen. Nach Möglichkeit werden diese Akte in einem Termin vorgenommen.

Unter der Voraussetzung, dass kein Betriebsrat zu informieren ist, auf den Umwandlungsbericht verzichtet wird und die Gesellschafterversammlung unter Verzicht auf Form-, Frist- und Ladungsbestimmungen abgehalten werden kann, kann ein Formwechsel etwa einer GmbH in eine AG innerhalb eines Monats durchgeführt werden.

10. Steuerrechtliche Auswirkungen des Formwechsels

10.1 Besteuerung des Formwechsels der GmbH in die AG

Der Formwechsel einer Kapitalgesellschaft in eine Kapitalgesellschaft anderer Rechtsform wird im Umwandlungssteuergesetz nicht behandelt. Da die Identität des Steuersubjekts gewahrt bleibt, kommt es grundsätzlich nicht zu einer Gewinnrealisierung bei der Kapitalgesellschaft. Mangels Vermögensübergangs werden die bisherigen Buchwerte fortgeführt. Soweit die AG nicht nur rechtlich, sondern auch wirtschaftlich mit der GmbH identisch ist, die den Verlust erlitten hat, bleibt ein vor dem Formwechsel entstandener Verlustabzug nach der Umwandlung auch durch die AG abziehbar. Auf der Ebene der Anteilseigner kann nur das Ausscheiden gegen Barabfindung oder die Leistung barer Zuzahlungen zur Gewinnrealisierung nach den allgemeinen Vorschriften führen. Werden die Anteile gegen Barabfindung an die Gesellschaft abgetreten, liegt ein steuerpflichtiger Vorgang vor, wenn es sich um Anteile an einem Betriebsvermögen, um wesentliche Anteile (§ 17 EStG), um ein Spekulationsgeschäft (§ 23 EStG) oder um einbringungsgeborene Anteile (§ 21 UmwStG) handelt.

10.2 Besteuerung des Formwechsels der GmbH in die KGaA

Auch der Formwechsel einer GmbH in die KGaA führt grundsätzlich nicht zu einer Gewinnrealisierung. Steuerlich ist die KGaA eine Kapitalgesellschaft (§ 1 Abs. 1 Nr. 1 KStG, § 2 Abs. 2 Satz 1 GewStG), so dass der Formwechsel nicht zu einer Änderung des Steuersubjekts führt. Es gilt das unter 10.1 Gesagte. Ein ertragsteuerliches Problem tritt auf, wenn der als persönlich haftende Gesellschafter Eintretende bei Umwandlung in eine KGaA seine vereinbarte Einlage in der Weise leistet, dass sein Anteil am Stammkapital zuzüglich etwaiger Rücklagen in seine Einlage als Komplementär umgewandelt wird: Ob es in diesem Fall zu einer Gewinnrealisierung kommt, ist noch nicht abschließend geklärt. Die Frage hängt mit der hybriden Struktur der KGaA zusammen. Da die Stammeinlage eines Kapitalgesellschafters insoweit in eine personengesellschaftsrechtliche Vermögenseinlage umgewandelt wird, sprechen gewichtige Gründe dafür, den Formwechsel insoweit wie den Vermögensübergang von einer Kapitalgesellschaft auf eine natürliche Person zu behandeln.

10.3 Besteuerung des Formwechsels einer Personenhandelsgesellschaft in die AG

Der Formwechsel einer Personenhandelsgesellschaft in eine AG führt aus der Sicht des Steuerrechts zu einem Identitätswechsel: Vor der Umwandlung sind die Gesellschafter der Personenhandelsgesellschaft als Mitunternehmer (nicht die Gesellschaft, Ausnahme: Gewerbesteuer) Steuersubjekte, nach dem Formwechsel dagegen die AG. Es gelten die Regeln der §§ 20 bis 23 UmwStG über die Einbringung von Mitunternehmeranteilen in eine Kapitalgesellschaft (vgl. § 25 UmwStG). Die Finanzverwaltung vertritt allerdings in Tz. 20.30 des Umwandlungssteuererlasses die Ansicht, dass die Vorschriften der Einbringung auf einen Formwechsel nur mit der Maßgabe Anwendung finden, dass die übernehmende Kapitalgesellschaft zwingend die Buchwerte fortführen muss und kein Wahlrecht hat, das eingebrachte Betriebsvermögen statt mit dem Buchwert auch mit dem Teilwert oder einem Zwischenwert anzusetzen. Demgegenüber wird von namhaften steuerlichen Beratern die Ansicht vertreten, dass auch im Fall des Formwechsels prinzipiell ein Wahlrecht der übernehmenden Kapitalgesellschaft bestehe. Setzt die Kapitalgesellschaft das eingebrachte Betriebsvermögen mit dem Buchwert an, so tritt die übernehmende AG hinsichtlich der Absetzungen für Abnutzung, der erhöhten Absetzung, der Sonderabschreibung etc. in die Rechtsstellung der übertragenden Personenhandelsgesellschaft ein (§§ 22 Abs. 1, 4 Abs. 2 Satz 3, 12 Abs. 3 Satz 1 UmwStG). Allerdings geht ein verbleibender Verlustabzug der Personenhandelsgesellschaft nicht auf die AG über. Gemäß § 22 Abs. 4 UmwStG kann die übernehmende AG ihren maßgebenden Gewerbeertrag auch nicht um die vortragsfähigen Fehlbeträge der Personenhandelsgesellschaft kürzen. Die Personenhandelsgesellschaft muss zum Übertragungsstichtag eine Steuerbilanz aufstellen, um den zum Übertragungsstichtag erzielten Gewinn vom Gewinn der AG, in die umgewandelt wird, abzugrenzen. Da die Personenhandelsgesellschaft nicht Steuersubjekt ist, sondern ausschließlich ihre Gesellschafter als Mitunternehmer, treten die steuerlichen Auswirkungen auf der Ebene der Gesellschafter der Personenhandelsgesellschaft ein. Der Wert, mit dem die AG das Betriebsvermögen der formumwandelnden Personenhandelsgesellschaft ansetzt, gilt nach § 20 Abs. 4 UmwStG für den Gesellschafter der Personenhandelsgesellschaft sowohl als Veräußerungspreis als auch als Anschaffungskosten der Gesellschaftsanteile. Es entsteht ein Veräußerungsgewinn, wenn die AG das übernommene Betriebsvermögen mit einem über dem Buchwert liegenden Wert (das heißt Zwischen- oder Teilwert) ansetzt. Dieser ist nach den allgemeinen Grundsätzen zu versteuern. Richtet man sich nach der Auffassung der Finanzverwaltung, so fällt kein Veräußerungsgewinn an, da die AG zwingend die Buchwerte fortführen müsste. Wird das Betriebsvermögen beim Formwechsel zum Buchwert oder einem Zwischenwert angesetzt, so sind die vom Anteilseigner erworbenen Aktien mit stillen Reserven und einem entsprechenden Steuerpotenzial behaftet (so genannte einbringungsgeborene Anteile). Insofern ist der eigenständige Besteuerungstatbestand des § 21 Abs. 1 und 2 UmwStG zu beachten. Im Falle einer späteren Veräußerung dieser einbringungsgeborenen Anteile entsteht unabhängig von der Beteiligungshöhe und der Frage, ob diese Beteiligung im Betriebs- oder Privatvermögen gehalten wird, ein Veräußerungsgewinn im Sinne des § 16 EStG. § 21 UmwStG stellt sicher, dass anlässlich der Einbringung nicht vollständig aufgedeckte und zusätzlich auch in der Folgezeit entstehende stille Reserven unabhängig von der Beteiligungshöhe steuerverhaftet bleiben.

10.4 Besteuerung des Formwechsels einer Personenhandelsgesellschaft in die KGaA

Auch der Formwechsel einer Personenhandelsgesellschaft in die KGaA wird wegen des durch den Steuersubjektwechsel bedingten Vermögensübergangs zwischen zwei Rechtsträgern als nicht identitätswahrend angesehen. Nach den §§ 20 ff., 25 UmwStG gilt der Formwechsel als Einbringung aller Mitunternehmeranteile in eine Kapitalgesellschaft gegen Gewährung von Kommanditaktien. Werden von der KGaA die Buchwerte angesetzt, führt dies zu keiner Aufdeckung der stillen Reserven. Zugleich sind die Kommanditaktien als „einbringungsgeborene Anteile" im Sinne des § 21 UmwStG anzusehen. Zur bestrittenen Möglichkeit, wahlweise einen Zwischenwert oder den Teilwert anzusetzen, vgl. oben 10.3.

Im Hinblick auf den persönlich haftenden Gesellschafter ergeben sich keine Probleme, wenn dieser im Zeitpunkt des Formwechsels als neuer Gesellschafter der KGaA beitritt. War der persönlich haftende Gesellschafter schon Mitunternehmer der umzuwandelnden KG oder OHG, so ist danach zu unterscheiden, ob er seinen Mitunternehmeranteil gegen Gewährung von Anteilen am Grundkapital, also gegen Gewährung von Kommanditaktien eingebracht hat, oder gegen Gewährung eines Kapitalkontos im Zusammenhang mit einer Vermögenseinlage als persönlich haftender Gesellschafter (§ 281 Abs. 2 AktG). Im ersten Fall gelten die Regeln der Einbringung eines Mitunternehmeranteils in eine Kapitalgesellschaft der §§ 20 ff. UmwStG und die Kommanditaktien sind einbringungsgeboren, wenn die übernehmende KGaA einen Wert unter dem Teilwert ansetzt. Im zweiten Fall liegt ein Vorgang vor, der als Einbringung eines Mitunternehmeranteils in eine Personengesellschaft gegen Gewährung einer Mitunternehmerstellung anzusehen ist (§ 24 UmwStG). Es liegt dann eine Art kombinierte Einbringung in eine Kapitalgesellschaft und eine Personengesellschaft nach §§ 20 ff., 24 und § 25 UmwStG vor.

Der persönlich haftende Gesellschafter muss nach dem AktG nicht unbedingt am Gesellschaftsvermögen beteiligt sein. Deshalb kann die an der KG nicht vermögensmäßig beteiligte Komplementär-GmbH bei der KGaA ohne steuerlich relevante Vermögensübertragung die Stellung eines persönlich haftenden Gesellschafters übernehmen.

11. Ergänzende Gesellschaftervereinbarungen zur Erhaltung des Einflusses

Regelmäßig sind die Altgesellschafter daran interessiert, ihren vor dem Börsengang bestehenden Einfluss nach Möglichkeit abzusichern. Gestaltungen mit Hilfe von satzungsmäßigen Sonderrechen der Altgesellschafter wirken sich im Fall eines Going Public platzierungsschädlich aus, indem sie zu einem Bewertungsabschlag beim Emissionskurs führen. In der AG werden die Altgesellschafter bestrebt sein, einen ausreichend hohen Einfluss auf die Hauptversammlung zu behalten, da sie über Satzungsänderungen, Kapitalerhöhungen, Wahl- und Abberufung des Aufsichtsrats und damit mittelbar über die Bestellung des Vorstands und die Verwendung des Bilanzgewinns entscheiden. Auch Höchststimmrechte, stimmrechtslose Vorzugsaktien für Neuaktionäre, vinkulierte Namensaktien für alle Aktionäre würden zu einem Bewertungsabschlag führen. Daher ist neben einer breiten Streuung der Aktien beim Anlegerpublikum das am weitesten verbreitete Mittel, einen bestehenden Einfluss abzusichern, der so genannte Konsortialvertrag oder Poolvertrag zwischen den Alt-Aktionären. Diese verpflichten sich vertraglich, ihr Stimmrecht nur einheitlich gemäß dem Ergebnis der Mehrheitsentscheidung der Poolmitglieder abzugeben. Häufig sieht ein solcher Vertrag auch Regelungen bezüglich Anbietungspflicht und Vorkaufsrecht für den Fall einer Veräußerung vor. Im Fall der KGaA werden die Altgesellschafter über die Rolle des Komplementärs nach Einfluss auf die Geschäftsführung suchen. Dies wird im Fall der GmbH & Co. KGaA dadurch erreicht, dass die Altgesellschafter die Geschäftsanteile an der GmbH halten.

12. Kapitalmaßnahmen

Kapitalmaßnahmen sind besondere Satzungsänderungen, die die Veränderung des in der Satzung ausgewiesenen Eigenkapitals nach oben (Kapitalerhöhung) oder nach unten (Kapitalherabsetzung) betreffen. Nicht gemeint sind Veränderungen im Bereich des Fremdkapitals, also etwa die Rückzahlung oder Aufnahme von Darlehen.

Ein Börsengang macht regelmäßig Maßnahmen der Kapitalerhöhung erforderlich. Das AktG sieht in den §§ 182 ff. AktG verschiedene Arten der Kapitalerhöhung vor.

12.1 Effektive Kapitalerhöhung

In der Vorbereitung eines Börsengangs ist es regelmäßig erforderlich, dem Unternehmen zusätzliche Finanzmittel von außen zuzuführen, um die jeweiligen Schwellen der einzelnen Marktsegmente zu erreichen und/oder besonderen Zulassungsbedingungen zu entsprechen. So ist gemäß Ziffer 3.8 des Regelwerks Neuer Markt für die erstmalige Zulassung der Aktien zum Neuen Markt eine Kapitalerhöhung gegen Bareinlagen erforderlich, aus der mindestens 50 Prozent des zu platzierenden Emissionsvolumens stammen sollen.

Eine Kapitalerhöhung gegen Bareinlagen ist als ordentliche, bedingte Kapitalerhöhung oder als genehmigtes Kapital im Aktiengesetz vorgesehen.

12.1.1 Ordentliche Kapitalerhöhung

Die ordentliche Kapitalerhöhung ist eine solche, bei der allein auf Grund eines Hauptversammlungsbeschlusses neue Aktien, so genannte junge Aktien, ausgegeben werden. Sie gliedert sich in zwei Phasen, nämlich den Kapitalerhöhungsbeschluss und die Durchführung der Kapitalerhöhung. Der Kapitalerhöhungsbeschluss bedarf einer Mehrheit von mindestens ¾ des bei der Beschlussfassung vorhandenen Grundkapitals, soweit nicht die Satzung sogar eine größere Mehrheit vorsieht. Verschiedene Aktiengattungen müssen gesondert Beschlüsse fassen. Vorstands- und Aufsichtsratsvorsitzender haben den Beschluss der Hauptversammlung beim zuständigen Handelsregister zur Eintragung anzumelden. Sodann beginnt die Zeichnung der neuen Aktien, auf die der Mindestbetrag zu leisten ist. Ist die Mindesteinlage geleistet, so wird die Durchführung der Erhöhung des Grundkapitals zur Eintragung in das Handelsregister angemeldet. Erst mit Eintragung der Durchführung der Erhöhung des Grundkapitals wird die Kapitalerhöhung wirksam und dürfen die neuen Aktien ausgegeben werden. Bei der Ausgabe neuer Aktien hat grundsätzlich jeder Altaktionär ein Bezugsrecht entsprechend seinem bisherigen Anteil am Grundkapital. Dieses Bezugsrecht kann nur unter bestimmten, von der Rechtsprechung konkretisierten Voraussetzungen ausgeschlossen werden. Gemäß § 186 Abs. 5 AktG gilt es nicht als Ausschluss des Bezugsrechts, wenn ein Kreditinstitut die jungen Aktien mit der Verpflichtung übernimmt, diese den Altaktionären gemäß ihrem Bezugsrecht anzubieten. Auf diese Weise wird eine Vorfinanzierung ermöglicht und der Emissionsvorgang durch Einschaltung eines Kreditinstituts erleichtert, ohne das Bezugsrecht der Aktionäre letztlich zu beschneiden. Ein so genannter materieller Bezugsrechtsausschluss ist nur unter ganz engen Voraussetzungen zulässig. Die Rechtsprechung verlangt, dass der Bezugsrechtsausschluss aus sachlichen Gründen im Interesse der Gesellschaft gerechtfertigt und verhältnismäßig ist und unter Abwägung der Interessen der Aktionäre beschlossen wurde. Unter erleichterten Voraussetzungen besteht für börsennotierte Aktiengesellschaften gem. § 186 Abs. 3 Satz 4 AktG die Möglichkeit, das Bezugsrecht auszuschließen, wenn die Kapitalerhöhung gegen Bareinlagen zehn Prozent des Grundkapitals nicht überschreitet und der Ausgabebetrag den Börsenpreis nicht wesentlich unterschreitet.

12.1.2 Genehmigtes Kapital

Wird der Vorstand von der Hauptversammlung für einen Zeitraum von maximal fünf Jahren nach Eintragung der Satzungsänderung ermächtigt, eine Kapitalerhöhung ohne weiteren Beschluss der Hauptversammlung durchzuführen, so spricht man von genehmigtem Kapital. Diese Kapitalmaßnahme ist nicht an einen bestimmten Finanzierungszweck gebunden. Sie bedarf der Zustimmung des Aufsichtsrats und darf die Hälfte des bisherigen Grundkapitals nicht überschreiten. Damit wird dem Vorstand eine flexible Möglichkeit eingeräumt, schnell und kostengünstig, weil ohne erneute Durchführung einer Hauptversammlung, eine Kapitalerhöhung durchzuführen.

12.1.3 Bedingtes Kapital

Als bedingte Kapitalerhöhung bezeichnet das Aktiengesetz eine solche, die nach dem Beschluss der Hauptversammlung nur soweit durchgeführt werden soll, wie von einem Umtausch- oder Bezugsrecht Gebrauch gemacht wird (§ 192 Abs. 1 AktG). Eine bedingte Kapitalerhöhung ist nach § 192 Abs. 2 AktG nur zur Gewährung von Umtausch- oder Bezugsrechten an Gläubiger von Wandelschuldverschreibungen, zur Vorbereitung des Zusammenschlusses mehrerer Unternehmen und, so meistens im Fall so genannter Stock Options, zur Gewährung von Bezugsrechten an Arbeitnehmer und Mitglieder der Geschäftsführung der Gesellschaft oder eines verbundenen Unternehmens im Wege des Zustimmungs- oder Ermächtigungsbeschlusses zulässig.

12.2 Kapitalerhöhung aus Gesellschaftsmitteln

Wird das Grundkapital statt durch Zuführung neuer Mittel durch Umwandlung der Kapitalrücklage und von Gewinnrücklagen erhöht, so spricht man von einer Kapitalerhöhung aus Gesellschaftsmitteln oder einer nominellen Kapitalerhöhung. Diese kann vor dem Hintergrund eines Börsengangs angezeigt sein, um in der Gesellschaft vorhandenes Vermögen als Eigenkapital darzustellen, um bestimmte Schwellenwerte zu erreichen. Auf die Kapitalerhöhung aus Gesellschaftsmitteln wird auch zurückgegriffen, um den rechnerischen Wert der einzelnen Anteile zu senken, was die Aktie für ein breiteres Publikum interessant macht. Nach Ausführung der Kapitalerhöhung aus Gesellschaftsmitteln verteilt sich das Gesellschaftsvermögen lediglich auf eine größere Zahl Aktien, so dass der Wert der einzelnen Aktien rechnerisch zurückgeht.

Hat eine Aktiengesellschaft Stückaktien ausgegeben, kann eine Kapitalerhöhung aus Gesellschaftsmitteln auch ohne Ausgabe neuer Aktien durchgeführt werden. Der Erhöhungsbetrag verteilt sich in diesem Fall automatisch auf alle vorhandenen Aktien. Die Kapitalerhöhung aus Gesellschaftsmitteln ermöglicht bzw. erleichtert die Anhebung „ungerader" Beträge des Gesamtgrundkapitals auf glatte €-Beträge (§ 207 Abs. 2 Satz 2 AktG).

Die Kapitalerhöhung aus Gesellschaftsmitteln ist an bestimmte Voraussetzungen geknüpft. Sie kann erst beschlossen werden, nachdem der Jahresabschluss für das letzte, vor der Beschlussfassung über die Kapitalerhöhung abgelaufene Geschäftsjahr festgestellt ist. Dem Kapitalerhöhungsbeschluss muss eine Bilanz zu Grunde gelegt werden – im Regelfall die letzte Jahresbilanz, ausnahmsweise eine besondere Erhöhungsbilanz –, in der die Kapitalrücklage und die Gewinnrücklagen, die in Grundkapital umgewandelt werden sollen, ausgewiesen wurden. Ferner muss die Bilanz mit dem uneingeschränkten Bestätigungsvermerk des Abschlussprüfers versehen sein. Der Stichtag darf höchstens acht Monate vor der Anmeldung des Beschlusses zur Eintragung in das Handelsregister zurückliegen. Soll eine Kapitalerhöhung aus Gesellschaftsmitteln durchgeführt werden, um eine „unterjährig" erfolgte Einzahlung in die Kapitalrücklage in das Grundkapital umzuwandeln, kann dies eine Umstellung des Geschäftsjahres erforderlich machen. Für steuerliche Zwecke ist hierzu eine Zustimmung des Finanzamts erforderlich, die regelmäßig erteilt wird. Eine Rückumstellung ist jedoch dann problematisch, wenn nicht auf das Kalenderjahr umgestellt wird.

13. Zustimmung der Hauptversammlung zum Börsengang

Im Zuge der Vorbereitung eines Börsengangs bedarf es für verschiedene Maßnahmen der Zustimmung der Hauptversammlung, so zum Beispiel für eine Kapitalerhöhung oder die Umwandlung von vinkulierten Namensaktien in Inhaberaktien.

Aber auch die Entscheidung für einen Börsengang als solche bedarf der Zustimmung der Hauptversammlung. Zwar sind die hierfür abzuschließenden Verträge (insbesondere der Übernahmevertrag) sowie der Antrag auf Zulassung zum Handel an der Börse grundsätzlich Geschäftsführungsmaßnahmen, für die keine gesetzliche Hauptversammlungszuständigkeit vorgesehen ist. Nach der Rechtsprechung des BGH (BGHZ 83, 122 ff. „Holzmüller") erfordern Geschäftsführungsmaßnahmen jedoch die Zustimmung der Hauptversammlung, wenn sie wesentliche Strukturmaßnahmen mit sich bringen. Dies ist in Bezug auf eine Börseneinführung der Fall, weil sich der Charakter der Gesellschaft von einer geschlossenen in eine offene Publikumsgesellschaft ändert, die Aktionäre mit den bußgeld- bzw. strafbewehrten Pflichten nach dem Wertpapierhandelsgesetz (insbesondere § 14 Abs. 1, 21 Abs. 1 WpHG) belastet werden und schließlich die Erleichterungen für eine „kleine AG" wegfallen. Umstritten ist, ob dieser Hauptversammlungsbeschluss der einfachen oder einer qualifizierten Mehrheit bedarf. Aus Gründen der Vorsicht ist zu empfehlen, einen Hauptversammlungsbeschluss mit einer Mehrheit von mindestens ¾ des bei der Beschlussfassung vertretenen Grundkapitals einzuholen. Ähnliches gilt in Bezug auf die Zustimmung der Hauptversammlung einer KGaA. Die Zustimmung zum Börsengang kann bereits in einer Zustimmung zum Formwechsel oder in einem Kapitalerhöhungsbeschluss enthalten sein, wenn der Beschlusstext entsprechend formuliert ist. Eines besonderen Zustimmungsbeschlusses bedarf es dagegen nicht, wenn der Vorstand bereits in der Satzung ermächtigt wurde, den Börsengang durchzuführen.

14. Einhalten der Nachgründungsvorschriften

Bei jeder AG oder KGaA, sei sie neu gegründet oder durch Umwandlung entstanden (vgl. §§ 197, 245 Abs. 3 Satz 2, 220 Abs. 3 Satz 2 UmwG), sind in den ersten zwei Jahren die Nachgründungsvorschriften der §§ 52 f. AktG zu beachten. Erwirbt die Gesellschaft in den ersten zwei Jahren seit der Eintragung in das Handelsregister Anlagen oder andere Vermögensgegenstände für eine den zehnten Teil des Grundkapitals übersteigende Vergütung, so werden diese Verträge nur mit Zustimmung der Hauptversammlung und durch Eintragung in das Handelsregister wirksam. Ferner muss eine Nachgründungsprüfung durchgeführt werden und der Aufsichtsrat muss einen Bericht erstatten. Die Nachgründungsbestimmungen sollen die Aufbringung des Grundkapitals sichern und eine Umgehung der Vorschriften über die Sachgründung verhindern.

Die Zehn-Prozent-Grenze wird insbesondere wegen der im Zuge des Börsengangs regelmäßig erfolgenden Eigenkapitalbeschaffung relativ schnell erreicht.

Die Befassung der Hauptversammlung, die Unternehmen in ihrer Geschäftstätigkeit erheblich behindern könne, wenn innerhalb der Zwei-Jahres-Frist ein Börsengang erfolgt, ist im Regierungsentwurf vom 10. Mai 2000 für ein „Gesetz zur Namensaktie und Erleichterung der Stimmrechtsausübung" (Namensaktiengesetz – NaStraG) im Art. 1 3. eine Änderung des § 52 AktG geplant. Gemäß § 52 Abs. 1 n.F. AktG sollen die Nachgründungsbestimmungen auf solche Verträge beschränkt werden, die die Gesellschaft mit den Gründern oder mit mehr als zehn Prozent des Grundkapitals an der Gesellschaft beteiligten Aktionären schließt. Nach der Gesetzesbegründung soll es zur Vermeidung von Umgehungen der Sachgründungsvorschriften zum Schutz der neu hinzukommenden Aktionäre ausreichend sein, wenn die Nachgründungsbestimmungen auf solche Verträge beschränkt werden.

Gemäß § 52 Abs. 9 AktG gelten die Nachgründungsvorschriften nicht, wenn der Erwerb der Vermögensgegenstände den in der Satzung festgelegten Gegenstand des Unternehmens bildet oder wenn sie in der Zwangsvollstreckung erworben werden.

Im Regierungsentwurf zum NaStraG ist vorgesehen, § 52 Abs. 9 AktG dahingehend zu ändern, dass die Nachgründungsbestimmungen nicht gelten sollen, wenn der Erwerb der Vermögensgegenstände im Rahmen der laufenden Geschäfte der Gesellschaft, in der Zwangsvollstreckung oder an der Börse erfolgt. Mit der Neufassung soll eine Angleichung des Wortlautes an die zwingenden Vorgaben des Art. 11 Abs. 2 der Zweiten Richtlinie (Kapitalrichtlinie – 77 aus 91/EWG) erfolgen.

In Art. 7 des Regierungsentwurfs zum NaStraG ist vorgesehen, dass die Änderungen des § 52 AktG rückwirkend zum 1. Januar 2000 in Kraft treten sollen. Gemäß Art. 2 Ziff. 2 soll § 11 des Einführungsgesetzes zum Aktiengesetz dahingehend geändert werden, dass eine Unwirksamkeit eines vor dem 1. Januar 2000 geschlossenen Nachgründungsgeschäfts nach dem 1. Januar 2002 nur noch auf Grund der zum 1. Januar 2000 geänderten Fassung der Vorschrift geltend gemacht werden kann.

Auch nach der geplanten Änderung des § 52 AktG wird sich die Frage stellen, ob ein unwirksames Umgehungsgeschäft vorliegt, soweit nicht die Aktiengesellschaft selbst, sondern eine Tochtergesellschaft, insbesondere eine Tochter-GmbH die entsprechende Verträge abschließt. Im Gegensatz zum Aktienrecht kennt nämlich das Recht der GmbH keine Nachgründungsvorschrift, so dass bei rein formaler Betrachtung § 52 AktG auch durch die Tochter-GmbH abgeschlossene Verträge keine Anwendung findet. Dennoch stellt sich die Frage, ob jedenfalls die Finanzierung der Tochter durch die junge Mutter-AG (Darlehen) der Nachgründungspflicht unterliegt. Bisher wird nur vereinzelt die Auffassung vertreten, dass der durch die Tochter-GmbH abgeschlossene Vertrag nachgründungspflichtig sein kann, während es nach überwiegend vertretener Auffassung allenfalls darauf ankommt, ob die Finanzierung durch die AG eventuell der Nachgründung unterliegt. Eine verlässliche Klärung dieses Problemkreises durch die Rechtsprechung steht noch aus.

15. Holdingstrukturen

Als Alternative zum Formwechsel kommt es in Betracht, die Anteile an dem operativen Unternehmen, egal welcher Rechtsform, in eine, gegebenenfalls neu gegründete, AG einzubringen. Diese AG würde sodann an der Börse eingeführt werden.

Aus Kapitalmarktsicht sind solche Holdingstrukturen heute akzeptiert und unterliegen daher in der Regel keinen wesentlichen Bewertungsabschlägen (mehr). Gleichwohl kann es sich empfehlen, gewisse operative Elemente in der Holding-AG anzusiedeln. Zudem ist es empfehlenswert, in der Firma der AG keinen Hinweis auf deren Holdingfunktion aufzunehmen.

Bei der Einbringung der Anteile am operativen Unternehmen sind die Nachgründungsvorschriften zu beachten.

Durch die Einbringung kann das als Basis für die Börseneinführung erforderliche erhöhte Grundkapital geschaffen werden (wird stattdessen eine Barkapitalerhöhung vorgenommen, die von den Alt-Aktionären zu finanzieren ist, so steht dem im Rahmen der Börsenbewertung kein entsprechender Mehrwert gegenüber, da die Börsenbewertung diese Kapitaleinzahlung nicht oder jedenfalls nicht angemessen berücksichtigt). Bei der Einbringung lässt sich unter gewissen Voraussetzungen eine entsprechende steuerliche Realisierung vermeiden, wenn die handelsbilanzielle Aufstockung zwingend erforderlich ist, um die Beteiligungsverhältnisse korrekt wiederzugeben (siehe Tz. 20.28 UmwStE), was insbesondere dann von Bedeutung ist, wenn die geplante Börseneinführung nach der Einbringung unerwarteterweise scheitert.

Marcus Lutter

Rechte und Pflichten des Aufsichtsrats

1. Die Organstruktur 132
2. Die Bestellung des Vorstands 132
3. Überwachung und Beratung des Vorstands 133
4. Zusammenkommen und Ausschussbildung des Aufsichtsrats 134
5. Informationsrecht 135
6. Sonstige Rechte und Pflichten 136

1. Die Organstruktur

Der Aufsichtsrat (AR) ist eines von *drei Organen* jeder Aktiengesellschaft (AG): Vorstand – AR – Hauptversammlung. Diese drei Organe stehen – anders als in der GmbH – untereinander nicht in einer hierarchischen Ordnung, sondern sind völlig gleichberechtigt: niemand ist des anderen Vorgesetzter; der AR hat kein Weisungsrecht gegenüber dem Vorstand (§ 76 AktG betont das), und die Hauptversammlung erst recht nicht (§ 119 Abs. 2 AktG betont das). In dieser Ordnung hat jedes Organ seine festen Zuständigkeiten:

	Vorstand	**Aufsichtsrat**	**Hauptversammlung**
Rechtsgrundlage:	§§ 76, 77, 78, 90	§§ 84, 111, 172	§ 119 I
Aufgaben	• Leitung der Gesellschaft • Information des AR	• Bestellung und Abberufung der Vorstandsmitglieder • Abschluss und Aufhebung der Anstellungsverträge • Überwachung des Vorstandes • Mitwirken an einzelnen unternehmerischen Entscheidungen • Vorschläge an die HV	• Wahl der AR-Mitglieder • Entlastung • Finanzierungsentscheidungen • Satzungsänderungen • Strukturentscheidungen

Abbildung 30: Organisationsstruktur der AG

2. Die Bestellung des Vorstands

Wichtigste Aufgabe des AR ist die Bestellung und ggf. Abberufung der Mitglieder des Vorstands. Diese Aufgabe kann der AR nicht delegieren, wohl aber in einem Ausschuss vorbereiten lassen.

Personen sind Programme: Herr Zahn bei Daimler hat und hätte nie so gehandelt wie Herr Reuter und alle wussten und wollten es. Der AR muss also stets ein Profil vor Augen haben und dann – rechtzeitig! – auf die Suche nach der Person dafür gehen, zunächst im Unternehmen selbst, dann – wenn die Suche dort ohne Erfolg geblieben ist – außerhalb und gegebenenfalls mit Hilfe von Head Huntern.

Die Abberufung des Vorstands kann während seiner Amtsperiode (nie länger als fünf Jahre!) *nur aus wichtigem Grund* erfolgen, der nicht schon dann vorliegt, wenn dem AR „die Richtung" nicht passt oder „die Chemie" nicht stimmt; denn während seiner Amtsperiode bestimmt der Vorstand die Unternehmenspolitik und nicht der AR. Will man sich vom Vorstand trotzdem trennen, wird es teuer: Abfindung für die ganze restliche Amtszeit!

3. Überwachung und Beratung des Vorstands

Zweite Aufgabe des AR ist die (ständige!) Überwachung der Geschäftsführung des Vorstands (nicht des anderen Personals). Das bedeutet: Überwachung der Legalität der Unternehmensführung, der Ordnungsmäßigkeit der Unternehmensführung und der Wirtschaftlichkeit der Unternehmensführung.

- Legalität:
  Der AR ist mitverantwortlich für die Einhaltung von Gesetz und Recht in der Unternehmensführung; er hat steuerlichen Unregelmäßigkeiten ebenso entgegenzutreten wie Verstößen gegen das Kartellgesetz oder die Umweltvorschriften.

- Ordnungsmäßigkeit:
  Leitung des Unternehmens bedeutet zunächst Organisation und Transparenz. Auf jeder Stufe muss jeder Mitarbeiter seine Pflichten und Zuständigkeiten kennen; Überschneidungen darf es nicht geben. Und der Vorstand, der letztverantwortlich ist, muss auf diese Weise genau die Verantwortungsstränge in seinem Unternehmen kennen. Der AR hat zu gewährleisten, dass diese Voraussetzungen ordnungsgemäßer Unternehmensführung erfüllt sind.

- Wirtschaftlichkeit:
  Kein Unternehmen kann von Verlusten leben; auch Ertragslosigkeit ist tödlich. Bei „roten Zahlen" wächst die Verantwortung des AR; stellt er fest, dass der Vorstand mit den Problemen nicht fertig wird, muss er zunächst durch Änderung der Zuständigkeiten, dann der Personen eingreifen.
  Für den AR bedeutet Überwachung aber auch die Aufteilung dieser Tätigkeit in Überwachungsfelder, die von Innovation über Investition bis zu Wertschöpfung, Finanzierung und Ertragskraft reichen.

- Mitwirkung:
  Zur (vorausschauenden) Überwachung im weiteren Sinne wird auch die Mitwirkung des AR an bestimmten Entscheidungen des Vorstands, so kraft Gesetzes bereits bei der Feststellung des Jahresabschlusses, nach Satzung oder Beschluss des AR aber auch an sonstigen Maßnahmen (so genannte Zustim-

mungspflichtige Geschäfte, wie zum Beispiel Aufnahme hoher Kredite, Gründung von Tochtergesellschaften, Schließung von Betrieben, Festlegung des Budgets und seine Änderung).

- Beratung
  Und zur Überwachung gehört auch die Pflicht des Aufsichtsrats zur Beratung mit dem Vorstand. Der AR ist nicht Polizist und erst recht nicht Vorgesetzter, sondern erster Ratgeber und wichtigster Ansprechpartner für den Vorstand. Das hat der Bundesgerichtshof erst kürzlich in zwei großen Entscheidungen bestätigt. Das setzt naturgemäß eine ständige Beschäftigung des AR mit den Fragen des Unternehmens und seiner Führung voraus.

4. Zusammenkommen und Ausschussbildung des Aufsichtsrats

Das Pflichten- und Aufgabenprogramm des AR ist sehr groß; seine Erfüllung setzt sorgfältige Überlegung und Planung voraus:

a) Besteht der AR aus nicht mehr als sechs Mitgliedern, so sollte er alle zwei Monate (also sechsmal jährlich) zusammenkommen und in dieser Gruppe (in der Regel zusammen mit dem Vorstand oder einzelnen seiner Mitglieder) die Aufgaben erfüllen.

b) Besteht der AR aus mehr als sechs Mitgliedern, so ist die Bildung von Ausschüssen unabdingbar.

- Personalausschuss (oft auch „Präsidium" genannt) für die Vorbereitung der Bestellung von Vorstandsmitgliedern, für die Verträge mit den Vorstandsmitgliedern;
- Investitions- und Finanzausschuss für alle Fragen größerer Investitionen sowie der kurz-, mittel- und langfristigen Finanzierung der Gesellschaft;
- Audit Committee für die Fragen der laufenden Erfolgskontrolle und der Rechnungslegung.

Bei einer solchen Organisation genügt es in der Regel, wenn der AR selbst vierteljährlich und jeder Ausschuss ebenfalls vierteljährlich (je vor der AR-Sitzung) tagt und der Ausschuss daher dort berichten kann (und muss!).

5. Informationsrecht

Der AR und seine Ausschüsse führen nicht die Geschäfte des Unternehmens, kennen das Geschehen also nicht aus eigener Anschauung. Sie sind auf Informationen angewiesen, die laut Gesetz der Vorstand zu erbringen hat. Dabei ist zwischen regelmäßiger und besonderer Information zu unterscheiden:

a) Regelmäßig und zwar mindestens vierteljährlich hat der Vorstand den AR über den allgemeinen Gang der Geschäfte (zum Beispiel Auftragseingang und Auftragsbestand), Umsatz, Beschäftigung, Ertragslage und Liquidität zu informieren;

b) Jährlich einmal hat der Vorstand über die Planung (Budget des Folgejahres, Mittel- und Langfristplanung), aufgeteilt über alle Aspekte des Unternehmens von Produktion über Vertrieb, Investition und Ertrag, Personal und Finanzierung nicht nur in allgemeinen Worten, sondern in Zahlen aufbereitet zu berichten.

c) Sofort über außergewöhnliche Ereignisse wie besondere Abschlüsse, Ausfälle und Verluste;

d) Auf Wunsch von nur zwei AR-Mitgliedern zusätzlich über alle von diesen gewünschten Angelegenheiten der Gesellschaft.

Die Information geschieht schriftlich und muss allen AR-Mitgliedern zukommen (bei Informationen des Ausschusses: allen Ausschussmitgliedern). Und sie muss in geordneter und übersichtlicher Weise erfolgen, also vor allem im Soll-(Budget)-Ist(erreichtes Ergebnis)-Vergleich sowie mit bestimmten Kenndaten (zum Beispiel Entwicklung der Liquidität, der Verschuldung, der offenen Risiken).

Der AR tut gut daran, das alles zusammen mit den Besonderheiten des betreffenden Unternehmens (zum Beispiel Holding, internationaler Konzern) in eine Informationsordnung zu bringen und den Vorstand auf deren Einhaltung zu verpflichten. Von der schriftlichen Information in der dargestellten Weise abgesehen hat der Vorstand auf den Sitzungen des AR die schriftlichen Berichte mündlich zu erläutern und zu vertiefen. Der Vorstand darf dem AR nichts verschweigen, dem AR gegenüber gibt es kein Geheimhaltungsrecht. Andererseits ist jedes AR-Mitglied zu strikter Vertraulichkeit über alle Angelegenheiten der Gesellschaft verpflichtet, gleich auf welche Weise es die betreffenden Dinge erfahren hat (aus Berichten des Vorstands, über die Presse, aus Gesprächen mit Mitarbeitern etc.). Bei Verletzung dieser ganz selbstverständlichen Pflicht zu strikter Vertraulichkeit kann das betreffende AR-Mitglied von der Teilnahme an weiteren AR-Sitzungen vorläufig ausgeschlossen und ein Antrag auf seine sofortige Abberufung beim zuständigen Landgericht gestellt werden.

6. Sonstige Rechte und Pflichten

a) Der Abschlussprüfer ist „Gehilfe" des AR und sollte von ihm ständig zu Rate gezogen werden. An der Sitzung des AR, in dem dieser über die Feststellung des Jahresabschlusses berät und beschließt, sollte er unbedingt teilnehmen; die Lektüre seines Prüfungsberichts ist Pflichtlektüre für alle AR-Mitglieder.

b) Der AR ist für die Überwachung der gesamten Geschäftsführung des Vorstands zuständig, also auch für dessen Konzernführung. Alles was soeben sub Ziff. 3 – 9 zur Gesellschaft selbst gesagt worden ist, gilt auch und ganz besonders für den Konzern: Die Metallgesellschaft hat ihre riesigen Verluste in einer (ausländischen) Tochter erlitten und nicht in der Gesellschaft selbst. Der AR muss sich also der besonderen Risiken in einer Holding und einem internationalen Konzern stets bewusst sein und sein Überwachungssystem und seine Informationsordnung darauf abstellen.

c) Jedes Mitglied des AR ist verpflichtet, dafür zu sorgen, dass diese Aufgaben korrekt und vollständig erfüllt werden; geschieht das im Einzelfall nicht, kann das einzelne AR-Mitglied seine Gegenposition zu Protokoll geben; reagiert die AR-Mehrheit wiederholt auf solche Vorstellungen eines anderen AR-Mitglieds nicht, so bleibt nur der jederzeit mögliche Rücktritt.

Verletzen der AR und mithin seine Mitglieder ihre Pflichten (insbesondere Nachlässigkeit, geringes Engagement) und erwächst der Gesellschaft daraus ein Schaden, so haften alle AR-Mitglieder auf Ersatz des ganzen Schadens als Gesamtschuldner.

d) Die Mitglieder des ARs sind keine Angestellten und keine Arbeitnehmer der Gesellschaft, sie sind untereinander völlig gleichberechtigt, gleich wer sie gewählt hat: Auch der AR-Vorsitzende ist nur primus inter pares. Jedes AR-Mitglied ist unabhängig und weisungsfrei: Auch der Großaktionär hat kein Weisungsrecht; und kein AR-Mitglied kann Fehler mit entsprechenden Wünschen des Aktionärs oder einer Aktionärsgruppe entschuldigen.

Die AR-Mitglieder haben gesetzlich nur Anspruch auf Ersatz ihrer baren Auslagen. Ein Honorar erhalten sie nur, wenn es in der Satzung der Gesellschaft festgelegt ist oder von der Hauptversammlung konkret beschlossen wird. Zusätzliche Beraterverträge können sie mit der Gesellschaft oder einem mit der Gesellschaft verbundenen Unternehmen nur abschließen, wenn der gesamte AR ausdrücklich zugestimmt hat und sich die Beratung auf andere Dinge bezieht, als was ohnehin zum Pflichtprogramm des Aufsichtsrats gehört.

Lothar Heimeier

Besetzung des Aufsichtsrats

1. Bildung des Aufsichtsrats 138
2. Zusammensetzung des Aufsichtsrats 138
   2.1 Die Kleine Aktiengesellschaft 138
   2.2 Mitbestimmte Gesellschaften 139
3. Mitglieder des Aufsichtsrats 139
4. Arbeitnehmervertreter im Aufsichtsrat 140
5. Suche geeigneter externer Aufsichtsräte 141
6. Subjektive Anforderungskriterien 143
7. Suchen und Finden 144

1. Bildung des Aufsichtsrats

Anlässlich der Umwandlung einer Gesellschaft in eine börsenfähige Rechtsform, also in eine Aktiengesellschaft, wird der erste Aufsichtsrat von den Gründern bestellt. Dabei spielen die Vorschriften über die Bestellung von Aufsichtsratsmitgliedern aus dem Kreise der Arbeitnehmer oder durch Entsendung nach den Bestimmungen des Betriebsverfassungsgesetzes 1952, des Mitbestimmungsgesetzes, des Montanmitbestimmungsgesetzes und des Mitbestimmungsergänzungsgesetzes nur dann eine Rolle, wenn ein Unternehmen oder Unternehmensteil als Sacheinlage in die neue AG eingebracht wird und die Voraussetzungen für die Mitbestimmung vorliegen.

Das ist eigentlich selbstverständlich, weil die Mitbestimmungsvorschriften erst ab einer bestimmten Anzahl von Arbeitnehmern greifen, die bei einer Gründung nur durch den Vorgang einer Unternehmensübernahme vorhanden sein kann.

Diese Grenze für die Mitbestimmung liegt bei 500 Arbeitnehmern. Bei einer Belegschaft von dieser Größe ist auch für eine GmbH ein Aufsichtsrat zu bilden. Selbstverständlich muss eine Aktiengesellschaft auch dann einen Aufsichtsrat haben, wenn die Belegschaft deutlich geringer ist. Kleinere, nicht mitbestimmte GmbHs gehen immer häufiger dazu über, im Gesellschaftsvertrag die Bildung eines Beirats (fakultativer Aufsichtsrat) vorzusehen.

Der Vollständigkeit halber sei noch darauf hingewiesen, dass die Bildung des Aufsichtsrats bei einer bestehenden Aktiengesellschaft durch die Hauptversammlung erfolgt.

2. Zusammensetzung des Aufsichtsrats

Die Zahl der Mitglieder des Aufsichtsrats ist von der Größe des Unternehmens und dem gegebenenfalls anzuwendenden Mitbestimmungsrecht abhängig.

2.1 Die Kleine Aktiengesellschaft

Der Aufsichtsrat einer so genannten Kleinen Aktiengesellschaft mit weniger als 500 Arbeitnehmern setzt sich nach den Vorschriften des AktG zusammen, nämlich aus mindestens drei Mitgliedern und höchstens

- 9 bei einem Grundkapital bis zu 1.500.000 €,
- 15 bei einem Grundkapital von mehr als 1.500.000 € und
- 21 bei einem Grundkapital von mehr als 10.000.000 €.

Der jeweilige Spielraum kann durch Satzungsbestimmung ausgenutzt werden, wobei die Zahl der Aufsichtsratsmitglieder stets durch drei teilbar sein muss.

Eine Sonderheit besteht für Kleine Aktiengesellschaften, die vor dem 10.08.1994 eingetragen worden sind. Hier ist die Beteiligung der Arbeitnehmer im Aufsichtsrat nur dann ausgeschlossen, wenn es sich um Familiengesellschaften handelt.

2.2 Mitbestimmte Gesellschaften

Der Aufsichtsrat einer Aktiengesellschaft mit 500 oder mehr Arbeitnehmern muss zu einem Drittel aus Vertretern dieser Arbeitnehmer bestehen. Die Aufsichtsratsmitglieder aus der Arbeitnehmerschaft werden von dieser gewählt. Dasselbe gilt für den Aufsichtsrat einer GmbH.

Nach dem Mitbestimmungsgesetz ist der Aufsichtsrat eines Unternehmens, das in der Regel mehr als 2 000 Arbeitnehmer beschäftigt, paritätisch mit Vertretern der Anteilseigner und Vertretern der Arbeitnehmer zu besetzen. Je nach Größe des Unternehmens ist die Zahl der Aufsichtsratsmitglieder zwischen je sechs und je zehn Mitgliedern beider Seiten gestaffelt. Außerdem ist vorgeschrieben, dass auf der Arbeitnehmerseite zwei beziehungsweise drei Vertreter von in dem Unternehmen vertretenen Gewerkschaften sein müssen.

3. Mitglieder des Aufsichtsrats

Das Aktienrecht lässt nur natürliche, unbeschränkt geschäftsfähige Personen als Aufsichtsratsmitglieder zu.

Zur Vermeidung von Interessenkollisionen schließt es Vorstandsmitglieder, Prokuristen oder zum gesamten Geschäftsbetrieb ermächtigte Handlungsbevollmächtigte der Gesellschaft von einer gleichzeitigen Teilnahme am Aufsichtrat aus. Außerdem ist ausgeschlossen, wer gesetzlicher Vertreter eines abhängigen Unternehmens oder gesetzlicher Vertreter einer anderen Kapitalgesellschaft ist, deren Aufsichtrat ein Vorstandsmitglied der Gesellschaft angehört (Überkreuzmandate).

Schließlich ist die Höchstzahl der Aufsichtsratsmandate zu beachten, die auf zehn Mitgliedschaften in Aufsichtsräten beschränkt ist, die gesetzlich zu bilden sind. Es zählen also die so genannten fakultativen Aufsichtsratsmitgliedschaften (Beirat) und die Mitgliedschaften in Aufsichtsräten einer GmbH, die lediglich durch die Satzung vorgeschrieben sind, nicht mit. Andererseits zählen Aufsichtsratsvorsitze doppelt. Bei den gesetzlich vorgeschriebenen Aufsichträten spielt in diesem Zusammenhang jedoch keine Rolle, ob es sich um den Aufsichtsrat einer AG oder einer GmbH handelt.

Auf die weiteren, für die Gesellschaft besonders wichtigen persönlichen Eigenschaften von Aufsichtsratsmitgliedern wird später ausführlich eingegangen.

4. Arbeitnehmervertreter im Aufsichtsrat

In den mitbestimmten Unternehmen sind Aufgaben und Rechte aus der Sicht des Aktienrechts für Arbeitnehmervertreter wie für Anteilseignervertreter gleich.

Interessenkollisionen können sich indessen zum einen daraus ergeben, dass die Arbeitnehmerschaft beziehungsweise die Gewerkschaften andere Vorstellungen davon haben, welche Beschlüsse im Aufsichtsrat gefasst werden sollten und wie die Unternehmensleitung überwacht werden müsste. Sie haben naturgemäß vor allem die Erhaltung der Arbeitsplätze und die Steigerung der Löhne oder Sozialleistungen im Auge, auch wenn sich das oft als kurzsichtig erweist.

Eine weitere Interessenkollision ist zum anderen darin begründet, dass die den einzelnen Arbeitnehmer oder Gewerkschaftsvertreter entsendenden Gremien im Anschluss an Aufsichtsratssitzungen eine genaue Berichterstattung erwarten. Zwar müssen alle Aufsichtsratsmitglieder weisungsungebunden und verschwiegen sein. Soweit sie Informationen auf Grund ihrer Aufsichtsratstätigkeit erlangen, dürfen sie diese weder zum persönlichen Vorteil verwenden (Primärinsider) noch Dritten offenbaren (Sekundärinsider). Die Wirklichkeit dürfte jedoch oft anders aussehen.

Jedenfalls wird in vielen Aufsichtsräten wegen entsprechender Befürchtungen die Entscheidung in Ausschüssen und in enger Zusammenarbeit mit dem Aufsichtsratsvorsitzenden vorbereitet, ohne dass alle Aufsichtsratsmitglieder an dieser Vorbereitung beteiligt sind. Damit soll auch ein weiterer Interessenkonflikt der Arbeitnehmervertreter gar nicht erst entstehen, der durch kritische Erörterung der Maßnahmen der Unternehmensleitung in Gegenwart von Untergebenen entstünde. Schließlich ist der Arbeitnehmervertreter im Aufsichtsrat ebenso Aufsicht der Unternehmensleitung wie Untergebener.

5. Suche geeigneter externer Aufsichtsräte

Es liegt auf der Hand, dass ein bestimmender Anteilseigner, beispielsweise eine Konzernholding, die Aufsichtsratsmandate bei Konzerngesellschaften aus den eigenen Reihen besetzen möchte. So sind viele Aufsichtsratsmitglieder in Deutschland gleichzeitig Vorstandsmitglieder von Konzernober- oder Schwestergesellschaften und nehmen in dieser Eigenschaft ihre Mandate wahr. Ob dies generell sinnvoll ist, wird immer wieder lebhaft diskutiert.

Bei allem Für und Wider ist in den meisten dieser Fälle zu beobachten, dass den Aufsichtsratsmitgliedern oder gar Aufsichtsratvorsitzenden die Zeit fehlt, um sich intensiv mit dem überwachten Unternehmen zu beschäftigen. Schließlich haben sie außer der Aufsichtsrattätigkeit eine Zeit raubende Hauptbeschäftigung inne. Nicht selten wird dann eine der beiden Aufgaben unzureichend erfüllt, gelegentlich leiden auch beide Ämter.

Für die Vorstandsmitglieder der Bertelsmann AG gilt deshalb schon lange die Regel des Ehrenvorsitzenden des Aufsichtsrats Reinhard Mohn: „Als Bertelsmann-Vorstand haben Sie genug zu tun."

Das soll aber nicht heißen, dass jeder in Betracht kommt, der genügend Zeit zur Verfügung hat. Andererseits ist die zeitliche Verfügbarkeit – neben anderen, aber auch jeweils nicht allein ausschlaggebenden Kriterien – eine der Grundvoraussetzungen.

Ich meine, dass gute betriebswirtschaftliche, technische, marktstrategische oder juristische Kenntnisse sowie persönliche Erfahrungen in der Führung ganzer Unternehmen oder großer Ressorts, zum Beispiel auch bestimmte Branchenkenntnisse, wichtige Grunderfordernisse sind.

Diese Kenntnisse werden nur zum Teil von Persönlichkeiten aus bestimmten, früher präferierten Berufsständen mitgebracht, so zum Beispiel von Vorstandsmitgliedern renommierter Banken, von Rechtsanwälten, Managementberatern oder Wirtschaftsprüfern. Insbesondere Banker verfügen aus der Sicht der Aktionäre über positive Eigenschaften. Sie geraten zwangsläufig in Interessenkonflikte, wollen sie ihr Beratungsmandat beibehalten.

In den Unternehmen wird zunehmend die Forderung laut, wirklich unabhängige, „professionelle" Unternehmer-Persönlichkeiten als Aufsichtsratsmitglieder zu gewinnen, die nicht ihre Geschäftsbeziehungen über dieses Amt pflegen wollen, sondern ausschließlich die Interessen des Unternehmens und der Aktionäre wahren und das Management beaufsichtigen, steuern und gegebenenfalls beraten wollen.

Eine Gesellschaft, die neu an die Börse geht, ist in der Regel noch nicht in das Beziehungsgeflecht der großen Aktiengesellschaften der Banken und Versicherungen eingewoben. Sie hat die seltene Chance, ihren Aufsichtsrat noch völlig unabhängig in Idealbesetzung bilden zu können. Wie sollte ein solcher ideal besetzter Aufsichtsrat aussehen? Welche persönlichen Eigenschaften sollten Aufsichtsratsmitglieder außer den bereits erwähnten mitbringen?

Ich denke, dass wir nach erfahrenen *Unternehmern und Managern* suchen müssen. Unternehmer – gemeint sind natürlich erfolgreiche Unternehmer – bringen in der Regel ein deutlich ausgeprägtes Gespür für kritische Situationen und den richtigen Weg mit, der aus diesen Situationen heraus führt.

Dieselbe Gabe zeichnet erfolgreiche Manager aus, die darüber hinaus noch über Erfahrungen mit der Arbeit in Entscheidungsgremien unter Aufteilung von Ressort- und Führungskompetenzen unter mehreren Kollegen verfügen.

Allerdings meine ich damit nicht in erster Linie den häufig zu beobachtenden altersbedingten Wechsel eines Vorstandsvorsitzenden gegen Ende seines aktiven Berufslebens von der aktiven Unternehmensführung auf den Posten des Aufsichtsratsvorsitzenden. Doch generell mag es ein guter Zeitpunkt für einen älteren, erfolgreichen Unternehmer sein, sein Unternehmen in eine Aktiengesellschaft umzuwandeln, einen geeigneten Vorstand zu suchen, den Aufsichtsratsvorsitz zu übernehmen und mit dem Unternehmen an die Börse zu gehen. Noch vorteilhafter scheint mir aber für das Unternehmen zu sein, wenn die Weichen schon vorher gestellt werden, die Gesellschaft diesen Schritt noch unter der Führung des Unternehmers vollzieht und ausschließlich externe Aufsichtsratsmitglieder sucht und beruft.

Da wir mindestens drei externe Aufsichtsratsmitglieder suchen, sollten diese über branchenübergreifende, möglichst internationale Erfahrungen und über Fachkompetenz in den Bereichen Unternehmensstrategie/Marketing/Vertrieb, Planung/Controlling/Finanzierung/Steuern/Bilanzen oder Entwicklung/Produktion verfügen. Entsprechend erfahrene Unternehmer oder Manager stärken auch das Vertrauen des Börsenpublikums in den Erfolg des Unternehmens und können innerhalb des Aufsichtsrats auch „Ressortverantwortung" übernehmen.

Vertreter von *Banken* halten wir zwar keineswegs für ungeeignet, aber auch nicht für allererste Wahl. Sie bringen einerseits betriebswirtschaftliche Kenntnisse und weitreichende Beziehungen mit, stehen andererseits aber immer in dem Verdacht, ihre Entscheidungen danach auszurichten, ob diese der von ihnen vertretenen Bank nützen. Inzwischen ist allerdings der Drang der Bankenvertreter in die Aufsichtsräte wegen der steigenden Risiken und dem immer stärker werdenden Wettbewerb auf den Finanzmärkten zurückgegangen. Es ist heute sicherlich schwieriger als zuvor, seine geschäftliche Position über ein Aufsichtsratsmandat zu halten oder gar auszubauen. Der Tagespresse war zu entnehmen, dass die Deutsche Bank sich insbesondere aus exponierten Aufsichtsratsmandaten zurückziehen und vor allem die Zahl der von ihr gestellten Aufsichtsratsvorsitzenden deutlich reduzieren will.

Entschieden abzuraten ist davon, Aufsichtsratspositionen – es sei denn in (teil-) öffentlichen Unternehmen – mit *Berufspolitikern* zu besetzen. Selbst wenn sich die Zeiten wieder ändern und Politiker ihr zurzeit eher negatives Image wieder aufbessern sollten, werden sie stets dem Vorwurf mangelnder Fachkompetenz, opportunistischer Entscheidungen im Hinblick auf ihre Wiederwahl und des schnellen Rückzugs in brenzligen Situationen ausgesetzt sein. Darüber hinaus liegt die Gefahr nahe, dass der heute noch einflussreiche Politiker morgen schon wieder entmachtet und ohne Amt sein kann. Diese Unsicherheit begleitet Politiker vom Moment ihrer Wahl in den Aufsichtsrat an; also sollte nicht in den Aufsichtsrat gewählt werden, wer schon von Anfang an ein unsicherer Kandidat ist.

6. Subjektive Anforderungskriterien

Wenn wir wissen, welche berufliche Herkunft wir bei der Suche nach besonders geeigneten Aufsichtsratsmitgliedern bevorzugen sollten, dann müssen wir im nächsten Schritt fragen, welche persönlichen Eigenschaften geeignete Kandidaten aufweisen müssen. Nach unserer Überzeugung bestimmen Persönlichkeit und Charakter die Güte und den Erfolg der Arbeit eines Aufsichtsratsmitglieds oder gar Aufsichtsratsvorsitzenden.

Gewisse Grundvoraussetzungen wie zeitliche Verfügbarkeit, gegebenenfalls auch branchenspezifische Kenntnisse (Fachkompetenz), wurden schon genannt. Darüber hinaus ist an erster Stelle *innere und materielle Unabhängigkeit* zu fordern, wobei die innere Unabhängigkeit sowohl gegenüber Einflüssen von außen als auch vom eigenen Wesen her gewährleistet sein muss. Wer eitel, selbstherrlich oder selbstgerecht entscheidet, ist ungeeignet.

Wenn auch zunehmend über eine deutliche Anhebung der bislang üblichen Aufsichtsratsvergütungen diskutiert wird, kann sie doch nicht so ausfallen, dass der Kandidat dadurch materiell unabhängig würde. Er sollte es vielmehr schon vorher sein.

Eine weitere wichtige Eigenschaft ist *Zivilcourage*, sowohl der Öffentlichkeit gegenüber als auch im Umgang mit Aufsichtsratskollegen und Vorstandsmitgliedern. Wer sich scheut, heikle Themen offen anzusprechen, wird die dahinter verborgenen Probleme nicht lösen.

Andererseits erfordert dies auch ein hohes Maß an *Integrationsfähigkeit* und Fairness im Umgang miteinander, wenn es gilt, den unterschiedlichen Interessen der Anteilseigner, Vorstandsmitglieder, Arbeitnehmer- und Gewerkschaftsvertreter gerecht zu werden, soweit dies eben möglich ist.

Natürlich braucht ein Aufsichtsrat auch die Fähigkeit zu zukunfts- und problemlösungsorientiertem Denken, muss sich mit entsprechender Rhetorik, Überzeugungs- und Durchsetzungskraft verständlich machen können und sollte über ausreichende Erfahrung in der *Beurteilung und treffsicheren Personalauswahl* im Zusammenhang mit der Besetzung von Vorstandspositionen verfügen. Mit dieser Kernfähigkeit sind das Wohl und Wehe des Unternehmens eng verknüpft; wer richtig beurteilen und auswählen und dem Vorstand dann auch das notwendige Vertrauen schenken kann, der wird später keine Probleme im Rahmen seiner Aufsichtspflicht haben.

Sollte trotz allem doch einmal ein Missgriff in der Personalauswahl unterlaufen, muss der Aufsichtsrat zur Korrektur der personellen Entscheidung entschlossen sein. Zur Absicherung des eigenen Urteils bedient er sich dazu häufig externer Personalberater.

7. Suchen und Finden

Wenn Einigkeit darüber besteht, dass professionelle Aufsichtsräte nach den zuvor geschilderten objektiven Anforderungskriterien extern gesucht werden sollen, dann bietet sich zur Versachlichung des gesamten Such- und Auswahlverfahrens ebenfalls die Einschaltung eines Beraters an, der sich auf die Besetzung von Aufsichtsräten und Beiräte spezialisiert hat. Er verfügt über die notwendige Erfahrung, im Rahmen einer klaren Zieldefinition entsprechend geeignete Persönlichkeiten zu identifizieren, individuell und persönlich anzusprechen und zielfindend mit dem auftraggebenden Gremium zusammen zu führen. Er bietet die Gewähr für adäquate Vorgehensweisen, einen qualitativ richtigen Kandidatenmix und das notwendige zeitnahe Entscheidungsprozedere, eingebunden in seine umfassende Diskretionsverpflichtung.

Martin Peltzer

Vergütungsregeln für den Aufsichtsrat

1. Die Vergütung des Aufsichtsrats ist ungenügend 146
2. Die Ursachen für die geringe Vergütung 147
3. Der gesellschaftsrechtliche Rahmen für die Aufsichtsratvergütung . . . 147
4. Die Aufsichtsratvergütung im Steuerrecht 149

1. Die Vergütung des Aufsichtsrats ist ungenügend

In der nun schon fast zwei Jahre andauernden und im Wesentlichen durch den Fall MG losgetretenen Debatte über die Rolle des Aufsichtsrats fallen auch die Stichworte „Professionalisierung", höhere „Sitzungsfrequenz" und „hauptamtliche Aufsichtsratsmitglieder". Was immer von diesen Vorschlägen zu halten sein mag, so wird eine stärkere zeitliche Beanspruchung des Aufsichtsrats in historischer Sicht und im Vergleich zu anderen vergleichbaren Berufsgruppen nicht ausreichend vergütet. In realer Kaufkraft ist die Aufsichtsratsvergütung in den letzten dreißig Jahren vielmehr dramatisch abgesunken.

Nach der Studie der Kienbaum Vergütungsberatung, 18. Ausgabe, Vergütung 1993 und 1994, die über 1 700 Gesellschaften und 16 000 Aufsichtsratsmitglieder umfasst, betrug der durchschnittliche Pro-Kopf-Bezug des Aufsichtsratsmitglieds 1963 12 700 DM pro Jahr und dreißig Jahre später, 1993, 16.900 DM pro Jahr.

Im selben Dreißig-Jahres-Zeitraum stiegen die Lebenshaltungskosten um das Dreifache, die Bezüge der Vorstandsmitglieder um das Vierfache und die Vergütungen im Tarifbereich um das ca. Fünffache (Kienbaum Studie S. 56). In realer Kaufkraft gerechnet verdient das Aufsichtsratsmitglied heute weniger als die Hälfte des Vergleichsbetrags von vor dreißig Jahren.

Die Höhe der Bezüge des Aufsichtsrats lässt auch keine Regelhaftigkeit erkennen; tendenziell zahlen größere Gesellschaften mehr als kleine, aber oft genug ist es auch umgekehrt. Das Aufsichtsratsmitglied der Tucher Bräu AG, Nürnberg, einer bayerischen Lokalbrauerei, bekommt erheblich mehr als das Aufsichtsratsmitglied bei Krupp. Die Pro-Kopf-Bezüge des Aufsichtsrats der Oldenburgischen Landesbank waren fast dreimal so hoch wie diejenigen eines Aufsichtsratsmitglieds der circa 30-mal so großen Westdeutschen Landesbank. Die Beispiele ließen sich fortsetzen. Die Liste der Pro-Kopf-Bezüge des Aufsichtsrats wird von zwei Mittelständlern angeführt.

Auch im Vergleich mit anderen Berufsgruppen ergibt sich, dass die Aufsichtsratsvergütung unzureichend ist. Es liegt nahe, den Vergleich mit einem freiberuflichen Unternehmensberater zu ziehen. Die Durchschnittsvergütung von 16 900 DM pro Jahr würde bei den Tagessätzen eines erfolgreichen Unternehmensberaters sicher nicht den Zeitaufwand erlauben, der mindestens zu fordern ist (wobei freilich angemerkt werden soll, dass Zeitaufwand und effiziente Arbeit des Aufsichtsrats durchaus verschiedene Dinge sind; das eine (die Effizienz) ist beileibe nicht die Funktion des anderen (des Zeitaufwands), und ein erfahrener und begabter Aufsichtsrat mag Fehler und Schwachstellen auf den ersten Blick sehen, die ein unerfahrenes Mitglied auch mit viel Zeitaufwand nicht findet).

2. Die Ursachen für die geringe Vergütung

Im wesentlichen hat das Phänomen der ungenügenden Bezüge des Aufsichtsrats drei Gründe:

- Die Arbeitnehmervertreter sind an höheren Bezügen nicht interessiert, da sie vielfach den 6 000 DM pro Jahr übersteigenden Betrag an die Hans-Böckler-Stiftung abliefern müssen. Auch bei Mandanten bei Konzerngesellschaften müssen die Bezüge oft (auf die Vorstandsbezüge der Obergesellschaft) angerechnet oder abgeliefert werden. Ähnlich Regelungen gelten für Beamte in Aufsichtsräten.
- Die Bezüge des Aufsichtsrats legt die Satzung fest oder sie werden in der Hauptversammlung bewilligt (vgl. § 113 Abs. 1 AktG). Jede andere Form der Festlegung wäre unzulässig.

Wer Hauptversammlungen in den letzten Jahren mit einer oft sehr unfairen und polemischen Aufsichtsratsschelte erlebt hat, wird verstehen, dass der Aufsichtsrat wenig Neigung verspürt, eine Diskussion über eine Erhöhung der Bezüge zu beginnen.

- Die Bezüge des Aufsichtsrats sind Betriebsausgaben – genau wie die Vergütungen des Vorstands und der Arbeitnehmer – aber der Gesetzgeber hat dekretiert, dass sie nur zur Hälfte abzugsfähig sind (§ 10 Ziffer 4 KöStG) und dementsprechend die Gesellschaft erheblich belasten.

3. Der gesellschaftsrechtliche Rahmen für die Aufsichtsratsvergütung

Die Vergütung des Aufsichtsrats ist in den §§ 113 und 114 AktG geregelt. Diese Bestimmungen und ihre Interpretationen durch mehrere Entscheidungen des Bundesgerichtshofs stellen ein eigenes, in sich geschlossenes System dar, das sich wie folgt skizzieren lässt:

Zu unterscheiden ist zwischen der eigentlichen Tätigkeit des Aufsichtsrats, wie sie etwa in den §§ 90 und 111 AktG skizziert wird und der Leistung höherer Dienste für die Gesellschaft, die nicht zur Tätigkeit des Aufsichtsrats gehören. Ist ein Aufsichtsratsmitglied beispielsweise Fachanwalt für Arbeitsrecht, so wäre ein Beratungsvertrag mit der Gesellschaft mit dem Gegenstand „Auswahl des geeigneten Personals" unzulässig, weil dies Gesprächsgegenstand zwischen Aufsichtsrat und Vorstand und insbesondere dem Arbeitsdirektor ist; das Aufsichtsratsmitglied kann aber zulässigerweise beauftragt werden, Arbeitsgerichtsprozesse für die Gesellschaft zu führen, wobei allerdings der Aufsichtsrat als Ganzes einem derartigen Vertrag zustimmen muss – aus gutem Grund – denn es soll ja vermieden werden, dass der Beaufsichtigte seinen Aufseher durch hoch dotierte Beratungsverträge günstig stimmt.

Es ergibt sich somit folgender gesetzlicher Rahmen:

- Eine Aufsichtsratsvergütung ist nicht zwingend im Gesetz vorgeschrieben aber zugelassen. Selbstverständlich wird kein Aufsichtsratsmitglied unentgeltlich tätig.
- Die Aufsichtsratsvergütung soll in einem angemessenen Verhältnis zu den Aufgaben der Aufsichtsratsmitglieder und zur Lage der Gesellschaft stehen (§ 113 Abs. 1 Satz 3 AktG). Damit ist vom historischen Gesetzgeber in erster Linie eine Limitierung nach oben gemeint.
- Die Aufsichtsratsvergütung kann nur in der Satzung oder durch Hauptversammlungsbeschluss festgelegt werden.
- Ein Anteil am Jahresgewinn muss nach § 113 Abs. 4 AktG so berechnet werden, dass vorher ein Betrag von mindestens vier Prozent „der auf den Nennbetrag geleisteten Einlagen" abgezogen wird.
- Werden Verträge zwischen der Gesellschaft und dem Aufsichtsrat über die Erbringung von Diensten höherer Art abgeschlossen und sind dies Dienste, zu deren Erbringung er als Mitglied des Aufsichtsrats verpflichtet ist, ist der Vertrag nichtig.
- Werden Verträge zwischen der Gesellschaft und dem Aufsichtsrat über die Erbringung von Diensten höherer Art abgeschlossen, die nicht zu seinen Aufgaben als Aufsichtsrat gehören (im obigen Beispiel Führung von Arbeitsgerichtsprozessen), so hängt die Wirksamkeit des Vertrags von der Zustimmung des Aufsichtsrats ab. Der Aufsichtsrat ist gut beraten, derartige Verträge kritisch zu prüfen (ist die Vergütung angemessen, erfolgt die Beauftragung nicht vielleicht doch nur, weil der Auftragnehmer Aufsichtsratsmitglied ist, und steht nicht vielleicht ein besserer zur Verfügung?), und das Aufsichtsratsmitglied sollte sich selbst kritisch überlegen, inwieweit die Rollen als (weisungsgebundener?) Auftragnehmer einerseits und als Aufsichtsratsmitglied andererseits konsistent sind.
- Tritt jemand in einen Aufsichtsrat ein, der mit der Gesellschaft durch einen Geschäftsbesorgungs- oder Beratungsvertrag verbunden ist, so ist wiederum zu fragen, welcher Art die Dienste sind, die erbracht werden sollen. Genehmigungsfähig ist ein derartiger Vertrag durch den Aufsichtsrat nur, wenn Gegenstand des Vertrags Dienste sind, die nicht unter die Aufsichtsratstätigkeit fallen.

4. Die Aufsichtsratsvergütung im Steuerrecht

Sowohl im Gesellschafts- als auch im Steuerrecht hat der historische Gesetzgeber immer wieder seiner Überzeugung Ausdruck verliehen, dass die Vergütung des Aufsichtsrats zu hoch sei. Jede Satzungsänderung verlangt (abdingbar nach § 179 Abs. 3 Satz 2 AktG) eine Dreiviertelmehrheit. Lediglich ein einziger satzungsändernder Beschluss kann mit einfacher Mehrheit gefasst werden, auch wenn die qualifizierte Mehrheit nicht abbedungen ist, nämlich die Herabsetzung der satzungsmäßig festgelegten Aufsichtsratsvergütung!

Der Steuergesetzgeber macht aus seinem Herzen noch weniger eine Mördergrube. Bereits im Jahre 1906 wurde eine Stempelabgabe von 8 Prozent auf die Aufsichtsratsvergütung erhoben (weit mehr als damals der höchste Einkommensteuersatz in Preußen). Da gleichzeitig auch eine Stempelabgabe auf Beförderungsleistungen, die von breiten Bevölkerungskreisen in Anspruch genommen wurden, geplant war, diente die Stempelabgabe auf Aufsichtsratsvergütungen gewissermaßen der sozialen Symmetrie. In den Gesetzesmaterialien (Reichstag Aktenstück Nr. 359 Bericht der 6. Kommission) findet sich eine geradezu verächtliche Einschätzung der Arbeit der damaligen Aufsichtsräte:

„Die Tantiemesteuer bilde eine Ausgleichung gegenüber der Belastung der Massen durch den Fahrkartenstempel usw. Übrigens sei die derzeitige Art der Tantiemegewährung geradezu ein Unfug. Je größer die Tantieme sei, umso kleiner sei in der Regel die Verantwortung, denn die ganz großen Unternehmen seien meist derartig gut fundiert, dass von einer Verantwortung oder Regresspflicht der Aufsichtsratsmitglieder kaum die Rede sein könne. ... Häufig würden sogar Leute in Aufsichtsräte gewählt, die von dem Geschäft absolut nichts verständen oder die als Söhne von Aufsichtsratsmitgliedern in die Aufsichtsratstellungen geradezu hineingeboren würden. ... Im Übrigen stellten die Tantiemen der Aufsichtsratsmitglieder gewissermaßen Schenkungen unter Lebenden dar, freilich mit dem Unterschied, dass die Schenkung unter Lebenden aus dem eigenen Vermögen erfolge, die Tantiemebewilligung aber eine Schenkung aus dem Vermögen anderer, der Aktionäre, bedeute."

Die Stempelsteuer wurde 1922 durch eine Aufsichtsratssteuer abgelöst, und durch das Körperschaftssteuergesetz von 1925 wurden die Vergütungen an die zur Überwachung ihrer Geschäftsführung verfassungsmäßig bestellten Personen als nicht abzugsfähig erklärt. Dieses System der vollständigen Nichtabzugsfähigkeit wurde bis zur Körperschaftssteuerreform 1977 beibehalten. Die Körperschaftssteuerreform 1977, die mit der Doppelbesteuerung der Gewinne aufräumte, hatte auch zum Ziel, die Doppelbesteuerung der Aufsichtsratsvergütungen zu beenden. Dies blieb aber auf halber Strecke stecken und zwar mit der ausdrücklichen Begründung, dass die Beibehaltung des mindestens hälftigen Abzugsverbots dazu beitrage, die Höhe der Aufsichtsratsvergütung in angemessener Weise zu begrenzen. Die Lehre ist hiergegen Sturm gelaufen, leider jedoch vergeblich.

In der Grundsatzentscheidung zu dieser Frage aus dem Jahre 1968 führte der BFH aus, dass das Abzugsverbot auch darauf beruhe, „dass nach den Erfahrungen der Vergangenheit die Gefahr überhöhter Aufwendungen der Gesellschaft für den Aufsichtsrat besteht." (BFH in Bundessteuerblatt 68/II S. 392 ff. [S. 394])

Das wenig später angerufene Bundesverfassungsgericht bejahte im Jahre 1972 die Verfassungsmäßigkeit des Abzugsverbots unter anderem mit der Zusatzerwägung, dass der Gesetzgeber „nur eine angemessene Vergütung für die Aufsichtsräte zulassen und auswirtschafts- und gesellschaftspolitischen Gründen überhöhte Aufsichtsratsvergütungen im Interesse der Aktionäre der Gläubiger und der Allgemeinheit vermeiden (wolle)". (Bundesverfassungsgericht E 34/103 ff. und 118)

Von § 10 Absatz 4 KöStG, wonach „die Hälfte der Vergütung jeder Art, die an Mitglieder des Aufsichtsrats, Verwaltungsrats, Grubenvorstands oder andere mit der Überwachung der Geschäftsführung beauftragten Personen gewährt werden", nicht abzugsfähig sei, wird nur die eigentliche Aufsichtsratsvergütung erfasst, während die zulässigen Vergütungen für Dienste höherer Art nach § 114 AktG ebenso wie die Unkosten der Aufsichtsratsmitglieder, die die Gesellschaft erstattet, voll abzugsfähig sind. Steuerrecht und Gesellschaftsrecht ziehen hier etwa an der gleichen Stelle die Trennungslinie.

Betroffen von § 10 Abs. 4 KöStG sind nur körperschaftssteuerpflichtige juristische Personen, also insbesondere Aktiengesellschaften und GmbHs. Nicht betroffen sind Personengesellschaften. Dies hat unmittelbare Auswirkungen auf hybride Gesellschaftsformen wie die GmbH & Co. KG. Hier sollte deswegen ein Beirat oder Ähnliches nur bei der KG errichtet werden und nicht bei der Komplementär-Körperschaft.

Bei beschränkt steuerpflichtigen Aufsichtsratsmitgliedern, also solchen, die im Inland weder ihren Wohnsitz noch ihren gewöhnlichen Aufenthalt haben (§§ 8 und 9 AO) wird nach § 50a EStG ein Einbehalt von 30 Prozent vorgenommen. Die Bezeichnung „Aufsichtratssteuer" ist insoweit missverständlich, als § 50a EStG keinen Steuertatbestand schafft, sondern einen solchen voraussetzt; der Steuertatbestand für das beschränkt steuerpflichtige Aufsichtsratsmitglied ist dabei § 49a Abs. 1 Ziffer 3 in Verbindung mit § 18 Abs. 1 Ziffer 3 EStG. Der 30 Prozentige Abzug erfolgt aus Gründen der Verwaltungsvereinfachung, da die Veranlagung eines beschränkt Steuerpflichtigen naturgemäß verwaltungsaufwendig wäre. Mit den 30 Prozent ist die Steuerpflicht abgegolten. Für das unbeschränkt steuerpflichtige Aufsichtsratsmitglied zählt die Aufsichtsratsvergütung zu den „Einkünften aus selbstständiger Arbeit" im Sinne des § 18 Abs. 1 Ziffer 3

EstG. Dies gilt im Übrigen auch für Arbeitnehmervertreter, deren Abgaben für betriebliche oder gewerkschaftliche Einrichtungen Betriebsausgaben sind (BFH in Bundessteuerblatt 81/2/29 ff. nach einer lange entgegengesetzten Rechtsprechung).

Im Augenblick beschäftigt sich der Gesetzgeber im Rahmen der Überlegungen über eine Novellierung der Bestimmungen über den Aufsichtsrat im Aktienrecht auch mit der Frage der Abzugsfähigkeit von dessen Vergütung. Er mag dabei bedenken, dass § 10 Abs. 4 KöStG im hohen Maß von historischen Zufällen und überholten Anschauungen geprägt ist. Im Übrigen befindet er sich dabei in einem Zielkonflikt: Einerseits will er kompetente Aufsichtsratsmitglieder, die auch ordentlich bezahlt werden müssen, und andererseits wird es ihm bei der bekannten Situation der öffentlichen Finanzen möglicherweise schwer fallen, eine Gruppe (mittelbar, denn die beschränkte Abzugsfähigkeit trifft ja zunächst die Körperschaft) zu begünstigen, die vom durchschnittlichen Wähler und Steuerzahler als privilegiert angesehen werden mag.

Gewiss, die Frage der Vergütung ist nicht allein entscheidend für eine optimale Besetzung der Aufsichtsratsposten. Auf der anderen Seite hängt die Höhe der Vergütung wiederum zusammen mit der Bereitschaft, Haftungsrisiken zu übernehmen, wobei die Haftung der Aufsichtsratsmitglieder ja nach den Intentionen des Gesetzgebers mindestens in ihrer prozessualen Durchsetzbarkeit verschärft werden soll. Die Rolle des Aufsichtsrats für das Wohlergehen einer Aktiengesellschaft und damit für ihre Fähigkeit, Steuern zu zahlen, sollte nicht unterschätzt werden. Es wäre interessant, sich einmal auszurechnen, zu welchem Körperschaftssteuerausfall insgesamt der Fall Balsam geführt hat (es ist in Wirklichkeit ein Null-Summen-Spiel, weil die den Verlusten von Balsam entsprechenden Gewinne anderer nicht oder anders versteuert werden). So gesehen könnte sich die Beibehaltung des § 10 Abs. 4 KöStG als Sparsamkeit am falschen Platz, ja als auch im Sinne des Fiskus äußerst kontraproduktiv erweisen.

Roland Friedrich

Kriterien zur Beurteilung von Organisation und Prozessen bei Börsenkandidaten

1. Herausforderungen für die Organisation von Unternehmen 154
2. Organisationsziele 155
      2.1 Unternehmensstrategie 155
      2.2 Wettbewerbsumfeld 155
      2.3 Werte und Normen 157
3. Ausgewählte Organisationskonzepte 157
      3.1 Marktorientierte Organisation 157
      3.2 Kundenorientierte Organisation 158
      3.3 Organisatorische Flexibilität 159
      3.4 Prozessorientierte Organisation 159
4. Organisatorischer Wandel durch die lernende Organisation 162
5. Schlussfolgerungen 165

1. Herausforderungen für die Organisation von Unternehmen

Da Organisation und Führung die primären Stellhebel für den Unternehmenserfolg sind, kommt ihrer Gestaltung eine entscheidende Rolle zu. Vorhandene Visionen, Strategien und Ressourcen entfalten ihre Wirkung nicht ohne entsprechende Organisation und Führung.

Gerade für Unternehmen, die an die Börse wollen, ist oft eine erhebliche Steigerung des Organisationsniveaus notwendig, um die beabsichtigte Unternehmensstrategie umzusetzen. Weiterhin ist für viele Börsenkandidaten eine Verbesserung ihrer Führungsinstrumente ratsam, damit in der Außenwirkung gegenüber Banken und Anlegern Transparenz und Vertrauen zunehmen.

Organisation und Führung sind gestaltbare und entwicklungsfähige Elemente, die ihrer sich verändernden Umwelt angepasst werden müssen, um nicht an Leistungsfähigkeit zu verlieren. So bringen zum Beispiel die in der Vergangenheit effizienten, stark arbeitsteiligen und funktionalen Organisationsformen heute meistens nicht mehr optimale Ergebnisse.

Viele Faktoren wirken auf die deutschen Unternehmen ein und erfordern organisatorische Innovationen:

- turbulente Umwelt mit sich schnell verändernden, komplexen Märkten,
- beträchtlicher Wertewandel in der Bevölkerung von gemeinschafts- zu ichbezogenen Einstellungen,
- übersteigerte Ansprüche und Besitzstandsdenken,
- Sättigung von Märkten,
- rasanter technologischer Fortschritt,
- ökologische Herausforderungen,
- Globalisierung und Internationalisierung,
- wachsende Ansprüche der Kapitalgeber.

Angesichts der aufgeführten Herausforderungen ist es für Börsenkandidaten dringend notwendig, mehr Organisationsinnovationen zu entwickeln. Große und dauerhafte Wettbewerbsvorsprünge werden weniger durch Produkt- und Verfahrensinnovationen, sondern vielmehr mit neuen strategischen und organisatorischen Konzepten erzielt.

Bei der Herausbildung neuer Organisationsformen ist das kulturelle und politische Umfeld eines Landes zu berücksichtigen, wobei es für deutsche Unternehmen beträchtliche, ungenutzte Gestaltungsspielräume gibt.

Letztlich befinden sich die Gesellschaft und die Unternehmen mit ihren Individuen in einem sich gegenseitig beeinflussenden Wechselspiel. Dabei kommt es auch auf die Initiative und die Einflussnahme an, die Unternehmensleitungen und Mitarbeiter ausüben.

2. Organisationsziele

Die Zielsetzungen für die Unternehmensorganisation orientieren sich an

- der Unternehmensstrategie,
- den Anforderungen aus dem Wettbewerbsumfeld,
- den Werten und Normen von Unternehmensleitung und Mitarbeitern.

2.1 Unternehmensstrategie

Grundlegend für die Organisationsgestaltung sind insbesondere die Wettbewerbs- und die Wachstumsstrategie. Je nach Strategie sind unterschiedliche organisatorische und kulturelle Schwerpunkte herauszuarbeiten (siehe Abbildung 1).

2.2 Wettbewerbsumfeld

Aus dem Wettbewerbsumfeld werden insbesondere Zielmarken (Benchmarks) abgeleitet für

- Zeiten, zum Beispiel
  - Dauer des Produktentwicklungsprozesses,
  - Zeitspanne zwischen Anfrage, Angebotsabgabe und Lieferung,
  - Durchlaufzeiten in der Produktion,

- Kosten, zum Beispiel
  - Herstellkosten,
  - Vertriebskosten,
  - Gemeinkosten,
  - Prozesskosten,

- Erfüllung von Kauffaktoren beziehungsweise Kundenzufriedenheit, zum Beispiel
  - Produkt- und Dienstleistungsqualität,
  - Kundenerreichbarkeit,
  - Kundenfreundlichkeit.

Strategie	Kultur- und Organisationsschwerpunkte
Wettbewerbsstrategie	
➢ Kostenführerschaft • große Verkaufs- und Produktionsmengen • geringe Produkt- und Variantenvielfalt	• funktionsorientiert • klare Verantwortlichkeiten • wenig Gemeinkostenfunktionen • kostengünstige Abläufe und Routinen • Nutzung von Skaleneffekten • straffe Steuerung • quantitativ orientierte Anreizsysteme
➢ Differenzierung • kleine bis mittlere Verkaufs- und Produktionsmengen • breite / tiefe Sortimente • hohe Dienstleistungsqualität, • zum Beispiel Beratung, Lieferung, After Sales Service	• starke Markt- und Kundenorientierung • hohes Marketingniveau • starke Innovationskraft • Flexibilität • Schnelligkeit • Risikobereitschaft • gute Koordination der Unternehmensfunktionen • qualitativ orientierte Anreizsysteme
Wachstumsstrategie	
➢ Marktbesetzung/ Wettbewerbsverdrängung	• siehe Kostenführerschaft, da intensiver Preiswettbewerb • starke Vertriebskraft
➢ Markterschließung	• Marktorientierung, zum Beispiel hinsichtlich Abnehmerbranchen und Ländermärkte • hohes Marketingniveau
➢ Produktentwicklung	• Innovationskraft für Produkte und Verfahren • schneller Produktentwicklungsprozess
➢ Diversifikation	• Flexibilität • Innovationskraft • Risikobereitschaft

Abbildung 31: Strategiebedingte Organisationsmerkmale

2.3 Werte und Normen

Organisationsziele haben auch die Werte und Normen von Unternehmensleitung und Mitarbeitern zu berücksichtigen, sonst bleibt ihre Erreichbarkeit eine Fiktion.

Für die Unternehmensleitung sind oft

- Gewinnerzielung,
- Sicherung der Eigenständigkeit,
- Wachstum und
- Marktmacht

wichtige Zielgrößen. Für Inhaberunternehmen kommt der persönlichen Selbstverwirklichung des Eigentümers ebenfalls eine wichtige Rolle zu.

Für viele Inhaberunternehmen bedeuten bei einem Börsengang die größere Öffentlichkeit sowie der Einfluss der Aktionäre erhebliche Veränderungen in Einstellungen und Verhaltensweisen. Insofern ist die Unternehmenskultur eines Börsenkandidaten zu überprüfen und gegebenenfalls zielgerichtet weiterzuentwickeln.

3. Ausgewählte Organisationskonzepte

3.1 Marktorientierte Organisation

Eine Organisation ist marktnah, wenn sich die Märkte des Unternehmens in ihr strukturell und verantwortungsbezogen abbilden. Das sind in der Regel

- Produktteilmärkte,
- Regionalmärkte,
- Abnehmerbranchen.

Oft werden mehrere Marktkriterien in einer Matrix (zum Beispiel durch Produkt-Markt-Kombinationen) gleichzeitig angesprochen (siehe Abbildung 32).

In einer marktorientierten Organisation gibt es dezentralisierte Verantwortung, die getragen wird durch zum Beispiel

- Produktverantwortliche / Produktmanager,
- Regionalverantwortliche / Regionalmanager,
- Branchenverantwortliche / Branchenmanager.

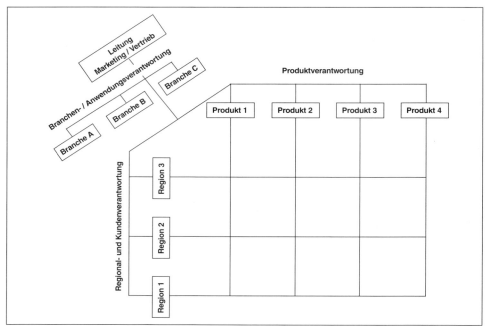

Abbildung 32: Mehrdimensionale Marktverantwortung im Bereich Marketing/ Vertrieb

Die Matrix-Organisation ist bei Überschneidung von Verantwortlichkeiten und Interessen der Beteiligten konfliktträchtig. Bei funktionierenden Konfliktlösungsmechanismen entfaltet sie aber eine beträchtliche Dynamik im Hinblick auf die qualifizierte Marktbearbeitung.

Zu den marktorientierten organisatorischen Dimensionen kommt immer noch eine weitere funktionale. Werden funktionale Organisationsinhalte, zum Beispiel Entwicklung & Konstruktion, Beschaffung und Produktion, in die produktorientierte Dimension integriert, entsteht eine Sparte mit der weitgehenden Möglichkeit der Erfolgszurechnung bei eindeutigen Unterstellungsverhältnissen.

3.2 Kundenorientierte Organisation

Kundenorientierte Organisationsformen verfolgen das Oberziel Kundenzufriedenheit. Im Extremfall drückt sie sich durch einen definierten Kundenverantwortlichen, den Schlüsselkundenmanager (Key Account Manager), aus. Der Schlüsselkundenmanager plant kundenbezogene Strategien, das kundenbezogene Marketing-Mix und steuert die operativen Aktivitäten. Er ist für die Kundenzufriedenheit und das kundenbezogene Ergebnis gleichermaßen verantwortlich.

Der Key Account Manager geht so weit, dass er sich die Ziele und Probleme des Kunden zu Eigen macht und mit ihm zusammen kundenbezogene Strategien entwirft. Der Erfolg des Kunden ist letztlich auch sein Erfolg als Lieferant.

Da Schlüsselkunden oft einen erheblichen Umsatzanteil auf sich ziehen und kompetente Gesprächspartner verlangen, ist der Key Account Manager meistens hierarchisch hoch angesiedelt.

Generell wird erwartungsgerechte Qualität und hohe Kundenzufriedenheit erzeugt durch

- kunden- und dienstleistungsorientierte Mitarbeiter,
- kundenorientiertes Informationsmanagement,
- kundenorientierte Geschäftsprozesse.

3.3 Organisatorische Flexibilität

Eine Organisation ist flexibel, wenn sie sich auf unterschiedliche Anforderungen hinsichtlich

- Quantität,
- Qualifikation und
- Zeiteinsatz

von Ressourcen, speziell Mitarbeitern, einstellen kann. Diesen Anforderungen genügt insbesondere die oft abteilungsübergreifende Projektorganisation (Projektteam, Projektmanagement).

Flexibilität ist auch eine Frage der inneren Einstellung der Mitarbeiter. Eine Organisation kann flexibel reagieren, wenn Unternehmensziele wichtiger sind als einengende Stellenbeschreibungen. Grundlage für die Wirksamkeit solcher Einstellungsflexibilität sind ein hohes Informationsniveau und eine breite Mitarbeiterqualifikation.

3.4 Prozessorientierte Organisation

Durch die primär wertschöpfenden Prozesse im Unternehmen entsteht ein unmittelbarer Wertzuwachs. Hauptsächliche primäre Wertschöpfungsprozesse sind:

- der Produktentwicklungsprozess,
- der Marktkommunikations- und -einführungsprozess,
- der Akquisitionsprozess,
- der Auftragsabwicklungsprozess,

- der Beschaffungsprozess,
- der Produktionsprozess,
- der Logistikprozess,
- der After-Sales-Service-Prozess,
- der Fakturierungs- und Liquiditätssicherungsprozess.

Jeder dieser Prozesse kann nach folgenden Fragestellungen beurteilt werden:

- Welche Wettbewerbswirkung im Sinne von Kauffaktorenerfüllung und Wettbewerbsstrategie?
- Welcher Wertschöpfungszuwachs?
- Welcher Kundennutzen?
- Welcher Ressourcenverzehr?
- Welcher Zeitverzehr?

Je nach Zielrichtung einer Organisationsentwicklung kann bei den Prozessen eingegriffen werden, die den größten Einfluss haben, ein Unternehmen schneller, effizienter oder kundenorientierter zu gestalten. Stark arbeitsteilige Prozesse sind durch einen hohen Anteil von nicht wertschöpfender Blindleistung gekennzeichnet:

- großer Aufwand für Emfpang, Speicherung, Abstimmung und Weitergabe von Informationen sowie Schließung von Informationslücken,
- hohe – auch geistige – Rüstkosten,
- Tendenz zu Doppelarbeiten.

Typische Symptome für gestörte Prozesse in Unternehmen sind:

- ausufernder Informationsaustausch und Informationsredundanz,
- Informationslücken und damit verbundene Rückfragen,
- lange Liege- bei kurzen Bearbeitungszeiten in Produktions- oder Verwaltungsprozessen,
- hohe Bestände an Rohstoffen, Halb- und Fertigfabrikaten,
- viele unerledigte Vorgänge,
- Nacharbeiten und Fehlerbeseitigung in Produktions- oder Verwaltungsprozessen (Qualitätsmängel),
- Doppelarbeiten an unterschiedlichen Stellen,
- hohes Maß an Überwachung und Kontrolle im Vergleich zur Wertschöpfung,
- hoher Anteil von Ausnahmen und Sonderfällen,
- starke Arbeitsteilung im Prozess.

Jeder mit einem Kunden oder Produkt verknüpfte Prozess im Unternehmen, zum Beispiel Produktentwicklung oder Auftragsabwicklung, verursacht prozessspezifische Kosten, die überwiegend Gemeinkostencharakter besitzen.

Die traditionelle Vollkostenrechnung nimmt bei der Preiskalkulation lediglich eine Proportionalisierung der Gemeinkosten auf der Basis meistens fragwürdiger Schlüssel, wie etwa der Herstellkosten, vor. Wie stark ein Kleinauftrag oder ein umsatzschwaches Produkt die Gemeinkostenfunktionen wirklich belasten, wird dabei nur unzureichend berücksichtigt.

Die Prozesskostenrechnung vermeidet dieses Problem, indem sie die Kostenentstehung nicht auf eine Kostenstelle, zum Beispiel Vertriebsinnendienst, abbildet, sondern auf einen Prozess wie Auftragsabwicklung und auf diese Weise alle am Prozess beteiligten Stellen berücksichtigt. Somit werden die Kosten für eine Prozesseinheit, zum Beipsiel Erstellung eines Angebots, einer Auftragsbestätigung oder einer Bestellung ermittelt, die dann einem Kunden oder einem Produkt zugeordnet werden können. Dadurch wird die wirkliche Ertragskraft von Produkten und Kunden sichtbar.

Die prozessorientierte Organisation soll

- Produktivität,
- Flexibilität,
- Kundenorientierung und
- Zeitverbrauch

verbessern. Dabei werden Prozesse wie zum Beispiel Produktentwicklung und Auftragsabwicklung entlang der Wertschöpfungskette vom Kunden oder Markt her gesehen ganzheitlich und funktionsübergreifend organisiert. Schnittstellenprobleme werden dadurch abgebaut (siehe Abbildung 33).

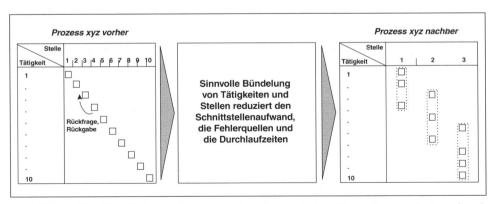

Abbildung 33: Bearbeitungskosten und -zeiten arbeitsteiliger Prozessketten durch ganzheitliche Tätigkeiten reduzieren

Eine prozessorientierte Organisation erfordert

- ganzheitliches Arbeiten bei breiterer Qualifikation des Mitarbeiters,
- Teamarbeit,
- Projektarbeit,
- Abbau unnötiger Hierarchie und
- hohe Eigenverantwortlichkeit der Mitarbeiter.

Die Effizienz und Kundenorientierung des Unternehmens wird wesentlich durch die oben genannten primären Wertschöpfungsprozesse geprägt. In einer stark prozessorientierten Organisation werden für erfolgskritische Prozesse deshalb Prozessverantwortliche eingesetzt, zum Beispiel für den Produktentwicklungs-, den Logistik- oder den Auftragsabwicklungsprozess. Insbesondere stark funktionsübergreifende Prozesse werden oft personell oder zumindest verantwortungsbezogen zusammengefasst, um leistungsverzehrende Schnittstellen zu vermeiden. Dies kann schwach in Form einer organisatorischen Matrix bis hin zu einer räumlichen und disziplinarischen Integration der am Prozess beteiligten Mitarbeiter, zum Beispiel in einem Auftragszentrum, geschehen. Auch durch den Einsatz moderner Kommunikationstechnologie lassen sich Wertschöpfungsprozesse verkürzen und somit schneller wie auch effizienter gestalten. Ein Beispiel dafür ist die Auftragserfassung und -eingabe durch den Außendienst mit der direkten Weiterleitung der Auftragsdaten in ein produktionsnahes Auftragszentrum, wodurch der konventionelle Vertriebsinnendienst eingespart werden kann.

Den Verantwortlichen für Prozesse und auch den an ihnen beteiligten Mitarbeitern werden möglichst weitgehend Entscheidungskompetenzen übertragen, um den Informationsaufwand so gering wie möglich zu halten und die Prozesse zu beschleunigen.

Auf die sekundär wertschöpfenden Führungsprozesse wie Unternehmensplanung und -steuerung soll an dieser Stelle nicht weiter eingegangen werden.

4. Organisatorischer Wandel durch die lernende Organisation

Unternehmen müssen sich heute einem fortlaufenden Wandel ihrer Umwelt mit hoher Geschwindigkeit und tief greifenden Änderungen stellen. Es geht dabei nicht um eine einmalige Aktion, wie bei einem Reengineeringprojekt, vielmehr ist die fortdauernde Fähigkeit zur Anpassung auf der Basis eines großen Lernvermögens gefordert.

Lernen heißt Verhaltensänderungen herbeizuführen. Für Unternehmen bedeutet dies Verhaltensänderungen bei individuellen Organisationsmitgliedern und bei der Organisation als Ganzes.

Für einzelne Organisationsmitglieder läuft der Lernprozess in folgenden Phasen ab (siehe Abbildung 34):

- Sammlung von Erkenntnissen und Erfahrungen, zum Beispiel durch Erfolgs- und Misserfolgserlebnisse, Durchführung von Vergleichen oder Wissensaufnahme,
- Ausbildung eines Lernbewusstseins durch das Verstehen von Zusammenhängen und die Einsicht zu Änderungen,
- Ausschöpfung des Lernpotenzials durch den Einsatz der eigenen Fähigkeiten bei ensprechender Motivation.

Am Ende des Lernprozesses werden Verhaltensänderungen, die in Handlungen oder Unterlassungen bestehen, ausgelöst.

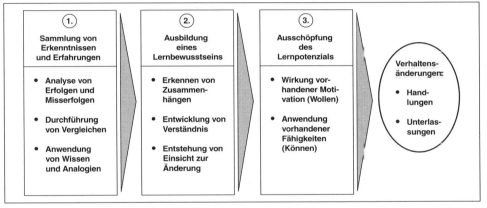

Abbildung 34: Schritte im Lernprozess einzelner Organisationsmitglieder

Für das Lernen einer Organisation ist individuelles Lernen zwar eine notwendige Voraussetzung, jedoch nicht hinreichend. Ohne Verhaltensänderungen beim Einzelnen wird sich auch das Verhalten der Gesamtheit nicht verändern. Doch ohne Koordination und Unterstützung von Einflüssen werden gemeinsame Lernziele schwerlich entwickelt und erreicht. Zunächst kommt es darauf an, die Interessen einzelner Organisationsmitglieder, zum Beispiel Karriereziele, mit den Interessen von Gruppen, zum Beispiel Abteilungen oder Hierarchieebenen, untereinander und weiterhin mit den Unternehmenszielen der Kapitaleigner abzugleichen. Dafür sind insbesondere folgende Fragestellungen zu untersuchen:

- Gibt es eine gemeinsame Vision für das Unternehmen, werden zum Beispiel Zukunftsszenarien, Zielmärkte und Kernkompetenzen gleich beurteilt?
- Herrscht Konsens hinsichtlich der Unternehmensstrategie?
- Stimmen die Wertvorstellungen der Beteiligten zum Beispiel in der Behandlung von Mitarbeitern, Kunden und Gewinnen überein?

Für viele Börsenkandidaten stellt der Übergang vom Inhaberunternehmen zum Aktionärsunternehmen einen enormen Lernprozess dar.

Nur wenn eine Übereinstimmung über grundsätzliche Werte und Ziele bei allen im Unternehmen involvierten Organisationsmitgliedern herrscht, kann von einer Akzeptanz der organisatorischen Lernziele ausgegangen werden. Dieses ist eine weitere Voraussetzung, damit das Lernen der Organisation überhaupt erreicht werden kann (siehe Abbildung 35).

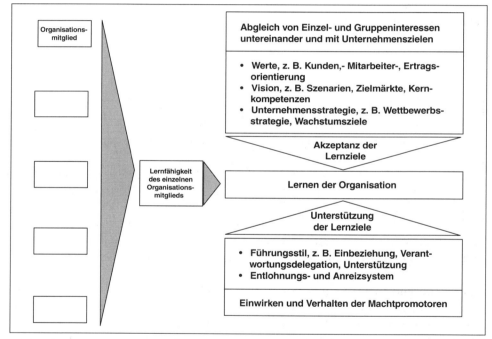

Abbildung 35: Vom Lernen einzelner Organisationsmitglieder zur lernenden Organisation

Weiterhin ist für organisatorisches Lernen das unterstützende Einwirken und Verhalten der Machtpromotoren im Unternehmen notwendig. Ein Lernklima kann in einer Organisation nicht ohne entsprechenden Führungsstil, der sich an

- der Einbeziehung der Mitarbeiter in Informationsflüsse und Entscheidungsfindung,
- der Delegation von Verantwortung und Kompetenzen und
- der Ermutigung und Unterstützung der Mitarbeiter (Service-Autorität)

festmacht, entstehen. Dazu sollte ein entsprechendes Entlohnungs- und Anreizsystem kommen, das auf Zielvereinbarungen in Verbindung mit den Unternehmens- und Organisationszielen beruht und auch die persönliche Fortentwicklung sowie Teamleistungen berücksichtigt. Starre, hierarchieorientierte und unpersönliche Entlohnungssysteme stehen dem organisatorischen Lernen entgegen.

Die lernende Organisation beruht auf einer Lernkultur im Unternehmen in der Offenheit, Konsensfähigkeit und Lernwille einen hohen Stellenwert genießen. Dazu kommt die Bereitschaft, das Ich hinter das Wohl des Kunden und des Unternehmens zu setzen.

5. Schlussfolgerungen

Die Lernfähigkeit der Organisation und ihrer Mitglieder ist letztlich die treibende Kraft, um die Wettbewerbsfähigkeit des Unternehmens zu erhalten. Ein Lernziel kann dabei die Börsenfähigkeit sein.

Eine Organisation muss die Unternehmensstrategie und die damit verbundenen Erfolgsfaktoren unterstützen. Dazu gehören natürlich Markt- und Kundenorientierung. Insofern richtet sich ein hauptsächliches Lernziel der Organisation auf den Strategieentwicklungsprozess. Durch ihn lenkt das Unternehmen seine Ressourcen und Aktivitäten zur richtigen Zeit, im geplanten Ausmaß auf die vorgesehenen Felder.

Es reicht jedoch nicht aus, die richtigen Dinge zu tun, sie müssen auch richtig getan werden. Deshalb ist für den Unternehmenserfolg auch operative Effizienz durch überlegene Wertschöpfungsprozesse als weiteres Lernziel notwendig (siehe auch Abschnitt 3.4).

Beide Lernziele lassen sich im Unternehmen schwerlich ohne den richtigen Umgang miteinander erreichen. Ohne entsprechende Motivation, Unterstützung und Entfaltungsmöglichkeit werden die Organisationsmitglieder nur unzureichend strategie- und wertschöpfungsorientiert arbeiten.

Erst das gleichzeitige Verfolgen und Zusammenwirken der drei Lernziele von Unternehmensorganisationen (siehe Abbildung 36)

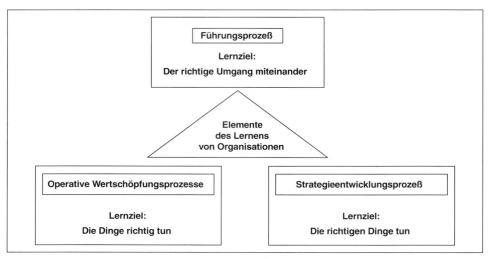

Abbildung 36: Die drei Lernziele der Unternehmensorganisation

- Eindeutige Strategie: Die richtigen Dinge tun;
- Überlegene Wertschöpfungsprozesse: Die Dinge richtig tun;
- Akzeptierte Führung: Der richtige Umgang miteinander;

nach dem dargestellten Konzept der lernenden Organisation macht den nachhaltigen Unternehmenserfolg aus. Unternehmen kommen immer dann in Schwierigkeiten, wenn Umfang und Geschwindigkeit ihres Lernens geringer sind als die Veränderungen in ihrer Umwelt.

Günter Lubos

Effizientes Unternehmenscontrolling – wesentliches Element eines gelungenen Börsengangs

1. Aufgabenspektrum des Controlling 168
2. Vorbereitung des Börsengangs und Nachweis der Börsenfähigkeit . . . 169
3. Informationsaufgaben nach Durchführung des Going Public 170
4. Instrumente und Methoden 171
5. Organisatorische Verankerung und Kompetenzausstattung 174
6. Anforderung an die Personalausstattung 175
7. Fazit 176

1. Aufgabenspektrum des Controlling

Der Gang an die Börse bedeutet für die meisten Unternehmen einschneidende Veränderungen in Hinblick auf die Darstellung in der Öffentlichkeit. Dies gilt vor allem dann, wenn es sich um inhabergeführte Unternehmen handelt, die in der Vergangenheit eher sparsam mit Daten zur wirtschaftlichen Entwicklung umgegangen sind.

Das Interesse von Aktionären, Analysten, Banken oder Presse – um nur einige Interessengruppen zu nennen – steigert sich schlagartig, wenn ein Unternehmen bekannt gibt, dass es den Weg an die Börse beschreiten will.

Auch die Wirtschaftsprüfer werden in Hinblick auf die Anforderungen des Kontroll- und Transparenzgesetzes (KonTraG) parallel zum Börsengang an Informationen interessiert sein, die vorher weniger im Fokus des Interesses standen. Um diesem Informationsinteresse zielgerichtet, schnell und widerspruchsfrei begegnen zu können, ist eine hohe Informationstransparenz unerlässlich. Die Wahrnehmung dieser Aufgaben kann dem Unternehmenscontrolling übertragen werden, sofern sie die unternehmensinterne Aufbereitung und Darstellung von wirtschaftlich relevanten Sachverhalten betrifft.

Zu den wesentlichen Aufgabeninhalten des Controlling gehören im operativ-kurzfristigen Bereich folgende Funktionen:

- Koordination beziehungsweise Durchführung der Unternehmensplanung,
- laufende Analyse von Plan-Ist-Abweichungen im Rahmen der Planüberwachung,
- Auslösung von Korrekturmaßnahmen bei Erkennen signifikanter Planabweichungen,
- Überwachung des Maßnahmenerfolgs und entsprechende Berichterstattung an die Entscheidungsgremien insbesondere den Vorstand des Unternehmens,
- Aufbereitung und Interpretation von Informationen im Rahmen des unternehmensinternen Berichtswesens, insbesondere Unterrichtung des Vorstands über die aktuelle wirtschaftliche Unternehmenssituation.

Die Koordination beziehungsweise Steuerung der strategischen Planung des Unternehmens ergänzt die operative Aufgabenstellung der Controllingfunktion im langfristigen Bereich. In jedem Fall gibt es für das Controlling im Unternehmen eine eindeutige Aufgabenabgrenzung zur Linienfunktion des Management. Es hat stets nur Servicecharakter mit dem klaren Auftrag, das Management durch Bereitstellung von Entscheidungsinformationen zu unterstützen, nicht jedoch dessen Aufgaben zu übernehmen.

Alle beschriebenen Aufgaben sind zunächst unabhängig von der Tatsache zu sehen, ob ein Unternehmen an der Börse notiert ist oder nicht. In jedem Fall ist es sinnvoll, dass die Unternehmensleitung über eine Funktion verfügt, die losgelöst von der Form der Finanzierung einen wesentlichen Beitrag zur Steuerung des Unternehmens leistet.

Betrachtet man den Gang an die Börse in unterschiedlichen Zeitabschnitten, so werden durchaus differenzierte Notwendigkeiten des Controlling deutlich. Hierbei ist zu unterscheiden zwischen zwei Phasen:

- die Vorphase des Börsengangs, in der die Vorbereitung des Going Public und der Nachweis der Börsenreife erfolgt;
- die Zeit nach dem erfolgten Börsengang, in der eine permanente Aufbereitung von Informationen zur Unterrichtung von Interessenten innerhalb und außerhalb des Unternehmens erforderlich ist.

2. Vorbereitung des Börsengangs und Nachweis der Börsenfähigkeit

Das Controlling hat über seine Planungsfunktion entscheidenden Anteil bei der Vorbereitung des Börsengangs und insbesondere bei der Festlegung des Emissionspreises. So dienen die vom Controlling erstellten langfristigen Planungsrechnungen als zahlenmäßige Eingangsgröße bei der Erstellung des Unternehmensexposés mit dessen Hilfe das Unternehmen seine Börsenattraktivität unter Beweis stellt. Kernpunkt ist dabei der aus den zukünftigen Ergebniserwartungen abgeleitete Unternehmenswert, der die Basis für die Ertragswertberechnung und damit die Bandbreite für den Emissionskurs der Aktie begründet. Je nach geplantem Ergebnis kann der Emissionserlös für Alt-Aktionäre und Unternehmen erheblich schwanken. Je plausibler und verlässlicher sich eine Planung darstellt, desto besser lässt sich der vom Vorstand angestrebte Emissionskurs untermauern und desto eher lassen sich Kursabschläge verhindern beziehungsweise die damit zusammenhängenden Argumente abwehren. Um den ermittelten Wert gegenüber Banken, Analysten und zukünftigen Neuaktionären fundiert vertreten zu können, ist daher eine ausgefeilte und nachvollziehbare Planungssystematik unverzichtbar.

Der gelungene Nachweis eines hohen Qualitätsniveaus des Controlling gibt insbesondere den emittierenden Banken Sicherheit hinsichtlich der Planungszuverlässigkeit. Ist es beispielsweise möglich, über einen längeren historischen Zeitraum nachzuweisen, dass die bisherigen Planungen zu einem hohen Prozentsatz erfüllt wurden, so spricht eine gewisse Wahrscheinlichkeit dafür, dass dies auch für die Zukunft anzunehmen ist.

In der Regel wird die Zuverlässigkeit der Planung durch externe Dritte, insbesondere durch einen Wirtschaftsprüfer beurteilt. Dies erfordert es, dass das entsprechende Controllingsystem ausreichend dokumentiert und somit nachvollziehbar ist.

Neben der unmittelbaren Bedeutung für die Ermittlung des Unternehmenswerts kommt dem Controlling nach Inkrafttreten des KonTraG eine zusätzliche, bisher nicht vorhandene Bedeutung zu. Die Forderung des KonTraG nach ausreichender Transparenz im Unternehmen ist letztendlich nur dann erfüllbar, wenn dieses über ein funktionierendes Controlling verfügt, das dem Charakter eines Frühwarnsystems gerecht wird. Betrachtet man diese Erfüllung als ein Element der Börsenreife, so ist als wesentliche Voraussetzung der Börsenreife die Existenz eines qualitativ hochwertigen Controllingsystems anzusehen.

3. Informationsaufgaben nach Durchführung des Going Public

Die Wahrnehmung der Frühwarnaufgabe stellt vor dem Hintergrund des KonTraG eine Aufgabe dar, die über die vorbörsliche Phase hinausgeht und das dann börsennotierte Unternehmen permanent fordert. Ziel ist es, mittels der richtigen Informationen dafür zu sorgen, dass negative Ereignisse, die sich auf das Unternehmen auswirken können, in ihren wirtschaftlichen Folgen rechtzeitig erkannt und in Entscheidungen umgesetzt werden können. Neben der Situation einer negativen Auswirkung gibt es im börsennotierten Unternehmen eine Reihe von generellen Informationsaufgaben, zu deren Erfüllung das Controlling beitragen kann.

Typische Aufgaben sind in diesem Zusammenhang:

- Vorbereitung von Aufsichtsratssitzungen durch entsprechende Aufbereitung von betriebswirtschaftlichen Daten,
- Bereitstellung ergänzender Informationen für die Bilanzpressekonferenz zusätzlich zu Bilanz und GuV,
- Bereitstellung von Informationen für den Vorstand im Rahmen regelmäßiger Analystentreffen,
- Durchführung regelmäßiger Ergebnishochrechnungen als Input für die Publikation von Gewinnerwartungen insbesondere in Hinblick auf ad hoc Mitteilungen und Gewinnwarnungen und

- Durchführung von Sonderuntersuchungen als Grundlage für faktengestützte Unterrichtung der Öffentlichkeit im Rahmen des Investor Relation Management.

Aus dieser sicherlich nicht vollständigen Darstellung möglicher Aufgabenfelder und Funktionen wird deutlich, dass die Fähigkeit des Vorstands zur Darstellung des Unternehmens in der Öffentlichkeit, aber auch zur Erfüllung der zunehmenden gesetzlichen Anforderungen für mehr Transparenz maßgeblich durch die Qualität des Controlling beeinflusst wird. Jede Geschäftsleitung, die den Gang an die Börse plant oder bereits realisiert hat, sollte daher auch im eigenen Interesse großen Wert auf ein qualifiziertes Controlling legen. Dies setzt voraus, dass zweckmäßige Instrumente existieren und eine sinnvolle organisatorische Einordnung der Controllingstelle besteht.

4. Instrumente und Methoden

Die beschriebenen Aufgabeninhalte des Controlling in einer börsennotierten Unternehmung machen deutlich, dass dessen Arbeitsergebnisse direkt oder indirekt von einer größeren Anzahl von Nutzern eingesetzt werden, als dies bei Eigentümerunternehmen der Fall ist. Die Vielzahl beobachtender Aktionäre, Analysten und Journalisten wird Abweichungen von publizierten Prognosen besonders kritisch betrachten, vor allem dann, wenn es sich um Negativabweichungen handelt. Daraus resultieren automatisch besonders hohe Anforderungen an die Plausibilität und Durchgängigkeit von Zahlen und Informationen. Das Controlling einer Publikumsgesellschaft muss daher in besonderem Maße über leistungsfähige Instrumente und Methoden verfügen. Dies gewährleistet, dass sich der verantwortliche Vorstand bei seiner Beziehungspflege gegenüber Investoren und Multiplikatoren keine Blöße gibt und hinsichtlich Zahlen und Fakten jederzeit auskunftsfähig ist.

Instrumente, die einem Privatunternehmen ausreichen mögen, genügen den Anforderungen einer Publikumsgesellschaft nicht zwangsläufig. Hier ist im methodischen Bereich des Controlling ein Quantensprung erforderlich, um die Börsenreife zu erreichen.

Dies setzt bei den Controllinginhalten an. Nicht selten wird Controlling inhaltlich noch mit den Aufgaben der Kostenstellen- und Kostenträgerrechnung beschrieben. Dies wird jedoch den tatsächlichen Anforderungen nicht gerecht, wenngleich derartige Instrumente die Basis eines funktionierenden Controlling darstellen. Wesentliches Instrument ist vor allem ein ausgefeiltes Planungs- und Prognosesystem, sowohl für die kurzfristige Budgetierung oder Jahresplanung als auch die langfristig orientierte strategische Planung.

Der „Methodenbaukasten" sollte im Bereich der Planung folgende Steuerungsinstrumente zur Verfügung stellen:

- eine aus den Marktpotenzialen und der Strategie abgeleitete Absatz- und Umsatzplanung, die Aufschlüsse über Marktanteile sowie mengen- und preismäßige Veränderungen zulässt,
- eine Kostenplanung, die sich an Verantwortlichkeiten (Kostenstellen) im Unternehmen orientiert,
- eine Personalplanung, die die Struktur und Entwicklung einer der wesentlichen Ressourcen, aber auch eines dominanten Kostenfaktors darstellt,
- eine Erfolgsrechnung, die – je nach Geschäftsmechanik – den erwarteten Ergebnisbeitrag von Produkten, Kunden, Regionen oder Aufträgen aufzeigt,
- eine Investitionsplanung, die auf Grundlage von Amortisations- und Rentabilitätsberechnungen die Verwendung nicht ausgeschütteter Gewinne, aber vor allem extern zufließender Eigenmittel aus dem Börsengang oder einer Kapitalerhöhung transparent macht,
- eine Zusammenfassung aller Einzelplanungen in einer Plan-GuV und -Bilanz als Grundlage für die ganzheitliche Bewertung der Unternehmenssituation.

Selbstverständlich sind diese zukunftsgerichteten Instrumente um entsprechende Darstellungen der Ist-Situation zu ergänzen. Nur so ist überhaupt die Erfüllung der dargestellten Controllingaufgaben möglich.

Die Börsennotierung eines Unternehmens bedingt, dass es durch externe Dritte mit bestimmten Systematiken wie zum Beispiel der DVFA-Methode analysiert und bewertet wird. Um auch hier intern vorbereitet zu sein, sollte das Controlling zumindest Kenntnisse über die Inhalte und Besonderheiten haben. Zusätzlich stellt sich die Frage, ob bei der Planung oder Ist-Darstellung die Methodik nicht sogar durch das Controlling angewendet werden sollte.

Die Antwort hängt von der Aufgabensicht des Controlling ab. Primär stellt es eine intern gerichtete Steuerungsfunktion für das Unternehmen dar, deren Output durch den Vorstand auch für die Darstellung des Unternehmens in der interessierten Öffentlichkeit genutzt werden kann. Dies darf aber nicht dazu führen, dass extern gerichtete Aufgaben die eigentliche Steuerungsfunktion dominieren und das Controlling von seiner originären internen Aufgabenstellung abhalten. Hier ist die exakte Abgrenzung der Schnittstelle zwischen Controlling und Finanz- und Rechnungswesen besonders wichtig. Dabei sollten sowohl Aspekte der Aufgabenteilung als auch solche der Organisationseffizienz berücksichtigt werden. Wenn sich bestimmte Instrumente und Verfahrensweisen problemlos in das Instrumentarium des Controlling integrieren lassen, so sollte dies auch erfolgen.

Dies vermeidet zum einen Doppelarbeiten, zum anderen die Notwendigkeit, permanent Überleitungen und Abgleiche zwischen zwei verschiedenen Zahlenwerken vornehmen zu müssen.

Besondere Bedeutung haben in den letzten Jahren solche Instrumente und Methoden erfahren, die den Shareholder-Value oder Unternehmenswert und dessen Steigerung in den Mittelpunkt des Interesses stellen. Durch den Einsatz derart zukunftsbezogener Instrumente lässt sich der Erfolg und damit der wahre Wert von Anteilen objektiver ermitteln, als dies mit klassischen Controllingverfahren der Fall ist. Vor dem Hintergrund der immer stärker steigenden Bedeutung der Finanzkommunikation und des Zusammengehens vieler börsennotierter Unternehmen spielt dieses Instrumentarium eine immer wichtigere Rolle im „Methodenkasten" des Controllers.

Die Tatsache, dass die auf dem Vorsichtsprinzip und dem Gläubigerschutz basierende externe Rechnungslegung, die darüber hinaus auch ein erhebliches Maß an Bilanzpolitik enthalten kann, die wirtschaftliche Situation eines Unternehmens aus einem ganz bestimmten Blickwinkel zeigt, sollte zum ergänzenden Einsatz solch objektiv bewertender Instrumente führen. Dazu zählen vor allem die folgenden Methoden aus dem Bereich der wertorientierten Unternehmensführung:

- Die Discounted-Cash-Flow-Methode, bei der eine Diskontierung von Zahlungsströmen und die Bewertung des effektiven Werts des nicht betriebsnotwendigen Vermögens vorgenommen wird. Sie entspricht in etwa der Kapitalwertmethode in der Investitionsrechnung, indem letztendlich das Gesamtunternehmen als Investition gesehen wird.
- Die Added-Value-Methode als zeitraumübergreifender Vergleich von Wertschaffung oder Wertvernichtung im Unternehmen. Sie bezieht die Betrachtung der Eigenkapitalkosten mit ein, indem sie den Wert einer alternativen Geldanlage mit der Entwicklung des Unternehmenswerts vergleicht.
- Die Cash-Flow-Return-on-Investment-Methode ist vergleichbar mit der internen Zinsfußmethode und gibt Investoren beim Vergleich mit den Kapitalkosten einer alternativen Anlage Aufschluss darüber, ob das Unternehmen Werte schafft oder vernichtet.

Alle drei miteinander verwandten Verfahren stellen die Beurteilung zukünftiger und langfristig zu erwartender Cash-Flow-Größen in den Vordergrund. Sie sind dabei jedoch aus dem klassischen Rechenwerk des Unternehmens beziehungsweise des Controlling ableitbar. Mit zunehmendem Interesse der Aktionäre an der Wertentwicklung ihrer Investition sind sie nicht mehr nur ein Instrument zur internen Standortbestimmung des Management, sondern auch Fakten, die von einer interessierten Aktionärsöffentlichkeit nachgefragt werden. Je mehr derartige Informationen in Aufsichtsratssitzungen oder auf Hauptversammlungen hinterfragt werden, desto unumgänglicher ist es für einen Vorstand, auch in diesem Bereich auskunftsfähig zu sein.

5. Organisatorische Verankerung und Kompetenzausstattung

Die Funktionsfähigkeit des Unternehmenscontrolling und der zielgerichtete Einsatz seiner Instrumente ist nur dann gewährleistet, wenn eine adäquate Verankerung in der Unternehmensorganisation besteht. Wesentliches Element ist dabei die Form der Anbindung an den Vorstand. Sie dokumentiert einerseits die Bedeutung der Funktion und stellt andererseits die aktiven und passiven Informationsrechte sicher. Grundsätzlich gibt es drei wesentliche Gestaltungsoptionen für die Ressortzuordnung:

- Einbindung in das Ressort Finanz- und Rechnungswesen als klassische Lösung,
- Verankerung als eigenständiges Vorstandsressort,
- Anbindung an den Sprecher oder Vorsitzenden des Vorstands, sofern diese Funktion besteht.

Allen drei Lösungen ist gemeinsam, dass sich durch die direkte Vorstandsanbindung das Gewicht und die Bedeutung der Funktion auch hierarchisch manifestiert. Die Frage der zweckmäßigsten Ressortzuordnung muss in jedem Fall einzeln beantwortet werden und hängt von der Gewichtung der Argumente ab, die für die eine oder die andere Lösung sprechen.

Im Fall der erstgenannten Option lassen sich mögliche Schnittstellenprobleme zwischen externem Rechnungswesen und Controlling auf Grund der gemeinsamen Ressortzuordnung meist relativ rasch und einfach lösen. Bei einer eigenständigen Verankerung des Controlling als Vorstandsressort wird die Bedeutung des Controlling besonders unterstrichen. Dies gilt vor allem für die Zuordnung zur herausgehobenen Position eines Sprechers oder Vorsitzenden des Vorstands. Diese Lösung beinhaltet jedoch den Nachteil, dass das Controlling eventuell von den Datenquellen abgeschnitten oder zu weit entfernt ist, die es für seine Aufgabenerfüllung zwingend benötigt. In diesem Fall ist die Berechtigung zum Zugriff auf alle relevanten Informationen und die fachliche Richtlinienkompetenz zur Gestaltung bestimmter Systeme und Verfahren von besonderer Bedeutung. Dies gilt vor allem in Fällen, in denen auf Grund von Unternehmensgröße oder Gesamtorganisation dezentrale Controllingstellen existieren. In jedem Fall ist also bei der Gestaltung des Unternehmenscontrolling die Einordnung in die Gesamtorganisation für die Erfüllung der Controllingziele von Bedeutung.

So wird eine dezentral, divisional ausgerichtete Gesamtorganisation in der Regel auch über ein dezentrales (Divisions-)Controlling verfügen. Die funktionale Organisation zeichnet sich meist durch ein im Finanzressort angesiedeltes Zentralcontrolling aus. Ein ergänzendes Funktionscontrolling wie zum Beispiel ein Vertriebscontrolling, Produktions- oder Logistikcontrolling kann durchaus sinnvoll sein, um die verschiedenen Ressorts kosten- und ergebnisbezogen zu steuern. Diese eigenständige Verankerung macht vor allem dann Sinn, wenn auf Grund der Ressortbedeutung eine Vielfalt von Aufgaben anfällt und die Nähe zur betreuten Funktion von ausschlaggebender Bedeutung für die effiziente Wahrnehmung der Aufgaben ist. Sofern wirtschaftliche Überlegungen ein eigenständiges Funktionscontrolling nicht rechtfertigen, sind die damit einhergehenden Aufgaben vom Unternehmenscontrolling wahrzunehmen.

Unabhängig von der konkreten Organisationsform sollte in jedem Controllingkonzept eine Zentralfunktion definiert werden, die im Sinne der bereits genannten System- und Methodenkompetenz verbindliche Standards vorgibt, die Koordination der verschiedenen Controllingaufgaben übernimmt und letztendlich der zentrale Ansprechpartner für den Vorstand bei solchen Aufgaben ist, die das Unternehmen in seiner Gesamtheit betreffen. Erst dadurch kann intern die notwendige Durchgängigkeit und Plausibilität des Zahlenwerkes sichergestellt werden. Dies ist vor allem dann von Bedeutung, wenn Informationen aus dem Unternehmen durch verschiedene Stellen herausgegeben werden, die über jeweils eigenständige Controllingstellen verfügen.

6. Anforderungen an die Personalausstattung

Aus der beschriebenen Aufgabenstellung und der damit verbundenen Verantwortung resultiert eine nicht unbeträchtliche Anforderung an die Personalqualifikation. Nur ein ganzheitlich denkender und handelnder Controller wird in der Lage sein, diese Funktion wahrzunehmen. Dies setzt nicht nur das Denken in quantitativen Kategorien voraus, sondern erfordert auch die Einbeziehung qualitativer Aspekte in die Planungen und Analysen. Er muss in der Lage sein, sich in die Situation der Informationsempfänger hineinzuversetzen und die Daten entsprechend ihrer Bedürfnisse aufzubereiten. Nur so stellt er sicher, dass das Controlling keine Zahlenfriedhöfe produziert, sondern zweckgerichtet interpretierte Aussagen liefert, die den Vorstand nachhaltig bei dessen Aufgabenwahrnehmung unterstützen.

Dies bedingt ein klares Aufgabenprofil im Vorfeld der Personalbeschaffung, eine systematische Durchführung der Personalbeschaffung und vor allem eine Personalentwicklung, die den Leiter und die Mitarbeiter in der Controllingstelle im

Sinne des geforderten ganzheitlichen Denken auswählen und weiterqualifizieren. Allein die Kenntnis von Kostenrechnungsverfahren reicht nicht aus, um diesen Anforderungen gerecht zu werden. Vor allem Unternehmen, die den Gang an die Börse noch vor sich haben, müssen hier unter Umständen erst in personelle Ressourcen investieren. Diese Investition amortisiert sich allerdings recht rasch, wenn man die Bedeutung des Controlling im Rahmen des Going Public sieht.

7. Fazit

Das Controlling hat mit seinen Methoden und Instrumenten völlig unabhängig von einer Börsennotierung wesentlichen Anteil daran, messbare Unternehmenserfolge zu erzielen. Seine Qualität kann daher einer der Maßstäbe für die Beurteilung der Börsenfähigkeit eines Unternehmens sein. Durch die Aufbereitung von Informationen vor und nach einem Börsengang stellt es für einen Vorstand eine wesentliche Servicefunktion dar, von der dessen Auskunftsfähigkeit erheblich beeinflusst wird. Ein professionelles Controlling ist somit eine Funktion, auf die kein Unternehmen verzichten kann und sollte, vor allem dann nicht, wenn es den Gang an die Börse plant.

Roman Gulumjan / Markus Mayer

Management Audit – ein Investment zur Beurteilung des Managements von Börsenkandidaten

1. Einführung	178
2. Zielsetzungen	178
3. Durchführung	181
4. Erfolgsfaktoren	184
5. Nutzenpotenziale	185
6. Zusammenfassung	185

1. Einführung

Das Vorhaben eines Unternehmens, einen Börsengang durchzuführen, bedeutet für die Organisation, seine Börsenreife ausführlich dokumentieren zu müssen. Neben der kritischen Bewertung „externer Kriterien" wie zum Beispiel Produkte, betriebswirtschaftliche Kennzahlen, Strategien ist die „innere Börsenreife" des Unternehmens ein weiteres wesentliches Kriterium für den Erfolg des Börsengangs. Deren Qualität lässt sich unter anderem aus der systematischen Beurteilung von internen Faktoren wie der Unternehmenssteuerung und Unternehmensführung ableiten.

Gerade in einem dynamischen Wettbewerbsumfeld mit kurzen Produktzyklen und großen Technologiesprüngen ist ein flexibles Management erforderlich, das Marktveränderungen frühzeitig erkennt, deren Richtung und Zeitdruck zutreffend bestimmt, geeignete Maßnahmen daraus ableitet und auch zeitnah umsetzt.

In Anbetracht dieser anstehenden Herausforderungen ist es im Zuge eines Börsengangs erforderlich, sowohl geeignete Führungskräfte als auch potenziellen Führungsnachwuchs schon möglichst frühzeitig zu identifizieren und gezielt zu fördern. Das Management-Audit ist hierbei als Instrument zur Bestimmung des Leistungspotenzials ein praktikables und effizientes diagnostisches Verfahren.

Im Human Resource Management hat in den letzten Jahren die Durchführung von Potenzialanalysen und Personalentwicklungsmaßnahmen einen relativ hohen Stellenwert eingenommen, wobei entsprechende Entwicklungsmaßnahmen allerdings eher separat, unsystematisch und wenig bedarfsspezifisch („Gießkannenprinzip") durchgeführt worden sind. Auf Grund von steigendem Kostendruck und verbesserter Methodik im Bereich des Bildungscontrollings erkennen immer mehr Unternehmen, dass für eine kostenoptimale, effektive und bedarfsorientierte Personalentwicklung eine vorgeschaltete Bedarfsermittlung bzw. Potenzialanalyse notwendig ist. Auf Grund der dadurch gewonnen Erkenntnisse lassen sich dann ganz gezielt geeignete Personalentwicklungskonzepte und -maßnahmen entwickeln.

2. Zielsetzungen

Das Management-Audit wurde aus dem Zusammenspiel zwischen deutschen Unternehmen und Personalberatern vor etwa zehn Jahren entwickelt und gehört inzwischen zum Standardinstrumentarium der strategischen Unternehmensführung. Dabei dient das Management-Audit zum einen der systematischen Erfassung und Bestimmung des Qualifikationsprofils von Nachwuchskräften und deren Führungs- und Veränderungskompetenz (Managementpotenzial-Audit). Die Resultate erlauben dann die Ableitung spezifischer Trainings- und Entwicklungsmaßnahmen.

Ganz ähnliche Herausforderungen stellen sich auch – allerdings in deutlich verschärfter Form – bei der Auswahl von Führungskräften für Positionen, die für das Management von Veränderungsprozessen von zentraler Bedeutung sind. Hier dient das Management-Audit dazu, das Leistungspotenzial einer Führungskraft sowie darüber hinaus die Verteilung der Potenziale in einer Geschäftseinheit zu ermitteln. Eine wichtige Fragestellung in diesem Zusammenhang ist, inwieweit der Manager in der Lage ist, den zukünftigen Anforderungen seiner Position gerecht zu werden.

In einem Management-Audit geht es also nicht um die Bewertung von in der Vergangenheit erbrachten Leistungen, sondern um die Frage des individuellen Potenzials für die Lösung von Zukunftsaufgaben. Das Audit liefert dann Resultate, um auf die Unternehmensstrategie abgestimmte personalpolitische, entwicklungsorientierte und organisatorische Empfehlungen abgeben zu können. Dabei sind im Zuge der systematischen Erfassung und Beurteilung von individuellen Potenzialen folgende Aspekte zu berücksichtigen: Zum einen die Persönlichkeitsstruktur einer Führungskraft, die relativ veränderungsresistent ist. Hier ist zu prüfen, inwieweit diese Struktur mit den Positionsanforderungen des Unternehmens übereinstimmt. Dagegen sind Verhaltens- und Fachkompetenzen zum Teil erheblich beeinflussbar. In diesem Fall geht es dann um die Entwicklung geeigneter Instrumentarien zur positiven Beeinflussung und Weiterentwicklung vorhandener Kompetenzen.

Abbildung 37 zeigt die vier Dimensionen von Managementkompetenz auf, wie sie im Managementpotenzial-Audit Anwendung finden.

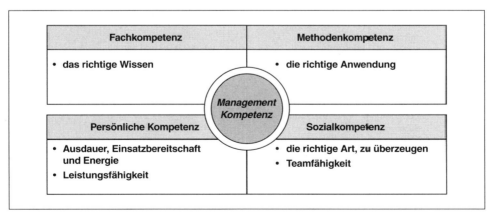

Abbildung 37: Dimensionen des Management-Audits

Jede dieser vier Dimensionen lässt sich durch die Aufteilung in Einzelkompetenzen wie zum Beispiel analytisches Denken, Bereitschaft und Fähigkeit zur Veränderung und unternehmerisches Denken weiter herunterbrechen, wobei stets sowohl Lernpotenziale als auch Bestandteile der Persönlichkeitsstruktur aufgezeigt werden.

Das Management-Audit für bestimmte Aufgabenfelder am Beispiel des Key-Account-Managers

Durch Veränderungen im Marktumfeld sind zahlreiche Unternehmen dazu übergegangen, wichtigen Kunden einen bestimmten Ansprechpartner im Unternehmen zuzuordnen. Die dadurch neu entstehende Position des Key-Account-Managers erhält durch die Betreuung von einigen wenigen, aber bedeutenden Kunden einen deutlich vergrößerten Kompetenzrahmen. Bevor nun festgestellt werden kann, welche Mitarbeiter diese Position übernehmen können, muss gemäß der strategischen Neuausrichtung des Unternehmens ein Sollprofil mit den erforderlichen Kompetenzen für den Key-Account-Manager erstellt werden (Abbildung 38).

Im Managementpotenzial-Audit wird nun eine Ist-Analyse erstellt und systematisch überprüft, inwieweit die Anforderungen von den Kandidaten erfüllt werden und welche individuellen Personalentwicklungsmaßnahmen in ein persönliches Entwicklungskonzept für den angehenden Key-Account-Manager einfließen müssen.

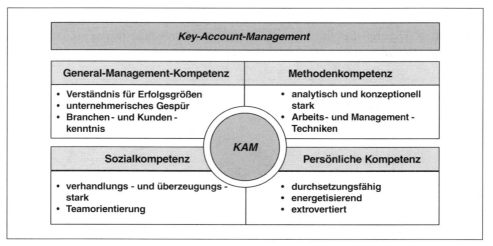

Abbildung 38: Anforderungen an einen Key-Account-Manager

3. Durchführung

Die Zielsetzung des Management-Audits ist es, gültige, zuverlässige und objektive Aussagen über das Leistungspotenzial einer Führungskraft zu erhalten. Aus diesem Grund ist es entscheidend, von vorneherein die Anforderungsprofile für die betroffenen Stellen klar zu definieren. Das Design des Management-Audits wird von den Vorgaben in den Anforderungsprofilen bestimmt und den hieraus zu ermittelnden Erfolgsfaktoren des Kandidaten.

Das Management-Audit fängt die entscheidenden Anforderungsprofile an die Führungskräfte auf drei Achsen ein (Abbildung 39).

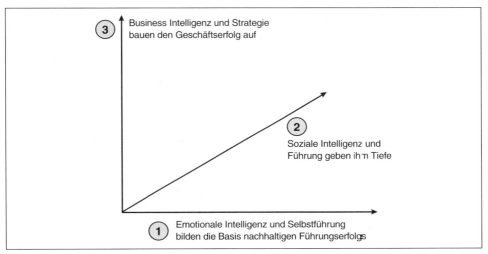

Abbildung 39: Leitdimensionen des Management-Audit

Dabei verwendet es aktuelle Verfahren und Erkenntnisse aus der Managementdiagnostik. Bei den Beratungsunternehmen, die das Management-Audit derzeit anbieten, finden in unterschiedlicher Kombination vor allem offene oder halbstrukturierte Interviews, das 360°-Feedback, die Erstellung eines Soziogramms und der gezielte Einsatz PC-gestützter Testverfahren Anwendung. Das Audit sollte von einem unabhängigen Personenkreis durchgeführt werden, um eine Bewertung der Teilnehmer unter fairen und neutralen Bedingungen zu ermöglichen. Der Berater sollte dabei die Instrumente und Methoden zum Nutzen des Kunden verwenden, aber nicht darauf angewiesen sein, „seine Verfahren" zu verkaufen. Voraussetzung eines unabhängigen Management-Audits ist deshalb auch die genaue Auswahl dessen, was in der je spezifischen diagnostischen Situation tatsächlich „Sinn" macht. Das Vorgehen ist von Sensibilität in den heiklen Fragen der Prozessgestaltung geprägt, bleibt aber immer an einer nachvollziehbaren und begründbaren Beurteilung orientiert. Das Unternehmen kann sich deshalb auf eine unvoreingenommene Analyse von Stärken, Schwächen, Chancen und Risiken verlassen.

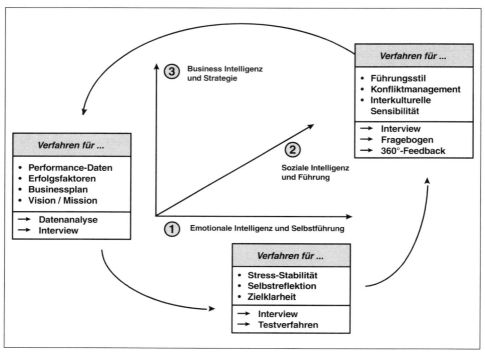

Abbildung 40: Durchführungsmodell eines Audits

Ein Verfahren im Management-Audit: Das 360°-Feedback

Wichtige und wertvolle Informationen kann man auch über das 360°-Feedback erhalten. Die Ergebnisse des 360°-Feedbacks können einerseits isoliert betrachtet werden, andererseits kann das 360°-Feedback auch in ein komplexer strukturiertes Management-Audit eingebaut werden.

Das 360°-Feedback ist ein Verfahren, welches systematisch das Selbstbild der Führungskräfte mit dem Fremdbild von Kollegen, unterstellten Mitarbeitern, Vorgesetzten und eventuell auch Kunden und Lieferanten, in führungs- und managementrelevanten Fragen vergleicht (Abbildung 41).

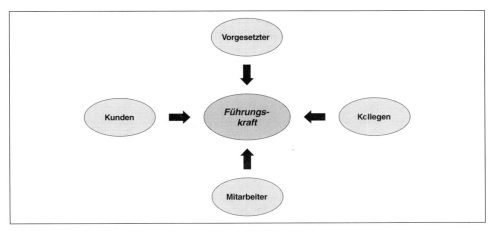

Abbildung 41: Die Dimensionen des 360°-Feedbacks

Da die 360°-Befragung anonym durchgeführt wird, haben die Führungskräfte die Möglichkeit, ein ungeschöntes Feedback über ihre Führungsarbeit zu erhalten (Abbildung 42).

Führungsstile

	Die Person ...	stimmt gar nicht 0	1	2	3	stimmt völlig 4
67	... weiß, dass Mitarbeiter von ihr überzeugt sind	☐	☐	☐	☐	☐
68	... hängt sich nur rein, wenn etwas unbedingt geändert werden muss	☐	☐	☐	☐	☐
69	... lässt andere machen was sie wollen	☐	☐	☐	☐	☐
70	... unterstützt Mitarbeiter dabei, ihre Arbeit sinnvoll zu gestalten	☐	☐	☐	☐	☐
71	... kümmert sich besonders um Leistungsschwächere	☐	☐	☐	☐	☐
72	... behandelt unterstellte Mitarbeiter als gleichberechtigte Partner	☐	☐	☐	☐	☐
73	... „schikaniert" einen Mitarbeiter, der einen Fehler gemacht hat	☐	☐	☐	☐	☐
74	... bleibt freundlich, auch wenn sie Fehler entdeckt	☐	☐	☐	☐	☐

Leistungseinschätzung

	Die Person ...	stimmt gar nicht 0	1	2	3	stimmt völlig 4
75	... ist objektiv und fair in ihrer Leistungseinschätzung	☐	☐	☐	☐	☐
76	... spricht Abweichungen von Vereinbarungen offen an: sie redet nicht lange drum herum	☐	☐	☐	☐	☐
77	... sorgt dafür, dass das Führungssystem in ihrem Bereich durchsichtig und verständlich ist	☐	☐	☐	☐	☐

Abbildung 42: Ergebnis eines 360°-Feedbacks

Dieses Verfahren kann die Führungsarbeit dadurch deutlich verbessern, da der Überlappungsbereich von Eigen- und Fremdbild deutlich vergrößert wird (Abbildung 43). „Blinde Flecken" werden bewusst gemacht, und Stärken können gezielt weiterentwickelt werden. Für die Mitarbeiter bedeutet die Teilnahme an der anonymen Befragung, Einfluss auf Führungsverhalten und -prozesse nehmen zu können.

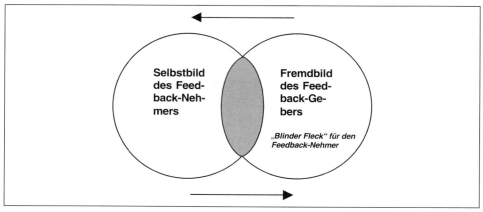

Abbildung 43: Unterschiedliche Feedbacks

4. Erfolgsfaktoren

Unerlässlich für die erfolgreiche Durchführung eines Management-Audits ist die vetrauensvolle und enge Zusammenarbeit aller Beteiligten, wobei die Unabhängigkeit des Beraters Bedingung ist, um objektive und sinnvoll interpretierbare Ergebnisse zu erhalten. Im Vorfeld der eigentlichen Durchführung müssen gemeinsam die Strategie und Zielsetzungen des Management-Audits formuliert und verabschiedet werden, ebenso wie die individuelle Ausarbeitung des Anforderungsprofils und die Durchführungssystematik bzw. -methodik. In diesem Zusammenhang ist wichtiges Kriterium für den Erfolg die Begleitung des Beraters entlang der gesamten Audit-Prozesskette, um ein tatsächlich integriertes Vorgehen sicherzustellen. Im Idealfall bleibt der Berater auch nach Abschluss des eigentlichen Audits involviert und unterstützt das Unternehmen bei der Umsetzung entsprechender Entwicklungskonzepte.

Im Sinne einer offenen Kommunikation muss die Vorgehensweise allen Beteiligten im Rahmen von Informationsveranstaltungen transparent gemacht werden, um frühzeitig eventuell bestehende Unsicherheiten und Ängste abzubauen. Wenn ein 360°-Feedback zur Anwendung kommt, ist außerdem eine entsprechende Schulung der hausinternen Feedbackgeber durch die Berater notwendig, um Wahrnehmungsverzerrungen und Beurteilungsfehler auszuschalten. Offenheit, Sensibilität und der notwendige Raum für ein ausführliches Feedbackgespräch sind in Bezug auf die Rückmeldung der Ergebnisse an die Führungskräfte wichtige Merkmale, um den Erfolg sicherzustellen.

5. Nutzenpotenziale

Der Nutzen aus den Ergebnissen des Management-Audits spiegelt sich sowohl auf der Ebene des Unternehmens als auch auf der Ebene der Führungskräfte wider:

Nutzen für das Unternehmen

- neutrale, systematische und einheitliche Beurteilung der Führungskräfte
- Entscheidungshilfe zur Besetzung von Führungspositionen
- Grundlage für gezielte und strategiekonforme Entwicklungsmaßnahmen
- Enttarnung von internen Seilschaften
- Erkenntnisse über die aktuelle Stimmungslage im Unternehmen
- Erfassung bereichsübergreifender Probleme und Aufgabenstellungen

Nutzen für das Management

- persönliches Feedback zu Stärken und Schwächen
- Abgleich zwischen Selbst- und Fremdbild
- Möglichkeit zur Standortbestimmung im Unternehmen
- persönlich orientierte Entscheidungs- und Entwicklungshilfe

6. Zusammenfassung

In einem sich immer schneller verändernden Marktumfeld, internationaler Konkurrenz und damit verbundenem hohen Kostendruck ist das Management-Audit für ein Unternehmen, das den Gang an die Börse plant, ein geeignetes Verfahren, um eine Standortbestimmung des Managements vorzunehmen und einen Abgleich mit den Anforderungen für die Zukunft zu schaffen. Daran anschließend können nachvollziehbare Personalentscheidungen getroffen und Personalentwicklungsmaßnahmen gezielt entwickelt werden – hierdurch werden Kosten minimiert und Investitionen in höchstem Maße nutzenoptimiert.

Gerald Auböck

Internationalisierung der Rechnungslegung

1. Einleitung 188
2. Vergleich HGB, IAS und US-GAAP 189
    2.1 Grundsätze der Rechnungslegung nach HGB 189
    2.2 Grundsätze der Rechnungslegung nach IAS und US-GAAP 190
    2.3 Gegenüberstellung der wichtigsten Posten der Bilanz und
        Gewinn- und Verlustrechnung 191
3. Chancen und Risiken einer internationalen Rechnungslegung 195
    3.1 Chancen 195
    3.2 Risiken 197
4. Fazit 198

1. Einleitung

Immer mehr deutsche Unternehmen und Konzerne richten ihre Rechnungslegung nach internationalen Standards aus. An die Stelle des HGB treten immer häufiger die Vorschriften des US-GAAP (United States – Generally Accepted Accounting Principles) oder der IAS (International Accounting Standards). Diese Entwicklung resultiert aus den Anforderungen der internationalen Kapitalmärkte und Finanzanalysten. Durch das Zusammenwachsen von Absatz- und Finanzmärkten verlangt auch die Unternehmensfinanzierung eine globalere Ausrichtung.

Der Gesetzgeber unterstützt dieses Kapitalmarktbegehren tatkräftig. Auf Grund der Befreiungsregelung des § 292a HGB ist es Unternehmen möglich, lediglich einen Konzernabschluss nach internationalen Standards statt nach den deutschen Normen aufzustellen. Bei der Entscheidung für einen Abschluss nach IAS oder US-GAAP muss nicht noch zusätzlich ein Abschluss nach HGB aufgestellt werden.

Strebt das Unternehmen im Zuge der Internationalisierung eine Börsenpräsenz an, sind die Anforderungen der jeweiligen Börse oder Börsenaufsichtsbehörde an die laufende Rechnungslegung zu beachten. Die Deutsche Börse AG schreibt für Unternehmen, deren Aktien am Neuen Markt oder im SMAX gehandelt werden, eine Bilanzierung nach IAS oder US-GAAP zwingend vor. Das gilt sowohl für den Einzel- als auch für den Konzernabschluss. Durch diese Anforderungen sind auch mittelständische Aktiengesellschaften und Wachstumsunternehmen gezwungen, sich mit internationaler Rechnungslegung auseinander zu setzen.

Als Alternative ist aber auch die Erstellung einer Überleitungsrechnung von einem nach HGB aufgestellten Jahres- beziehungsweise Konzernabschluss auf die IAS oder US-GAAP möglich. Die Abschlüsse oder die entsprechenden Überleitungsrechnungen müssen sowohl in deutscher als auch in englischer Sprache veröffentlicht oder dem Publikum auf eine andere Weise zur Verfügung gestellt werden. Bei einer Notierung im Amtlichen Handel oder Geregelten Markt ist weiterhin eine Bilanzierung nach HGB vorgesehen.

Sollen Aktien an einer ausländischen Börse gehandelt werden, sind grundsätzlich die nationalen Rechnungslegungsgrundsätze des jeweiligen Landes maßgeblich. Die Börsen beziehungsweise Börsenaufsichtsbehörden vieler europäischer Länder ermöglichen allerdings die Anwendung hiervon abweichender Rechnungslegungsvorschriften (IAS und US-GAAP).

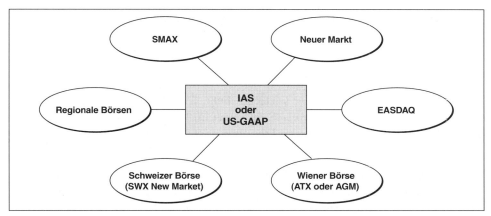

Abbildung 44: Rechnungslegungsvorschriften in Europa

2. Vergleich HGB, IAS und US-GAAP

2.1 Grundsätze der Rechnungslegung nach HGB

Das HGB stellt ein auf dem Gläubigerschutz und Vorsichtsgedanken aufgebautes Gesetz dar, das einerseits zur Ermittlung eines ausschüttbaren und besteuerungsfähigen Gewinns, andererseits zur Erfüllung der Informationsfunktion des Jahresabschlusses konzipiert wurde. Die mit dem Jahresabschluss zu vermittelnden Informationen sind an eine Vielzahl von Adressaten (Stakeholder) gerichtet: Anteilseigner, Gläubiger, Arbeitnehmer, Fiskus, die Öffentlichkeit. Auf Grund der Verknüpfung der Handelsbilanz mit der Steuerbilanz über die Maßgeblichkeit und die umgekehrte Maßgeblichkeit ist der handelsrechtliche Abschluss stark durch steuerliche Vorschriften geprägt.

Als übergeordnetes Prinzip wird das Vorsichtsprinzip beim Ansatz der Vermögensgegenstände und Schulden aufgefasst. Anschaffungs- und Herstellungskosten sind Bewertungsobergrenzen. Auf Grund des dominierenden Vorsichtsprinzips sowie der vielen Wahlrechte und großen Gestaltungsspielräume können in erheblichem Maße stille Reserven gebildet werden. Der Stetigkeitsgrundsatz ist im HGB eingeschränkt. Er gilt nur für die Bewertung, eine Ansatzstetigkeit wird dagegen nicht gefordert.[1] In der Praxis gibt es allerdings viele Ausnahmen.

---

[1] Vgl. §§ 252 Abs. 1 Nr. 6, 284 Abs. 2 Nr. 3 HGB.

2.2 Grundsätze der Rechnungslegung nach IAS und US-GAAP

Die Vorschriften nach IAS oder US-GAAP sind überwiegend am Kapitalmarkt und Anlegerschutz orientierte Regeln, deren Zweck einzig in der Bereitstellung entscheidungsrelevanter Information liegt. Vorrangiges Ziel stellt also die Vermittlung von Informationen für wirtschaftliche Entscheidungen dar. Steuerliche Vorschriften werden sowohl im IAS- als auch im US-GAAP-Abschluss nicht berücksichtigt. Wegen der strengen Trennung von Handels- und Steuerbilanz haben latente Steuern eine viel größere Bedeutung als im HGB.

Die Angabe- und Erläuterungspflichten sind auf Grund der ausgeprägten Informationsfunktion gegenüber dem HGB deutlich erweitert. So findet sich im IAS- und US-GAAP-Abschluss zusätzlich zu Bilanz und Gewinn- und Verlustrechnung eine Kapitalflussrechnung und eine Eigenkapitalveränderungsrechnung (IAS) beziehungsweise Kapitalentwicklungsrechnung (US-GAAP). Für börsennotierte Unternehmen ist eine Segmentberichterstattung vorgeschrieben.

Als dominierender Grundsatz gilt bei IAS und US-GAAP die periodengerechte Erfolgsermittlung. Das Vorsichtsprinzip hat einen ganz anderen Stellenwert als im HGB und wird nur bei der Beurteilung unsicherer und zweifelhafter zukünftiger Ereignisse verwendet. Es besteht kein Ansatzverbot von selbsterstellten immateriellen Vermögensgegenständen wie im HGB.[2] Bei bestimmten Finanzinstrumenten ist eine Bewertung zu Zeitwerten (fair value), das heißt auch über den Anschaffungskosten, vorgesehen; bei langfristigen Fertigungsaufträgen wird bei IAS und US-GAAP unter bestimmten Voraussetzungen eine Teilgewinnrealisierung vor Übergang der Preisgefahr verlangt.

Der Stetigkeitsgrundsatz ist viel stärker ausgeprägt, es wird sowohl eine Ansatz- als auch eine Bewertungsstetigkeit verlangt. Änderungen der Bilanzierungs- und Bewertungsmethoden sind nur bei Änderungen von Gesetzen oder Vorschriften möglich.

---

2 Vgl. § 248 Abs. 2 HGB.

2.3 Gegenüberstellung der wichtigsten Posten der Bilanz und Gewinn- und Verlustrechnung

	IAS	US-GAAP	HGB
immaterielle Aktiva			
• erworbene	Aktivierungsgebot	Aktivierungsgebot	Aktivierungsgebot
• selbstgeschaffene	Aktivierungsgebot	aktivierungsfähig	Aktivierungsverbot
• Abschreibung	voraussichtliche, wirtschaftliche Nutzung, höchstens 20 Jahre	voraussichtliche, wirtschaftliche Nutzung, höchstens 40 Jahre	voraussichtliche, wirtschaftliche Nutzung
• Gründungskosten	Aktivierungspflicht, wenn Asset-Definition[3] zutrifft	aktivierungsfähig, wenn Asset-Definition zutrifft	Aktivierungsverbot[5]
• Aufwendungen für Ingangsetzen und Erweitern	Aktivierungspflicht, wenn Asset-Definition zutrifft	Aktivierungspflicht, wenn Asset-Definition zutrifft	Aktivierungswahlrecht (Ausschüttungssperre)
• derivativer Geschäfts- oder Firmenwert	bei Asset Deal[4] zu aktivieren	bei Asset Deal zu aktivieren	bei Asset Deal darf Geschäfts- oder Firmenwert aktiviert werden oder sofort als Aufwand verrechnet werden
	Abschreibung in der Regel linear auf fünf Jahre, höchstens 20 Jahre	Abschreibung höchstens über 40 Jahre	Abschreibung über vier Jahre oder über voraussichtliche Nutzungsdauer
Sachanlagen	Anschaffungs- oder Herstellungskosten • Benchmark: fortgeführte AK/HK • alternative Methode: Neubewertung	Anschaffungs- oder Herstellungskosten Obergrenze AK/HK vermindert um planmäßige Abschreibung	Anschaffungs- oder Herstellungskosten Obergrenze AK/HK vermindert um planmäßige Abschreibung
	außerplanmäßige Abschreibung auf den Recoverable Amount[6]	außerplanmäßige Abschreibung, wenn der Netto-Cash Flow eines VG seinen BW unterschreitet	außerplanmäßige Abschreibung auf den niedrigeren beizulegenden Wert zwingend

---

3 Asset ist der wahrscheinliche künftige wirtschaftliche Nutzen, über den das Unternehmen auf Grund eines vergangenen Ereignisses verfügen kann.
4 Ein Asset Deal stellt einen Unternehmenskauf in Form von Vermögensgegenständen dar. Das Gegenstück dazu bildet ein Share Deal. Dabei handelt es sich um einen Unternehmenskauf in Form von Anteilen.
5 Vgl. § 248 Abs. 1 HGB.
6 Ein Recoverable Amount ist jener Wert, der durch die künftige Nutzung eines Gegenstands einschließlich seines Restwertes amortisiert werden kann.

	IAS	US-GAAP	HGB
Sachanlagen	Zuschreibungsgebot	Zuschreibungsverbot	Zuschreibungswahlrecht
Finanzanlagen / Wertpapiere des Umlaufvermögens	Abschreibungspflicht bei nicht nur vorübergehender Wertminderung	bei Held-to-Maturity Securities[7] Abschreibungspflicht bei dauernder Wertminderung	Abschreibungspflicht bei dauernder Wertminderung, -wahlrecht bei vorübergehender Wertminderung[8]
	Wertaufholungsgebot	Wertaufholungsverbot	Wertaufholungswahlrecht
	Neubewertung über die AK möglich; Erhöhung des Buchwerts der Finanzanlagen beziehungsweise Wertpapiere muss beziehungsweise kann in eine Neubewertungsrücklage eingestellt werden	Bewertung Trading und Available-for-Sale Securities mit Fair Value unrealisierte Gewinne und Verluste bei Available-for-Sale Securities in gesondertem Eigenkapitalposten erfolgsneutral erfassen	
derivative Finanzinstrumente[9]	sind als finanzieller Vermögensgegenstand oder finanzielle Verbindlichkeit zu bilanzieren	sind als Asset oder Liability[10] bilanzierungspflichtig	fallen unter „schwebende Geschäfte" und werden daher grundsätzlich nicht bilanziert
Vorräte	Vollkostenbewertung	Vollkostenbewertung	Wahlrecht, ob Voll- oder Teilkosten
	Aktivierungsverbot von nicht unmittelbar fertigungsbezogenen Kosten der allgemeinen Verwaltung	Aktivierungsverbot von nicht unmittelbar fertigungsbezogenen Kosten der allgemeinen Verwaltung	Aktivierungswahlrecht von nicht unmittelbar fertigungsbezogenen Kosten der allgemeinen Verwaltung

---

7 Einteilung der Wertpapiere nach US-GAAP in drei Kategorien: Held-to-Maturity (Wertpapiere, die bis zur Fälligkeit gehalten werden = Anlagevermögen), Trading (Handelspapiere = Umlaufvermögen), Available-for-Sale (Wertpapiere, die zum Verkauf gehalten werden = je nach Unternehmensstrategie Anlage- oder Umlaufvermögen).

8 Vgl. § 279 Abs. 1 Satz 2 HGB, das gilt auch für Kapitalgesellschaften.

9 Derivate stellen aus zugrunde liegenden Basiswerten abgeleitete Termingeschäfte dar, die zur Absicherung bestehender Risikopositionen, zu Arbitragezwecken oder auch zur Spekulation eingesetzt werden können.

10 Eine Liability ist eine gegenwärtige Verpflichtung, der ein vergangenes Ereignis zugrunde liegt und deren Erfüllung voraussichtlich zum Abfluss von wirtschaftlichen, Nutzen beinhaltenden Ressourcen führt.

	IAS	US-GAAP	HGB
Vorräte	Bewertung absatzorientiert	Niederstwert richtet sich nach Wiederbeschaffungskosten	strenges Niederstwertprinzip
	Wertaufholungsgebot	Wertaufholungsverbot	Wertaufholungswahlrecht
langfristige Auftragsfertigung	Percentage-of-Completion-Methode[11] bei Erfüllung der Voraussetzungen	Percentage-of-Completion-Methode bei Erfüllung der Voraussetzungen; alternativ: Completed-Contract-Methode[12]	keine Vorschriften Percentage-of-Completion-Methode würde dem Realisationsprinzip widersprechen
Forderungen	angemessene Wertberichtigungen	Pauschalwertberichtigungen nach der Percentage-of-Credit-Sale-Methode	Pauschalwertberichtigungen ohne konkrete Berechnungsmethode
Eigenkapital			
• eigene Aktien	Angaben beim Eigenkapital	offen vom Eigenkapital absetzen	gesondert unter Wertpapieren auszuweisen
• Vorzugsaktien	wenn sie Verbindlichkeiten darstellen, Ausweis als Fremdkapital	mit Kündigungsrecht, dann gesonderter Ausweis	keine speziellen Regelungen
Sonderposten mit Rücklageanteil	Ausweis unter latente Steuern, da keine Maßgeblichkeit existiert	Ausweis unter latente Steuern, da keine Maßgeblichkeit existiert	dieser Posten kann sich nur auf Grund der Maßgeblichkeit beziehungsweise umgekehrten Maßgeblichkeit ergeben[13]

---

11 Percentage-of-Completion-Methode: die Umsätze und die dazugehörigen Aufwendungen werden entsprechend dem Grad der Fertigstellung zum Abschlussstichtag erfolgswirksam erfasst.

12 Completed-Contract-Methode: der Umsatz darf erst dann ausgewiesen werden, wenn der Auftrag abgeschlossen ist, vorher erfolgt der Ausweis unter den unfertigen Erzeugnissen.

13 Vgl. § 247 Abs. 3 HGB, Kapitalgesellschaften dürfen diesen Sonderposten nur ausweisen, wenn die Anerkennung eines Wertansatzes bei der steuerlichen Gewinnermittlung von einem Ansatz in der Handelsbilanz abhängt.

	IAS	US-GAAP	HGB
Rechnungsabgrenzungsposten (RAP)	Ansatzpflicht für Ausgaben vor dem Abschlussstichtag, wenn sie Aufwand für eine bestimmte Zeit nach diesem Tag darstellen (aktive RAP) und für Einnahmen vor dem Stichtag, sofern sie Ertrag für eine bestimmte Zeit nach diesem Tag darstellen (passive RAP)	keine explizite Unterscheidung zwischen Vermögensgegenständen und RAP aktive RAP werden in einem eigenen Posten im Umlaufvermögen ausgewiesen passive RAP werden den kurzfristigen Verbindlichkeiten zugeordnet	Ansatzpflicht für Ausgaben vor dem Abschlussstichtag, wenn sie Aufwand für eine bestimmte Zeit nach diesem Tag darstellen (aktive RAP) und für Einnahmen vor dem Stichtag, sofern sie Ertrag für eine bestimmte Zeit nach diesem Tag darstellen (passive RAP)
Rückstellungen	eingeschränkte Möglichkeiten für die Bildung von Rückstellungen[14] auszugehen vom Erwartungswert setzen Verpflichtung gegenüber Dritten voraus	eingeschränkte Möglichkeiten für die Bildung von Rückstellungen „best-case"[15] setzen Verpflichtung gegenüber Dritten voraus	weitergehende Möglichkeiten für die Bildung von Rückstellungen „worst-case"[16] auch Aufwandsrückstellungen möglich
Rückstellungen für Pensionen	Passivierungspflicht zukünftige Erhöhungen der Leistungsansprüche werden antizipiert; Verwendung eines langfristigen Marktzinssatzes	Passivierungspflicht zukünftige Erhöhungen der Leistungsansprüche werden antizipiert; Verwendung eines stichtagsbezogenen Marktzinssatzes	Passivierungspflicht für Neuzusagen ab 1.1.1987[17] Teilwertverfahren[18], ohne Berücksichtigung zukünftiger Lohn- und Gehaltssteigerungen Kapitalisierungszinsfuß von 3 bis 6 Prozent

---

14 Eintritt muss „probable" sein, das heißt, die Wahrscheinlichkeit des Eintritts muss größer als 50 Prozent sein.
15 Ansatz richtet sich nach dem wahrscheinlichsten Wert, im Zweifel der niedrigste.
16 Ansatz richtet sich nach dem Wert, der angemessen scheint, oberstes Gebot ist das Vorsichtsprinzip, das heißt im Zweifel der höchste Wert.
17 Vgl. Art. 28 Abs. 1 Satz 1 EGHGB in Verbindung mit § 249 Abs. 1 Satz 1 HGB.
18 Vgl. § 6a EStG.

	IAS	US-GAAP	HGB
Verbindlichkeiten	Liabilities sind nicht nur Verbindlichkeiten gem. HGB, sondern auch ihrem Grund oder der Höhe nach ungewisse Verbindlichkeiten (nach HGB Rückstellungen)[19] Bewertung nicht geregelt	Liabilities sind einzuteilen in kurz- und langfristig (current und noncurrent) • kurzfristige: zum Rückzahlungsbetrag • langfristige: zum Barwert	Passivierungspflicht für eindeutig quantifizierbare Leistungsverpflichtungen, deren Erfüllung den Schuldner wirtschaftlich belastet zum Rückzahlungsbetrag[20]

Abbildung 45: Gegenüberstellung von IAS, US-GAAP und HGB

3. Chancen und Risiken einer internationalen Rechnungslegung

Im Anschluss an die Erläuterungen der wichtigsten Unterschiede zwischen den deutschen und internationalen Rechnungslegungsnormen wird nun auf die Vor- und Nachteile einer Umstellung auf IAS beziehungsweise US-GAAP eingegangen. Oft sind jene Faktoren, die zu den Vorteilen einer internationalen Rechnungslegung führen, auch gleichzeitig der Keim für eventuelle Nachteile. Darum ist es sinnvoller von Chancen und Risiken zu sprechen. Deren Abwägung kann nie isoliert durchgeführt werden, sondern muss immer unter Beachtung der unternehmensspezifischen Gegebenheiten erfolgen.

3.1 Chancen

- Durch die Umstellung der Rechnungslegung kann ein verbesserter Einblick in die wirtschaftliche Lage des Unternehmens erreicht werden, wodurch die Informationsansprüche gegenwärtiger und potenzieller Eigenkapitalgeber besser befriedigt und Unsicherheiten beseitigt werden können. Die Rechnungslegung gewinnt an Bedeutung als Instrument der so genannten Fundamentalanalyse beziehungsweise zur Beurteilung einer wertorientierten Unternehmensfüh-

---

[19] Im HGB kann eine Rückstellung früher gebildet werden als nach IAS, bei einer Eintrittswahrscheinlichkeit von 40 Prozent liegt handelsrechtlich eine Rückstellung vor und nach IAS eine Eventualverbindlichkeit. Diese sind unter der Bilanz auszuweisen.
[20] Vgl. § 253 Abs. 1 Satz 2 HGB, das heißt der Betrag, den das Unternehmen zur Erfüllung seiner Verpflichtung aufbringen muss.

rung im Sinne des Shareholder-Value-Konzepts. Ein Unternehmen, das sich am Shareholder-Value-Konzept orientiert, hat zum Ziel, den Marktwert des Eigenkapitals, der die zukünftig erwarteten Gewinnausschüttungen und Unternehmenswertsteigerungen reflektiert, langfristig zu steigern. Dadurch sollen die Ansprüche und Erwartungen der Eigenkapitalgeber auf eine entsprechende risikoadäquate Rendite auf das eingesetzte Eigenkapital befriedigt werden. Durch die Reduzierung der Informationsunsicherheiten werden Anleger eher bereit sein höhere Preise für die Unternehmensanteile zu zahlen beziehungsweise ihre Renditeforderungen zu senken. Durch die positive Beeinflussung des Börsenwerts werden Unfriendly Takeovers tendenziell erschwert.

- Durch die verbesserte Beurteilbarkeit der wirtschaftlichen Lage des Unternehmens wird zumindest längerfristig ein aus Unternehmenssicht positiver Anreiz auch auf Fremdkapitalgeber ausgeübt.

- Wird die Erschließung neuer Kapitalmärkte angestrebt, so ist eine Umstellung auf internationale Rechnungslegungsvorschriften in vielen Fällen unerlässlich. Bei einer Börsennotierung am Neuen Markt ist eine Internationalisierung der Rechnungslegung Voraussetzung. Wird allerdings ein Listing an einer US-amerikanischen Börse angestrebt, verlangt die US-Börsenaufsicht SEC (Securities and Exchange Commission) eine Aufstellung des Konzernabschlusses nach US-GAAP. Seit die Internationale Vereinigung der Börsenaufsichtsbehörden (IOSCO) im Mai 2000 die Anwendung der IAS an ihre Mitglieder empfohlen hat, ist die Anerkennung der IAS von Seiten der SEC einen Schritt näher gerückt. Am Neuen Markt, bei dem ein Wahlrecht in Bezug auf IAS oder US-GAAP besteht, bilanziert die Mehrzahl der Börsennotierten nach US-GAAP. Wenn ein Börsengang in Amerika in Betracht gezogen wird, ist es daher derzeit noch anzuraten gleich nach US-GAAP zu bilanzieren.

- Der Übergang auf IAS oder US-GAAP trägt wesentlich dazu bei, den Investorenkreis zu internationalisieren. Ausländische Anleger werden eher dazu bereit sein, Aktien eines deutschen Unternehmens zu erwerben, wenn der Konzernabschluss nach IAS oder US-GAAP aufgestellt ist, denn diese haben dann bessere Möglichkeiten das deutsche Unternehmen mit internationalen Unternehmen zu vergleichen.

- Die Rechnungslegung nach IAS und US-GAAP hat neben Imagegründen auch handfeste Kostengründe. Für Unternehmen, die in US-Beteiligungen investieren wollen, ist es zum Beispiel ein großer Unterschied, ob sie an der New Yorker Börse notiert sind oder nicht. Im Falle einer Notierung könnten entsprechende Transaktionen anstatt auf Cash-Basis auf der Grundlage eines Aktientausches vorgenommen werden, was steuerlich besser und damit für beide Seiten kostengünstiger wäre.

- Kosten können auch bei einer Vereinheitlichung der Rechnungslegung im Konzern eingespart werden. Hat ein deutsches Mutterunternehmen Tochterunternehmen im Ausland, zum Beispiel in Amerika, und bilanziert das Mutterunternehmen nach US-GAAP, dann können aufwendige Anpassungsmaßnahmen der Tochter an die Mutter unterbleiben. Eine Vereinheitlichung der Bilanzierungs- und Bewertungsmethoden ist nicht mehr nötig, und der Arbeitsaufwand wird erheblich verringert.

- Durch die Hinwendung zu internationalen Rechnungslegungsnormen kann die Unternehmensanalyse für unternehmerische Einheiten wie Konzerne, Konzernunternehmen oder Sparten statt mit Daten des internen (kalkulatorischen) zukünftig mit Daten des externen Rechnungswesens vorgenommen werden. Dabei können Kosten eingespart werden, da die Daten direkt aus der Bilanz entnommen werden. Das ist bei einem Abschluss nach HGB nicht möglich, denn da die Daten durch steuerliche Einflüsse geprägt sind, sind sie betriebswirtschaftlich nicht sinnvoll und für das interne Rechnungswesen ohne Änderungen nicht brauchbar.

3.2 Risiken

- Die Vermittlung eines besseren Einblicks in die tatsächliche wirtschaftliche Lage der Gesellschaft durch Anwendung der internationalen Rechnungslegungsvorschriften kann auch negative Auswirkungen haben. Beim Abschluss nach HGB kann ein Ergebnis auf Grund einer Vielzahl von Bewertungsspielräumen besser oder schlechter dargestellt werden als es der tatsächlichen Lage entspricht. Das ist bei IAS und US-GAAP nicht mehr so leicht möglich, da die tatsächliche positive oder eventuell negative Lage des Unternehmens stärker herausgestellt wird.

- Die deutlichere Darstellung nachteiliger Entwicklungen zeigt möglicherweise Schwächen des Managements auf. Durch diese Aufdeckung nicht genutzter Potenziale kann es zu einem gesteigerten Risiko einer unerwünschten Übernahme des Unternehmens durch einen Dritten kommen.

- Auch die Konkurrenz profitiert von der durch die internationalen Rechnungslegungsvorschriften erreichten Transparenz. Aus einem Abschluss nach IAS oder US-GAAP kann von der Konkurrenz zusätzliche Information in Bezug auf Absatz, Kosten, Deckungsbeiträge, Preisuntergrenzen herausgelesen werden.

- Probleme könnten ebenfalls dann entstehen, wenn für eine Tochtergesellschaft, an der eine Minderheitsbeteiligung gehalten wird und die im Rahmen der Equity-Methode berücksichtigt werden soll, ebenfalls ein US-GAAP Abschluss erstellt werden soll. Erfahrungen zeigen, dass es in diesem Fall zu Kontroversen mit den Haupteigentümern kommen kann, wenn diese einen internationalen Abschluss ablehnen.

4. Fazit

Die angelsächsischen und deutschen Normen weichen in einzelnen Punkten stark voneinander ab. Das resultiert daraus, dass vorrangiges Ziel der Rechnungslegung nach IAS oder US-GAAP die Information und der Schutz des Investors ist. Demgegenüber steht im deutschen Recht der Gläubigerschutz im Vordergrund. Dieser wird durch das Vorsichtsprinzip, insbesondere in Form des Realisations- und Imparitätsprinzips erreicht. Im Hinblick auf die Globalisierung brauchen die Unternehmen international akzeptierte Rechnungslegungsgrundsätze für eine direkte Vergleichbarkeit.

Für den Unternehmer bieten sich durch die Rechnungslegung nach internationalen Vorschriften zahlreiche Chancen, denen natürlich auch einige Risiken und Kosten gegenüberstehen. Generell kann gesagt werden, dass in den meisten Fällen die Vorteile überwiegen. Vor allem, wenn man in Betracht zieht, dass durch die Charakteristika von IAS und US-GAAP das Rechnungswesen auch zu einer effektiven Steuerung des Unternehmens herangezogen werden kann. Die Steigerung des Shareholder-Value wird also auf mehreren Ebenen erreicht.

Kapitel III:

Die Kür – Die Anforderungen der Investoren nach Attraktivität übertreffen

Sven Oleownik / Markus Last

Wer ist heute an der Börse gefragt?

1. Entwicklung der vergangenen Jahre 202
2. Konkurrenz bei den Neuemissionen heute 203
   2.1 Zahl der Neuemissionen stetig gestiegen 203
   2.2 Zunehmende Selektion durch beteiligte Gruppen 204
3. Erfolgsfaktoren neuer Emittenten 205
4. Fokus der Investoren 209
5. Fazit 210

1. Entwicklungen der vergangenen Jahre

Betrachtet man die Börsenlandschaft, wie sie sich uns noch vor zwei bis drei Jahren darstellte, so kann man grundlegende Veränderungen feststellen. Noch vor wenigen Jahren standen Bestrebungen im Mittelpunkt, die Aktienkultur in Deutschland nach amerikanischem Vorbild zu verändern. Im Speziellen sollte gerade bei den vielen Privatanlegern das Interesse an der Aktienanlage geweckt und damit eine größere Aktienakzeptanz in Deutschland erreicht und entwickelt werden. Der Börsengang der Deutschen Telekom AG hat hier sicherlich entscheidende Beiträge geleistet.

War der Aktienmarkt bis vor kurzem noch fast eine Exklusivveranstaltung für die großen, traditionellen und bereits etablierten Unternehmen, die allein mit der Ankündigung des Börsengangs automatisch für ausreichende Aufmerksamkeit unter den Investoren, Banken, Analysten und der Öffentlichkeit sorgten, steht die Börse inzwischen verstärkt auch mittleren und kleinen Firmen offen.

Den modernen Börsensegmenten wie dem Neuen Markt in Frankfurt oder Indizes wie dem MDAX und dem SMAX ist es zu verdanken, dass sich private und institutionelle Investoren zunehmend für kleine und mittlere Unternehmen interessieren. Aber auch die Regionalbörsen oder andere öffentliche Platzierungsformen in Deutschland machen in wachsendem Maße auf sich und ihre Unternehmen aufmerksam.

Dennoch muss der Kapitalmarkt differenziert betrachtet werden. Schafften es in der ersten Begeisterung der letzten Jahre (1997 und 1998) viele Neuemissionen, um ein Vielfaches überzeichnet zu sein und bereits mit ihren inoffiziellen Kursen im vorbörslichen Handel oftmals weit über dem oberen Wert der Bookbuildingspanne zu liegen, ist dies heute nicht mehr automatisch der Fall. Zwar sind manche Neuemissionen auch heute noch derart gefragt und überzeichnet, dass sich einige den Luxus erlauben können, die Zeichnungsfrist bereits vor offiziellem Ablauf zu beenden. Dennoch zeigen die Entwicklungen, dass Neuemissionen keine Selbstläufer mehr sind. Bei der Vielzahl von Neuemissionen werden längst nicht mehr alle Werte vom Markt wahrgenommen, und auch die Banken sind sehr viel selektiver geworden, wenn es darum geht, eine Neuemission zu begleiten. „Wer also ist heute noch an der Börse gefragt?", ist die entscheidende Fragestellung.

2. Konkurrenz bei den Neuemissionen heute

2.1 Zahl der Neuemissionen stetig gestiegen

Zwischen 1983 und 1996 gab es in Deutschland im Schnitt 16 Neuemissionen pro Jahr. Dabei handelte es sich primär um traditionsreiche, gut eingeführte Namen. Die Anzahl der börsennotierten Unternehmen schwankte dabei konstant um 700. 1997 ging dann ein Ruck durch die Börsenlandschaft in Deutschland. Mit 32 Börsengängen wurde ein erster Rekord erreicht. Ein Jahr später folgten 77 IPOs und 1999 waren es 194 Premieren an den deutschen Börsen. Davon erfolgten 1999 allein am Neuen Markt 132 Börsengänge. Und der Trend zum Börsengang ist ungebrochen. Für das kommende Jahr wird sogar mit etwa 200 neuen Listings gerechnet, und die meisten Experten sind der Meinung, dass dieses hohe Niveau in der nächsten Zeit gehalten werden kann.

Dabei wird sich die Struktur des Marktes mit einer starken Zunahme an Börsenschwergewichten weiterhin verändern. Der gesamte Emissionsbetrag der Neuemissionen im Amtlichen Handel, Geregelten Markt und Neuen Markt stieg 1998 um 27 Prozent auf 3,2 Mrd. € und machte 1999 einen Satz auf rund 13 Mrd. €. Hierbei fällt auf die Gruppe von Aktien mit einer Kapitalisierung von jeweils über 1 Mrd. € bereits zwei Drittel der Gesamtmarktkapitalisierung.

Auch für ausländische Unternehmen wird der deutsche Kapitalmarkt immer interessanter. Waren beispielsweise 1997 am Neuen Markt in Frankfurt vier ausländische Aktiengesellschaften notiert, so zählte man Ende 1998 acht und 1999 bereits 33 Unternehmen. Viele nutzen die hohe Popularität dieses Börsensegments bei privaten und institutionellen Investoren, um ihren Bekanntheitsgrad zu vergrößern und neue Investoren zu gewinnen.

Mit dem Inkrafttreten des Dritten Finanzmarktförderungsgesetzes von 1998 ist es nun auch ganz jungen Unternehmen rechtlich erlaubt an die Börse zu gehen. Bis dahin sah das Börsengesetz vor, dass bei Börsenzulassung ein Jahresabschluss bereits veröffentlicht sein musste und der Emittent im Zeitpunkt des Börsengangs damit bereits über 18 Monate existierte. Diese Hürde wurde 1998 beseitigt. Die jungen Unternehmen werden heute verpflichtet, statt Unternehmensberichte mit Kennzahlen der Vergangenheit vor allem Vorhersagen für die folgenden drei Geschäftsjahre abzugeben, wenn sie in dieser Liga mitspielen wollen.

Wohin führt nun aber der allgemeine Trend zum Börsengang, die Zunahme an ausländischen Unternehmen und die Flut von jungen Wachstumsunternehmen an den deutschen Börsen? Und welche Reaktionen werden durch die steigende Konkurrenz unter den Neuemissionen und sonstigen so genannten Investment Opportunities bei den Investoren hervorgerufen?

2.2 Zunehmende Selektion am Kapitalmarkt

Zunächst muss hier die häufige Bemerkung erwähnt werden, dass zukünftig an den Finanzmärkten weniger Kapital zur Verfügung stehen könnte. Denn als Folge der Asienkrise wurden die Zinsen auf niedrigem Niveau gehalten und den Finanzmärkten viel Kapital zur Verfügung gestellt. Mit zunehmendem Wirtschaftswachstum wird wieder mehr Kapital in der Realwirtschaft gebunden, und der Wettbewerb um Kapital verschärft sich mit tendenziell steigenden Zinsen und sinkenden Aktienkursen. Andererseits gewinnt die Aktie als Anlageform zur Altersvorsorge immer mehr an Bedeutung, was diesem Trend grundsätzlich entgegenwirkt. Insofern kann grundsätzlich, von gewissen Schwankungen abgesehen, von einer hohen Aufnahmefähigkeit des Kapitalmarkts ausgegangen werden.

Vielmehr erscheint ein anderer Trend wichtiger, denn neben der restriktiveren Liquidität des Kapitalmarkts verliert man auf Grund der sehr großen Auswahl an Titeln die Übersicht bei einer Anlageentscheidung. Diese Übersättigung muss selbst bei Qualitätstiteln mit viel versprechender Story und erfolgreicher Geschäftsentwicklung inzwischen mit einkalkuliert werden. Bei mehreren Emissionen pro Woche sowie zunehmend mehr notierten Unternehmen müssen selbst erfahrene und große Analystenteams dabei passen, alle Werte verfolgen zu können. Sie stoßen dabei schlichtweg auf ihre kapazitativen beziehungsweise personellen Grenzen. Es wird damit zunehmend schwieriger, beim IPO die notwendige Awareness zu bekommen und sie auch danach hoch zu halten, um einen stagnierenden Aktienkurs zu vermeiden. Eine Neuemission und eine herausragende Unternehmensnachricht ist eben kein sensationelles Ereignis mehr, sondern fester Bestandteil des täglichen Lebens geworden.

Die zunehmende Auswahl neuer Titel führt dann unter anderem dazu, dass zum Jahreswechsel rund 40 Prozent der 194 Neuemissionen des Jahres 1999 unter dem Ausgabepreis notiert wurden. Dies waren vor allem Unternehmen außerhalb des Neuen Marktes, die mit ihren Equity-Storys nicht den Kern der Wachstums-Branchen treffen konnten.

Als Reaktion auf das wachsende Angebot an Neuemissionen und die zum Teil unbefriedigenden Kursentwicklungen werden die Investoren in Zukunft die Aktientitel noch wesentlich genauer unter die Lupe nehmen und bei ihrer Anlageentscheidung kritischer auswählen. Die Qualität der einzelnen Werte rückt – abgesehen von immer wieder möglichen „herden- oder modegetriebenen" Entwicklungen – damit zunehmend in das Blickfeld der Investoren.

Andererseits werden die Investoren mit einer Fülle von Informationen über die einzelnen Unternehmen konfrontiert, die nur schwer zu bewältigen sind. Damit wird es natürlich auch schwieriger, die Qualität der einzelnen Unternehmen wirklich differenziert beurteilen zu können. Die daraus resultierende Intransparenz macht vor allem deutlich, wie gut und transparent die hohe Qualität eines Unternehmens auch in eine attraktive Equity-Story verpackt und wie professionell diese mit wirksamen Instrumenten vermarktet werden muss, um Aufmerksamkeit zu erreichen und schließlich das notwendige Vertrauen aufzubauen.

Weiterhin ist zu berücksichtigen, dass heute aus fast allen Branchen und Bereichen bereits Werte am Markt notiert sind. Mit diesen bereits notierten Unternehmen müssen sich zukünftige Börsenkandidaten nicht nur vergleichen lassen, sondern von diesen müssen sie sich eben auch auf klare Weise differenzieren und ihren zukünftigen Erfolg plausibel darlegen. Nur dann werden sie ein mindestens ebenso attraktiver Investment Case mit hoher Nachfrage wie etwa die First Mover aus diesen Bereichen. Besonders wichtig ist dieser Aspekt, wenn die Vergleichsunternehmen eine am gesamten Kapitalmarkt gemessen unterdurchschnittliche Entwicklung am Aktienmarkt hatten, so dass eventuell darüber hinaus gehende Peer-Group-Vergleiche möglich sind.

Insgesamt wird daraus ersichtlich, dass über den Erfolg zukünftiger Börsengänge zunehmend auch der Zeitwettbewerb darüber entscheidet, diese so genannten First Mover Advantages realisieren zu können, was die Anforderungen zusätzlich ansteigen lässt: Börsenreife und -attraktivität müssen in immer kürzeren Zeiträumen erreicht werden.

Schließlich ist festzuhalten, dass sich auch der Neue Markt spätestens mit seinem dritten Geburtstag auf einem deutlich höheren Entwicklungsniveau befindet: Nach sehr erfolgreicher Markteinführung ist er nun sozusagen erwachsen geworden, was sich auch an der Zahl der notierten Unternehmen ablesen lässt. Nachdem außerdem zu Beginn des Neuen Marktes vor allem die Privatanleger die treibende Kraft waren, die Dank der Telekom und Manfred Krug die Aktie neu entdeckt hatten, haben heute die institutionellen Investoren grundsätzlich wieder mehr Gewicht erlangt – wenngleich der eine oder andere „Hype" durchaus und vor allem durch eine erhöhte Nachfrage und hohe Volatilität der Privatanleger getrieben werden kann. Insgesamt führt dies zu den beschriebenen wesentlich „rationaleren Kaufentscheidungen".

3. Erfolgsfaktoren neuer Emittenten

Eine nette Story sowie Anzeigen in der Tageszeitung oder kurze Werbespots allein reichen offensichtlich nicht aus, um den gewünschten Erfolg beim Börsengang zu erzielen. Obwohl die Zahl der Aktionäre insgesamt in den letzten Jahren stetig zugenommen hat (1996: 3,8 Mio.; 1998: 4,5 Mio.; 1. Halbjahr 1999: 5 Mio.) bleibt der Anteil der privaten Haushalte am gesamten Aktienbestand konstant bei etwa 15 bis 16 Prozent. Die Dominanz der institutionellen Anleger ist also offensichtlich. Aber gerade die institutionellen Anleger sowie gestützt durch die verschiedenen Infodienste vermehrt auch die Privatanleger sehen sich das Geschäftskonzept sehr viel genauer an, als nur darauf zu achten, wie sich ein Unternehmen im Vergleich zur restlichen Branche entwickelt hat. Eine spannende Unternehmensstory garantiert nicht, dass eine Aktie auch rentabel ist. Investoren beschäftigen sich vor allem mit den Wachstumsaussichten des Unternehmens und der Branche sowie mit der Verwendung der am Kapitalmarkt aufgenommenen Mittel. Neben der Analyse von Bilanzen, Geschäftsberichten, Emissionsprospekten und Researchberichten suchen institutionelle Anleger hierzu auch das direkte Gespräch mit dem Management über die Strategie und die Zukunftsperspektiven des Unternehmens, um die Erfolgsaussichten noch besser bewerten zu können.

Damit wird deutlich, dass die Qualität einer Emission auf sehr umfassende Weise abgeschätzt wird. Damit neue Emittenten ihre Qualität beweisen können, müssen sie eine ganze Reihe verschiedener Erfolgskriterien berücksichtigen.

Branchenattraktivität
Von den Aktionären wird zunächst die Zugehörigkeit zu einer attraktiven Branche mit guten Wachstumsaussichten erwartet. Dabei ist nicht die Vergangenheit für die Bewertung durch die Anleger, sondern vielmehr die Zukunft maßgebend. Dies ist auch die wesentliche Begründung, weshalb im Grunde attraktive Unternehmen, die sich in reifen Branchen bewegen, heute nur unter aller größten Anstrengungen zu platzieren sind, während Zukunftsbranchen wie zum Beispiel Informations- und Kommunikationstechnologien oder Biotechnologie verhältnismäßig leicht Zugang zum Kapitalmarkt finden.

Hohe Wachstumsaussichten
Gewinne oder gar Dividendenzahlungen werden von den Investoren zurzeit des Börsengangs bei jungen Wachstumsunternehmen zwar mehr und mehr geschätzt, aber noch nicht zwingend gefordert. Entscheidend ist vielmehr die Wertsteigerung des Unternehmens und deshalb ein hohes Wachstum, damit die kritische Größe dafür, in einem Weltmarkt bestehen zu können, erreicht wird. Die gelisteten Unternehmen, die mit dem neuen Emittenten mehr oder weniger vergleichbar sind, geben die Größe und die notwendigen Wachstumsraten vor.

Strategische Stärke und innovative Leistungen
Innovationen sind, falls sie am Markt Erfolg haben, der Wachstumsmotor, der auch die hohen Bewertungen rechtfertigt. Für die Börsenattraktivität entscheidend ist nicht die Innovation allein, sondern das Unternehmenskonzept beziehungsweise die strategische Stärke. Es muss ein in sich stimmiges, nachvollziehbares und vor allem innovatives Konzept vorgewiesen werden um Banken, Analysten und Investoren von der Attraktivität und den Wachstumsaussichten zu

überzeugen. Schlüssiges Konzept heißt in diesem Zusammenhang, dass auf die Markt- und Wettbewerbstriebkräfte in umfassender Weise eingegangen und geantwortet wird. Hierfür ist es sinnvoll, Märkte nicht zu eng zu segmentieren, nur um sich als Marktführer definieren zu können. Entscheidend ist, dass sich das Konzept in Form erster Umsätze behauptet hat und jetzt ein Punkt erreicht wird, zu dem mittels des Emissionserlöses das Geschäftskonzept „nur noch" multipliziert werden soll. Ein hoher Vertrauensvorschuss wird in der Regel geleistet, wenn es dem Unternehmer zu einer frühen Finanzierungsphase gelungen ist, eine namhafte VC-Gesellschaft zu überzeugen, eine erste Expansion zu finanzieren. Ideal wäre, wenn dieses VC selbst so genanntes „intelligentes" Kapital in Form eines zusätzlichen strategischen Werts (Netzwerk, Know-how etc.) mitbringt.

Gewisse Größe
Die notwendige Größe ist schwierig zu bemessen, denn sie richtet sich zum Einen nach den Vergleichsunternehmen und zum Zweiten an den laufenden Entwicklungen des Kapitalmarkts. Wichtig ist insgesamt, dass die mögliche Marktkapitalisierung und damit das Emissionsvolumen eine gewisse Größe erreichen. Ideal ist es, auf Anhieb eine Größe hinsichtlich Marktkapitalisierung und Handelsvolumen zu erzielen, die eine Aufnahme in den relevanten Index ermöglicht. Damit wird das notwendige Interesse bei allen Kapitalmarktteilnehmern sowie die damit zusammenhängende Research-Coverage und Liquidität der Aktie geweckt, was eine entscheidende Grundlage für eine erfolgreiche Emission und die Sekundärmarktentwicklung sein kann.

Verständlichkeit
Wesentlich ist nicht nur die richtige Strategie, sondern auch das „Rüberbringen" an die Investoren sowie eine funktionierende Öffentlichkeitsarbeit der Unternehmen. Man droht sonst in der Masse der Emissionen und der notierten Unternehmen unterzugehen. Auf Grund der Komplexität mancher Branchen und Technologien ist es zunächst entscheidend, eine vor allem leicht und schnell verständliche Equity-Story vom eigenen Unternehmen zu entwickeln. Denn erst wenn hiermit kurz und knapp Interesse geweckt sowie ein Grundverständnis für die Wachstumspotenziale vermittelt wird, sind Investoren auch bereit, sich näher mit dem Unternehmen zu beschäftigen. Bezüglich der bereits genannten Erfolgsfaktoren hat dann natürlich die alte Marketingweisheit Gültigkeit, dass das Produkt seine Versprechen halten muss, um dauerhaft Vertrauen aufzubauen und wirklich erfolgreich zu sein.

Kommunikationsstärke und Öffentlichkeitsarbeit
Mit dem Gang an die Börse ist für das Unternehmen ein neuer Markt, nämlich der Kapitalmarkt hinzugekommen, der genauso bearbeitet werden muss wie alle anderen Märkte beziehungsweise strategischen Geschäftsfelder. Neben der leichten Verständlichkeit ist deshalb auch die Nachhaltigkeit der Kommunikation mit

den verschiedenen Zielgruppen (Presse, Analysten, Investoren) von hoher Bedeutung. Außerdem ist neben der Auswahl der richtigen Kommunikationsinstrumente ein Bewusstsein dafür notwendig, dass diese Aufgabe trotz einer meist schon 150-prozentigen Auslastung der ersten Führungsebene meist nicht delegierbare Pflicht des Top-Managements bleibt. Dies muss durch geeignete Mitarbeiter und Berater gezielt ergänzt werden. Wichtig ist vor allem auch die organisatorische Einordnung, das richtige Timing sowie der Aufbau eines mit relevanten Nachrichten erzeugten Spannungsbogens. Besonders bei den kleineren Werten liegt es an den Unternehmen selbst, für Aufmerksamkeit zu sorgen.

Transparenz, Glaubwürdigkeit und Vertrauen
Die Aktie muss nicht nur laufend, sondern auch inhaltlich mittels einer glaubwürdigen sowie proaktiven Unternehmensberichterstattung vermarktet werden, um das Vertrauen der Investoren zu gewinnen und von Presse und Analysten die gewünschte Einordnung und Bewertung zu erlangen.

Veröffentlichte Planzahlen sollten zwar einerseits Phantasie enthalten, dürfen aber niemals unrealistisch sein. Denn unerreichte Planzahlen, vor allem in den strategisch entscheidenden Kennzahlen, haben eine extrem negative Auswirkung sowohl auf den Kursverlauf als auch auf das gesamte Image des Unternehmens. Hierzu gehört nicht nur ein zeitnahes und leistungsstarkes Rechnungswesen und Controlling, sondern auch eine plausible und nachvollziehbare Planungsrechnung für die nächsten drei bis fünf Jahre. Neben der Bereitschaft Jahresabschlüsse nach internationaler Rechnungslegung zu erstellen, um auch internationale Investoren zu erreichen und überhaupt in bestimmten Marktsegmenten zugelassen zu werden, müssen besondere Publizitätserfordernisse erfüllt werden. Dazu gehören die Veröffentlichung von Unternehmenszahlen, Planungen in Quartalsberichten und Ad-hoc-Meldungen genauso wie Einzelgespräche mit Investoren oder Journalisten, regelmäßige Analystenmeetings sowie das Bemühen um die notwendige und mit dem Unternehmen wachsende Researchabdeckung. Wichtige Nachrichten, sowohl gute als auch negative Entwicklungen, müssen dabei zeitnah und offen kommuniziert werden.

Managementqualität
Letztlich fokussiert sich das meiste auf diesen Aspekt. Denn das Management steht insgesamt für die vorgenannten Erfolgsfaktoren und deren Erfüllung. Alles bleibt nur beschriebenes Papier, wenn das Management nicht in der Lage ist, in geeigneter Weise zu kommunizieren, weshalb ein Investor ausgerechnet ihm sein Geld geben soll, die vielen Versprechungen durch Professionalität, Belastbarkeit und Unternehmertum in der Zukunft einzulösen und hierfür das notwendige Vertrauen zu erlangen. Immer wieder wird deutlich, dass die so genannte Financial Community in erster Linie auf den Reiter und weniger auf das Ross setzt. Dies spiegelt sich auch in den langen Lock-up-Fristen und der Forderung wider,

dass die operativen Altaktionäre möglichst wenig Anteile beim Börsengang abgeben sollten.

4. Der Fokus der Investoren beeinflusst den Erfolg am Kapitalmarkt

Der Kapitalmarkt ist ein Markt wie jeder andere: Der Kunde entscheidet, was er kauft, und schon oft hatten Unternehmen keinen Erfolg, die aus ihrer Sicht eigentlich das bessere Produkt boten. Erfolg wird aber immer der haben, der seinen Kunden am nächsten ist, sie auf die beste Weise bedient und die Mechanik des Marktes beherrscht. Deshalb ist ein Blick auf die Zielsetzungen zentraler Investoren sicherlich hilfreich.

Die international tätigen Investoren orientieren sich heute immer weniger an einem Länder-, sondern zunehmend an einem Branchenansatz. Der Fokus liegt heute bei Medien-, Kommunikations- und Informationstechnologiewerten und dem Umfeld der Biotechnologie. Der durchschnittliche Kurszuwachs der Biotechanteile lag dabei noch über dem der ebenfalls sehr stark gefragten Internettiteln und Telekommunikationswerten. Unternehmen aus diesen Bereichen genießen sicherlich einen gewissen Vorteil beim Rennen um die Gunst der Aktionäre.

In bestimmten Wachstumsbranchen kann sich immer wieder eine spekulative Blase bilden. Die Kurse sind dann deutlich höher als es die Geschäftsentwicklungen und -aussichten der Unternehmen rechtfertigen. Aktien aus diesen Segmenten werden nicht mehr auf Grund von aussichtsreichen Chancen gekauft, sondern wegen der starken Bewegungen und Kurssprünge. So beträgt zurzeit die durchschnittliche Zeitspanne zwischen An- und Verkauf einer Aktie durch die Anleger in der Konsumbranche oft mehrere Jahre, bei Internet-Unternehmen sind es nur wenige Tage.

Neben den Wachstumswerten des Neuen Marktes setzen viele institutionelle Investoren weiterhin auf ausgewählte Nebenwerte, denn die Mehrheit der Aktien mit hohem Kurspotenzial sind mittlere und kleine Titel, da bei den großen Werten die positiven Zukunftsaussichten meist schon im Kurs berücksichtigt sind. Mit der Einführung von neuen Handelsplattformen wird das Interesse der privaten und institutionellen Investoren auf die kleineren und mittleren Aktienwerte gelenkt. So konnten in den Segmenten für Small- und Midcaps (SDAX, MDAX) vereinzelt bereits 1999 stolze Kursgewinne erzielt werden. Trotzdem haben es viele Mid Caps schwer an der Börse. Die unbefriedigende Kursentwicklung vieler Mid Caps geht vor allem auf das Verhalten institutioneller Investoren zurück.

Mit der Einführung des Euro wurde die Internationalisierung weiter vorangetrieben. Die institutionellen Investoren wickeln ihre Geschäfte zunehmend global ab, ein Trend der den großen Gesellschaften mit hohen Börsenumsätzen besonders zugute kommt. Bei diesen Aktien lösen Transaktionen kaum größere Kursreaktionen aus. Die Mid Caps sind dagegen häufig nicht ausreichend liquide. Das mangelnde Interesse von Investoren und Analysten spiegelt sich in niedrigen Kurs- Gewinn-Verhältnissen wider.

Zu Beginn des Jahres 2000 entfallen von den börsennotierten deutschen Unternehmen 100 auf den DAX und MDAX. 201 Firmen sind im Neuen Markt gelistet und weitere 114 kleinere Gesellschaften haben sich den SMAX als passendes Segment gewählt. Die Bedeutung von Unternehmen, die in keinem Index enthalten sind, wird weiterhin zurückgehen. Diese Entwicklung wird sich in den kommenden Jahren noch verstärken.

5. Fazit

Das Finanzierungsinstrument Aktie hat in Deutschland den Durchbruch geschafft. Die Zahl der Börsengänge hat sich seit 1997 jährlich verdoppelt und schließlich zu einer starken Konkurrenzsituation bei den Neuemissionen geführt. Neuemissionen ziehen nicht mehr automatisch das Interesse der Medien und der Öffentlichkeit auf sich. Vielmehr müssen die Unternehmen heute versuchen, diese Aufmerksamkeit selbst zu erzeugen. Dabei sind die Anforderungen, die von Seiten des Kapitalmarktes an die Unternehmen gestellt werden, zunehmend strenger geworden und die Investoren bei der Auswahl einzelner Werte deutlich selektiver.

Wem es nicht gelingt, auf Grund einer klaren, eigenständigen Wachstumsgeschichte in einer attraktiven Branche die notwendige Aufmerksamkeit zu erlangen sowie auf Grund einer professionellen Organisation und einem hoch qualifizierten Management die Versprechungen auch einlösen zu können, wird wenig Aussichten auf einen erfolgreichen Börsengang haben. Eine gute strategische Vorbereitung des gesamten Unternehmens mit einem perfekten Timing ist deshalb mehr als die halbe Miete für einen erfolgreichen Börsengang.

Johannes Spannagl

Markt- und Innovationspotenziale – entscheidende Elemente der Börsenreife

1. Die Bedeutung von Markt- und Innovationspotenzialen 212
2. Marktpotenziale richtig ausschöpfen 212
   2.1 Marktattraktivität und Branchenwettbewerb
       als wesentliche Einflussgrößen 212
   2.2 Strategische Freiheitsgrade sichern eine positive
       Unternehmensentwicklung 214
3. Innovationspotenziale sorgen für den Geschäftserfolg von morgen . . . 216
   3.1 Innovation ist mehr als neue Produkte und Verfahren 217
   3.2 Ideenführer sind besonders interessante Börsenkandidaten 218
   3.3 Die Antriebskräfte für Innovationen 219
4. Fazit 221

1. Die Bedeutung von Markt- und Innovationspotenzialen

Neben den generellen Voraussetzungen zur Erlangung der Börsenreife basieren die meisten Bewertungskriterien auf Vergangenheitswerten:

Aber Erfolge der Vergangenheit sind kein Garant für eine positive Unternehmensentwicklung in der Zukunft. Somit kommt dem qualitativen Anforderungs- und Leistungsprofil des Börsenkandidaten erhebliche Bedeutung zu, denn dieses bestimmt die nachhaltige Ertragskraft.

Aspekte wie professionelles Management, klare strategische Ausrichtung sowie effiziente und transparente Unternehmensstrukturen erhöhen zwar maßgeblich die Börsenreife, müssen allerdings um zwei weitere Erfolgsfaktoren ergänzt werden:

- Marktpotenzial und
- Innovationspotenzial

Diese Faktoren gilt es, umfassend zu bewerten. Der Ausschöpfungsgrad dieser Potenziale bestimmt letztendlich die Wettbewerbsfähigkeit und zukünftige Marktstellung des Going-Public-Kandidaten.

Das Markt- und Innovationspotenzial von Unternehmen rückt darüber hinaus in den Blickwinkel, weil auch in Deutschland zu erwarten ist, dass die eher mit konservativen Maßstäben denkenden Emissionshäuser zukünftig, wie in den USA heute schon, stärker auf risiko- und chancenreiche Unternehmen setzen werden. Die Aktie ist von Natur aus ein Risikopapier – hohe Chancen korrelieren mit hohen Risiken – entscheidend für den Erfolg ist deshalb die Beurteilung der im Folgenden zu behandelnden Einflussgrößen auf die Markt- und Innovationspotenziale.

2. Marktpotenziale richtig ausschöpfen

2.1 Marktattraktivität und Branchenwettbewerb als wesentliche Einflussgrößen

Die unternehmensspezifischen Möglichkeiten bei der Ausschöpfung von Marktpotenzialen sollten mit Hilfe folgender Fragestellungen beleuchtet werden:

- Welche Chancen und Gelegenheiten ergeben sich für das Unternehmen in den relevanten Märkten? Das heißt, in welchen produktorientierten, zielgruppenorientierten oder regionalen Teilmärkten bestehen mittel- bis langfristig Wachstumschancen?
- Welche Risiken und Bedrohungen gehen von den einzelnen Marktsegmenten aus? Wo und in welchem Ausmaß können die mengen- und wertmäßigen Marktanteile nicht gehalten werden?
- Welche sog. Triebkräfte des Wettbewerbs dominieren die Branchensituation und welche Auswirkungen haben diese auf das Unternehmen?
- Ergeben sich strategische Bedrohungen für das Unternehmen auf Grund der zu erwartenden Strukturveränderungen in der Branche?
- Mit welchen Markt- und Wettbewerbsszenarien ist im relevanten Marktumfeld zu rechnen und wie stark wirkt sich das auf Erlösqualität und Kostendruck der Unternehmen aus?
- Und schließlich ist zu klären, inwieweit das betroffene Unternehmen von diesen Chancen und Risiken des Markts tangiert wird und inwiefern Vorkehrungen getroffen werden können, um
  - die Chancen konsequent zu nutzen und
  - die Risiken beherrschbar zu machen.

Die Beantwortung aller Fragen trägt wesentlich dazu bei, schwierige und komplexe Zusammenhänge transparent, beurteilbar und damit letztlich beherrschbar zu machen.

Börsenreif ist ein Unternehmen in diesem Zusammenhang erst, wenn es trotz aller strategischen Herausforderungen des Markts und der Branche in der Lage ist, die Marktpotenziale zu erkennen und konsequent auszuschöpfen.

Dies bedeutet nicht zwangsläufig, dass für den Börsengang nur Unternehmen geeignet sind, die in Märkten mit hoher *Marktattraktivität* tätig sind, sondern vielmehr kommt es auf das Verhältnis von *Marktattraktivität* und *Wettbewerbsposition* des Unternehmens an.

Abbildung 46 macht deutlich, dass trotz relativ niedriger Marktattraktivität, beispielsweise ein typischer Befund für reife Branchen, die positive Unternehmensentwicklung durch eine außerordentlich gute Wettbewerbsposition gesichert wird. Andererseits ist bei sog. „Fragezeichen-Märkten" weniger die augenblickliche Marktposition des Unternehmens entscheidend, sondern die Fähigkeit gefragt, den Diffusionsprozess, also die Zeitspanne zwischen Markteintritt und Marktstabilisierung, möglichst schnell als „Sieger" zu durchschreiten. Hiermit wird dem Unsicherheitsfaktor junger, dynamischer Märkte Rechnung getragen und eine nachhaltige Gewinnabschöpfung erreicht. Marktpotenziale existieren also nicht nur in Wachstumsmärkten. Deren Ausschöpfung hängt vielmehr in erster Linie von einer wirkungsvollen Wettbewerbsstrategie des Unternehmens ab.

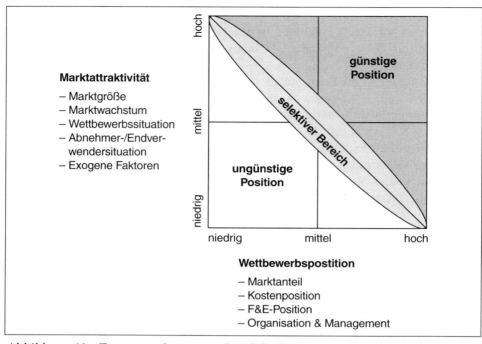

Abbildung 46: Zusammenhang von Portfolio-Position und Börsenreife

2.2 Strategische Freiheitsgrade sichern eine positive Unternehmensentwicklung

Während die Betrachtungsweise des soeben diskutierten Marktportfolios eher statischer Natur ist, sollten Börsenkandidaten vor allem auch nach ihren Aktionsmustern und Anpassungsstrategien hinsichtlich *dynamischer* Branchenstrukturveränderungen untersucht werden. Man spricht in diesem Zusammenhang vom so genannten strategischen Freiheitsgrad und strategischen Erfolgspositionen, die sich Unternehmen rechtzeitig aufbauen sollten. Beispielsweise kann ein Unternehmen bei steigendem Konzentrationsgrad auf der Abnehmerseite und dem damit einhergehenden Konditionendruck seinen strategischen Freiheitsgrad durch den Aufbau alternativer Vertriebswege deutlich steigern und dadurch für drohende Strukturveränderungen der Branche gewappnet sein.

Die strategischen Vorkehrungen für das Unternehmen müssen dort ansetzen, wo mit den größten Bedrohungspotenzialen zu rechnen ist.

Die bisherige Geschäfts- und Erfolgsmechanik verliert an Bedeutung, weil der Branchenwettbewerb mit neuen Spielregeln ausgetragen wird. Häufig wird dabei

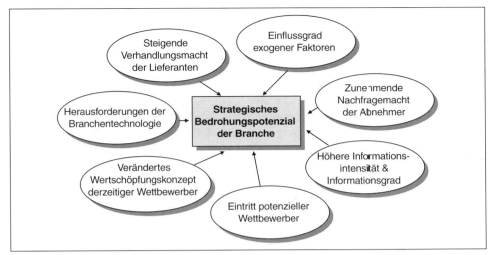

Abbildung 47: Börsenreife verlangt die Beherrschung strategischer Bedrohungspotenziale

die *Wertschöpfungskette* in wesentlichen Teilen neu gestaltet, wie zum Beispiel durch Vorwärts- oder Rückwärtsintegration von Funktionen: Produzenten übernehmen die Vermarktung ihrer Produkte und Leistungen bis hin zum Endverbraucher (zum Beispiel über Franchisesysteme) oder etwa neue Branchentechnologien verlangen eine stärkere Kooperation zwischen Komponentenlieferant und Hersteller (zum Beispiel Systemlieferanten).

Neue Spielregeln ergeben sich häufig auch auf Grund geänderter gesetzlicher Auflagen und Rahmenbedingungen und durch den Eintritt neuer, meist internationaler Wettbewerber, deren Ressourcenkraft und globale Strategien die Wettbewerbskräfte neu bestimmen.

All dies sind Strukturveränderungen von Branchen, auf welche Unternehmen mit fundierten, strategischen Anpassungen rechtzeitig antworten sollten. Stellt man nun die strategischen Bedrohungen den unternehmensspezifisch gefundenen strategischen Antworten gegenüber, so erkennt man relativ sicher und schnell die so genannte „strategischen Freiheitsgrade" eines Unternehmens und kann deren Relevanz für die Zukunftssicherung des Börsenkandidaten abschätzen. Sind also die Branchenherausforderungen des Unternehmens richtig erkannt, gilt es „nur" noch die Handlungsfähigkeit des Management einzuschätzen und das Börsenreife-Kriterium „Marktpotenziale" wäre erfüllt.

3. Innovationspotenziale sorgen für den Geschäftserfolg von morgen

Häufig wird der Begriff „Innovation" mit Berichten über Zukunftstechnologien und Märkten von morgen verknüpft sowie der entsprechende Querverweis zu Patentstatistiken und F&E-Aufwendungen angestellt. Aber ist dies wirklich alles, was unter Innovation zu verstehen ist, und welche Antworten haben die börsenreifen Unternehmen in traditionellen Wirtschaftszweigen wie zum Beispiel in der Investitionsgüter- und Konsumgüterindustrie auf die Frage nach Innovationen?

Gerade aber diese Unternehmen stehen vor der Frage: Inwieweit gelingt es, mit Hilfe von Innovationen langfristig wettbewerbs- und überlebensfähig zu bleiben? Gerade für Börsenkandidaten muss der Blickwinkel für eine *innovative* Unternehmensführung erweitert werden, das heißt, der Unternehmenserfolg ergibt sich nicht nur aus der Zugehörigkeit des Unternehmens zu Zukunftstechnologien und -märkten oder als Folge neuer Ideen, Technologien und Produkte, sondern als *Folge neuen Handelns*.

Inwiefern sich ein aktives Innovationsverhalten für die Unternehmen lohnt, also positive Auswirkungen auf Wachstum und Rendite ausgelöst werden, wurde vom Herausgeber und vom Autor dieses Beitrags bereits vor Jahren in einer umfangreichen Studie, an der über 200 deutsche Unternehmen teilgenommen haben, ermittelt:

Es existieren drei unterschiedliche Unternehmenstypen im Hinblick auf das Innovationsverhalten: Innovatoren (26 Prozent), Anpasser und Mitläufer (51 Prozent) sowie Verteidiger (23 Prozent). Die Unternehmen, die sich als „Innovatoren" charakterisieren lassen, sind den „Anpassern" und „Mitläufern" bei folgenden Erfolgsmerkmalen überlegen:

- Sie weisen eine doppelt so hohe Umsatzrendite auf wie die Verteidiger.
- Das Umsatzwachstum der Innovatoren liegt wesentlich über dem der Anpasser und Verteidiger.
- Die Neuproduktrate der Innovatoren ist doppelt so hoch wie die der Verteidiger.

Eine innovative Unternehmensführung macht sich demnach in der Praxis bezahlt. Der Innovator nimmt vor allem eine Vorreiterposition bei der Einführung neuer Ideen im eigenen Unternehmen und im Markt ein. Er schöpft also das *Innovationspotenzial* wesentlich besser aus als andere Unternehmen. Im Hinblick auf die Börsenreife eines Unternehmens ist zu beachten, dass innovative Unternehmen im Gegensatz zu ihren Wettbewerbern immer wieder neue und bessere Lösungen anbieten. Sie begnügen sich nicht mit Nachahmungen, sondern zeichnen sich durch konsequente und kontinuierliche Innovationspolitik und eine höhere Risikobereitschaft aus. Innovatoren geben auch Ideen, die sich noch nicht rechnen, eine echte Prüf- und Realisierungschance.

3.1 Innovation ist mehr als neue Produkte und Verfahren

In der bisherigen Diskussion zum Thema Innovation dominieren ganz eindeutig die Produkt- und Verfahrensinnovationen. Dies dürfte unter anderem auf die starke Technologiebetonung bei innovatorischen Prozessen zurückzuführen sein. Weitere Innovationsobjekte sind jedoch häufig die mit geringerem Stellenwert versehenen Bereiche der Organisations- und Strategieinnovation. Dabei ist zu berücksichtigen, dass die Priorität der einzelnen Innovationsobjekte sich für das Innovations-Management im Verlauf der verschiedenen Marktphasen, die eine Branche durchläuft, gravierend verschieben kann.

Die **Produktinnovation** besitzt ihre besondere Bedeutung in der Einführungs- und Wachstumsphase. Mit Produktinnovationen lassen sich „Märkte machen". Der Produktvorsprung reduziert sich mit zunehmender Produktlebensdauer, die Wettbewerber greifen das innovative Produkt über ähnliche Produkte beziehungsweise Imitationen zu niedrigeren Verkaufspreisen an. Dies bedeutet: Der Stellenwert der Produktinnovation nimmt ab.

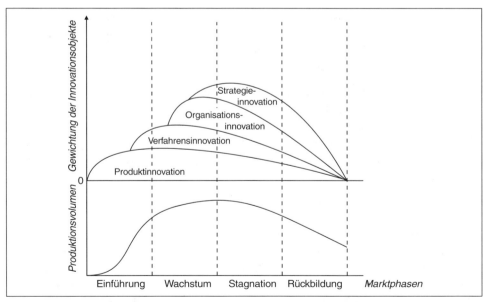

Abbildung 48: Bedeutung der Innovationsobjekte im Marktphasenablauf

Die **Verfahrensinnovation** gewinnt im Verlauf der Wachstumsphase an Bedeutung. Die Märkte sind inzwischen größtenteils geschaffen. Eine weitere Marktausdehnung läuft im Wesentlichen nur noch über Verfahrensverbesserungen (Kostensenkung, Qualitätssteigerung). Im Übergang in die Stagnationsphase werden Rationalisierungsinnovationen, das heißt Senkung der Herstellkosten, zum wichtigsten Wettbewerbsparameter. Zeitlich etwas versetzt zur Verfahrensinnovation nimmt die Bedeutung der **Organisationsinnovation** zu. Das Ausrichten der Ablauf- und Aufbauorganisation auf die neuen Marktnotwendigkeiten (Reengineering) sind Schwerpunkte von Organisationsinnovationen.

Erst gegen Ende der Wachstums- beziehungsweise Anfang der Stagnationsphase denken Unternehmen über **Strategieinnovationen** nach; das heißt, die Überlebensfähigkeit von Unternehmen wird durch eine gravierende Anpassung der Wertschöpfungskette angestrebt. Für die Beurteilung eines börsenreifen Unternehmens kommt es also besonders darauf an, zu erkennen, inwieweit das Innovations-Mix zur Marktlebenszyklusphase passt. Ideenvorschläge und Innovationsaktivitäten müssen schwerpunktmäßig dort entstehen, wo die strategischen Lücken des Unternehmens am größten sind.

3.2 Ideenführer sind besonders interessante Börsenkandidaten

Die strategische Ausgangssituation für das Innovations-Management ist bei jedem Unternehmen verschieden: Unterschiedliche Wettbewerbsposition, Märkte, Leistungsfähigkeit, Ausstattung mit Ressourcen verlangen eine individuelle Bewertung. Im Rahmen der innovativen Unternehmensführung sind jedoch vier strategische Grundhaltungen, abhängig vom Ideenpotenzial und von den Unternehmensressourcen, festzustellen.

Wie in Abbildung 49 erkennbar, ist insbesondere der Strategietyp „Ideenführer" für den Börsengang besonders gut geeignet. Derartige Unternehmen verfügen über ein hohes Ideenpotenzial, können diese Ideen auf Grund begrenzter Ressourcen jedoch nur unzureichend in konkreten Geschäftserfolg ummünzen. Hier kann der Finanzmittelzufluss über den Börsengang entscheidende Geschäftsimpulse auslösen.

Ideal-Kandidaten sind natürlich auch die „Innovationsführer", die nicht nur Ideen in ausreichender Anzahl „produzieren", sondern auch die erforderlichen Mittel besitzen, um die Innovationen konsequent und zielorientiert umzusetzen. Die Strategietypen „Anpasser" und „Ressourcenführer" erfüllen allerdings nur bedingt das qualitative Börsenreife-Kriterium „Innovationspotenzial". Während der „Ressourcenführer" noch über seine Kapitalkraft die erforderlichen Ideen und Innovationen zukaufen kann, ist der „Anpasser" als Me-too-Anbieter in wettbewerbsintensiven Märkten meistens auf der Verliererseite.

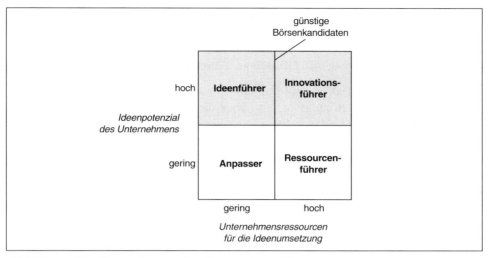

Abbildung 49: Strategietypen im Innovations-Management

An dieser Stelle sei angemerkt, dass in den seltensten Fällen allerdings die fehlende Kapitalkraft als wesentliche Innovationsbarriere herhalten kann, vielmehr entstehen Innovationshemmnisse

- durch hohen Änderungswiderstand und geringe Flexibilität bei den Mitarbeitern,
- durch Ideenarmut und Einfallslosigkeit,
- durch Gleichgültigkeit und Trägheit,
- durch schlecht strukturierte Entscheidungsprozesse
- usw.

Zusammengefasst beeinträchtigen alle diese möglichen Innovationsbarrieren das Innovationspotenzial eines Unternehmens. Je nachdem, wo die entscheidenden Defizite zu finden sind – im Personalbereich, im Organisationsbereich, bei der Unternehmenszielsetzung, bei den Unternehmensressourcen oder im externen Umfeld – bedarf es unterschiedlicher Ansätze zur Behebung dieser Schwachstellen.

3.3 Die Antriebskräfte für Innovationen

Das Ausschöpfen von Innovationspotenzialen gehört zu den anspruchsvollsten und vielfältigsten Aufgaben, die von der Unternehmensleitung, den Führungskräften und Mitarbeitern zu bewältigen sind. Das hängt auch damit zusammen, dass mehrere Faktoren über Erfolg oder Misserfolg entscheiden. Hinzu kommt noch die Rivalität zwischen zwei ganz unterschiedlichen Verhaltensweisen:

- Einerseits kann sich das Unternehmen dem Zwang nicht entziehen, das Bisherige in Frage zu stellen, um Neues und Besseres zu schaffen,
- andererseits braucht jedes Unternehmen das einigermaßen zuverlässig planbare Geschäft, um auf dieser Grundlage Neues riskieren zu können.

Bei der Innovationstätigkeit sind Fehlentscheidungen und Fehlleistungen unvermeidlich. Fehler müssen zulässig sein, aber das Unternehmen muss sich Fehler auch leisten können. Für das richtige, ausgewogene Verhältnis beider Prinzipien gibt es kein Rezept und wird es wohl nie geben.

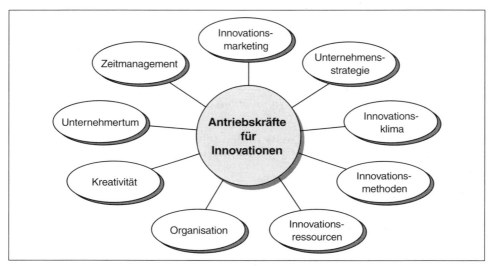

Abbildung 50: Antriebskräfte für Innovationen

In der Unternehmenspraxis haben sich allerdings neun starke Antriebskräfte für Innovationen herauskristallisiert, deren optimaler, unternehmensspezifischer Erfüllungsgrad die Innovationskraft eines Unternehmens ausmacht. Im Einzelnen kommt es darauf an:

- eine enge Verknüpfung des Innovations-Management mit der Unternehmensstrategie sicherzustellen,
- ein positives Innovationsklima zu erzeugen,
- den Einsatz von professionellen Innovationsmethoden anzustreben (zum Beispiel Kreativitätstechniken),
- ausreichende Innovationsressourcen bereitzustellen,
- eine innovationsfördernde Organisation zu etablieren (zum Beispiel Projektmanagement, Teamarbeit),
- hohe Kreativität bei den Mitarbeitern zu erzeugen,

- ein ausgeprägtes Unternehmertum zuzulassen,
- perfektes Zeitmanagement zu betreiben,
- den erfolgreichen Markteintritt mit professionellem Innovations-Marketing zu erreichen.

Das Gewicht der einzelnen Antriebskräfte ist für jedes Unternehmen unterschiedlich. Für die Beurteilung der Börsenreife ist es jedoch erforderlich, die ausschließlich qualitativen Faktoren analytisch „in den Griff" zu bekommen. Qualifizierte Ergebnisse erreicht man dabei meist mit Hilfe von Wettbewerbsvergleichen und einer ehrlichen Selbsteinschätzung des Unternehmens.

4. Fazit

Es ist deutlich geworden, dass das Markt- und Innovationspotenzial eines Unternehmens ein entscheidendes Element der Börsenreife darstellt. Es sollte also nicht damit getan sein, lediglich die Plausibilität von Planrechnungen zu überprüfen und damit die Beurteilung der Tragfähigkeit und Zukunftsfähigkeit eines Unternehmenskonzeptes abzuschließen. Vielmehr ist neben der Strategie- und Management-Begutachtung für die Börsenreife des Unternehmens die Fähigkeit ausschlaggebend, Marktpotenziale und Innovationspotenziale richtig auszuschöpfen. Gemäß dem Leitsatz: „Am Anfang eines jedes Geschäftes steht eine Idee – aber Ideen ohne Umsetzung sind wertlos!"

Volkhard Emmrich

Langfristige Sicherung der Börsenattraktivität durch strategische Unternehmensführung

1. Strategie – die Basis für Unternehmensperspektive
   und nachhaltigen Erfolg 225
   1.1 Ist die „New Economy" zu schnell für strategische
       Unternehmensführung? 225
   1.2 Strategie – Zielposition, Perspektive, Transformation
       oder nur Reaktion? 228
   1.3 Strategie setzt auf neue Regeln, gezieltes Verändern
       und Bewahren 232
2. Elemente und Bestimmungsfaktoren der Strategieentwicklung 233
   2.1 Erst Alternativen und Szenarien zeigen, was künftig grundsätzlich
       möglich ist 234
   2.2 Kunden, Information und Branchenwertschöpfung sind
       die wesentlichen Gestaltungsparameter 237
3. Sieben Grundsatzentscheidungen der Strategieentwicklung 240
   3.1 Kompetenzbasis und Ausrichtung des Kernkompetenzspektrums . 242
   3.2 Volumen beziehungsweise Dimension des Geschäfts 243
   3.3 Angebots-/Leistungsspektrum – Festlegung
       der künftigen Erlösträger 244
   3.4 Segmentierung der Art der betriebenen Geschäfte 245
   3.5 Festlegung der eigenen Wertschöpfung
       im Branchenwertschöpfungsprozess 246
   3.6 Kundenportfolio, Kundenpotenzial und Kundeninformation 247
   3.7 Mindestgeschwindigkeit – mit der Positionen beziehungsweise
       Zwischenziele erreicht werden müssen 248

4. Innovatoren und schnell wachsende Unternehmen stehen vor speziellen strategischen Herausforderungen 249
   4.1 Organisation und Mitarbeiter müssen frühzeitig mitwachsen 249
   4.2 Wachsen in strategisch richtigen Bahnen ist mehr als Chancenmanagement 251
   4.3 Wenn Wachstumsschwellen nicht frühzeitig beseitigt werden, stagniert die Unternehmensentwicklung auf unbefriedigendem Niveau 252

5. Ob Pre- oder Post-IPO – die Strategen machen das Rennen 253
   5.1 Pre-IPO-Strategie: Performancenachweis, nicht jedoch Vorwegnahme der „goldenen Zukunft" 253
   5.2 Post-IPO-Strategie: Durchstarten zur Realisierung des Strategiepfades ohne Effizienz und Performanceeinbußen ... 255

   Literaturhinweise 256

1. Strategie – Die Basis für Unternehmensperspektive und nachhaltigen Erfolg

Was hat Strategie mit dem Gang an die Börse, mit Investor-Relationship-Management und Börsenattraktivität zu tun? Bewertet die Börse Unternehmen nicht primär auf der Basis von Halbjahres- und Quartalsergebnissen unter Missachtung langfristiger Investitionen und strategischer Vorleistungen? Andererseits fordern Analysten und Aktionäre Mittelfristplanungen, Gewinnprognosen und Risikomanagement – nichts führt zu stärkeren Kursturbulenzen als eine nachhaltige Ziel- und Planverfehlung.

Analysten und Strategen haben somit zumindest eines gemeinsam: Beide beschäftigen sich mit der Zukunft von Unternehmen beziehungsweise deren künftigen Erfolgen – für beide ist die „Strategie" dann aufgegangen, wenn der Erfolg in der Zukunft größer ist als in der Gegenwart. Deshalb sehen wir gerade in der strategischen Unternehmensführung das wesentliche Managementinstrument zur langfristigen Sicherung der Börsenattraktivität sowie des Investor-Relationship-Managements.

Unter strategischer Unternehmensführung fassen wir dabei alles zusammen, was sich über das operative Geschäft hinaus mit „der Zukunft" beschäftigt, wobei Alternativen zu einem „Weiter wie bisher" im Mittelpunkt stehen. Strategische Unternehmensführung ist daher mehr als Langfristplanung – strategische Unternehmensführung umfasst die Ermittlung des Gestaltungsspielraums eines Unternehmens, die Ausnutzung dieser Gestaltungsmöglichkeiten, die Ableitung des richtigen Ressourceneinsatzes sowie das Verhalten des Unternehmens als Teil eines dynamischen Systems.

1.1 Ist die New Economy zu schnell für strategische Unternehmensführung?

Ist Strategieentwicklung und strategische Unternehmensführung in Zeiten zunehmender „Spekulationswirtschaft" – in der für junge Unternehmen der schnelle Börsengang quasi zur Existenzfrage geworden ist – noch zeitgemäß? Nicht erst seit Clausewitz ist bekannt, dass Strategieentwicklung gerade in Zeiten rascher und grundsätzlicher Veränderungen beziehungsweise Strukturbrüche unerlässlich ist.

So wie Napoleon Anfang des 19. Jahrhunderts durch die Strategie des New Game das bestehende Muster der europäischen Kriegsführung grundlegend veränderte – so ist es heute die New Economy, durch die nicht nur Spielregeln, sondern auch die Spielfelder für Unternehmen selbst neu definiert werden.

Veränderungstreiber sind hierbei insbesondere Globalisierung, Wissensmanagement und E-Business; sie setzen grundsätzliche ökonomische Erfahrungen außer Kraft, indem bisher gültige Segmentierungen und Abgrenzungen aufgehoben werden.

Bisher völlig unbekannte Unternehmen und Branchenfremde erobern Märkte, Unterschiede zwischen Unternehmen und Markt verwischen, wenn Unternehmen sich wie Marktplätze entwickeln und damit für Dritte selbst zum Markt werden, ganze Branchenwertschöpfungsprozesse werden transformiert und dadurch „auf den Kopf gestellt".

Die das strategische Potenzial des E-Business „zu Ende denkenden" Unternehmen – wie zum Beispiel IBM und DELL – definieren sich selbst neu, das heißt, sie stellen den Kunden, den möglichen Kundennutzen und darauf aufbauend potenzielle Bedürfnisse sowie die zu deren Befriedigung notwendige Information in den Mittelpunkt. Aus der optimalen Informationsstruktur und -konfiguration dieses Outside-in-Ansatzes leiten sie Geschäftsprozesse sowie Organisations-/Prozessstrukturen ab und definieren den Integrationsgrad von Prozess-, Daten- und Systemintegration. Auf dieser Basis ist klar, für welche Geschäfte der Informations-, Logistik- beziehungsweise Zahlungsprozess konkret Bestandteil des E-Business-Konzeptes ist.

Was macht die Neue Ökonomie so schnell und in vielen Elementen für traditionelle Anbieter überraschend? Die Antwort lautet: Informationstransparenz und globale Informationsverfügbarkeit.

E-Commerce Angebote sind von Beginn an überregional verfügbar, Markttests finden nicht mehr „im Technikum" statt. Roll-outs müssen zügig erfolgen, die sukzessive Realisierung regional differenzierter Marketingstrategien gehört in vielen Segmenten endgültig der Vergangenheit an.

Marktanteile müssen schnell gewonnen werden – in Wochen oder Monaten ist über „Top oder Flop" entschieden – Zeitstrategien zur Besetzung von Zukunftspositionen sind der Erfolgsfaktor Nummer eins.

Bernd Ziesemer beschreibt in der Millenniumsbeilage des Handelsblattes „Tempo, Kult und Börsengang" als die drei zentralen Begriffen der neuen Wirtschaft – wobei in den Gründerjahren des letzten Jahrhundertwechsels Tempo und Kult aus Sicht der Betroffenen wohl ebenso erfolgsentscheidend waren wie heute. Krupp war zu seiner Zeit sicher der gleiche Macher wie heute ein Bill Gates und die Marke Krupp über Jahre hinweg mit ähnlichem Kult behaftet wie heute

Yahoo; grundsätzlich unterschiedlich sind jedoch Erfolgsfaktoren, Veränderungstreibern und Inhalten der beiden Konjunkturzyklen.

Eine wesentliche Ursache der derzeit häufig anzutreffenden Verunsicherung liegt wohl auch darin begründet, dass den neuen Inhalten mit traditionellen Planungs-, Steuerungs- und Messmethoden zuleibe gerückt wird, diese jedoch die neuen Erfolgsfaktoren gerade nicht abbilden beziehungsweise ihrer Erfolgsrelevanz nicht genügen.

Welchen Einfluss haben die Marke, das Wissen über Kundenbedürfnisse und -strukturen sowie das Fachwissen oder die Kommunikationskompetenz der Mitarbeiter auf den künftigen Gewinn? Wie drücken sich Innovationskraft und Kompetenzstärke im Rating aus, wenn Kennzahlen wie Anlagenintensität und klassische Liquiditätsgrade kaum Aussagefähigkeit haben?

Die Beispiele zeigen: Nur Insider, die mehr Wissen haben als in Bilanz und GuV steht, sind in der Lage, die Zukunft von New-Economy-Unternehmen wirklich einzuschätzen und damit die Unternehmensstrategien zu bewerten.

Insider ist damit heute nicht mehr derjenige, der „seine Branche seit 20 Jahren kennt" – Insider ist heute derjenige, der abzuschätzen weiß, welche Veränderungsleistung durch den gezielten Einsatz von Informationstechnologien, durch die Transformation des Branchenwertschöpfungsprozesses und konkret durch alternative Geschäftsmodelle in einzelnen Branchen oder besser Kundennutzen-Kategorien und Bedarfsfeldern erzielt werden kann.

Dies beantwortet auch die Frage ob New Economy zu schnell ist für strategische Unternehmensführung. Wie wir glauben, erfordert sie geradezu strategische Unternehmensführung und dies nicht nur in der EDV- und Softwarebranche. Die Zukunft wird zeigen, dass vermeintlich hochtraditionelle Segmente wie die Bauwirtschaft und der Bauzulieferbereich vor einer grundsätzlichen IT- beziehungsweise E-Business Metamorphose stehen, denn gerade dort stecken große Effizienzpotenziale im Branchenwertschöpfungsprozess.

Informationstechnologien beziehungsweise die New Economy – in deren Mittelpunkt der professionelle Umgang mit und die richtige Strukturierung von Informationen, Wissen und Know how steht – sind aus unserer Sicht das Strategieelixier der nächsten Dekade. Erste Flops verdeutlichen jedoch: IT-Know-how ist zu wenig, ein erfolgreicher Outside-in-Ansatz erfordert Markt- und Kundenkenntnis, Wissen hinsichtlich des Branchenwertschöpfungsprozesses und Marktzugang. Strategen machen sich die individuell richtigen Bausteine zu Eigen, haben durch schnellen breiten Markterfolg nicht nur eine Story zu bieten, sondern sind – und dies wird zunehmend branchenunabhängig sein – für Investoren und deren Kapital in hohem Maße attraktiv. – Warum? – Weil sie auf die derzeitigen Veränderungstreiber nicht passiv reagieren, sondern sie als strategische Waffe aktiv zur Maximierung des eigenen Erfolgs und zur Sicherung der Unternehmenszukunft einsetzen.

1.2 Strategie – Zielposition, Perspektive, Transformation oder nur Reaktion?

Nachdem klar ist, dass gerade die New Economy strategische Konzepte und strategische Unternehmensführung erfordert, wollen wir klären, was wir unter Strategie verstehen und einen kurzen Abriss über die wesentlichen Inhalte der Strategieentwicklung geben.

Um von Beginn an Missverständnisse zu vermeiden: Vorübergehender Erfolg darf nicht mit nachhaltiger Leistung verwechselt werden, die Realisierung einer einzelnen Geschäftschance hat ebenso wenig mit Strategie zu tun wie ein Sechser im Lotto. Bei einer Strategie geht es darum, „den Krieg und nicht die Schlacht zu gewinnen" und dies unter höchster Ressourceneffizienz, das heißt mit geringst möglichem Ressourceneinsatz und -risiko.

Im Umfeld des Börsengangs ist zudem grundsätzlich zwischen Pre- und Post-IPO Strategien zu unterscheiden – und zwar nicht, weil der Wechsel der Rechtsform oder der öffentliche Handel mit Geschäftsanteilen von strategischer Relevanz wäre, sondern weil es zum einem darum geht, den IPO-Zeitpunkt strategisch optimal zu wählen, zum anderen muss man sich im Wettbewerb der Neuemissionen behaupten und die Erwartungen der Börse an die weitere Unternehmensentwicklung erfüllen.

Vor diesem Hintergrund gilt branchenunabhängig: Strategie heißt Management von Spitzenleistungen, Erwerb des Attributs „Excellence" und Aufbau eines Wertesystems, das ein Halten von Spitzenleistungen über einen längeren Zeitraum ermöglicht.

Spitzenleistungen sind die Triebfedern für weitere Erfolge, denn sie machen einfach Spaß; dies jedoch nur, wenn die Bewältigung von Wachstumsschwellen weder zur Demotivation von Pionieren und Gründern noch von neuen Leistungsträgern führt.

Langfristige Spitzenleistungen erfordern daher Führung – und Führung bedeutet vor allem Entwicklung von strategischen Vorstellungen, um dadurch die Basis für Identifikation und Hingabe der Mitarbeiter zu sichern.

Management von Spitzenleistungen im Sinne von strategischer Unternehmensführung umfasst somit

- das realistische Abstecken des strategischen Bezugsrahmens im Markt und Wettbewerbsumfeld auf der Basis von Nutzenpotenzialen und möglichen Angebotsvorteilen,
- das Artikulieren eines Führungsanspruchs im Sinne von Marktführerschaft („Wir werden die Nr. 1"),
- den Aufbau echter Identität durch Konsistenz von Visionen und Kompetenzen in Form von Glaubhaftigkeit eines überzeugenden und begeisternden Erfolgskonzepts[1],
- die Identifikation des „geeignetsten Feindbildes" („Wir überholen die Firma XY....").

Die Überfrachtung mit „Change"-Programmen, Wandel um der Veränderung willen, Formalisierung von im Ursprung auf Inhalte ausgerichtete Managementinstrumenten, wie zum Beispiel dem der strategischen Planung, haben jedoch häufig den Blick auf die richtige, das heißt leistungsorientierte Managementkultur getrübt. Es darf keinesfalls übersehen werden: Führungskontinuität, Strategie- und Wertekonstanz sowie Konsequenz in der Zielverfolgung sind unverzichtbare Führungseigenschaften, wenn Spitzenleistungen erzielt werden sollen, denn erfolgreiche Denker sind auch „Handler", sonst wird die Strategie zur Zeitfalle statt zur Erfolgsbasis.

Gerade Pioniere und Innovatoren scheitern häufig daran, ein auf wenige selbstmotivierte Personen ausgerichtetes Wertesystem in ein für Organisationen geeignetes Führungs- und Strategiekonstrukt zu übertragen, das insbesondere neuen, von außen kommenden Mitarbeitern echte Spitzenleistungen ermöglicht.

Das Entwickeln strategischer Vorstellungen und Visionen erfordert deshalb gerade in jungen Unternehmen vom Top Management einen gewissen Reifungsprozess beziehungsweise eine persönliche Grundeinstellung, die sich durch folgende Merkmale und Aussagen charakterisieren lässt:

- Erfolge der Vergangenheit sind keine Garantie für die Zukunft.
- Wachstumsschwellen beruhen häufig auf nicht mitwachsender Organisation, das heißt dem zu späten Einziehen von „organisatorischen Zwischendecken".
- Neue Mitarbeiter sind keine „Start-up-Motivierten". Sie erwarten Transparenz, rasche Erlernbarkeit der Spielregeln und keine Behandlung als „zweite Garnitur".
- Nicht die Wahrnehmung jeder einzelnen Chance oder Geschäftsidee führt zu bestmöglichem Wachstum beziehungsweise größtmöglichem langfristigen Erfolg.

---

1 Vgl. Große-Oetringhaus (1996), S. 27.

Bestimmungsfaktoren		Inhaltliche Ausprägung
Strategie	→	Führungsanspruch im Wettbewerb/Wettbewerbsvorteil
Stärke	→	Vorteile hinsichtlich Leistungsangebot, Kompetenzen, Innovationsgrad
Werte	→	Prägung der Unternehmens-/Mitarbeiterkultur
Führungsstil	→	Charakteristik/Entscheidungsmechanik der Führungskräfteentscheidungen
Mitarbeiter	→	Zusammenarbeit und Ziele der Führungskräfte/General Manager
Organisation	→	Wertschöpfungsmanagement durch Aufbauorganisation, Entscheidungsregeln
Führungsprozess	→	inhaltliche und zeitliche Folge von Führungstätigkeiten

nach: Peters/Waterman (1980), 7 S-Modell

Führungssystem	Konsistenz, Identität, Motivationsgrad, Begeisterungsfähigkeit
Führungselemente	Führungswille, Integrationsgrad, Umsetzungskompetenz, Klarheit der Vision, Eindeutigkeit der Vorteile

(nach: Große-Oetringhaus (1996)

Abbildung 51: Wesentliche Bestimmungsfaktoren von Spitzenleistungen

- Visionen und die laufende Frage nach den strategischen Prioritäten sind der „Fels in der Brandung" und geben neuen Mitarbeitern Klarheit und Perspektive.

Die empirische beziehungsweise wissenschaftliche Auseinandersetzung mit den Ursachen und Faktoren von unternehmerischer Spitzenleistung[2] geben weitere Hinweise, jedoch kein allgemein gültiges Kochrezept, denn Spitzenleistungen erzielen Menschen im zielgerichteten Miteinander, das heißt durch komplexe Wechselwirkungen sozial, emotional und rational determinierter Systeme. Abbildung 51 zeigt die wesentlichen empirisch wissenschaftlichen Bestimmungsfaktoren im Überblick.

Will Strategie Spitzenleistungen hervorbringen, so ist sie aktiver, selbstkritischer Wettbewerb auf der Grundlage von „wenn-dann"-Überlegungen und dem Bestreben, die künftige Wirkung heutiger Handlungen richtig abzuschätzen. Erst auf dieser Basis wird aus Zufall und Intuition Strategie. Aus unserer Sicht ist es für das strategische Denken wesentlicher, Unternehmen, Branchen, Kunden-

---

[2] Vgl. zum Beispiel Peters/Waterman (1988): In Search of Excellence. Lessons from America's Best-Run Companies.

gruppen und Märkte jeweils als Systeme und zwar als komplexe adaptive Systeme zu begreifen, als die strategischen Managementkonzepte in unterschiedliche Schulen einzuteilen.

Was ist damit gemeint?

Ein System, das „nicht einfach zu beschreiben ist", sondern eine gewisse Informationslänge für seine Beschreibung benötigt, ist komplex. Der Begriff „adaptiv" beschreibt die Fähigkeit, Informationen über die Umwelt sowie über die eigene Wechselwirkung mit dieser Umwelt aufzunehmen, Regelmäßigkeiten darin zu erkennen, Schemata zu verdichten und gemäß diesem Schemata in der realen Welt zu handeln.[3] Dabei wird die Wirkung der Schemata laufend an Zielfunktionen (strategischen Zielen) geprüft. Konkurrierende Schemata stehen bei unzureichender Zielerreichung als Alternativen zur Verfügung.

Unternehmensstrategie hat somit zum Ziel, für das eigene Unternehmen – jetzt verstanden als System – im Marktwettbewerbssystem die größten Vorteile zu erzielen, und zwar durch das aktive Herbeiführen von Systemzuständen, die das eigene Subsystem begünstigen. Jede Strategie verkürzt also die Zeit, in der sich real mögliche Veränderungen im Marktwettbewerbssystem einstellen und beschleunigt somit die Entwicklung des Gesamtsystems.

Inhalt jeder Strategie ist es, Werte zu schaffen und zwar im Sinne von „Wert des Geschäfts" des Unternehmens und damit auch des Börsenwerts.

Möglich ist dies nur auf der Basis eindeutiger, nachvollziehbarer, also vom Markt honorierter und nicht nur „selbst eingeredeter" Vorteile. Die Anzahl der möglichen beziehungsweise Erfolg versprechenden Strategien ist daher vom Markt- und Wettbewerbsumfeld abhängig, sie wird festgelegt durch die Anzahl derjenigen Möglichkeiten, die Kundennutzen stiften. In welchen Grenzen, das heißt konkret für welche Geschäfte strategische Überlegenheit erzielt werden kann, ist abhängig von der Möglichkeit, unterschiedliche Kategorien des Kundennutzen darzustellen.[4]

Der Rückgriff auf die Systemtheorie macht es deutlich – Strategie ist nicht das sture Verfolgen einer in „fünf Dimensionen" konkret festgelegten Zielposition – ebenso wenig die reine Reaktion auf Veränderungen von außen; unter Strategie verstehen wir das kontinuierliche Ausloten real möglicher Veränderungen, die Beantwortung der drei strategischen Kernfragen:

- Ist die darstellbare (System-)Veränderung für mein Unternehmen (Subsystem) vorteilhaft oder nicht?

---

3 Vgl. Gell-Mann (1994), S. 53.
4 Vgl. Oetinger (1993), Das Boston Consulting Group Strategiebuch.

- Kann ich als Unternehmen diesen neuen Systemzustand aktiv herbeiführen und welche Fähigkeiten, Kompetenzen oder Allianzpartner benötige ich dafür?
- Wie schnell muss die Veränderung erfolgen, um dem Initiator wirklich einen nachhaltigen First-Mover-Advantage zu sichern?

1.3 Strategie setzt auf neue Regeln, gezieltes Verändern und Bewahren

Die Ansatzpunkte jeder Strategie sind die Spielregeln in Markt und Wettbewerb sowie der Branchenwertschöpfungsprozess und dessen Transformationspotenziale, das heißt, sie setzt an beim Kunden, den Kundennutzen zu stiften und verändert gezielt das Spannungs- und Kräftefeld von Nachfragern und Anbietern zum eigenen Vorteil. Bei der Entwicklung einer Strategie müssen die Wirkungen von Veränderungen, mögliche Wettbewerbsreaktionen und Marktverschiebungen im Sinne eines „wenn-dann"-Kalküls vorausgedacht werden. Strategisches Denken erfordert daher zwar Erfahrung hinsichtlich der Umsetzung, jedoch vor allem Analytik, Logik und striktes „zu-Ende-Denken" in der Konzeption.

Ertragskraft und Gewinn sind gleichsam Kuppelprodukte des zusätzlichen Nutzens und der geschaffenen Werte.

Die Kunst der Erzielung einer hohen „Strategierente" besteht darin, neue Regeln nicht im „Frontalangriff", sondern mit Intelligenz und unter Schonung der eigenen Ressourcen einzuführen und erschlossene Potenziale nachhaltig auszuschöpfen.

Viele Pioniere erliegen der Versuchung Innovation an Innovation zu reihen ohne die Geschäftspotenziale der einzelnen Geschäftsideen wirklich auszuschöpfen. Insbesondere bei technologiegetriebenen Unternehmen erfordert die Potenzialausschöpfung ein hohes Maß an Selbstdisziplin und Selbstkritik – dies gilt ausdrücklich für Unternehmen der New Economy; denn jede weitere realisierte Innovation muss wirklich zu einem Mehrwert im Sinne von „Economic Value Added"[5] führen. Betreibt ein Unternehmen mehrere Geschäfte, so ist der über die Summe der Einzelgeschäftswerte hinausgehende „Mehrwert" Ergebnis und Pay-back der Unternehmens- beziehungsweise Gruppenstrategie.

Er wird primär realisiert durch diejenigen Kompetenzvorteile, die mehrere Geschäfte gemeinsam zur Positionierung und letztlich der Potenzialausschöpfung nutzen können.

---

5 Vgl. Ehrbar (1998), Economic Value Added.

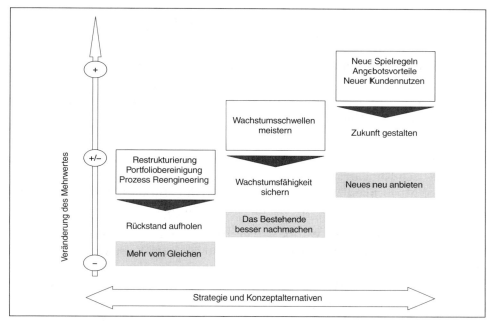

Abbildung 52: Nur Innovation steigert wirklich nachhaltig den Unternehmenswert

Die gesamte Steigerung des Unternehmenswerts wird aus der richtigen Kombination von operativer Effizienz, wachstumsorientierter Organisation und Innovations- beziehungsweise Antizipationsvorsprung – also dem heutigen Gestalten der Zukunft – erzielt. Abbildung 52 gibt einen Überblick über die Wettbewerbsrelevanz von Innovationen.

Nicht nur für börsennotierte Unternehmen schließt sich somit der Wertekreis, denn Strategiepotenziale sind Werte und damit Kurspotenziale, deren Realisierung der Lohn ist für unternehmerische Spitzeleistungen.

2. Elemente und Bestimmungsfaktoren der Strategieentwicklung

Strategischer Bauplan und strategische Architektur sind gebräuchliche Begriffe für Erfolgskonzepte zur umfassenden Ausgestaltung einer Unternehmensstrategie. Zur Erarbeitung oder Überprüfung einer derartigen Architektur ist die Kenntnis der Bestimmungsfaktoren notwendig, an Hand derer Vorstellungen über die mögliche Unternehmenszukunft gewonnen werden.

2.1 Erst Alternativen und Szenarien zeigen, was künftig grundsätzlich möglich ist

Der Wettbewerb um die Zukunft hat bereits begonnen. Welche Wettbewerber aber in Zukunft konkret in eine bestehende Kundenbeziehung einbrechen, lässt sich nur auf der Basis von Alternativen und Szenarien bestimmen, die auf Nutzenpotenzialen beziehungsweise möglichen Alternativen zur Generierung von Kundennutzen aufbauen.

Im Mittelpunkt steht nicht mehr der Vergleich von Produkten und Prozessen der gegenwärtigen Konkurrenz; es geht vielmehr darum, auch virtuelle Nutzensubstitution und Möglichkeit zur Kundenbindung durch E-Business-Konzepte, Marktplätze und Shops in Szenarien zu erfassen und zu bewerten.

Durch eine nur auf heutige Wettbewerber und Arbeitsteilung der Branche ausgerichtete Strategie ist es einem Faxgeräteshersteller zum Beispiel nicht möglich, den Substitutionswettbewerb von Anbietern abzuwehren, die den heutigen Faxkäufern die Vorteile von E-Mail oder PC-Fax nahe legen und damit zur Schrumpfung des Faxgerätemarkts beitragen.

Ausgangspunkt bei der Auswahl der richtigen Szenarien ist die Frage „nach den Märkten und Branchenprozessen von morgen", das heißt die Entwicklung klarer Vorstellungen hinsichtlich der realmöglichen Zukunft, der in einer solchen Zukunft grundsätzlich herrschenden Schemata und der Wirkungszusammenhänge innerhalb des Marktwettbewerbsystems sowie möglicher Alternativen dazu.

Die Entwicklung dieser Vorstellung erfolgt durch die Suche nach freien, das heißt derzeit nicht beziehungsweise nur auf einer suboptimalen Ebene abgedeckten Nutzenpotenzialen und potenziellen Angebotsvorteilen entlang der Gesamtwertschöpfungskette sowie der Potenziale durch Elimination von Teilprozessen des Branchenwertschöpfungsprozesses, wobei der Endverwender den Ausgangspunkt bei dieser Suche darstellt (Outside-in-Ansatz).

Die Prüfung auf Realisierbarkeit basiert auf der Ableitung der notwendigen Kompetenzen zur Nutzendarstellung. Durch Analyse der Kompetenzprofile aller möglicher Anbieter inklusive der Abschätzung, wo aus einem Nukleus Zusatzkompetenz aufgebaut werden kann, wird die Bandbreite des künftigen Wettbewerbs deutlich.

Die identifizierten nutzenrelevanten Kompetenzen sind die Suchpfade zum Aufspüren möglicher neuer Wettbewerber beziehungsweise der erfolgskritischen Gestaltungsparameter für Strategien im entsprechenden Kundennutzensegment.

Der Begriff Kompetenz ist hierbei breit zu fassen und beinhaltet das gesamte Spektrum von Fähigkeiten und Möglichkeiten inklusive der Kenntnisse einer bestimmten Geschäftsmechanik, das heißt einer bestimmten Systemfunktion. In diesem Zusammenhang kann man zum Beispiel das Kompetenzprofil von McDonald's betrachten, das nicht nur die Industrialisierung von Fast Food, sondern auch Themen wie Globalisierung und Franchising umfasst.

Da angesichts des zunehmenden Geschwindigkeitswettbewerbs gerade in der „intelligenteren" Antizipation der Zukunft ein wesentlicher Wettbewerbsvorteil liegt, ist es sinnvoll, wenn Schubladenkonzepte und Handlungsalternativen für unterschiedliche Systemzustände der Zukunft erarbeitet werden. Es handelt sich hierbei um antizipative Zukunftsbilder und Szenarien, so genannte „Was-muss-geschehen,-dass"-Szenarien, die durch Retropolation die notwendigen Voraussetzungen dafür aufzeigen, dass bestimmte Zustände in der Zukunft eintreffen.[6] Durch Szenariotechnik werden Annahmen hinsichtlich eines Zukunftszustands beziehungsweise eines konkreten Bildes der Zukunft getroffen. Dieses Bild wird – im Sinne eines mathematischen Modells – im Rahmen seiner Rand- und Anfangsbedingungen ausgestaltet und auf Schlüssigkeit hin überprüft.

Ausgehend von diesem, in sich stimmigen Zukunftsbild werden mögliche Entwicklungspfade rückwärts beschritten, sodass sich ein breites Spektrum möglicher, gegenwärtiger Ausgangspunkte ergibt, die jeweils Startpunkte für die dargestellte, konkrete Zukunft sein können.

Andererseits macht es auch Sinn, ausgehend von bestehenden Markt- und Wettbewerbssystemen nicht „linear hochzurechnen", sondern mögliche Veränderungen von Systemfunktionen und Systemzuständen im Sinne von „Was-wäre-wenn"-Szenarien zu entwickeln und somit mehrere mögliche Zukunftsbilder zu generieren, deren Entstehung alle in einem nachvollziehbaren kausalen Zusammenhang mit der Gegenwart stehen.

In der Praxis ist eine Kombination beider Techniken sinnvoll, wie dies Abbildung 53 (siehe folgende Seite) verdeutlicht.

Wesentliche Arbeitsmethoden sind somit:

- die Extrapolation von technischen Trends, Veränderungen von Bedarfs- und Nutzenkategorien, Potenzialen im Substitutionswettbewerb sowie von demografischen Werten (Umfeldszenarien),
- die Erarbeitung von retropolierenden Szenarien zum Beispiel für:
  – Kunden und Kundennutzen
  – alternative Branchenwertschöpfungsprozesse
  – notwendige Kompetenzen und Technologien
  – Kompetenz- und Technologiezugang anderer Unternehmen

---

6 Vgl. Gausemeier et al. (1990), S. 110 ff., Abbildung 5.

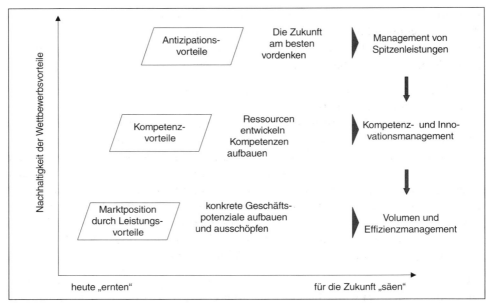

Abbildung 53: Nachhaltigkeit der Wettbewerbsvorteile

- erfolgskritische Engpassfaktoren wie Organisation, Wissen, Kapital
- notwendige Marktleistungen
- Potenziale durch Informationstransparenz und Globalisierung

Sind auf diese Weise sich möglicherweise einstellende Zustände des Markt-Wettbewerbsystems ausreichend strukturiert folgen als nächste Arbeitsschritte:

- die Ableitung konkreter Zielpunkte für das eigene Unternehmen als Vision und Leitbild, aber auch als konkretisierte mit Input und Output versehene Einzelziele,

- die Festlegung der notwendigen Veränderungen (intern wie extern) im Sinne von „Was muss geschehen, dass"-Fragen und deren Beantwortung.

Durch die Kombination von Retropolation und Extrapolation wird sichergestellt, dass die entworfenen Zukunftsbilder nicht an wesentlichen Trends vorbeigehen und auch sich nur schwach abzeichnende Trends und Strukturbrüche berücksichtigt werden.

Auf Grund der dargestellten Vorgehensweise wird das Unternehmen nicht nur dank hoher Veränderungsgeschwindigkeit im Markt mithalten, es wird auch von Strukturbrüchen nicht überrascht, denn viele reale Möglichkeiten der Zukunft sind vorstrukturiert und zumindest in Eckpunkten durch Schubladenkonzepte hinterlegt.

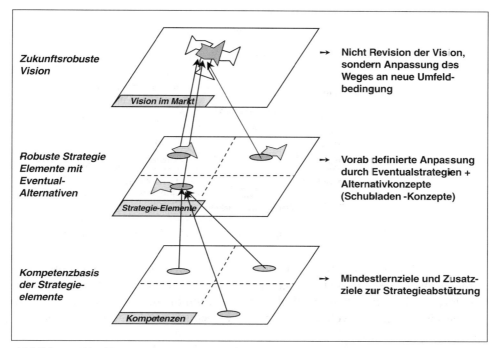

Abbildung 54: Eventualstrategien und Alternativkonzepte stützen zukunftsrobuste Visionen

Wird im Bereich der notwendigen internen Veränderungen mit klar fixierten Strategiebausteinen operiert, also mit in sich abgeschlossenen Teilkonzepten mit eigenständigen Input-/Output-Relationen sowie Rand- und Anfangsbedingungen, so ist es möglich, Eventualstrategien aufzubauen, die sich aus einem Mix gleicher Grundelemente ergeben, jedoch durch die unterschiedliche Kombination der Strategiebausteine alternativen Zukunftszuständen gerecht werden.

Abbildung 54 zeigt den Aufbau von Eventualstrategien und Alternativkonzepten die Aktionismus, Zeit- und Ressourcenvergeudung verhindern.

2.2 Kunden, Information und Branchenwertschöpfung sind die wesentlichen Gestaltungsparameter

Bei der inhaltlichen Ausgestaltung der Strategie, ihrer Bausteine beziehungsweise Szenarien sind Wissensmanagement, Internet und Globalisierung die wesentlichen Veränderungstreiber der New Economy; Kunde beziehungsweise Kundentyp, Information und Branchenwertschöpfungsprozess die Gestaltungsparameter (vgl. Abbildung 55).

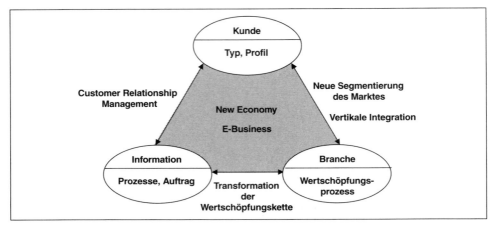

Abbildung 55: Wesentliche Gestaltungsparameter der Strategieentwicklung

Herrscht Unklarheit darüber, ob bei der Strategieentwicklung die Gestaltungsparameter ausreichend berücksichtigt wurden, so lässt sich dies leicht durch die Beantwortung der Frage klären „Wofür zahlt ein feindlicher Übernehmer?" beziehungsweise „Anhand welcher Parameter errechnet ein Übernehmer den Payback für den Kaufpreis?".

Im Mittelpunkt dieser Überlegungen stehen heute der Kunde, die Abbildung seiner Prozess- und Leistungsanforderungen in einem Outside-in-Ansatz sowie die Möglichkeiten, Kundenkontakt und Kundenzugang für weitere Angebote zu nutzen beziehungsweise durch alternative Leistungsbündel Zusatzkundennutzen und damit Erlöse zu generieren. Intern wird dadurch eine Erhöhung des durchschnittlichen Transaktionsvolumens sowie eine Verbesserung der Kundenausschöpfung erzielt

Die Analyse des Käuferverhaltens sowie die Qualität der Kundenbeziehung sind deshalb von essenzieller strategischer Relevanz. Das drückt sich nicht nur in den Aktienkursen der Anbieter von Customer Relationship Management (CRM) Software aus, sondern auch in der zunehmenden Fähigkeit von Anbietern, gezielt auf die Einkaufs- und Beschaffungsgewohnheiten einzelner Kunden beziehungsweise Kundengruppen zu reagieren (One-to-One-Marketing).

Gerade die zunehmende Individualisierung der Nachfrage und der Konsumentenwünsche macht die Hinterlegung immer detaillierterer Kundenprofile notwendig. Diese sind im Sinne einer „Stückliste" so zu strukturieren, dass die individuellen Bedürfnisse aus Standardleistungsbausteinen befriedigt werden können.

Kundenbedarfsprofile und der Nachweis, über ein zukunftsträchtiges und werthaltiges Kundenportfolio zu verfügen, werden immer entscheidender für den Unternehmenswert, selbst wenn anfangs die Ausschöpfung der Kundenpotenziale gering ist.

Auch Allianzen und Kooperationen orientieren sich verstärkt an den Potenzialen, die sich aus dem Zugang zu speziellen Zielgruppen und der Zielgruppen-Komplett-Bedarfsdeckung ergeben, so zum Beispiel beim Mitverkauf von Strom durch Mobilcom beziehungsweise beim vielfältigen Dienstleistungsangebot von Handelsorganisationen – sowie deren E-Business-Portalen – zum Beispiel für Handwerkskunden.

Intelligente Internetanbieter schieben bei der Bestellung von Artikeln aktiv eine kundenindividuelle Auswahl von Ergänzungsangeboten nach, die mit zunehmender Historie der individuellen Kundenbeziehung sowie auf der Grundlage von Quervergleichen zwischen individuellem Kaufverhalten immer treffsicherer auf Geschmack und Stil beziehungsweise Verwendungs- und Verarbeitungsgewohnheiten des einzelnen Kunden zugeschnitten ist.

Somit ist die Information über das Bestell- und Kaufverhalten des Kunden sowie die analytischen Auswertungsmöglichkeiten dieser Informationen über mehrere Dimensionen hinweg wichtigstes Instrument, damit der Kunde „endlich König wird".

Zweiter wesentlicher Gestaltungsparameter für Strategien ist der Branchenwertschöpfungsprozess beziehungsweise der Umgang mit Prozessdaten, das heißt Bestell-, Produkt- und Auftragsinformationen entlang des Branchenwertschöpfungsprozesses.

Im Zentrum bisheriger Prozessreengineerings- und Businesstransformationsansätze stehen die Prozesse des einzelnen Unternehmens, die aus Aufgaben, Funktionen und Teilprozessen bestehen – heute geht es darum, die bedarfsrelevante Information des Kunden an der ersten Prozess-Schnittstelle einmal zu erfassen und so intelligent in Bausteine und abgeleitete Sekundärinformationen zu zerlegen, dass die einzelnen Informationspakete direkt und ohne weitere Umgestaltung allen am Wertschöpfungsprozess Beteiligten sofort zur Verfügung gestellt werden können.

Dies klingt vergleichsweise simpel, in Wahrheit umfasst es jedoch einen vollständigen und grundsätzlichen Umbau von Unternehmen und Branchen mit einer nachhaltigen Verlagerung der Wertschöpfungsgrenzen beziehungsweise der Funktionsabgrenzungen und Schnittstellen zu Lieferanten.

Je komplexer und arbeitsteiliger ein Branchenwertschöpfungsprozess ist beziehungsweise je häufiger Produkte und Aufträge definiert und Auftragsdaten eingegeben werden, desto gravierender werden für die Branche die Veränderungen sein, die sich durch den intelligenten Einsatz von Informationstechnologie ergeben. Komplexe Branchen sind daher aus „Outsider-Sicht" am attraktivsten, denn bei einer Umgestaltung lassen sich die größten Effizienzsteigerungspotenziale durch eine Transformation des Wertschöpfungsprozesses und die Elimination von Redundanzen und Teilprozessen realisieren.

Welche Wettbewerbswirkung durch die konsequente Nutzung derartiger Effizienzpotenziale selbst in wenig komplexen Branchen möglich ist, verdeutlicht WAL-Mart mit aggressivem Effizienzwettbewerb.

Bei der Entwicklung von Unternehmensstrategien ist deshalb das Augenmerk primär auf folgende Punkte zu richten:

- Potenziale des Kundenstamms sowie der notwendigen Kundeninformation zum Aufbau einer Typisierung und der Erstellung von Kundenprofilen,
- Effizienzpotenziale des Branchenwertschöpfungsprozesses,
- virtueller Substitutionswettbewerb durch die Möglichkeit der Umgehung heutiger hardwarebedingter Marktbarrieren und Marktstufen durch den Aufbau von Branchen-Portalen, Marktplätzen und Shops,
- Ableitung der richtigen Integrationstiefe hinsichtlich Prozess-, Daten- und Systemintegration,
- Aufbau neuer Kundennutzen-Kategorien und Potenziale durch Neusegmentierung von Märkten und Komplettangeboten,
- kritische Überprüfung beziehungsweise Neudefinition der eigenen Kernkompetenzen bis hin zur ausschließlichen Positionierung als Problemlöser für komplexe Kundenbedürfnisse und Problemlösungen,
- Verbesserung der Effizienz des Kundenwertschöpfungsprozesses durch die Übernahme von Teilprozessen.

Wie die kurze und sicher unvollständige Erörterung der strategischen Gestaltungsparameter zeigt, ist gegenwärtig Zeit für Strategen und weniger für Bewahrer – denn in fast allen Branchen sind Potenziale für New Game Strategien gegeben und dies gerade in alten und traditionellen Märkten.

3. Sieben Grundsatzentscheidungen der Strategieentwicklung

Haben wir uns in den bisherigen Ausführungen auf die Aspekte konzentriert, die geistig zu antizipieren sind, um die realen Möglichkeiten der Zukunft möglichst treffsicher abzugreifen sowie auf die strategische Inhalte in hohem Maße bestimmenden Gestaltungsparameter, so geht es nun um die umsetzungsorientierte Konkretisierung der Dinge. In der Regel müssen sieben strategische Entscheidungskomplexe zur Realisierung der Strategie geklärt werden, welche die künftigen Geschäfte eindeutig bestimmen:

- Kompetenzbasis und Ausrichtung des Kernkompetenzspektrums,
- Volumen beziehungsweise Dimension, in der das Geschäft künftig betrieben wird beziehungsweise betrieben werden muss,
- Angebots-/Leistungsspektrum – Festlegung der künftigen Erlösträger,
- Segmentierung – Art der betriebenen Geschäfte,
- Festlegung der künftigen Wertschöpfung im Branchenwertschöpfungsprozess,
- Kundenportfolio, Kundenpotenziale und Kundeninformation,
- Geschwindigkeit, mit der Positionen beziehungsweise Zwischenziele erreicht werden müssen.

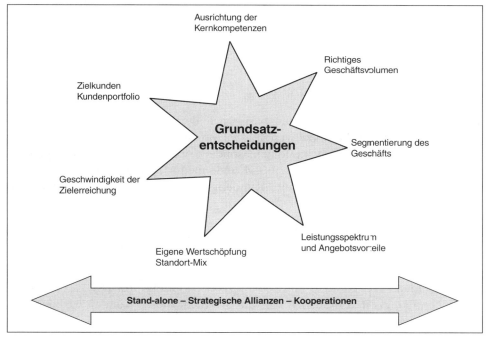

Abbildung 56: Sieben strategische Grundsatzentscheidungen

Bei der kritischen Durcharbeitung der sieben Entscheidungskomplexe werden nicht nur externe Risiken sichtbar, sondern es wird auch klar, „wie weit die eigenen Füße tragen" beziehungsweise wo Lücken durch Kooperationen und strategische Allianzen geschlossen werden müssen (vgl. Abbildung 56). Wichtig für die Praxis beziehungsweise für jedes Unternehmen ist, dass der derzeitig gültige Entscheidungsmix nicht ungeprüft aus der Vergangenheit übernommen wird, sondern der strategischen Ausrichtung sowie den Erfolgsfaktoren und strategischen

Gestaltungsparametern von morgen entspricht. Gerade hinsichtlich der künftigen Wertschöpfung, der Kernkompetenzen, des Kundenportfolios sowie der Geschwindigkeit, mit der Positionen erreicht werden müssen, gibt es meist erheblichen Nachhol- und Entscheidungsbedarf.

Insbesondere die Frage nach der strategischen Relevanz von Informationstechnologien auf der Beschaffungs- und Absatzseite beziehungsweise als Mittel zur Transformation des gesamten Branchenwertschöpfungsprozesses wird in deutschen Unternehmen zwar viel diskutiert, aber strategisch noch nicht ausreichend beantwortet. Zu häufig werden Individual- und Exklusivlösungen gewählt, die primär das Marketingbudget belasten, den Branchenwertschöpfungsprozess jedoch unberücksichtigt lassen. Dies betrifft nicht nur den Mittelstand. Deutlich wird dies bereits angesichts der Definitions- und Sprachverwirrung, wenn es um Begriffe wie Supply-Chain- oder Demand-Chain-Management geht.

3.1 Kompetenzbasis und Ausrichtung des Kernkompetenzspektrums

Bei der Beurteilung der Kompetenzbasis sowie der für die Zukunft notwendigen Ausrichtung der Kernkompetenzen geht es in erster Linie nicht um Verfahrens- beziehungsweise Produkttechnologien, sondern vielmehr um die notwendigen geistigen Ressourcen und Fähigkeiten, Kundenbedürfnisse ganzheitlich zu sehen und Problemlösungen für spezielle Kundengruppen zu entwickeln und zu vermarkten.

Auf Grund der erarbeiteten Szenarien und Visionen müssen Entscheidungen durch die Beantwortung folgender Fragen getroffen werden:

- Welche Kenntnisse und Informationen benötigen wir über den – letztendlich entscheidenden – Kunden und seinen Wertschöpfungsprozess?
- Welche Fähigkeiten brauchen wir, um aus Sicht dieser Kunden wirklich Problemlöser zu sein?
- Mit welcher Wertschöpfung und welchen Technologien beschäftigen wir uns noch, mit welchen nicht mehr?
- Wo müssen wir neue Kernkompetenzen aufbauen, insbesondere wenn es um die Strukturierung von Zuliefererleistungen und die Zusammenstellung von Problemlösungspaketen aus Einzelbestandteilen geht?
- Welche notwendigen Kompetenzen liegen außerhalb des eigenen Kompetenzkerns und müssen deshalb von Dritten beigestellt werden?
- Benötigen wir Kompetenzallianzen und Kooperationen, um angesichts der möglichen Szenarien wirklich tragfähige Wettbewerbspositionen zu erreichen?

- Wie weit soll die Prozess-, Daten- und Systemintegration bei E-Business-Konzepten, insbesondere am Backend, getrieben werden?
- Wo liegt die Datenbasis der Branche für Multivendor-Kataloge und Multimedia-Datenbanken?

Die Fragen klingen alle höchst trivial, die Praxis zeigt jedoch in vielen Fällen, dass die Kenntnisse über Kunden gerade in mehrstufigen Branchen bei Herstellern zum Teil äußerst gering sind und Kompetenzdefizite insbesondere hinsichtlich Informationstechnologie, Strukturierung des Gesamtangebotsspektrums und Kundennutzen vorliegen.

Hierbei innovativ nach vorn denkende Unternehmen stehen häufig vor einer grundsätzlichen Anpassung von Unternehmensstruktur und Kernkompetenzspektrum, so wie zum Beispiel bei IBM oder DELL zu beobachten.

Nicht mehr zur Kernkompetenz zählen dabei zunehmend alle hardwarebezogenen Kompetenzfelder. Als langfristiger Kompetenzkern bleibt das Thema Kundenproblemlösung und richtiger Umgang mit neuen Medien und E-Commerce und E-Business.

Assoziiert der Kunde mit der Marke die Lösung seiner Probleme beziehungsweise die Befriedigung seiner individuellen Bedürfnisse und verfügt der Anbieter über ausreichende Kundenprofile und individuelle Kundeninformationen, so ist es belanglos, wie viele Subunternehmer letztlich zur Leistungserstellung beitragen.

Wichtig ist, dass die Systemanbieter die Prozesse im Griff behalten und unter überragender Qualität auch Lieferservice, Lieferzeit sowie Transparenz über den Auftragsstatus subsumieren, das heißt, letztendlich muss das Businessmodell auch in der Praxis problemlos funktionieren.

3.2 Volumen beziehungsweise Dimension des Geschäfts

Das Volumengap, das heißt das Abdrängenlassen in Randbereiche des globalen Markts beziehungsweise in nicht tragfähige Nischen, ist eine grundsätzliche und häufig anzutreffende Falle insbesondere für Anbieter aus großen Binnenmärkten wie Deutschland. Die neue Ökonomie setzt auch hier Maßstäbe, insbesondere dann, wenn es darum geht, Kundengruppen mit neuen Leistungen weltweit via Internet anzusprechen – stimmen Konzept und Funktionalitäten, explodiert das Geschäft, andernfalls hilft kein Nachbessern darüber hinweg, dass die Aktion ein Flop war.

Stimmen am Backend die Prozesse nicht, das heißt die Integrationstiefe ist ungenügend, hilft auch starkes Umsatzwachstum nicht weiter, die Burnrate steigt überproportional und führt zum Absturz. Konkret heißt dies – der Konzentrationsgrad wird mit zunehmendem Einsatzgrad an Informationstechnologie weiter beträchtlich zunehmen und insbesondere neue Unternehmen im B2C-Bereich erfassen.

Innerhalb eines Kundennutzensegments wird es künftig jedoch nur noch Global Player geben, auch wenn es sich per se um Nischenmärkte handelt.

Wichtig ist die Erkenntnis, dass durch eine Veränderung der produkt- und auftragsbezogenen Informationsstruktur auch bisher beratungsintensive Produkte beziehungsweise Wertschöpfung, die kundennah sein musste, in hohem Maße zentralisiert und damit globalisiert werden kann. Eine derartig globalisiertes Geschäft ist möglich, wenn es gelingt, den Kunden in die Zusammenstellung seiner Problemlösung so weit zu integrieren, dass er in der Lage ist, sich aus einem standardisiertem Baukastensystem heraus selbst zu bedienen beziehungsweise sein Problem selbst zu lösen. Portale mit Zusatznutzen wie Bedarfsauflösung, Vorhaltungen des Bestellstatus, Auftragsverwaltung und Ähnliches sind Beispiele dafür.

Gelingt dies, so ist Kundennähe allgegenwärtig und nicht mehr von der Regionalität der Wertschöpfung beziehungsweise Beratung abhängig. Durch E-Business wird die Reichweite reichhaltiger Angebote deutlich erhöht.

Ergebnis dieser Entwicklung werden zunehmend Fusionen und Portalallianzen im Mittelstand sein, vor allem auf internationaler Ebene und zum Beispiel im Bereich des M-Dax. Denn für viele mittelgroße AGs wird dies der einzige Weg zu nachhaltiger Wertsteigerung und einem Bedeutungszugewinn sein. Gerade traditionelle Branchen mit vielen Zwischenhandels- und Veredelungsstufen gehen hier zum Teil noch von völlig verkehrten Vorstellungen aus. Nur wenn die Mindestmarktposition erreicht ist, hat das Unternehmen nicht nur die Prozess- und Strukturkosten im Griff, sondern kann sich auch ein ausgefeiltes Customer Relationship Management leisten, mit den dargestellten Auswirkungen auf Performance und Shareholder Value.

3.3 Angebots-/Leistungsspektrum – Festlegung der künftigen Erlösträger

Bei diesem Entscheidungskomplex geht es nicht um die Bestimmung der künftigen Produktpolitik im Detail, vor dem Hintergrund der Kundenprofile ist jedoch die Angebotsbreite richtig abzuschätzen. Zu entscheiden ist, ob als System-, Komponenten- oder Standardanbieter aufgetreten werden soll.

Wesentlich ist in diesem Zusammenhang die Klarstellung, ob der Kunde künftig für ein Produkt im Sinne eines Hilfsmittels bezahlt oder ob ihm eine Wertschöpfung als Teil seines eigenen Wertschöpfungsprozesses verkauft wird.

Werden bspw. Bearbeitungsstunden statt Werkzeuge verkauft, steigt der Erlös im Extremfall sogar mit der Realisierung von Einsparungspotenzialen, wenn Standzeit verlängert und Verbräuche von Betriebsstoffen reduziert werden.[7]

Wichtige strategische Aspekte und Einzelentscheidungen bei der Festlegung des Angebots- und Leistungsspektrums sind:

- Die Frage nach dem Setzen von technischen Standards im Markt, die den Wettbewerb auf die eigene Technologieschiene zwingen. Hierzu ist es häufig erforderlich, system- und funktionsbestimmende Komponenten auch an Wettbewerber zu verkaufen, um Parallel- und Substitutionsentwicklungen zu vermeiden.
- Übernahme der Systemführerschaft durch das Setzen von Systemfunktionen und klarem Systemzusatznutzen. Dabei ist zu klären, wodurch diese überhaupt entstehen. Systemnutzen darf nicht verwechselt werden mit der Zusammenstellung komplexer und vergleichsweise teurer Komponenten.

Der Verkauf von Kundennutzen und einer Teil-Wertschöpfung des Kundenwertschöpfungsprozesses statt des Verkaufs von Hardware führt in der Regel zu einer Verringerung des Absatzes, jedoch zu einer Ertrags- und Erlössteigerung durch Leistungsverkauf.

3.4 Segmentierung der Art der betriebenen Geschäfte

Sind die Grundsatzentscheidungen hinsichtlich Kernkompetenzen, notwendiger Dimension des Geschäfts sowie Kundennutzenpotenzialen und Angebotsvorteilen – und damit der Erlösträger – gefallen, so lässt sich die Frage nach der Art der betriebenen Geschäfte schlüssig und mit wenig Zusatzaufwand beantworten.

Wichtig ist hierbei insbesondere, dass Kernkompetenzen Synergien erzeugen und Erfahrungen mit strategischen Erfolgsfaktoren durch mehrere Geschäfte genutzt werden können.

Zeigt der Kundenmix Potenziale, die durch das eigene Unternehmen nicht völlig ausgeschöpft werden können, so sind diese durch Kooperationen und Allianzen zu nutzen und Lizenzverträge zu generieren.

---

7 Vgl. Weizäcker et al. (1995), Faktor Vier.

Im Zuge der grundsätzlichen qualitativen Festlegung sind auch einige quantitative Entscheidungen zu treffen. Dies betrifft insbesondere:

- eine quantifizierte Mindestwettbewerbsposition jedes Kerngeschäftsbereichs,
- Mindestwachstumsanforderungen an ein Geschäft sowie den damit verbundenen Ressourcenbedarf,
- klare Kriterien zur Aufgabe eines Geschäfts zum Beispiel durch Performance-Eckwerte,
- neue Spielregeln im Umgang mit Innovationen, die nicht zu den Kerngeschäften passen, aber zum Beispiel im Zuge eines MBO verselbstständigt werden können,
- Mindestperformancekriterien für alle Geschäftseinheiten, insbesondere was den Pay-back des eingesetzten Kapitals, aber auch Risikoaspekte angeht.

3.5 Festlegung der eigenen Wertschöpfung im Branchenwertschöpfungsprozess

Wie die bisherigen Ausführungen gezeigt haben, wird die Informationstechnologie die Kernkompetenzspektren vieler Unternehmen und damit die Wertschöpfungsstrukturen ganzer Branchen grundsätzlich verändern.

Dies bleibt nicht ohne Auswirkungen auf die eigene Wertschöpfung aller am Wertschöpfungsprozess beteiligten Unternehmen sowie auf ihren Standortmix.

Ein zweiter wesentlicher Aspekt liegt in der standortübergreifenden Wertschöpfungsoptimierung, zum Beispiel nach Aufkäufen, Fusionen und Allianzen, wenn junge Unternehmen nach einem Börsengang Werke in anderen Regionen übernehmen.

Es werden Overheadfunktionen und Strukturen zentralisiert, das Erscheinungsbild nach außen vereinheitlicht. Die Kompetenzspektren sowie die eigentliche Wertschöpfung der Standorte bleibt in den meisten Fällen jedoch weitgehend unverändert, denn Restrukturierungen betreffen meist Einzelstandorte, selten wird die Wertschöpfung insgesamt, das heißt standortübergreifend auf Optimierungspotenziale, insbesondere hinsichtlich der Entfernung zu den belieferten Kunden hin untersucht.

Ähnlich wie bei der retropolierenden beziehungsweise extrapolierenden Strategie- und Visionsentwicklung ist hinsichtlich der Wertschöpfungsstruktur beziehungsweise des Standortmixes eine Idealstruktur zu entwickeln, die von den zu befriedigenden Kundennutzenkategorien, Kernkompetenzen sowie den Lieferorten für regionale Abnehmer ausgeht. Auf dieser Basis werden optimale Standorte für die einzelnen Wertsschöpfungsstufen ermittelt.

Dieser Idealzustand ist zu spiegeln an der Ausgangssituation beziehungsweise der gegenwärtig gegebenen Wertschöpfung, wobei insbesondere die Austrittsbarrieren alter Standorte kritisch und vorurteilsfrei zu prüfen sind. Häufig werden durch Outsourcing einzelner Wertschöpfungsbestandteile außerhalb der Kernwertschöpfung nur direkte Kosten reduziert. Durch verbleibende Standortstrukturkosten wird jedoch die Rentabilität der verbleibenden Kernwertschöpfung in hohem Maße beeinträchtigt.[8] Werden bei der Neudefinition der Wertschöpfung die Informationen bezüglich Kunde, Auftrag und Produkt in den Mittelpunkt der Überlegungen gestellt, so ergeben sich meist völlig neue Schnittstellen was Teilprozesse und Möglichkeiten für Outsourcing angeht.

Die Ursache liegt darin begründet, dass Subunternehmern künftig das für sie notwendige Informationspaket vorauseilend zur Verfügung gestellt wird, wodurch die jeweiligen Subsysteme zusammenhängend optimiert werden können.

Wenn IBM zum Beispiel die Festplattendistribution ab Produktionsende inklusive Qualitätskontrolle, Verpackung und Lagerung outsourced, so erhält der Logistikdienstleister vorab die versandrelevanten Daten aus der Produktionsplanung und -steuerung. Bereits aus dem IBM Auftragseingang kann Lieferservice und Tourenauslastung optimiert werden. Der Prozess wird vom sequenziellen Push-Prinzip auf das Pull-Prinzip innerhalb eines übergeordneten Regelkreises umgestellt und die Demand Chain entsteht.

Sowohl für Zulieferer als auch für Logistikdienstleister wird daher der Ausbau der „Informationsschnittstellen zu Systemführern oder Problemlösungsanbietern zum strategischen Erfolgsfaktor Nr. 1" – aber auch erst zum Engpass bezüglich Personal und Kompetenzen.

3.6 Kundenportfolio, Kundenpotenzial und Kundeninformation

In diesem Bereich werden künftig wohl die fundamentalsten Grundsatzentscheidungen getroffen. Standen früher Patente, Technologien und Produkte im Mittelpunkt einer Unternehmensbewertung, so ist es heute Marke, Kundenportfolio sowie das unter einer Marke beziehungsweise einem Marktzugang erreichbare Kundenpotenzial. Notwendig ist es, sich zuerst Klarheit zu verschaffen, welche Kundengruppen heute angesprochen werden und wie sich die einzelnen Kundentypen hinsichtlich der Kundenzufriedenheitskurve verteilen.

Ist aus dem heutigen Kundenbestand der „Idealkunde" identifiziert – also der durch die Kernkompetenz und Angebotsvorteile am besten zu bedienende Kunde – so muss geprüft werden, ob dieser Idealkundentyp ein tragfähiges, das heißt

---

8 Vgl. Emmrich (1996), S. 442–452.

sowohl abgrenzbares als auch hinsichtlich seines Volumens ausreichendes und zukunftsfähiges Segment darstellt.

Wir gehen davon aus, dass künftig in vielen Bereichen nicht mehr jeder Kunde von jedem Anbieter bedient wird, sich im Rahmen von Exklusivitäten jedoch sehr feste und hinsichtlich ihrer Wertschöpfung verzahnte Lieferanten-Kundenbeziehungen aufbauen.

Beispiele für eine enge Abstimmung des Kundenportfolios auf das Angebots- und Leistungsspektrum beziehungsweise die Kernkompetenzen des Unternehmens („Idealprodukt – Idealkunde") sind nicht nur im Bereich des Privat- und Firmenkundenbankgeschäfts, in der Belieferung von Handwerkern durch Großhändler, sondern in vielen Bereichen des B2B beziehungsweise B2C festzustellen. Anders sind echte „win-win" Situationen auch kaum darstellbar.

Der Selektion des Kundenportfolios liegt der Gedanke zu Grunde, die Prozesse für die wirklich wesentlichen und tragfähigen Kunden absolut zu optimieren und nicht für ein breit angesiedeltes Klientel alles ein bisschen zu können.

Die grundsätzliche strategische Ausrichtung vieler Unternehmen geht daher in Richtung hohe Kundenpotenzialausschöpfung, ausgeprägte Kundenbindung, Aufnahme individueller Kundenbedarfsprofile auch im Privatkundenbereich und damit Erhalt von Wiederholungskäufern bei gleichzeitiger Abkehr von Gelegenheitsgeschäften.

Andererseits kann gerade die Spezialisierung auf Gelegenheitskäufer ebenfalls eine kundenportfoliospezifische Strategie ausmachen.

Wie eingangs erwähnt, spielt das Kundenportfolio beziehungsweise die über Customer Relationship Management (CRM) Software generierten Kundeninformationen eine zunehmende Rolle bei der Unternehmensbewertung.

Entsprechend fundamental ist der Stellenwert des Kundenportfolios für die Börsenkapitalisierung beziehungsweise die strategische Perspektive eines Unternehmens an der Börse.

3.7 Mindestgeschwindigkeit – mit der Positionen beziehungsweise Zwischenziele erreicht werden müssen

Unter der Überschrift Zeitstrategien wird Zeit als kritischer Erfolgsfaktor des Wettbewerbs bei der Strategieimplementierung berücksichtigt. Die Tatsache, dass zum Beispiel durch Internetangebote kaum noch Testmärkte möglich sind und die angesprochene Kernzielgruppe weltweit erreicht werden kann, stellt erheblich höhere Anforderungen an die Veränderungs- und Zielerreichungsgeschwindigkeit als dies bisher der Fall war. Es entscheiden oft nur einige Wochen oder Monate über Erfolg oder Misserfolg, ohne dass ein späteres Nachbessern nachhaltige Erfolgsaussichten hätte. Dies erfordert von Unternehmen eine grundsätzlich andere strategische Vorgehensweise, was das Thema Zeit angeht.

Wurden früher wenige neue Produkte und Geschäftsideen ins Rennen geschickt und die Ressourcen drauf konzentriert, einem neuen Produkt langfristig zum Erfolg zu verhelfen, so müssen heute zwei bis drei Optionen parallel verfolgt werden, denn der Unternehmenserfolg muss auch bei einer höheren Floprate gewährleistet sein. In vielen Branchen verändert sich daher auch die Geschäftsmechanik hin zum Trial-and-Error-Prinzip, das heißt zu einer Art Spekulationswirtschaft.

Auch für vergleichsweise langsame Branchen wird es zunehmend wichtig, nicht „das gute Geld dem Schlechten nachzuschmeißen", sondern mit klaren Stop-loss Vorgaben, Go-NoGo-Entscheidungen zu treffen und die Fähigkeiten beziehungsweise Kapazitäten des Unternehmens schnell auf neuere und bessere Ideen anzusetzen.

4. Innovatoren und schnell wachsende Unternehmen stehen vor speziellen strategischen Herausforderungen

Sowohl innerhalb des eigenen Unternehmens als auch extern stehen junge und schnell wachsende Unternehmen zumeist vor besonderen Herausforderungen – müssen doch Wachstum von Organisation und Mitarbeitern bewältigt und gleichzeitig mögliche Engpässe in der Unternehmensentwicklung überwunden werden.

4.1 Organisation und Mitarbeiter müssen frühzeitig mitwachsen

Organisation und Mitarbeiter sind die Engpassfaktoren Nr. 1 bei schnell wachsenden Unternehmen, wobei weniger die Frage nach der ausreichenden Personalkapazität im Vordergrund steht. Vielmehr geht es um den frühzeitigen Aufbau wachstumsorientierter Strukturen, ohne dadurch zu hohe Kosten zu verursachen beziehungsweise unnötige Formalismen und Bürokratismus zu initiieren.

Meist muss der Übergang von einer Zuruforganisation der Gründergeneration zu einer klar definierten Prozessorganisation bewerkstelligt werden und dies ohne negative Auswirkungen auf Unternehmenskultur und -wachstum.

Ist die Organisation der Engpass, lässt sich dies an folgenden Symptomen erkennen:

- überwiegende Bewältigung des Tagesgeschäfts von der ersten Linie, meist der Gründungsführungsmannschaft,
- ausgeprägte Intransparenz der Organisation, insbesondere für neue, von außen kommende Mitarbeiter,
- proportional zum Umsatz steigende „Drehzahl" und Arbeitsbelastung der Führungskräfte, im Vergleich zur Wachstumsgeschwindigkeit nur langsame Zellteilung – zunehmende Lücke im Unterbau,
- Unklarheit über die künftig notwendige Führungsstruktur sowie über die zur Unterstützung der Führungskräfte notwendigen Strukturen und Zentralfunktionen.

Sind die Führungskräfte mit ihren Ressourcen und Kräften am Ende, führen oben genannte Symptome meist zu einer Verlangsamung des Wachstums beziehungsweise zur Stagnation. Was ist dagegen zu tun?

Erfolgsentscheidend ist aus unserer Erfahrung, dass frühzeitig Nachwuchskräfte der zweiten Generation ins Unternehmen eingebaut werden und vom „Erfolg des Einzelkämpfers" auf Teamerfolg und Teamarbeit umgestellt wird. Dies setzt jedoch voraus, dass die strategischen Prioritäten inhaltlich eindeutig festgelegt und die Anforderungen an die Organisation und ihre Führung für einen überschaubaren Zeitraum definiert sind. Somit ist für das Führungsteam klar, wohin die Reise gehen soll. Sind hier die Weichen gestellt, können sukzessive alle Fragen zur Führungsorganisation und zur Strukturierung von Prozessen beantwortet werden. Das umfasst zum Beispiel folgende Aspekte:

- zukunftsorientierte Strukturierung des Vorstandsverteilers sowie richtige Auswahl der Anzahl der Vorstandsressorts, insbesondere wenn es um die Besetzung strategisch relevanter Themen mit ausreichender Führungskapazität geht,
- richtige Bündelung von Einzelfunktionen wie zum Beispiel Investor Relationship Management und deren Zuordnung zu dem künftig geeignetsten Vorstandsressort,
- Aufbau der „zweiten Linie" zur Übernahme der Führungsverantwortung von der Gründergeneration,
- optimierter Mix aus zentralisierter beziehungsweise dezentralisierter Verantwortung vor dem Hintergrund der jeweils notwendigen Entscheidungsgeschwindigkeit,
- Ausrichtung der Organisation auf die wesentlichen strategischen Optionen und die Verankerung ganzheitlicher Verantwortlichkeiten.

Ist die Organisation erst einmal zum Engpass der Unternehmensentwicklung geworden, erfordert es erhebliche Zusatzanstrengungen, um – im Zustand persönlicher Überlastung – neben der Wahrnehmung von Geschäftschancen zusätzlich Versäumtes in der Organisationsentwicklung nachzuholen.

Erfolgreiche Unternehmen legen deshalb in hohem Maße Wert darauf, frühzeitig mögliche organisatorische Entwicklungsengpässe zu identifizieren und Maßnahmen zu ihrer Beseitigung zu ergreifen.

4.2 Wachsen in strategisch richtigen Bahnen ist mehr als Chancenmanagement

Gerade in Zeiten starker Marktveränderungen kann durch die Summation von Chancen und Gelegenheiten oft Umsatzwachstum in erheblichem Ausmaß erzielt werden.

Ist die Innovationsrate des Unternehmens im Verhältnis zum Wettbewerb hoch, stimmt zumindest in den frühen Phasen des Lebenszyklus auch die Rendite.

Retrospektiv betrachtet kann sich jedoch ein ungünstiges Geschäftsportfolio ergeben, wenn keine der einzelnen Innovationen zu einer wirklich tragfähigen Marktposition beziehungsweise zur Übernahme einer Führungsrolle genutzt wurde. Mit zunehmendem Wettbewerbsdruck und einsetzender Marktreife sinkt dann nicht nur das Renditeniveau des Unternehmens, es besteht auch die Gefahr einer existenzbedrohenden Position „zwischen den Stühlen"

Bei zunehmend enger werdenden Märkten müssen auch Softwareanbieter und Systemhäuser sowie E-Business- oder E-Commerce-Unternehmen mit den oben genannten Phänomenen rechnen. Das heißt, wenn die Seifenblase platzt, brechen Unternehmenswert und Börsenkurse ein, eine weitere Kapitalbeschaffung über die Börse ist mittelfristig nicht oder nur zu äußerst ungünstigen Konditionen möglich, und das weitere Unternehmenswachstum ist damit deutlich behindert.

Weitgehend vermieden werden die dargestellten Gefahren, wenn frühzeitig Szenarien und Zielperspektiven für das Unternehmen in der oben beschriebenen Form entwickelt werden und einzelne Chancen und Geschäftsideen hinsichtlich ihrer Strategierelevanz und quantitativer Strategieleistung überprüft werden.

Häufig zeigt sich, dass operative Chancen durchaus wahrgenommen werden können, wenn dadurch die notwendigen Ressourcen nicht von strategischen Prioritätsthemen abgezogen werden müssen.

Wichtig ist, dass allen Beteiligten klar ist, in welchen Segmenten Führungsanspruch erhoben wird und für welche Kernsegmente die hauptsächlichen Ressourcen eingesetzt werden. Das Trial-and-Error-Prinzip darf nur innerhalb strategischer Leitlinien als Instrument zur Strategieumsetzung eingesetzt werden.

4.3 Wenn Wachstumsschwellen nicht frühzeitig beseitigt werden, stagniert die Unternehmensentwicklung auf unbefriedigendem Niveau

Grundsätzlich gehen wir davon aus, dass zumindest vier Wachstumsschwellen Unternehmensentwicklung und Performance nachhaltig beeinflussen und somit zur Erzielung und langfristigen Sicherung der Börsenattraktivität ständig Beachtung finden müssen. Im Einzelnen sind dies:

- die Strategie, das heißt die Ausrichtung in Markt und Wettbewerb,
- die Führung und die Führungsorganisation inklusive der entsprechenden Aspekte des Human Ressource Management,
- die Organisation – nicht nur, was Strukturen, sondern insbesondere, was Prozesse und deren Effizienz angeht,
- das Kapital beziehungsweise die Finanzmittel zur Wachstumsfinanzierung.

Spiegeln wir die Wachstumsschwellen an den strategischen Gestaltungsparametern Kunde, Information und Branchenwertschöpfung, zeigt sich auch hier, dass der rechenbare Unternehmenserfolg in erster Linie von den weichen Faktoren, das heißt insbesondere von Strategie, Führung und Mitarbeitern abhängt.

Kapital macht zwar Dinge möglich und sichert die Wahrnehmung von strategischen Optionen mit der notwendigen Geschwindigkeit beziehungsweise im notwendigen Ausmaß – stimmen jedoch Strategie, Führung, Führungsorganisation und Businessmodell nicht, bleiben Finanzmittel lediglich als Finanzanlagen in der Bilanz oder sie verpuffen ohne nachhaltige Wirkung auf Unternehmenswert und Börsenkurs in Fehlinvestitionen.

Die Unternehmensführung muss deshalb bei der kritischen Beurteilung der strategischen Perspektiven darauf achten, dass intern die Hausaufgaben kontinuierlich gemacht werden, damit ausreichend Kräfte frei werden und diese motiviert für die Bewältigung externer Herausforderungen zur Verfügung stehen.

Bei vielen neu an der Börse notierten Unternehmen zeigt sich die Tendenz, den Professionalisierungs- und Organisationsschub des Börsengangs als ausreichende Basis für die mittelfristige Unternehmensentwicklung zu betrachten. Beratungs- und Projektmüdigkeit sowie das Gefühl, das operative Geschäft nun wieder forcieren zu müssen, tun ein Übriges.

Zur Sicherung der Börsenattraktivität ist es unerlässlich, periodisch beziehungsweise nach Wachstumssprüngen Strukturen, Prozesse und Führung auf den Prüfstand zu stellen. Dies umfasst auch Controlling- und Steuerungsinstrumente sowie deren frühzeitige Nutzung. Geschieht dies nicht, nimmt das Unternehmen rasch Abschied von der Vokabel „excellence" und begibt sich auf unbefriedigendes Performanceniveau.

5. Ob Pre- oder Post-IPO – Strategen machen das Rennen

Der Börsengang selbst ist meist ein strategisches Instrument zur Schaffung des notwendigen Kapitalzugangs aber auch zur Trennung der Unternehmensinteressen von denen des Altinhabers – die Unternehmensstrategie selbst ist grundsätzlich unabhängig von oben genannten Aspekten. Trotzdem unterscheiden sich Strategiebausteine und Knackpunkte in den Phasen vor beziehungsweise nach einem Börsengang, wie dies Abbildung 57 zeigt.

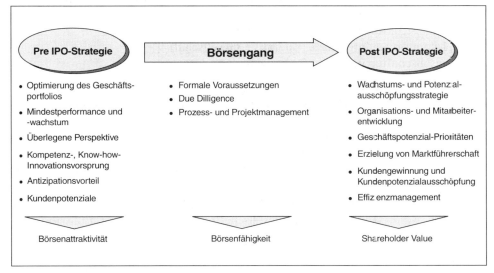

Abbildung 57: Die Schwerpunkte der Pre- beziehungsweise Post-IPO-Strategie

5.1 Pre-IPO-Strategie: Performancenachweis, nicht jedoch die Vorwegnahme der „goldenen Zukunft"

Vor einem Börsengang kommt es insbesondere darauf an, die strategischen Weichen richtig zu stellen und einen ersten Nachweis für Strategieerfolg und Performance zu bringen.

Im Mittelpunkt von Pre-IPO-Strategien stehen deshalb in aller Regel Wachstumskonzepte basierend auf Informationstechnologie, der Transformation von Branchenwertschöpfungsprozessen oder aber dem Customer Relationship Management sowie die zur Realisierung notwendigen Eigenkapitalstrategien.

Die Erfolgsrelevanz der strategischen Konzepte muss dabei soweit nachgewiesen sein, dass eine Fortsetzung des Erfolgswegs nach dem Börsengang nicht nur wahrscheinlich ist, sondern die Erfolgsstory nachhaltig gestärkt wird.

Ausgangspunkt ist die Beurteilung des Geschäftsportfolios und die Beantwortung der Frage, ob durch eine Veränderung des Mixes die Börsenattraktivität beziehungsweise der zukünftige Börsenwert gesteigert werden kann.

Sollen nicht alle Geschäfte an die Börse, darf der Rest nicht vernachlässigt werden, das heißt, hier sind Allianzen/Kooperationen oder der Verkauf zu prüfen.

Ist das Geschäftsportfolio fixiert, sind die Attraktivität für Kapitalgeber und die Equity Story auszugestalten. Wesentliche börsenrelevante Gestaltungsparameter der Pre-IPO-Strategie sind:

- Gesellschafter und Gesellschaftsstruktur, die an die Börse gebracht werden sollen, das heißt insbesondere:
  – Bilanzstruktur und betriebsnotwendiges Vermögen
  – Holding oder integrierte, operative Gesellschaft
  – Gesellschafter und Nachfolgeregelung

- Ausgestaltung der Eigenkapitalstrategie – insbesondere, wenn vor dem Börsengang zusätzliche Gesellschafter aufgenommen werden sollen oder müssen. Zu prüfen sind:
  – strategische Investoren, die mehr einbringen als nur Kapital, um somit den Unternehmenswert überproportional zu steigern
  – Venture-Capital-Gesellschaften und private Kapitalgeber – wenn ausschließlich Kapital der strategische Engpass ist
  – der Verwässerungseffekt hinsichtlich der Anteile von Altaktionären, insbesondere, wenn Venture-Capital-Gesellschaften hohe Anteile am Emissionserlös zufließen

- Ausgestaltung der Führungsorganisation – insbesondere bei einer angestrebten Unternehmernachfolge ist das richtige Eintakten von angestelltem Management entscheidend.

- Klarheit darüber, wozu der Börsengang dient und welche Wertetreiber eine nachhaltige Steigerung des Unternehmenswerts auch nach dem Börsengang sicherstellen.

Die Unternehmensbewertung für die Emission auf eine Performancespitze aufzusetzen ist unter allen Umständen zu vermeiden; nichts ist schwerer als nach dem IPO aus einer Talsohle heraus neues Vertrauen und Attraktivität bei Investoren aufzubauen.

Die Pre-IPO-Strategie legt damit das Fundament für den Weg, der mit dem Kapital beziehungsweise dem Kapitalmarktzugang des Börsengangs beschritten werden soll.

Organisation und Führung müssen hierbei nicht nur den formalen Anforderungen der Börsenfähigkeit entsprechen, sondern den richtigen Rahmen für eine Unternehmensentwicklung auf Sicht von circa zwei bis drei Jahre Jahre bieten.

5.2 Post-IPO-Strategie: Durchstarten zur Realisierung des Strategiepfades ohne Effizienz- und Performanceeinbußen

Ist die Emission erfolgreich verlaufen, so gilt es die Versprechen gegenüber den Investoren auch zu halten. Vorab ist hier der Richtungswechsel des Banken- und Brokerumfelds zu berücksichtigen.

Wurde der Emissionskandidat vor dem Börsengang von Konsortialführer und Konsortialmitgliedern nachhaltig unterstützt, so steht er nach der Emission in aller Regel weitgehend auf sich allein gestellt den Fragen der Analysten gegenüber.

Selbst der eigene Konsortialführer wird zunehmend kritische Fragen stellen und Unternehmensplanung sowie Strategie hinterfragen. Gefordert ist somit von Beginn an eine klare strategische Linie, soll nicht mit Einzelmeldungen und somit zunehmend inkonsistenter Informationspolitik gearbeitet werden.

Unter der Überschrift Investor Relationship Management ist deshalb auch eine gewisse Konzept- und Strategiekontinuität zu subsumieren.

Die wesentlichen Elemente einer erfolgreichen Post-IPO-Strategie umfassen:

- Extern – Wachstumsforcierung, zum Beispiel durch Akquisitionen und Internationalisierung, Verbreiterung des Marktzugangs und Intensivierung der Kundenbeziehungen, Nutzung der breiteren Ressourcenbasis zur Steigerung von Image und Bekanntheit;

- Kundenseitig – Ausbau der Kundenbeziehungen und Aufbau eines funktionierenden Customer Relationship Management zur Nutzung der Kunden-Umsatzpotenziale;

- Intern – Sicherung der Effizienz und Nutzung der betriebsgrößenbedingten Kostendegressionseffekte, vorauseilende Weiterentwicklung von Führung und Organisation, professionelle Integration von Akquisitionen (Post Merger Integration) und laufende Entwicklung der Mitarbeiter.

Gerade der interne Teil der Post-IPO-Strategie ist darauf ausgerichtet, die in Kapitel 4 diskutierten Wachstumsschwellen nicht nur zu erkennen, sondern frühzeitig zu meistern. Erfolgen Strategieentwicklung und strategische Unternehmensführung auf Basis der in Kapitel 2 beziehungsweise 3 erörterten Elemente und Bestimmungsfaktoren, so ist der Grundstein für eine langfristige aktive Gestaltung der strategischen und unternehmerischen Gestaltungsspielräume gesichert.

Literaturhinweise

Day, G.S./Reibstein, D. (1988): Zur dynamischen Wettbewerbsstrategie, Düsseldorf/München.
Emmrich, V. (1996): Produzieren im Ausland, in: *Bullinger, H.J./Warnecke, H.J.* (Hrsg.): Neue Organisationsformen im Unternehmen, S. 442–452, Berlin/Heidelberg/New York.
Emmrich, V. (1997): Globale Produktionsstandortstrategien, in: *Krystek, U./Zur, E.* (Hrsg.): Internationalisierung – Eine Herausforderung für die Unternehmensführung, S. 233–248, Berlin/Heidelberg/New York.
Emmrich, V./Wieselhuber, N. (1999): Eurobusiness, Augsburg.
Ehrbar, A. (1998): Economic Value Added. Der Schlüssel zur wertsteigernden Unternehmensführung, Wiesbaden.
Eschenbach, R./Kuresch, H. (1995): Strategische Konzepte, Stuttgart.
Gausemeier, J./Fink, A./Schlake, O. (1996): Szenario-Management. Planen und Führen mit Szenarien, München.
Gell-Mann, M. (1994): Das Quark und der Jaguar, München.
Große-Oetringhaus, W.F. (1996): Strategische Identität. Orientierung im Wandel. Ganzheitliche Transformation zu Spitzenleistungen, Berlin/Heidelberg/New York.
Hamel, G./Prahalad, C.K. (1994): Wettlauf um die Zukunft, Wien.
Lampe, F. (1999): Marketing und Electronic Commerce, Wiesbaden.
Lewis, J.D. (1991): Strategische Allianzen, Frankfurt/New York.
Lindeman, R./Helbig, Th. (2000): Exploding Markets, Wiesbaden.
Meyer, Ch. (1994): Schnelle Zyklen. Von der Idee zum Markt: Zeitwettbewerb in der Praxis, Frankfurt.
Mintzberg, H. (1995): Die strategische Planung, München.
Mintzberg, H./Ahlstrand, B./Lampel, J. (1999): Strategie Safari, Wien.
Oetinger, B. von (1993): Das Boston Consulting Group Strategie-Buch, Düsseldorf.
Peters, T. (1988): Kreatives Chaos. Die neue Management-Praxis, Hamburg.
Peters, Th./Waterman, R./Peters, T. (1988): In Search of Excellence. Lessons from America's Best-Run Companies, New York.
Weizäcker, E.U. von/Lovins, A.B./Lovins, L.H. (1995): Faktor Vier. Doppelter Wohlstand – halbierter Verbrauch, München.

Max Josef Ringlstetter / Arndt Brandenburg

Mitarbeiterbeteiligung im Rahmen der Neuemission

1. Mitarbeiterbeteiligung: Ein Thema für die Neuemission? 258
2. Motivationseffekte von Mitarbeiterbeteiligungen 259
    2.1 Auswirkungen auf die Leistungsmotivation 261
    2.2 Auswirkungen auf die Teilnahmemotivation 263
3. Alternative Formen von Mitarbeiterbeteiligungen 265
    3.1 Erwerb von Aktien 265
    3.2 Aktienoptionen 268
4. Detailfragen zur Ausgestaltung eines Beteiligungsangebots 272
    Literaturhinweise 274

1. Mitarbeiterbeteiligung: Ein Thema für die Neuemission?

Die Beteiligung der Mitarbeiter am Eigenkapital von Unternehmen und damit an ihrem Erfolg besitzt insbesondere in den USA eine lange Tradition. So gehören Aktienoptionspläne, die den Begünstigten den preiswerten Bezug von Aktien erlauben, schon seit den frühen Fünfzigerjahren des vergangenen Jahrhunderts ebenso zu den gängigen Vergütungspraktiken wie eine umfassende Beteiligung aller Mitarbeiter durch die direkte Vergabe von Anteilen.[1] Im Gegensatz zu den USA sind diese Vergütungsformen in Deutschland lange Zeit nicht sehr populär gewesen. Über die Ursachen dafür ist reichlich spekuliert worden: Neben steuerrechtlich hindernden Aspekten ist in diesem Kontext vor allem auf die „typisch" deutsche Mentalität verwiesen worden, die als eher sicherheitsliebend und wenig risikobereit beschrieben wird und damit eine gewisse Skepsis gegenüber prinzipiell risikobehafteten Beteiligungen an Unternehmen hervorruft. In den letzten Jahren scheint sich jedoch eine Trendwende abzuzeichnen. Immer mehr deutsche Unternehmen von der großen börsennotierten Aktiengesellschaft über Mittelständler bis hin zu noch relativ kleinen Neugründungen zeigen sich interessiert an den Instrumenten zur Mitarbeiterbeteiligung und führen diese nachhaltig ein. So strebt beispielsweise die Lufthansa AG eine Beteiligungsquote der Mitarbeiter am Grundkapital des Unternehmens in Höhe von 20 Prozent an, und ähnlich formulierte Ziele lassen sich für viele weitere Unternehmen anführen. Parallel zu dieser Entwicklung fällt auf, dass auch die Vergabe von Aktienoptionen in Deutschland seit 1995 und insbesondere seit 1998 sprunghaft angestiegen ist und sich im Gegensatz zu den Jahren davor vervielfacht hat.[2] Dabei werden die Aktienoptionen nicht ausschließlich dem Top-Management vorbehalten, sondern gerade in kleineren Unternehmen zunehmend der breiten Belegschaft offeriert. Diese Aspekte belegen, dass das Thema der Beteiligung der Mitarbeiter am Unternehmen in Deutschland derzeit einen hohen Stellenwert einnimmt und, sofern sich die Tendenzen der jüngeren Vergangenheit fortsetzen, in den kommenden Jahren noch zusätzlich an Brisanz gewinnen wird.

Eine Neuemission stellt einen geeigneten Zeitpunkt dar, über die sich bietenden Chancen und Risiken einer Mitarbeiterbeteiligung nachzudenken. Schließlich darf in dieser Situation davon ausgegangen werden, dass die Mitarbeiter in besonderem Maße an einer Beteiligung interessiert sind: Wird nämlich unterstellt, dass bei einer Neuemission den Verkäufern der Anteile erhebliche Geldsummen

---

[1] Vgl. Winter (1998), S. 1120, und Long (1992), S. 12 f.
[2] Siehe hierzu Siddiqui (1999), S. 185 ff., der zudem eine Auswahl der in diesen Jahren in Deutschland publik gemachten Aktienoptionsprogrammen vorstellt.

zufließen und somit ein nicht unbeträchtlicher Mehrwert realisiert werden kann, so ist eine Partizipation an diesen Erträgen für jeden Mitarbeiter erstrebenswert. Vor dem Hintergrund dieser Ausgangssituation ergeben sich aus der Sicht des emittierenden Unternehmens vor allem drei relevante Fragestellungen, die zugleich das weitere Vorgehen im Rahmen dieses Beitrags bestimmen. Erstens ist zu klären, worin genau der Nutzen einer Mitarbeiterbeteiligung für das Unternehmen liegt. Zur Beantwortung dieser Frage wird auf die allgemeinen motivationalen Auswirkungen einer Beteiligung eingegangen, insbesondere auf die Teilnahme- und die Leistungsmotivation. Zweitens ist zu klären, wie die Beteiligung auszugestalten ist, das heißt wie die Mitarbeiter an die Anteile gelangen. Die beiden grundlegenden Formen der direkten Übertragung von Aktien einerseits und der Vergabe von Aktienoptionen andererseits sollen vorgestellt und in Bezug auf ihre steuerrechtliche Behandlung sowie die von ihnen ausgehende Bindungswirkung kritisch diskutiert werden. Auf dieser Grundlage sind drittens Detailaspekte eines Beteiligungsangebots zu behandeln, bei denen vor allem die Auswahl des Beteiligtenkreises sowie der Umfang der Beteiligung von Interesse ist.

2. Motivationseffekte von Mitarbeiterbeteiligungen

Die Motivation der Mitarbeiter lässt sich in die Teilbereiche Leistungs- und die Teilnahmemotivation differenzieren. Während sich die Leistungsmotivation sowohl quantitativ auf die Intensität beziehungsweise das Ausmaß der Leistungen, die von den Mitarbeitern erbracht werden, als auch qualitativ auf deren inhaltliche Ausrichtung bezieht, fokussiert die Teilnahmemotivation auf den Entschluss zum Eintritt in eine Unternehmung. Im Folgenden sollen die positiven Effekte einer Mitarbeiterbeteiligung auf beide Aspekte der Motivation herausgearbeitet werden. Dabei bietet es sich an, die besonderen strukturellen Randbedingungen in die Betrachtung zu integrieren, die ein Unternehmen im Vorfeld einer Neuemission von einem etablierten, bereits an der Börse notierten Teilnehmer unterscheidet. Zu diesem Zweck soll auf die folgenden zwei Differenzierungsmerkmale zurückgegriffen werden: Zum Ersten ist hier das relative Wertsteigerungspotenzial der Unternehmen anzuführen. Hierunter kann das Verhältnis zwischen einem zukünftig möglicherweise erreichbaren, maximalen Unternehmenswert und dem gegenwärtig aktuellen Istwert verstanden werden. Zum Zweiten kann dahingehend differenziert werden, wie hoch der tatsächliche Einfluss der Belegschaft respektive zumindest der Führungskräfte auf die Steigerung des Unternehmenswerts ausfällt. Wird nun von den vereinfachenden Annahmen ausgegangen, dass sich das neu auf den Kapitalmarkt drängende Unternehmen grundsätzlich in einer starken Wachstumsphase befindet und das Kapital zur Finanzierung dieses

Wachstums benötigt, wohingegen der an der Börse etablierte Wert dieses Wachstum und gegebenenfalls noch weitere Wachstumsphasen bereits hinter sich hat, so handelt es sich bei ersterem um ein eher „kleines" und bei letzterem um ein vergleichsweise „großes" Unternehmen. Auf der Grundlage dieser Prämissen ergibt sich die folgende Darstellung:

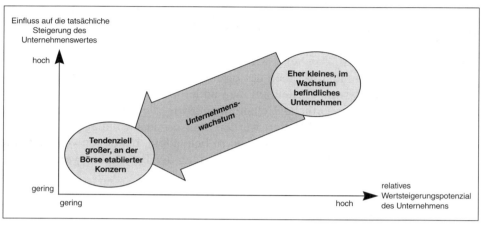

Abbildung 58: Strukturelle Unterschiede zwischen Unternehmen von unterschiedlicher Gesamtgröße

Demnach unterscheiden sich die beiden hypothetischen Unternehmen in Bezug auf beide Kriterien erheblich. So kann grundsätzlich davon ausgegangen werden, dass das Wertsteigerungspotenzial des neu auf den Kapitalmarkt drängenden Unternehmens um ein Vielfaches höher ausfällt als bei einem etablierten Unternehmen. Dies überrascht nicht, schließlich hat das „kleinere" Unternehmen ein nachhaltiges Wachstum und damit den Aufbau und die Erschließung von Erfolgspotenzialen weitestgehend noch vor sich. Zudem ergibt sich ein Hebeleffekt. Auf der Basis eines maximal möglichen, zukünftigen Unternehmenswerts erhöht sich das absolute und natürlich vor allem auch das relative Wertsteigerungspotenzial mit einem abnehmenden gegenwärtigen Istwert. Beispiele aus der jüngeren Vergangenheit, insbesondere von Werten, die in Deutschland am Neuen Markt gehandelt werden, weisen auf Wertsteigerungspotenziale von mehreren tausend Prozent hin. Es dürfte auf der Hand liegen, dass solche prozentualen Steigerungen für am Markt etablierte Unternehmen vermutlich utopisch sind. Analoges gilt auch für den Einfluss der Belegschaft respektive der Führungskräfte auf die Unternehmenswertsteigerung. In einem eher kleinen Unternehmen ist der durchschnittliche Einfluss jedes Mitarbeiters auf die Entscheidungen und Aktivitäten der Unternehmung und damit auf die Wertsteigerung schon allein deshalb höher zu bewerten, weil tendenziell mit weniger Mitarbeitern und daher weniger Administration zu rechnen ist. Folglich zeichnen sich kleinere Unternehmen häufig durch kürzere Entscheidungswege und eine unkompliziertere Entscheidungsfindung aus. Auf diese basalen Aussagen wird im Rahmen der Diskussion der Vorteilhaftigkeit von Mitarbeiterbeteiligungen Bezug genommen.

2.1 Auswirkungen auf die Leistungsmotivation

Um die Auswirkungen einer Mitarbeiterbeteiligung möglichst detailliert erfassen zu können, erscheint es angebracht, die Diskussion anhand der beiden spezifischen Teilaspekte zu führen, in die das eher allgemeine Konstrukt einer Leistungsmotivation untergliedert werden kann. Dabei ist zunächst der *Intensitätsaspekt* der Leistungserbringung zu behandeln. Der Intensitätsaspekt beschreibt das quantitative Ausmaß der Anstrengungen beziehungsweise der erbrachten Leistungen eines Mitarbeiters, unabhängig davon, worin diese Leistungen im konkreten Einzelfall bestehen. Die Leitfrage lautet daher, inwieweit eine Mitarbeiterbeteiligung das Ausmaß der Leistungserbringung beeinflussen kann. Zunächst ist in diesem Zusammenhang auf die grundsätzliche Bedeutung einer jeden Beteiligung einzugehen: Ein Beteiligter wird zum Anteilseigner und damit zu einem der Eigentümer des jeweiligen Unternehmens, der an der gegenwärtigen und zukünftigen Ertrags- und Gewinnsituation partizipiert. Dies bedeutet, dass jedem beteiligten Mitarbeiter letztlich der unternehmerische Nutzen und Erfolg seiner eigenen Tätigkeit anteilig zukommt.[3] Daraus resultiert der Anreiz, sich selber aktiv einzubringen und mit guten Leistungen eine entsprechend gute zukünftige Entwicklung des Unternehmens zu unterstützen. Vor diesem Hintergrund darf erwartet werden, dass der Begünstigte eine tendenziell steigende Leistungsbereitschaft entwickelt und sich verstärkt engagiert. Wird zudem berücksichtigt, dass ein beteiligter Mitarbeiter in zunehmendem Maße für sich selber und nicht länger für eine ausschließlich anonyme Eigentümerschaft tätig ist, so dürfte dies der Identifikation mit dem Unternehmen zuträglich sein, und somit ein Ansteigen seiner generellen Leistungsbereitschaft zusätzlich unterstützen.

Bislang ist allerdings offen geblieben, worin die im Einzelfall auszuführenden Leistungen eigentlich bestehen. Daher ist neben dem Intensitätsaspekt nun auf den *Richtungsaspekt* der Leistungsmotivation einzugehen. Dieser beschreibt das Ziel beziehungsweise die Ausrichtung der Leistungen inhaltlich und ergänzt damit den eher quantitativen Intensitätsaspekt um eine qualitative Komponente. Bei der Diskussion der Auswirkungen einer Mitarbeiterbeteiligung auf diesen

---

3 Ein interessanter Randaspekt einer solchen Eigentümerschaft der Mitarbeiter besteht darin, dass die ideologisch begründete und insbesondere bei Arbeitskämpfen noch immer häufig ins Feld geführte Trennung zwischen der Arbeit auf der einen und dem Kapital auf der anderen Seite zunehmend verschwimmt. Dadurch wird die Konfliktträchtigkeit dieser Trennung einer nachhaltigen Erosion unterworfen (in Anlehnung an Hentze, 1991, S. 122).

Aspekt kann unmittelbar an den oben genannten Zusammenhängen angesetzt werden, insbesondere an der Partizipation eines Teilhabers an der zukünftigen Entwicklung des Unternehmens und dem daraus resultierenden Anreiz, sich selbst aktiv einzubringen. Dies mündet nämlich in die Frage der beteiligten Mitarbeiter, welche Aktivitäten eigentlich als positiv für das Unternehmen zu erachten sind. Die Beantwortung dieser Frage führt zu zweierlei Erkenntnissen. Zum einen werden die Mitarbeiter hinsichtlich ihrer eigenen Leistungen für das derzeit vorherrschende Formalziel einer Steigerung des Unternehmenswerts sensibilisiert, und sie können ihre Handlungen inhaltlich eher an diesem Rahmen ausrichten. In der Konsequenz kann so der Nebeneffekt entstehen, dass sich eine von allen Seiten geteilte, auf Unternehmenswert ausgerichtete Leistungskultur bildet. Zum anderen wird die Aufmerksamkeit der Mitarbeiter auch stärker auf das Gesamtergebnis der unternehmerischen Leistungserstellung und dementsprechend auf die vielen dazu zwingend erforderlichen Tätigkeiten der verschiedenen anderen Unternehmensteile gerichtet. Über die Beteiligung profitiert der begünstigte Mitarbeiter von all diesen Tätigkeiten und ist daher auch eher bereit, sich über eventuell existente Gruppen-, Abteilungs-, Bereichs- oder auch geografische Grenzen hinwegzusetzen und sich über die eigene Tätigkeit hinaus für das Unternehmen zu engagieren. Eine Mitarbeiterbeteiligung vermag somit die Kooperationsbereitschaft grundsätzlich zu erhöhen.

Das zu erwartende Ausmaß der beiden genannten Motivationsaspekte variiert in Abhängigkeit von

- dem tatsächlichen Einfluss des jeweiligen Mitarbeiters auf das Unternehmensergebnis und
- der Höhe und dem erwarteten Wert der Beteiligung (absolut und in Relation zum fixen Grundgehalt).[4]

In Bezug auf beide Stellgrößen besitzen kleinere Unternehmen tendenziell Vorteile gegenüber größeren, etablierten Unternehmen. So ist wegen der geringeren Mitarbeiteranzahl, kürzeren Entscheidungswegen etc. annahmegemäß der Einfluss auf das Unternehmensergebnis im Durchschnitt höher zu bewerten. Viel deutlicher werden die Unterschiede allerdings bei der Höhe und dem erwarteten Wert der Beteiligung. Auf Grund der geringeren Mitarbeiteranzahl ist es erstens möglich, jeden einzelnen Mitarbeiter viel stärker am Unternehmen zu beteiligen, weil die erwünschte Anzahl der auszugebenden Anteile auf weniger „Köpfe" zu verteilen ist. Zweitens steigt der erwartete Wert der Beteiligung, je kleiner das

---

4 In Anlehnung an Winter (1998), S. 1128. Die Grundlage für diese Überlegung stellt die „VIE"-Theorie von Vroom dar. Bei dieser Motivationstheorie wird davon ausgegangen, dass sich jegliche Motivation aus dem Produkt von erwarteter Wahrscheinlichkeit, mit der eine Handlung zu einem positiven Ergebnis führt, und dem Wert dieses Ergebnisses für die handelnde Person ergibt (vgl. hierzu ausführlich Vroom, 1964).

Unternehmen und je größer damit seine Wertsteigerungspotenziale sind. Die Ursache dafür liegt im oben genannten Hebeleffekt. Je geringer der gegenwärtige Istwert des Unternehmens ausfällt, desto höher ist das Wertsteigerungspotenzial und damit die Chance, über eine Mitarbeiterbeteiligung an der potenziellen Wertsteigerung teilzuhaben. Daraus ergibt sich gerade für kleinere Unternehmen die Chance, ihre Mitarbeiter möglichst früh zu beteiligen, umso den Hebeleffekt voll auszunutzen und über die daraus resultierende Chance zur Steigerung des Unternehmenswerts auch den Wert der Beteiligung zu maximieren. In der Folge können die sich bietenden Vorteile einer höheren Leistungsmotivation eher realisiert werden als bei einem vergleichsweise großen Unternehmen.

2.2 Auswirkungen auf die Teilnahmemotivation

In Deutschland, aber auch generell in Europa wird zurzeit der Mangel an qualifizierten Fach- und Führungskräften sowie insbesondere an unternehmerisch handelnden Mitarbeitern beklagt; zu stark ist die Nachfrage in Relation zum Angebot in der letzten Zeit gestiegen. Folgerichtig resultiert auf dem Markt für Humanressourcen ein zunehmend härter werdender Wettbewerb um diese Mitarbeitergruppen, der sich unter anderem in stark ansteigenden Gehaltsangeboten für diese Kandidaten widerspiegelt. Ein Jahresgehalt in Höhe von 100 000 DM für beispielsweise einen diplomierten Hochschulabgänger stellt keineswegs eine Besonderheit dar. Allerdings ist nicht jedes Unternehmen in der Lage, solchen Gehaltsvorstellungen nachzukommen. Im Gegensatz zu etablierten Großunternehmen dürften hier vor allem kleinere, im Wachstum befindliche Unternehmen auf Grund einer geringeren Finanzausstattung Probleme aufweisen. Doch wie kann dieser potenzielle Wettbewerbsnachteil im Kampf um Talente wettgemacht werden? Zur Lösung dieses Problems kann eine Beteiligung der Mitarbeiter am Unternehmen beitragen: An Stelle eines sehr hohen jährlichen Fixgehalts kann den Kandidaten eine Beteiligung angeboten werden. Im Gegenzug wird dafür das Fixgehalt spürbar gesenkt. So fordert zum Beispiel Ricardo.de je nach Verhandlungsstärke des Kandidaten einen Abschlag zwischen 5 Prozent und 25 Prozent vom marktüblichen Fixgehalt, und die Firma Razorfish berichtet sogar von Abschlägen bis hin zu 50 Prozent, die sich bei den Einstellungsverhandlungen durchsetzen ließen. Der Durchschnittswert dürfte sich auf geschätzte 20 Prozent des marktüblichen Fixgehalts belaufen.

Neben der Reduktion der Kostenbelastung durch geringere Fixgehälter bieten Mitarbeiterbeteiligungen insbesondere für kleinere Unternehmen einen weiteren nicht zu unterschätzenden Vorteil. „Echte" Unternehmer können nämlich auf dem Markt für Humanressourcen viel glaubhafter gesucht und leichter identifiziert werden. Für diese These sprechen zwei Überlegungen: Zum Ersten impliziert die Substitution von Fixgehalt durch eine Beteiligung die Übertragung unternehmerischen Risikos auf die Mitarbeiter. Während nämlich das Fixgehalt unabhängig von der jeweiligen Ertragssituation des Unternehmens ausgezahlt wird, hängt der Wert der Beteiligung entscheidend von der unternehmerischen Entwicklung ab. Der Mitarbeiter partizipiert also unmittelbar am Risiko der Unternehmung, sei es im Sinne der Chance auf einen positiven Geschäftsverlauf oder vice versa im Sinne der Gefahr eines negativen Geschäftsentwicklung. Folglich fördert eine umfangreiche Mitarbeiterbeteiligung eine Verschiebung des Charakters der Arbeitsbeziehung: Weg vom Angestelltenverhältnis mit einem risikolosen Fixgehalt, hin zum Unternehmertum mit geringerem Fixgehalt und einer risikobehafteten Beteiligung am Unternehmen. Es dürfte auf der Hand liegen, dass die Suche nach „echten" Unternehmern erheblich glaubwürdiger zu gestalten ist, wenn den Kandidaten neben einem Fixgehalt auch eine umfassende Beteiligung angeboten werden kann. Dies gilt umso mehr, je kleiner das fokale Unternehmen ist. Schließlich konnte im vorangegangenen Abschnitt gezeigt werden, dass der tatsächliche Einfluss der Belegschaft beziehungsweise der Führungskräfte auf die Ertragssituation und die Entwicklung des gesamten Unternehmens mit *sinkender* Unternehmensgröße *zunimmt*. Dementsprechend bieten sich unternehmerisch handelnden Mitarbeitern in kleineren Unternehmen erheblich größere Entfaltungsmöglichkeiten, was die Glaubwürdigkeit der Suche zusätzlich steigert. Zum Zweiten provoziert das Angebot einer Beteiligung an Stelle eines entsprechend höheren Fixgehalts eine natürliche Auslese der Kandidaten. Risikoscheue Kandidaten werden durch eine solche Vergütungsregelung nicht angezogen und werden daher weniger Interesse an der Aufnahme einer Arbeitsbeziehung zeigen. Diese Selbstselektion erleichtert die Identifikation der eher unternehmerisch denkenden Personen, denen die diskutierte Vergütungsregelung zusagt, und die dies durch eine Bewerbung gegebenenfalls auch signalisieren.

Der Erfolg, den insbesondere kleinere Unternehmen auf dem Markt für Humanressourcen durch eine Beteiligung der Mitarbeiter vorweisen können, gibt Anlass dazu, abschließend noch einige Gedanken über die Implikationen dieses Trends anzustellen. Immerhin ist dieser Trend kontraintuitiv, wird die eingangs angeführte risikoaverse Mentalität in Deutschland berücksichtigt. Erfreuen sich also die grundsätzlich risikobehafteten Beteiligungen einer zunehmenden Beliebtheit bei den Mitarbeitern, so kann dies streng genommen nur zweierlei Ursachen haben: Erstens könnte dies auf eine Änderung der Risikopräferenz hindeuten. Vielleicht offenbart sich hier eine verstärkte Risikobereitschaft, das heißt, ein Risiko von vergleichbarem Ausmaß wird heute eher eingegangen als noch vor wenigen Jahren. Wäre dieses Argument zutreffend, so müsste sich die oben zitierte „deutsche Mentalität" geändert haben. Alternativ wäre aber zweitens auch denkbar, dass das Ausmaß des mit einer Beteiligung einhergehenden Risikos von den Mitarbeitern gegenwärtig schlicht anders beurteilt wird. Es wird also heute eher an eine positive Entwicklung des Unternehmens und damit an eine Steigerung des Werts der Beteiligung geglaubt als noch in der Vergangenheit. Der Erfolg der meisten Neuemissionen der letzten Zeit, bei denen viele am Unternehmen beteiligte Mitarbeiter mit Erlösen zum Teil in Millionenhöhe rechnen konnten, vermag diesen Glauben durchaus zu bestätigen. Wird eine solche Hoffnung auf einen entsprechend hohen Erlös sogar zur treibenden Kraft eines Engagements, so unterstreicht dies die Notwendigkeit, das Thema Mitarbeiterbeteiligung zu vertiefen und sich im Folgenden mit den alternativen Formen einer Beteiligung auseinander zu setzen.

3. Alternative Formen von Mitarbeiterbeteiligungen

Bei der Diskussion der existierenden alternativen Formen einer Mitarbeiterbeteiligung geht es im Kern um die Frage, wie der Erwerb von Aktien durch die Mitarbeiter auszugestalten ist. In einem allgemeinen Zugriff lassen sich hier zumindest zwei Alternativen unterscheiden. Auf der einen Seite können die Unternehmen ihren Mitarbeitern direkt Aktien zukommen lassen, auf der anderen Seite können auch Aktienoptionen vergeben werden, die bei Vorliegen bestimmter Voraussetzungen den kostengünstigen Bezug von Aktien erlauben. Beide Alternativen sollen vorgestellt und ihre jeweiligen Vor- und Nachteile herausgearbeitet werden. Dabei interessieren insbesondere deren einkommensteuerrechtliche Behandlung und die daraus resultierenden absoluten Werte der Beteiligung sowie die sonstigen Auswirkungen der beiden Instrumente auf beispielsweise die längerfristige Bindung der Mitarbeiter.

3.1 Erwerb von Aktien

Die unmittelbare Ausgabe von Aktien an die Mitarbeiter setzt prinzipiell den Rückerwerb eigener Anteile durch das Unternehmen voraus, bevor diese an die Mitarbeiter weitergegeben werden können. Die gesetzlichen Regelungen zum Rückerwerb von Aktien finden sich in § 71 Abs. 1 AktG und offerieren dem Unternehmen zwei Optionen. Nach § 71 Abs. 1 Ziffer 2 AktG stellt der Rückerwerb von Aktien eine Geschäftsführungsmaßnahme dar und kann unabhängig von der Hauptversammlung vollzogen werden. Allerdings müssen die Anteile binnen eines Jahres an die Mitarbeiter ausgeschüttet worden sein. Alternativ können auf der Basis des § 71 Abs. 1 Ziffer 8 AktG auch Aktien von bis zu 10 Prozent des Grundkapitals erworben und auf unbegrenzte Zeit gehalten werden. Hierfür ist jedoch ein Ermächtigungsbeschluss der Hauptversammlung erforderlich, der den niedrigsten und höchsten Gegenwert der erworbenen Aktien festlegt. Neben dem Rückerwerb von „alten" Aktien ist es jedoch auch möglich, das Kapital zu erhöhen und den Mitarbeitern insofern „neue" Anteile anzubieten. Der Beschluss der Hauptversammlung kann dabei entweder eine Erhöhung des genehmigten Kapitals auf Basis des § 202 AktG vorsehen, bei dem das Grundkapital der Gesellschaft bis zu einem bestimmten Nennbetrag durch die Ausgabe neuer Aktien gegen entsprechende Einlagen gesteigert wird. In diesem Zusammenhang kann ein Bezugsrecht der Altaktionäre nach § 202 Abs. 4 AktG insofern ausgeschlossen werden, als die Kapitalerhöhung vorrangig der Beteiligung der Mitarbeiter dient. Oder die Hauptversammlung beschließt eine bedingte Kapitalerhöhung nach § 192 ff. AktG. Bei dieser Variante wird die Erhöhung des Grundkapitals davon abhängig gemacht, inwieweit die Begünstigten von einem Bezugsrecht auch wirklich Gebrauch machen wollen.[5]

Was die steuerrechtliche Behandlung der Ausgabe von Aktien an die Mitarbeiter anbelangt, so ist die Betrachtung von insbesondere zwei Zeitpunkten von Interesse, nämlich dem Zeitpunkt der Übertragung der Aktien auf den Mitarbeiter einerseits und dem Zeitpunkt der Veräußerung der Aktie durch den Mitarbeiter und die damit einhergehende Realisierung eines möglichen Kursgewinns andererseits. In Bezug auf den Zeitpunkt der Übergabe ist der dann gültige Marktwert der Aktien von Bedeutung. Erhalten die Mitarbeiter die Aktien zu vergünstigten Kursen, so ist der daraus resultierende geldwerte Vorteil voll einkommensteuerpflichtig. Um dieser Besteuerung zu entgehen, bietet es sich an, dass die Mitarbeiter die Aktien – in Erwartung eines steigenden Kurses – zum derzeitigen Marktwert selbst erwerben. Um die daraus resultierende finanzielle Belastung der Mitarbeiter zu verringern, kann das Unternehmen seinen Mitarbeitern beispielsweise Kredite zur Verfügung stellen, die erst bei späterer Veräußerung der Aktien wieder zurückzuzahlen sind. In Bezug auf den Zeitpunkt der Veräußerung der Aktien kommt es darauf an, wie lange sich die Anteile bereits im Besitz des jeweiligen Mitarbeiters befinden. Als kritische Grenze gilt dabei *ein Jahr*. Wird diese Grenze unterschritten, so gelten die Kursgewinne nach §§ 22, 23 EStG als Spekulationsgewinne und sind in der Konsequenz voll der Steuer zu unterziehen. Werden die Aktien hingegen länger als ein Jahr im Depot gehalten, so sind sämtliche realisierte Kursgewinne steuerfrei. Insbesondere im Zusammenhang mit einer Börseneinführung dürfte die genannte Restriktion jedoch unkritisch sein. Schließlich gilt hier für die Alteigentümer beziehungsweise Gründer ohnehin eine gesetzliche Verkaufssperre von mindestens sechs Monaten, die in Absprache mit dem die Emission begleitenden Bankenkonsortiums gegebenenfalls noch zusätzlich verlängert werden kann, um so ein positives Signal nach außen zu setzen.

---

5 Bei der bedingten Kapitalerhöhung gemäß § 192 ff. AktG handelt es sich um die in der Praxis geläufigste Variante im Zusammenhang mit einer Beteiligung der Mitarbeiter (vgl. Schmidt, 1998, S. 77).

Relevant für die Beurteilung der Vorteilhaftigkeit einer Aktie ist jedoch die Frage, welche weiteren Auswirkungen insbesondere auf die Bindung der Mitarbeiter an das Unternehmen zu erwarten sind. Bei der Diskussion dieses Aspekts soll als Referenzsituation davon ausgegangen werden, dass sich einem Mitarbeiter die Möglichkeit eröffnet, in einem Konkurrenzunternehmen tätig zu werden. Unter sonst gleichen Bedingungen wird der Mitarbeiter genau abwägen, in welchem der beiden Unternehmen er einen höheren Gesamtverdienst realisieren kann. Der monetäre Vorteil einer Beteiligung des Mitarbeiters in Form der direkten Übertragung von Aktien kann nun darin gesehen werden, dass der fokale Mitarbeiter den Anreiz besitzt, den Wert seines Aktienpakets bis zur möglichen Veräußerung durch seine eigenen Aktivitäten zu steigern. Folglich liefert ihm ein Aktienpaket grundsätzlich einen zusätzlichen Anreiz, im Unternehmen zu verbleiben. Dieser Anreiz unterliegt jedoch einer Einschränkung: Der individuelle Einfluss des Mitarbeiters muss hinreichend groß sein. Fehlt diese Voraussetzung, das heißt, der Mitarbeiter kann den Wert seines Aktienpakets durch eigene Aktivitäten nur unzureichend steigern, so verringert sich für ihn der Anreiz zu bleiben. Vielmehr wird er sogar zu einem Verhalten des „Trittbrettfahrens" ermuntert: Selbst wenn er das Unternehmen verlässt und zur Konkurrenz wechselt, partizipiert er über sein Aktienpaket weiterhin an den erwirtschafteten Wertsteigerungen. Dieses Problem lässt sich dadurch lösen, dass den Mitarbeitern fortwährend neue Anteile angeboten werden. Abbildung 59 stellt beispielhaft einen über vier Jahre zeitlich gestaffelten Bezug von Anteilen durch die Mitarbeiter dar:

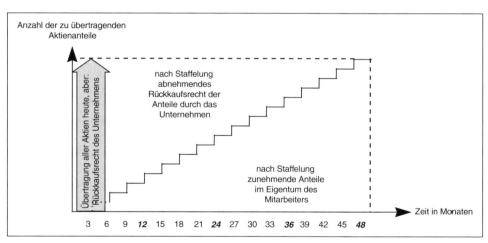

Abbildung 59: Zeitliche Staffelung eines Beteiligungsprogramms

Demnach können die Mitarbeiter in regelmäßigen, zuvor festgelegten Abständen eine bestimmte Anzahl an Aktien beziehen. Ein Verlassen des Unternehmens während dieses Zeitraums würde dann den Verzicht auf die jeweils noch ausstehenden neuen Anteile implizieren. Ein solchermaßen gestaffeltes Beteiligungsprogramm weist jedoch grundsätzlich einen finanziellen Nachteil auf. Bei einem steigenden Aktienwert müssen die Begünstigten nämlich entweder bei jeder Staffel einen höheren Preis für die Aktien zahlen oder – bei einem vergünstigten Bezug – einen höheren geldwerten Vorteil versteuern. Um diesen finanziellen Nachteil zu vermeiden, bietet sich die folgende Konstruktion an: Das Unternehmen überträgt den zu beteiligenden Mitarbeitern alle im Beteiligungsprogramm vorgesehenen Aktien bereits heute zum gegenwärtig günstigen Kurs. Gleichzeitig behält sich die Unternehmung ein Rückkaufsrecht dieser Aktien vor für den Fall, dass der jeweilige Mitarbeiter das Unternehmen vorzeitig verlässt. Mit anderen Worten stehen die übertragenen Aktien unter einer Art Eigentumsvorbehalt des Unternehmens. Dieses Rückkaufsrecht, das sich anfangs auf alle Aktien bezieht, wird nun zu jedem ursprünglich intendierten Zeitpunkt des Aktienbezugs um den zuvor festgelegten Anteil *verringert*, sodass dieser Anteil unwiderruflich auf die Begünstigten übertragen wird. Durch eine solche Konstruktion wird ein zeitlich gestaffelter Bezug von Aktien gewissermaßen „rekursiv" hergestellt, also über die Verringerung eines Rückkaufsrechts, und gleichzeitig die oben genannte Gefahr einer zunehmenden finanziellen beziehungsweise steuerlichen Belastung beseitigt. Nach dem Ablauf der vier Jahre können dann weitere Beteiligungsrunden folgen, um den Mitarbeitern auf diese Weise stets einen neuen Anreiz zum Verbleib in der Unternehmung zu bieten.

3.2 Aktienoptionen

Der Grundgedanke einer Option liegt darin, dass die jeweils Begünstigten das Recht besitzen, entweder zu einem bestimmten Zeitpunkt oder aber während eines bestimmten Zeitraums eine Aktie zu einem festgelegten Preis (so genannter Basispreis) vom Stillhalter zu erwerben;[6] eine Pflicht zum Aktienerwerb ist dadurch jedoch nicht begründet. Als Gegenleistung für die Gewährung einer Option kann der Stillhalter vom Erwerber eine Prämie verlangen. Eine Option kann dabei grundsätzlich zwei Formen aufweisen: Entweder sie stellt für den Mitarbeiter eine eher abstrakte (schuldrechtliche) Möglichkeit zum Bezug junger Aktien unter bestimmten Konditionen dar, oder sie wird in Form eines konkreten verbrieften Optionsrechts an die Mitarbeiter ausgegeben.[7] Im Gegensatz zur lediglich schuldrechtlichen Option lässt sich das verbriefte Optionsrecht auch am

---

6 Ist die Option nur zu einem Zeitpunkt auszuüben, so wird in der Regel von einer europäischen Option gesprochen. Kann die Option hingegen während eines größeren Zeitraumes ausgeübt werden, so wird dies als amerikanische Option bezeichnet. Üblicherweise sind die meisten Optionsprogramme gegenwärtig vom amerikanischen Typ (vgl. Siddiqui, 1999, S. 164).
7 Vgl. Feddersen (1997).

Markt handeln, sein Preis variiert während der Laufzeit der Option in Abhängigkeit von der Kursentwicklung der Aktie, dem Basispreis, der Zeitdauer bis zur Ausübung der Option und dem Zinsniveau am Geld- und Kapitalmarkt.[8] Optionen sind nur dann für den Erwerber vorteilhaft, wenn sich der Aktienkurs entsprechend positiv entwickelt und die Summe aus Basispreis und der gegebenenfalls entrichteten Kaufprämie übersteigt. Dann nämlich kann der Besitzer einer Option durch Ausübung seines Rechts den Differenzbetrag als Gewinn realisieren. Bleibt der Wert der Aktie jedoch fortwährend unter dem Basispreis, so wäre eine Ausübung der Option unsinnig, weil die Aktie am Markt zu einem günstigeren Kurs bezogen werden könnte. Die Option würde gänzlich verfallen und somit wertlos.

Die Gewährung von Aktienbezugsrechten ist in Deutschland bis 1998 nur im Zusammenhang mit der gleichzeitigen Ausgabe von Wandelschuldverschreibungen und einer bedingten Kapitalerhöhung möglich gewesen.[9] Weil diese Vorgehensweise jedoch als relativ umständlich bezeichnet werden muss,[10] ist durch eine Gesetzesänderung vom 1. Mai 1998 (Inkrafttreten des KonTraG[11]) heute auch eine unmittelbare Vergabe von Aktienoptionen möglich. Demnach ist lediglich ein Beschluss der Hauptversammlung zu einer bedingten Kapitalerhöhung im Zusammenhang mit einem Aktienoptionsplan erforderlich, und auch ein expliziter Ausschluss des Bezugsrechts der Altaktionäre ist nicht länger notwendig. § 193 Abs. 2 Ziffer 4 AktG führt die zu konkretisierenden Einzelheiten auf, zu ihnen zählen unter anderem

- der Zweck der bedingten Kapitalerhöhung,
- der Basispreis der Aktienoptionen,
- die Bezugsberechtigten sowie die Anzahl beziehungsweise der Prozentsatz ihrer jeweiligen Anteile,
- die Laufzeit der Optionen und der Erwerbszeitraum,
- die Wartezeit für die Erstausübung (diese beträgt gemäß § 193 Abs. 2 Ziffer 4 AktG mindestens zwei Jahre),

---

8 Zur Bewertung von Aktienoptionen wird üblicherweise die so genannte Black-Scholes-Formel verwendet, die den fairen Preis einer Option aus den oben genannten vier Kriterien herleitet. Vgl. hierzu ausführlich Black/Scholes (1973).
9 Im Allgemeinen lassen sich zwei Arten von Wandelschuldverschreibungen unterscheiden. Zum einen kann eine Wandelanleihe emittiert werden. Hierbei handelt es sich um eine Schuldverschreibung, die neben Verzinsung und Tilgung das Recht beinhaltet, in eine zuvor festgelegte Anzahl von Aktien getauscht zu werden. Zum anderen ist eine Optionsanleihe zu nennen. Sie beinhaltet neben Verzinsung und Tilgung das Recht, zusätzlich zu einem vertraglich fixierten Kurs eine bestimmte Anzahl an Aktien zu erwerben. Vgl. hierzu Bühner (1989), S. 2184 ff.
10 Vgl. Siddiqui (1999), S. 168.
11 KonTraG steht für das Gesetz zur Kontrolle und Transparenz im Unternehmensbereich. Mit seiner Einführung sollte unter anderem die deutsche Gesetzgebung an die jüngeren internationalen kapitalmarktrechtlichen Entwicklungen angepasst werden (vgl. Schmidt, 1998, S. 78).

- gegebenenfalls Mindesthaltefristen für die erworbenen Aktien sowie
- gegebenenfalls zusätzliche Voraussetzungen für die Ausübung der Option (zum Beispiel ein bestimmter Aktienkurs).

Insbesondere über den letztgenannten Punkt besitzt das Unternehmen die Möglichkeit, die Beteiligten verstärkt auf eine Steigerung des Unternehmenswerts auszurichten, indem hier ein absoluter Mindestwert der Aktien, eine relative Wertentwicklung im Vergleich zu beispielsweise den Hauptkonkurrenten als Voraussetzung für die Ausübung der Option festgelegt wird.

Für die steuerrechtliche Behandlung von Optionen gilt grundsätzlich, dass diese einen geldwerten Vorteil darstellen, welcher der Einkommensteuer zu unterziehen ist. Entscheidend ist dabei die Frage, wann beziehungsweise zu welchem Zeitpunkt den Begünstigten der geldwerte Vorteil zugute kommt und dementsprechend zu versteuern ist: Liegt er bereits zum Zeitpunkt der Übertragung der Option vor, an dem der Aktienkurs und damit der Wert der Option sich auf einem relativ geringen Niveau befinden, oder erst zum Zeitpunkt der Optionsausübung, wenn bei einem positiven Kursverlauf der Aktie ein entsprechend hoher Gewinn realisiert werden kann? In diesem Zusammenhang ist auf die oben genannte Differenzierung der Gewährung einer schuldrechtlichen Option einerseits und der Ausgabe eines verbrieften Optionsrechts andererseits zurückzukommen. Wird eine *schuldrechtliche Option* eingeräumt, so wird dies nach Auffassung sowohl des Bundesfinanzhofes als auch der Finanzverwaltung nicht als steuerpflichtige Einnahme für den Begünstigten betrachtet.[12] Schließlich ist es dem Berechtigten in diesem Fall nicht möglich, die Option am Markt zu handeln und an Dritte zu verkaufen; das bloße Einräumen der Option stellt daher noch keinen hinreichend präzisen geldwerten Vorteil dar. Der Vorteil konkretisiert sich demnach erst bei Ausübung der Option und besteht im dann realisierten Gewinn zwischen dem aktuellen Aktienkurs und dem Basispreis der Option.[13] Eine solche *Endbesteuerung* impliziert allerdings, dass der Begünstigte bei einer entsprechend positiven Entwicklung der Aktie mit einer hohen Steuerlast konfrontiert wird.

Aus diesem Grund besteht das Interesse, den Zeitpunkt der Versteuerung des geldwerten Vorteils bereits auf die Übertragung der Option zu legen. Dann aber muss der geldwerte Vorteil bereits zu diesem Zeitpunkt greifbar sein und eindeutig vorliegen. Einige Autoren vertreten die Meinung, dass die Ausgabe eines *verbrieften Optionsrechts* diese Voraussetzung erfüllt.[14] Ein verbrieftes Optionsrecht ist nämlich grundsätzlich am Markt handelbar, sodass sich nicht nur der Markt-

---

12 Vgl. Feddersen (1997), S. 278, sowie die in diesem Zusammenhang angeführte Literatur.
13 Vgl. Schmidt (1998), S. 78, und Feddersen (1997), S. 278.
14 Siehe hierzu exemplarisch die Argumentation in Bredow (1996). Siehe zu gegenteiligen Auffassungen auch Herzig (1999) sowie zusammenfassend Siddiqui (1999), S. 181 f.

wert der Option jederzeit ermitteln lässt,[15] sondern der Begünstigte diesen Wert auch durch einen Verkauf des Bezugsrechts an einen Dritten stets realisieren kann. In der Konsequenz wird die Meinung vertreten, dass der geldwerte Vorteil somit hinreichend präzise zu bestimmen ist. Wird dieser Argumentation gefolgt, so hätte dies drei Implikationen für die steuerliche Behandlung: Erstens würde es zu einer *Anfangsbesteuerung* der Option kommen. Die Bestimmung der Höhe des geldwerten Vorteils und die Vornahme der Besteuerung müssten auf dem Wert beruhen, den die Option zum Zeitpunkt der Übertragung auf den Mitarbeiter hätte. Weil zu diesem Zeitpunkt von einem geringeren Aktienkurs und damit von einem geringeren Wert der Option auszugehen ist, würde auch der geldwerte Vorteil relativ gering ausfallen. Zweitens muss die Übertragung der Option auf den Mitarbeiter nicht unentgeltlich erfolgen: Erwirbt der Mitarbeiter die Option gegen Zahlung des dann marktüblichen Preises, so läge kein geldwerter Vorteil vor, und eine steuerliche Belastung würde vermieden. Drittens wäre zu beachten, dass es sich bei einer handelbaren Option um eine Anlageform handelt, die weiterhin der Spekulationsfrist von zwölf Monaten unterliegt. Wird die Option innerhalb dieses Zeitraums veräußert (es geht nicht um die Ausübung), so unterliegt der Veräußerungsgewinn nach §§ 22, 23 EStG in vollem Umfang der Einkommensteuer. Leider existiert nach Siddiqui derzeit noch keine als gesichert zu betrachtende höchstrichterliche Entscheidung, ob der dargestellten Auffassung einer möglichen Anfangsbesteuerung durch die Ausgabe verbriefter Optionsrechte in jedem Fall zu folgen ist.[16] Aus diesem Grund erscheint eine steuerliche Prüfung durch das jeweils zuständige Finanzamt im Vorfeld der Einführung von Aktienoptionen als empfehlenswert.[17]

In Bezug auf die Bindungswirkung von Aktienoptionen im Vergleich zur unmittelbaren Gewährung von Aktien lassen sich kaum Differenzen ausmachen: Was den Bezug der Aktien anbelangt, so macht es für den Begünstigten mit Ausnahme der jeweiligen steuerlichen Regelung grundsätzlich keinen Unterschied, ob er eine Option ausüben muss oder die Aktie zu einem vergünstigten Kurs direkt von der Unternehmung erhält. In beiden Fällen steht der zu realisierende Kursgewinn im Vordergrund, der sich bei entsprechender Ausgestaltung der beiden Varianten nicht unterscheidet. Will der Mitarbeiter diesen Kursgewinn einstreichen, so ist sein Verbleib in der Unternehmung in jedem Fall zwingend erforderlich. Sind die Optionen ausgeübt worden, und befinden sich die Aktien im Besitz des Mitarbeiters, so gelten die oben getroffenen Aussagen bezüglich der Aktien unverändert weiter: Demnach darf keine allzu große Bindungswirkung erwartet

---

15 Siehe hierzu Black/Scholes (1973).
16 Vgl. Siddiqui (1999), S. 182.
17 Bislang ist nur ein Modell bekannt, dessen Anfangsbesteuerung von einer Finanzdirektion zugelassen worden ist. Hierbei handelt es sich um das – in Anlehnung an die zulassende Oberfinanzdirektion München – so genannte Münchner Modell. Vgl. hierzu Manager Magazin (1999).

werden, sodass es ratsam erscheint, den Mitarbeitern im Anschluss an den Ablauf eines Optionsprogramms neue Anreize in Form weiterer Aktienoptionen zu bieten. Auf diese Weise kann die Attraktivität einer Tätigkeit im fokalen Unternehmen stets aufrecht erhalten werden. Eine Staffelung analog zum oben genannten Aktienbeispiel bietet sich hierzu in besonderer Weise an. Der einzige Unterschied, der bezüglich Aktienoptionen festzustellen ist, bezieht sich auf die möglicherweise festgelegten (Leistungs-)Voraussetzungen, die für ein Ausüben der Option erfüllt sein müssen. Je nach individueller Ausgestaltung dieser Bedingungen ist es denkbar, dass ihr Vorliegen unabhängig von der tatsächlichen Leistung des Mitarbeiters durch exogene, nicht steuerbare Umwelteinflüsse verhindert wird.[18] In diesem Fall ist die Option für den Mitarbeiter unter Umständen nicht auszuüben, ohne dass ihm hierfür irgendein Verschulden zur Last zu legen ist. Neben einem zu erwartenden demotivierenden Effekt auf die Leistung könnte das frühzeitige Erkennen einer solchen Entwicklung auch dazu führen, dass die Option für den Mitarbeiter jeglichen Wert verliert und damit ihre Bindungswirkung frühzeitig einbüßt.

4. Detailfragen zur Ausgestaltung eines Beteiligungsangebots

Unabhängig davon, ob die Beteiligung im Rahmen der direkten Übertragung von Aktien oder durch Aktienoptionen erfolgt, sind in jedem Falle zwei wesentliche Parameter im Vorfeld einer jeden Beteiligung festzulegen: die Breite und die Tiefe der Beteiligung. Während die Beteiligungsbreite die Anzahl und die Positionen des zu beteiligenden Personenkreises beschreibt, legt die Tiefe den Umfang der Beteiligung fest und regelt ihre absolute und relative Höhe. Beide Parameter sind nicht unabhängig voneinander zu betrachten. Das zu verteilende Grundkapital ist nicht unbegrenzt verfügbar und insofern knapp, dementsprechend müssen mit zunehmender Beteiligungsbreite die Anteile auf mehr Köpfe verteilt werden, was zwangsläufig mit einer im Durchschnitt sinkenden Beteiligungstiefe einhergeht. Vice versa offenbart eine eher geringe Beteiligungsbreite die Möglichkeit, die wenigen ausgewählten Mitarbeiter in einem größeren Umfang am Unternehmen teilhaben zu lassen. Auf Grund dieser Dependenz erscheint es sinnvoll, die Diskussion vor allem auf Aspekte der Beteiligungsbreite zu lenken. Vor diesem Hintergrund lautet die Leitfrage, welches die Argumente

---

18 Siehe zu diesem Themenbereich im Allgemeinen und zum Zusammenhang zwischen der Entwicklung des Börsenkurses und der Leistung der (leitenden) Mitarbeiter im Speziellen die Ausführungen bei Winter (1998), S. 1131 ff., sowie die dort angeführte Literatur bezüglich empirischer Untersuchungen zu diesem Thema.

sind, die für einen eher geringen und fokussierten und welche für einen eher weiten Begünstigtenkreis sprechen. In diesem Zusammenhang bietet sich der Rückgriff auf die grundlegenden Erkenntnisse zur Leistungs- und zur Teilnahmemotivation an.

Wird eine *hohe Beteiligungsbreite* angestrebt, die gegebenenfalls sogar alle im Unternehmen tätige Personen umfasst, so kann dies neben der allgemeinen Förderung einer Vermögensbildung auf der Seite der Mitarbeiter vor allem dazu führen, dass der Aspekt der Partnerschaft aller Mitarbeiter des Unternehmens hervorgehoben wird. Weil sich das Unternehmen letztlich in der Hand aller Mitarbeiter befindet, steigt nicht nur die Bereitschaft zu einem kooperativen Verhalten über Ressortgrenzen hinaus, sondern es wird auch eine Identifikation der Mitarbeiter mit „ihrem" Unternehmen auf diese Weise unterstützt, was sich in einer höheren Leistungsbereitschaft widerspiegeln kann. Diese beiden, die Leistungsmotivation betreffenden Vorteile gehen einher mit einem positiven Image auf dem Markt für Humanressourcen, welches der Teilnahmemotivation zuträglich ist. Wenn damit geworben werden kann, dass sich ein Unternehmen zu einem wesentlichen Teil im Besitz der Mitarbeiter befindet, so kann dies das Interesse eines Bewerbers erhöhen, in diesem Unternehmen tätig zu werden und damit selbst zu einem Eigentümer zu avancieren. Jenseits dessen darf in diesem Zusammenhang noch auf eine weitere positive, imagefördernde Außenwirkung einer hohen Beteiligungsbreite hingewiesen werden. Sind die Mitarbeiter am Unternehmen beteiligt, so darf ein Kunde insbesondere bei Dienstleistungen, bei denen er in direkten Kontakt mit den Mitarbeitern tritt, eine entsprechend hohe Leistungsbereitschaft und folglich auch ein gutes Produkt erwarten. Somit kann eine Beteiligung auch als Signal nach Außen für eine hohe Produktqualität dienen.[19]

Für eine eher *geringe Beteiligungsbreite* ist demgegenüber anzuführen, dass sie eine gezielte Auswahl der Personen erfordert. Daher ist eine Fokussierung auf solche Mitarbeiter möglich, die einen ausreichend großen Einfluss auf das Unternehmensergebnis besitzen, sodass sich ihre Leistungen auch im Wert der Beteiligung niederschlagen. Im Ergebnis kann so die bestmögliche Wirkung einer Beteiligung auf die Leistungsmotivation am ehesten gewährleistet werden. Aber auch in Bezug auf die Teilnahmemotivation bietet ein selektives Vorgehen Vorteile. Schließlich ist es auf diese Weise möglich, auf die Knappheitsverhältnisse am Markt für Humanressourcen zu reagieren, und vor allem den „begehrten" und knappen Mitarbeitergruppen eine – falls notwendig – auch sehr umfangreiche

---

19 So verweist beispielsweise United Airlines stets darauf, dass sich das Unternehmen im Besitz seiner Mitarbeiter befindet und leitet daraus den Anspruch des Kunden ab, eine höchste Produktqualität im Allgemeinen und einen hervorragenden Service im Speziellen jederzeit erwarten zu dürfen.

Beteiligung anzubieten. Hieran wird erkennbar, dass das Ausmaß der genannten positiven Effekte auf die Leistungs- und Teilnahmemotivation natürlich mit dem Umfang beziehungsweise der Tiefe der Beteiligung variiert. Weil eine eher geringe Beteiligungsbreite die Möglichkeit zu einer umfangreicheren Teilnahme der begünstigten Mitarbeiter eröffnet, ist hierin ein entscheidender Vorteil gegenüber einer hohen Beteiligungsbreite zu erblicken. Vor diesem Hintergrund empfiehlt beispielsweise das MIT Entrepreneurship Center folgende Beteiligungsumfänge für einige ausgewählte Mitarbeitergruppen:[20]

- Vorstandsvorsitzender: 5 bis 10 Prozent
- Vorstand Produktion: 3 bis 6 Prozent
- Vorstand Verkauf: 2 bis 3 Prozent
- Vorstand Marketing: 1 bis 2 Prozent
- Vorstand Finanzen: 1 bis 1,5 Prozent
- Direktorenebene: 0,1 bis 0,2 Prozent
- Abteilungsleiterebene: 0,05 bis 0,1 Prozent

Die obigen Ausführungen unterstreichen die Notwendigkeit, sich im Vorfeld einer Mitarbeiterbeteiligung eindeutig in Bezug auf die angestrebte Beteiligungsbreite und damit einhergehend die Beteiligungstiefe zu positionieren, umso die jeweils positiven Effekte entweder einer geringen oder einer hohen Beteiligungsbreite abgreifen zu können. Vielleicht ist es trotz der grundsätzlich knappen Eigenmittel auch möglich, beide Varianten zu kombinieren, das heißt eine grundsätzlich hohe Breite mit einer geringen Tiefe anzustreben und in ausgewählten Bereichen den Umfang der Beteiligung zu erhöhen. Dies aber kann letztlich nur einzelfallabhängig entschieden werden.

Literaturhinweise

Black, F., Scholes, M. (1973): The Pricing of Options and Corporate Liabilities, in: Journal of Political Economy, 81, S. 637–654.
Bredow, G.M. (1996): Steuergünstige Gestaltung von Aktienoptionen für leitende Angestellte („stock options"), in: Deutsches Steuerrecht, S. 2033–2036.
Bühner, R. (1989): Möglichkeiten der unternehmerischen Gehaltsvereinbarung für das Top-Management, in: Die Betriebswirtschaft, 42, S. 2181–2186.
Feddersen, D. (1997): Aktienoptionsprogramme für Führungskräfte aus kapitalmarktrechtlicher und steuerlicher Sicht, in: Zeitschrift für das gesamte Handels- und Wirtschaftsrecht, 161, S. 269–299.
Hentze, J. (1991): Personalwirtschaftslehre, Band 2, Bern.
Herzig, N. (1999): Steuerliche und bilanzielle Probleme bei Stock Options und Stock Appreciation Rights, in: Der Betrieb, S. 1–12.

---

20 Vgl. MIT (1999). Die im Folgenden angeführten Beispiele beziehen sich allerdings größtenteils auf eher kleinere Unternehmen mit einer Mitarbeiteranzahl von unter 500.

Long, M.S. (1992): The Incentives Behind the Adoption of Executive Stock Option Plans in U.S. Corporations, in: Financial Management, 21, S. 12–21.

Manager Magazin (1999): Gehälter: Warten auf das große Geld, in: Manager Magazin, 10.

MIT (1999), MIT Entrepreneurship Center: Job Negotiations, Diskussionsunterlagen vom 05.12.1999.

Schmidt, M. (1998): Stock Options aus rechtlicher Sicht, in: Personal, 2, S 76–79.

Siddiqui, S. (1999): Aktienoptionsmodelle als Instrument der unternehmerischen Vergütungsgestaltung, in: Zeitschrift für Personalforschung, 2, S. 162–187.

Vroom, V.H. (1964): Work and Motivation, New York.

Winter, S. (1998): Zur Eignung von Aktienoptionsplänen als Motivationsinstrument für Manager, in: Zeitschrift für betriebswirtschaftliche Forschung, 50, S. 1120–1142.

Adrian Taciulescu

Stock Options als Leistungsanreiz für das Management

1. Einführung	278
2. Vorteile der Stock Options aus Sicht des Unternehmens	278
2.1 Einfache technische, juristische und administrative Handhabung	278
2.2 Hohe Akzeptanz bei den Mitarbeitern	279
2.3 Erhöhte Attraktivität am Arbeitsmarkt	279
2.4 Erhöhte Motivation und Mitarbeiterbindung	280
2.5 Reduzierung der Personalkosten	280
2.6 Steigerung des Unternehmenswerts	280
3. Vorteile der Stock Options aus Sicht der Mitarbeiter	280
3.1 Partizipation und Leistungsanreiz	281
3.2 Vermögensbildung und Altersvorsorge	281
4. Nachteile und Risiken eines Stock-Option-Programms	281
5. Technische Vorbereitung und Implementierung eines Stock-Options-Programms	282
6. Ein erfolgreiches Stock-Options-Programm am Beispiel der SHS Informationssysteme AG	283
6.1 Das Modell	283
6.2 Ausstattung der Optionen – Aktienerwerb	284
6.3 Ausstattung der Optionen – Ausübung	284
6.4 Ausübungsbeschränkungen	284
6.5 Übertragbarkeit und Verfall	285
6.6 Besteuerung	285
6.7 Die Vorteile des Stock Options Programms der SHS Informationssysteme AG	285

1. Einführung

Stock Options sind in den USA ein gängiges und allgemein akzeptiertes Vergütungsinstrument. Kein Unternehmen kann es sich mehr leisten, leitenden oder besonders qualifizierten Mitarbeiter keine Stock Options anzubieten.

In den letzten Jahren ist verstärkt zu beobachten, dass auch in Deutschland immer mehr Unternehmen Stock Options anbieten. Insbesondere die kleineren, wachstumsstarken High Tech-Unternehmen setzen verstärkt dieses Instrument ein, um erfahrene und besonders qualifizierte Mitarbeiter zu gewinnen und zu binden.

Ein Stock-Options-Programm bringt Vorteile für alle Beteiligten: Die Mitarbeiter werden mittelfristig am Unternehmen beteiligt, ohne eigenes Kapital binden zu müssen. Das Unternehmen grenzt sich ab von der Konkurrenz durch ein innovatives Vergütungsinstrument. Die Aktionäre freuen sich über eine motivierte, in ihrem Sinne agierende Mannschaft. Und der Staat spart Geld, weil hierdurch eine zusätzliche, sehr günstige Form der privaten Altersvorsorge entsteht.

Die Zukunft wird zeigen, dass dieses Instrument auch in Deutschland immer mehr Bedeutung gewinnen wird. Immer mehr Unternehmen, auch solche aus „klassischen" Branchen, werden Stock Options einführen müssen, um mit der allgemeinen Entwicklung Schritt zu halten. Auch der Anteil der Stock Options an der Gesamtvergütung der Arbeitnehmer wird steigen.

2. Vorteile der Stock Options aus Sicht des Unternehmens

Es gibt vielseitige Möglichkeiten der Mitarbeiterbeteiligung. Die Stock Options haben sich jedoch als das typische Instrument etabliert, wenn es darum geht, in wachstumsstarken, börsennotierten Unternehmen Mitarbeiter zu beteiligen. Die Vorteile für das Unternehmen sprechen für sich.

2.1 Einfache technische, juristische und administrative Handhabung

Durch die Zuteilung der Stock Options führt das Unternehmen ein Beteiligungsinstrument ein, das durch eine vergleichsweise einfache Handhabung besticht. Insbesondere ist hervorzuheben, dass, nachdem das Stock-Options-Programm formal (durch die Hauptversammlung) beschlossen und offiziell in die Satzung eingetragen wurde, keine weiteren formalen Schritte notwendig sind. Insbesondere entfällt der bei manch anderen Modellen erforderliche und gefürchtete Gang zum Notar bei jeder Änderung der Beteiligungsverhältnisse. Somit ist die Verwaltung der Optionen (Vergabe, Bestandsverfolgung und Vorbereitung der Ausübung) eine rein interne administrative Aufgabe des Unternehmens. Lediglich die Generierung der jungen Aktien, die als Basis für die Zahlungen zum Zeitpunkt der Ausübung dienen, erfordert die Einschaltung eines Notars.

2.2 Hohe Akzeptanz bei den Mitarbeitern

Im Gegensatz zu anderen Beteiligungsmodellen sind Stock Options leicht zu verstehen. Die Rechte, Pflichten und die Funktionsweise des Instruments können den Mitarbeitern schnell und einfach erläutert werden. Diese Tatsache sorgt dafür, dass die Akzeptanz der Stock Options bei den Mitarbeitern erfahrungsgemäß sehr hoch ist. Gerade dann, wenn die Optionen unentgeltlich gewährt werden, steht einer 100-prozentigen Teilnahme nichts im Wege, was letztendlich dem Unternehmen zugute kommt.

2.3 Erhöhte Attraktivität am Arbeitsmarkt

Junge Wachstumsunternehmen haben massive Schwierigkeiten, hoch qualifiziertes Personal zu rekrutieren und zu binden. Einerseits werden diese Unternehmen von gestandenen Spezialisten als zu unsicher und, im Falle eines eventuellen Misserfolgs, als gefährlich für die weitere Karriere angesehen. Andererseits erwarten diese Spezialisten eine Vergütung, die gerade von jungen Unternehmen nicht angeboten werden kann. Durch die Einführung eines Stock-Options-Programms wird die Attraktivität des Unternehmens für solche Fach- und Führungskräfte massiv und entscheidend gesteigert. Oft entscheiden sich hochkarätige Manager bei Start Ups anzufangen, obwohl sie in etablierten Unternehmen ein weitaus höheres Gehalt erreichen könnten. Statt einer hohen Festgehaltskomponente optieren sie jedoch für üppige Optionspakete. Die Perspektive der Wertsteigerungschance der Optionen ist in diesem Fall wichtiger als die normale, monatliche Vergütung.

2.4 Erhöhte Motivation und Mitarbeiterbindung

Mitarbeiter, die am Unternehmen beteiligt sind, haben erfahrungsgemäß eine sehr hohe Motivation. Sie identifizieren sich mit ihrem Unternehmen und agieren entsprechend, indem sie ständig nach Verbesserungs- und Einsparpotenzialen suchen, intensiver und gewissenhafter arbeiten, seltener krank sind und länger im Unternehmen bleiben. Durch den Wert, den die Stock Options bei positiver Kursentwicklung erhalten (nicht selten liegt dieser im sechsstelligen DM-Bereich) wird der Mitarbeiter im Falle eines Abwerbeversuches zudem sehr teuer, so dass das abwerbende Unternehmen letztendlich nur mit einem sehr hohen Gehalt und damit unwirtschaftlich abwerben könnte. Somit trägt dieser Mechanismus zur Verringerung der Fluktuation bei.

2.5 Reduzierung der Personalkosten

Für den Fall, dass die Aktie des Unternehmens sich positiv entwickelt, können die Stock Options erhebliche Werte darstellen. Diese Werte können und sollten bei der Gehaltsfindung ihre Berücksichtigung finden, was oftmals zu geringeren Gehaltsforderungen und zu einer entsprechenden Reduzierung der Personalkosten führt.

2.6 Steigerung des Unternehmenswerts

Die mittel- und langfristige Vermögensentwicklung der Mitarbeiter wird über ein Stock-Options-Programm direkt mit dem Kurs der Aktie und somit mit der Wertsteigerung des Unternehmens gekoppelt. An dieser Stelle soll erwähnt werden, dass die Stock Options (wenn sie ausgeübt werden) insofern die Aktionäre benachteiligen, als sie keine Bezugsrechte besitzen und ihre Anteile folgerichtig verwässern. Die Wertentwicklung des Unternehmens und der Aktie sollte jedoch im Normalfall diese Verwässerung mehr als aufwiegen.

3. Vorteile der Stock Options aus Sicht der Mitarbeiter

Die Stock Options bringen für die Mitarbeiter alle Vorteile mit sich, die ein gut funktionierendes Mitarbeiterbeteiligungsmodell zu bieten hat, ohne jedoch den Nachteil der (teilweise erheblichen) Kapitalbindung zu haben.

3.1 Partizipation und Leistungsanreiz

Die Mitarbeiter haben als Miteigentümer des Unternehmens die Möglichkeit, direkt von den Werten zu profitieren, die sie durch ihre Arbeit für das Unternehmen schaffen. Durch die Kopplung der Stock Options mit der Kursentwicklung der Aktie profitieren die Mitarbeiter direkt von jedem unternehmerischen Erfolg, der sich in einem positiven Aktienkurs niederschlägt. Wurden die Stock Options kostenlos zugeteilt, so partizipieren die Mitarbeiter an dieser positiven Entwicklung ohne eigenes Kapital zu binden und somit ohne jegliches Risiko.

Durch die Partizipation entsteht für den Mitarbeiter die Erkenntnis, dass er in letzter Instanz für sich selbst arbeitet. Eine kooperative Führungsstruktur und -kultur vorausgesetzt, hat er die Möglichkeit, eigenverantwortlich und eigenmotiviert zu arbeiten und die positiven Ergebnisse seiner Arbeit täglich im Börsenteil der Tageszeitungen zu prüfen.

3.2 Vermögensbildung und Altersvorsorge

Eine gut eingeführte, erfolgreiche Beteiligung über Stock Options kann einen wesentlichen Baustein zur Vermögensbildung und Altersvorsorge bieten. Da die Stock Options wenig oder gar kein eigenes Kapital erfordern, kommen die Kursgewinne fast ausschließlich dem Vermögen des Mitarbeiters zugute. Nicht selten sind so in wenigen Jahren kleine Vermögen entstanden, die durchaus mit der Ablaufleistung einer Kapitallebensversicherung mithalten können, ohne jedoch dass der Mitarbeiter jahrzehntelang Geld einzahlen musste. So bildet das durch die Stock Options entstandene Vermögen eine zusätzliche, sehr wichtige Säule für die Altersversorgung.

4. Nachteile und Risiken eines Stock-Option-Programms

Falls die Stock Options aus Kapitalerhöhungen bedient werden, verwässern die Anteile der Altaktionäre. Je nach Umfang des Stock-Options-Programms kann dieser Verwässerungseffekt durchaus 10 Prozent oder mehr betragen. Die Werte jedoch, die durch eine beteiligte, motivierte Belegschaft zusätzlich entstehen, wiegen diesen Effekt mit Sicherheit auf. Dennoch sollten die Altaktionäre immer über diesen Effekt vorsorglich informiert und aufgeklärt werden, insbesondere dann, wenn durch die Verwässerung anteilsabhängige Sonderrechte (zum Beispiel Sperrminoritäten) gefährdet werden.

Falls die Stock Options als so genannte Shadow Options oder virtuelle Optionen zugeteilt werden, werden diese nicht aus jungen Aktien im Rahmen einer Kapitalerhöhung bedient, sondern direkt als Lohn und Gehalt ausbezahlt. Hier findet keine Verwässerung statt. Wenn aber die Aktie sehr erfolgreich ist, kann dies die Personalkosten massiv erhöhen, was im Extremfall sogar den Fortbestand des Unternehmens gefährden könnte. Jüngste Beispiele eines solchen Falls (SAP und Brokat) zeigen, dass sogar sehr gut eingeführte, erfolgreiche Unternehmen in ernsthafte Schwierigkeiten geraten können, wenn die Optionen als Lohn und Gehalt ausbezahlt werden. Sollte man sich für ein solches Modell entscheiden, empfiehlt es sich dringend, eine Begrenzung der auszuzahlenden Summe einzuführen. Sonst entsteht ein nicht kalkulierbares Risiko für das Unternehmen, was paradoxerweise umso höher ist, je erfolgreicher das Unternehmen und seine Aktie ist.

Nicht zuletzt sollte darauf hingewiesen werden, dass besonders erfolgreiche Stock-Options-Programme durchaus dazu führen können, dass die beteiligten Mitarbeiter zu Millionären werden. Diese Fälle stellen die Personalabteilungen und die direkten Vorgesetzten vor nie da gewesenen Aufgaben: Wie kann man jemanden noch im Unternehmen halten, der „ausgesorgt hat" und finanziell so gut gestellt ist, dass er sofort für immer aufhören könnte zu arbeiten? Wie kann man solche Menschen noch motivieren, Höchstleistungen zu erbringen? Ohne innovative Instrumente und Methoden droht hier ein Aderlass für das Unternehmen, schließlich sind es in der Regel die besonders wichtigen Leistungsträger, die in dieses Dilemma zuerst geraten.

5. Technische Vorbereitung und Implementierung eines Stock-Options-Programms

Soweit es sich um echte Stock Options handelt, die aus Kapitalerhöhungen bedient werden, bedarf es einiger vorbereitender Maßnahmen. Die Schritte im Einzelnen:

- Definition der Programmstruktur: unternehmensinterne Klärung der Fragen nach Umfang und Laufzeit des Programms, interne und externe Ausübungshürden,
- Vorbereitung der rechtlichen Instrumente: Entwurf der Stock-Options-Verträge, der Hauptversammlungsbeschlüsse sowie der Eintragungen ins Handelsregister,
- Information und Aufklärung der Mitarbeiter: Vorstellung und Erklärung des Programms, Fragen und Details klären,

- Implementierung des Programms: Beschluss und Eintragung der bedingten Kapitalerhöhung für die Optionen,
- Verteilung der Optionen: Optionsverträge verschicken, unterzeichnen und verwalten.

Für die Implementierung des Stock-Option-Programms sind etwa drei Monate Zeit einzuplanen. Da die gesetzlichen, steuerlichen und betriebswirtschaftlichen Details sehr komplex sind, sollte man unbedingt kompetenten Rat bei erfahrenen Juristen und Wirtschaftprüfern einholen.

6. Ein erfolgreiches Stock-Options-Programm am Beispiel der SHS Informationssysteme AG

Anlässlich des Börsengangs der SHS im Mai 1999 hat der Vorstand des Unternehmens beschlossen, ein Mitarbeiterbeteiligungsmodell basierend auf Stock Options einzuführen. Mit diesem Programm verfolgte der Vorstand die folgenden Ziele:

- Motivation der Mitarbeiter durch Partizipation,
- Erhöhung der Mitarbeiterbindung,
- Erhöhung der Attraktivität als Arbeitgeber,
- Reduzierung der Personalkosten.

6.1 Das Modell

Es wurde die Entscheidung getroffen, „echte" Stock Options einzuführen, das heißt Optionen, die bei Ausübung durch junge Aktien aus einer entsprechenden Kapitalerhöhung bedient werden. Die Optionen gewähren das Recht, zu einem späteren Zeitpunkt Aktien der SHS Informationssysteme AG zu einem bereits bei Ausgabe festgelegten Preis zu kaufen und wurden ohne jegliche Gegenleistung eingeräumt. Zum Bezug berechtigt sind ausschließlich Mitarbeiter und Mitglieder der Geschäftsleitung der SHS Informationssysteme AG. Die Anzahl der Optionen für den einzelnen Mitarbeiter orientierte sich an seiner Tätigkeit bei SHS. Es wurden mindestens 348 Optionen pro Mitarbeiter ausgegeben. Zur Bedienung der Optionen wurde auf der Hauptversammlung eine bedingte Kapitalerhöhung in Höhe von 390 000 € beschlossen. Dies bedeutet, dass nicht weniger als zehn Prozent des Grundkapitals der SHS Informationssysteme AG für die Beteiligung der Mitarbeiter vorgesehen sind.

6.2 Ausstattung der Optionen – Aktienerwerb

Ein Optionsrecht beinhaltet das Recht zum Erwerb einer SHS-Stammaktie gegen Zahlung des Bezugspreises. Der Bezugspreis entspricht bei Gewährung der Optionsrechte im Rahmen des Börsengangs dem Emissionspreis, anderenfalls dem Durchschnitt der amtlichen Schlusskurse der SHS-Aktie an der Frankfurter Wertpapierbörse an den letzten 20 Börsentagen vor Gewährung der Optionsrechte.

6.3 Ausstattung der Optionen – Ausübung

Die Optionen können entsprechend dem Gesetz frühestens nach drei Jahren ausgeübt werden. $1/3$ der Optionen kann nach drei Jahren, $1/3$ nach vier Jahren und $1/3$ nach fünf Jahren ausgeübt werden. Sofern die Optionsrechte nicht binnen acht Jahren ab Einräumung ausgeübt werden, verfallen sie ohne Gegenleistung. Der Bezugspreis wird mit Ausübung des jeweiligen Optionsrechts fällig.

Die Ausübung der Optionsrechte ist einmal jährlich zulässig und auf einen Zeitraum von vier Wochen beschränkt, beginnend mit dem Tag nach der jährlichen ordentlichen Hauptversammlung der SHS Informationssysteme AG (Bezugsfenster). Die Aktien, die aus der Ausübung der Optionen hervorgehen, sind für das gesamte Geschäftsjahr, in dem sie entstanden sind, voll gewinnberechtigt. Die Ausübung der Optionsrechte erfolgt durch schriftliche Erklärung gegenüber dem Vorsitzenden des Aufsichtsrats der SHS AG.

6.4 Ausübungsbeschränkungen

Voraussetzung für die Ausübung der Optionsrechte ist eine absolute Performance der Aktie bezogen auf den Bezugspreis von mindestens 30 Prozent im ersten Jahr nach Ablauf der Wartefrist, 40 Prozent im zweiten und 50 Prozent im dritten (und jedem weiteren) Jahr nach Ablauf der Wartefrist. Die Performance wird durch den Durchschnitt der amtlichen Schlusskurse der Aktie an der Frankfurter Wertpapierbörse an den letzten 20 Börsentagen vor der Hauptversammlung (Referenzzeitpunkt) bestimmt.

Die Gesamtvergütung des Bezugsberechtigten darf durch die Ausübung von Optionsrechten maximal 200 Prozent des jeweiligen Jahres-Brutto-Arbeitseinkommens betragen.

6.5 Übertragbarkeit und Verfall

Die Optionsrechte sind grundsätzlich nicht übertragbar, verpfändbar oder vererbbar. Nicht ausgeübte Optionsrechte verfallen bei Beendigung des Anstellungsverhältnisses, unabhängig vom Grund, mit sofortiger Wirkung. Im Todesfall kann das Optionsrecht durch die Erben noch einmalig während des nächsten Bezugsfensters, unter den dann gültigen Voraussetzungen, ausgeübt werden. Nach Ablauf von acht Jahren seit Abschluss der jeweiligen Stock Option Vereinbarung verfallen die Stock Options entschädigungslos, wenn sie von dem Bezugsberechtigten nicht bis zu diesem Zeitpunkt ausgeübt wurden.

6.6 Besteuerung

Die Gewährung der Optionen ist steuerfrei. Bei Ausübung ist nach derzeit herrschender Meinung die Differenz zwischen Bezugspreis und Börsenkurs der Aktie zum Zeitpunkt der Ausübung als geldwerter Vorteil zu versteuern.

6.7 Die Vorteile des Stock-Options-Programms der SHS Informationssysteme AG

Neben den bekannten Vorteile einer klassischen Mitarbeiterbeteiligung bringt das Modell der SHS die folgenden Vorteile mit sich:

Die Mitarbeiter partizipieren am Erfolg des Unternehmens ohne eigenes Kapital binden zu müssen. Die Optionen sind kosten- und somit risikolos. Die Mitarbeiter können den Wert ihres Engagements jederzeit anhand des aktuellen Aktienkurses prüfen. Sie haben im ersten Jahr bereits ein potenzielles Vermögen im fünfstelligen DM-Bereich erworben.

Jella Susanne Benner-Heinacher

Erwartungen und Anforderungen von Privatanlegern an Neuemissionen

1. Das Emissionsverfahren 288
   1.1 Der Emissionspreis 289
   1.2 Platzierungs- und Zuteilungskonzept 289
   1.3 Marktschutzklausel 290
2. Investor Relations 291
   2.1 Vorteile von Investor-Relations-Maßnahmen 291
   2.2 Hauptversammlung als Informationsquelle 292
   2.3 Berichterstattung 292
3. Achtung wichtiger Aktionärsrechte 293
   3.1 Stimmrecht 293
   3.2 Bezugsrecht 294
4. Ausschüttungspolitik 294
5. Fazit 295

Anders als Anfang der Neunzigerjahre, die geprägt waren von merklicher Zurückhaltung bei Börseneinführungen, ist seit dem Börsengang der Deutschen Telekom im Herbst 1996 das Eis gebrochen; eine Flut von kleinen und großen Aktiengesellschaften haben seither den Gang an die Börse gewagt. Die Schaffung eines Neuen Markts für junge Start-up-Unternehmen, vorzugsweise aus der Informationstechnologie, hat ihr Übriges dazu getan. Seither scheint der Börsenboom keine Grenzen mehr zu kennen; die zunehmende Alterssicherung über Fonds, ebenso wie die steigende Attraktivität der Direktanlage in Aktien sowie das ausreichend zur Verfügung stehende Kapital der Erbengeneration werden auch künftig für weiteres Wachstum sorgen.

Bei aller Euphorie sollte der Anleger im Auge behalten, dass der Jubel irgendwann vergehen wird, dann zählt nicht mehr nur die Unternehmensstory und die richtige Emissionsbank, sondern der mittel- bis langfristige Erfolg, sprich gute Kennzahlen und allen voran ein überzeugendes Management.

Eines jedenfalls hat die Entwicklung der jüngsten Zeit auch verdeutlicht: Standardwerte auf der einen Seite und junge Wachstumsunternehmen auf der anderen Seite sind nicht mit dem gleichen Maß zu messen. Hier bedarf es, zumindest aus Anlegersicht, einer differenzierten Betrachtung.

Vor diesem Hintergrund hat die DSW, die führende Anlegervertretung in Deutschland, im Interesse der Privatinvestoren Empfehlungen entwickelt, die sich an alle Börsenkandidaten und den Aktionär richten. Sie betreffen das Emissionsverfahren, die Bedeutung der Investor Relations sowie die Wahrung wichtiger Aktionärsrechte, wie das Stimmrecht, das Bezugsrecht und das Recht auf eine angemessene Ausschüttung.

1. Das Emissionsverfahren

Das in der Vergangenheit weitgehend dominierende Festpreisverfahren ist mittlerweile vom Bookbuilding-Verfahren abgelöst worden. Dabei sollte sich der Privatanleger darüber im Klaren sein, dass sein Zeichnungsauftrag im Rahmen des Bookbuilding-Verfahrens ohne Einfluss auf den später festzulegenden Emissionspreis ist. Das bedeutet, wenn er unbedingt Aktien der Gesellschaft zeichnen will und die Nachfrage für die neuen Aktien bereits groß ist, dann bleibt ihm nur ein Auftrag zum höchsten Preis innerhalb der vorgegebenen Preisspanne. Bei einer Mehrfachüberzeichnung hat er auch dann nur eine Chance, wenn der Emittent den Privatanleger überhaupt ausreichend in seinem Platzierungskonzept berücksichtigt. Ansonsten geht er leer aus.

1.1 Der Emissionspreis

Wegen unrealistisch hoher Gewinnschätzungen waren die Emissionskurse, vor allem Anfang der Neunzigerjahre, in vielen Fällen zu hoch angesetzt. Die mittel- bis langfristige Entwicklung des Aktienkurses hat dies dann später deutlich gemacht. Inzwischen haben sich jedoch die Zeiten geändert, die überdimensional hohe Nachfrage nach Börsenneulingen, vor allem am Neuen Markt, hat nicht nur dafür gesorgt, dass mittlerweile die Emittenten den höchst möglichen Preis ansetzen, sondern ihn auch erzielen. Dabei arbeiten diese Gesellschaften bevorzugt mit solchen Emissionsbanken zusammen, die ihre Preisvorstellungen teilen.

Vom Instrument des Underpricing wird somit marktbedingt immer seltener Gebrauch gemacht. Dies könnte sich auf lange Sicht jedoch als Fehler herausstellen. Denn werden die hohen Gewinnschätzungen beim Börsengang später nicht erreicht, dann sind Kurseinbrüche programmiert. Gleiches gilt für das Vertrauen der Anleger: Ist es erst einmal verspielt, wird es schwer fallen, das Vertrauen, beispielsweise für spätere Kapitalerhöhungen, wiederzugewinnen.

Die Börse lebt von Erwartungen und bei Neuemissionen von den Perspektiven der Zukunft. Die beim Börsengang vom Emittenten vorgelegten Planzahlen für die nächsten drei Jahre treten damit in den Vordergrund. Sie sind zunächst Grundlage für die Festsetzung des Emissionspreises, aber daneben auch wesentliche Ausgangsbasis für die Investitionsentscheidung der Anleger. In Anbetracht dieser enormen Bedeutung der Gewinnschätzungen ist es nur legitim, diese explizit in den Börsenzulassungsprospekt aufzunehmen. Nur so kann der Anleger auch davon ausgehen, dass die Planzahlen sorgfältig und vor allem für jedermann nachvollziehbar entwickelt wurden. Dies sollte selbstverständlich in gleicher Weise für die den Planzahlen zu Grunde liegenden Annahmen gelten. Dann wäre jedenfalls für ausreichende Transparenz und weitgehenden Schutz für den Anleger gesorgt.

1.2 Platzierungs- und Zuteilungskonzept

Die Erfahrungen in der Vergangenheit haben gezeigt, dass eine breite Streuung der Aktien bei Neuemissionen vor allem bei den Privatanlegern eine Reihe von Vorteilen hat. So führt sie in der Regel zu einer geringeren Abhängigkeit von großen institutionellen Investoren und vermeidet daneben weitestgehend extreme Kursausschläge. Es empfiehlt sich deshalb für den Börsenkandidaten auf eine ausgewogene Eigentümerstruktur nach dem Börsengang zu achten. So sollte im Vorhinein bei der Erarbeitung des Zuteilungs- und Platzierungskonzepts gemeinsam mit der Emissionsbank festgelegt werden, dass die Privatanleger hinreichend berücksichtigt werden.

Das Zuteilungs- und Platzierungskonzept der Deutschen Telekom AG kann insoweit als vorbildlich angesehen werden.

Auch wenn der Emittent die genaue Aktionärsstruktur bestimmen kann, so gebietet es der Grundsatz der Fairness allen potenziellen Investoren vor dem Going Public die gewünschte Anlegerstruktur offen zu legen. Das bedeutet, die Zuteilungskriterien sollten bereits vor dem Bookbuilding-Verfahren so transparent gemacht werden, dass der einzelne Anleger abschätzen kann, ob er überhaupt eine realistische Chance bei der Aktienzuteilung hat.

Das Gleiche gilt auch für die Beendigung der Platzierung, das heißt: Nach dem erfolgten Gang an die Börse erwartet der Anleger die Offenlegung der aktuellen Eigentümerstruktur.

Der Grundsatz der Transparenz sollte darüber hinaus auch für die in letzter Zeit häufig kritisierten Friends & Family Programme gelten. Darunter sind in der Regel die dem Emittenten bekannten Bezugsberechtigten, also Geschäftspartner, Freunde oder Verwandte zu verstehen, für die im Rahmen des Börsengangs Teile des Platzierungsvolumens reserviert werden. Der Umfang dieser Programme sollte deshalb nicht nur Bestandteil des Emissionsprospekts sein, sondern auch bei der Veröffentlichung der Zeichnungsbedingungen im Vorwege mitgeteilt werden. Um die Chancen aller übrigen Investoren beim Börsengang nicht zu schmälern, empfiehlt sich nach US-amerikanischem Vorbild den Anteil solcher Friends & Family Programme auf 3 Prozent des Platzierungsvolumens zu begrenzen.

1.3 Marktschutzklausel

Vorzeitige Verkäufe von größeren Aktienbeständen haben bei einigen Neuemissionen des Neuen Markts zu erheblichen Kurseinbrüchen geführt. Deshalb sollten beim Börsengang immer geeignete Vereinbarungen mit den Altaktionären über Beschränkungen beim Verkauf des verbleibenden Aktienbesitzes geschlossen werden, umso gravierende Störungen des Markts auszuschließen. Diese so genannte Marktschutzklausel sollte mindestens 24 Monate betragen. Altaktionäre, die ausschließlich zum Ziel haben, beim Börsengang viel Cash zu erhalten und sich dafür möglichst schnell von ihrem verbleibenden Beteiligungsbesitz trennen, sind kein Garant für einen beständigen Börsenerfolg der Gesellschaft. Entsprechendes gilt für Börsengänge, bei denen die zu platzierenden Aktien nicht aus einer Kapitalerhöhung der Gesellschaft, sondern aus dem Bestand der Altaktionäre stammen.

2. Investor Relations

Informationen über den Unternehmenserfolg sind Faktoren, die dem Anleger sein Unternehmen verständlich werden lassen. Dieses ständige Gespräch mit dem Aktionär, auch Investor Relations genannt, ist das wichtigste Kommunikationsmittel der Gesellschaft mit ihren Kapitalgebern.

2.1 Vorteile von Investor-Relations-Maßnahmen

Durch gezielte Aktionärspflege kann die Kapitalbeschaffung des Unternehmens begünstigt werden. Aktionäre sind eher bereit, in ein Unternehmen zu investieren, das sie über die Ergebnisse und Vorgänge der Gesellschaft regelmäßig informiert, als in eines, das nur die gesetzlichen Mindestvorschriften erfüllt. Wenn die Unternehmen dagegen eine aktionärsfreundliche Politik betreiben, so hat dies einen positiven Einfluss auf die Börsenkurse und damit auch auf die Kosten der Kapitalbeschaffung. Investor Relations zahlen sich also, vor allem in schlechten Börsenzeiten, aus.

Neben der Möglichkeit günstiger Kapitalbeschaffung stehen die Erhöhung des Bekanntheitsgrades sowie die Verbesserung des Images der Gesellschaft.

Die Notwendigkeit einer intensiveren Aktionärspflege ergibt sich auch aus dem verstärkten Wettbewerb auf den internationalen Finanzmärkten. Auch hier spielt die Aktionärsstruktur eine entscheidende Rolle. Bei einer internationalen Eigentümerstruktur kann der Investor Relations Aufwand bedingt durch Präsentationen im Ausland, so genannte Roadshows, durchaus höher sein als bei einem hohen Anteil inländischer Privatanleger. Hinzu kommt, dass ausländische Investmentfonds und Pensionskassen in erster Linie auf die kurzfristige Performance ihrer Anlage bedacht sind und somit auch Aktienpakete schnell wieder verkaufen.Der hohe Anteil ausländischer institutioneller Investoren hat in der Vergangenheit zudem den Trend zu niedrigeren Präsenzen auf den Hauptversammlungen verstärkt. Zur Vermeidung von Zufallsmehrheiten fordert die DSW daher seit Jahren, ausländische institutionelle Aktionäre zur Ausübung ihres Stimmrechtes zu verpflichten. Diese Problematik lässt sich jedoch erheblich entschärfen, wenn der Emittent bereits beim Börsengang eine ausgewogene Struktur der Aktionäre anstrebt.

2.2 Hauptversammlung als Informationsquelle

Die Hauptversammlung ist das wichtigste Bindeglied zwischen Vorstand und Aktionär. Sie ist das klassische Forum für den Dialog zwischen Unternehmer und Kapitalgeber.

Es ist das vorrangige Privileg des Aktionärs, von seinem Fragerecht Gebrauch zu machen. Allerdings ist es eine Kunst, die richtigen Fragen zu stellen und eine ebenso große, diese Fragen gut zu beantworten. Erst dann ist die Hauptversammlung auch eine wertvolle Informationsquelle. Die Dauer einer Hauptversammlung, vor allem verursacht durch langatmige Ausführungen, die meist mit der Sache nichts zun tun haben, ist allerdings kein Beweis für Qualität. Leider werden immer wieder große Hauptversammlungen durch ideologisch motivierte Interessenvertreter denaturiert. Zum Schaden aller Aktionäre handeln meist auch diejenigen Hauptversammlungssprecher, die sich ihren Lästigkeitswert, in Form nicht enden wollender Fragen, durch geldwerte Vorteile abkaufen lassen. Dieser Missbrauch Einzelner sollte allerdings nicht zu einer Einschränkung der Rechte aller Aktionäre führen. Es wäre deshalb der falsche Weg, das Fragerecht der Aktionäre künftig einzuschränken oder an ein bestimmtes Quorum zu knüpfen. Vielmehr hat es der Aufsichtsratsvorsitzende als Versammlungsleiter in der Hand, die Qualität der Versammlung zu steuern, sowie Klima und Stil des Aktionärstreffens positiv zu beeinflussen.

Moderne Medien wie das Internet lassen zudem hoffen, dass die Präsenz auf den Hauptversammlungen, ebenso wie das Interesse an denselben, steigen wird. Sobald der Gesetzgeber die heute schon nutzbaren technischen Möglichkeiten auf eine entsprechende rechtliche Basis stellt, wird die Ausübung des Fragerechts über Internet, aber auch die Abstimmung über die einzelnen Tagesordnungspunkte mittels elektronischer Medien zu einer sinnvollen Belebung der Hauptversammlungen führen.

2.3 Berichterstattung

Ein aktives Instrument der Pflege von Investor Relations ist zunächst der Geschäftsbericht. Dieser sollte neben einer klaren und übersichtlichen Gestaltung und einer eindeutigen Darstellung der Finanzlage alle wesentlichen Informationen enthalten. Hierzu gehören das Ergebnis je Aktie, eine ausführliche Segmentberichterstattung sowie ein Bericht über die Entwicklung des Aktienkurses im Vergleich zur Branche und zu vergleichbaren Indices.

Dem Anleger soll es möglich sein, auf Grund dieser Informationen eine eigene Risikoeinschätzung durchzuführen. Die zunehmend populär gewordene Anwendung internationaler Rechnungslegungstandards wie IAS oder US-GAAP leistet hier ebenfalls einen Beitrag für mehr Transparenz zu Gunsten der Anleger.

Um den aktuellen Informationsstand der Aktionäre aufrechtzuerhalten, sollten die Unternehmen zudem möglichst zeitnah Quartalsberichte publizieren. Diese müssen, ebenso wie der Geschäftsbericht, Angaben zu den Umsätzen und Ergebnissen nach Regionen und Geschäftsfeldern enthalten. Schließlich ist dem Ausblick in konkreter Form ausreichend Platz zu widmen.

Wie die neueste Untersuchung der DSW (Dezember 1999) jedoch zeigt, lässt die Zwischenberichterstattung sowohl bei den DAX-Werten als auch bei den wichtigsten Titeln am Neuen Markt zu wünschen übrig. Ausschlaggebend für dieses ernüchternde Ergebnis sind vor allem das Fehlen wichtiger Kennzahlen sowie ein pauschaler und wenig aussagekräftiger Ausblick. Im Übrigen kann auch im Rahmen der Berichterstattung der Einsatz elektronischer Medien zu einer wesentlich verbesserten Qualität und Aktualität der Informationen führen.

Hinzu kommt der Vorteil eines möglichst zeitnahen Zugangs aller Informationen an die Investoren, umso die bisher mögliche, nachteilige Behandlung privater Anleger bei der Informationsweitergabe zu vermeiden.

3. Achtung wichtiger Aktionärsrechte

3.1 Stimmrecht

Eines der wichtigsten Rechte des Aktionärs ist das Stimmrecht. Es entspricht marktwirtschaftlichem Denken, dass derjenige, der das Risiko des Totalverlusts trägt, im Gegenzug dafür auch das volle Stimmrecht erhält. Vor diesem Hintergrund sollte das Prinzip One Share, One Vote auch in Deutschland eine Selbstverständlichkeit sein. Die Ausgabe stimmrechtsloser Vorzugsaktien im Rahmen eines Börsengangs widerspricht deshalb den Grundprinzipien des Kapitalmarkts. Dies erklärt wohl auch die in letzter Zeit festzustellende erfreulich rückläufige Tendenz, stimmrechtslose Vorzugsaktien im Rahmen des Going Public auszugeben.

Ebenfalls abzulehnen sind Mehrstimmrechtsaktien oder Stimmrechtsbeschränkungen, die sich inzwischen als untaugliches Mittel zur Verhinderung von Übernahmen herausgestellt haben. Insoweit ist es zu begrüßen, dass der Gesetzgeber mit dem Kontroll- und Transparenzgesetz jegliche Begrenzung des Stimmrechts sowie das Mehrfachstimmrecht verboten hat.

3.2 Bezugsrecht

Neben dem Stimmrecht ist das Bezugsrecht das wesentliche Vermögensrecht des Aktionärs. So kann er sicherstellen, dass seine bisherige Beteiligungsquote am Unternehmen auch nach einer Kapitalerhöhung aufrecht erhalten wird. Der im Aktiengesetz verankerte Grundsatz des Bezugsrechts sollte daher nicht durch zusätzliche Ausnahmen durchlöchert werden. Ein Unternehmen, das sich tatsächlich um die Belange seiner Aktionäre kümmert, würde bereits von sich aus von der Möglichkeit des Bezugsrechtsausschlusses bei Kapitalerhöhungen so selten wie möglich Gebrauch machen .

Ist ein Ausschluss des Bezugsrechts unvermeidbar, dann sollte den Aktionären zumindest ein mittelbares Bezugsrecht, über die Konsortialbank oder den Großaktionär, zugestanden werden. Im Fall einer Sachkapitalerhöhung empfiehlt sich insoweit eine begleitende Barkapitalerhöhung.

4. Ausschüttungspolitik

Neben der Performance der Aktie steht für den Privatanleger nach wie vor die Dividende im Vordergrund. Insoweit unterscheiden sich hier möglicherweise die Interessen der institutionellen von denen der privaten Investoren.

Jeder Aktionär ist am Erfolg oder am Misserfolg seines Unternehmens zu beteiligen. Dem Risiko des Verlusts auf der einen Seite sollte eine angemessene, das heißt risikoadäquate Verzinsung des vom Anleger zur Verfügung gestellten Kapitals auf der anderen Seite gegenüberstehen.

Der von vielen Aktiengesellschaften praktizierte Grundsatz der Dividendenkontinuität muss zu Gunsten einer ertragsorientierten Ausschüttung modifiziert werden. Selbstverständlich ist, dass der Aktionär dann bei einem Verlust auch den Ausfall der Dividende hinzunehmen hat.

Eine abweichende Beurteilung ergibt sich jedoch bei den jungen Wachstumsunternehmen, beispielsweise am Neuen Markt. Bei diesen steht die Thesaurierung und nicht die Ausschüttung im Vordergrund. Die Gewinne werden zum weiteren Wachstum dringend benötigt. Allerdings sollte diese Nichtausschüttungspolitik Inhalt des Börsenprospekts sein, damit jeder Anleger vor der Investitionsentscheidung über diesen wesentlichen Umstand rechtzeitig informiert ist.

5. Fazit

Der derzeitige Börsenboom sorgt in der deutschen Börsenlandschaft dafür, dass Kursgewinne der Anleger ebenso explodieren wie die Zahl der Börsengänge junger Unternehmen. Aber dieser Boom wird nicht ewig dauern. Und dann wird sich zeigen, welches Unternehmen tatsächlich gut auf den Börsengang vorbereitet war. Ein glaubwürdiges Management, das von seinem Geschäft etwas versteht und seine Prognosen auch stets erfüllt, wird dann zu den Gewinnern gehören.

Stefan Wilhelm

Institutionelle Investoren – Anlageziele, -strategien und -verhalten bei Neuemissionen

1. Institutionelle Investoren – bedeutende Anlegergruppe
   am deutschen Aktienmarkt 298
2. Anlageziele und -strategien institutioneller Investoren 299
   2.1 Primär- und Sekundärziele 299
   2.2 Asset-Allocation-Ansätze 301
3. Allokationsziele beim Initial Public Offering 302
4. Verhalten institutioneller Investoren beim IPO 303
   4.1 Nachfrageverhalten institutioneller Anleger 303
   4.2 Zuteilungskriterien und -strategien 304
5. Kommunikation mit institutionellen Investoren 306
6. Fazit 306
   Literaturhinweise 307

1. Institutionelle Investoren – bedeutende Anlegergruppe am deutschen Aktienmarkt

Bei einem Initial Public Offering (IPO) hat ein Emittent in aller Regel zwei Investorengruppen im Blick: private Anleger (Retail) und Kapitalsammelstellen, wie zum Beispiel Fondsgesellschaften, Pensionsfonds und andere, üblicherweise unternehmerisch geführte Kapitalanleger. Diese Investorengruppe wird unter dem Begriff institutionelle Anleger zusammengefasst.

Der Anteilsbesitz institutioneller Anleger ist in den vergangenen Jahren kontinuierlich gestiegen.[1] Nach der Statistik der Bundesbank hielten im Jahr 1998 Kreditinstitute, Versicherungsunternehmen, Kapitalanlagegesellschaften und ausländische Investoren, die zum überwiegenden Teil institutionelle Anleger sind, insgesamt 40 Prozent der Aktien deutscher Emittenten. Im Jahr 1988 waren es noch 34,2 Prozent.[2] Welches Anlagevolumen sich hinter diesen Anteilen verbirgt, wird deutlich, wenn man die Marktkapitalisierung 1988 und 1998 vergleicht (Abbildung 60). In diesen zehn Jahren hat sich der Gesamtwert der deutschen Aktien von 228,4 auf 931,6 Mrd. € vervierfacht.[3] Bezogen auf institutionelle Anleger heißt dies: Das verwaltete Vermögen stieg überproportional von rund 78 Mrd. € im Jahr 1988 auf fast 373 Mrd. € in 1998 an.

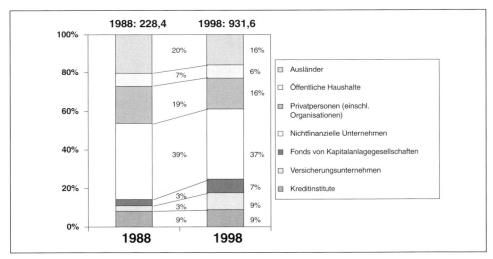

Abbildung 60: Marktkapitalisierung (Mrd. €)

---

1 Blommestein, H. J./Funke, N.: The Rise of the Institutional Investor (1998).
2 Deutsche Bundesbank (Hrsg.): Wertpapierdepots August 1999.
3 Deutsche Börse AG (Hrsg.): Statistische Daten 1998.

Institutionelle Anleger haben aus verschiedenen Gründen ein breites Interesse daran, bei neuen Gesellschaften an der Börse von Anfang an dabei zu sein. In diesem Beitrag soll daher näher betrachtet werden, welche Ziele Institutionelle bei ihrem Engagement verfolgen und nach welchen Kriterien sie interessante Neuemissionen auswählen. Auch die Emittenten haben ein großes Interesse, namhafte Institutionelle als Anleger zu gewinnen, um in der Aktionärsstruktur eine dauerhafte Grundstabilität zu erzeugen. Gleichwohl stellen sich für den Emittenten die Fragen, welcher Anteil des gesamten Emissionsvolumens Institutionellen zugeteilt und nach welchen Kriterien einzelne Anleger ausgewählt werden sollen. Auch dieser Fragestellung wird sich dieser Beitrag widmen.

2. Anlageziele und -strategien institutioneller Investoren

2.1 Primär- und Sekundärziele

Die Anlageziele institutioneller Investoren unterscheiden sich im Grunde nicht von denjenigen privater Anleger. Sie lassen sich unterscheiden in die Primärziele Rentabilität und Sicherheit und die Sekundärziele Handelbarkeit und Verwaltbarkeit.[4]

Das Streben nach Ertrag ist eine der Hauptmotivationen von Anlegern, Kapital in Aktien zu investieren. Für die Überlassung von Kapital erwartet der Investor eine Verzinsung, die sich bei der Aktienanlage in Kursgewinnen und Dividendenzuflüssen ausdrückt. Der realisierte Ertrag wird zumeist in Beziehung zum investierten Kapital gesetzt und als Rendite bezeichnet. Die Rendite im Zeitablauf zu maximieren, gilt als ein Hauptziel der Aktienanlage. Zahlreiche institutionelle Investoren haben hierbei jedoch nicht den absoluten Betrag der Rendite vor Augen, sondern zunehmend die Rendite im Verhältnis zu einem Vergleichsmaßstab (Benchmark), zum Beispiel einem Aktienindex.

Das Ziel des Investors, eine höhere Rendite zu erwirtschaften, geht in der Regel mit der Inkaufnahme eines höheren Risikos einher. Mit der Entwicklung der modernen Portfoliotheorie vor nunmehr fast fünfzig Jahren wurde das Risiko von einzelnen Aktien und Portfolios mess- und steuerbar. Der Begriff Risiko beschreibt die Wahrscheinlichkeit, einen bestimmten, angestrebten Ertrag nicht zu erreichen. Durch Diversifikation und eine geeignete Strukturierung des Portfolios lässt sich das Risiko steuern. Die Handlungsmaxime der Anleger lautet nun, entweder für einen vorgegebenen Ertrag das Risiko des Investments zu minimieren oder für eine bestimmte Risikoerwartung den Ertrag zu maximieren. Wenn-

---

4 Hielscher, U.: Investmentanalyse (1996).

gleich institutionelle Investoren häufig nicht das umfassende mathematische Instrumentarium der modernen Portfoliotheorie einsetzen und oftmals intuitiv das Risiko eines Aktieninvestments, insbesondere bei Neuemissionen, abschätzen, so ist die Risikoorientierung und das Risikobewusstsein bei Institutionellen deutlich ausgeprägter als bei Retailanlegern.

Die so genannten Sekundärziele Handelbarkeit und Verwaltbarkeit sind für Institutionelle von besonderer Bedeutung. Institutionelle Anleger achten bei ihren Engagements streng auf die Fungibilität der Aktien, denn insbesondere beim Kauf so genannter Small und Mid Caps, das heißt Unternehmen mit einer Marktkapitalisierung von bis zu einer Mrd. €, entsteht das Risiko, wegen der tendenziell geringeren Marktliquidität nur mit deutlichen Preisabschlägen wieder verkaufen zu können. Die Mehrzahl der Neuemissionen ist zum Zeitpunkt der Notierungsaufnahme den Small und Mid Caps zuzurechnen. Soll der Auf- oder Abbau einer Aktienposition bei Titeln mit vergleichsweise niedriger Marktkapitalisierung marktschonend erfolgen, so ist ein strategisches Vorgehen erforderlich. Darüber hinaus wird aber auch über die Börsenregularien und das Marktmodell (Designated Sponsor) versucht, Liquidität in den Handel zu leiten und so das dauerhafte Interesse der Institutionellen zu gewinnen.

Schließlich ist die Verwaltbarkeit für Instituionelle mit großen Portfolios ein Entscheidungskriterium, Neuemissionen zu zeichnen und dauerhaft zu begleiten. Die Gesamtzahl der Aktien in einem Portefeuille sollte so bemessen sein, dass der Portfoliomanager die Entwicklung der einzelnen Titel auch verfolgen kann. Angesichts der Informationsflut von Unternehmens- und Börsennachrichten ist dies kein leichtes Unterfangen. Anders gewendet heißt dies, dass das Engagement eines Institutionellen eine gewisse Mindestgröße, ausgedrückt in Aktienstückzahlen und €-Gegenwert, nicht unterschreiten sollte. Dieser Aspekt erhält insbesondere bei der Zuteilung von Aktien im Rahmen des IPO Gewicht.

Institutionelle Anleger gewichten diese vier Investmentziele sehr unterschiedlich. Dies gilt nicht nur im Sinne einer individuellen Bewertung der Ziele durch die Portfoliomanager (Mangagement Style), sondern auch mit Blick auf systematische Unterschiede in den Portfolio-Management-Konzepten (Asset Allocation). Einige Asset-Allocation-Ansätze sind so strukturiert, dass ein Börsenkandidat streng definierte Anforderungen erfüllen muss, um bei den in Frage kommenden Institutionellen auf Interesse zu stoßen. Passt das Unternehmen nicht in die Asset Allocation Strategie des Anlegers, wird er die Aktien nicht zeichnen. Die richtige Identifizierung und Ansprache der für eine spezifische Neuemission geeigneten institutionellen Anleger ist eine wichtige Aufgabe der emissionsbegleitenden Bank.

2.2 Asset-Allocation-Ansätze

Zur Illustration der Vorgehensweise institutioneller Anleger bei der Anlageentscheidung[5] sollen exemplarisch drei Asset-Allocation-Ansätze kurz vorgestellt werden: der benchmarkorientierte, der sektor- oder themenorientierte und der Stock-Picking-Ansatz.

Unter benchmark- oder auch indexorientierter Asset Allocation versteht man zumeist das quantitativ gestützte und eng an einen Vergleichsmaßstab angelehnte Management eines Portfolios. Dieser Vergleichsmaßstab kann ein Aktienindex, zum Beispiel der Deutsche Aktienindex oder der Neue-Markt-Index NeMax, aber auch eine konstruierte Referenzgröße, wie zum Beispiel ein aus mehreren internationalen Indizes verschiedener Assetklassen sowie zusätzlichen Aktien- und/oder Rentenpapieren individuell zusammengesetzter Maßstab sein. Entscheidend ist, dass die gewählte oder konstruierte Benchmark das Anlage- und Risikoprofil des Investors richtig abbildet.

Im nächsten Schritt wird der Portfoliomanager versuchen, das Portfolio möglichst gleichartig wie die Benchmark zusammen zu setzen. Die zu erwartende Wertentwicklung des Portefeuilles entspricht dann – unter Vernachlässigung der Transaktions- und Managementkosten – der Entwicklung der Benchmark. Wird das Portfolio aktiv verwaltet, versucht der Portfoliomanager durch gezielte Über- und Untergewichtung einzelner Assets eine bessere Wertentwicklung als die Benchmark zu realisieren. Dies kann auch durch die bewusste Depotbeimischung von Neuemissionen versucht werden.

Häufig werden sehr große Portfolios benchmarkorientiert verwaltet. Die institutionellen Investoren konzentrieren sich bei der Aktienauswahl zumeist auf die liquiden Standardtitel. Nebenwerte oder gar Neuemissionen spielen nur eine untergeordnete Rolle. Diese Anlegergruppe wird in der Regel dann ein Interesse an einem IPO haben, wenn die Marktkapitalisierung des Börsengangs so hoch ist, dass eine Aufnahme in einen relevanten Aktienindex innerhalb kurzer Zeit wahrscheinlich ist. Dann werden diese Investoren im Vorgriff auf die zu erwartende Änderung der Index- und damit der Benchmarkzusammensetzung die Neuemission zeichnen.

Ein weiterer Asset-Allocation-Ansatz orientiert sich an bestimmten Sektoren oder Themen. Die Grundidee des Konzepts ist es, durch eine Schwerpunktsetzung in der Aktienauswahl eine bestimmte Risikostruktur und Performance im Vergleich zu einem Gesamtmarkt zu erreichen. Beispiele für diesen Asset-Allocation-Ansatz sind Branchenfonds, zum Beispiel aus den Sektoren Telekommunikation, Informationstechnologie und Medien, oder auch Fonds, die in bestimm-

---

5 Siehe auch Hielscher, U.: Asset Allocation (1991).

te regionale Märkte (Länderfonds) oder Marktsegmente (Neuer Markt) investieren. In diese Kategorie lassen sich auch die Managementkonzepte einordnen, die sich an der Identifizierung und Auswahl von Wachstumsaktien (Growth Stocks) einerseits und Aktien mit kontinuierlicher Wertsteigerung (Value Stocks) andererseits orientieren. Institutionelle Investoren mit Sektor- oder Themenfokus werden je nach Ausrichtung und Einordnung des Emittenten ein spezifisches Interesse an der Zeichnung der Neuemission haben. Sie sollten daher im Rahmen des IPO gezielt angesprochen werden.

Ein weiterer Stil für das Management von Portfolios institutioneller Anleger ist das so genannte Stock Picking. Hierbei versuchen die Fondsmanager vor allem mittels fundamentaler Argumente, Unternehmen respektive Aktien sowohl des Neuen Markts als auch der traditionellen Marktsegmente zu identifizieren, die eine über dem Marktdurchschnitt liegende Wertentwicklung versprechen.[6] Dabei konzentriert sich die Auswahl zumeist auf Unternehmen mit einer Marktkapitalisierung unter einer Mrd. €. Diese Anlegerzielgruppe ist somit für Emittenten von besonderem Interesse und sollte im Mittelpunkt einer zielgruppenadäquaten Ansprache im Rahmen des IPO stehen.

Der Nachfrage nach Aktien von Neuemittenten sollte ein passendes Angebot gegenüberstehen. Allerdings stehen die institutionellen Investoren vor der Situation, dass das Angebot von Aktien – im Sinne von Menge, Preis und Verteilung – beim IPO strikt kontrolliert werden kann. Mit der konkreten Wahl der Angebotsparameter verfolgt der Emittent spezifische Ziele, die im nächsten Abschnitt kurz diskutiert werden.

3. Allokationsziele beim Initial Public Offering

Mit der Zuteilung der Aktien beim Börsengang versucht die federführende Konsortialbank, genau genommen der so genannte Bookrunner, gemeinsam mit dem Emittenten eine weitgehend ausgewogene Aktionärsstruktur zu erzeugen. Leitmotiv der Allokation ist es einerseits die Aktien in feste Hände zu geben, um Aktionäre dauerhaft für das Unternehmen zu gewinnen. Mit anderen Worten: Die Haltedauer der Aktien soll maximiert werden.

Andererseits sollen die Aktien so breit gestreut werden, dass ein gut funktionierender Handel durch den stetigen Kauf und Verkauf der Aktien im Sekundärmarkt etabliert werden kann. Dabei sollte der Verkaufsdruck jedoch nicht zu groß werden, so dass der Aktienkurs der neu notierten Gesellschaft in den ersten Handelstagen ein Steigerungspotenzial hat.

---

6 Coors, S./Wilhelm, S.: Internationale Anleger entdecken deutsche IPOs (2000).

Die Gesamtnachfrage nach einer Neuemission hängt in erster Linie von den direkten Emissionsparametern, das heißt Equity Story, Unternehmensbewertung, Marktsegment, Angebotsstruktur und Finanzkommunikation ab[7]. Die Aktionärsstruktur kann dann im Rahmen des Verkaufsangebots mit Hilfe verschiedener Instrumente optimiert werden, zum Beispiel durch die Vordefinition von Tranchen für institutionelle und private Anleger, die Festsetzung von Minimal- und Maximalzuteilungen sowie für institutionelle Anleger individuelle Rankings, die Aufschluss über die Qualität eines Investors geben sollen. Diese Stellschrauben im Rahmen eines IPO dienen der Steuerung der Gesamtnachfrage und damit gleichzeitig der Steuerung des Nachfrageverhaltens institutioneller Anleger.

4. Verhalten institutioneller Investoren beim IPO

4.1 Nachfrageverhalten institutioneller Anleger

Die Entscheidung institutioneller Investoren, Aktien bei einer Neuemission zu zeichnen, hängt zunächst von der Beantwortung zahlreicher strategischer Fragen zur Asset Allocation ab:

- Wie wird die Gesamtmarktentwicklung eingeschätzt?
- Ist die Branche des IPO-Kandidaten attraktiv?
- Ist der institutionelle Investor in diesem Sektor bereits engagiert und, wenn ja, in welchem Umfang?
- Stehen liquide Mittel zur Verfügung, oder müssen bestehende Engagements verkauft werden?
- Wie wird aus Sicht internationaler Anleger die Wechselkursentwicklung eingeschätzt?

Erst nach Beantwortung dieser Grundfragen wird sich ein institutioneller Anleger intensiv dem IPO-Kandidaten zuwenden. Informationsmittel für eine eingehende Analyse sind insbesondere der Emissionsprospekt und die Researchstudien der emissionsbegleitenden Banken. Auf der Basis dieser Daten bilden sich institutionelle Anleger eine Meinung über die relative Attraktivität des Emittenten.

Über eine Zeichnung entscheiden Institutionelle erfahrungsgemäß erst vergleichsweise spät im Bookbuildingprozess. Sie warten oft zunächst den Anfang der Zeichnungsperiode ab, um einen Eindruck zu gewinnen, wie die Neuemission

---

[7] Flach, U.E./Wilhelm, S.: Besonderheiten beim Going Public von Small- und Mid-Cap-Gesellschaften (1997); Trobitz, H.H./Wilhelm, S.: Going Public aus Sicht der emissionsbegleitenden Bank (1996); Flach, U.E.: Erfolgsfaktoren eines Going Public (1996).

vom Retailpublikum aufgenommen wird und wie das Management auf der Roadshow in Präsentationen und One-on-One-Gesprächen auftritt. Der persönliche Eindruck des verantwortlichen Portfoliomanagers vom Management des IPO-Kandidaten ist für die Zeichnungsentscheidung vieler Institutioneller wichtig.

Der persönliche Kontakt zwischen Investoren und Unternehmen dient dem Aufbau einer dauerhaften Beziehung. Initiiert und entwickelt wird diese Beziehung in der Regel von der emissionsbegleitenden Bank, insbesondere den Salesleuten und den Analysten als zentrale Ansprechpartner für die Investoren. Die erstmalige Kontaktaufnahme zu den institutionellen Anlegern erfolgt oftmals im Rahmen des Premarketing. Dabei stellt die emissionsbegleitende Bank den IPO-Kandidaten einem kleinen Kreis professioneller Investoren im Detail vor und erfragt ihre jeweilige Markteinschätzung und ihre Meinung zum Emittenten.

Nach dem Premarketing und der Festlegung der Bookbuilding-Spanne folgt die Zeichnungsfrist, in der die interessierten Anleger ihre Kaufaufträge an die Konsortialbanken weitergeben. Im Rahmen des Premarketing- und Zeichnungsprozesses geben die Investoren zahlreiche Signale, wie stark das tatsächliche Kaufinteresse an der spezifischen Neuemission ist. Diese Signale gilt es im Rahmen der Zuteilung aufzunehmen, auszuwerten und zu gewichten.

4.2 Zuteilungskriterien und -strategien

Die richtige Allokation der Aktien im Rahmen des IPO erfordert vom Bookrunner Erfahrung und Fingerspitzengefühl. Schließlich muss die emissionsführende Bank als Intermediär mit den Investoren und dem Emittenten gleich zwei Parteien zufrieden stellen, die in aller Regel beide wichtige Kunden sind. Das Ziel des Emittenten, eine sichere Platzierung zu einem angemessenen Emissionspreis zu erreichen, muss harmonisiert werden mit dem Ziel der institutionellen Investoren, einen nennenswerten Anteil von Aktien eines interessanten Unternehmens zu einem attraktiven Preis zu erhalten.

Der Bookrunner wird im Rahmen der Zuteilung in einem ersten Schritt auf Basis der gesamten Nachfrage einen Vorschlag zur Aufteilung des Emissionsvolumens auf Institutionelle und Retail unterbreiten. Die Meinungen der im Konsortialgeschäft tätigen Banken über die richtige Aufteilung gehen weit auseinander. Entscheidend ist, dass beide Anlegerkreise angesprochen und – entsprechende Nachfrage vorausgesetzt – auch eine Zuteilung erhalten sollten. Das exakte Mischungsverhältnis ist aber stets im konkreten Einzelfall festzulegen.

Der Aktienanteil für institutionelle Anleger muss dann im nächsten Schritt auf die einzelnen Fonds, Versicherungen usw. aufgeteilt werden. Hierfür klassifiziert man die Institutionellen anhand ausgewählter Qualitätskriterien:

- Größe (zum Beispiel Anzahl der Fonds, verwaltetes Vermögen, Mitarbeiter- und Kundenzahl),
- Standing (zum Beispiel Professionalität, Expertise, Ruf der Portfoliomanager),
- Strategie (zum Beispiel Anlageschwerpunkte, Haltedauer, Verhalten bei Neuemissionen in der Vergangenheit) und
- Kontakte zum Unternehmen und den Konsortialbanken (Mitwirkung im Premarketing, One-on-One-Gespräche).

Diese Qualitätskriterien werden mit den Interessesignalen, das heißt Zeichnungshöhe, -preis und -zeitpunkt während der Zeichnungsfrist verknüpft. Institutionelle Anleger, die mehr Aktien einer Neuemission zeichnen, die kein Preislimit setzen, ihren Auftrag frühzeitig während der Zeichnungsfrist aufgeben und gegebenenfalls sogar noch einen unwiderruflichen Kaufauftrag für den ersten Handelstag an der Börse aufgeben, signalisieren eine höheres Interesse an den Aktien des Börsenaspiranten als Investoren, die wenig Aktien zu einem niedrigen Preis am Ende des Bookbuilding zeichnen. Aus den Qualitätskriterien und den Interessesignalen lässt sich somit ein Ranking ableiten, das eine Zuteilung an die für das spezifische IPO besten institutionellen Adressen gewährleistet.

Nachdem die Frage, welche institutionelle Adresse Aktien erhalten soll, beantwortet ist, bleibt noch die Höhe der Zuteilung festzulegen. Auch wenn insbesondere bei kleineren Neuemissionen im Volumen von bis zu 100 Mio. € die für Institutionelle vorgesehenen Aktien oftmals bei einer einzigen Adresse platziert werden könnten, ist auf eine ausreichende Streuung unter den institutionellen Anlegern zu achten. Die individuelle Zuteilungshöhe sollte sich an der Fondsgröße orientieren und so bemessen sein, dass der Portfoliomanager auch ein Interesse daran hat, diese neue Position in seinem Portfolio dauerhaft zu betreuen. Ist die Zuteilung zu gering – als Orientierungspunkt kann der Betrag von einer Mio. € angesehen werden – wird der Portfoliomanager nicht den Aufwand einer kontinuierlichen Beobachtung der Gesellschaft auf sich nehmen und die Aktien schnell wieder über die Börse veräußern. Andererseits sollte die Zuteilung nicht so hoch ausfallen, dass einzelne Institutionen zu großes Einflusspotenzial auf die Gesellschaft oder die Aktienkursentwicklung gewinnen können. Angestrebt werden sollte ein Kreis von mindestens zehn bis 15 institutionellen Adressen. Diesen Kreis von Anlegern gilt es dann nach der Notierungsaufnahme im Rahmen einer strukturierten Investor Relations Arbeit kontinuierlich zu betreuen.

5. Kommunikation mit institutionellen Investoren

Die Entwicklung des Börsenkurses ist der Spiegel der Erwartungen der Marktteilnehmer. Aufgabe der Unternehmensleitung ist es, diese Erwartungen zu steuern. Das kann zum einen direkt geschehen, indem Management und institutionelle Anleger unmittelbar miteinander kommunizieren. Zudem gibt es den indirekten Weg, das heißt die Kommunikation über die Analysten und Investmentbanker. Üblicherweise werden beide Vorgehensweisen angewendet, um die Beziehungen untereinander zu vertiefen und auszubauen.

Die Kommunikation sollte sich an festen Grundsätzen orientieren, um Vertrauen in der Anlegerschaft zu gewinnen.[8] Informationen zur Unternehmensentwicklung sollten stets sachlich, glaubwürdig, aktuell und – auch im Fall eines negativen Informationsflusses – kontinuierlich der Financial Community präsentiert werden. Transparenz ist für eine dauerhafte Zusammenarbeit eine Grundvoraussetzung.

Die Grundsätze des Vertrauens und der stetigen Kooperation von Emittenten und institutionellen Investoren sollten aber nicht dahingehend gedeutet werden, dass professionelle Anleger bei guter Kommunikationsarbeit ihren Aktienbestand nicht veräußern. Schließlich ist es ihre Aufgabe, Kapital ertragreich zu investieren. Eine gute Investor Relations Arbeit könnte aber dazu beitragen, dass Teile des Aktienengagements in einem spezifischen Titel als langfristiges Basisinvestment angesehen werden und Käufe und Verkäufe dem kurzfristigen Auf- oder Abbau von Tradingpositionen dienen. Die Stabilität, die institutionelle Anleger in die Aktionärsstruktur eines Unternehmens einbringen sollen, ist damit aufrecht erhalten.

6. Fazit

Institutionelle Anleger gewinnen am deutschen Aktienmarkt weiter an Bedeutung, insbesondere wenn man internationale Vergleiche zieht. Die Abbildung 61 zeigt für das Jahr 1997 das Verhältnis des Vermögens institutioneller Anleger in Relation zum Bruttosozialprodukt in ausgewählten Ländern. Während das Vermögen von Institutionellen in Deutschland rund 58 Prozent des Bruttosozialprodukts erreicht, übersteigen die Assets institutioneller Anleger in den USA mit 227 Prozent das Bruttosozialprodukt um mehr als das Dreifache.[9]

---

8 Haubrok, A.: Gezielte Kommunikation als Voraussetzung für den Gang an die Börse (1998).
9 O.V.: Moneyed Men in Institutions (1999).

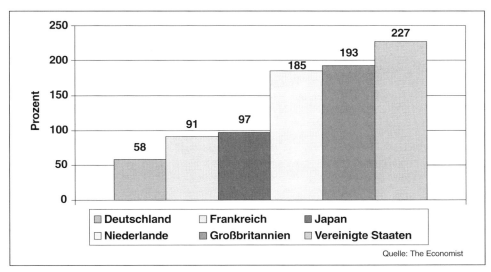

Abbildung 61: Vermögen institutioneller Investoren in Prozent des BSP

Anlagekapital ist vorhanden und wird zunehmend über institutionelle Adressen in Aktien, auch Neuemissionen, investiert. Die Anlageziele und der Prozess der Asset Allocation setzen den Rahmen für die Entscheidung, ob und in welchem Umfang ein Institutioneller bei Neuemissionen mitwirkt. Die Ziele der Investoren müssen im Allokationsprozess stets berücksichtigt werden. Wird schließlich eine beim IPO begründete Kooperation von Emittent, emissionsbegleitender Bank und institutionellen Investoren durch eine transparente und vertrauensvolle Investor Relations Arbeit fortgesetzt, dann ist die Basis für eine dauerhafte und stabile Grundstruktur des Aktionärskreises geschaffen.

Literaturhinweise

Blommestein, H.J./Funke, N. (1998): The Rise of the Institutional Investor, in: The OECD Observer, No. 212, June/July 1998.
Breuer, R.-E. (1996): Internationale Kapitalmärkte – Strukturen und Systeme der Zukunft, in: International Bankers Forum e.V. (Hrsg.): Die Banken auf dem Weg ins 21. Jahrhundert. Gabler Verlag, Wiesbaden, S. 85–104.
Coors, S./Wilhelm, S. (2000): Internationale Anleger entdecken deutsche IPOs, in: Börsenzeitung Sonderbeilage Going Public – Neuer Markt, 10. März 2000, S. B9.
Deutsche Börse AG (Hrsg.) (1998): Statistische Daten 1998.
Deutsche Bundesbank (Hrsg.) (1999): Wertpapierdepots August 1999.
Flach, U.E. (1996): Erfolgsfaktoren eines Going Public, in: International Bankers Forum e.V. (Hrsg.): Die Banken auf dem Weg ins 21. Jahrhundert. Gabler Verlag, Wiesbaden, S. 27–48.
Flach, U.E./Wilhelm, S. (1997): Besonderheiten beim Going Public von Small- und Mid-Cap-Gesellschaften, in: Gerke, W. (Hrsg.): Die Börse der Zukunft. Schäffer-Poeschel Verlag, Stuttgart, S. 97–113.

Haubrock, A. (1998): Gezielte Kommunikation als Voraussetzung für den Gang an die Börse, in: *Volk, G.* (Hrsg.): Going Public. 2. Auflage, Schäffer-Poeschel Verlag, Stuttgart.

Hielscher, U. (1991): Asset Allocation, in: Kredit und Kapital, 24. Jg., Heft 2, S. 254–270.

Hielscher, U. (1996): Investmentanalyse. 2., überarbeitete und erweiterte Auflage, R. Oldenbourg Verlag, München/Wien.

Hofmann, H.B. (1996): Produktentwicklungslinien im Investment Banking, in: International Bankers Forum e.V. (Hrsg.): Die Banken auf dem Weg ins 21. Jahrhundert. Gabler Verlag, Wiesbaden, S. 3–26.

O.V. (1999): Moneyed Men in Institutions, in: The Economist. 6. November 1999, S. 107–108.

Rosen, R. von (1996): Investment Banking und Aktienkultur, in: International Bankers Forum e.V. (Hrsg.): Die Banken auf dem Weg ins 21. Jahrhundert. Gabler Verlag, Wiesbaden, S. 69–83.

Trobitz, H.H./Wilhelm, S. (1998): Eigenkapital für kleine und mittlere Unternehmen – Beteiligungsfinanzierung und Börsengang, in: *Volk, G.:* Going Public. Schäffer-Poeschel Verlag, Stuttgart, S. 247–262.

Trobitz, H.H./Wilhelm, S. (1996): Going Public aus Sicht der emissionsbegleitenden Bank, in: Betriebswirtschaftliche Forschung und Praxis, Nr. 2, S. 164–182.

Andrés Söllhuber Kretzer

Nutzen des Ratings beim Börsengang und Ablauf des Ratingverfahrens

1. Rolle und Nutzen des Ratings 310
2. Grundsatz der Standard & Poor's Analyse und wesentliche Analysefaktoren im Überblick 313
3. Ablauf des Ratingverfahrens bei Standard & Poor's 314

1. Rolle und Nutzen des Ratings

Bevor wir die Frage der Rolle und des Nutzens eines externen, weltweit gültigen Ratings für einen IPO-Kandidaten aufgreifen, sollten wir erst definieren, was unter einem Rating zu verstehen ist.

Unser Haus versteht unter einem Rating den Ausdruck unserer Bonitätseinschätzung bezüglich eines Schuldners, eines Wertpapiers oder eines speziellen Schuldtitels, der auf Grund besonderer Cash Flow-Strukturen eine in sich geschlossene Einheit bildet. Im ersten Fall spricht man von einem Emittenten- oder Unternehmens-Rating, im zweiten und dritten Fall von Emissions-Ratings. Mit anderen Worten, ein Rating ist immer die Einschätzung der Kreditqualität, das heißt im Umkehrschluss die Meinung zur Wahrscheinlichkeit des Zahlungsverzugs. Ein Rating ist weder Prüfung beziehungsweise Audit noch eine Empfehlung zum Kauf oder Verkauf von Wertpapieren.

Mit dem Emittenten-Rating wird unserer Einschätzung des Kreditrisikos eines Unternehmens Ausdruck verliehen, das für den Aktien- beziehungsweise IPO-Investor ebenso wie für den klassischen Anleihen-Investor besteht, wobei dieses Bonitätsrisiko bei vielen neuen Börsengängern für den IPO-Investor deutlich höher ausfallen kann.

Hinter einem Großteil der knapp 170 deutschen IPO des letzten Jahres stehen viele Unternehmen, die als Start-ups beziehungsweise Neugründungen zu betrachten sind. Sobald man sich mit den vertretenen Branchen auseinander setzt, fallen viele derjenigen Unternehmen auf, denen laut ihrer Story brillante Wachstums- und Gewinnchancen eingeräumt werden. Es geht dabei generell um Branchen, die in so genannten Wachstumsmärkten operieren, deren Zukunft jedoch angesichts des rasanten Technologiewandels mit erheblichen Risiken behaftet ist. Was heute technologisch aktuell ist, kann bereits morgen obsolet sein. Die Schnelllebigkeit einzelner Branchen ist sicherlich nicht alleiniger Risikofaktor. Die Frage der Unternehmenspositionierung in einem naturgemäß unscharf definierten Umfeld schließt sich hier gleich an. Nicht zuletzt stellt sich auch die Frage der Managementqualität. Damit sollen nur einzelne, aus Sicht eines Investors im Bereich der IPO besonders hervortretende Risikoaspekte erwähnt sein.

Gleichwohl ist der IPO-Investor von seiner Grundeinstellung her sicherlich risikofreudiger als der typische Anleihen-Investor und fiebert zuweilen spektakulären Aktien-Wertzuwächsen entgegen. In vielen Fällen wird er sich jedoch keine abschließende Meinung über das damit verbundene Bonitätsrisiko bilden können. Dieses Thema rückt bei ihm erst dann stärker in den Vordergrund, wenn die erhofften Aktien-Wertzuwächse auf sich warten lassen, einige spektakuläre Insolvenzen auftreten oder sich der IPO-Investor um eine adäquate Honorierung des Risikos seiner Investments im eigenen Portfolio bemüht. Dann wird er eher dazu neigen, Risikotransparenz und -vergleichbarkeit vorzuziehen.

Behielte man all dies im Blickfeld, so wäre ein Unternehmer nicht schlecht beraten, wenn er bei seinem Börsengang die eigene Bonitätsfrage gar nicht erst aufkommen ließe, sondern sie dem Investor im Vorfeld beantwortete. Ein externes und von internationalen Investoren akzeptiertes Rating einer weltweit anerkannten und unabhängigen Ratingagentur wäre hier für ihn sicherlich sehr hilfreich und im Rahmen der IPO-Vorbereitungsmaßnahmen nicht besonders zeitaufwendig, denn 70 bis 90 Prozent der für das Rating erforderlichen Informationen dürften im Zuge des Börsengangs ohnehin bereits vorliegen.

Der Mehrwert, den ein Rating einem IPO-Kandidaten und voraussichtlich künftigen Emittenten bietet, geht aber darüber hinaus. Wie bereits erwähnt, agieren viele Börsengänger in investitionsträchtigen Branchen und sind auf Grund des Wettbewerbsdrucks in ihrer strategischen Ausrichtung auf einen vergleichbar starken und nicht unbedingt organisch geprägten Expansionskurs angewiesen, denn Ziel ist der Ausbau beziehungsweise die Optimierung der Wettbewerbsposition. Demzufolge steigt der Kapitalbedarf, und viele Börsengänger werden schon aus existenziellen Überlegungen heraus nicht umhinkommen, sich kurz- beziehungsweise mittelfristig an die weltweiten Kapitalmärkte und damit an die internationalen Investoren zu wenden, sei es nun in Form von Convertibles oder schlichten Bonds.

Hier wollen wir uns jedoch primär mit den Vorteilen des Ratings für den IPO-Kandidaten befassen, der sich im Rahmen seiner fast zwangsläufig global geprägten Geschäftsstrategie für eine entsprechende, an internationale Kapitalgeber adressierte Refinanzierungspolitik entscheidet. Folgende Aspekte wären hierbei anzuführen:

- **Benchmarking:**
  Aufgrund ihres globalen Einblicks in Unternehmen einer bestimmten Branche können die Analysten einer internationalen Ratingagentur auch beurteilen, wer in der Branche wo welche Benchmarks setzt und welche Verbesserungspotenziale vorhanden sind. Sich einem solchen Vergleich zu stellen, ist für das einzelne Unternehmen einerseits eine Herausforderung, andererseits aber auch eine Notwendigkeit, wenn es sich im globalen Wettbewerb langfristig behaupten will.

- **Zugang zum Kapitalmarkt und Erweiterung des Investorenkreises, Publizitätswirkung und Unterstützung von Investor Relations, Aussage zur Attraktivität als Arbeitgeber:**
  Ein externes, international akzeptiertes Rating kann hierbei als Türöffner fungieren und somit die Erschließung internationaler Investoren erst ermöglichen

beziehungsweise unterstützen. Hiermit verbunden ist die Publizitätswirkung, denn mit seinem Rating ist das Unternehmen auf den Bildschirmen der institutionellen Investoren stets weltweit präsent. Im Übrigen erleichtert ein – bei Standard & Poor's grundsätzlich nur auf Wunsch des gerateten Unternehmens – veröffentlichtes Rating die Aufgaben der neuen Aktiengesellschaft im Bereich Investor Relations. Mit einem Rating wird die Bonität eines Unternehmens auch für künftige Mitarbeiter transparent – ein Aspekt, der in bestimmten Arbeitsmärkten zunehmend an Bedeutung gewinnt.

- **Diversifizierung von Finanzierungsquellen, Optimierung von Passiva-Strukturen und Kosteneffizienz, Bekanntheit und Transparenz im Gegensatz zu bankinternen Ratings:**
Im Zuge eines höheren Kapitalbedarfs wird sich die Frage der Optimierung von Passiva-Strukturen und einem adäquaten Laufzeitenprofil stellen. Abhängig auch vom erforderlichen Fremdkapitalvolumen können längere Laufzeiten (zum Beispiel über einen Bond oder Convertible) dazu dienen, Passiva-Strukturen zu stabilisieren und durch Diversifizierung Finanzierungskosten zu sparen. Das Rating hilft bei der Platzierung beziehungsweise macht sie erst möglich, insbesondere wenn sie an internationale Investoren adressiert ist, die ihrerseits die durch das Rating entstandene Risikotransparenz mit niedrigeren Spreads honorieren. Im Gegensatz zu bankinternen Ratings ist zumindest bei Standard & Poor's das extern erstellte Rating dem Kunden stets bekannt und die dabei angewandten Kriterien sind für ihn nachvollziehbar.

Auch im Rahmen einer Kapitalmarktmaßnahme, zum Beispiel Emission von Bonds oder Convertibles, lassen sich die Vorteile eines Ratings für Investoren und beteiligte Banken als Platzeure anführen, denn im Endeffekt sind alle drei Hauptakteure am Kapitalmarkt, die ihr Interesse an einem Rating entsprechend zum Ausdruck bringen werden.

Die internationalen Investoren des Kapitalmarkts legen Wert auf die Feststellung risikoadäquater Verzinsung der Bonds beziehungsweise Convertibles, die sie in ihre Portfolios nehmen. Sie legen ebenfalls Wert auf Markttransparenz, Vergleichbarkeit der Renditen und Liquidität ihrer Assets. Deshalb ziehen sie mit international gültigem Rating versehene Bonds und Convertibles vor, weil das Rating die eigene Analyse ergänzt beziehungsweise substituiert und zu einem kosteneffizienten Portfoliomanagement führt.

Den an einer Kapitalmarkttransaktion beteiligten Banken erleichtert das Rating die Platzierung eines Bonds oder Convertible, einerseits durch einfachere Feststellung des Emissionspreises (weil das Bonitätsrisiko den Spread maßgeblich prägt), andererseits durch Erweiterung des Investorenspektrums und höhere Liquidität.

Nachdem wir die wesentlichen Vorteile eines Ratings behandelt haben, stellt sich nun die Frage: Welche sind die wesentlichen Faktoren unserer Analyse und wie ist der praktische Ablauf eines Ratingverfahrens? Der Beantwortung dieser beiden Fragen wollen wir uns jetzt widmen.

2. Grundsatz der Standard & Poor's Analyse und wesentliche Analysefaktoren im Überblick

Unser Grundsatz ist das interaktive Zusammenwirken unserer Analysten mit dem Unternehmensmanagement: Bevor die eigentliche Analyse der qualitativen und quantitativen Faktoren abgeschlossen wird, erfolgt ein ausführliches Gespräch mit der Geschäftsleitung. Dabei rückt die Zukunftsbetrachtung ganz besonders in den Vordergrund, denn letztlich sind Schulden und Kapital primär aus künftigem Cash Flow zu bedienen.

Was sind die wesentlichen Analysefaktoren für unser Haus? Hier geht es um die Beantwortung der Fragen: Was wird analysiert? Wie wird analysiert?

Nehmen wir das Beispiel eines Industrieunternehmens. Hier werden zwei wesentliche Faktoren analysiert, das Geschäftsrisiko und das Finanzrisiko.

- Das **Geschäftsrisikoprofil** eines Unternehmens – der eher qualitative Aspekt – wird auf Grund der Analyse von Branchencharakteristika, Wettbewerbsposition und Management erstellt. Die Definition der Branchencharakteristika erfolgt durch Feststellung beziehungsweise Einschätzung von Kernbranche, Wettbewerbssituation, Konjunkturzyklen, Wachstumschancen, Anfälligkeit bei Technologiewandel und etwaigen staatlichen Regulierungen. In die Analyse der Wettbewerbsposition fließen Aspekte wie Marktanteile, Marketing, Technologie, Forschung und Kosteneffizienz ein. Ob und inwiefern das Unternehmen hierbei eine Führungsrolle spielt, ist von hoher Bedeutung. Bei der Einschätzung des Managements wird es im Wesentlichen auf Industrieerfahrung, Führung, Glaubwürdigkeit und Risikobereitschaft ankommen.

- Die Analyse des **Finanzrisikoprofils**, – der eher quantitative Aspekt – konzentriert sich vornehmlich auf die Rechnungslegung und deren Anwendungen, auf die Finanzpolitik des Unternehmens, auf Rentabilität, Planzahlen und Cash Flow-Projektionen sowie auf die finanzielle Flexibilität des einzuschätzenden Industrieunternehmens.

Alle genannten Faktoren werden denen weltweit vergleichbarer Unternehmen gegenübergestellt. Mit globaler Branchenkenntnis und lokaler Marktexpertise kommen unsere Analysten zu einem Ergebnis, dem Standard & Poor's Rating, eine von Investoren weltweit anerkannte Bonitätseinstufung mit dem zusätzlichen Mehrwert des bereits erwähnten Benchmarking.

Die Frage: Wie wird analysiert? ist damit teilweise, jedoch noch nicht abschließend beantwortet. Kommen wir nun zum Ablauf unseres Ratingverfahrens.

3. Ablauf des Ratingverfahrens bei Standard & Poor's

Anhand nachstehender Grafik wird es sicherlich leichter fallen, die einzelnen Schritte unseres Ratingverfahrens nachzuvollziehen, die wie folgt zu erläutern sind:

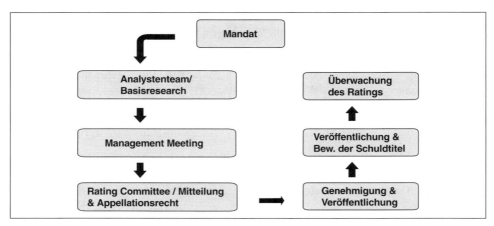

Abbildung 62: Ablauf des Ratingverfahrens

- **Benennung des Analystenteams:**
  Sobald Standard & Poor's das Mandat erhält, wird ein Analystenteam unter Berücksichtigung der branchenspezifischen Kernkompetenz des Unternehmens zusammengestellt. Dem Team steht ein Primary Analyst als Hauptansprechpartner vor, der auch die Primärverantwortung für den Ablauf des Ratingverfahrens und die künftige analytische Betreuung trägt. Das Informationsanforderungsprofil wird mit dem Unternehmen besprochen. Dem schließt sich die Auswertung der zur Verfügung gestellten Informationen an, und es wird ein Treffen mit dem Management des Unternehmens (so genanntes Management Meeting) fixiert.

- **Management Meeting:**
  Das Unternehmen stellt sich den Analysten vor. Gegenstand dieses Gesprächs sind die Marktpräsenz und Strategie, die Produkt- und Dienstleistungsberei-

che, die Finanzen und wirtschaftlichen Eckdaten, die geschäftspolitische Ausrichtung sowie die Finanzpolitik und die Investitionsvorhaben des Unternehmens. In diesem Dialog findet meist ein Austausch von Branchenkenntnissen und Trends statt, der insbesondere für das Unternehmen aus Benchmarking-Gesichtspunkten erheblichen Mehrwert beinhaltet.

- **Rating Committee:**
Der Analyse qualitativer und quantitativer Faktoren, die durch das Management Meeting ergänzt beziehungsweise erst ermöglicht wird, folgt die hausinterne Vorstellung des Unternehmens. Dies geschieht vor einem Gremium von weiteren Analysten unseres Hauses, die sich auf die relevante(n) Branche(n) spezialisiert haben. Dieses Gremium, sprich das Rating Committee, diskutiert und stimmt über die vom Primary Analyst vorgetragene Ratingempfehlung ab. Die vom Rating Committee getroffene Ratingentscheidung wird dem Kunden mitgeteilt und begründet. Sollten jedoch vom Kunden neue oder zusätzliche ratingrelevante Informationen eingebracht werden, besteht die Möglichkeit, ein so genanntes Appellationsmeeting einzuberufen. Die hieraus resultierende neue Entscheidung beziehungsweise Ratingbestätigung wird dem Kunden mitgeteilt.

- **Genehmigung und Veröffentlichung:**
Der Kunde entscheidet, ob er sein Rating veröffentlichen möchte. Wir holen in jedem Fall seine Zustimmung ein und stimmen mit ihm die zur Veröffentlichung anstehende Analyse ab um sicherzustellen, dass keine vertraulichen Informationen an die Öffentlichkeit geraten. Dem folgen die Veröffentlichung und die Bewertung etwaiger Emissionen. Sollte sich der Kunde jedoch dafür entscheiden, sein Rating nicht zu veröffentlichen, wird dieses von uns vertraulich behandelt, vorausgesetzt es werden keine Emissionen in den US-Kapitalmarkt beziehungsweise unter 144 A begeben.

- **Überwachung und Überprüfung des Ratings:**
Alle Ratings werden von unseren Analysten kontinuierlich überwacht. Unabhängig davon führen wir grundsätzlich eine vollumfängliche Überprüfung seiner Ratings einmal im Jahr durch. Üblich in diesem Zusammenhang ist auch ein jährliches Gespräch mit dem Management, selbst wenn keine neuen Emissionen begeben werden. Dieses Prozedere ermöglicht es den Analysten, auf dem jeweiligen Stand der aktuellen Entwicklung zu bleiben und über etwaige Änderungen in den Plänen des Emittenten informiert zu werden.

Abschließend sei gesagt, dass Vertraulichkeit für uns ein wesentlicher Aspekt ist. Die im Verlauf eines Ratingverfahrens vom Mandanten zur Verfügung gestellten Unterlagen und Informationen sind zum Teil sehr vertraulich. Unser Haus verwendet diese Informationen ausschließlich zur Erstellung des Ratings und behandelt sie streng diskret.

Kapitel IV:

Die Hürden durch Projektmanagement überwinden

Norbert Wieselhuber

Erfolgreiche Börseneinführung benötigt ein kompetentes Projektmanagement

1. Professionelle und objektive Entscheidungsvorbereitung spart Zeit, Kosten und Konflikte 320
2. Börseneinführung als Projekt begreifen 322
3. Analyse und Dokumentation der Börsenreife als eine Kernaufgabe des Projektmanagements 323
4. Erarbeitung des Emissionskonzepts 325
5. Auswahl von Emissionsbank und PR-Agentur 326

1. Professionelle und objektive Entscheidungsvorbereitung spart Zeit, Kosten und Konflikte

Der Börsengang der Deutschen Telekom AG und die Einführung des Marktsegments Neuer Markt haben die Aktienkultur und -struktur in Deutschland maßgeblich verändert. Die Aktie wurde zum Medienstar und beflügelte nicht nur die Phantasien der Unternehmen, sondern auch der stetig steigenden Zahl der Anleger. Viele Unternehmen, vor allem mittelständische, die bisher am deutschen Aktienmarkt unterrepräsentiert waren, haben seither diesen Boom genutzt, den Gang an die Börse zu wagen. Nach den Erfolgsmeldungen in den letzten Jahren, mehren sich seit Beginn des Jahres 2000 die Nachrichten über enttäuschende Börsengänge. Immer öfter werden Börsenneulinge bereits kurz nach Erstnotierung weit unter ihrem Ausgabepreis gehandelt. Der Grund dafür findet sich häufig bei den Emittenten selbst. Neben nicht realisierbaren Zukunftserwartungen sind völlig übereilte und unprofessionell vorbereitete Börsengänge die Hauptursachen. Meist wird unterschätzt, dass der Börsengang kein Spaziergang ist.

Die Entscheidung eines Unternehmens zum Going Public hat eine hohe Außenwirkung, ist kaum umkehrbar und stark vermögensbeeinflussend. Deshalb ist der erfolgreiche Verlauf der Börseneinführung von außerordentlich großer Bedeutung. Der Börsengang ist nicht nur eine gesellschafts- und steuerrechtliche sowie betriebswirtschaftlich-organisatorische Neugestaltung eines Unternehmens. Mindestens genauso wichtig, wenn nicht sogar entscheidend, ist die Meinungsbildung im Eigentümerkreis. Hier gilt es in erster Linie, weitreichende Informationsdefizite zu beseitigen. Weiterhin müssen klar und deutlich die unterschiedlichen Ziele, die es einerseits für die Alteigentümer und andererseits für das Unternehmen zu realisieren gilt, transparent gemacht werden. Nicht selten werden hier sowohl Zielkonflikte zwischen den Gesellschaftern, aber auch im Verhältnis zum Management sichtbar. Auch passiert es, dass zwar die formalen und gesetzlichen Voraussetzungen für einen Börsengang erfüllt werden, die innere Börsenreife des Unternehmens und seine Wettbewerbsposition sowie die zukünftigen Markt- und Branchenperspektiven für einen Börsengang zum aktuellen Zeitpunkt nicht tragfähig sind. Das Unternehmen muss erst börsenfit gemacht werden. Wer den Finanzierungseffekt der Börse nutzen will, sollte sich genau überlegen, ob das Unternehmen alle Voraussetzungen für einen erfolgreichen Börsengang erfüllt.

Die diskrete, objektive und qualifizierte Klärung dieser Fragen sollte gemeinsam mit einem, insbesondere in Familiengesellschaften, erfahrenen externen Berater geschehen. Bereits in dieser Vorphase eines möglichen Börsengangs mit Banken zu reden, ist erfahrungsgemäß nicht sehr sinnvoll, da einerseits vielfältige, noch nicht definitiv entschiedene Zielvorstellungen und ein möglicher Dissens im Gesellschafterkreis transparent werden. Man bedenke nur, welche Auswirkungen die Informationen über eine mangelnde innere Börsenreife, trotz durchaus wettbewerbsfähiger Ertrags- und Renditezahlen, auf eine kreditgebende, mögliche Emissionsbank haben könnten.

Auch beim Börsengang gilt: „Nachdenken ist durch nichts zu ersetzen, außer durch Vordenken." Die Tragweite eines Börsengangs für Gesellschafter und Unternehmen erfordert mehr als nur juristische und betriebswirtschaftliche Prüfung – es geht um das eigene Unternehmen, das möglicherweise auch noch den eigenen Namen trägt!

Es liegt daher nahe, und die Erfahrung bestätigt dies auch, dass einem kompetenten Projektmanagement große Bedeutung am Erfolg der Börseneinführung zukommt.

Entscheidungskriterium	Erfüllungsgrad[1]			Entscheidungs-/Handlungsbedarf		
	1	2	3	Maßnahmen	Verantwortung	Endtermin
gezielte Anforderungen						
Unternehmensattraktivität im Wettbewerbsumfeld						
Dokumentation der Markt- und Branchenperspektiven						
begründete Sachzwänge aus Markt- und Unternehmenssituation für den Börsengang						
Eigentümersituation und -perspektiven						
steuerliche Aspekte eines Börsengangs für Eigentümer						
Kenntnis über Wirkung der Finanzöffentlichkeit						
Möglichkeiten zur Gestaltung des Fremdeinflusses						
Kenntnis über die Anforderungen an die Unternehmensführung						
Konsens der Alteigentümer über Ziele, Notwendigkeiten						

1 = voll erfüllt; 2 = zum Teil erfüllt; 3 = nicht erfüllt

Abbildung 63: Aspekte der Entscheidungsvorbereitung

2. Börseneinführung als Projekt begreifen

Der Prozess der Börseneinführung weist in jeglicher Hinsicht die Wesensmerkmale eines Projekts auf:

- Der Gang an die Börse stellt ein einmaliges und zeitlich begrenztes Vorhaben im Leben eines Unternehmens dar.
- Im Rahmen des Going Public sind komplexe und vielschichtige Planungs-, Steuerungs- und Kontrollaufgaben zu bewältigen. Notwendig ist insbesondere die Integration einer Reihe externer Spezialisten unterschiedlicher Fachgebiete in den verschiedenen Phasen der Börseneinführung (zum Beispiel Rechtsanwälte, Steuerberater, Wirtschaftsprüfer, PR-Experten, Bankenvertreter).

Das breite Aufgabenspektrum bindet in erheblichem Maße die Management- und Organisationskapazitäten im Unternehmen. Oftmals ist das für die Aufgabenbewältigung erforderliche Know-how auf Grund des Neuigkeitscharakters des Going Public nur in sehr begrenztem Maße im Unternehmen verfügbar.

Vor diesem Hintergrund ist es sinnvoll, den gesamten Prozess der Börseneinführung frühzeitig einem versierten Projektmanagement zu übertragen. Die Zusammensetzung des Projektteams muss in jeder Phase des Going Public eine kompetente Beratung in unternehmerischen, steuerlichen und rechtlichen Fragen gewährleisten. Die Projektleitung sollte einem mit allen Facetten des Börsengangs vertrauten Projektmanager übertragen werden. Die wesentliche Aufgabe eines Projektmanagers ist die Entlastung der Unternehmensleitung von den vielfältigen Zusatzaufgaben, die mit einem Going Public verbunden sind, denn: Die Fortführung der erfolgreichen Geschäftspolitik muss in allen Phasen der Börseneinführung weiter gewährleistet sein. Ein weiteres wesentliches Kriterium bei der Auswahl des verantwortlichen Projektmanagers ist dessen Neutralität und Unabhängigkeit. Mit anderen Worten: Es muss gewährleistet sein, dass der Projektmanager ausschließlich die Interessen der Eigentümer und des Unternehmens vertritt.

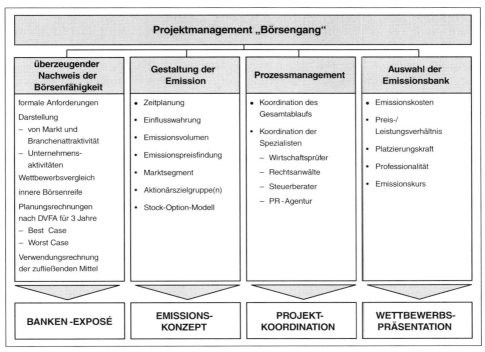

Abbildung 64: Projektmanagement „Börsengang"

3. Analyse und Dokumentation der Börsenreife als eine Kernaufgabe des Projektmanagements

Eine Kernaufgabe im Rahmen des Projektmanagements ist die systematische Vorbereitung des Unternehmens auf den Börsengang. Hierzu gehört vor allem die Analyse und Dokumentation der Börsenreife des potenziellen Börsenkandidaten. Die Beurteilung der Börsenreife hat sich an den von Marktusancen und Emissionsbanken üblicherweise gestellten Anforderungen zu orientieren. Relativ einfach und schnell kann die Erfüllung der formalen Kriterien (zum Beispiel Alter des Unternehmens oder Einbringung aller betriebsnotwendigen Aktiva in das Unternehmen) festgestellt werden. Eine eventuell noch erforderliche Umwandlung in die Rechtsform der Aktiengesellschaft sollte erst nach der endgültigen Entscheidung für den Börsengang erfolgen.

Im Gegensatz zu den formalen Kriterien, oder äußeren Börsenreife, erfordert die Beurteilung der zukünftigen Unternehmensentwicklung und der inneren Börsenreife (zum Beispiel der Qualität des Steuerungsinstrumentariums) eine umfassende und tief gehende Analyse. Der Aufwand hierfür lohnt sich allemal – selbst dann, wenn der Schritt an die Börse nicht sofort vollzogen wird. Die Ergebnisse der Analyse der Börsenreife haben stets einen hohen Nutzen für die Verbesserung der strategischen und operativen Unternehmensführung sowie der Initiierung von Maßnahmen zur Steigerung der Wettbewerbsfähigkeit, Ertragskraft und des Unternehmenswerts.

Die Dokumentation der Börsenreife stellt in erster Linie ein Qualitätszeugnis dar, das sich für den Börsenkandidaten letztendlich im Emissionspreis auszahlt. Je positiver die Unternehmensentwicklung beurteilt wird, je besser die im Wettbewerb erforderlichen Erfolgsfaktoren erfüllt werden und je mehr die internen Strukturen und Steuerungsinstrumente auf eine erfolgreiche Gestaltung des Wettbewerbs schließen lassen, umso höher kann der zu erzielende Emissionspreis angesetzt werden.

Zur Absicherung ihres Marktstanding und zur Vermeidung von Haftungsrisiken wird der Börsenreife vor allem von den Emissionsbanken große Bedeutung beigemessen. Je besser die Anforderungen erfüllt werden, umso größer ist die Attraktivität eines Börsenkandidaten und umso stärker ist auch das Interesse der Banken, ein Mandat als Emissionsbank zu erhalten. Durch die Unabhängigkeit des Projektmanagers ist sichergestellt, dass eventuelle Schwächen bei der inneren Börsenreife behoben werden können, ohne dass sich dies negativ auf das Emissionsstanding des Unternehmens auswirkt.

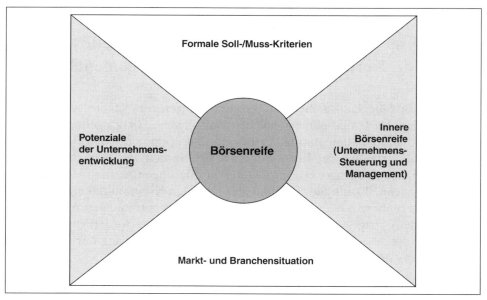

Abbildung 65: Komponenten der Börsenreife

4. Erarbeitung des Emissionskonzepts

Zusammen mit den Eigentümern und unter Berücksichtigung der Unternehmenssituation ist vom Projektmanagement das Emissionskonzept einschließlich der Zeitplanung für die weiteren Schritte zu erarbeiten. Dabei ist es die Aufgabe des Projektmanagers, über die Alternativen und Besonderheiten zu informieren sowie Vor- und Nachteile objektiv darzustellen.

Im Rahmen der Erarbeitung des Emissionskonzepts ist insbesondere zu klären, in welchem Maße die Eigentümer auch zukünftig Einfluss auf das Unternehmen nehmen möchten. Davon hängt die Ausgestaltung einiger wichtiger Parameter (zum Beispiel Satzungsgestaltung, Organbestellung etc.) sowie das an der Börse zu platzierende Aktienvolumen maßgeblich ab. Ein weiterer wichtiger Punkt des Emissionskonzepts ist die die Verwendung des Emissionserlöses.

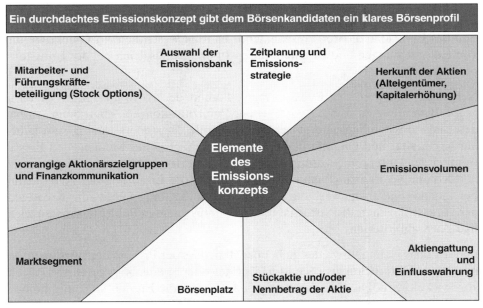

Abbildung 66: Elemente des Emissionskonzepts

5. Auswahl von Emissionsbank und PR-Agentur

Mit dem Abschluss der Vorbereitung des Unternehmens auf den Börsengang ist auch der zweckmäßige Zeitpunkt für die Auswahl der Emissionsbank gekommen. Um den Wettbewerb der Banken bezüglich attraktiver Börsenkandidaten zu nutzen, sollte die Auswahl der Emissionsbank im Rahmen einer Wettbewerbspräsentation erfolgen. Eine gezielte Vorbereitung ist entscheidend für den erfolgreichen Verlauf der Präsentationen. Hierzu ist ein Bankenexposé zu erstellen, das neben den Eckpunkten des Emissionskonzepts die Dokumentation und Würdigung der Börsenreife des Unternehmens enthält. Außerdem empfiehlt es sich, das Unternehmen den Banken vor Ort persönlich vorzustellen.

Die Banken haben in ihrer Präsentation über die Emissionsstrategie, die Emissionsleistungen und -kosten sowie über den Emissionskurs zu informieren. Die Erfahrung zeigt, dass die Spannbreite der Bankangebote bei den Emissionsleistungen und dem gebotenen Emissionskurs erheblich ist. In der Phase der Verhandlungen mit den Banken stärkt ein erfahrenes Projektmanagement die Position des Börsenkandidaten entscheidend. Es trägt wesentlich zur Objektivierung von Entscheidungen und zu einem fairen Interessenausgleich bei der Emissionspreisfindung bei.

Neben der Auswahl der Emissionsbank kommt der Auswahl der PR-Agentur große Bedeutung zu. Ein hervorragendes Publizitätskonzept spielt beim Aufbau des Emissionsstanding eine entscheidende Rolle. Besonders wichtig sind neben der Kreativität und Qualität der PR-Strategie ein gezieltes Medien- und Pressetraining der Unternehmensführung sowie eine perfekte Abstimmung der einzelnen Kommunikationsmaßnahmen. Deshalb sind die Erfahrung der Agentur mit der Finanz- und Imagewerbung im Rahmen eines Going Public, die Kreativität der vorgeschlagenen PR-Strategie und die veranschlagten Publizitätskosten wichtige Auswahlkriterien.

In der Praxis ist immer wieder zu beobachten, dass der Prozess der Börseneinführung eines Unternehmens als unorganisiertes oder „nebenher" geführtes Projekt abgewickelt wird. Die Erfahrung zeigt jedoch, dass die Einrichtung eines kompetenten Projektmanagements der entscheidende Erfolgsfaktor des Going Public sein kann. Es bewirkt einen effizienten Einsatz der Ressourcen und eine erhebliche Entlastung der Unternehmensführung. Für den Unternehmer liegt der Nutzen vor allem darin, dass die Ausgestaltung des Börsengangs seinen Wünschen entspricht und ein angemessenes Verhältnis von Emissionspreis und -kosten erzielt wird.

Die nachfolgende Abbildung fasst die in der Praxis gesammelten robusten Schritte für einen erfolgreichen Gang an die Börse zusammen. Zeitbedarf und Aufgabenintensität können innerhalb dieses Wegs variieren. Damit die Ziele eines Börsengangs für Gesellschafter, Unternehmen und Aktionäre realisiert werden, ist ein unabhängiges und professionelles Projektmanagement eine entscheidende Erfolgsvoraussetzung.

Nr.	Teilschritte	Nutzen
1	Information und Diskussion mit Gesellschafter/Geschäftsführer über Vor- und Nachteile, Alternativen und Eckpunkte eines Börsengangs	objektive und vollständige Information zum Going Public fundierte Darstellung der unternehmerischen und finanziellen Auswirkungen
2	Analyse (eventuell Entwicklung) und Dokumentation der Börsenreife und Börsenattraktivität	Stärkung der Wettbewerbsposition Steigerung von Ertragskraft und Unternehmenswert
3	endgültige Entscheidung über den Börsengang und Implementierung des Projektmanagements	Optimierung des Gesamtprozesses der Börsenführung konsequente und systematische Umsetzung
4	Begleitung einer (eventuellen) Umwandlung in die Rechtsform AG	Sicherstellung der steueroptimalen Umwandlung zweckmäßige Satzungsgestaltung
5	Ausarbeitung eines vorläufigen Emissionskonzepts	neutrale und unabhängige Bewertung der Alternativen
6	Erstellung eines Bankenexposées	gezielte und systematische Würdigung der Emissionsattraktivität
7	Präsentation des Unternehmens vor ausgewählten Banken	nachhaltige Untermauerung der Börsenreife und damit der Emissionsattraktivität
8	Wettbewerbspräsentation der Banken und Auswahl der konsortialführenden Bank	Auswahl der besten zum Unternehmen passenden Bank Optimierung des Preis-/Leistungsverhältnisses
9	vorläufige Festlegung des Emissionskurses	Gewährleistung eines fairen Emissionspreises Stärkung der Verhandlungsposition des Börsenkandidaten
10	Wettbewerbspräsentation von PR-Agenturen und Verabschiedung der Finanzkommunikation	Entwicklung einer kreativen Kommunikationsstrategie gezielter Aufbau eines hohen Emissionsstanding

Abbildung 67: Schritte des Börsengangs

Alfons Hörmann

Auswahl eines Emissionsberaters und dessen Unterstützung

1. Einführung 330
2. Vorteile eines Beraters 330
3. Nutzen des Beraters 332
4. Auswahlkriterien für den Berater 333
5. Mögliche Konfliktpotenziale und Problemfelder 333

1. Einführung

Für jedes Unternehmen stellt der Gang an die Börse einen bedeutenden Meilenstein in seiner Entwicklung dar, der für das Unternehmen große Chancen eröffnet. Gleichzeitig ist dieses Vorhaben aber auch mit einer hohen Verantwortung verbunden, da die professionelle Durchführung und der hoffentlich damit verbundene Erfolg des Börsengangs die Visitenkarte für den Eintritt am Kapitalmarkt darstellt und den Schritt in das Rampenlicht des öffentlichen Interesses bedeutet. Im Rahmen eines Börsengangs verlorenes Vertrauen bei Kunden, Mitarbeitern, Analysten und Anlegern sowie innerhalb der interessierten Öffentlichkeit kann dabei in erheblichem Umfang zu langfristigen negativen Auswirkungen für das Image des Unternehmens und seine Attraktivität für Investoren führen. Aus diesen Gründen ist es essenziell, das für das Unternehmen einmalige und für den Unternehmer und das Management in der Ausgangslage deutlich außerhalb des normalen operativen Geschäfts liegende Vorhaben „Börsengang" professionell zu planen und zu organisieren, um eine erfolgreiche Abwicklung zu gewährleisten. Darüber hinaus gilt insbesondere für mittelständische Unternehmen, die dem Kontakt zu Presse und Öffentlichkeit im Allgemeinen und in Bezug auf wirtschaftliche Ergebnisse im Besonderen eher verhalten gegenüber stehen, dass ein Börsengang auch mit einem vollständigen Paradigmenwechsel in der Kommunikationspolitik des Unternehmens verbunden ist, auf dessen Veränderungen und Auswirkungen sich das Unternehmen rechtzeitig einstellen und vorbereiten sollte.

Zu diesem Zweck hat sich die CREATON AG bei ihrem Gang an die Börse im Jahre 1995 der professionellen Begleitung durch einen Emissionsberater bedient. Der folgende Beitrag hat das Ziel, die sich aus der Sicht eines mittelständischen Unternehmens ergebenden Vorteile einer solchen Beratung aufzuzeigen und darzustellen sowie einen Überblick über die für die Auswahl des Beraters aus Sicht des Emittenten maßgeblichen Entscheidungskriterien und Parameter zu geben. Darüber hinaus wird auch die Organisation der zwischen den Parteien notwendigen Interaktion behandelt. Abschließend wird noch auf die sich möglicherweise mit einer solchen Beauftragung ergebenden Konfliktpotenziale und Problemfelder einzugehen sein.

2. Vorteile eines Beraters

Wie bereits in der Einführung erwähnt, stellt der Börsengang eines Unternehmens einen bedeutenden Schritt in dessen Entwicklung dar und eröffnet den Zugang zum Kapitalmarkt, der für die Realisierung von zukünftigen Wachstumspotenzialen für das Unternehmen von entscheidender Bedeutung ist. Dabei ist die Börse für die Gesellschafter, das Management und das Unternehmen in der Regel ein im wahrsten Sinne des Wortes unbekanntes Parkett. Um sich auf diesem professionell und dabei unverkrampft und frei bewegen zu können, ist es von nicht zu unterschätzendem Wert, einen objektiven und an den Interessen des Emittenten ausgerichteten Coach an seiner Seite zu wissen, der die Tücken und Untiefen der spezifischen Situation genau kennt und mit gutem Rat für die Bewältigung und Vermeidung von schwierigen Situationen in diesem Umfeld zur Verfügung steht. Diese Kenntnis hilft dem Unternehmen, sich für die unterschiedlichen Interessenlagen der einzelnen Anspruchsgruppen im Rahmen des Börsengangs zu sensibilisieren und ihnen im Verlauf des Verfahrens angemessen Rechnung zu tragen, um damit letztlich im eigenen Interesse agieren zu können. In diesem Zusammenhang sollte der Emittent genau darauf achten, dass der von ihm beauftragte Berater tatsächlich objektiv ist und seine Dienstleistungen ausschließlich im Interesse seines Auftraggebers erbringt. Dieses gilt insbesondere in Bezug auf die Bankenunabhängigkeit des Beraters, da diese im Verlauf eines Börsengangs und bei der Abwicklung der Transaktion naturgemäß eine starke Position mit bestimmten Eigeninteressen einnehmen, der ein entsprechendes Gegengewicht zur Wahrung und Behauptung der Interessen des Emittenten gegenüber zu stellen ist.

Aus unserer Erfahrung sollte die Einschaltung des Emissionsberaters bereits im langfristigen Vorfeld zum Börsengang eines Unternehmens erfolgen und einen deutlichen Strategiebezug aufweisen, da der Berater sinnvollerweise auch einen Input für die strategische Ausrichtung des Unternehmens und die damit verbundene Entwicklung und Formulierung der so genannten Equity-Story des Börsenkandidaten zu leisten hat. Sie sollte eine konsistente und attraktive Unternehmens- und Eigenkapitalstrategie beinhalten und ist für die Bewertung des Unternehmens und die Beurteilung durch die Analysten von besonderer Bedeutung, da in ihr die werttreibenden Faktoren wie zum Beispiel Umsatzwachstum, Fokussierung der Geschäftsfelder und Phantasie für die weitere positive Entwicklung des Unternehmens determiniert und ausführlich dargelegt werden müssen. Außerdem sollte der Berater über geeignete Methoden und Instrumente für die Prüfung und Feststellung der Börsenattraktivität und der Börsenreife eines Unternehmens verfügen und in der Lage sein, bei Bedarf geeignete Maßnahmen zur Erlangung der jeweiligen Ziele oder Benchmarks zu entwickeln und diese anschließend auch umzusetzen. Die Umsetzung nimmt naturgemäß einige Zeit in Anspruch, sodass die frühzeitige Einbindung des Beraters notwendig ist, um das Unternehmen zum vorgesehenen Emissionszeitpunkt in Bestform präsentieren zu können sowie diesen Zeitpunkt in Abstimmung mit dem Berater und in Abhängigkeit vom Umfang der in der Pre-IPO-Phase noch zu erledigenden Aufgaben und Maßnahmen festzulegen.

3. Nutzen des Beraters

Neben diesen übergeordneten Vorteilen lässt sich aus unserer Erfahrung folgender weiterer Nutzen der Beauftragung eines Emissionsberaters charakterisieren:

- Durch die Einschaltung eines Beraters wird die professionelle Aufbereitung der Unterlagen im notwendigen Umfang sichergestellt. Insbesondere die Erstellung des Bankenexposées zur Vorstellung des Unternehmens bei den potenziellen Konsortialführern und den weiteren Mitgliedern des Emissionskonsortiums ist die Grundlage eines von Anfang an professionellen Auftretens gegenüber den Banken.

- Der Einkauf vielfältigen Spezial-Know-hows, das beim Emittenten naturgemäß nicht vorhanden ist, wird sichergestellt. Hierzu zählen beispielsweise die Überwachung und Einhaltung bestimmter Fristen, ggf. Beratung bei der Rechtsformumwandlung, die Auswahl der Kommunikationsagentur oder die Begleitung der Roadshows im Rahmen derer sich das Unternehmen vor institutionellen Investoren und Analysten vorstellt.

- Der Emissionsberater übernimmt das Projektmanagement und sorgt für die Koordination zwischen Banken und Unternehmen sowie der übrigen am Börsengang beteiligten Parteien. Außerdem übernimmt der Berater eine Katalysatorfunktion zwischen den verschiedenen Parteien, insbesondere zwischen den Konsortialbanken und dem Emittenten und ist dadurch in der Lage, auch kritische Phasen des Prozesses zu entspannen und mit entsprechender Moderation den Bestand beziehungsweise die Wiederherstellung eines konstruktiven Umfelds zu gewährleisten.

- Im Vorfeld der angestrebten Transaktion erfolgt die Überprüfung und Optimierung der Finanzierungsstruktur im Hinblick auf die Erfordernisse eines Börsengangs.

- Die Beauftragung eines Emissionsberaters ermöglicht im Rahmen der Zusatzbelastungen, die ein Börsengang für das Management eines Unternehmens zweifellos darstellt, eine erhebliche Kapazitätsentlastung des Managements des Emittenten. Hierdurch wird die Belastung des Managements auf das unvermeidbare Maß begrenzt (das heißt professionelle Vertretung des Unternehmens gegenüber Presse, Medien und Analysten) und ermöglicht im Übrigen die Wahrnehmung der normalen operativen und strategischen Aufgaben des Geschäftsbetriebs, dessen reibungsloser und erfolgreicher Verlauf im Zeitraum des Börsengangs von besonderer Bedeutung ist.

- Ein Emissionsberater senkt durch sein Know-how, seine Erfahrung im Umgang mit allen Beteiligten und durch die Ablaufsicherung des Projekts erheblich die Emissionskosten.

Schließlich ist auch die Betreuung durch den Berater nach dem Börsengang von nicht zu unterschätzender Bedeutung. Dieses gilt insbesondere bei der Umsetzung und Realisierung der in der Equity-Story aufgezeigten Verwendung des Emissionserlöses.

4. Auswahlkriterien für den Berater

Bei der Auswahl des Beraters, der das Unternehmen beim Börsengang begleiten soll, sind zwei Auswahlkriterien von zentraler und übergeordneter Bedeutung, nämlich *Kompetenz* und *Vertrauen*.

Das Auswahlkriterium Kompetenz manifestiert sich in der Optimierung/Maximierung des Nutzens aus dem Börsengang für das Unternehmen und die Gesellschafter. Darüber hinaus ist die Gewährleistung des optimalen Ablaufs des Börsengangs als Richtschnur für die Kompetenz des Beraters anzulegen. Der Nachweis über die Begleitung und Abwicklung vergleichbarer Transaktionen ist dabei ein aussagekräftiger Indikator für die Erfahrung und die fachliche Qualifikation des Beraters, die idealerweise noch durch entsprechende positive Erfahrungsberichte aus den bis dato begleiteten Unternehmen untermauert werden kann.

Für das zweite wesentliche Auswahlkriterium ist die Operationalisierung deutlich schwieriger, da es sich hierbei um eine vielschichtige Kombination weicher Faktoren handelt. Natürlich lässt sich Vertrauen auch durch die oben angeführten Kompetenznachweise schaffen. Zusätzlich sind aber sicherlich auch andere Faktoren, insbesondere im zwischenmenschlichen Bereich, zu berücksichtigen. Als besonders geeignete vertrauensbildende Maßnahme erwies sich in unserem Falle die bereits langjährige Zusammenarbeit mit der uns begleitenden Beratungsgesellschaft auf anderen Gebieten der Unternehmungsberatung.

5. Mögliche Konfliktpotenziale und Problemfelder

Die Beauftragung eines Beraters kann aber auch Konfliktpotenziale beinhalten. Entscheidend für eine erfolgreiche Tätigkeit des Beraters ist es, alle am Börsengang beteiligten Parteien sowohl fachlich als auch menschlich richtig einzuschätzen und zusammenzustellen. Nicht harmonisierende Projektgruppen lassen den

Börsengang zu einem holprigen und wenig aussichtsreichen Weg werden. Erfahrungsgemäß ist der Zeitplan des Börsengangs relativ eng gesteckt. Daher muss das Projektmanagement sehr professionell und mit klaren Zuständigkeiten und Kompetenzen versehen sein. Da ein Großteil des Projektmanagements vom Emissionsberater übernommen wird, ist es wichtig, dass dieser klar das Ziel des Börsengangs vor Augen hat und alle Beteiligten straff führt. Gerade hierbei kann es aber zu Differenzen, vor allem zwischen dem Berater und dem Unternehmensmanagement hinsichtlich der Frage, wie und mit welchen Mitteln dieses Ziel erreicht wird, kommen. Die vom Berater vorgeschlagenen und notwendigen Maßnahmen zur Zielerreichung können von denen des Managements abweichen. Gründe hierfür könnten sein, dass die notwendigen Maßnahmen nicht mit der Unternehmensphilosophie und -kultur vereinbar sind, das Management überfordert ist, die notwendigen Maßnahmen aus personellen oder finanziellen Gründen nicht umsetzbar sind oder dass im Vorfeld der Ausarbeitung des Emissionskonzepts nicht offen über das Machbare und Notwendige gesprochen wurde. Die Kommunikationsfähigkeit und -bereitschaft aller Beteiligten muss immer gegeben sein.

Markus Last

Wahl von Aktiengattung, Marktsegment und Börsenplatz

1. Aktie, Aktienart, Aktiengattung 336
   1.1 Nennbetrags- und Stückaktie 336
   1.2 Namens- oder Inhaberaktie 337
   1.3 Stamm- oder Vorzugsaktie 337
2. Wahl des Marktsegments 338
3. Wahl des Börsenplatzes 340

1. Aktie, Aktienart, Aktiengattung

Seit der Einführung des Neuen Markts, der Einführung des Euro und dem Gesetz über die Zulassung von Stückaktien vom 25. März 1998, ergeben sich für Unternehmen verschiedene Möglichkeiten zur Strukturierung ihres Grundkapitals.

Grundsätzlich können Aktien hinsichtlich

- der Zerlegung des Grundkapitals in Aktien in Nennbetrags- und Stückaktien,
- der Aktienart, die wertpapiermäßige Verbriefung in Inhaber- oder Namensaktien,
- der Aktiengattung, dem Umfang der Rechte der Aktionäre durch Stamm- oder Vorzugsaktien,

unterschieden werden.

1.1 Nennbetrags- und Stückaktie

Das Grundkapital einer Aktiengesellschaft ist gemäß § 1 Abs. 2 AktG in Aktien zerlegt, welches auf einen Nennbetrag in Deutsche Mark beziehungsweise Euro lauten muss. Damit wird verstanden, dass jede Aktie einen nach der Gesamtzahl der ausgegebenen Aktien berechneten Bruchteil des Grundkapitals darstellt. Mit der Einführung der Stückaktie in § 8 Abs.1 AktG und durch das Stückaktiengesetz vom 25. März 1998 hat das Aktiengesetz dem Prinzip der Nennwertaktie gleichrangig das Prinzip der Stückaktie an die Seite gestellt. Demnach können Aktien entweder als Nennbetragsaktien oder als Stückaktien begründet werden.

Nennbetragsaktien lauten auf einen bestimmten, in Geld ausgedrückten Nennbetrag. Der Mindestnennbetrag der Nennbetragsaktien beträgt nach § 8 Abs. 2 Satz 1 AktG fünf Deutsche Mark beziehungsweise einen Euro.

Die Stückaktie oder unechte nennwertlose Aktie[1] kennzeichnet sich dadurch, dass sie weder auf einen Nennbetrag noch auf einen Bruchteil beziehungsweise Quote lautet. Alle ausgegebenen Aktien verkörpern einen gleich großen Anteil am betragsmäßig in der Satzung fixierten Grundkapital. Durch Division des Grundkapitals durch die Zahl der ausgegebenen Aktien ergibt sich der Anteil einer Aktie am Grundkapital. Der auf jede Stückaktie anteilig entfallende Betrag des Grundkapitals darf, entsprechend dem Mindestnennbetrag der Nennbetrags-

---

1 Die Gesellschaft verfügt weiterhin über ein nennbetragsmäßig festgesetztes Grundkapital, das in Aktien zerlegt ist.

aktie, einen Mindestbetrag von einem Euro beziehungsweise fünf DM nicht unterschreiten.

Wie bei der Nennbetragsaktie kann die Stückaktie ausgestattet werden als Namens- oder Inhaberaktie sowie als Stamm- oder Vorzugsaktie.

1.2 Namens- oder Inhaberaktie

Nach § 10 Abs. 1 AktG müssen Aktien auf den Inhaber oder auf den Namen lauten. Welche Aktienart von der Gesellschaft gewählt wird, hängt nach § 23 Abs. 3 Satz 5 AktG von der Satzung ab. Grundsätzlich besteht jedoch Wahlfreiheit zwischen beiden Aktienarten. Beide unterscheiden sich nur hinsichtlich ihrer Übertragungsmodalitäten.

In der Praxis werden vorwiegend Inhaberaktien ausgegeben. Inhaberaktien lauten auf den Inhaber, sind somit Inhaberpapiere und werden durch Einigung und Übergabe übertragen (§ 929 BGB).

Alternativ dazu können auch Namensaktien ausgegeben werden. Namensaktien lauten auf den Namen des Aktionärs, der im Aktienbuch der Gesellschaft eingetragen werden muss. Sie sind geborene Orderpapiere und werden durch Indossament und Übergabe übertragen. Ferner ist eine Umschreibung im Aktienbuch erforderlich. Dadurch wird die Übertragung der Aktie erschwert und die Fungibilität (Beweglichkeit) eingeschränkt. Der Vorteil der Namensaktie besteht in der größeren Publizität der Eigentumsverhältnisse. Namensaktien können nach § 62 Abs. 2 AktG auch in vinkulierter Form begeben werden, wodurch ihre Übertragung von der Zustimmung der Gesellschaft abhängt. Damit kann die Gesellschaft verhindern, dass die Aktien an Personen übertragen werden, die nicht im Interesse der Gesellschaft liegen.

1.3 Stamm- oder Vorzugsaktie

Die Aktiengattung beschreibt die Aktie im Sinne der Mitgliedschaft. Definiert wird der Begriff in § 11 AktG. Nach dem Umfang der Rechte der Aktionäre kann zwischen der Stamm- und Vorzugsaktie unterschieden werden.

Die Stammaktie stellt den Normaltyp der Aktie dar und verkörpert die von deutschen Unternehmen am häufigsten emittierte Aktiengattung. Stammaktien werden am Kapitalmarkt erfahrungsgemäß besser aufgenommen als Vorzugsaktien. Sie gewähren entsprechend ihrem Nennwert gleiches Stimmrecht in der Hauptversammlung, gleichen Anspruch auf den Gewinnanteil (Dividende), gleichen

Anteil am Liquidationserlös und ein gesetzliches Bezugsrecht auf junge Aktien bei Kapitalerhöhungen oder auf Wandelschuldverschreibungen.

Vorzugsaktien räumen dem Aktionär besondere Rechte wie beispielsweise einen besonderen Anspruch auf Dividende, Stimmrecht, Bezugsrecht oder Liquidationserlös ein. Meist werden Vorzugsaktien ohne Stimmrecht ausgegeben. Sie stellen dann ein Finanzierungsinstrument dar, mit dem Eigenkapital beschafft werden kann, ohne dass sich die bestehenden Stimmverhältnisse in der Gesellschaft verschieben. Als Ausgleich für das fehlende Stimmrecht muss den Aktionären nach § 139 Abs. 1 AktG ein Vorrecht bei der Gewinnverwendung eingeräumt werden. Der Anteil an Vorzugsaktien am Grundkapital darf nach § 139 Abs. 2 AktG maximal 50 Prozent betragen. Seit 1980 hat vor allem bei Familienunternehmen die Ausgabe von Vorzugsaktien an Bedeutung gewonnen, jedoch werden die Aktien auf Grund des fehlenden Stimmrechts häufig mit einem Abschlag gegenüber den Stammaktien bewertet. Am Neuen Markt spielen Vorzugsaktien keine Rolle, da diese dort nach Abschnitt 2 Abs. 3.4 Regelwerk Neuer Markt nur in Ausnahmefällen zur Notierung zugelassen werden. Auch bei internationalen Anlegern finden Vorzugsaktien weniger Akzeptanz.

2. Wahl des Marktsegments

Die Wahl des Marktsegments ist vor allem unter den Gesichtspunkten Unternehmensgeschichte, zukünftige Strategie, Branche und Art des Unternehmens sowie Image, Publizitätsanforderungen und Kosten zu treffen. In Deutschland können im Wesentlichen drei Marktsegmente danach unterschieden werden: der Amtliche Handel, der Geregelte Markt und der Neue Markt. Ergänzend muss noch der Freiverkehr erwähnt werden. Dieser basiert auf § 78 Abs. 1 BörsG und steht vor allem kleineren Unternehmen zur Verfügung. Hier werden Wertpapiere gehandelt, die weder zum Amtlichen Handel noch zum Geregelten Markt zugelassen werden können. Die Bedeutung des Freiverkehrs hat durch die Einführung des Geregelten Markts 1987 abgenommen, erlebt aber seit 1997 wieder eine gewisse Renaissance.

Der Amtliche Handel ist das Börsensegment mit dem höchsten Image und den höchsten Zulassungsvoraussetzugen. Hier werden hauptsächlich Aktien der bekannten, großen inländischen Unternehmen aller Wirtschaftszweige notiert. Meist sind dies Unternehmen aus den traditionellen Wirtschaftsbranchen wie Bau, Maschinenbau, Handel, Konsum, Banken, Versicherungen und Chemie. Auch einige ausländische Unternehmen befinden sich darunter. Dieses Marktsegment ist auf Grund der hohen Zulassungsvoraussetzungen nur wenig für junge Unternehmen geeignet. Der Amtliche Handel steht vor allem Unternehmen offen, die auf den Märkten bereits seit längerer Zeit erfolgreich tätig sind, sich entsprechend etabliert und positioniert haben sowie über eine gewisse Größe verfügen. Unternehmen, deren Aktien zum Amtlichen Handel zugelassen werden sollen, müssen mindestens drei Jahre bestehen, ihre Jahresabschlüsse offen gelegt haben, sämtliche Aktien der gleichen Gattung zum Handel zulassen und mindestens 25 Prozent des Gesamtnennbetrags der Aktien über die Börse platzieren, wobei der Kurswert mindestens 2,5 Mio. DM betragen muss.

Wie der Amtliche Handel ist auch der erst 1987 geschaffene Geregelte Markt öffentlich-rechtlich organisiert, ähnelt diesem in seiner rechtlichen Struktur und stellt wegen der geringeren Zulassungsvoraussetzungen eine Alternative zum Amtlichen Handel dar. Der Geregelte Markt dient dem typischen Mittelstand, also vor allem kleineren und mittelgroßen Unternehmen, als Handelsplatz. Die Zulassungsvorschriften sind hier weiter gefasst und entsprechen so den Möglichkeiten der angestrebten Zielgruppe. Die besonderen Unterschiede zwischen Amtlichem Handel und Geregeltem Markt liegen vor allem in den geringeren Publizitätsanforderungen. Ferner ist eine Mindestdauer der Unternehmensexistenz nicht vorgesehen und das Emissionsvolumen bei einer Neuemission muss lediglich einen Nominalwert von 500 TDM umfassen.

Am 10. März 1997 wurde an der Frankfurter Wertpapierbörse ein neues Marktsegment eröffnet, der Neue Markt. Vorbild des Neuen Markts war die amerikanische Computerbörse NASDAQ. Das Marktsegment Neuer Markt will jungen, innovativen, in Wachstumsmärkten tätigen Unternehmen die Möglichkeit bieten, ihre rasanten Entwicklungsmöglichkeiten durch ausreichend Eigenkapital abzusichern. Da die hohe Wachstumsdynamik von Unternehmen in neuartigen Märkten in der Regel mit einem höheren Geschäftsrisiko verbunden ist, stellen die Anleger hohe Anforderungen an die Unternehmenstransparenz und die Handelsliquidität. Deshalb hat die Deutsche Börse AG für die Zulassung und den Handel im Neuen Markt besondere Organisations- und Regulierungsmaßnahmen erlassen. Der Handel im Neuen Markt erfolgt im privatrechtlich organisierten Freiverkehr. Im Gegensatz zum normalen Freiverkehr muss der Börsenkandidat zusätzlich das Zulassungsverfahren des Geregelten Markts durchlaufen. Unternehmen, denen die Zulassung zum Neuen Markt gewährt wird, unterliegen besonderen Zulassungsbedingungen und Folgepflichten, die zum Teil deutlich über denen traditioneller Marktsegmente liegen. Ein wesentlicher Unterschied ist die Einführung eines Betreuers, eines so genannten „Designated Sponsors". Jeder Emittent muss mindestens über zwei Betreuer verfügen. In der Regel wird ein Betreuer die konsortialführende Bank sein. Wichtigste Aufgabe des Betreuers ist die Sicherstellung der Liquidität und Fungibilität der Aktie. Er übernimmt somit eine Market-Maker-Funktion. Eine weitere Besonderheit liegt in den erweiterten Publizitätsanforderungen. So müssen die Jahresabschlüsse nach den internationalen Rechnungslegungsvorschriften US-GAAP oder IAS erstellt werden. Zudem müssen Quartalsberichte in deutscher und englischer Sprache veröffentlicht werden.

Die Entscheidung darüber, ob eine Börsenplatzierung am Neuen Markt erfolgen soll, hängt neben der Erfüllung der Zulassungsvoraussetzungen und der Bereitschaft die Folgepflichten tragen zu wollen, insbesondere davon ab, ob das Unternehmen auch hinsichtlich der Wachstumsdynamik in das Neue-Markt-Umfeld passt. Dies ist deshalb so wichtig, weil die negativen Auswirkungen auf Image und Publizität für das Unternehmen erheblich sein können, wenn es nachhaltig als ein Underperformer im Neuen Markt gilt. Neben der nachgewiesenen Innovationskraft sind bei den im Neuen Markt notierten Unternehmen überdurchschnittliche Wachstumsraten die erwarteten Vorgaben.

3. Wahl des Börsenplatzes

Für die Wahl des geeigneten Börsenplatzes spielen Rechtsfragen hinsichtlich den Zulassungsvorschriften keine Rolle, da die Börsenordnungen sich nur geringfügig unterscheiden. Augenblicklich kann ein Emittent bei der Wahl des Marksegments Amtlicher Handel, Geregelter Markt und Freiverkehr zwischen acht deutschen Börsenplätzen wählen. Nur die Notierung am Neuen Markt findet ausschließlich in Frankfurt statt. Frankfurt ist in jeder Hinsicht der bei weitem bedeutendste deutsche Börsenplatz.

Allgemein sollte bei der Wahl des Börsenplatzes abgeklärt werden, wer und wo die potenziellen Investoren für Aktien dieses Unternehmens sind und wie Publizitätseffekte hinsichtlich der Börseneinführung und später die Kurspflege am besten gestaltet werden können. Bei Großunternehmen und international ausgerichteten Unternehmen, die auch das Interesse internationaler Investoren finden, sollte zuerst der Börsenplatz Frankfurt und dann erst die Heimatbörse gewählt werden. Jedoch ist es sinnvoll, bei mittelständischen Unternehmen, die einen hohen Bekanntheitsgrad in der Region ihres Firmensitzes besitzen, zuerst die Platzierung an der Heimatbörse vorzunehmen. Die Platzierung an der Heimatbörse findet eine höhere Aufmerksamkeit bei den Investoren, da gerade bei kleineren Unternehmen die entsprechenden Börsen- und Firmeninformationen meist nur in der regionalen Finanzpresse veröffentlicht werden. Zusätzlich bietet die regionale Presse die Möglichkeit, gezielt über die neuesten Entwicklungen des Unternehmens zu berichten, was zu einer nicht zu unterschätzenden Steigerung des Bekanntheitsgrades führt und zu einer Vertiefung der Investor Relations beiträgt. Inwieweit eine zusätzliche Notierung an der international bekannten und für nationale und internationale Anleger bedeutenden Frankfurter Wertpapierbörse vollzogen wird, hängt nahezu ausschließlich vom zur Verfügung stehenden Emissionsvolumen ab.

Sven Oleownik / Markus Last

Auswahl des Konsortiums

1. Rolle des Konsortiums 342
2. Problemfelder und Interessenskonflikte 343
3. Zentrale Leistungen einer Konsortialbank
   beziehungsweise eines Konsortiums 344
   3.1 Passt man in das Interessenspektrum der Bank? 344
   3.2 Markt- und Branchenkompetenz 345
   3.3 Richtige Platzierungskraft 346
   3.4 Ausreichend freie Kapazität im Betreuungsteam 347
   3.5 Being-Public-Betreuung 348
   3.6 Kosten und Leistung der Banken 348
   3.7 Faktor Sympathie 349
4. Ablauf des Auswahlprozesses 349
5. Wichtige Aspekte beim Auswahlprozess 350
   5.1 Kritik am formalen Beauty-Contest 351
   5.2 Hilfe bei der Auswahl 351
6. Fazit 352

1. Rolle des Konsortiums

Der Börsengang ist eine sehr komplexe und für das Unternehmen einmalige Angelegenheit. Somit ist es nicht nur ratsam, sondern unerlässlich, kompetente und erfahrene Experten für die Börseneinführung hinzuzuziehen. Neben den Emissionsberatern, Rechtsanwälten und Wirtschaftsprüfern ist vor allem das Bankenkonsortium für die Zulassung und Platzierung der Aktien zentral bedeutend.

Um das Zusammenwirken der Beteiligten – und hier insbesondere der Banken – zu verdeutlichen, ist ein Blick auf die einzelnen Bausteine des klassischen Marketing hilfreich, die hier analog angewendet werden können. Denn im Grunde geht es bei einer Emission auch um nichts anderes, als ein in attraktiver Weise zu gestaltendes Produkt, also Anteile an einem Unternehmen in Form von Aktien, an bestimmte Zielgruppen, nämlich die Investoren, zu verkaufen. Dabei gibt es neben der inhaltlichen Produktgestaltung (Produkt-Mix), also der strategisch fundierten Equity-Story, zusätzlich auszufüllende Handlungsparameter. Hierzu gehören der Preis- und Konditionenmix (zum Beispiel Emissionspreisfindung, Frühzeichnerboni, Halteprämien etc.), der Kommunikations-Mix (Finanzkommunikation, Roadshows, IR) und auch der Distributions-Mix, der sich in erster Linie auf die Auswahl und Bestimmung des Bankenkonsortiums bezieht. Damit ist die zentrale Rolle der Banken bei einer Emission definiert: Sie sind in erster Linie der qualifizierte Vertriebskanal für die Aktien.

Das Bankenkonsortium führt also die Emission im eigentlichen Sinn durch. Mit dem Zusammenschluss mehrerer und dann vor allem der für die jeweils spezifischen Anforderungen der einzelnen Emission richtigen Banken, werden die Möglichkeiten und die Qualität der Aktienplatzierung entscheidend beeinflusst. Neben dem Mitwirken bei der Gestaltung des Emissionskonzepes und der Unterstützung bei der Zulassung der Wertpapiere übernimmt das Konsortium die Platzierung der Aktien bei den Anlegern. Wie bei einem klassischen Händler, der die einzelnen Artikel bei seinen Lieferanten einkauft, liegt das Platzierungs- beziehungsweise Vermarktungsrisiko im Sinne des Underwriting eigentlich beim Konsortium, das Unternehmen erhält also in jedem Fall eine Garantie über den Emissionserlös, auch wenn die Aktien nicht vollständig bei den Investoren platziert werden können. Die nicht untergebrachten Aktien verbleiben dann zunächst im Eigenbestand der Banken.

Trotz dieses Platzierungsrisikos der Banken kam es schon häufig zu sehr kurzfristigen Absagen von Börsengängen, oftmals sogar erst während der Zeichnungsfrist. Zunächst können den Unternehmen dadurch nicht nur beträchtliche Imageschäden bei den Investoren, der Öffentlichkeit und potenziellen Mitarbeitern entstehen, sondern vor allem auch bedrohliche Engpässe bei der Liquiditäts- und Wachstumsplanung. Außerdem wird aber deutlich, dass es hinsichtlich der Vermarktungschancen einer Aktie zu erheblichen Fehleinschätzungen kommen kann, wie man es eben auch aus der klassischen Produktvermarktung kennt. Während oft ein eigentlich viel versprechendes Produkt nicht an den Mann zu bringen ist, kann in anderen Fällen die völlig unterschätzte Nachfrage nicht bedient werden.

Entsprechend kann man auch beobachten, dass die Expertenmeinung hinsichtlich Vermarktungschancen und der richtigen Zeitplanung zwischen den einzelnen Banken häufig deutlich auseinander liegt. Das geflügelte Wort, nach dem man drei Meinungen erhält, wenn man zwei Experten fragt, hat auch hier eine nicht zu unterschätzende Relevanz. Schließlich kann es auch dazu kommen, dass manche Institute versprechen, praktisch jeden Preis für die Aktien am Markt durchsetzen zu können, um das Mandat zu erhalten. Dies kann vielleicht kurzfristig von Erfolg gekrönt sein, wird aber langfristig eher zu Verdruss auf allen Seiten führen.

Damit wird insgesamt vor allem Folgendes deutlich: Dass ein Zusammenhang zwischen einem gelungenen Going Public und der Qualität des Konsortiums besteht, liegt nahe. Der Auswahl des Konsortiums ist deshalb eine nicht zu unterschätzende Beachtung zu schenken. Nach welchen Kriterien dies geschehen kann, soll im Folgenden beantwortet werden. Dazu ist es aber hilfreich, zunächst mögliche zentrale Problemfelder, in denen sich die Banken bewegen können, zu umreißen.

2. Problemfelder und Interessenskonflikte

Auch wenn die Banken in erster Linie den Vertrieb der Aktien sichern, so wäre die vergleichende Anmerkung, nach der ein Verkäufer das beste Produkt zum niedrigsten Preis fordert, um erfolgreich zu sein, sicherlich überzogen. Dennoch muss berücksichtigt werden, dass die Banken natürlich ihr Platzierungsrisiko so weit wie möglich reduzieren möchten. In gewisser Weise dient dies auch dem Emittenten. Die Frage ist nur, bis zu welchem Ausmaß dies sinnvoll ist.

Die Risikoreduzierung geschieht vor allem über zwei Hebel. Zum einen muss das Unternehmen optimal auf die Börse vorbereitet sein. Neben den formalen Anforderungen steht hier vor allem der sichtbare Markterfolg deutlich im Vordergrund. Inwieweit dieser bewiesen sein muss, ist häufig eine Streitfrage, um den optimalen Zeitpunkt für einen Börsengang zu bestimmen. Es ist keine Seltenheit, dass die unterschiedlichen Meinungen der Banken hierzu um bis zu zwei Jahre auseinander liegen. Der zweite Hebel ist der Preis, also die Unternehmensbewertung sowie die Gründe für einen möglichen Bewertungsabschlag. Bei allen Problemen der Unternehmensbewertung und der Bestimmung des optimalen Emissionspreises, kann man doch häufig feststellen, dass die Unternehmensbewertungen nicht nur in einer mehr oder weniger großen Bandbreite schwanken, sondern um einen deutlichen Faktor voneinander abweichen können.

Die zentralen Gründe, die neben der Risikoreduzierung aufgeführt werden, sind ebenso vielfältig wie oftmals Spekulation. So wird zum Beispiel kritisiert, dass mit tendenziell unterbewerteten Titeln in bankeigenen Fonds mehr Geld verdient werden kann, als mit der Platzierungsprovision. Auch mag es interessant sein, sich mit bankeneigenem Beteiligungskapital an dem einen oder anderen attraktiven Börsenkandidaten zu beteiligen, weshalb der Kapitalbedarf durch einen später als notwendig angesetzten Emissionstermin künstlich gesteigert und die passende Finanzierungs- und Beteiligungslösung hierzu gleich vorbereitet wird.

Neben diesen mag es auch noch weitere Befürchtungen geben. Allerdings muss deutlich gesagt werden, dass eine Emission und eine Unternehmensbewertung hochkomplexe Vorgänge sind. Deshalb muss grundsätzlich unterstellt werden, dass Banken bei allen Problemen seriöse Beratungs- und Serviceleistungen anbieten und als Partner betrachtet werden sollten. Dennoch wird damit deutlich, dass die Auswahl eines Bankenkonsortiums nur über einen gewissen Wettbewerb zwischen wenigen, aber vorher qualifiziert selektierten Banken geschehen kann. Diese Auswahl und die damit zusammenhängenden Verhandlungen können nur dann sinnvoll durchgeführt werden, wenn sich das Unternehmen darauf perfekt vorbereitet hat. Denn die Banken sind nur dann in der Lage, qualifizierte Aussagen zum Unternehmen zu machen, wenn diese auf möglichst präzise Informationen zugreifen können. Dazu gehören ein klares strategisches und organisatorisches Konzept, ein detaillierter Business-Plan, vergleichende Vorstellungen zur eigenen Unternehmensbewertung sowie die entscheidenden Argumente, weshalb Außenstehende in das Unternehmen investieren sollten (Equity-Story).

Mit diesen Vorbereitungen können die Leistungen der Banken stichhaltig beurteilt werden.

3. Zentrale Leistungen einer Konsortialbank beziehungsweise eines Konsortiums

3.1 Passt man in das Interessenspektrum der Banken?

Nicht zuletzt auf Grund des starken Wachstums muss man davon ausgehen, dass zwar alle Banken Neugeschäft suchen, sie aber dennoch hoch ausgelastet sind und in diesem speziellen Bereich eher unter Personalmangel leiden. Sie werden also ihre Kapazitäten sehr gezielt einsetzen. Im Rahmen der Vorselektion sollte man deshalb die Frage beantworten, inwieweit man für die einzelne Bank ein attraktiver Kunde ist und deshalb eine hohe Priorität erhält.

Ein erster wichtiger Punkt ist die Frage, ob das eigene potenzielle Emissionsvolumen für die Bank attraktiv ist. Denn der Grundaufwand der Banken für eine Emission bleibt grundsätzlich gleich. Je höher also das Emissionsvolumen und je höher der Anteil der Bank daran ist, desto attraktiver wird man im Rahmen ihrer Platzierungskraft für sie.

Auch macht es keinen Sinn, mit Kanonen auf Spatzen zu schießen, indem man einen großen Vertriebsapparat anwirft, der dann eine mehr als notwendige und zweckdienliche Überzeichnung produziert. Man würde in der Regel viel Kritik ernten, weil der Kurs im Sekundärmarkt meist zunächst extrem stark anstiege, um anschließend auf Grund der zahlreichen Gewinnmitnahmen wieder einzubrechen und dieses hohe Niveau nicht mehr so schnell zu erreichen.

Das Problem der kritischen Größe bezieht sich dabei nicht allein auf den Börsengang, sondern auch auf die Leistungen, die eine Bank nach dem Börsengang zu liefern bereit ist. Denn ist das Handelsvolumen verhältnismäßig gering, lohnt es sich für die Bank nicht, intensive Betreuungsarbeiten zu liefern.

Auch ist es wichtig einzuschätzen, inwieweit die Bank Erfahrungen in der Platzierung von Unternehmen aus einem vergleichbaren Umfeld hat oder inwieweit man selbst als ein attraktiver Referenzfall für die Bank gelten könnte. In diesem Zusammenhang sind Markt- und Branchenkompetenz als entscheidende Faktoren zu beurteilen.

3.2 Markt- und Branchenkompetenz

Eine fundierte Markt- und Branchenkompetenz der Bank ist erforderlich, um die Chancen des Börsenkandidaten am Kapitalmarkt von Anfang an realistisch und richtig einzuschätzen. Dabei ist die Markt- und Branchenkompetenz in mehrere Bereiche zu unterscheiden.

Zum einen ist das fundierte Verständnis für das Geschäft des Börsenkandidaten erforderlich, um seine Vermarktungschancen und die Unterschiede zu den richtigen Vergleichsunternehmen beurteilen und für die Vermarktung selbst die notwendige Research-Abdeckung sowie weitere Unterstützungen liefern zu können, die zeitlich auch weit über den Börsengang hinaus gehen sollten. Es ist sinnvoll, Banken auch danach auszuwählen, inwieweit sie hinsichtlich ihrer Research-Abdeckung mit dem Unternehmen, wenn zum Beispiel zunehmende Internationalität notwendig wird, mitwachsen können. Denn je besser die Equity-Story eines Unternehmens ist und je gezielter sowie fundierter diese an die Investoren vermittelt wird, desto besser ist auch die Nachfrage nach diesem Wert.

Ein Teil der Equity-Story ist es, wenn ein für seine Kompetenz und die Sicherheit seiner Empfehlungen bekannter Analyst das Unternehmen „covered" und eine Kaufempfehlung ausspricht. Auf internationaler Ebene werden die Analysten in Ranglisten bewertet. Deren Analysetätigkeiten ermöglichen insofern nicht nur eine Einschätzung des Unternehmens im Wettbewerb, sondern sind gleichsam ein Gütesiegel, welches bei der Anlageentscheidung eines Investors hilft, die oben beschriebene Unsicherheit in der Bewertung des Unternehmens zu reduzieren.

Zum Zweiten ist dann auch das Verständnis für den Kapitalmarkt, also für den Kunden selbst sowie dessen Umfeld, von entscheidender Bedeutung. Grundsätzlich ist es ein entscheidender Unterschied, an welchem Börsenplatz und in welchem Marktsegment die Aktie platziert werden soll. Auf die jeweiligen Ziele zugeschnitten sollten die Banken die entsprechenden Erfahrungen mitbringen. Damit einher geht die Frage, in welchen Verhältnissen die Aktie an die relevanten Aktionärsgruppen (insitutionelle Investoren, Privatanleger) vermarktet werden soll und in welchem Land diese angesiedelt sind. Neben dem Zugang zu diesen Aktionärsgruppen ist das lokale Verständnis für sie wichtig und nicht in jedem Fall ist etwa der Analyst aus London der richtige Ansprechpartner, wenn die Aktie hauptsächlich in Deutschland vermarktet werden soll.

3.3 Richtige Platzierungskraft

Die Bank sollte sich auf die richtige Platzierungskraft mittels ihrer Geschäfts- bzw Kundenstruktur stützen können, um über einen optimalen Zugang zum Privat- und institutionellen Anleger zu verfügen. Insofern sind die Banken dem Emissionsvolumen und dem geplanten Aktionärskreis entsprechend angemessen auszuwählen. Es macht bei relativ geringen Emissionsvolumen keinen Sinn, einen zu breiten Privatanlegerkreis anzusprechen oder zu versuchen, die großen internationalen institutionellen Investoren zu überzeugen, während umgekehrt bei sehr hohen Volumen genau das Gegenteil der Fall ist. So sorgt ein flächendeckendes Filialnetz für eine hohe Nachfrage bei privaten Anlegern, während eine entsprechend aufgestellte Kundenstruktur sowie das darauf passende Sales-Team den Zugang zu den relevanten vermögenden Privat- oder institutionellen Anlegern sorgt. Somit ist zum Beispiel nicht nur ein großes Privatkunden- oder Publikums-Depotvolumen Anhaltspunkt, sondern auch die unterhaltenen Geschäftsbeziehungen zu großen deutschen und internationalen institutionellen Anlegern. Denn je nach gewünschter Investorengruppe sollte der Marktzugang – regional, national, international – auf jeden Fall gewährleistet sein.

Neben der Regionalität der Platzierung kann aber auch die Affinität der Investorenzielgruppe zu einem bestimmten Thema von Bedeutung für die Bankenauswahl sein. So wird bei der Platzierung der Aktien immer häufiger auch das Medium Internet in Anspruch genommen. Mit diesem Vertriebskanal erreicht man eine gute Streuung der Aktien bei einer sehr interessanten Zielgruppe unter den Privatanlegern, die zum Beispiel grundsätzlich auch komplexeren Themen aus der IT-Branche aufgeschlossen sein können.

3.4 Ausreichend freie Kapazität im Betreuungsteam

Es muss beachtet werden, dass die Bank für den gesamten Emissionsprozess ausreichend Kapazitäten zur Verfügung stellen kann und will. Da der Börsengang eine einmalige Situation in der Unternehmensgeschichte darstellt, sollte von Anfang bis zum Ende des Projekts eine intensive Betreuung und Zusammenarbeit gewährleistet sein. Für mögliche Probleme oder Fragen sollte das Betreuerteam der Bank jederzeit ansprechbar sein und die Zeit für konstruktive Lösungen mitbringen. Dies kann nicht gewährleistet werden, wenn die Konsortialabteilung bereits von zu vielen Mandaten in Anspruch genommen wird und so die Gefahr der Konzentration auf die wichtigeren, also attraktiveren Mandate besteht. Auch darf es nicht passieren, dass sich die Bank mit einer akquisitionsstarken Mannschaft präsentiert und das Mandat anschließend an ein anderes Team zur Betreuung durchgereicht wird.

Die Vielzahl der Neuemissionen hat nämlich bei den Emissionsbanken zu deutlichen Ressourcenengpässen geführt. Insofern werden die Projekte stark nach Attraktivität priorisiert sowie eventuell zeitlich eher hinsichtlich der freien Kapazitäten und weniger hinsichtlich des maximalen Nutzens des Emittenten geplant.

Ein möglichst hoher Prioritätsgrad bei den Banken ist hilfreich, um mit der notwendigen Aufmerksamkeit betreut zu werden. Die Attraktivität bei den Banken lässt sich zum Beispiel mit einem ausreichend hohen Emissionsvolumen beziehungsweise einem hohen Anteil daran erreichen, da der Aufwand grundsätzlich vergleichbar bleibt. Dies wird insbesondere dadurch deutlich, dass 1999 gegenüber 1998 die Anzahl der Banken im Konsortium deutlich kleiner geworden ist. Während 1998 die Hälfte der Konsortien aus vier oder mehr Banken bestanden, lag der Schwerpunkt der Konsortiengröße bei den IPOs 1999 mit zwei Dritteln bei zwei bis maximal drei Banken, bei gestiegenem durchschnittlichen Emissionsvolumen.

Außerdem kann ein gutes Image oder ein hoher Bekanntheitsgrad ein Unternehmen in den Augen der Banken ebenso als Referenzfall erscheinen lassen und Vorrang bei der Kapazitätsplanung zur Folge haben.

3.5 Being-Public-Betreuung

Deutlich geworden ist, dass man darauf achten sollte, dass die Konsortialbank ihre Arbeit nicht mit dem Zeitpunkt der Erstnotiz als erledigt betrachtet, sondern die Betreuung über das IPO hinaus zu ihrem Leistungsspektrum zählt und hier auch gute Leistungen gezeigt hat.

Eine intensive Being-Public-Betreuung besteht natürlich aus den oben genannten Follow-up-Studien hinsichtlich der Analystentätigkeit. Zusätzlich ist aber auch die Pflege bestehender und neuer Investorenkreise wichtig. Denn wenn zum Beispiel ein großer Investor sein Paket abgeben möchte, kann die Bank helfen, dieses gezielt umzuplatzieren und so insbesondere bei Titeln, die eine geringe Liquidität haben, einen Beitrag zu leisten, dass der Kurs keinen Schaden nimmt.

Ein weiterer wichtiger Punkt ist in bestimmten Segmenten (zum Beispiel Neuer Markt, SMAX) die qualifizierte Betreuung durch die so genannten Designated Sponsors. Auch für diese sind laufend Ranglisten zu erhalten, die helfen, die Qualität ihrer Betreuung zu beurteilen.

3.6 Kosten und Leistung der Banken

In gewissen Grenzen sind die Leistungen und die verschiedenen Kosten- beziehungsweise Honorarpositionen der Banken verhandlungsfähig. Grundsätzlich kostet ein Börsengang auch viel Geld und die Banken haben hieran einen erheblichen Anteil. Auf der anderen Seite können über eine hoch qualifizierte Leistung die Erfolgsfaktoren und die Qualität eines Börsengangs entscheidend beeinflusst werden. Dies schlägt sich sowohl in einem höheren Emissionserlös als auch in der positiven Kursentwicklung nieder.

Wichtig ist es deshalb sich grundsätzlich vor Augen zu halten, dass hier schnell an der falschen Stelle gespart werden kann. Manche Banken gehen bei Ihren Angeboten deshalb so weit, dass sie neben ihrer Provision eine Prämie aufnehmen, die das Unternehmen aber auf freiwilliger Basis nur dann zahlen muss, wenn es mit den Leistungen der Bank vollkommen zufrieden gewesen ist.

Insofern wird deutlich, dass die Auswahl der Bank nicht von den Kosten, sondern von den oben beschriebenen Leistungen bestimmt sein sollte, die auch durch den folgenden Faktor Sympathie beeinflusst werden, der nicht unterschätzt werden darf.

3.7 Faktor Sympathie

Aufgrund der engen Zusammenarbeit zwischen dem Betreuerteam der Bank und den Entscheidungsträgern des Börsenaspiranten darf erfahrungsgemäß keinesfalls der Faktor Sympathie unberücksichtigt bleiben. Denn es geht bei einer Emission um viel Geld, um die Leidenschaft der Unternehmer, die Möglichkeiten am Kapitalmarkt und um die Reputation des Unternehmens nach innen und nach außen. So sind eben viele unterschiedliche Interessen und Vorstellungen von allen direkt und indirekt Beteiligten vor dem Hintergrund des Machbaren unter einen Hut zu bringen.

Aus diesem Grund sind oft konfliktreiche Themen anzusprechen, darauf aufsetzend viele Probleme auf konstruktive und zügige Weise zu lösen und deshalb auch viel Überzeugungs- und Vertrauensarbeit zu leisten.

Bei allem analytischen und quantitativem Anspruch steckt in einer Aktienplatzierung eben auch viel Menschliches. Nur wenn die Chemie zwischen den am Emissionsprozess beteiligten Personen stimmt, kann man diesen Anforderungen auch wirklich gerecht werden und einen erfolgreichen Börsengang schaffen.

Insofern sollte umgekehrt auch der Unternehmer für sich in Anspruch nehmen, was auch die Teilnehmer des Kapitalmarkts beanspruchen können: Um ein erstes Interesse zu wecken, muss das Konzept und die Story hinsichtlich der genannten Kriterien stimmen. Letztlich sollte man dann aber eher auf den Reiter und weniger auf das Ross setzen.

Wie aber sieht bei diesen Anforderungen nun der Auswahlprozess im engeren Sinne aus?

4. Ablauf des Auswahlprozesses

Der eigentliche Auswahlprozess beginnt zunächst mit der qualifizierten Vorauswahl, der gezielten Ansprache, um einige Fragen vorab zu klären und schließlich der Einladung möglicher Konsortialbanken. Es sollten nur die Banken eingeladen werden, die man sehr spezifisch als geeignete Partner ausgewählt hat. Ein häufiger Fehler ist, dass auf Grund der zu geringen Erfahrung zu viele Banken angesprochen werden.

Hierfür muss ein so genanntes Bankenexposée erstellt werden. Hierin stellt sich das Unternehmen selbst als attraktiven Investment-Case dar, indem sein Markt- und Wettbewerbsumfeld, die Strategie und die Zukunftsaussichten sowie der Business-Plan in geeigneter Weise aufbereitet werden. Ein qualitativ hochwertiges Bankenexposée dient den Banken dazu, sich ein möglichst qualifiziertes Bild vom Unternehmen zu machen. Zusätzlich sorgt es dafür, dass alle Banken über die gleichen detaillierten Informationen verfügen, sodass auch das erste Zusammentreffen über ein reines Kennenlernen hinausgeht.

Dieser so genannte Beauty-Contest sollte möglichst an einem Tag abgehalten werden, um schnell vergleichen und möglichst konkret die Details verhandeln zu können. Beim Beauty-Contest selbst stellt sich das Unternehmen nochmals kurz vor, der Schwerpunkt sollte aber bei den Vorschlägen der Banken liegen. Jedes Institut entsendet zu diesen Terminen die relevanten Experten seines Hauses. Dazu gehören zumindest ein Sektor-Spezialist, der für die Durchführung von IPOs aus bestimmten Branchen und den gesamten Ablauf der Operation zuständig ist, ein renommierter Analyst als Branchenexperte sowie ein branchenunabhängiger Fachmann für das Produkt IPO. Zuletzt gehören noch ein oder zwei weitere Personen zum Team, die später in allen bankrelevanten Fragen als Ansprechpartner fungieren werden.

Die Banken werden sich und ihre Referenzen vorstellen. Anschließend wird der so genannte Investment-Case aus Sicht eines Investors beurteilt und die wesentlichen Erfolgsfaktoren kritisch diskutiert. Im dritten Teil erläutert die Bank die erste indikative Bewertung des Unternehmens sowie die zu Grunde liegenden Vorgehensweisen und Vergleiche. Schließlich sollte ein Vorschlag zum Konsortium und zur vertraglichen Bindung gemacht werden.

Hat sich das Unternehmen alle Banken angesehen und die Ergebnisse ausgewertet, entscheidet man sich für den oder die Konsortialführer, durch die die Aktienplatzierung hauptverantwortlich durchgeführt wird. In Detailverhandlungen werden die Honorare und Garantien festgelegt. Zusammen mit dem Lead Manager stellt das Management des Unternehmens die weiteren Mitglieder des Konsortiums zusammen. Diese werden je nach Kundenstrukturen und Vertriebsnetz ausgesucht, um möglichst genau die gewünschten Investorengruppen erreichen zu können.

5. Wichtige Aspekte beim Auswahlprozess

Der Beauty-Contest sowie das gesamte Zusammentreffen und Verhandeln zwischen Unternehmer und Banken sollten durch einen erfahrenen Berater vorbereitet und begleitet werden.

5.1 Kritik am formalen Beauty-Contest

Der traditionelle Beauty-Contest in seiner bisherigen Form ist zum Teil in die Kritik geraten, sodass sich einige Banken zum Teil sträuben an diesen Auswahlverfahren teilzunehmen. So ist es sicherlich sinnlos, einen breiten Beauty-Contest zu veranstalten. Selbstverständlich muss aber umgekehrt der Emittent sein Recht wahrnehmen können, die für ihn richtigen Partner auszuwählen. Grundsätzlich sollten deshalb geeignete Partner vorselektiert werden, die dann mit sehr qualifizierten Informationen versorgt werden. Es muss für die Bank eine realistische Chance bestehen, das Mandat auf Basis einer sehr fundiert erarbeiteten Vorbereitung und darauf aufsetzenden Beurteilung zu erhalten. Für eine partnerschaftliche Zusammenarbeit sollte also auch bereits der Auswahlprozess entsprechend gestaltet sein.

5.2 Hilfe bei der Auswahl

Der gesamte Auswahlprozess eines Konsortiums kann durch das Know-how eines Beratungsunternehmens hilfreich unterstützt werden – mit großem Nutzen für den Börsenaspiranten. Auf Grund seiner Kenntnisse kann der Berater nach Vorabsprache mit dem Unternehmen bereits im Vorfeld eine Vorauswahl der passenden Banken treffen. Ein umfangreiches und qualitativ hochwertig gestaltetes Bankenexposée, welches genau auf die Anforderungen der Banken ausgerichtet ist, gehört ebenso zum Leistungsumfang eines Beraters. Dies verkürzt die Zeit für Rückfragen von Seiten der Banken und steigert den professionellen Eindruck. In dieser Phase tritt der Emissionsbegleiter auch als Filter für Erstauskünfte an die Banken ein, um das Management zu entlasten und ihm die Möglichkeit der Konzentration auf das Tagesgeschäft zu sichern. Die Unternehmenspräsentation vor den Banken wird ansprechend und professionell vorbereitet. Mit der richtigen Dokumentation von Börsenreife und -attraktivität wird ein höherer Emissionserlös gesichert. Nach Durchführung der Bankenpräsentationen werden die Angebote klar strukturiert und übersichtlich ausgewertet. Dies ermöglicht dem Mangement eine schnelle und vereinfachte Entscheidung für einen Konsortialführer. Zuletzt werden dank der Erfahrung aus erfolgreichen Börsengängen die Verhandlung mit dem Lead Manager und die anschließende Zusammenstellung des Konsortiums effizient und zielgerichtet zum Abschluss gebracht. Dabei bringt das Beratungshaus wichtige Aspekte des Konsortialvertrags zur Sprache, sodass die Position des Emittenten deutlich verbessert wird. Auf Grund seiner Erfahrung und Akzeptanz kann der Berater auch zusätzliche Emissionsleistungen der Banken erzielen.

6. Fazit

Die Auswahl eines Konsortiums beziehungsweise eines Konsortialführers ist für die Zulassung und Platzierung der Aktien unerlässlich. Auf Grund der Unerfahrenheit des Unternehmens bezüglich dieses Schritts darf bei dieser Entscheidung nicht die Anzahl der von den Banken bisher durchgeführten Aktienplatzierungen oder die Kosten, sondern es müssen die Qualität und unterschiedlichen Leistungsspektren der Banken im Vordergrund stehen.

Neben einigen, für den Erfolg der Emission ausschlaggebenden Leistungsangeboten der Banken darf auch der Faktor Sympathie nicht unbeachtet bleiben.

Auf Grund der Einmaligkeit und der hohen Komplexität des gesamten Projekts Börsengang sollte sich das Unternehmen nicht nur bei der schwierigen Entscheidung bezüglich der Auswahl des Konsortiums und den Verhandlungen mit den Konsortialbanken, sondern von Anfang an die Erfahrung und das spezielle Know-how eines Beratungshauses heranziehen. Zum eigenen Nutzen und zur Sicherung des Erfolgs des IPO.

Hanspeter Maute

Erfolgreich die Due Diligence überstehen

1. Vorbereitung einer Due Diligence 354
   1.1 Eingrenzung der Analyseschwerpunkte 355
   1.2 Zusammenstellung von Basisunterlagen 355
   1.3 Auswahl der Gutachter 358
   1.4 Due-Diligence-Team des Börsenaspiranten 358

2. Ablauf einer Due Diligence 359
   2.1 Durchführung 359
   2.2 Untersuchungsgegenstand 360
   2.3 Information und Berichterstattung 362

   Literaturhinweise 364

Eine Due Diligence im Vorfeld des Going Public ist zwar weder gesetzlich vorgeschrieben, noch stellt sie eine formale Notwendigkeit für das Börsenzulassungsverfahren dar. Die Börsenzulassungsgremien verlangen jedoch zumeist eine Erklärung der konsortialführenden Bank zur Plausibilität der Planungsrechnungen, sodass die Due Diligence heute ebenso wie bei Unternehmenskäufen selbstverständlich zu einem professionellen Börsengang gehört. Die Durchführung einer Due Diligence hat sich als Verfahren zur Überprüfung der Unternehmensstrategien und -planungen im Vorfeld eines IPO inzwischen institutionalisiert.

Mit Hilfe einer Due Diligence sollen Chancen und Risiken, das wirtschaftliche Umfeld und die Zukunftserwartungen der Gesellschaft fundiert eingeschätzt werden. Die Due Diligence ist auch Grundlage für die korrekte Beschreibung des Unternehmens im Börsenzulassungsprospekt und für die Unternehmensbewertung zur Ermittlung des Emissionskurses. Die konsortialführende Bank lässt durch die Due Diligence insbesondere die Plausibilität der für Zwecke der Bewertung unterstellten Ausschüttungen überprüfen, die Planungsrechnung analysieren sowie eine umfangreiche Markt- und Wettbewerbsanalyse durchführen. Die Schwierigkeit einer Due Diligence im Zusammenhang mit einem Börsengang besteht häufig darin, dass – im Gegensatz zur Due Diligence im Zusammenhang mit einem Unternehmenskauf – Informationen zum Produkt oder zur Dienstleistung, zu den Rahmenbedingungen sowie zum Wachstums- und Synergiepotenzial erst beschafft, aufbereitet, analysiert und bewertet werden müssen.

1. Vorbereitung einer Due Diligence

Die Vorbereitungsmaßnahmen einer Due Diligence sollen eine möglichst effektive und kurzfristige Durchführung der Due Diligence ermöglichen. Das Unternehmen kann zum erfolgreichen Ablauf einer Due Diligence erheblich beitragen, indem es durch eine professionelle Vorbereitung optimale Ausgangsbedingungen für die Arbeit der Gutachter schafft. Es macht von vornherein einen positiven Eindruck auf die Gutachter, wenn das Unternehmen gut vorbereitet ist. Es kann sich sogar empfehlen, vor der externen Due Diligence im Zusammenhang mit dem Börsengang eine Due Diligence selbst zu beauftragen. Lässt sich diese optimale Vorbereitungsmaßnahme beispielsweise aus Zeit- oder Kostengründen nicht realisieren, kann auch eine interne Generalprobe als Test dienen.

Bei der Vorbereitung der Due Diligence seitens des Emissionshauses ist eine Eingrenzung der Analyseschwerpunkte und eine zielgerichtete Zusammenstellung von Basisunterlagen anzufordern. Schließlich sind die Gutachter auszuwählen, und das Due-Diligence-Team ist zu benennen.

1.1 Eingrenzung der Analyseschwerpunkte

Nachdem das Auftragsverhältnis bei einer Due Diligence im Rahmen eines Going Public zwischen dem Emissionshaus und den Gutachtern besteht, bestimmt das Emissionshaus den Analyseschwerpunkt, die Prüfungsinhalte und die Prüfungsziele. Bei Börsenkandidaten ist die Markt- und Wettbewerbsanalyse von zentraler Bedeutung.

Für den Gutachter ist es in der Regel nicht einfach, unter dem gegebenen Zeitdruck alle externen Informationsquellen erschöpfend auszunutzen. Der Börsenaspirant sollte deshalb im Vorfeld der Due Diligence eine umfassende Markt- und Wettbewerbsstudie vornehmen oder in Auftrag geben und diese den Gutachtern zur Verfügung stellen. Bei Unternehmen, die ein Listing am Neuen Markt anstreben und damit extrem dynamischen Wachstumsmärkten angehören, müssen diese Studien sehr aktuell sein. Bereits vorliegende Marktstudien sollten deshalb ggf. fortgeschrieben werden. Soweit keine Studie vorliegt, ist zumindest eine Zusammenstellung von externen Informationsquellen, die sich nicht direkt auf das Unternehmen oder die relevante Unternehmenswelt beziehen (zum Beispiel Informationen über die unternehmensspezifischen Märkte und über volkswirtschaftliche Rahmendaten), zur Verfügung zu stellen. Das Internet erlaubt inzwischen umfangreichste Recherchemöglichkeiten, die vom Börsenaspiranten in jedem Fall genutzt werden sollten.

1.2 Zusammenstellung von Basisunterlagen

Ins Pflichtenheft der Vorbereitung einer Due Diligence gehört die Zusammenstellung aller einschlägigen Basisinformationen des Börsenkandidaten. Einerseits können die potenziellen Gutachter auf dieser Grundlage ihren Zeitbedarf und die anfallenden Kosten schätzen, andererseits sind bereits Analyseschwerpunkte identifizierbar.

Die Basisunterlagen sind durch die angeforderten Unterlagen und Informationen der Due-Diligence-Liste zu ergänzen und erlauben den Gutachtern in der Regel einen ersten Eindruck über das Unternehmen. Dieser Erstkontakt, der oft der Einschätzung des Unternehmens im Markt, bei Kunden, Lieferanten und Wettbewerbern entspricht, sollte deshalb sehr sorgfältig vor- und aufbereitet werden.

Existieren Tatbestände bzw. Risiken aus der Vergangenheit, die die Equity Story nicht positiv beeinflussen, sollten diese nicht verschwiegen werden. Dies gilt umso mehr, soweit Bewertungen oder Analysen (Unternehmensbewertungsgutachten, Unternehmensanalysen, Betriebsprüfungsberichte) in schriftlicher Form vorliegen. Eine Verschleierung von negativen Punkten zerstört grundsätzlich die

Vertrauensbasis zwischen Gutachtern und Börsenaspirant, zumal die Gutachter in fast allen Fällen diese Punkte früher oder später selbst identifizieren. Im Rahmen einer Due Diligence sollten möglichst (negative) Überraschungen für die Gutachter vermieden werden.

Wie beschrieben ist die Analyse der Planungsrechnung des Unternehmens wesentlicher Schwerpunkt der Due Diligence. In der Regel wird ein Forecast für die drei dem Bewertungsstichtag folgenden Jahre sowie das laufende Geschäftsjahr über die Ertrags- und Aufwandsposten der Ergebnisplanung mit einem Mengengerüst für jede Planposition angefordert. Die Planungsunterlagen sollten Cash Flow-Rechnungen und Einzelpläne über Absatz, Produktion, Investitionen, Finanzen und Liquidität sowie Personalentwicklung enthalten. In der Praxis haben sich Soll/Ist-Vergleiche der Umsatz- und Ergebnisplanung der Vergangenheit bewährt. Aus diesen Unterlagen können die Gutachter auf die Planungsgenauigkeit der Gesellschaft schließen. Empfehlenswert ist es, für den Forecast ein Best-Case- und Worst-Case-Szenario zu unterstellen.

Einen Überblick über die wesentlichen Basisunterlagen gibt die folgende Aufstellung:

Allgemeine Angaben

- Firmen- bzw. Imagebroschüre
- zusammenfassendes Prospektmaterial
- Unternehmensbewertungsgutachten/Unternehmensanalysen der vergangenen drei Jahre
- Projektergebnisse aus Beratungsaufträgen
- Markt- und Wettbewerbsstudien

Rechtliche Grundlagen

- aktueller Handelsregisterauszug/Satzung/Gesellschaftsvertrag
- Unterlagen zur Umwandlung/Nachgründung
- Beteiligungsorganigramm
- Gesellschafterstruktur und -entwicklung, Pool-Vereinbarungen
- Zusammenstellung wesentlicher Verträge (zum Beispiel Ergebnisabführungsverträge, Liefer-, Abnehmer-, Lizenz-, Miet-, Pacht-, Generalvertretungs-, Beherrschungs- und Kooperationsverträge)
- Übersicht über anhängige Prozesse und Beurteilung der Risiken

Wirtschaftliche Grundlagen

Organisation

- Organigramm des Unternehmens

- Managementinformationssystem
- Risikoinformationssystem
- Bankverbindungen und Kreditlinien

Planung

- Darstellung der Firmenstrategie
- Erklärungen zum Planungssystem
- Basisunterlagen und Planungsgrundlagen (auch für Konzerngesellschaften) für die drei dem Analysezeitpunkt folgenden Jahre sowie für das laufende Geschäftsjahr zu
  - Ertrags- und Aufwandsposten der Ergebnisplanung (Mengengerüst)
  - Cash Flow-Rechnungen
  - Bilanzplanungen
  - Einzelplänen (Absatz/Produktion/Investition/Finanzen/Liquidität/Personal)
  - monatliche oder quartalsweise Soll/Ist-Umsatz- und Ergebnisplanungen (eventuell Angaben zu saisonalen Schwankungen)
- Ausführung über die Verwendung des Emissionserlöses

Markt und Wettbewerb

- Einschätzung der Geschäftsführung zum Stärken-/Schwächen-Profil des Unternehmens, zum Wettbewerb und zum Markt
- Standortvor- und -nachteile
- Vertriebsstruktur des Unternehmens
- Abnehmerstruktur (ABC-Analyse)
- regionale Struktur der Produktgruppen (nationale und internationale Unterteilung)
- Informationen zu Wettbewerbern (Marktanteile, Positionierung)

Bilanzen und Steuern

- Abschlussprüfungsberichte der vergangenen drei Jahre für Gesellschaft und Konzernunternehmen
- Konzernabschlussprüfungsberichte der vergangenen drei Jahre
- Abhängigkeitsberichte
- Verrechnungspreise
- Betriebsprüfungsberichte/Informationen zu laufenden Außenprüfungen
- Eigenkapitalgliederung
- Darstellung der Verlustvorträge
- steuerliche Risiken/vorgenommene Teilwertabschreibungen

1.3 Auswahl der Gutachter

Die Auswahl der Gutachter für die Due Diligence im Vorfeld eines Going Public erfolgt in der Regel durch die konsortialführende Bank. Die konsortialführende Bank wird solche Prüfer auswählen, die mit der Methodik der Prüfung beim Börsengang, mit den Anforderungen des Börsenzulassungsprospekts und mit dem Ablauf und der Methodik der Bewertungsverfahren vertraut sind.

Nachdem die Commercial und Financial Due Diligence den Schwerpunkt einer Due Diligence beim Going Public darstellen, werden in der Regel Wirtschaftsprüfer als Gutachter beauftragt. Abhängig vom Umfang der Legal Due Diligence werden auch Rechtsanwälte hinzugezogen. Ergänzt wird das Gutachterteam ggf. durch technische Gutachter und auf Produkte/Dienstleistungen und auf Branchen spezialisierte Unternehmensberater und Aktienanalysten. Je nach Struktur und Komplexität des Börsenaspiranten bzw. bei gleichzeitiger internationaler Börsenausrichtung (zum Beispiel beim Duallisting) werden auch separate Due-Diligence-Teams beauftragt.

1.4 Due-Diligence-Team des Börsenaspiranten

Für die Planung, Organisation und Durchführung einer Due Diligence sollte stets ein Projektmanagement eingerichtet werden, das heißt, dass neben einem detaillierten Zeitplan klare Tätigkeitsbereiche und verantwortliche Personen bestimmt werden. Das Due-Diligence-Team des Börsenaspiranten besteht in der Regel aus Personen des Unternehmens und seinen Beratern. Den Gutachtern ist stets ein Hauptansprechpartner zur Verfügung zu stellen. Diese Funktion sollte von der Geschäftsführung ausgeübt werden. Denkbar ist auch eine Verlagerung auf ein Aufsichtsratsmitglied, insbesondere wenn dieses Mitglied bereits praktische Börseneinführungserfahrung hat.

Der Hauptansprechpartner für die Gutachter muss für die Beantwortung von Fragen und das Aufbereiten von Unterlagen auf ein Team zurückgreifen können. Dieses Team wird in erster Linie aus den Führungskräften der betrieblichen Funktionsbereiche bestehen. Insbesondere der Leiter Rechnungswesen/Controlling wird erheblich beansprucht werden. Optimal ist es, eine Stabstelle für die Due Diligence bei der Geschäftsführung/Konzernleitung einzurichten, die den Gutachtern rund um die Uhr zur Verfügung steht. Für die Zeit der Due Diligence ist zu berücksichtigen, dass diese Mitglieder des Due-Diligence-Teams von ihrem Tagesgeschäft fast vollständig entbunden werden, um sich der Unterstützung der Gutachter widmen zu können. Bei der Auswahl der Teammitglieder ist die fachliche Qualifikation entscheidend. Der Gutachter kann über seine Fragen an diese Personen auch die Managementqualifikationen abprüfen. Der Hauptansprechpartner sollte mit den Gutachtern einen verbindlichen Zeitplan, das Vorgehen und Zwischenbesprechungen vereinbaren und die Einhaltung strikt überwachen.

2. Ablauf einer Due Diligence

2.1 Durchführung

Nach der Beauftragung und der Festlegung des Umfangs der Due Diligence werden die von den Gutachtern mit der Due-Diligence-Liste angeforderten Unterlagen zur Verfügung gestellt. Diese Unterlagen können zur Durchsicht und Prüfung entweder den Gutachtern zugesandt werden oder werden, was überwiegend der Fall ist, beim Börsenkandidaten selbst in einem gesonderten Raum (Data Room) vorgelegt. Nachdem die Beschaffung ergänzender Unterlagen bei der Inhouse-Prüfung wesentlich zügiger erfolgen kann, wird die vor-Ort-Durchführung beim IPO grundsätzlich vorgezogen. Mit der Erstellung eines Data-Room-Master-Index können die Suchzeiten der Gutachter verringert werden.

Nach dem Kick-off-Meeting findet regelmäßig eine Betriebsbegehung statt, bei der die Gutachter erste Eindrücke von den technischen Gegebenheiten des Betriebs erhalten. Darüber hinaus lassen sich hierbei Betriebsabläufe und organisatorische Besonderheiten erkennen. Zusätzlich können das Betriebsklima, die Einstellung der Mitarbeiter, ihr Verantwortungsbewusstsein sowie ihr Verhalten gegenüber Vorgesetzten am besten durch persönliche Beobachtung festgestellt werden. Im Rahmen der Vorbereitungsmaßnahmen ist auch eine Betriebsbegehung einer neutralen und fachkundigen Person empfehlenswert, die der Geschäftsführung anschließend seine gewonnenen Eindrücke schildert.

Zusätzlich zur Prüfung der übergebenden Unterlagen führen die Gutachter auch Gespräche mit ausgewählten Mitarbeitern des IPO-Kandidaten, um einen ersten Eindruck von den leitenden Angestellten der Gesellschaft zu gewinnen und unmittelbare Informationen über die Belange des Unternehmens zu erhalten. Die Befragung dient auch der Bestätigung und Erweiterung der im Rahmen der Analyse gewonnenen Beurteilung.

2.2 Untersuchungsgegenstand

Die eigentliche Due Diligence teilt sich in eine Analyse der Entwicklung des Unternehmens in der Vergangenheit und eine Analyse der zukünftigen Entwicklung des Unternehmens auf. Die hierbei durchgeführten Untersuchungen lassen sich im Wesentlichen in folgende Bereiche untergliedern:

(1) Commercial Due Diligence
(2) Financial Due Diligence
(3) Legal Due Diligence
(4) Tax Due Diligence
(5) Environmental Due Diligence

Eine Due Diligence im Vorfeld eines Börsengangs umfasst in der Regel zumindest die Commercial Due Diligence, Financial Due Diligence und Legal Due Diligence.

Im Rahmen der *Commercial Due Diligence* wird in erster Linie der wirtschaftliche Gehalt der Geschäftstätigkeit des Unternehmens auch hinsichtlich der Plausibilität der Planungsrechnung unter Einbeziehung interner und externer Einflussfaktoren geprüft. Schwerpunkte der Commercial Due Diligence ist eine Markt- und Wettbewerbsanalyse. Wesentliche Faktoren sind hierbei die derzeitige Marktposition, die Produktpalette, die Vertriebswege und die zukünftigen Entwicklungsmöglichkeiten. Darüber hinaus werden die Organisations- und Entscheidungsstruktur sowie die globale Umwelt (Konsumverhalten, Gesetzesneuerungen) analysiert. Die Commercial Due Diligence umfasst in der Regel die Market, Technical, Organisational und Management Due Diligence.

Typische Untersuchungsgegenstände einer Commercial Due Diligence sind:

Produkt/Dienstleistung

- Darstellung Produkt/Dienstleistung
- Produktportfolio
- Produktlebenszyklen
- Preispolitik
- Distributionskanäle
- Kundenstruktur

Organisation

- Gesellschafterstruktur

Absatzmärkte

- Marktvolumen
- Marktwachstum
- Marktsegementierung
- Markttrends
- Wettbewerber
- Substitutionsprodukte

Managementinformationssysteme

- Buchführungs-/Budgetierungssysteme

Die *Financial Due Diligence* dient der Beurteilung der wirtschaftlichen Stärken und Schwächen des Börsenaspiranten, insbesondere der Identifizierung der kritischen Erfolgsfaktoren mit besonderem Einfluss auf Ertragskraft und Liquidität. Ausgangspunkt ist eine detaillierte Untersuchung der Vermögens-, Finanz- und Ertragslage, die in der Regel den Zeitraum der letzten drei abgeschlossenen Wirtschaftsjahre und aktuelle Zwischenabschlüsse (Quartals- oder Halbjahresbericht) umfasst. Es werden einerseits mögliche Risiken im Rechenwerk (Buchführung/Bilanzierung) sowie bilanzielle Besonderheiten erfasst. Andererseits wird eine so genannte Normalisierung durchgeführt, um die Sondereinflüsse der Vergangenheit für die Ermittlung der künftigen Ertragsfähigkeit zu eliminieren. Im Vordergrund der Financial Due Diligence steht die Überprüfung der Plausibilität der Planung und der Ausschüttungsfähigkeit des IPO-Kandidaten. In der Regel wird für drei Jahre eine detaillierte Prüfung der Planungsergebnisrechnung und der Heranziehung von Einzelplänen über Absatzentwicklung, Produktion und Investition, Personalentwicklung und Finanzierung durchgeführt. Soweit keine eigene Tax Due Diligence vorgenommen wird, wird die steuerliche Situation des Börsenaspiranten innerhalb der Financial Due Diligence analysiert.

Typische Untersuchungsgegenstände einer Financial Due Diligence sind:

Vergangenheitsanalyse

- Geschäftsentwicklung/-planung
- Soll/Ist-Vergleiche
- Review Bilanzen
- Review Gewinn- und Verlustrechnungen
- Review Jahresergebnisse
- Review Prüfungs-/Abschlussberichte

Jahresergebnisse/Vergangenheit

- Ergebnisentwicklung
- Cash Flow-Entwicklung (DVFA/SG)
- Ergebnisse HGB/IAS/US-GAAP
- Rentabilitätskennziffern

Gewinn- und Verlustrechnungen

- Umsatzentwicklung (Produkte/Regionen)
- Aufwandsentwicklung (Produkte/Geschäftsbereiche) (DVFA/SG)
- Deckungsbeitragsrechnung
- Kennzahlen (ROI/ROS)

Planungsrechnung

- Planbilanzen
- Plan-GuV
- Plan-DVFA Ergebnis
- Plan-EBIT, -EBITDA

Die *Legal Due Diligence* ermittelt die bestehenden rechtlichen Grundlagen und Rahmenbedingungen des Börsenkandidaten und die darin möglicherweise enthaltenen Risikopotenziale. Schwerpunkt der Legal Due Diligence ist die Untersuchung der rechtswirksamen Begründung der Unternehmenstätigkeit und die

Ausübung dieser Tätigkeit in Übereinstimmung mit den geltenden Rechtsvorschriften. Darüber hinaus ist zu prüfen, mit welchen offenen und verdeckten Bestands- und Haftungsrisiken die Unternehmenstätigkeit verbunden ist und inwieweit sich diese auf einen Börsengang auswirken können. Die Legal Due Diligence dient insbesondere auch als Grundlage für den Emissionsprospekt, und die Ergebnisse fließen in die vertragliche Dokumentation zwischen dem Emittenten und dem Emissionshaus ein.

Typische Untersuchungsgegenstände einer Legal Due Diligence sind:

Innere Verfassung

- Gesellschaftsverfassung/Beteiligungsstruktur
- verbundene Unternehmen/Beteiligungen
- Betriebsstätten
- Geschäftsbetrieb

Vertragliche Beziehungen

- Gesellschafts- und Unternehmensverträge (Beteiligungen)
- Verträge mit Lieferanten und Abnehmern
- Allgemeine Geschäftsbedingungen
- Kreditverträge
- Factoringverträge
- öffentliche Förderungen/Zuschüsse
- Bürgschaften/Garantieverpflichtungen/Sicherheitsleistungen

Vermögensgegenstände

- Betriebsanlagen
- Eigentumsverhältnisse
- immaterielle Vermögensgegenstände

- Verträge mit dem Personal (leitende Angestellte)
- Miet-, Pacht-, Leasing- und Beraterverträge
- gewerbliche Schutzrechte/Urheberrechte
- Versicherungsschutz
- Haftungs- und Prozessrisiken
- Umweltrisiken

Kartellrecht/Wettbewerbsrecht

2.3 Information und Berichterstattung

Am Ende der Untersuchungen findet zumeist eine Schlussbesprechung mit dem Management des IPO-Kandidaten statt, in der die kritischen Sachverhalte nochmals diskutiert werden und eine Stellungnahme des Managements zu den einzelnen Punkten eingeholt wird. Diese Besprechung dient auch der abschließenden Vermeidung von Fehlinterpretationen. Üblich ist es, den Konsortialführer über den Fortgang der Due Diligence zu informieren. Das so genannte De-Briefing ist eine zeitnahe Berichterstattung während der Durchführung und erfolgt in der Regel mündlich oder durch Aktennotiz.

Anschließend wird das Ergebnis der Due Diligence dem Konsortialführer und dem Börsenkandidaten im Abschlussmeeting präsentiert. In dieser Runde wird der Bericht ausführlich diskutiert. Ergeben sich zusätzliche Fragestellungen, kann es vorkommen, dass der Gutachter weitere Untersuchungen vornimmt und den endgültigen Bericht ergänzt.

Bei der Berichterstattung sind die zeitlichen Aspekte und die inhaltlichen Erwartungen der Adressaten zu berücksichtigen. Schriftliche Kurzberichte während der Untersuchungen (Due-Diligence-Memoranden) dienen zur Steuerung der Due Diligence. Der Abschluss der Berichterstattung ist der Due-Diligence-Report (auch Due-Diligence-Kompendium), in dem alle Basisdaten, Ermittlungen und Empfehlungen übersichtlich aufbereitet und detailliert dargestellt werden. Wichtige Dokumente werden dem Due-Diligence-Report als Anlage beigefügt. Zumeist werden wesentliche Punkte sowie größere Haftungsrisiken besonders hervorgehoben. Die wesentlichen Punkte der Due Diligence werden zusammengefasst und in der Regel als so genannte Executive Summary dem Due-Diligence-Report vorangestellt.

Der Börsenaspirant kann durch umfangreiche Vorbereitungsmaßnahmen und eine professionelle Unterstützung der Gutachter bei der Durchführung der Due Diligence erheblich zu deren Gelingen beitragen. Das Ergebnis der Due Diligence wird zwar letztlich durch die Unternehmensfakten bestimmt, dennoch hat das Unternehmen vielfältige Möglichkeiten, die Gutachter von der positiven zukünftigen Unternehmensentwicklung zu überzeugen. Außerdem ist es auch sehr positiv, wenn möglichst viele Fragen abschließend beurteilt werden können und nicht als ungeklärt oder offen im Due-Diligence-Report erscheinen.

Für eine erfolgreiche Due Diligence können folgende zehn allgemeinen Praxisempfehlungen zusammengefasst werden:

> 1. Vorabdurchführung einer „internen" Due Diligence
> 2. komplette und übersichtliche Zusammenstellung aller einschlägigen Basisunterlagen
> 3. Bereitstellung externer Markt- und Wettbewerbsstudien
> 4. Einrichtung eines Projektmanagements für die Due Diligence
> 5. Benennung bzw. Zusammenstellung eines kompetenten und verfügbaren Hauptansprechpartners bzw. Due Diligence Teams
> 6. Vereinbarung über Umfang, Schwerpunkt und Vorgehen der Due Diligence
> 7. Vereinbarung eines verbindlichen Zeitplans und von Zwischenbesprechungen
> 8. keine Verschleierung von negativen Punkten
> 9. nachvollziehbare Begründung und Plausibilität der Plandaten (Best-Case- und Worst-Case-Szenarien) und Vermeidung zu optimistischer Einschätzungen
> 10. Due Diligence ist zwingend Geschäftsführungsaufgabe

Literaturhinweise

Barens/Brauner (Hrsg.) (1999): Due Diligence bei Unternehmensakquisitionen. 2. Aufl. Schäffer-Poeschel Verlag.
Ehlers/Jurcher (1999): Der Börsengang von Mittelstandsunternehmen. Verlag C.H. Beck.
Ganzert/Kramer (1995): Due Diligence Review – eine Inhaltsbestimmung, in: WPg 1995, S. 576–581.
Koch/Wegmann (1998): Praktiker-Handbuch Due Diligence. Schäffer-Poeschel Verlag.
Koch/Wegmann (1998): Praktiker-Handbuch Börseneinführung. 2. Aufl., Schäffer-Poeschel Verlag.
Krüger/Kalbfleisch (1999): Due Diligence bei Kauf und Verkauf von Unternehmen, in: DStR 1999, S. 174–180.
Maute (1999): Due Diligence beim Going Public, in: Going Public 12/99, S. 138–141.
Spill (1999): Due Diligence – Praxishinweise zur Planung, Durchführung und Berichterstattung, in: DStR 1999, S. 1786–1792.

Bernhard Erning

Timing als Erfolgsfaktor des Börsengangs

1. Börsenreife – Wachstumsunternehmen im Fokus 366
2. Börsenreife – Die Sicht der Investoren 369
3. Projektmanagement – Phasen eines Börsengangs 370
4. Flexibilitätsmuster – Von der Feinsteuerung zur Verschiebung 373
5. Fazit: Timing als Erfolgsfaktor 375

1. Börsenreife – Wachstumsunternehmen im Fokus

Ein Unternehmen durchläuft im Laufe seines Lebenszyklusses verschiedene Wachstumsphasen. In diesen Phasen benötigt es auf die jeweilige Situation zugeschnittene, maßgeschneiderte Finanzierungslösungen. Der Börsengang, oder kurz IPO (Initial Public Offering), befindet sich typischerweise an einem Punkt, an dem die Wachstumskurve des Unternehmens eine hohe Steigerungsrate erreicht. Die Expansionsmöglichkeiten können in dieser Situation meist nur noch durch Risikokapital der Kapitalmärkte finanziert werden. Am Beispiel eines idealtypischen Lebenszyklus eines Wachstumsunternehmens lässt sich dies veranschaulichen.

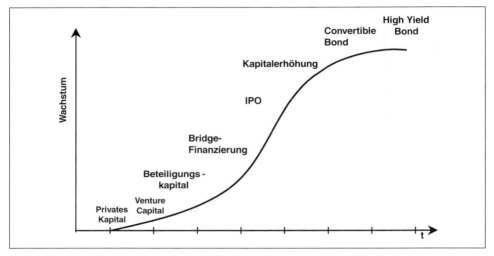

Abbildung 68: Expansionsphasen

Diesem Wachstumsmuster entsprechen Investitions- und Finanzierungsphasen. Für die gesamte erste große Wachstumsphase – meist die Venture-Capital-Phase – werden drei Grobphasen unterschieden. Die Early-Stage-Phase umfasst das Seed- und Start-up-Financing: Das Unternehmenskonzept wird entwickelt, die Produkte bis zur Prototypreife entwickelt. In der Phase des Start-up findet meist die Entwicklung bis zur Produktions- und Marktreife statt. Die Expansionsphase ist die der Wachstumsfinanzierung. Zusätzliche Produktionskapazitäten werden entwickelt, und der Kapitalbedarf steigt. War bisher privates Kapital, Beteiligungs- und Venture Capital angezeigt, kommen jetzt neue Formen wie Bridge-Finanzierungen und MBO/MBI-Finanzierungen hinzu. Bis dahin muss Kapital verwendet werden für:

- die Entwicklung der Geschäftsidee,
- die Bestätigung der Geschäftsidee,
- die Stärkung des Managements,
- Schlüsselinvestitionen,
- die Umsatzsteigerung.

Mit diesen Schritten steigt der Kapitalbedarf für internes und externes Wachstum erheblich an. Dabei stoßen vor allem junge, innovative Unternehmen schnell an die Grenze der Innenfinanzierungskraft. Jetzt gilt es, Eigenkapital von außen zuzuführen, denn der Eigenkapitalmangel ist ein entscheidendes Innovationshemmnis. Innenfinanzierung und Fremdkapital sind nicht adäquat, da sie mit dem Tempo des Wachstums nicht Schritt halten. Typisch für eine intensive Wachstumsphase ist, dass dem hohen Kapitalbedarf für einen gewissen Zeitraum kaum Einnahmen gegenüberstehen. Zugleich sind die Risiken hoch und damit die Kreditwürdigkeit gering. An diesem Punkt wird der Aktienmarkt zu einem entscheidenden Wachstumsimpuls und zugleich ein Garant zur Sicherung des Wettbewerbsvorsprungs.

Venture Capital ist im vorbörslichen Stadium die akttraktive Form der Eigenkapitalquelle. Die Venture-Capital-Geber verfolgen in der Regel das Ziel, über einen befristeten Zeitraum Kapital bereitzustellen, in eine Idee zu investieren, um dann möglichst Gewinn bringend auszusteigen. Kennzeichnend für Venture-Capital-Geber ist, dass sie wesentliche Mitsprache- und Kontrollrechte im Unternehmen haben und damit einen entscheidenden Einfluss ausüben. Sie prägen die strategische Positionierung und sorgen für Know-how-Transfer, etwa hinsichtlich der Management-Qualitäten. So sind Venture-Capital-Geber oftmals diejenigen, die das Unternehmen an die Börsenreife heranführen. Generell gibt es mehrere Ausstiegsmöglichkeiten, wie den Buy Back (Rückkauf durch Altgesellschafter), den Trade Sale (Veräußerung an einen anderen Investor) und eben die Börse. Der Venture-Capital-Markt ist gerade in Deutschland stark im Aufwind, seit mit dem Neuen Markt ein attraktiver Ausstiegskanal zur Verfügung steht. Der Börse kommt eine entscheidende Funktion zu: Der Veräußerungsprozess kann flexibel gestaltet werden, der Unternehmer kann seinen Einfluss zum Teil halten, und vor allem ist die Fungibilität der Anteile gesichert. Ein Börsengang gewährleistet im Grundsatz marktgerechte Preise. Die Entwicklung der amerikanischen Nasdaq hat die Bedeutung der Börse als Innovationsfinanzierungsweg hervorragend unter Beweis gestellt. Eine Börse hat den Vorteil, dass sie ein schnelles und effizientes Informationsverarbeitungs-, – gewinnungs- und -verbreitungssystem ist. Die Anteile sind jederzeit handelbar und bewertbar – unter der Prämisse einer guten Marktorganisation und ausreichender Liquidität. Sie steht für optimale Kapitalallokation. Die historische Erfahrung hat immer wieder gezeigt, dass Aktienmärkte Erfindungen und neuen Technologien zum Durchbruch verholfen haben (Eisenbahngesellschaften zu Beginn, Bio- und Gentechnologie am Ende des

20. Jahrhunderts). Der Neue Markt in Frankfurt hat diese Erfahrung erneut und in beeindruckender Weise bestätigt. Und die Börse bietet einen weiteren Vorteil: Wenn ein Unternehmen einmal gelistet ist, steht Eigenkapital dauerhaft zur Verfügung, und Fremdkapital lässt sich ebenfalls kostengünstiger beschaffen. Kapitalerhöhungen sind unproblematisch durchzuführen, und dann folgen situationsgerechte und maßgeschneiderte Finanzinstrumente wie Unternehmensanleihen oder Wandelanleihen. Interessant ist inzwischen auch, dass zur Finanzierung von Unternehmensübernahmen immer häufiger eigene Aktien eingesetzt werden: Im Wege des Aktientauschs werden sie zur „Acquisition Currency". Voraussetzung für die Dauerhaftigkeit dieser Kapitalquellen ist jedoch, dass der Emittent den Kapitalmarkt nicht enttäuscht hat. Er muss ein langfristiges Vertrauensverhältnis zu den Investoren aufgebaut haben, insbesondere durch eine professionelle Investor-Relations-Politik, die die Aktie des Unternehmens als eigenständiges Produkt versteht und entsprechend vermarktet.

Der Börsengang ist meist ein einschneidendes und einmaliges Ereignis im geschilderten Lebenszyklus eines Wachstumsunternehmens, das sorgfältig geplant werden muss. Dabei ist eine ausreichende Börsenreife nicht nur aus Sicht des Unternehmens von Bedeutung. Auch die begleitende Bank muss ihr höchste Aufmerksamkeit widmen. Erfolglose Emissionen straft der Markt, und eine gute Reputation ist schnell verspielt. So verwundert es nicht, dass Konsortialbanken im Allgemeinen hohe Anforderungen an die Börsenreife stellen. Voraussetzung für ein erfolgreiches Going Public ist vor allem eine gute und stimmige Equity Story, nicht unbedingt eine vorgegebene Mindestgröße des Unternehmens. Zu einer überzeugenden Equity Story gehören eine schlüssige Unternehmensplanung, eine für die Zukunft zu erwartende überdurchschnittliche Ertragskraft sowie ein sorgfältiges Emissionskonzept. So ist es möglich, dass selbst Unternehmen aus Hochtechnologiebranchen, die bisher noch keinen Gewinn erwirtschaftet haben, ihr Wachstum erfolgreich an der Börse finanzieren können. Das Unternehmen muss allerdings in seinen Kernbereichen eine Marktposition haben, die es positiv von den Wettbewerbern abhebt. Ausschlaggebend für eine erfolgreiche Equity Story sind das innovative Produkt, die zukunftsweisende Dienstleistung mit einer entsprechenden Absatzstrategie, die überdurchschnittliche Wachstumsperspektiven erkennen lässt. Ob damit auch bestimmte quantitative Größenordnungen verknüpft sind, kann nicht allgemein gültig festgestellt werden. Zwar haben Emissionsbanken zumindest intern Mindestvolumina, ab denen sie einen Börsengang für vertretbar halten. Denn die so genannte Liquidität in einer Aktie korreliert mit dem Platzierungsvolumen und ist ein wesentlicher Erfolgsfaktor für den Börsengang.

Unverzichtbar für einen erfolgreichen Börsengang sind darüber hinaus ein qualifiziertes Management, eine klare Organisation des Unternehmens und ausreichende Fitness der Rechenwerke. Die Publizitäts- und Kommunikationsfähigkeit ist ein weiterer entscheidender Faktor für ein erfolgreiches IPO. Die beste Story ist nichts, wenn sie nicht in Präsentationen und Gesprächen „ankommt". Der professionelle Umgang mit Medien und Analysten, die persönliche Begegnung mit institutionellen Investoren ist entscheidend, um von der Werthaltigkeit der Emission zu überzeugen.

2. Börsenreife – Die Sicht der Investoren

Das Erreichen der Börsenreife ist also zum einen ein Prozess, der sich im Unternehmen selbst abspielt. Zum anderen nehmen Investoren, insbesondere institutionelle Investoren, eine Schlüsselrolle ein. Sie prüfen einerseits, ebenso wie die begleitende Bank, die dargestellten Kriterien der Börsenreife. Andererseits müssen sie diese jedoch in den Kontext ihres eigenen Anlageentscheidungsprozesses stellen. Und genau dies muss der Börsenaspirant so weit als möglich antizipieren.

Institutionelle Investoren verfügen weltweit über ein enormes und weiter wachsendes Anlagepotenzial. Diese Tatsache ist von zentraler Bedeutung für ein Unternehmen auf dem Weg an den Kapitalmarkt. Institutionelle Investoren sind zur wichtigsten Aktionärsgruppe geworden. Und die Fondsmanager selbst stehen unter einem gewaltigen Ertrags- und Performancedruck. Dabei sind Investmentverhalten und -prozesse institutioneller Anleger sehr unterschiedlich. Es gibt aggressive oder eher auf Sicherheit angelegte Strategien. Es gibt Investoren, die ihren Anlageprozess selbst steuern oder ihn externen überlassen. Auch die Anlageziele sind unterschiedlich. Will der Fondsmanager höhere Renditen, muss er bereit sein, ein höheres Risiko in Kauf zu nehmen. Trifft er seine Anlageentscheidung, um die Performance kurzfristig zu verbessern? Andere wiederum sind auf Substanz bedacht und streben eine langfristig attraktive Rendite in weniger riskanten Werten an. Ebenso unterschiedlich wie die Anlagehorizonte sind die Schwerpunkte. Die Einen bilden einen bestimmten Index in ihrem Portfolio nach. Andere setzen regionale Schwerpunkte oder betreiben aktive Stock Selection. Und ganz wichtig vor dem Hintergrund der europäischen Währungsunion ist der Trend hin zu einer stärkeren Branchenorientierung. So findet man immer häufiger Fonds, die zum Beispiel in Telekommunikation oder Biotechnologie oder ganz gezielt in Wachstumsunternehmen investieren.

Sollte also ein Börsenkandidat glaubhaft versprechen können, hinsichtlich der Equity Story ein Outperformer zu werden, reicht dies allein immer noch nicht für eine Investitionsentscheidung. Denn er hat Transaktionskosten der Investoren zu berücksichtigen, die zur erwarteten überdurchschnittlichen Performance in einem ausgewogenen Verhältnis stehen müssen. Zu den Transaktionskosten zählen vor allem die Informationskosten: Wie wahrscheinlich ist eine gute Research-

Coverage? Eng damit verknüpft damit sind die Marktliquidität und Handelbarkeit: Wie schnell kann ein Investor auch größere Mengen handeln, ohne einen zu hohen Market Impact auszulösen? Hier kommt die Organisation des Markts zum Tragen. Die Erfolgsgeschichte des Neuen Markts hat gezeigt, dass eine gute und qualitativ hochwertige Marktorganisation mit den Schlüsselfaktoren Transparenz und Liquidität ein wichtiger Faktor für tragbare Transaktionskosten ist.

Der Investor befindet sich also in einem Spannungsfeld. Kernpunkte sind einerseits eine stimmige Story, qualitativ gute Zahlen, plausible Planung, eine viel versprechende Perspektive beim Gewinnwachstum sowie das Bekenntnis zum Shareholder Value. Andererseits stellt der Investor die Transaktionskosten wie Informationshäufigkeit, Marktorganisation, Research, Liquidität in Rechnung. Sie müssen in einer vernünftigen Balance zur erwarteten Performance stehen.

Der optimale Zeitpunkt für einen erfolgreichen Börsengang ist dann erreicht, wenn erwartet werden kann, dass sowohl genügend Investoren für einen Emittenten mobilisiert werden können als auch das Unternehmen selbst sich in der „richtigen" Phase befindet.

3. Projektmanagement – Phasen eines Börsengangs

Wenn die Entscheidung für einen Börsengang gefallen ist, muss ein Zeitplan für das Projektmanagement aufgestellt werden. Eingeplant werden muss ein Zeitraum von wenigstens sechs Monaten. In der Regel kann man von mindestens einem halben Jahr zwischen dem ersten Kontakt mit der Bank und der Aufnahme des Handels ausgehen. Das Projektmanagment kann in drei Phasen unterschieden werden. In der Planungs- und Konzeptionsphase werden die Berater ausgewählt, die Rahmenbedingungen geklärt und die Emissionsziele genau definiert. Die Vorbereitungsphase ist ein zweiter Schritt, in dem die Prüfung und Bewertung des Unternehmens (Due Diligence) durchgeführt und der Prospektentwurf erstellt wird. Während der Durchführungsphase, der eigentlichen Aktienplatzierung, werden das Platzierungsvolumen und die Kursspanne bestimmt. Die eigentliche Kursfestlegung erfolgt am Ende des Bookbuildingverfahrens. Das Bookbuilding wird begleitet von Roadshows und Gesprächen mit Investoren. Nach der darauf folgenden Zuteilung werden die Aktien zum Börsenhandel zugelassen und mit der Erstnotiz kann der Handel beginnen. Abbildung 69 listet die einzelnen Schritte des Börsengangs auf.

Es ist leicht ersichtlich, dass bei einer solchen Fülle einzelner Schritte ein hoher Zeitbedarf entsteht. Er verstärkt sich noch durch die Tatsache, dass das Projektmanagement ein komplexer Prozess ist, an dem viele Experten beteiligt sind: die

Monat	6. Monat	5. Monat	4. Monat	3. Monat	2. Monat	1. Monat	0. Monat
Planungs- und Konzeptphase							
Auswahl von IPO-Team und Beratern	▭						
IR/PR-Konzept		▭					
Klärung der Rahmenbedingungen, Mantatsvereinbarung		▭					
Vorbereitung des Börsengangs (IPO)							
Überprüfung der Unternehmensplanung und -strategie		▭					
Financial und Legal Due Diligence			▭▭▭				
Equity Story und Präsentation vor dem Gremium Neuer Markt			▭▭				
Erstellung der Prospekte				▭			
Benennung des Konsortiums				▭			
Durchführung des IPOs							
Analystenpräsentation					▭		
Erstellung der Analysen der Konsortialbanken					▭		
Börsenzulassungsverfahren						▭	
Pre-Marketing						▭	
Festlegung des Platzierungsvolumens und der Kursspanne						▭	
Bookbuilding und Management Roadshow						▭	
Kursfestlegung und Unterzeichnung des Underwriting Agreements						▭	
Zuteilung der Aktien an die Investoren						★	1. Notiz
Erstnotiz, Valuta und Gutschrift Platzierungserlös							
Handel und Stabilisierung Sekundärmarkt							▭

Abbildung 69: Zeitplan

Bank, Wirtschaftprüfer, Steuerberater, Rechtsanwälte, Branchenexperten, die Börse und PR-Agenturen. Entsprechend aufwendig ist der Kommunikationsprozess. Der Zeitplan für einen Börsengang ist also entsprechend komplex und straff. Viele Schritte laufen parallel ab bzw. überlappen sich und müssen genau aufeinander abgestimmt werden. Die Zeit muss effizient genutzt werden, denn ein IPO bindet in hohem Maße Managementkapazität.

Zentrale Punkte des Projektmanagements in der Durchführungsphase sind die Due Diligence, die Erstellung des Prospekts und in der anschließenden Durchführungsphase das förmliche Zulassungsverfahren. Allein die Prospekterstellung kann mit einem Zeitaufwand von circa acht Wochen veranschlagt werden. Das förmliche Zulassungsverfahren selbst umfasst etwa drei bis vier Wochen. Dabei werden abgewickelt: die Stellung des Zulassungsantrags, Diskussion und Stellungnahme sowie die Fassung des Zulassungsbeschlusses. Die Drucklegung und Veröffentlichung umfasst circa drei Tage.

Mit dem Pre-Marketing beginnt die heiße Phase kurz vor dem Börsengang. Sie ist besonders engmaschig geplant. Besonders genau ist im Rahmen des Investor-Relations-Konzepts und der gesamten Pressearbeit auf die Veröffentlichungszeitpunkte zu achten. Wenn der Börsengang klar ist, spricht nichts dagegen, eine Ankündigung für einen bestimmten Zeitraum (zum Beispiel 1. Quartal) zu veröffentlichen. Der exakte Zeitpunkt wird jedoch erst kurz vor dem Börsengang bekannt gegeben. Der Beginn der Pre-Marketing-Phase und die Veröffentlichung des Prospekts fallen häufig zusammen. Im Prospekt stehen in der Regel die Eckdaten der Emission, auch der Zeitpunkt der Erstnotierung. Das Pre-Marketing dauert im Allgemeinen ein bis drei Wochen. Am Ende stehen die Preisverhandlungen, in denen dann die Spanne für das Bookbuilding festgelegt wird. Darauf folgt die Bookbuilding-Phase, die bei einer Emission am Neuen Markt meistens eine Woche dauert. Bei größeren und internationalen Emissionen dauert die Bookbuilding-Phase länger. Sie startet in der Regel mit einer Pressekonferenz. In der gesamten Woche finden dann Roadshows und Gespräche mit einzelnen Investoren (One-on-Ones) statt. Am Ende der Woche wird das Orderbuch geschlossen und der Emissionskurs festgelegt. Am nächsten Börsentag kann der Handel starten.

4. Flexibilitätsmuster – Von der Feinsteuerung zur Verschiebung

Wenn der Zeitplan steht und Schritt für Schritt abgearbeitet wird, schränkt sich der Flexibilitätsspielraum für Änderungen bzw. ein Aufhalten oder Verschieben des Prozesses immer mehr ein. Abhängig ist dies im Wesentlichen vom Grad der Öffentlichkeitswirksamkeit. Wenn etwa die Investor-Relations-Arbeit begonnen hat und die Öffentlichkeit über den ungefähren Zeitraum (zum Beispiel Börsengang ist geplant für das dritte Quartal des laufenden Jahres) informiert ist, ist es durchaus möglich, das genaue Timing des Börsengangs an Marktgegebenheiten anzupassen. So kann das Projektmanagement für den Emissionsfahrplan berücksichtigen, wie viele IPO im gleichen Zeitraum geplant sind und wie intensiv der Kapitalmarkt in dieser Zeit generell in Anspruch genommen wird. Es muss geklärt sein, wie viele andere Roadshows in der gleichen Zeit laufen und ob es sich um Kandidaten aus vergleichbaren Branchen handelt. Zu viel Roadshows überlasten die Aufnahmekapazität der Investoren, zumal der Trend zu virtuellen Roadshows sich noch nicht durchgesetzt hat. Außerdem bleibt persönliche Kommunikation ein wichtiger Erfolgsfaktor. Je weniger fortgeschritten der Prozess ist, desto einfacher ist es, zu verzögern, ohne dass dies öffentlichkeitswirksam wird. Wenn jedoch die Öffentlichkeit bereits genau über den Emissionszeitpunkt informiert ist, also zu Beginn der Pre-Marketing-Phase, dann bietet der Instrumentenkasten zur Feinsteuerung nur noch wenig Auswahl. Der Prozess als solcher kann kaum noch aufgehalten werden. Hier greifen dann nur noch Instrumente der Krisenbewältigung. Bevor eine Verschiebung unausweichlich wird, gibt es Steuerungsmöglichkeiten, die am Preis (Bookbuilding-Spanne, Emissionskurs) oder an der Menge (Emissionsvolumen) ansetzen, um diese Größen an Marktgegebenheiten anzupassen. Indikatoren für die Marktlage sind neben dem Orderbuch auch die Preise im vorbörslichen Handel.

Wenn die Pre-Marketing-Phase mangelndes Interesse offenbart hat, muss bereits die angedachte Bookbuilding-Spanne entsprechend angepasst werden. In der Bookbuilding-Phase selbst gibt es die Möglichkeit, Emissionsvolumen und -preis zu reduzieren. Dies ist jedoch für den Markt ein drastisches Signal. Ein einmal veröffentlichtes Verkaufsangebot ändert sich dann in einem wesentlichen Teil und muss deshalb geändert werden. Dabei ist es besonders aufwendig, Privatanleger in Kenntnis zu setzen. Eine zusätzliche Möglichkeit besteht darin, die Bookbuilding-Phase zu verlängern, um Investoren die Chance zu geben, sich auf die geänderten Konditionen einzustellen. Nicht selten kommt es auch vor, dass der Emissionskurs am unteren Ende der Spanne, im Extremfall sogar darunter festgelegt wird. Aber auch nach der Aufnahme des Handels gibt es eine Reihe von Sekundärmarktinstrumenten. So kann beispielsweise davon Abstand genommen werden, die Greenshoe-Option auszuüben. All diese Schritte müssen sorgfältig geplant werden, um eine angemessene Entwicklung des Kurses der neuen Aktien zu gewährleisten. Wenn jedoch klar ist, dass Preis- oder Mengensteuerung nicht greifen, muss zum letzten Mittel gegriffen werden, der Verschiebung beziehungsweise sogar endgültigen Aufhebung des Börsengangs. Es versteht sich von selbst, dass dieses Mittel nicht beliebig und vor allem nicht mehrfach eingesetzt werden kann. Nicht nur der Imageverlust für alle Beteiligten ist unübersehbar, auch die Kosten ufern aus. Denn der bisherige Aufwand ist weitgehend verloren. Und bei den Investoren muss Vertrauen neu aufgebaut und die Story neu positioniert werden.

Der Einsatz der geschilderten Instrumente der Krisenbewältigung konnte am Neuen Markt erstmals im Jahr 1999 beobachtet werden, als er im Spätsommer eine spürbare Phase des Überangebots und der mangelnden Nachfrage erlebte. Erste Anzeichen gab es bereits vorher, denn die Zeichnungsgewinne bei den Börsengängen begannen zu schrumpfen. Der Markt wurde zu viel beansprucht und es gab zu viele Kandidaten. Dies führte dazu, dass Investoren sie genauer unter die Lupe nahmen. Dazu kam, dass sich viele Börsenkandidaten nicht zu den versprochenen Highflyern entwickelten. So kulminierte die Lage im September und Oktober, als 21 Börsengänge kurzfristig verschoben wurden. Davon waren deutlich mehr als die Hälfte für den Neuen Markt vorgesehen. Von den 21 Verschiebungen wurden 16 während des Pre-Marketings, also kurz vor dem Bookbuilding bekannt gegeben, der Rest während und nach dem Bookbuilding, als die Orderlage also mehr als eindeutig war. Lediglich vier Emissionen wurden im November wieder aufgegriffen. Alle anderen sind auf das Jahr 2000 verschoben worden. Dass der Markt immer enger wurde, konnten Marktbeobachter bereits daran erkennen, dass es immer häufiger zu Festsetzungen der Emissionskurse am unteren Ende der Preisrange kam. So wurden im Juni von insgesamt 22 Emission nur sechs am oberen Ende der Bookbuilding-Spanne festgesetzt. Im September waren es neun von insgesamt 16 Emissionen und im Oktober sogar nur fünf von 14. Im November klärte sich die Lage deutlich auf: Von insgesamt 23 IPO wurden 20 am oberen Ende fixiert.

Die drastische Marktbereinigungsphase wurde von einem möglicherweise börsenpsychologisch erklärbaren Faktor überlagert. Bestimmte Branchen liefen einfach nicht. Über mehrere Wochen waren zum Beispiel Biotechnologie, Software und IT-Dienstleister nicht gefragt, während Medienwerte die Renner waren. Dies dürfte weniger an ungünstigen Fundamentaldaten gelegen haben. Die Marktmacht hat sich seit Entstehen des Neuen Markts mit zunehmenden Investitionsalternativen von den Emittenten zu den Investoren verlagert.

Alles in allem stand also das Jahr 1999 im Zeichen eines Reifeprozesses, der von harter Selektion gkennzeichnet war. Die Vielzahl der Verschiebungen kam zwar etwas schockartig, sie demonstrierte jedoch überzeugend, dass viel Wert auf Börsenreife, sorgfältige Planung und Analyse des Marktumfelds gelegt werden muss. Es spricht für die Qualität eines Markts, wenn es zu Verschiebungen kommt. In Zukunft wird dies vermutlich ein normaler Vorgang sein. Denn wenn jedes Jahr über 100 Neuemissionen stattfinden, ist ein gewisser Prozentsatz an Verschiebungen völlig normal. Denkbar ist auch, dass sich die Marktusancen auf mittlere Sicht anpassen. So ist die Syndizierungspraxis in Europa eine andere als in den USA. Während hier zu Lande die Bookbuilding-Spanne bisher als fest galt, ist man in den USA in dieser Hinsicht wesentlich flexibler. Dort ist im Vorfeld des Börsengangs der formale Prozess der Zulassung durch die SEC wesentlich strikter reguliert, andererseits hat man bei der eigentlichen Syndizierung mehr Flexibilitätsspielräume. Und sicherlich prägt auch ein völlig anderes Presse- und Öffentlichkeitskonzept in den USA das Geschehen.

Was jedoch für den Markt als Ganzes normal ist, kann aus Sicht des einzelnen Emittenten katastrophal sein. Er kann eine Verschiebung nicht für einen beliebigen Zeitraum planen: Weder liegen innerhalb von drei Monaten neue Zahlen und Fakten auf dem Tisch, noch kann sich jemand nach mehr als einem Jahr noch an die Story des Unternehmens erinnern. Und schließlich bleibt ja noch der eigentliche Zweck des Börsengangs: Der Kapitalbedarf muss anderweitig gedeckt werden. Kurzfristige Kreditlösungen stehen häufig nicht zur Verfügung, denn sie schaffen nicht den Wachstumsspielraum, den der Börsengang bringen soll.

5. Fazit: Timing als Erfolgsfaktor

Ein Börsengang hat viele Erfolgsdeterminanten. Der Faktor Zeit ist ein ganz wesentlicher. Ausschlaggebend ist zunächst die Wachstumsphase, in der sich ein Unternehmen befindet. Ein Börsengang kann erst dann stattfinden, wenn sich ein Unternehmen auf einer steilen Wachstumskurve befindet. Wenn die Steigerungsrate am höchsten ist, ist ein Börsengang angezeigt, denn der Eigenkapitalbedarf hat ein bestimmtes Ausmaß erreicht und zugleich hat sich das Unternehmen so entwickelt, dass es die typischen Kriterien der Börsenreife erfüllt. Dieser Punkt muss zu einer bestimmten Konstellation des Kapitalmarkts passen. Institutionelle Investoren, die die Schlüsselrolle einnehmen, müssen von der Equity Story überzeugt werden, und sie müssen ihre Transaktionskosten in einer Balance zur erwarteten Performance sehen. Der eigentliche Prozess des Börsengangs wird von einem straffen und ausgeklügelten Zeitplan dominiert. Die entscheidende Frage ist dabei, wie das Timing gesteuert werden kann. Während das Erreichen der Börsenreife eine Frage der Dynamik des Wachstumsprozesses und des innerbetrieblichen Managements ist, liegt die Steuerung des Projektmanagements in der Hand des Konsortialführers. Von vornherein muss der Zeitplan konsistent und in Antizipation der Marktgegebenheiten aufgestellt werden. Je weiter dann der Prozess voranschreitet und je mehr Öffentlichkeit hergestellt wird, desto schwieriger werden die Steuerungsmöglichkeiten. Bevor es zur Verschiebung kommt, können Preis- und Mengenhebel gestellt werden, die jedoch den Marktteilnehmern klare Signale übermitteln und den Verdacht aufkeimen lassen, dass am Erfolg der Emission gezweifelt wird. Eine Verschiebung ist dann die Ultima Ratio der Krisenbewältigung. Die Konsequenzen müssen klar bedacht werden. Image- und finanzieller Aufwand können sehr hoch sein, und es müssen Alternativen bereit stehen. Stellt man jedoch den Kapitalmarkt als Ganzes ins Blickfeld, spricht es für seine Reife, Effizienz und Qualität, wenn Verschiebungen und vorangehende Anpassungsmechanismen ein Stück Normalität widerspiegeln.

Klaus M. Geiger

Ergebnis nach DVFA/SG als Basis der Emissionspreisfindung

1. Einleitung	378
2. Historische Entwicklung des Ergebnisses nach DVFA/SG	380
3. Grundkonzept von DVFA/SG	381
4. Auswirkungen der Bereinigungsgrundsätze auf ausgewählte Bilanzpositionen	383
5. Berücksichtigung steuerlicher Sachverhalte im DVFA/SG-Konzept	387
5.1 Zu berücksichtigende tatsächliche und latente Steuern	387
5.2 Steuerauswirkungen zu bereinigender Sondereinflüsse	388
5.3 Steuersätze	388
6. Ermittlung des Ergebnisses je Aktie nach DVFA/SG	389
6.1 Konzernabschluss als Basis	389
6.2 Zugrundezulegende Anzahl der Aktien	390
7. Ergebnis je Aktie nach IAS und US-GAAP	390
Literaturhinweise	391

1. Einleitung

Während sich der Erfolg einer Neuemission erst einige Zeit nach der Börseneinführung zeigt, hängt die Platzierbarkeit wesentlich vom Emissionpreis ab. Dem Pricing eines Börsenaspiranten kommt daher höchster Stellenwert zu. Die Höhe des Emissionspreises hängt von zahlreichen Komponenten ab, wobei der Unternehmenswert zweifellos die wichtigste ist.

Zur Ermittlung des Unternehmenswerts werden in der Praxis zahlreiche Verfahren angewandt, die sich letztlich auf zwei Bewertungsmethoden zurückführen lassen: Diskontierungs- beziehungsweise Kapitalwertmodelle und Multiplikatorenmodelle im Rahmen des Marktwertansatzes. Die Diskontierungsmodelle beruhen auf der Anwendung des Barwertkalküls aus der Investitionstheorie. Danach entspricht der Unternehmenswert dem Barwert künftiger finanzieller Überschüsse (Cash Flow, Gewinne, Dividenden). Die beiden meistpraktizierten Kapitalwertverfahren zur Bewertung von Unternehmen stellen in Deutschland das Ertragswert- und das Discounted-Cash-Flow(DCF)-Verfahren dar.[1] Das Ertragswertverfahren stützt sich insbesondere auf die zurzeit noch gültige HFA-Stellungnahme 2/1983 des Instituts der Wirtschaftsprüfer, die gegenwärtig weiterentwickelt wird.[2] Auch die ständig an Bedeutung gewinnenden Shareholder-Value-Ansätze (zum Beispiel Economic-Value-Added- und Cash Flow-Return-on-Investment-Modelle) gehören in die Kategorie der Diskontierungsmodelle.[3]

Die Multiplikatorenmodelle lösen sich von der Konzeption der Barwertverfahren. Sie stützen sich auf die Marktbewertung von Vergleichsunternehmen und verzichten damit auf die Prognose von einzelnen Schlüsselgrößen, die in die Barwertmodelle eingehen.[4] Multiplikatoren beziehen sich immer nur auf die Bezugsgröße (zum Beispiel Umsatz, EBITDA, EBIT, Cash Flow, Gewinn) eines Jahres. Längerfristige Wachstumsaussichten, die Qualität der Erträge und sonstige unternehmensindividuelle Besonderheiten werden im Multiplikator berücksichtigt. In der Praxis werden vorwiegend zwei verschiedene Arten von Multiplikatoren angewandt: Enterprise-Value-Multiplikatoren, die zunächst den Marktwert des Gesamtunternehmens (Enterprise) ermitteln. Um zum Marktwert des Eigenkapitals zu gelangen, muss der Marktwert des Fremdkapitals abgezogen werden. Equity-Value-Multiplikatoren führen dagegen unmittelbar zum Marktwert des Eigenkapitals (Equity).

---

1 Vgl. Küting/Eidel (1999), S. 225–231.
2 Vgl. Institut der Wirtschaftsprüfer in Deutschland E. V. (Hrsg.) (1998), S. 79–102.
3 Vgl. Lorson (1999), S. 1329–1339.
4 Vgl. Böcking/Nowak (1999), S. 169–174.

Unter den Equity-Value-Multiplikatoren ist das Price-Earnings-Ratio (PER)- beziehungsweise das Kurs-Gewinn-Verhältnis (KGV)-Modell die am weitesten verbreitete Bewertungsmethode. Komplizierte Ertragswertüberlegungen werden in einer schnell rechenbaren und plakativen Gleichung zusammengefasst:

(1) KGV = Preis des Unternehmens/Nettogewinn des Unternehmens
(2) Preis des Unternehmens = KGV x Nettogewinn des Unternehmens

Aus Gründen der Vergleichbarkeit wird in der Regel anstatt einer absoluten Gewinngröße der Gewinn je Aktie verwendet. In das Bewertungsmodell geht dabei die prognostizierte je Aktie-Ziffer ein. Als KGV wird üblicherweise das KGV vergleichbarer börsennotierter Unternehmen im In- und Ausland (Peer Group) herangezogen. Über die Verwendung der KGV vergleichbarer Unternehmen fließen neben den unternehmensindividuellen Kriterien auch das allgemeine Börsenklima in die Preisfindung mit ein. Das Modell ergänzt somit eine parallele Unternehmensbewertung auf Basis der Kapitalwerte im Zuge der Festlegung des Ausgabekurses beziehungsweise der Kursbandbreite. Der Emissionspreis ist folglich stets das Ergebnis mehrerer Unternehmensbewertungsprozesse.

Bei allen Vorzügen, die das KGV als Bewertungsmethode genießt (leicht erklärbar, plakativ, da Gewinn als Bezugsgröße dem Aktionär zur Verfügung steht), dürfen die Nachteile nicht übersehen werden: Abhängigkeit vom Verschuldungsgrad des Unternehmens, da die Gewinngröße nach Abzug der Fremdkapitalzinsen definiert ist; Gewinngröße ist – insbesondere bei internationalen Vergleichen – durch unterschiedliche Rechnungslegungsvorschriften und Steuersysteme geprägt; keine Anwendbarkeit des KGV bei Unternehmen mit Verlusten.

Für die Unternehmensbewertung nutzbare Ergebnisse liefert das KGV-Verfahren nur, wenn die in die Gleichungen (1) und (2) eingesetzte Gewinngröße die tatsächliche Ertragskraft des Unternehmens widerspiegelt. Der nach deutschen Rechnungslegungsvorschriften unter der Maxime des Gläubigerschutzes und der Kapitalerhaltung ausgewiesene Jahresüberschuss ist hierfür ungeeignet.[5] Aus diesem Grund wurde von der Deutsche Vereinigung für Finanzanalyse und Asset Management (DVFA) in Zusammenarbeit mit der Schmalenbach-Gesellschaft (SG) eine Kennzahl erarbeitet, die losgelöst von Sondereinflüssen die tatsächliche Ertragskraft eines Unternehmens wiedergeben soll. Diese Ertragskennzahl ist das Ergebnis je Aktie nach DVFA/SG, das in die Gleichungen (1) und (2) eingesetzt wird, um zu akzeptablen Bewertungsergebnissen zu kommen.

---

5 Vgl. Booth/Broussard/Loistl (1994), S. 5.

2. Historische Entwicklung des Ergebnisses nach DVFA/SG

Bereits in den Sechzigerjahren wurde auf die Untauglichkeit des nach dem damaligen Aktiengesetz ausgewiesenen Jahresüberschusses für finanzanalytische Zwecke hingewiesen.[6] Nachdem das Aktiengesetz 1965 erstmals eine detaillierte Gliederung der Gewinn- und Verlustrechnung vorschrieb, die eine Bereinigung der im Jahresüberschuss enthaltenen Sondereinflüsse möglich machte, veröffentlichte die DVFA 1968 eine erste „Empfehlung zur Bildung eines einheitlichen Gewinnbegriffs zur Erleichterung der vergleichenden Aktienbeurteilung". Nach der Umsetzung des Bilanzrichtliniengesetzes 1986 publizierte die DVFA 1988 bereits die fünfte Fassung des Ergebnisermittlungsschemas. Auch diese Empfehlung hatte die unternehmensübergreifende Vergleichbarkeit zum Ziel. Der Arbeitskreis „Externe Unternehmensrechnung" der Schmalenbach-Gesellschaft Deutsche Gesellschaft für Betriebswirtschaft (SG) legte im gleichen Jahr eine eigene Empfehlung zur Ermittlung des Ergebnisses je Aktie vor, die die Individualität des einzelnen Unternehmens in stärkerem Maße als die DVFA hervorhob. Angesichts der Tatsache, dass ein Nebeneinander zweier Empfehlungen am Kapitalmarkt nur zu Irritationen führt, haben sich DVFA und SG zu einer gemeinsamen Empfehlung entschlossen, die im September 1990 erschienen ist. Eine zweite, stark erweiterte Fassung folgte Anfang 1996. Sie berücksichtigte neuere Entwicklungen in der Rechnungslegung und machte die Bereinigungstatbestände transparenter und operationaler.

Die erheblichen Veränderungen in den Bilanzierungsgepflogenheiten deutscher börsennotierter Unternehmen durch internationale Einflüsse haben es erforderlich werden lassen, die Empfehlungen zur Ermittlung des Ergebnisses je Aktie nach DVFA/SG erneut grundlegend in einer dritten Auflage zu überarbeiten, die im Spätjahr 1999 erschienen ist. Ausfluss dieser wesentlich ausgeprägteren Orientierung an den international üblichen Bilanzierungs- und Bewertungsmaßnahmen ist unter anderem die stärkere Berücksichtigung aktiver latenter Steuern und der Ansatz von Abschreibungen auf erworbene Geschäfts- oder Firmenwerte. Allerdings darf von den Unternehmen als Zusatzinformation auch ein Ergebnis je Aktie nach DVFA/SG veröffentlicht werden, bei dem Goodwillabschreibungen ergebniserhöhend bereinigt sind.

---

6 Vgl. DVFA (Hrsg.) (1968), S. 7.

Das Ergebnis nach DVFA/SG soll

- den Ergebnistrend eines Unternehmens im Zeitablauf aufzeigen,
- eine zuverlässige Ausgangsbasis für die Abschätzung der zukünftigen Ergebnisentwicklung darstellen sowie
- Vergleiche des wirtschaftlichen Erfolgs zwischen verschiedenen Unternehmen ermöglichen, unabhängig davon, ob der Abschluss nach deutschem Handelsrecht, den International Accounting Standards (IAS) oder den US-GAAP erstellt ist. Das Ergebnis nach DVFA/SG ist insofern das Bindeglied zwischen traditioneller deutscher und moderner internationaler Bilanzierung. Nach seinem Grundverständnis ist das Ergebnis je Aktie eine finanzanalytische Ertragskennziffer, deren Ermittlung an kein Rechnungslegungssystem gebunden ist. Insofern kann es sowohl auf HGB- als auch auf IAS- oder US-GAAP-Abschlüssen aufsetzen.[7]

3. Grundkonzept von DVFA/SG

Das in der Gewinn- und Verlust-Rechnung ausgewiesene Jahresergebnis ist in aller Regel keine für den Zeit- und Unternehmensvergleich geeignete Ertragsgröße. Hierfür gibt es zwei sehr unterschiedliche Gründe. Zum einen haben sich die einzelnen Rechnungslegungssysteme den Ausweis des Periodenerfolgs in sehr unterschiedlicher Intensität auf die Fahne geschrieben. Die HGB-Abschlüsse stehen in dieser Hinsicht weit hinter den IAS- und US-GAAP-Abschlüssen zurück. Das Grundkonzept von DVFA/SG sieht daher vor, die Qualität des Periodenerfolgs der HGB-Abschlüsse durch Beseitigung von Bilanzierungs- und Bewertungswahlrechten sowie von Ermessensspielräumen an die internationaler Abschlüsse anzunähern. Durch Bereinigung dieser rechnungslegungsspezifischen Sondereinflüsse wird das Periodenergebnis entzerrt. HGB-Jahresabschlüsse werden auf diese Weise vergleichbarer mit IAS- und US-GAAP-Jahresergebnissen.

Der zweite Grund für die nicht hinreichende Eignung des ausgewiesenen Jahresergebnisses für die Aktienbewertung ist nicht rechnungslegungsimmanent und betrifft insofern alle drei Rechnungslegungssysteme. Es handelt sich um unternehmensspezifische Sondereinflüsse. Derartige Sondereinflüsse ergeben sich in zweifacher Hinsicht. Einmal beruhen sie auf Ereignissen und Geschäftsvorfällen, die sich deutlich von der gewöhnlichen Geschäftstätigkeit des Unternehmens unterscheiden, da sie ungewöhnlich und selten sind (Extraordinary Items). Typische Beispiele sind Enteignungen und Naturkatastrophen. Es versteht sich von selbst, diese Sondereinflüsse aus dem Ergebnis zu eliminieren.

---

7 Vgl. Geiger (1998), S. 200.

Häufiger und in der Regel gewichtiger ist die zweite Kategorie unternehmensspezifischer Sondereinflüsse: Sondereinflüsse innerhalb der gewöhnlichen Geschäftstätigkeit. Sie fallen entweder selten an oder sind als ungewöhnlich einzustufen. Obwohl sie keine Extraordinary Items darstellen, sind sie für das Verständnis der unternehmensspezifischen Ertragslage, für Vergleiche mit anderen Gesellschaften und vor allem für die Erstellung von Ertragsprognosen so gewichtig, dass es sich anbietet, auch diese im ausgewiesenen Jahresergebnis rückgängig zu machen. DVFA/SG liefert einen abschließenden Katalog von Tatbeständen, die als Sondereinflüsse zu bereinigen sind.[8] Daneben gibt es Sondereinflüsse, die nicht bereinigungswürdig sind. Die Bereinigungen haben unabhängig davon zu erfolgen, ob der Ausweis der Sondereinflüsse innerhalb des Ergebnisses der gewöhnlichen Geschäftstätigkeit oder im außerordentlichen Ergebnis erfolgt. Das um Sondereinflüsse im Sinne von DVFA/SG bereinigte Jahresergebnis der Gewinn- und Verlustrechnung ist das Ergebnis nach DVFA/SG.

Zwischen den nach DVFA/SG zu bereinigenden und nicht zu bereinigenden Sondereinflüssen kann es in der Praxis zu Abgrenzungsschwierigkeiten kommen, die im Ergebnis materiell sind. Das soll folgendes Beispiel belegen: Aufwendungen und Erträge im unmittelbaren Zusammenhang mit dem Verkauf oder der Stilllegung von Geschäftsbereichen oder ganzer Produktlinien (Discontinuing Operations) sind ein zu bereinigender Sondereinfluss. Bereinigt werden zum Beispiel außerplanmäßige Abschreibungen auf Sach- und Finanzanlagen, Gewinne oder Verluste aus dem Abgang von Sach- und Finanzanlagen, Erträge oder Aufwendungen aus der Entkonsolidierung von Beteiligungen (zum Beispiel auch außerplanmäßige Goodwillabschreibungen), Aufwendungen für Sozialpläne und dafür gebildete Rückstellungen. Diese Aufwendungen und Erträge werden nicht bereinigt, wenn die vom Unternehmen ergriffenen Maßnahmen der Rationalisierung und Restrukturierung innerhalb bestehender Organisationsstrukturen, der Stilllegung von Produktionseinrichtungen und Werken dienen sowie zur Substitution einzelner Produkte führen, wenn gleichzeitig die Geschäftstätigkeit mit den übrigen Produkten der Produktlinie fortgeführt wird. Derartige Maßnahmen gehören zum „normalen Leben" eines Unternehmens, unabhängig davon, wie hoch die damit verbundenen Aufwendungen sind.

---

8 Vgl. Busse von Colbe et al. (Hrsg.) (2000), S. 27–51.

4. Auswirkungen der Bereinigungsgrundsätze auf ausgewählte Bilanzpositionen

Die nachfolgenden Übersichten zeigen, ausgehend von ausgewählten Bilanzpositionen, die „Bilanzierungs- und Bewertungsgrundsätze" nach DVFA/SG und die daraus abgeleiteten Bereinigungsmaßnahmen auf.

Position	Bilanzierungs- und Bewertungsgrundsätze nach DVFA/SG	Bereinigungsmaßnahmen
Ingangsetzungs- und Erweiterungsaufwendungen	Sofortige Aufwandsverrechnung	Nach HGB erlaubte Aktivierung ist ergebnismindernd zu bereinigen. Abschreibungen der Folgejahre sind ergebniserhöhend zu berücksichtigen.
Forschungs- und Entwicklungsaufwendungen	Sofortige Aufwandsverrechnung. Nach IAS aktivierte Entwicklungskosten werden planmäßig abgeschrieben.	
Derivativer Geschäfts- oder Firmenwert	Aktivierung und Abschreibung über eine Nutzungsdauer zwischen 5 und 20 Jahren	Bei kürzerer Nutzungsdauer ist Aufwandsunterschied gegenüber einer Abschreibungsdauer von fünf Jahren und bei längerer Nutzungsdauer gegenüber einer Abschreibungsdauer von 20 Jahren zu bereinigen.
	Fiktive Aktivierung und Abschreibung über zehn Jahre, wenn Goodwill nicht oder nicht in vollem Umfang über GuV abgeschrieben wird	
	Außerplanmäßige Abschreibungen zum Ausgleich einer nachhaltigen Wertminderung sind ordentlicher Aufwand.	Außerplanmäßige Abschreibungen aus Vorsorge- oder steuerlichen Gründen sowie im Zusammenhang mit Discontinuing Operations sind zu bereinigen.
Sachanlagen	Planmäßige Abschreibungen sind normaler betrieblicher Aufwand, soweit sich die angewandten Abschreibungsdauern im Rahmen der bei börsennotierten Unternehmen „üblichen Bandbreiten" bewegen.	Planmäßige Abschreibungen außerhalb „der üblichen Bandbreiten" sind zu bereinigen.
	Außerplanmäßige Abschreibungen auf Grund nachhaltiger Wertminderungen sind ordentlicher Aufwand.	Außerplanmäßige Abschreibungen aus Vorsorge- oder steuerlichen Gründen sowie im Zusammenhang mit Discontinuing Operations sind zu bereinigen.

Position	Bilanzierungs- und Bewertungsgrundsätze nach DVFA/SG	Bereinigungsmaßnahmen
Sachanlagen	Zuschreibungsgebot	Zuschreibungen sind ergebnismindernd zu bereinigen, wenn die dadurch korrigierten Abschreibungen früherer Jahre ergebniserhöhend bereinigt worden sind; Sonderregelung für erstmalige Anwendung des steuerlichen Wertaufholungsgebots im Geschäftsjahr 1999.
	Gewinne und Verluste aus Anlageabgängen sind normale betriebliche Ergebniskomponenten. Spezielle Empfehlungen für Immobilienbestandsgesellschaften.	Bereinigung von Gewinnen und Verlusten aus ungewöhnlichen Abgängen: Sale- and Lease-back-Transaktionen, bedeutende Immobilien, soweit Verkauf nicht Gegenstand der gewöhnlichen Geschäftstätigkeit ist, Discontinuing Operations. Stehen Gewinne in unmittelbarem Zusammenhang mit Restrukturierungsaufwendungen, die nach DVFA/SG ordentlicher Ergebnisbestandteil sind, ist nur ein verbleibender Gewinnsaldo zu bereinigen.
	Ergebnisauswirkungen aus der Änderung von Abschreibungsmethoden und/oder -dauern gehören nicht zum ordentlichen Geschäft.	Abschreibungen oder Zuschreibungen aus der Neubewertung des vorhandenen Sachanlagenbestands zu Beginn eines Geschäftsjahres sind zu bereinigen. Die nach der Umbewertung eintretenden Änderungen der Abschreibungen sind normaler Ergebnisbestandteil, jedoch ist Ergebnis nach DVFA/SG des Vorjahres entsprechend anzupassen.
Finanzanlagen	Abschreibungen auf Grund nachhaltiger Wertminderungen sind ordentlicher Ergebnisbestandteil.	Abschreibungen, die auf einer voraussichtlich vorübergehenden Wertminderung, auf steuerlichen Vorschriften oder auf einem außergewöhnlichen Schadensfall (zum Beispiel Enteignung von Beteiligungen) beruhen, sind zu bereinigen.
	Zuschreibungsgebot	Zuschreibungen sind ergebnismindernd zu bereinigen, wenn die dadurch korrigierten Abschreibungen früherer Jahre ergebniserhöhend bereinigt worden sind; Sonderregelung für erstmalige Anwendung des steuerlichen Wertaufholungsgebots im Geschäftsjahr 1999.

Position	Bilanzierungs- und Bewertungsgrundsätze nach DVFA/SG	Bereinigungsmaßnahmen
Finanzanlagen	Erträge und Aufwendungen aus dem teilweisen oder vollständigen Verkauf beziehungsweise der Entkonsolidierung von Beteiligungen sind kein ordentlicher Ergebnisbestandteil. Spezielle Empfehlungen für Unternehmensbeteiligungsgesellschaften, Banken und Versicherungen.	Derartige Erträge und Aufwendungen sind zu bereinigen, soweit sie nicht in unmittelbarem Zusammenhang mit Restrukturierungsaufwendungen stehen, die nach DVFA/SG ordentlicher Ergebnisbestandteil sind. Ein verbleibender Ertragssaldo ist zu bereinigen.
Vorräte und noch nicht abgerechnete Leistungen	Bewertung zu Einzelkosten zuzüglich Material- und Fertigungsgemeinkosten inklusive Abschreibungen	Ergebnisauswirkungen aus dem Wechsel der Bewertungsmethode und/oder des Verbrauchsfolgeverfahrens sind im Jahr der Umstellung so zu bereinigen, dass das Berichtsjahr mit den Folgejahren vergleichbar ist (vgl. Sachanlagen). Bereinigung von steuerrechtlichen Abschreibungen und Abschreibungen auf den nahen Zukunftswert. Werden derartig dispositiv abgeschriebene Vorräte in den Folgejahren verbraucht, so sind entsprechende Ergebnisminderungen anzusetzen.
Langfristige Auftragsfertigung	Aktivierungsfähige Herstellungskosten; bei abrechnungsfähigen Teilleistungen volle Selbstkosten. Berücksichtigung anteiliger Gewinne, wenn ihre Realisierung sehr wahrscheinlich ist.	Bei Abweichung von diesen Bewertungsgrundsätzen ist der Bewertungsunterschied bezogen auf die Veränderung der Vorräte ergebniswirksam zu bereinigen.
Forderungen	Abschreibungen auf Forderungen zur Berücksichtigung erkennbarer Verluste oder Wertminderungen nach dem Niederstwertprinzip sind Bestandteil der normalen operativen Geschäftsrisiken.	Eine Korrektur der Abschreibungen erfolgt, wenn diese erheblich über die Berücksichtigung aktueller Verlust- oder Wertminderungsrisiken hinausgehen. Spätere Erträge aus der Auflösung von entsprechenden Wertberichtigungen sind ergebnismindernd zu bereinigen.
Disagio	Aktivierung und Abschreibung über die Laufzeit des Darlehens	Eine davon abweichende Bilanzierung ist zu bereinigen.
Wertpapiere des Anlage- und Umlaufvermögens	Einzelbewertung zu Anschaffungs- bzw. niedrigeren Marktwerten; Einzelbewertung zu Marktwerten oder Portfoliobewertung	Ergebnisauswirkungen aus dem jeweiligen Verfahren sind nur dann zu bereinigen, wenn es nicht konsistent angewandt wird.

Position	Bilanzierungs- und Bewertungsgrundsätze nach DVFA/SG	Bereinigungsmaßnahmen
Rückstellungen für Pensionen und ähnliche Verpflichtungen	Ein standardisiertes Verfahren, nach dem die Höhe dieser Rückstellungen zu bemessen ist, wird nicht verlangt. Zuführungen und Auflösungen sind in der Regel ordentliche Ergebnisbestandteile.	Bereinigung von Einmaleffekten, die sich aus einem Methodenwechsel oder Änderungen von Parametern (zum Beispiel Rechnungszinsfluss) ergeben. Bereinigung von dispositiven Nachholungen beziehungsweise von dispositiven Unterlassungen der Bildung von Rückstellungen.
Sonstige Rückstellungen	Nur die Bildung von „Verbindlichkeitsrückstellungen" ist erlaubt. Schätzung mit der höchsten Wahrscheinlichkeit ist zu verwenden.	Sämtliche „Aufwandsrückstellungen" sind zu bereinigen. Bei Abweichung von der Schätzung mit der höchsten Wahrscheinlichkeit, was jährlich zu überprüfen ist, sind die Ergebnisunterschiede zu bereinigen. Erträge aus der Auflösung von Rückstellungen sind nur zu bereinigen, wenn die seinerzeitige Bildung ebenfalls bereinigt worden ist.
Latente Steuern	Vollständiger Ansatz aktiver latenter Steuern ist erwünscht, aber nur für zwei Positionen zwingend: (1) aktive latente Steuern, die sich aus dem bilanziellen Ansatz von Rückstellungen und deren abweichender steuerlicher Berücksichtigung ergeben und (2) aktive latente Steuern auf Verluste des Geschäftsjahres, sofern mit einem zukünftigen Verlustausgleich oder einem Ausgleich mit Steuerzahlungen auf frühere Gewinne (Verlustrücktrag) mit großer Wahrscheinlichkeit gerechnet werden kann.	Fiktiver Ansatz von aktiven latenten Steuern im Sinne nebenstehender Bilanzierungsgrundsätze. Im Falle aktiver latenter Steuern auf Verluste des Geschäftsjahres ist jährlich zu prüfen, ob auf Grund veränderter Ertragsperspektiven Nachaktivierungen beziehungsweise Auflösungen von aktiven latenten Steuern notwendig werden. Nachaktivierungen und Auflösungen sind ordentlicher Ergebnisbestandteil.
Fremdwährungseinflüsse	Konzept der funktionalen Währung (modifizierte Stichtagskursmethode für Foreign Entities und Zeitbezugsmethode für Foreign Operations) ist bei der Währungsumrechnung Messlatte für DVFA/SG.	Werden andere Verfahren als die funktionale Währungsumrechnung angewandt, so sind erfolgswirksame Unterschiede zur funktionalen Methode zu bereinigen.

Position	Bilanzierungs- und Bewertungsgrundsätze nach DVFA/SG	Bereinigungsmaßnahmen
Sonstige Sondereinflüsse		Zu bereinigen sind: Aufwendungen für die erstmalige Börseneinführung und weitere Eigenkapitalerhöhungen, Aufwendungen aus außergewöhnlichen Schadensfällen sowie entsprechende Erträge aus Versicherungsleistungen, Aufwendungen und Erträge aus Sanierungsmaßnahmen.

Abbildung 70: Bilanzierungs- und Bewertungsgrundsätze nach DVFA/SG

5. Berücksichtigung steuerlicher Sachverhalte im DVFA/SG-Konzept

5.1 Zu berücksichtigende tatsächliche und latente Steuern

In Übereinstimmung mit der internationalen Praxis wird das Ergebnis nach DVFA/SG als Größe nach Steuern ermittelt. Bei den Steuern sind sowohl tatsächliche als auch latente Ertragsteuern zu berücksichtigen.

Unternehmen, die ihren Abschluss nach IAS oder US-GAAP aufstellen, müssen latente Steuern nach dem Temporary-Konzept in vollem Umfang ansetzen. Entsprechend brauchen im DVFA/SG-Ergebnis keine Anpassungen vorgenommen werden. Unternehmen, die ihren Abschluss nach HGB aufstellen, berücksichtigen zwar passive latente Steuern nach dem Timing-Konzept in vollem Umfang. Dagegen beschränken sich aktive latente Steuern häufig auf erfolgswirksame Konsolidierungsmaßnahmen. Bei drei Sachverhalten – Rückstellungen, Verbindlichkeiten und Verluste – sind aber aktive latente Steuern im Ergebnis nach DVFA/SG zu berücksichtigen. In HGB-Abschlüssen ist folglich zwischen dem ausgewiesenen und dem angepassten Jahresergebnis zu unterscheiden. Im ausgewiesenen Jahresergebnis sind tatsächliche und latente Steuern in dem Umfang berücksichtigt, in dem sie in den Jahresabschluss Eingang gefunden haben. Im angepassten Jahresergebnis finden darüber hinaus aktive latente Steuern ihren Niederschlag, die im ausgewiesenen Jahresergebnis entweder nicht gebildet wurden (Rückstellungen und Verbindlichkeiten) oder nicht gebildet werden konnten (Verluste), da es das HGB nicht zulässt.

5.2 Steuerauswirkungen zu bereinigender Sondereinflüsse

Im Fall von zu bereinigenden Sondereinflüssen ist das bereinigte Jahresergebnis nach DVFA/SG so zu ermitteln, als wären die Bereinigungspositionen bereits im angepassten Jahresergebnis nicht enthalten gewesen. Ein Aufwand (Ertrag), der einen Sondereinfluss darstellt, wird in der Höhe zum (vom) angepassten Jahresergebnis hinzugerechnet (abgezogen), wie er diesen reduziert (erhöht) hat. Hierbei sind bei dem zu bereinigenden Sondereinfluss drei denkbare Möglichkeiten zu prüfen:

- Der Aufwand (Ertrag) hat das angepasste Jahresergebnis nach Abzug tatsächlicher Ertragsteuern reduziert (erhöht). Das angepasste Jahresergebnis ist um den Nettobetrag (nach Abzug der Ertragsteuern) zu erhöhen (reduzieren).
- Der Aufwand (Ertrag) hat das angepasste Jahresergebnis nach Abzug latenter Steuern reduziert (erhöht). Das angepasste Jahresergebnis ist um den Nettobetrag (nach Abzug latenter Steuern) zu erhöhen (reduzieren).
- Der Aufwand (Ertrag) hat das angepasste Jahresergebnis brutto=netto reduziert (erhöht), da keine effektive oder latente Ertragsteuerersparnis (effektive oder latente Ertragsteuer) angefallen ist. Das angepasste Jahresergebnis ist um den Bruttobetrag zu erhöhen (reduzieren). Führt der Bereinigungsvorgang, ausgehend von einem Jahresüberschuss, zu einem negativen Ergebnis nach DVFA/SG, so sind auf das negative Ergebnis nach DVFA/SG latente Steuerentlastungen zu berücksichtigen, sofern zukünftig mit großer Wahrscheinlichkeit ein Verlustausgleich durch Gewinne zu erwarten ist. Führt der Bereinigungsvorgang, ausgehend von einem Jahresfehlbetrag, zu einem positiven Ergebnis nach DVFA/SG, sind latente Steuerbelastungen zu berücksichtigen.[9]

Steuernachzahlungen und -rückerstattungen stellen keine zu bereinigenden Sondereinflüsse dar. Ein Sondereinfluss, der den Zeit- und Unternehmensvergleich beeinträchtigt und daher im Ergebnis nach DVFA/SG zu bereinigen ist, resultiert dagegen aus erfolgswirksamen Forderungen latenter Steuern auf Grund von Steuersatzänderungen.

5.3 Steuersätze

Auf die zu bereinigenden Sondereinflüsse sind grundsätzlich die jeweils geltenden landesspezifischen Sätze für die Ertragsteuern anzuwenden. Für Bereinigungspositionen aus deutschen Abschlüssen ist dies bei der Körperschaftsteuer in der Regel der Steuersatz für thesaurierte Gewinne, wenn unterstellt werden

---

9 Vgl. Busse von Colbe et al. (Hrsg.) (2000), S. 17–21.

kann, dass die Gewinnthesaurierung ohne die zu bereinigende Position entsprechend höher oder niedriger ausgefallen wäre. Bei der Gewerbeertragsteuer ist der unternehmensindividuelle Hebesatz anzuwenden. Im Konzernabschluss kann bei Schwierigkeiten hinsichtlich der Zuordnung von Bereinigungspositionen auf einzelne Länder der durchschnittliche Konzernsteuersatz zugrundegelegt werden. Für die Berechnung der angepassten latenten Steuern nach DVFA/SG ist der Steuersatz zu verwenden, den das Unternehmen beim Ansatz der latenten Steuern gewählt hat.

6. Ermittlung des Ergebnisses je Aktie nach DVFA/SG

6.1 Konzernabschluss als Basis

Das Ergebnis nach DVFA/SG ist für das Gesamtunternehmen zu ermitteln. Demzufolge ist vom ausgewiesenen Konzernjahresüberschuss/-fehlbetrag auszugehen. Er sollte die ergebniswirksamen Auswirkungen aller wesentlichen Tochter- und Gemeinschaftsunternehmen sowie assoziierten Gesellschaften nach Erwerb und Anpassung an die konzerneinheitlichen Bilanzierungsgrundsätze enthalten. Ist der Konsolidierungskreis nicht in diesem Sinne abgegrenzt, so sind für DVFA/SG-Zwecke entsprechend Ergebnisanpassungen vorzunehmen. Im nächsten Schritt sind nicht abgegrenzte aktive latente Steuern zu berücksichtigen. Anschließend ist das so angepasste Jahresergebnis um Sondereinflüsse zu bereinigen. Auf diese Weise erhält man das Konzernergebnis DVFA/SG für das Gesamtunternehmen. Hiervon sind die Ergebnisanteile Dritter am Konzernjahresergebnis, an den latenten Steueranpassungen und an den Bereinigungspositionen abzuziehen. Die so abgegrenzte Größe ist das Konzernergebnis DVFA/SG für Aktionäre der Muttergesellschaft und die Basis für das Ergebnis je Aktie nach DVFA/SG.

Fließen dem Unternehmen im Zuge des Börsengangs neue Mittel zu, so sind die daraus resultierenden Ertragseffekte grundsätzlich ab dem Zeitpunkt des Mittelzuflusses zu berücksichtigen. Für Prognoserechnungen sind die geplanten Mittelverwendungen (Investitionen, Schuldentilgungen, Anlagen am Kapitalmarkt, Akquisitionen) zugrundezulegen, sofern die daraus resultierenden Ertragseffekte hinreichend sicher und quantifizierbar sind. Die jeweilige Vorgehensweise hängt vom konkreten Einzelfall ab.

6.2 Zugrundezulegende Anzahl der Aktien

Bei der Ermittlung der zugrundezulegenden Anzahl der Aktien ist von dem unmittelbar vor dem Börsengang vorhandenen Gezeichneten Kapital auszugehen, das für sämtliche Jahre vor dem Börsengang zu verwenden ist. Für das Jahr des Börsengangs ist die Aktienanzahl aus dem am Jahresende vorhandenen Kapital sowie dem unmittelbar vor dem Börsengang bestehenden Kapital zeitgewichtet zu ermitteln. Zwischenzeitliche Kapitalerhöhungen sind ebenfalls zeitanteilig zu berücksichtigen.[10]

7. Ergebnis je Aktie nach IAS und US-GAAP

Das Ergebnis je Aktie nach DVFA/SG ist ein anerkanntes und bewährtes Basiselement der Emissionspreisfindung und der Informationspolitik des Unternehmens nach dem Börsengang. In jüngerer Zeit sind als Konkurrenten die Ergebnis-je-Aktie-Kennzahlen nach IAS und US-GAAP hinzugekommen. Während die Offenlegung des Ergebnisses je Aktie nach DVFA/SG auf freiwilliger Basis erfolgt, ist der Ausweis des Ergebnisses je Aktie nach IAS und US-GAAP verpflichtend, wenn Unternehmen diesen Rechnungslegungsnormen folgen.

Gemäß den Regelungen der US-GAAP gibt es nicht die EPS-Kennzahl schlechthin, sondern – anhängig von der konkreten Erfolgsstruktur des jeweiligen Unternehmens – bis zu fünf EPS-Kennzahlen hinsichtlich der Zählergröße.[11] Das kommt den Intensionen von DVFA/SG sehr entgegen: Das „income or loss from continuing operations" bereinigt um DVFA/SG-relevante „unusual or infrequent items", die gesondert ausgewiesen werden müssen, und das „income or loss from operations of the discontinued segments" bilden inhaltlich das Ergebnis nach DVFA/SG weitgehend ab.[12]

Auch die Rechnungslegung nach IAS liefert im Grundsatz alle notwendigen Informationen, um ein mehrstufiges EPS zu ermitteln und auszuweisen. Umso verwunderlicher ist es, dass lediglich die EPS bezogen auf das „net income" obligatorisch sind. Die so definierten EPS nach IAS sind mit dem Ergebnis je Aktie nach DVFA/SG nur dann inhaltlich vergleichbar, wenn keine Sondereinflüsse das „net income" verzerrt haben, was in aller Regel nicht der Fall ist.

---

10 Zu unverwässerten und verwässerten Werten je Aktie vgl. im Einzelnen Busse von Colbe et al. (Hrsg.) (2000), S. 55–63.
11 Vgl. Eichel (1999), S. 119–141.
12 Vgl. Geiger (1998), S. 202.

Die unbesehene Übernahme der EPS nach US-GAAP oder nach IAS ist für Bewertungszwecke nicht angebracht. Es ist darauf zu achten, dass unternehmensspezifische Sondereinflüsse bereinigt sind, denn diese können die zeitliche und zwischenbetriebliche Vergleichbarkeit der Ergebnisse stark beeinträchtigen.

Literaturhinweise

Böcking, H.-J./Nowak, K. (1999): Marktorientierte Unternehmensbewertung, in: Finanz Betrieb, 1. Jg., S. 169–176.

Booth, G.G./Broussard, J.P./Loistl, O. (1994): German Stock Returns and the Information Content of DVFA Earnings. DVFA-Beiträge zur Wertpapieranalyse, Heft 30.

Busse von Colbe, W./Becker, W./Berndt, H./Geiger, K.M./Hasse, H./Schellmoser, F./Schmitt, G./Seeberg, Th./von Wysocki, K. (2000): Ergebnis je Aktie nach DVFA/SG. Gemeinsame Empfehlung. Stuttgart.

DVFA (Hrsg.) (1968): Empfehlung zur Bildung eines einheitlichen Gewinnbegriffs zur Erleichterung der vergleichenden Aktienbeurteilung (Arbeitsergebnis der Fachkommission der DVFA), Beiträge zur Aktienanalyse, Heft 7.

Eidel, U. (1999): Moderne Verfahren der Unternehmensbewertung und Performance-Messung. Herne/Berlin.

Geiger, K.M. (1998): Die Umstellung der Rechnungslegung aus Sicht der Finanzanalysten, in: Auer, K. von (Hrsg.): Die Umstellung der Rechnungslegung auf IAS/U.S.-GAAP. Wien.

Institut der Wirtschaftsprüfer E.V.: Wirtschaftsprüfer Handbuch 1998, Band II. Düsseldorf.

Küting, K./Eidel, U. (1999): Marktwertansatz contra Ertragswert- und Discounted Cash Flow-Verfahren, in: Finanz Betrieb, 1. Jg., S. 225–231.

Lorson, P. (1999): Shareholder Value-Ansätze, in: Der Betrieb, 52. Jg., S. 1329–1339.

Michael Rohleder

Emissionspreisfindung und Emissionsverfahren

1. Einführung 394
2. Bestimmung des Emissionspreises 394
3. Emissionsverfahren 396
   3.1 Untergang des Festpreisverfahrens 396
   3.2 Bookbuilding-Verfahren 397
       3.2.1 Funktionsweise des Bookbuilding-Verfahrens 397
       3.2.2 Bewertung der Bookbuilding-Preisfindung
            und ihre Auswirkung auf die Beteiligten 401
   3.3 Auktionsverfahren 403
4. Fazit und Zukunftsaussichten 404
   Literaturhinweise 405

1. Einführung

Die Platzierbarkeit von Aktien und damit der Erfolg einer Aktienemission hängt ganz entscheidend vom zu Grunde liegenden Emissionspreis ab. Daher stellt die Ermittlung des Emissionspreises eine der wichtigsten und schwierigsten Aufgaben im Rahmen eines Going Public dar. Bei der Preisfestsetzung haben die Beteiligten unterschiedliche Interessenlagen hinsichtlich der Höhe des Emissionspreises. Grundsätzlich sind die Anleger an einem niedrigen Emissionspreis interessiert, um eine möglichst hohe Effektivrendite zu erzielen. Der Emittent wünscht dagegen einen möglichst hohen Emissionspreis, um dem Unternehmen und den Altgesellschaftern durch die Neuemission möglichst viel Kapital zuzuführen und die Kapitalkosten gering zu halten. Der konsortialführenden Bank kommt als Intermediär die Vermittlungsfunktion zu, die berechtigten Interessen von Emittent und Investor im Rahmen einer marktorientierten Preisfindung gleichermaßen zu berücksichtigen und eine faire Verteilung des Emissionsrisikos auf die an der Emission beteiligten Parteien zu ermöglichen. Der optimale Emissionspreis gewährleistet eine vollständige und dauerhafte Platzierung bei den ausgewählten Zielgruppen, ermöglicht einen positiven Kursverlauf – idealerweise auch einen Anfangsgewinn für die Neuaktionäre – und maximiert unter Einhaltung dieser Nebenbedingungen den Erlös für Unternehmen und Altgesellschafter. Aus Sicht der Emittenten ist jenes Platzierungsverfahren das beste, das langfristig betrachtet die höchsten Emissionserlöse bringt. Denn wurde bei der Erstemission der Aktienpreis bereits ausgereizt, gestaltet sich eine erneute Inanspruchnahme des Kapitalmarkts bei Folgekapitalmaßnahmen schwierig.

2. Bestimmung des Emissionspreises

Bei der Ermittlung des Emissionspreises spielen unterschiedliche Methoden der Unternehmensbewertung im Hinblick auf die Wertermittlung eine entscheidende Rolle. Jede Partei ermittelt mit Hilfe geeigneter Bewertungsverfahren ihren subjektiven Unternehmenswert, der dann als Argumentationsgrundlage in die Preisverhandlungen eingebracht wird. Aus einer Analyse des Unternehmens, des Marktumfelds, der Kapitalmarktverfassung und des Emissionskonzepts wird zunächst eine erste Bewertungsspanne des Unternehmenswerts auf der Grundlage fundamentaler und börsenanalytischer Verfahren ermittelt.

Bei der Preisfindung werden üblicherweise das Ertragswertverfahren, das Discounted-Cash-Flow-Verfahren, und vergleichsorientierte Multiplikatorverfahren zugrundegelegt. Zukunftswertmodelle wie die Ertragswertmethode oder das Discounted-Cash-Flow-Verfahren stellen eine modellmäßige Nachbildung des Kapi-

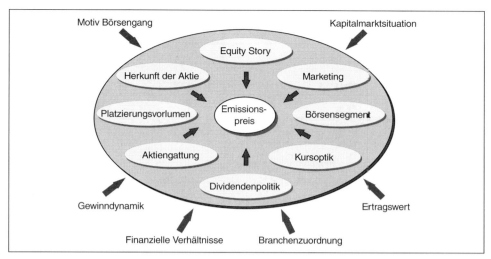

Abbildung 71: Bestimmungsfaktoren des Emissionspreises

talmarkts dar und dienen somit als Ersatzverfahren, um Marktpreisschätzungen abgeben zu können. Am verbreitesten unter den Multiplikatoren sind die KGV-Methode und die DVFA/SG-Methode. In der Praxis finden sich beliebige weitere Kennzahlen vom Kurs-Cash-Flow-Verhältnis (KCFV) und Kurs-Umsatz-Verhältnis bis hin zu Enterprise Value zu EBITDA-Bewertung.[1]

Aus den Ergebnissen der unterschiedlichen Preisermittlungen legen die Banken einen vorläufigen Preisrahmen fest, die so genannte Fair Value Range, die verschiedene Bewertungsparameter berücksichtigt, um bei unterschiedlichen Investoren eine größtmögliche Akzeptanz zu erreichen.

Für die Festlegung des tatsächlichen Emissionspreises ist neben der Ermittlung des potenziellen Emissionspreises ferner von Bedeutung, welches Verfahren hier aus technischer Sicht gewählt wird.

Als Alternativen von Emissionsverfahren im Rahmen der öffentlichen Zeichnung haben wir in Deutschland das Festpreisverfahren und das seit 1995 etablierte Bookbuilding-Verfahren. In einigen europäischen Ländern wie Frankreich oder Großbritannien und auch in den USA findet vereinzelt auch das Auktionsverfahren Anwendung. Bei der Auktion gibt jeder Anleger ein limitiertes Gebot ab. Die Aktien werden dann nach der Höhe der Gebote geordnet den Anlegern

---

1 Zu den angewandten Bewertungsmethoden bei der Preisfindung vgl. Busse von Colbe, W. et al: Ergebnis je Aktie nach DVFA/SG; Copeland, T./Koller, T./Murrin, J.: Unternehmenswert; Mandl, G./Rabel, K.: Unternehmensbewertung - Eine praxisorientierte Einführung; Born, K.: Unternehmensanalyse und Unternehmensbewertung; Behringer, S.: Unternehmensbewertung der Mittel- und Kleinbetriebe. Betriebswirtschaftliche Verfahrensweisen.

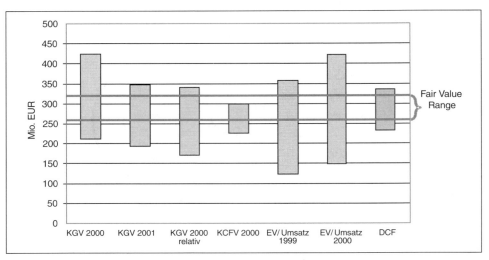

Abbildung 72: Wertspannen auf Basis ausgewählter Bewertungsfaktoren

so lange zugeteilt, bis alle Aktien platziert sind. Mit der Trius AG hat auch in Deutschland der erste Emittent das Auktionsverfahren angewendet.

3. Emissionsverfahren

3.1 Untergang des Festpreisverfahrens

Das Festpreisverfahren kam in Deutschland bis 1994/1995 als klassisches Emissionsverfahren zur Anwendung. Die Aktien werden den Anlegern zu einem festen Preis angeboten. Üblicherweise verpflichtet sich jede Konsortialbank in einem Übernahmevertrag bereits vor der Veröffentlichung des Verkaufsangebots, einen festen Anteil am Platzierungsvolumen zu einem festen Preis zu übernehmen und diese Aktien zu platzieren. Die Preisfestlegung orientiert sich an einer fundamentalen Analyse und Bewertung des Unternehmens unter Berücksichtigung der Börsenbewertung vergleichbarer Unternehmen sowie der allgemeinen Marktverfassung.

Bei dieser Methode hat der Emittent eine sichere Kalkulationsbasis bezüglich seines zu erzielenden Emissionserlöses. Der Nachteil beim Festpreisverfahren ist jedoch, dass ein Preis und ein Volumen zwischen dem Emittenten und dem Bankenkonsortium ausgehandelt wird, über dessen Platzierbarkeit nur vage Vorstellungen herrschen. Diese Vorgehensweise, den Emissionspreis überwiegend auf Grund analytischer Überlegungen und mit unzureichender Berücksichtigung der

Investoren festzulegen, birgt das Risiko eines nicht marktgerechten Emissionspreises. Dem Markt wird unter Umständen ein Preis vorgegeben, zu dem nur wenig Nachfrage besteht. Bei einer Fehlplatzierung müssen die Banken diese Aktien in ihr eigenes Portefeuille nehmen. Der Konsortialführer hat keine Kontrollmöglichkeit über die Platzierung der Aktien. Es ist für ihn nicht ersichtlich, inwieweit die von den einzelnen Mitgliedern des Bankenkonsortiums übernommenen Garantiequoten durch Zeichnungswünsche der Investoren tatsächlich unterlegt sind. Von den Konsortialbanken nicht platzierte Aktien können gegebenenfalls die Entwicklung des Aktienkurses im Sekundärmarkt belasten. Die fehlende Marktnähe war letztlich auch die Ursache dafür, dass das Festpreisverfahren in Deutschland bei Börsengängen mit anschließender Notierung an einer deutschen Börse keine Anwendung mehr findet.

3.2 Bookbuilding-Verfahren

Seit der erfolgreichenPlatzierung der Lufthansa-Aktien im Jahr 1994 und dem IPO der SGL Carbon AG im Jahre 1995 hat sich das Bookbuilding-Verfahren gegenüber dem bis dato üblichen Festpreisverfahren auch in Deutschland als Standard zur Emissionspreisfindung etabliert. Im Gegensatz zum Festpreisverfahren wird beim Bookbuilding das endgültige Platzierungsvolumen und der Emissionspreis erst nach Ablauf der Zeichnungsfrist auf Grundlage der gemeldeten Zeichnungswünsche festgelegt.

3.2.1 Funktionsweise des Bookbuilding-Verfahrens

Das Bookbuilding-Verfahren lässt sich gedanklich in die vier sich teilweise überschneidenden Phasen Pre-Marketing, Marketing/Order-Taking, Preisfestlegung/Zuteilung und Stabilisierung einteilen.

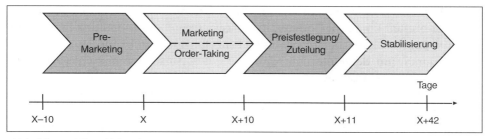

Abbildung 73: Ablauf einer Emission mitels Bookbuilding

- **Pre-Marketing**

Als Pre-Marketing bezeichnet man die Vorbereitungsphase eines Börsengangs vor der Bekanntgabe der Bookbuildingspanne.

In einem ersten Schritt entwickeln die Emissionsbanken gemeinsam mit dem Emittenten eine aussagekräftige Equity Story. Sie soll Antwort auf die zentrale Frage geben, warum ein Investor die Aktie kaufen soll. Sie dient der zielgerichteten Information über die Unternehmensaktivitäten, die Stärken und Schwächen sowie Chancen und Risiken des Börsenkandidaten und seine Positionierung im Wettbewerb. Sie umfasst insbesondere die Alleinstellungsmerkmale, die das Unternehmen von bisher an der Börse notierten Aktiengesellschaften abgrenzen. Im Rahmen von Analystenmeetings präsentieren Emittent und Lead Manager die besondere Story den Research-Analysten und den Konsortialbanken. Diese erstellen Research-Reports, die den potenziellen Investoren im Vorfeld der Platzierung zur Verfügung gestellt werden. Danach erfolgt die Ansprache der institutionellen Investoren durch die Salesleute und Analysten der Syndikatsbanken. Ziel dieser Einzel- und Gruppengespräche ist es, dabei nicht nur das Interesse der Schlüsselinvestoren zu wecken, sondern auch Hinweise auf ihre Preisvorstellungen zu erhalten. Auf Grund der Fundamentalanalyse, der Konsensspanne der Researchanalysten und des generierten Feedbacks der Investoren im Pre-Marketing, legen die Banken anschließend die Preisspanne fest, in der sich der Emissionspreis bewegt. Die Preisspanne berücksichtigt auch einen Kaufanreiz für den Investor, damit er die Aktie zeichnet.

Das Pre-Marketing ist erfolgreich verlaufen, wenn auf Grund des starken Kaufinteresses davon ausgegangen werden kann, dass die vom Emissionshaus angestrebte Emissionsgröße mehrmals erreicht wird, wenn es zu einer gesunden Emissionsüberzeichnung kommt. Im Sommer 1999 mussten Emissionsbanken Emissionen zurückziehen, da auf Grund der Marktbelastung weder Preis noch Menge erreicht werden konnten. Die Emissionen mussten auf einen späteren Zeitpunkt verschoben werden.

- **Marketing**

Die Marketing-Phase beginnt mit einer Pressekonferenz, in der das Unternehmen der breiten Financial Community vorgestellt und die endgültige Preisspanne bekannt gegeben wird. In circa 20 bis 60 Einzelterminen in kleinerem oder größerem Rahmen mit der Unternehmensleitung des Börsendebütanten wird potenziellen Großinvestoren die Möglichkeit einer direkten Beurteilung der Managementqualität eingeräumt. Zur Ansprache der Privatanleger werden Anzeigen in der Finanzpresse geschaltet und Fernsehspots gezeigt. Ein überzeugendes Kommunikationskonzept, das die besonderen Kompetenzen und Zukunftschancen der Gesellschaft bei potenziellen Anlegern und Meinungsträgern bekannt macht, ist für den Erfolg der Emission von großer Bedeutung.

- **Ordertaking/Zeichnung**
Parallel zum Marketing melden die Konsortialbanken der federführenden Bank, der die Funktion des Bookrunners zukommt, gewünschte Zeichnungsmengen sowie Preis und ab einer bestimmten Größenordnung auch die Namen der institutionellen Investoren, den Investorentyp (Versicherung, Kapitalanlagegesellschaft), die regionale Herkunft sowie den Anlagehorizont. Kauforders privater Investoren melden die Konsortialbanken aggregiert, also anonym ohne Angaben zur Einzelorder an den Bookrunner. Er ist für die Steuerung der Platzierung verantwortlich und sammelt zentral die Zeichnungsaufträge in einem elektronischen Orderbuch, das kontinuierlich die Nachfrageentwicklung und Preissensitivität der Investoren abbildet. Die Dauer des Order-Taking reicht von vier Tagen bei kleineren Emissionen bis hin zu zwei Wochen bei großen Emissionsvolumina. Ziel der Banken und des Emittenten ist es, mehr Nachfrage zu generieren als Aktien vorhanden sind. Werden nicht alle Investoren zu 100 Prozent bedient, dann sorgt dies im Nachmarkt für genügend Interesse und Nachkäufe. Eine rege Nachfrage im Sekundärhandel trägt zur positiven Nachmarktentwicklung bei.

- **Preisfestlegung und Zuteilung**
Während der verschiedenen Phasen des Bookbuilding kommt es zu einer kontinuierlichen Preisrahmenverengung, an deren Ende der Bookrunner auf Basis der im Orderbuch gezeigten Nachfrage die Orderlage und die Preissensitivität der Investoren analysiert und einen einheitlichen Emissionspreis festlegt.

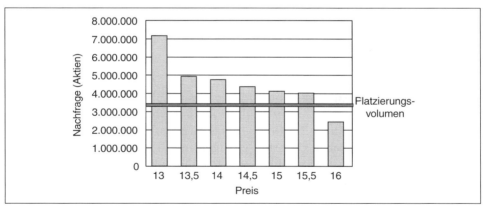

Abbildung 74: Preis-Nachfrage-Funktion (Beispiel)

Unter dem Aspekt der Platzierungssicherheit ist es wichtig, für jede Platzierung den individuell richtigen Investorenmix, das heißt, die richtige Mischung zwischen privaten und institutionellen Investoren sowie innerhalb der institutionellen Investoren zu finden. Bei der Zuteilung an institutionelle Anleger stehen Qualitätskategorien wie Stückzahlen, Anlagestrategie und -horizont, Teilnahme an Gesprächen, Orderlimitierung, Zeitpunkt der Zeichnung im Vordergrund. Die Zuteilung der Aktien durch den Bookrunner erfolgt im institutionellen Bereich regelmäßig direkt an die Konsortialbanken mit der Maßgabe, diese Aktien vollständig an die offen gelegten Investoren direkt weiterzuleiten. Ein Restanteil der Aktien wird auch gelegentlich von den Konsortialbanken als frei verfügbare Masse (free retention) nach eigenem Ermessen verteilt. Im Retailbereich werden die neuen Aktien bei der strukturierten Zuteilung nach einem einheitlichen Zuteilungsschlüssel, der im gesamten Konsortium angewendet wird, an die Privatanleger verteilt, oder die Konsorten erhalten eine Zuteilung en bloc zur weiteren Verteilung nach jeweils eigenen Grundsätzen. Übersteigt die Nachfrage nach der Neuemission das Angebot der zu platzierenden Aktien, muss eine Repartierung der Aktien bei den Anlegern erfolgen. Als Zuteilungsverfahren kommen die Zuteilung einer gleichen Stückzahl (Festzuteilung), die Zuteilung als Prozentsatz des Ordervolumens (Quotenzuteilung), das Losverfahren sowie verschiedene Varianten dieser Zuteilungsformen zur Anwendung. Neben den institutionellen und privaten Investoren bekommen häufig bevorrechtigte Gruppen wie Mitarbeiter und Kunden des Unternehmens vorab eine bestimmte Anzahl der Aktien als Garantiezuteilung (Friends- & Family-Zuteilungen).

- **Stabilisierung**

In der Phase unmittelbar nach der Erstnotitz kommt es in der Regel zu Kursschwankungen, die durch Umschichtungen entstehen. Dem Emissionskonsortium kommt die Aufgabe der Kursstabilisierung zu. Diese Phase ist insbesondere wichtig für die Einhaltung kommunizierter Kursziele, zur Aufrechterhaltung der Glaubwürdigkeit bei Anlegern und für die Festigung der Investor Relations. Das wichtigste Stabilisierungsinstrument im Nachmarkt ist dabei die Overallotment-Option, die nach ihrer erstmaligen Anwendung bei der Greenshoe Corporation auch unter der Bezeichnung Greenshoe bekannt ist. Der Emittent gewährt dem Konsortialführer für eine Frist von 30 Tagen eine Call Option zum Emissionspreis auf zusätzliche 10 bis 15 Prozent des Emissionsvolumens. Hiermit baut der Konsortialführer eine Short-Position auf, das heißt, er teilt mehr Aktien zu, als ihm aus dem ursprünglichen Emissionsvolumen zur Verfügung stehen. Der Konsortialführer hat nun zwei Möglichkeiten seine Short-Position glatt zu stellen. Er kann die Aktien an der Börse kaufen. Dies wird er regelmäßig dann tun, wenn der Aktienkurs im Handel nachhaltig unterhalb des Emissionspreises fällt. Indem er den Flow-back, also die Aktien im Markt aufnimmt, hat dies eine preisstabilisierende Wirkung, und der Aktienkurs kann wieder an den Emissionpreis herangeführt werden.

Kommt es auf Grund der starken Nachfrage zu einem Kursanstieg, macht es für den Konsortialführer wirtschaftlich keinen Sinn, seinen Leerverkauf durch Käufe am Sekundärmarkt glattzustellen. Er schließt seine Short-Position durch die Ausübung der Greenshoe-Option, das heißt, er bezieht die Aktien vom Emittenten zum Platzierungspreis. Nach Ausübung des Greenshoes erfolgt eine Ad-hoc-Meldung, die Aktie wird dem freien Spiel der Marktkräfte überlassen, ab jetzt kann der Kurs sich frei entwickeln. Die vollständige Ausübung eines Greenshoe signalisiert dem Markt, dass die Emission bei steigenden Kursen eine gute Akzeptanz gefunden hat.

3.2.2 Bewertung der Bookbuilding-Preisfindung und ihre Auswirkung auf die Beteiligten

- **Banken**

Während beim Festpreisverfahren die Übernahme der Platzierungsgarantie hervorzuheben ist, tritt beim Bookbuilding-Verfahren die Marketing- und Verkaufsfunktion des Konsortiums in den Vordergrund, was einen erweiterten Aufgabenbereich insbesondere für den Konsortialführer mit sich bringt. Während der Marketingphase wird die Begleitung der Emission durch Informationsmaterial und professionelle Researchaktivitäten der Banken immer wichtiger. Desweiteren hat der Bookrunner die Nachfrage unter Berücksichtigung der mit dem Emittenten vereinbarten Qualitätskriterien angemessen zu bewerten, zu verdichten und anschließend für die Zuteilung zu analysieren. Er muss über detaillierte Kenntnisse der spezifischen Märkte und Investoren verfügen, um mittels einer ausgewogenen Zuteilung die Voraussetzung für eine stabile Platzierung zu legen. Infolge des Qualifizierungsnachweises der Emissionsbanken und durch die Offenlegung der Investoren kommt es im Vergleich zum Festpreisverfahren zu einer nachhaltigeren und dauerhafteren Platzierung. So verringert sich das Risiko, dass es nach Börseneinführung durch eventuelle Bestände quotal zugeteilter, aber nicht platzierter Aktien zu einer unverhältnismäßig starken Veränderung des Emissionskurses kommt. Eine empirische Untersuchung aus dem Jahr 1995, in dem beide Verfahren noch zur Anwendung kamen zeigt, dass die Einbeziehung institutioneller Investoren in den Preisfindungsprozess zu einer geringeren Schwankung der Zeichnungsrenditen führt.[2]

	Bookbuilding	**Festpreis**
01. Börsentag	4,85 %	4,58 %
20. Börsentag	7,04 %	12,84 %

Abbildung 75: Standardabweichung der Zeichnungsrenditen 1995

---

[2] Vgl. Kaserer, C./Kempf, V.: Underpricing-Phänomen, S. 185.

Durch die hohe Transparenz der aufgegebenen Nachfrage können Banken desweiteren ihre Platzierungskraft nachweisen und sich für die Teilnahme an künftigen Konsortien qualifizieren.

- **Emittenten**

Beim Bookbuilding-Verfahren bleibt für den Emittenten die Unsicherheit über die Höhe des endgültigen Mittelzuflusses bis zur abschließenden Festlegung des Emissionspreises. Auf der anderen Seite stehen dagegen die größere Sicherheit einer marktgerechten und damit erfolgreichen Platzierung und die Möglichkeit der Teilnahme an einer günstigen Marktentwicklung bis zum Ende des Bookbuildings. Die Berücksichtigung der institutionellen Anleger in den Preisfindungsprozess führt zu einer größeren Treffsicherheit bei der Festlegung des Emissionspreises. Dies bietet den Vorteil, dass das Emissionsstanding nicht durch eine überteuerte Aktienplatzierung nachhaltig geschädigt wird. Gleichzeitig bringt das Bookbuilding-Verfahren die Möglichkeit der Teilnahme an einer günstigen Marktentwicklung bis zum Ende des Bookbuilding und verhindert, dass die Aktien zu Tiefstpreisen verkauft werden. Außerdem hat der Emittent den Vorteil, dass er die Möglichkeit behält, eine sehr hohe Nachfrage durch die nachträgliche Erhöhung des Emissionsvolumens mittels Ausübung des Greenshoes zu bedienen. Das Bookbuilding-Verfahren beansprucht den Emittenten wesentlich stärker im Vermarktungsprozess als dies bei Festpreisemissionen der Fall ist. Vom Emittenten wird erwartet, dass er auf Roadshows und bei Gesprächen mit Analysten und Investoren teilnimmt sowie seine Ziele und Zukunftsstrategien des Unternehmens und die sich daraus ergebenden Ertragserwartungen erläutert. Gleichzeitig ergibt sich für das Management hierdurch die Möglichkeit, am Meinungsbildungsprozess der Investoren aktiv mitzuwirken und damit tendenziell einen höheren Platzierungspreis zu erreichen.

- **Investoren**

Insbesondere für institutionelle Investoren ergeben sich beim Bookbuilding bessere Mitwirkungsmöglichkeiten. Sie können in der Pre-Marketing-Phase mit dem Lead-Manager ihre Preisvorstellungen auf der Basis der fundamentalen und analytischen Unternehmensbewertung erörtern und sodann ihre verbindlichen Zeichnungsgebote bekunden. Von der Offenlegung der Informationen profitieren auch die Kleinanleger. Für sie sinkt das Risiko, die Emission zu überhöhten Kursen zu zeichnen. Die Retailkundschaft hatte bisher kaum Einfluss auf die Preisfindung, da sie sich in der Regel auf Grund ihrer Informationsdefizite auf die Einschätzung der institutionellen Anleger verlässt und unlimitiert zeichnet. Durch eine verstärkte Informationsoffenlegung im Internet steigt das Niveau der Informationseffizienz, wovon insbesondere die Privatanleger profitieren können. Dies eröffnet dieser Investorengruppe eine verstärkte Einflussnahme auf den endgültigen Platzierungspreis, indem sie limitierte Orders einreicht.

Trotz der nachfrage- und angebotsorientierten Preisfestlegung beim Bookbuilding wächst an diesem Verfahren die Kritik seitens der Emittenten. Sie beklagen insbesondere bei Neue-Markt-Emissionen, wenn der erste Kurs um ein Vielfaches über dem Ausgabepreis liegt, die vergleichbar niedrigen Ausgabepreise. Aus diesem Grund werden in letzter Zeit zunehmend alternative Platzierungsverfahren von Emissionshäusern vorgeschlagen. Als mögliche Flexibilisierungsformen kommen die Ausweitung der relativen Spannweiten der Bandbreitenindikatoren, Step-up-Optionen und das Auktionsverfahren in Betracht. Die durchschnittliche Bookbuildingspanne lag bei vergangenen Emissionen zwischen 10 und 20 Prozent bezogen auf den unteren Kurs der Preisspanne und könnte durchaus ausgedehnt werden. Bei Step-up-Optionen wird dem Emittenten die Option eingeräumt, die Bookbuildingspanne bei Bestehen starker Nachfrage noch während der Zeichnungsphase anzuheben.[3] Ziel all dieser modifizierten Methoden ist es, die Differenz zwischen Ausgabepreis und erstem Kurs möglichst gering zu halten.

3.3 Auktionsverfahren

Das Auktionsverfahren funktioniert nach dem Prinzip der Versteigerung, wonach die Banken gemeinsam mit dem Emittenten einen Mindestpreis für die Aktien festsetzen und anschließend die Angebote interessierter Investoren sammeln. Eine obere Preisgrenze existiert im Gegensatz zum Bookbuilding-Verfahren nicht. Echte Auktionsverfahren zeichnen sich dadurch aus, dass der Markt geräumt wird. Der Emissionspreis wird so festgelegt, dass sich Angebot und Nachfrage nach Aktien vollständig ausgleichen. In den Vereinigten Staaten vertreibt W.R. Hambrecht & Co. Neuemissionen via Internet über das holländische Auktionsverfahren.[4] Interessenten müssen im Rahmen ihrer Zeichnung die gewünschte Menge und einen Preis bieten, den sie maximal zu zahlen bereit sind. Den Zuschlag erhalten die höchsten Gebote. Der endgültige einheitliche Emissionskurs für alle Gebote ergibt sich aus dem niedrigsten Angebot, bei dem noch das gesamte Emissionsvolumen verteilt werden kann.

Die Vorteile echter Auktionsverfahren sind darin zu sehen, dass diejenigen Zeichner, die die höchsten Beiträge zu zahlen gewillt sind, den Zuschlag erhalten. Für den Emittenten ist ein tendenziell höherer Emissionserlös zu erwarten, da er die bisherigen Zeichnungsgewinne vereinnahmen kann. Entscheidender Nachteil dieses Verfahrens ist jedoch, dass ausschließlich das Preisangebot und

---

[3] Diese Variante wurde in Deutschland beim IPO der Singulus AG, Graphisoft AG, Freenet AG und ISION Internet angewandt.
[4] Vgl. W.R. Hambrecht & Co.: http://www.openipo.com.

nicht die Qualität der Investoren berücksichtigt wird und damit keinerlei Einfluss auf die Aktionärsstruktur genommen werden kann. Die Auktion setzt voraus, dass die Anleger in der Lage sind, den angemessenen Preis für eine Gesellschaft zu erkennen. Die Nutzung des Internet bringt zwar in diesem Zusammenhang für private Anleger den Vorteil, sich durch online-Bereitstellung von Informationen einen gleichwertigen Informationsstand wie professionelle Investoren aufzubauen, dennoch können Preise seitens uninformierter Anleger in die Höhe getrieben werden. Wenn mit der Zuteilung beim höchsten Gebot angefangen wird und der Preis sich am niedrigsten gerade noch berücksichtigten Gebot orientiert bedeutet das, dass weitere Nachfrage nur noch unterhalb des Ausgabepreises vorhanden ist. Die Folge wäre, dass der Emissionskurs am Sekundärmarkt nicht gehalten werden kann, sobald Anleger aus der Aktie aussteigen.

Das modifizierte Auktionsverfahren versucht, über eine Kombination aus Bookbuilding und Auktionsverfahren, die Nachteile beider Verfahren auszuschalten. Zunächst wird ein Bookbuilding mit lediglich einer unteren, aber keiner oberen Preisgrenze vorgegeben. Die abgegebenen Gebote, aus denen der Emissionspreis ermittelt wird, werden auch auf ihre Qualität geprüft, sodass der Einfluss auf die Aktionärsstruktur gewahrt ist. Nach Analyse der Preiselastizität der Nachfrage wird ein Preis ermittelt, bei dem eine gewünschte Mindestüberzeichnung bestehen bleibt. Der Preis wird so gewählt, dass die Nachfrage das Angebot um ein x-faches übertrifft, damit das anschließende Interesse im Sekundärmarkt gesichert ist. Dieses Verfahren kam in Deutschland noch nicht zur Anwendung.

4. Fazit und Zukunftsaussichten

Das Bookbuilding-Verfahren hat zur Marktenwicklung entscheidend beigetragen. Seit 1995 ist die Zahl der Initial Public Offerings in Deutschland bedeutend gestiegen.

Durch den prozessualen Charakter ermöglicht Bookbuilding einen fairen Interessenausgleich der beiden Marktseiten bei der Preisfestsetzung. Der entscheidende Vorteil gegenüber dem Festpreisverfahren und dem echten Auktionsverfahren besteht in der Möglichkeit der qualifizierten Investorenauswahl. Die Transparenz des Orderbuchs mit der genauen Aufschlüsselung der Investorennamen, den gebotenen Preisen sowie den Zeichnungsvolumina ermöglichen dem Konsortialführer eine nachhaltige Platzierung. Obwohl das Bookbuilding-Verfahren im Neuen Markt nicht zu einer Annäherung des Emissionspreises an den ersten Börsenkurs geführt hat, scheint es derzeit keine echte Alternative zu diesem Verfahren zu geben. Ein wesentlicher Erfolgsfaktor des Neuen Markts sind eben die hohen Kursgewinne, die Anleger ausschließlich in diesem Marktsegment erzielen

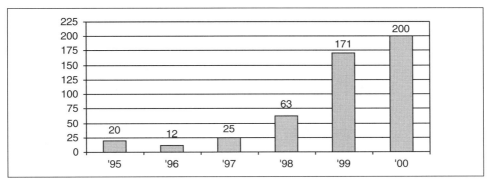

Abbildung 76: Anzahl der IPOs 1995 – 2000

können. Das Bookbuilding-Verfahren bietet hier aber genügend Flexibilität um Besonderheiten bestimmter Emissionen zu berücksichtigen. Ein Lösungsansatz wäre die Erweiterung der Bookbuilding-Spanne, die im Neuen Markt bisher zwischen 10 und 20 Prozent lag. In angelsächsischen Ländern ist es bereits üblich, die Zeichnungsspanne bei absehbar hoher Überzeichnung nach oben zu erweitern. Auch das modifizierte Auktionsverfahren könnte durchaus einmal am Markt einem Test unterzogen werden, da durch die neuen Medien die Informationseffizienz des Markts zu Gunsten der Retailanleger stetig steigt.

Literaturhinweise

Behringer, S. (1999): Unternehmensbewertung der Mittel- und Kleinbetriebe – Betriebswirtschaftliche Verfahrensweisen. Schmidt, Erich Verlag GmbH & Co.

Born, K. (1995): Unternehmensanalyse und Unternehmensbewertung. Schaeffel-Poeschel Verlag für Wirtschaft, Steuern, Recht GmbH.

Busse von Colbe, W.: Ergebnis je Aktie nach DVFA/SG DVFA/SG Earnings per Share – Gemeinsame Empfehlung der DVFA und der Schmalenbach-Gesellschaft zur Ermittlung eines von Sondereinflüssen bereinigten Jahresergebnisses pro Aktie (joint recommendation), M & P Verlag für Wissenschaft und Forschung.

Copeland, T./Koller, T./Murrin, J. (1998): Unternehmenswert – Methoden und Strategien für eine wertorientierte Unternehmensführung. Campus Verlag GmbH.

Karsch, W. (2000): Going Public in den 90er Jahren – Renaissance der Aktie, in: Die Bank 1, S. 55–57.

Kaserer, C./Kempf, V. (1996): Bookbuilding: Das Underpricing-Phänomen, in: Die Bank 3, S. 184 ff.

Mandl, G./Rabel, K. (1997): Unternehmensbewertung – Eine praxisorientierte Einführung. Ueberreuter Wirtschaftsverlag.

Rösl, B./Zinser, T.: Going Public – Der Gang mittelständischer Unternehmen an die Börse, in: Frankfurter Allgemeine Zeitung, Verlagsbereich Buch, S. 79–150, 255–330.

Serfing, K./Pape, U./Kressin, T. (1999): Emissionspreisfindung und Underpricing im Rahmen des Börsengangs junger Wachstumsunternehmen, in: Die Aktien Gesellschaft 7, 44. Jg., S. 289–298.

Wallmeier, M./Rösl, R. (1999): Underpricing bei der Erstemission von Aktien am Neuen Markt (1997–1998), in: Finanz Betrieb 7, S. 134–142.

Kapitel V:

Aufmerksamkeit schaffen
und Stärken gezielt kommunizieren

Christian Weyand

Finanzkommunikation – Grundsätzliches zum Marketing von Börsengängen

1. Einführung 410
2. Was können die Zielsetzungen einer IPO-Marketingkampagne sein? .. 410
3. Wie sieht die ideale Marketingkampagne aus? 411
   3.1 Hohe Flexibilität 412
   3.2 Kosteneffizienz 412
   3.3 Durchschlagskraft 412
4. Die ideale Marketingkampagne ist immer maßgeschneidert 412
5. Einige Überlegungen zur Kommunikationsstrategie 413
   5.1 Zum Zeitpunkt 413
   5.2 Zu den Kommunikationsmaßnahmen 414
6. Investor Relations – die Kommunikationsplattform
   schon vor dem Börsengang 415
7. Fazit 416

1. Einführung

Eine professionelle Marketingkampagne ist mittlerweile Pflichtbestandteil in der Vorbereitung eines Börsengangs. Über den erforderlichen Umfang einer Marketingkampagne scheiden sich allerdings die Geister. Denn wer sich ein wenig mit Marketing für IPOs auskennt, weiß, dass allein Werbung, als eine der möglichen Marketingmaßnahmen, schnell Investitionen in Millionenhöhe erforderlich macht.

2. Was können die Zielsetzungen einer IPO-Marketingkampagne sein?

Für viele Unternehmen stellt sich daher zunächst die Frage, was mit diesen möglicherweise hohen Aufwendungen erreicht werden kann.

Die Bedeutung einer durchschlagkräftigen Kampagne für eine erfolgreiche Notierungsaufnahme kann vielleicht am eindruckvollsten am Beispiel des Börsengangs der Deutsche Telekom AG aufgezeigt werden. Trotz der anfänglichen Skepsis vieler Marktbeobachter wurde diese Transaktion bekanntermaßen zur „Mutter aller Börsengänge" und wird oft auch als entscheidender Impuls für eine bis dahin unterentwickelte Aktienkultur in Deutschland angeführt.

Mit Hilfe eines ausgeklügelten Marketingkonzepts gelang es, 1,8 Millionen Privatanleger zu Telekom-Aktionären zu machen. Für die meisten Unternehmen mag dies zunächst irrelevant sein, denn sehr oft erreicht die Zahl der investierten Kleinanleger noch nicht einmal 10 000.

Die Telekom-Kampagne erzielte allerdings noch einen weiteren Effekt, der wiederum auch für kleinere AGs von Bedeutung ist. Durch die enorme Nachfrage der Privatanleger sahen sich viele institutionelle Investoren gezwungen, ihre Kaufangebote im Rahmen des Bookbuilding zu erhöhen und ermöglichten so eine Zuteilung am oberen Ende der Bookbuildingspanne, sogar nach Erhöhung des Emissionsvolumens.

Natürlich ist für eine kleine Transaktion die Aufteilung und Kommunikation von speziellen Tranchen nicht sinnvoll. Trotzdem schauen institutionelle Investoren sehr genau, inwieweit ein Unternehmen sich an potenzielle Privatanleger richtet, die schließlich eine relativ stabile Aktionärsbasis bilden und so den Kurs stützen. Professionelles Marketing bei Privatanlegern erhöht damit die Zeichnungsbereitschaft der institutionellen Investoren.

Damit lassen sich bereits zwei Ziele definieren, die eine professionelle Marketingkampagne erreichen kann:

1. die Schaffung von Aufmerksamkeit für die Aktie bei Privatanlegern,
2. die Erhöhung der Attraktivität der Aktie für institutionelle Investoren durch die Bemühungen um eine stabile Aktionärsbasis.

Weitere Ziele betreffen andere Zielgruppen, die das Unternehmen mehr oder weniger aktiv in seine Kommunikation einbeziehen sollte:

- Die Kunden und Geschäftspartner sollten mindestens über den bevorstehenden Börsengang informiert werden; im Allgemeinen verbinden sich mit dem Schritt an den Kapitalmarkt aber auch neue Geschäftsmöglichkeiten, die man als Anlass nehmen kann, mit bestehenden, aber auch potenziellen Partnern in engeren Kontakt zu treten.
- Den Mitarbeitern sollte die Attraktivität des börsennotierten Arbeitgebers dargelegt werden; des Weiteren sollte sichergestellt werden, dass die Mitarbeiter in die Kommunikation nach außen integriert werden.

Weiterführende Ziele beziehen sich vor allem auf die Zeit nach dem Börsengang:

- der Aufbau von Kommunikationsstrukturen im Unternehmen (Finanz-PR und IR),
- die Schaffung eines Grundverständnisses über das Unternehmen bei Medien, Anlegern und Analysten,
- die kontinuierliche und transparente Kommunikation mit der Finanzgemeinde.

Das übergreifende Ziel der Kommunikation nach dem Börsengang ist die Ermöglichung einer *fairen Bewertung* des Unternehmens durch die Kapitalmärkte. Es sei bereits an dieser Stelle gesagt, dass dies nicht mit kontinuierlich steigenden Aktienkursen einher gehen muss.

3. Wie sieht die ideale Marketingkampagne aus?

Die ideale Marketingkampagne muss drei Kriterien erfüllen: hohe Flexibilität, Kosteneffizienz und Durchschlagskraft.

3.1 Hohe Flexibilität

Gerade im derzeitigen Marktumfeld mit einer großen Zahl konkurrierender Börsengänge ist es wichtig, in der Gestaltung der Maßnahmen Flexibilität zu beweisen. Die zu frühe Herausgabe bestimmter Informationen könnte beispielsweise bei einer erforderlichen Verschiebung des Börsengangs nachteilig sein. Des Weiteren wird bei einer längeren Kampagne der Aufbau eines Spannungsbogens verhindert, wenn man zu früh im Prozess Einzelheiten zu Unternehmen und Börsengang kommuniziert, die zu einem späteren Zeitpunkt für mehr Aufmerksamkeit sorgen würden.

3.2 Kosteneffizienz

Der Erfolg einer IPO-Marketingkampagne sollte nicht nur an der Zielerreichung gemessen werden, sondern im angemessenen Verhältnis zum Mitteleinsatz stehen. Gerade für kleinere Transaktionen kann dies beispielsweise bedeuten, dass Werbemaßnahmen wie TV-Spots nicht in Betracht kommen, da sie einen unverhältnismäßig hohen Aufwand bedeuten.

3.3 Durchschlagskraft

Kommunikation ist bekanntermaßen nur dann erfolgreich, wenn die Botschaft beim Empfänger ankommt – kein leichtes Unterfangen, wenn eine große Zahl von Börsenneulingen um die Aufmerksamkeit des Anlegers wirbt. Durchschlagskraft bezieht sich sowohl auf den angemessenen Einsatz der Maßnahmen als auch die Definition und Verpackung der Kernverkaufsbotschaften. Eine Marketingkampagne, die die Stärken des Unternehmens nicht in glaubwürdiger Weise dem Anleger näher bringen kann, wird genauso wenig erfolgreich sein können wie eine Marketingkampagne, die eine breite Streuung mit einem zu niedrigen Budget anstrebt.

4. Die ideale Marketingkampagne ist immer maßgeschneidert

Ähnlich wie bei der Bewertung des Unternehmens muss es auch in der Kommunikation eine Bestandsaufnahme geben. Man könnte sie die Communications Due Diligence nennen.

Diese Analyse stellt die Basis dar für die Formulierung der Kernbotschaften, die zentralen Aussagen zum Unternehmen, die der Finanzgemeinde die Argumente für den Kauf der Aktie liefern. Idealerweise basiert diese Formulierung auf der Equity Story, die in der Regel von Emissionsberatern und Investmentbanken entworfen wurde und dann für das Marketing adaptiert wird.

Ohne die anfängliche Analyse besteht die große Gefahr, eine Marketingkampagne zu konzipieren, die inhaltlich nicht auf den Punkt kommt. Das kann nicht nur teuer werden, sondern im schlimmsten Fall sogar den Erfolg des Börsengangs gefährden.

Neben der Anpassung der inhaltlichen Aussagen der Marketingkampagne dient die Communikations Due Diligence auch der Bestimmung der Kommunikationsmaßnahmen. Hierzu gehört die Bewertung der unternehmenseigenen Ressourcen mit Bezug auf verfügbare Mitarbeiter und Strukturen, aber auch die Frage der Verwendbarkeit bestehender Marketingmaterials für eine IPO-Kampagne. Ein Wachstumsunternehmen mit Break-Even in einigen Jahren mag keine millionenschwere Werbekampagne finanzieren können oder wollen.

5. Einige Überlegungen zur Kommunikationsstrategie

Im Rahmen der Strukturierung der Marketingkampagne sind bereits inhaltliche Fragen geklärt worden, die sich mit der Positionierung des Unternehmens beziehungsweise der Aktie beschäftigen. In einem zweiten Schritt muss entschieden werden, wie dies in Maßnahmen umgesetzt wird. Diese Fragestellung beantwortet die Kommunikationsstrategie. Zwei konkrete Fragen lassen sich formulieren:

1. Welcher Zeitpunkt ist für die Kommunikation welcher Aussagen zu wählen?
2. Welche Kommunikationsmaßnahmen sind dabei jeweils zu wählen?

5.1 Zum Zeitpunkt

Im Allgemeinen lässt sich eine Marketingkampagne in verschiedene Phasen einteilen, die sich in unterschiedlicher Intensität mit dem Thema Börsengang beschäftigen.

Zunächst werden Aussagen zum Unternehmen, Markt und Umfeld im Vordergrund stehen. Der Börsengang wird entweder nicht oder nur indirekt erwähnt. In dieser Phase soll ein Grundverständnis für das Unternehmen und seine Tätigkeit aufgebaut werden.

In einer weiteren Phase erfahren interessierte Anleger über den bevorstehenden Börsengang des Unternehmens, nun mit konkreten Aussagen im Sinne der Kernverkaufsbotschaften sowie den Einzelheiten zum Termin des Börsengangs und zu den Möglichkeiten der Informationsbeschaffung (zum Beispiel eine Hotline-Nummer).

In einer möglichen dritten Phase wird explizit auf die Zeichnung sowie eventuell angebotene Kaufanreize hingewiesen, insbesondere im Fall der Bevorzugung von Frühzeichnern.

Die Dauer der einzelnen Phasen hängt sehr stark von der ursprünglichen Analyse ab. Gerade bei größeren Transaktionen kann es auch sinnvoll sein, diese durch empirische Untersuchungen wie qualitative Marktforschung oder CATI-Studien belegen zu lassen.

5.2 Zu den Kommunikationsmaßnahmen

Folgende Kommunikationsmaßnahmen stehen dem Unternehmen grundsätzlich zur Verfügung:

Marktforschung

- Qualitative Studien bei Privatanlegern, Analysten und Investoren
- Quantitative Studien bei Privatanlegern

Öffentlichkeitsarbeit

- TV-Medien
- Print-Medien
- Online-Medien

Werbung

- TV
- Radio
- Print
- Online

Direct- und Responsemarketing

- Hotline und Faxabruf
- Privatanleger-, Kunden- und Geschäftspartnermailings
- Privatanleger-Roadshows

- Präsentationen vor Anlageberatern
- Auslage von Informationsmaterial in Bankfilialen und Geschäftsstellen des Unternehmens
- IPO-Webpage

Mitarbeiterkommunikation

- Hotline
- Mitarbeiterbroschüre
- Management-Präsentationen

In der ersten Phase der Positionierung des Unternehmens empfiehlt es sich, den Schwerpunkt auf wirksame Öffentlichkeitsarbeit zu legen, die mit einer auf einige wenige Werbeträger konzentrierten Werbekampagne unterstützt werden kann. Alle weiteren Maßnahmen, vor allem das Directmarketing, setzen erst in einer zweiten Phase ein.

Der genaue Umfang der Maßnahmen hängt wiederum von den Spezifika des Unternehmens und des Börsengangs ab. So wurde im Rahmen des Börsengangs der Deutsche Telekom AG ein erstes Mailing bereits neun Monate vor dem Börsengangtermin gestartet und insgesamt mehrere Mailings durchgeführt, während im Rahmen eines Börsengangs am Neuen Markt oft entweder nur Response-Mailings zum Einsatz kommen oder sogar nur ein Faxabruf angeboten wird.

6. Investor Relations – die Kommunikationsplattform schon vor dem Börsengang

Die aktive Investor-Relations-Arbeit beginnt erst nach dem Börsengang. Allerdings will diese Arbeit gut vorbereitet sein. Daher besetzen gerade größere Unternehmen bereits in der IPO-Planungsphase die Investor-Relations-Position. Der ideale Einstieg für einen Investor-Relations-Manager ist und bleibt die Vorbereitung des Börsengangs seines Unternehmens. Für den Vorstand ist dies eine enorme Entlastung, wenn das gesamte interne Projektmanagement an einen kompetenten Mitarbeiter übertragen werden kann.

Ein Investor-Relations-Manager hat in dieser Vorphase zwei Funktionen:

1. Strategieentwicklung, Programmentwicklung sowie Implementierung von Strukturen und Reporting Lines,

2. internes Projektmanagement des Börsengangs und Ansprechpartner für Emissionsberater und Investmentbanken bei allen IPO-relevanten Fragen.

Der Investor-Relations-Markt ist immer noch sehr eng, da immer mehr Unternehmen erfahrene Investor-Relations-Spezialisten suchen. Das dargestellte Szenario ist deshalb oft nur für größere Unternehmen realistisch. Trotzdem sollten auch kleinere Unternehmen die Investor-Relations-Frage möglichst früh klären. Berater, seien es Emissionsberater, Investmentbanken oder Kommunikationsberater, können zwar wertvolle Hilfestellung geben, aber letztendlich muss die Investor-Relations-Arbeit im Kern vom Unternehmen selbst geleistet werden. Kommunikationsberater sind beispielsweise die begleitenden strategisch orientierten Sparrings-Partner für die Vorstände: Ihr Einsatz konzentriert sich oft auf die wichtigsten Termine des Unternehmenskalenders.

Auch in der Finanzkommunikation wird die Qualität der Arbeit der Berater entscheidend von der Nähe zum Unternehmen geprägt. Wenn mit einem Investor-Relations-Manager ein weiterer Gesprächspartner zur Verfügung steht, kann das der Qualität nur dienlich sein.

7. Fazit

Finanzkommunikation im Rahmen eines Börsengangs richtet sich zunächst einmal an Privatanleger – sie spricht aber auch institutionelle Investoren an und legt so den Grundstein für eine erfolgreiche Platzierung.

Kommunikationsmaßnahmen können hohe Investitionen erforderlich machen – die Due Diligence der Kommunikationsbedürfnisse des Unternehmens soll sicherstellen, dass der Erfolg einer Kampagne auch unter Kostengesichtspunkten gewährleistet ist.

Jede Kommunikationsstrategie muss dem Unternehmen und seinen Beratern vor allem hohe Flexibilität in der Veröffentlichung von Einzelheiten zum Börsengang gewähren – das Momentum Management einer Kampagne ist zentraler Erfolgsfaktor.

IR: Vorbereitung ist alles – das interne Management des IPO-Prozesses durch den späteren Investor-Relations-Manager stellt die Ideallösung dar.

Stefan Wachtel

Vorstandspräsentation, Roadshow und TV-Interview

1. Rhetorik für angehende Vorstände 418
2. Redesituationen im IPO 419
   2.1 Präsentationen vor Analysten und Institutionen 419
   2.2 Antworten nach Präsentationen 420
   2.3 Roadshow-Gespräche 421
   2.4 Interviews auf n-tv, Bloomberg TV etc. 421
3. Ablauf und Bedingungen eines Vorstandscoachings 422
4. Beispiel CyBio AG 424
5. Fazit: Rechtzeitig koordinieren 425
6. Zeittafel 426
   Literaturhinweise 427

1. Rhetorik für angehende Vorstände

„Da mag das Dinner oder Buffet noch so gut sein – ein Manko beim Börsengang ist auch immer wieder der reine Vortrag der Manager. Da gilt das Gleiche wie für das Dinner: Mögen die Folien auch noch so schön sein – es muss genug Raum für das Frage-Antwort-Spiel sein. Nur die Rede ohne Gegenrede bevorzugen vor allem Vorstände großer Aktiengesellschaften, die an der Börse schnell das große Geld machen wollen."

FAZ, 4.10.1999

Wer bei Text und Monolog bleibt und Fragen scheut, macht sich verdächtig. Wer nicht rhetorisch überzeugend antworten kann, muss sich professionell vorbereiten (lassen) – Selbstverständlichkeiten, die aber gern vergessen werden. „Redender Kopf nicht überzeugt – nicht gezeichnet oder kurzfristiger Aktienbehalt". Hinter dieser Warnung aus einem Coaching-Booklet der Trainerrepräsentanz Expert. in Frankfurt am Main stehen Beispiele erbärmlicher Vorstandsauftritte, von denen jeder IPO-Berater ein Lied singen kann. Zu oft bekommt die Analystengemeinde wohl motivierte, aber schlechte Redner vorgesetzt. Folienschlachten, die die Zuhörer aus dem Blick verlieren.

Noch immer gilt vielen Vorständen das Reden und Präsentieren als „lästige Pflicht, falls gelegentlich Präsenz erforderlich ist".[1] Die Vorstände von Small Caps sind oft jung und alles andere als gute Redner. Erfahrungen unserer Coaches mit IPO zeigen, dass von sieben berücksichtigten Börsengängen nur zwei Vorstände auf Anhieb in kurzer Zeit ihr Geschäft und das Marktgeschehen erklären konnten.

Ein Analyst des Bankhauses Sal. Oppenheim & Cie. spricht davon, dass in den Vorstandspräsentationen im IPO-Prozess mindestens 40 Prozent der Überzeugungskraft des Managements geschuldet ist. „IR als Face-to-Face-Kommunikation"[2], das ist der Trend. Die im IPO überdurchschnittlich häufigen Vorstandsauftritte erreichen die Financial Community direkt. Auch die Antworten vor Journalisten und in den Medien selbst sind existenziell für den Kontakt zu Privatanlegern. Wer hier überzeugt, beeinflusst wirkungsvoller als manches schriftliche/grafische Produkt. „Charisma ist Kapital. Unternehmen, die sich nicht personalisieren, sind von vornherein im Nachteil."[3]

Es ist also fatal, wenn Vorstände auf Vorstandspräsentation, Roadshow und TV-Interview nicht individuell vorbereitet sind. An diesem entscheidenden Ende der Pre-IPO-Kommunikation steht ein Vorstandscoaching für Roadshows und TV-

---

1 Deekeling, E. (2000).
2 Hansen, J.R. (1999), S. 83.
3 Kirchhoff, K.R./Piwinger, M. (Hrsg.) (2000), S. 12.

Interviews. Dazu erarbeitet der Coach mit den Vorständen die Überzeugungsmittel: ein Stichwortkonzept und dessen Koordination mit den Charts (die fälschlicherweise oft schon synonym für „die Rede" stehen), deren Kürzung, Sprechstil, Mimik, Gestik und Proxemik (Verhalten im Raum)[4], und schließlich Antwortstrategien für Interviews auf n-tv und Bloomberg-TV.[5]

Bevor Inhalt, Planung und Koordination der Vorbereitungstage entfaltet werden, folgt zunächst ein Überblick über die Tücken der Auftrittssituationen, in die sich Vorstände im IPO begeben.

2. Rede-Situationen im IPO

Überblick: Redesituationen der Vorstände im IPO

- Präsentationen vor der Zulassungskommission des jeweiligen Markts
- Präsentationen vor Analysten verschiedener Banken (vor der Auswahl des Konsortiums) meist im eigenen Haus
- Präsentationen vor Analysten der Konsortialbanken
- Beantwortung von Fragen im Beauty Contest
- Rede und Antwort auf Pressekonferenzen
- Reden im Kick-Off-Meeting für Mitarbeiter und Führungskräfte
- DVFA-Präsentation eine Woche vor Erstnotierung
- Roadshows (häufig One-on-One-Gespräche in englischer Sprache)
- TV-Interviews

2.1 Präsentationen vor Analysten und Banken

Die Standardsituationen sind 25- bis 45-minütige Reden vor entscheidenden institutionellen Anlegern. Hier stellt sich immer wieder das Problem Mensch und Chart: Die Vorstände werden mit einer Fülle von Charts ausgerüstet. Hinter mancher Folienschlacht steht ein durchaus berechtigter Wunsch: Berater trimmen die Vorstände auf Vollständigkeit. Präsentationen mit über 40 Charts werden nicht selten den Vorständen oktroyiert, und häufig wird zu spät erkannt, dass das niemand erträgt. Überzeugen ist jedenfalls mit der Fülle des Materials äußerst schwer. Auf Basis der gesammelten Daten und Argumente muss eine Rededramaturgie entstehen, die sich nicht nur in einer Abfolge von Charts erschöpft.

---

4 Kuhlmann, M. (1999), S. 100 ff.
5 Wachtel, S. (2000b und 2000e).

Erst mit dieser Redeplanung können die Vorstände gut vorbereitet, zeitlich geplant reden – und trotzdem frei formulieren.

Visualisierung ist nötig[6], darf aber nicht zu eintönig sein. Zu oft wird Chart für Chart durchgeschaltet, und es werden womöglich die oft sperrigen und substantivischen Erfolgsbehauptungen vorgelesen. Um der Stereotypie des von Beratern vorgefertigten Produkts zu entgehen, ist es günstig, Flipcharts zu bestellen, auf denen die Vorstände etwas grafisch verdeutlichen. Die Wirkung ist erheblich: Während oft das soundsovielte Chart ermüdet, erleben die Zuhörer auf diese Weise das Management in Aktion.

Ebenso störend ist ein vorgefertigtes Manuskript. Sollte es dennoch vorliegen, wird in der Präsentationsvorbereitung lediglich die Substanz gesichtet, neu angeordnet und getimt. Erst das Sprechdenken im Coaching, nicht eventuell vorbereiteter Text, lässt den eigenen Sprachstil des Vorstands einfließen.

Die Vorstandspräsentationen werden im Pre-IPO zusehends kürzer. Das liegt daran, dass die Analysten der potenziellen Konsortialbanken in den ersten Präsentationen noch breit informiert und überzeugt werden wollen und später zunehmend die Substanz herausgeschält wird. Ganz deutlich wird das in den One-on-One-Gesprächen der Roadshow. Zudem setzt ein natürlicher Lerneffekt aus dem Coaching ein. Das alles zielt auf die Wünsche des Publikums der Präsentationen: verständlich, pointiert, glaubwürdig und vor allem kurz!

Schließlich sind immer Temperament und Eigenarten zu berücksichtigen. Nicht jeder Stil passt zu jedem der Vorstände. In den Präsentationen sollten alle reden, sofern nicht mehr als drei Personen im künftigen Vorstand sind. Als günstig hat es sich erwiesen, dass der künftige Vorstandssprecher Einführung, Geschäft und Markt erläutert, ein Finanzvorstand etwa die Zahlen, Unternehmensvision und Investment Case, in jeweils 20 Minuten.

2.2 Antworten nach der Präsentation und in der Pressekonferenz

Wer Präsentationen verfolgt, dem fällt auf: Alle sind „Innovationsführer", fast alle – irgendwie – Marktführer. Behauptungen, deren Begründung vielen Vorständen oft nur stockend über die Lippen kommt. Dieser Argumentationsstil funktioniert gerade noch auf den Charts mit ihren notwendigen Verkürzungen. Solche Werbebotschaften müssen argumentatorisch gestützt werden. Vor allem bei Fragen sollen die Antworten überzeugen – über die Zahlen und Fakten hinaus. Hier sind eventuell ausformulierte Vorschläge – die „Q's and A's" der

---

6 Kuhlmann, M. (1999).

Kommunikationsagentur – als Grundlage hilfreich. Im Coaching werden diese durchgespielt, die Antworten innerlich „sortiert" und getimt. Am Ende wird nur unter gelegentlicher Zuhilfenahme von erarbeiteten Argumentationen geantwortet.[7] Vor allem können erst so die Antworten pointiert sein. Denn einhellig sagen Analysten, was sie vermissen, sei, dass die Vorstände in den Auskünften „auf den Punkt kommen."

2.3 Roadshow-Gespräche

Am Endpunkt der Redesituationen stehen die Kurzpräsentationen der Vorstände vor institutionellen Anlegern an den wichtigsten Finanzplätzen, die Roadshows. Hier genügt die herkömmliche Rhetorik der großen Präsentation nicht mehr. Hier kommt es auf Zuhörfähigkeit an, auf Einfühlung – und wieder auf Frage und Antwort. Und natürlich auf englische Sprachkenntnisse. Dabei zeigt die Erfahrung, dass diese nicht unbedingt perfekt sein müssen. Wesentlich ist, dass die Vorstände ihre eigenen Begriffe verwenden und nichts einpauken. Eine kleine Auswahl der Charts können dazu laminiert und auf der Roadshow zwanglos vorgestellt werden.

2.4 Interviews auf n-tv, Bloomberg TV etc.

„Auf einen Auftritt in n-tv haben wir mangels Erfahrung verzichtet –... keiner kannte uns."[8] Das ist typisch für die Missachtung der elektronischen Medien. Heute gehören solche Interviews zum Standard. Es handelt sich um so genannte „Schaltgespräche". Im Studio von n-tv im Haus der Frankfurter Börse sitzt der Vorstand in einem 12qm-Zimmer, in dem außer seinem Sessel, Kamera und Monitor fast nichts steht – allerdings ein Tischchen, auf dem sich einige Karteikarten mit Informationen ablegen lassen. In anderen Fällen steht der Befragte mit einem Mikrofon in der Hand auf der Galerie des Börsensaals. Bloomberg-TV, 3SAT-Börse, N 24 und CNBC (in englisch, europäisches Ausland)[9] verfahren ähnlich. Hier kommt es darauf an, während der Fragen in den Monitor mit dem Moderator/der Moderatorin und für die Antworten in die Kamera zu sehen. Ohne Coaching gelingen keine überzeugenden Antworten – immerhin in einer Livesituation mit erheblichen Folgen. Vor allem ohne die Vorbereitung möglicher Antworten sieht das TV-Publikum einen Unternehmenskopf, dem man besser nicht sein Geld anvertraut.

---

7 Wachtel, S. (2000a).
8 Euro Wirtschaftsmagazin (1999), S. 70.
9 Böhm, W. (2000), S. 290 ff.

Das Medien-Coaching erarbeitet vor allem kurze Antworten vor der Kamera. „Kurz" bedeutet immer ein Training des Timing, denn schlicht niemand weiß ohne Übung, wie lang 20 Sekunden sind, schon gar nicht, wie in dieser Kürze für einen Unternehmensstandpunkt argumentiert werden kann.[10] Hinzu kommt ein Training der Kamerasituation. In der Regel wird auch lange nach dem Börsengang der Medien-Coach für Argumentationshilfen für kurzfristige Reden und TV-Statements gebraucht.

3. Ablauf und Bedingungen des Vorstandscoachings

Coachings beziehungsweise Vorbereitungstage lassen sich sowohl von einer Trainer-Repräsentanz als auch über IR/PR- Agenturen buchen. Auch manche Banken oder Corporate-Finance-Beratungsgesellschaften ziehen Coaches hinzu. Mit Coaches sind nicht Journalisten gemeint, die Tipps geben, sondern Trainer, die folgende Ziele erreichen können:

Ziele des Coachings:
- IPO-Daten mündlich und individuell an die Zielgruppe anbinden
- individuelle Umsetzung des Chartmaterials
- jeweilige Stärken erarbeiten und bündeln können
- sachlich pointiert und zugleich authentisch reden können
- kurz fassen können
- TV-Situationen kennen lernen

Professionelles Rede-Coaching darf nie von der Form her kommen (Aussprache, Stimme, „Körpersprache"). Zum Coaching gehört deshalb immer zunächst ein Brainstorming für konkrete Redeinhalte. Hier werden gegebenenfalls vorbereitete Inhalte ergänzt, verworfen und vor allem für originäre Sprechsprache des Vorstands aufbereitet. Die Redeplanung entsteht als Dramaturgie aus dem Aufbereiten der vorbereiteten Charts und Redevorschläge und weiteren eigenen Inhalten des Vorstands, meist im ersten Coaching-Tag. Dann wird die Publikumsansprache des Redebeginns ausgearbeitet. Im Anschluss wird das Konzept für die freie Formulierung verfeinert – dies alles ausschließlich in Stichwörtern.

Das Prinzip: Erst werden die Inhalte ausgewählt, anschließend wird das Stichwortkonzept erstellt. Erst dann werden Sprechdenken, Sprache, Mimik und Gestik trainiert. Hier geschieht auch das Timing, mit höchstens ein bis zwei Minuten

---

[10] Bolender-Wachtel, S. (Hrsg.), 1999, S. 61 ff.

Toleranz. Nach der Erarbeitung wird (als Rede oder 25-Sekunden-Statement) im Vollzug aufgezeichnet. Ab hier ist der Ablauf streng an die jeweilige Situation gekoppelt. Standards lassen sich nur grob angeben. Hier die Inhalte detailliert:[11]

- Brainstorming I: Aufbereiten der Markt- und Unternehmensdaten für mündliche Situationen, nach Durchsicht und Sortierung und Kürzung der vorliegenden Charts
- Brainstorming II: Vorerfahrungen, Interessen und Befürchtungen des zu überzeugenden Publikums
- Brainstorming III: Zielsätze entwickeln
- Abgleichen von Charts und verbalen Botschaften
- Vorbereitung Einstieg und Schluss (Dramaturgie)
- Timing für verschiedene Zielgruppen und Situationen
- „Schreiben fürs Hören"/Stichwortkonzept
- Training kritischer Fragen und Antworten
- gegebenenfalls Training Sprechausdruck
- im Medien-Coaching: Überzeugen vor Mikrofon und Kamera[12]

Im Coaching wird alles in eigener und mündlicher Sprache formuliert, was die Financial Community allzu oft in der Berater- und Strategiesprache präsentiert bekommt. Manche Vorstände begreifen das intuitiv und schießen über das Ziel klare Sprache hinaus: Äußerungen wie „Wir werden bei der Konkurrenz ein Blutbad anrichten"[13] sind sicher ein Grenzfall, über den sich diskutieren lässt. In jedem Fall aber wird ein Coaching sprachliche Alternativen aufzeigen, die ohne Anleitung nicht möglich gewesen wären.

In der Regel ist ein Vorbereitungstag je Coaching nötig: für die Unternehmensdaten, den Track Record und die Durchsicht bereits bestehender Kommunikationspapiere. Gebraucht werden insbesondere Mitschnitte öffentlicher Auftritte, Presseresonanz-Beispiele und Unternehmensprospekte, Imagebroschüren, später Entwürfe zum Verkaufsprospekt, vor allem auch bestehende kritische Fragen oder Q's and A's der IR/PR-Agentur.

Der Mehrwert eines entsprechenden Coachings ist erheblich. In der Zusammenarbeit entstehen Versatzstücke, die – im Sinne eines modernen Reden-Schreibens – für weitere Vorstandspräsentationen verwendbar sind. Sie werden später – mit oder ohne den Coach – modifiziert. Auch für Statements und Interview-Antworten lassen sich Argumentationen Ad-hoc in einem Medien-Coaching entwi-

---

11 Wachtel, S. (2000c).
12 Wachtel, S. (2000b).
13 Euro Wirtschaftsmagazin, September 1999, S. 70.

ckeln.[14] Für beide Situationen erhalten die Vorstände die Stichwortrede anschließend auf Datenträger. Abschließend werden für alle kommenden Situationen – sofern der Coach nicht anwesend sein kann – individuelle Hinweise im Überblick mitgegeben. Diese sind auch nach dem Börsengang hilfreich.

Bedingungen: Einzelcoachings sollten extern durchgeführt werden, die Präsentations- und PK-Vorbereitung im Hotel, das Training im Fernsehstudio. Vor allem die Hotel-Seminarsuite mit ihrer Anonymität und Diskretion macht intensives Arbeiten möglich. Hier braucht es lediglich mehrere Flipcharts, um die Vorbereitung grafisch unterstützen zu können. Hier genügt zunächst semiprofessionelles Aufnahme-Equipment: (Kamera, Aufnahme- und Abspielgerät Video, Monitor); Flipchart, Projektor (gegebenenfalls Charts als Slides/Folien). Später kommt ein Beamer hinzu.

Aber nicht nur äußere Bedingungen müssen stimmen. Agenturen und Beraterunternehmen präsentieren üblicherweise Referenzen. Professionelle Vorstandscoaches pflegen dagegen die Tugend der Diskretion. Ein Einzelcoaching ermöglicht diese Exklusivität, die Vorstände zu Recht verlangen. Nach einer Entscheidung zur Kooperation werden einzelne Treffen oder ein Turnus vereinbart. Zudem werden vor wichtigen Auftritten Coachings vereinbart. Zunächst sollte nur ein Tag gebucht werden, um zu sehen, ob die gegenseitige Öffnung möglich ist, die ein Coaching verlangt.

4. Beispiel CyBio AG

Die CyBio AG war ein Spin-Off der Jenoptik AG. Der Börsengang war am 25. November 1999. Der IPO fiel in eine schwierige Zeit; im Herbst erfuhr der Neue Markt eine Krise. Dennoch war die CyBio-Aktie 24-fach überzeichnet. Innerhalb von zwei Monaten stieg der Kurs – selten kontinuierlich – von 17 € bei Emission binnen weniger Wochen auf 46 €, neun Monate später 110 €.

Die Vorbereitung der Vorstandsauftritte war frühzeitig in die Zusammenarbeit mit „equinet Corporate Finance" und der Kommunikationsagentur Blue Chip und in die Begleitung durch den Konsortialführer DG Bank eingebunden.

Die Repräsentanz für Medien- und Managementtrainer Expert. in Frankfurt am Main hat mit zwei Kollegen (für Präsentationen sowie für TV-Interviews und Pressekonferenz) in weniger als einem halben Jahr erreicht, dass die Vorstände in allen Situationen überzeugen konnten – bis hin zu Stil und persönlicher Aus-

---

14 Wachtel, S., Überzeugen vor Mikrofon und Kamera, 1999.

stattung. Jeweils vor allen oben aufgeführten Situationen wurde der Ablauf vorbereitet – bis zum Interview auf n-tv. Es genügten – ein Glücksfall – zwei talentierte Vorstände, davon eine Frau, wenige Coaching-Tage. Die Presse äußerte sich besonders über das Management: „Neben den guten Geschäftsaussichten sorgte dafür eine außerordentlich professionelle öffentliche Präsentation."[15]

5. Fazit: Rechtzeitig koordinieren

Die Vorbereitung von Präsentationen und Auftritten ergänzt die IR/PR-Beratung. Wichtig ist die Koordination mit den „textenden" PR-Beratern. Noch immer gilt geschriebener Text den PR-Agenturen als heilig und als Paradigma schlechthin. Ungeachtet neuester Erkenntnisse: Eine Studie des „Handelsblatt" 1998 hat erwiesen, dass etwa Geschäftsberichte weniger beachtet werden, als die Unternehmen glauben. Eine andere Befragung ergab, dass mündliche Redesituationen signifikant effizienter eingestuft wurden als schriftliche Maßnahmen. In überzeugender Finanzkommunikation wirkt eben nicht „in erster Linie alles Gedruckte"[16], sondern die Köpfe des Managements sind ganz wesentlich.[17] Allerdings müssen Bild und Text zusammenpassen. Ein Text sollte gar nicht erst ausformuliert werden. Was gesprochen werden soll, wird als Stichwortfolge unter Anleitung vom Vorstand selbst bearbeitet werden. Die Kommunikationsagentur liefert kommunizierbares Material – im Coaching wird es lebendig.

Durch Koordination von Kommunikationsstrategie und Vorstandscoaching lässt sich Zeit sparen. Going-Public-Unternehmen tun schon deshalb gut daran, alle Berater rechtzeitig zu koordinieren. Die Kordination muss nicht nur verhindern, dass von verschiedenen Seiten dieselbe Situation vorbereitet wird, sondern auch, dass die inhaltlichen Vorstellungen der Corporate-Finance-Berater, der IR/PR-Agentur und des persönlichen Coachs auseinander laufen. Die häufigsten Beispiele dafür sind die verschiedenen Vorstellungen über Redestile (behauptend oder argumentierend) oder auch über den Zeitrahmen der jeweiligen Präsentationen (Maßstab: Wie viel kann und will eine Analystengruppe aufnehmen?). Sinnvoll ist es, sehr bald nach der ersten Auswahl für Charts und Factbook mit Kommunikations- und Corporate-Finance-Beratern auch ein erstes Rede-Coaching zu vereinbaren.

Wesentlich ist, dass die Vorstände für die IR-Maßnahmen, die sich personalisieren lassen, jederzeit zur Verfügung stehen. Vor allem TV-Wirtschaftsredaktionen

---

15 Transkript (1999), S. 8
16 Hansen, J. R. (1999), S. 82.
17 Wachtel, S. (2000d).

sind nicht selten verwundert, dass in manchen Fällen kursrelevanter Umstände die Führungsriege nicht für Interviews zur Verfügung steht.[18]

6. Zeittafel

So bald ein IPO-Zeitplan ausgearbeitet ist, sollte der Coach einbezogen werden. Jeweils rechtzeitig etwa eine Woche vorher sollte mit der Vorbereitung im Coaching begonnen werden. Nicht immer ist vorab zu sagen, ob ein, zwei oder drei Tage nötig sind, damit die Redesituation steht. Für die weiteren Präsentationen und Auftritte kann eine Vorbereitung jeweils einen Tag vor der Veranstaltung genügen. Die Termine sind kaum kurzfristig zu organisieren, weil es sein kann, dass ein Coach jeweils für drei bis sechs IPO gleichzeitig arbeitet.

Meist werden für eine sorgfältige Arbeit mindestens fünf bis sieben Tage Coaching für Präsentationen und Roadshow als Kontingent gebucht, zudem zwei bis vier einzelne Tage Medien-Coaching für Interviews und Pressekonferenzen. In manchen Fällen werden pro Börsenkandidat zwei Tage pro Monat als Kontingent geplant. Dieses sollte zunächst für die Zeit bis zum IPO gebucht werden. Der Beginn sollte circa sechs Monate vor dem Emissionstermin sein.

Zeittafel: Vorbereitungen der Redesituationen des Managements

- gegebenenfalls Vorbereitung von Präsentationen vor Venture Capitalists
- sechs Monate vor dem geplanten IPO-Termin: Briefing und erstes Coaching, Koordination mit CF- und IR-Beratern
- gleichzeitig/anschließend spezielle Vorbereitung der Präsentation vor der jeweiligen Zulassungskommission
- circa drei Monate vor IPO: Coaching und Generalprobe der Präsentation vor potenziellen Konsortialbanken
- circa einen Monat vor dem IPO: Vorbereitung Rede und Antworten vor der ersten und zweiten Pressekonferenz (zwei Tage)
- eine Woche vorab: ein bis zwei Tage Coaching für die Roadshow-Gespräche
- zwei Wochen vorab: Coaching der eventuellen Ansprache im Kick-Off-Meeting für Mitarbeiter
- abschließend drei bis vier Tage vor IPO: Coaching für Medien/TV-Interviews

---

Mit diesem soliden Paket besteht jeder Vorstand die „mündlichen Prüfungen" des Börsengangs.

---

18 Böhm, W. (2000), S. 296

Literaturhinweise

Böhm, W. (2000): Der Umgang mit dem Medium Fernsehen; in: *Kirchhoff, K.R./Piwinger, M.* (Hrsg.): Die Praxis der Investor Relations. Neuwied, S. 290 ff.

Bolender, S. (Hrsg.) (1998): Managementtrainer. Frankfurt/New York.

Bolender-Wachtel, S. (Hrsg.) (1999): PR- und Medienberater. Frankfurt/New York.

Deekeling, E. (2000): Informationsmanagement und Relationship-Development, in: *Merten, K./Zimmermann, R.* (Hrsg.): Das Handbuch der Unternehmenskommunikation. 2. Aufl., Köln/Neuwied.

Dürr, M. (1995): Investor Relations. München.

Koch, W./Wegmann, J. (2000): Praktiker-Handbuch Börseneinführung. 2. Aufl., Stuttgart.

Hansen, J. R. (1999): Finanzkommunikation mit Tücken, in: Public Relations Forum 2, S. 82.

Kuhlmann, M. (1999): Last Minute Programm für Vortrag und Präsentation. Frankfurt/New York.

Merten, K./Zimmermann, R. (Hrsg.) (2000): Das Handbuch der Unternehmenskommunikation. 2. Aufl., Köln/Neuwied.

Volk, G. (Hrsg.) (2000): Going Public. 2. Aufl., Stuttgart.

Wachtel, S. (2000a): Schreiben fürs Hören. 2. Aufl., Konstanz.

Wachtel, S. (2000b): Überzeugen vor Mikrofon und Kamera. Frankfurt/New York.

Wachtel, S. (2000c): Einzelcoaching für Vorstände: Reden, Roadshows, TV-Auftritte, in: Harvard Businessmanager, 2/2000.

Wachtel, S. (2000d): TV-Statements und Interviews. Vorstände und Unternehmenssprecher im Zugzwang, in: *Merten, K./Zimmermann, R.* (Hrsg.), Das Handbuch der Unternehmenskommunikations. 2. Aufl., Köln/Neuwied.

Wachtel, S. (2000e): Charisma ist Kapital, in: Finance, 9/2000, S. 92–94.

Axel Haubrok / Martin Scherer

Organisatorische Verankerung von Investor Relations

1. Zielsetzung 430
2. Grundsätze der Finanzkommunikation 431
   2.1 Welche Inhalte sollen kommuniziert werden? 431
   2.2 Wer ist die Zielgruppe? 433
   2.3 Wie wird kommuniziert? 433
   2.4 Wer kommuniziert? 434
   2.5 Organisatorische Einbindung 434
3. Zielgruppenanalyse 436
   3.1 Institutionelle Anleger 436
   3.2 Streubesitzaktionäre 436
   3.3 Multiplikatoren 436
4. Kommunikationsmaßnahmen 437
   4.1 Persönliche Maßnahmen 437
   4.2 Unpersönliche Maßnahmen 439
5. Ausblick 443

1. Zielsetzung

Unternehmerischer Erfolg basiert grundlegend auf einer möglichst straffen Kostenlinie – sowohl im täglichen Geschäft als auch bei der Kapitalbeschaffung. Börsennotierte Unternehmen haben die Möglichkeit, ihre *Kosten für die Kapitalbeschaffung* zu senken, wenn es ihnen gelingt, einen hohen Aktienkurs zu erzielen. Denn je höher die Börse das Unternehmen bewertet, desto mehr Mittel fließen ihm im Falle einer Kapitalerhöhung zu. Von dieser Strategie profitieren im Übrigen auch die Aktionäre eines Unternehmens, die bei einem höheren Kurs einen höheren Shareholder Value erzielen und eine attraktivere Rendite beim Verkauf Ihrer Anteile verbuchen können. Um ein angemessen hohes Kursniveau zu erreichen und es langfristig zu halten, darf das Unternehmen am Markt nicht unterbewertet erscheinen. Das Ziel muss eine Übereinstimmung des inneren Werts des Unternehmens mit seinem Marktwert sein. Deshalb gilt es, alle Beteiligten im Kapitalmarkt laufend mit aktuellen, glaubwürdigen Informationen zu versorgen.

Genau hier setzen Investor Relations an. Der Terminus beschreibt die laufende, langfristig ausgerichtete *Kommunikation* zwischen Unternehmen und allen Finanzmarktteilnehmern. Investor Relations fungieren als Finanzmarktkommunikation und sollten dementsprechend hoch innerhalb der Unternehmensorganisation angesiedelt werden. Die Informationen, die durch Investor Relations gezielt in den Markt gelangen, fließen in die Gewinnschätzung ein und bestimmen damit den Aktienkurs. Nur wer sich durch gezielte Kommunikationsmaßnahmen positiv hervorhebt, hat die Chance, bei Investoren angemessene Beachtung zu finden. Eine offene Informationspolitik und hohe Transparenz tragen außerdem zur Stabilisierung des Kurses bei. Denn wenn Unternehmenspolitik und -strategie verstanden werden, können unternehmensinterne sowie -externe Nachrichten in Bezug auf ihre Auswirkungen interpretiert werden. Auf Überraschungen reagiert der Markt hingegen mit plötzlichen, heftigen Kursausschlägen, die Anleger verunsichern und von einem Engagement abhalten.

Investor Relations sind auch für Unternehmen, die keine Kapitalmaßnahme planen, lohnenswert, da sie bei richtiger Handhabung als Wettbewerbsvorteil genutzt werden können:

- Eine hohe Informationsquote verringert das Anlagerisiko. Aktionäre fühlen sich „sicherer" und fordern deshalb eine *geringere Risikoprämie* in Form regelmäßiger Dividenden. Das Unternehmen kann dadurch einen höheren Anteil der erwirtschafteten Gewinne reinvestieren.

- Ein hohes Kursniveau bietet *Schutz vor feindlichen Übernahmen*, welche die Existenz des Unternehmens gefährden können. Der Angriff von Corporate

Raiders gilt allgemein nur dann als wahrscheinlich, wenn der Kurs nicht den tatsächlichen Wert der Aktie widerspiegelt.

- Als dritter, nicht zu unterschätzender positiver Aspekt verbessert ein hoher Kurs das *Image* des Unternehmens auch im operativen Geschäft, das heißt gegenüber Kunden und Lieferanten und sogar bei der Rekrutierung neuer, qualifizierter Mitarbeiter.

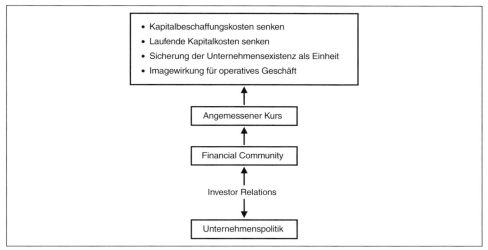

Abbildung 77: Das Zielsystem von Investor Relations

2. Grundsätze der Finanzkommunikation

Kommunikation ist mehr als nur die Weitergabe von Fakten. Um die gewünschten Informationswirkungen zu erzielen, müssen die Zielgruppen genau definiert und verstanden werden, um die richtigen Inhalte der Kommunikation zu identifizieren.

2.1 Welche Inhalte sollen kommuniziert werden?

Bevor die Kommunikation mit dem Finanzmarkt beginnt, muss grundsätzlich festgelegt werden, *welche Informationen* künftig weitergegeben werden sollen. Dabei muss ein Ausgleich gefunden werden zwischen den Informationsansprüchen der Kapitalmarktteilnehmer und den Interessen des Unternehmens. In dieser Frage besteht Beratungsbedarf von Seiten des Managements, denn eine solche informationspolitische Entscheidung hat strategischen Charakter. Sie setzt die Kenntnis der Funktionsweise des Markts voraus: Wie wertet er die erhaltenen Informationen aus und wie fließen sie in die Kursbildung ein?

Der Kapitalmarkt kann das Unternehmen und damit sein Ertragspotenzial nur dann richtig bewerten, wenn er die Wechselwirkungen zwischen ihm und seinem Umfeld kennt. Deshalb müssen umgekehrt auch die Marktteilnehmer wissen, welche Strategie das Unternehmen verfolgt und wie es arbeitet. Komplexe Zusammenhänge müssen vereinfacht dargestellt werden, um dem Anleger eine hohe Transparenz des Unternehmenspotenzials zu ermöglichen. Beispielsweise wird aufgezeigt, welche Marktfaktoren den Absatz oder die Kosten des Unternehmens beeinflussen. Ein solches Modell hilft Anlegern, Kennzahlen aus der Vergangenheit zu interpretieren und die zukünftige Entwicklung abzuschätzen. Wird ein Unternehmen beispielsweise als „Innovationsführer" positioniert, lässt sich daraus unter anderem ableiten, dass das Unternehmen auf eine Änderung der Konsumentenwünsche flexibel reagieren und sich im Wettbewerb behaupten kann. Die *Positionierung* als stark vereinfachte Version des Modells sollte bei jedem Kommunikationsakt wiederholt werden.

Mit dem Modell wird also eine Grundlage für die Kommunikation geschaffen. Die Summe dieser ausgewählten Aspekte lässt sich anschaulich darstellen und direkt in ein Kommunikationsmittel – das *Factbook* – umsetzen.

Grundsätzlich sind nur *wesentliche Informationen* relevant. Das Unternehmen sollte sich nur dann äußern, wenn es auch tatsächlich etwas zu sagen hat. Ein Zuviel an Informationen kann bei den Empfängern Verwirrung stiften und dabei kontraproduktiv wirken.

Auch *Bad News* müssen veröffentlicht werden. Bei dieser Gelegenheit kann das Management gleichzeitig Ursachen, Konsequenzen und Gegenmaßnahmen darstellen – aktive Vorgehensweise schafft Vertrauen. Darüber hinaus fördert mangelnde Transparenz Gerüchte und Spekulationen, die dem Kurs und dem Image schaden. Die größte Gefahr ist der Verlust der Glaubwürdigkeit.

Da an der Börse vor allem Ergebniserwartungen gehandelt werden, sind Informationen über die Vergangenheit nicht ausreichend. Damit wird deutlich, dass Investor Relations weit mehr bedeutet, als die Anforderungen von Pflichtveröffentlichungen zu erfüllen. Denn diese verfolgen häufig einen anderen Zweck und beziehen sich deshalb weitestgehend auf vergangene Ereignisse. Aktionäre interessiert primär die *Zukunft* des Unternehmens. Diese versuchen sie abzuschätzen, weil die Höhe ihrer Rendite davon unmittelbar abhängt. Weil die Zukunft eben unsicher ist, fordert der Finanzmarkt möglichst konkrete Prognosen. Wenn das Management dazu keine Stellung bezieht, wird der Markt Abschläge auf den Unternehmenswert vornehmen, weil das Anlagerisiko steigt. Umgekehrt darf das

Unternehmen seine eigenen Interessen aber nicht aus den Augen verlieren. Empfehlenswert ist es, konservative Schätzungen abzugeben, denn wenn das Ziel verfehlt wird, reagiert der Markt enttäuscht und der Kurs gerät unter Druck. Übertrifft das Unternehmen hingegen eine – weniger ambitionierte – Prognose, wird die Börse die guten Nachrichten honorieren.

2.2 Wer ist die Zielgruppe?

Investor Relations richten sich gezielt an die *Financial community*, die sich aus Banken, Investoren, Analysten, Fondsmanagern, Beratern und Vertretern der Wirtschaftspresse zusammensetzt. Erfolgreiche Kommunikation setzt voraus, dass man diese Zielgruppe nicht als anonyme, homogene Einheit begreift, sondern ihre *Zusammensetzung* untersucht. Neue Informationsmedien wie das Internet und Datenbanken ermöglichen es heute, die Investoren besser kennen zu lernen. Gleichzeitig machen sie es möglich, mit geringem Aufwand mehr über die Wünsche und Zielsetzungen der Zielgruppen zu erfahren und die Kommunikation noch effizienter auszurichten. Die Adressen institutioneller Investoren, deren Anlagepräferenzen zu dem Unternehmen passen, können mit geringem Aufwand ermittelt werden. Einschlägige Print- und elektronische Medien sollten ebenso in einem Verteiler gesammelt werden. Um eine gezielte und persönliche Ansprache zu ermöglichen, muss die Mailing List laufend ergänzt und aktualisiert werden.

Die einzelnen Zielgruppen nutzen verschiedene Wege, um sich zu informieren, und sie verarbeiten diese Informationen in unterschiedlicher Weise. So wird der Portfoliomanager eines Pensionsfonds andere Anforderungen an Aufbereitung und Detailliertheit der Daten stellen als ein Kleinaktionär. Dennoch müssen sämtliche Kapitalmarktteilnehmer *gleich behandelt*, das heißt zeit- und inhaltsgleich mit Informationen versorgt werden. Dadurch wird Insiderwissen vermieden. Aus diesem Grund muss eine Vielzahl von Informationskanälen genutzt und entschieden werden, wie die Informationen für die einzelnen Zielgruppen jeweils aufzubereiten sind.

2.3 Wie wird kommuniziert?

Um das Vertrauen der Anleger zu gewinnen, muss die Kommunikation in erster Linie *glaubwürdig* sein. Sie muss *regelmäßig* erfolgen. Insbesondere „Neuzugänge" an der Börse und bislang relativ unbekannte Unternehmen sollten *aktiv* das Gespräch suchen, da sie von Presse und Analysten oft wenig beachtet werden und deshalb Gefahr laufen, im Wettbewerb übersehen zu werden. Außerdem müssen Informationen möglichst *zeitnah* veröffentlicht werden. Autorisierte Mitteilungen des Unternehmens vermeiden Spekulationen und Gerüchte, die eine stabile Kursentwicklung verhindern. Selbstverständlich müssen die weitergebenen Informationen *wahr* sein. Kommunikation ist die Kunst, auch komplexe Sachverhalte *einfach, klar und eindeutig* darzustellen. Die Adressaten müssen die Botschaft sofort verstehen. Mehrdeutige Informationen fördern die Verwirrung.

Auf Basis dieser Grundsätze ist ein *individuelles Kommunikationskonzept* aufzubauen, das auf die spezielle Situation des Unternehmens zugeschnitten ist. Standardlösungen werden den Bedürfnissen von Unternehmen und Anlegern nicht gerecht.

2.4 Wer kommuniziert?

Investor Relations sind *Chefsache*. Für kleinere Börsenwerte bedeutet dies häufig, dass der Vorstandsvorsitzende oder der Finanzvorstand direkt zuständig ist. Dazu bedarf er der Unterstützung durch *Fachleute*, die laufende Beratung bieten und die Umsetzung der einzelnen Kommunikationsmaßnahmen sicherstellen. Auf Grund der strategischen Bedeutung dieser Beratungsleistung ist der direkte Kontakt zur obersten Führungsebene unverzichtbar.

2.5 Organisatorische Einbindung

Investor Relations sind wie das Controlling, die Marktforschung oder die Public Relations, Aufgaben, die direkt den Unternehmenserfolg beeinflussen. Ein Blick auf die Praxis verdeutlicht den hohen Rang der Investor Relations: In der Vielzahl der börsennotierten Unternehmen ist diese Verantwortung direkt dem Vorstand, oft sogar dem Vorstandsvorsitzenden zugeordnet. Schließlich geht es um nicht weniger, als die Unternehmensidee überzeugend darzustellen und potenziellen Anlegern glaubwürdig zu verkaufen. Eine enge Anbindung der Investor Relations an die *Entscheiderebene* gewährleistet eine Informationsweitergabe ohne Streuverluste. Gleichzeitig können Strategieentscheidungen schnell und effizient inhaltlich verarbeitet und aktuell kommuniziert werden. Schnelligkeit ist hierbei ein Faktor, der sich messbar auf die Glaubwürdigkeit der Kommunikation und damit auf den Aktienkurs auswirkt.

Innerhalb des Unternehmens bilden Investor Relations eine *Schnittstelle* zwischen der Unternehmensführung, Kooperationspartnern und den Finanzmarktteilnehmern. In manchen Unternehmen sind Investor Relations *intern* als eigene Abteilung organisiert oder mit den Public Relations zusammengefasst, da sich die Kompetenzen teilweise überschneiden. Eine Lösung, die Vor- und Nachteile mit sich bringt. So ist zum Besipiel eine Pressemeldung über eine Produkt- oder Verfahrensinnovation für Public Relations und Investor Relations gleichermaßen von Bedeutung. Sie profiliert einerseits das Unternehmen in der Öffentlichkeit und zeigt andererseits viel versprechende Zukunftsperspektiven auf, die das Interesse von Investoren wecken. Die ähnlichen Interessen und der notwendige dichte Informationsfluss zwischen Public Relations und Investor Relations sprechen für eine enge und konstruktive Zusammenarbeit beider Abteilungen. Sie dient selbstverständlich auch einer integrierten, einheitlichen und damit unmissverständlichen Unternehmenskommunikation.

Allerdings darf nicht aus den Augen verloren werden, dass Investor Relations auf einem hochspezialisierten Sektor arbeiten: Der Kapitalmarkt ist anders strukturiert und hat deshalb andere Informationsbedürfnisse als der Produktmarkt. Die zielgruppengerechte Finanzkommunikation verlangt nach kompetenten Spezialisten, die allen Mitarbeitern der Financial Community qualifiziert und kompetent gegenübertreten können. Deshalb sollten Investor Relations bei unternehmensinternen Lösungen nicht innerhalb der Public Relations angesiedelt werden, wo sie den Stellenwert eines Marketingaspektes unter vielen bekleiden. Es empfiehlt sich vielmehr, diesen sensiblen und folgenträchtigen Kommunikationssektor einem festen *Investor Relations Manager* zu übertragen, der als fester Ansprechpartner Kontakte zu den Marktteilnehmern pflegt.

Oft fehlt jedoch im Unternehmen das Know-how oder die zeitliche und organisatorische Kapazität für professionelle Inevstor Relations, weswegen sich Unternehmen verstärkt dafür entscheiden, *externe* Spezialisten für dieses Aufgabenfeld hinzuzuziehen. Sie haben als *spezialisierte Dienstleister* das nötigen Wissen um die Mechanismen des Kapitalmarkts und die optimalen Kommunikationswege. Gleichzeitig verfügen sie über das notwendige Maß an *Objektivität*, um eine Unternehmensmeldung zu relativieren und ihr damit den notwendigen Stellenwert in der Financial Community zu geben. Denn oft wird durch kaum zu vermeidende „Betriebsblindheit" eine Nachricht innerhalb des Unternehmens über- oder unterbewertet, wodurch sich die Schlagkraft der Information verringert.

Bei der Hinzuziehung externer Berater sollte nach Möglichkeit ein Anbieter gewählt werden, der sämtliche Aspekte der Finanzkommunkation abdeckt. Nur so ist gewährleistet, dass die Maßnahmen aufeinander abgestimmt auf den Markt gehen und mit einheitlichem Auftritt maximale Wirkung erzielen. Die Zahl der Ansprechpartner bei einem externen Anbieter sollte so überschaubar wie möglich sein, damit Reibungsverluste bei der Informationsweitergabe im eigenen Interesse vermieden werden.

3. Zielgruppenanalyse

3.1 Institutionelle Anleger

Institutionelle Anleger halten meist größere Beteiligungen an einzelnen Gesellschaften. Mit aktuellen oder potenziellen Investoren besteht die Möglichkeit der *direkten Kommunikation*. Großanleger fordern häufig den direkten Kontakt mit der Unternehmensführung. Denn mit der Überlassung hoher Summen ist ein hohes Anlagerisiko verbunden. Für viele Investoren ist eine offene Informationspolitik Voraussetzung für ein Engagement. Deshalb sollten Unternehmen von sich aus das Gespräch suchen.

3.2 Streubesitzaktionäre

Private Kleinanleger sind Unternehmen in der Regel nicht namentlich bekannt. Dies bedeutet aber nicht, dass Unternehmen, deren Aktienkapital breit gestreut ist, auf den Kontakt mit ihren Eigentümern verzichten sollten. Die Ausgestaltung der Investor Relations muss diese *Anonymität*, die eine direkte Kommunikation verhindert, berücksichtigen und eine geeignete Form der Ansprache finden.

3.3 Multiplikatoren

Als *unabhängige* Informationsmittler zwischen dem Unternehmen und (potenziellen) Privatanlegern treten Wertpapieranalysten und -berater sowie Wirtschafts- und Finanzjournalisten. Sie bieten dem Unternehmen *indirekten Zugang* zur Zielgruppe. Analysten verarbeiten eine Fülle von Detailinformationen über den Markt, das Branchenumfeld und die Zukunftsaussichten, um daraus Gewinnschätzungen für das Unternehmen ableiten und Anlageempfehlungen geben zu können. Auch die Presse verdichtet und veröffentlicht solche Informationen. Nicht zu unterschätzen ist deshalb ihre Funktion als *Meinungsführer*. Laufende Kommunikation mit den Informationsmittlern wirkt vertrauensfördernd und liegt deshalb im Interesse des Unternehmens.

4. Kommunikationsmaßnahmen

Welche Kommunikationsmaßnahmen sind zielführend und erfüllen die Bedürfnisse der Kapitalmarktteilnehmer? Wie bereits erwähnt, muss ein *individuelles Kommunikationskonzept* ausgearbeitet werden. Die im Folgenden genannten Maßnahmen sind deshalb nur als Anregung für weiterführende Überlegungen zu verstehen.

4.1 Persönliche Maßnahmen

Investorengespräche und Analystentreffen

Die direkte Kommunikation mit Großinvestoren hat den *Vorteil geringer Streuverluste*. Lead investors und Branchenanalysten benötigen detaillierte Informationen über die vergangene, aktuelle und künftige Markt-, Wettbewerbs- und Unternehmenssituation. Auch weiche Faktoren, wie die Qualität des Managements, werden dabei kritisch analysiert. Bei den persönlichen Gesprächen muss darauf geachtet werden, keine Informationsasymmetrien zu erzeugen.

DVFA-Präsentation

Die Deutsche Vereinigung für Finanzanalyse und Anlageberatung (DVFA) ist der Berufsverband der deutschen *Investmentanalysten und Wertpapierexperten*. Die Präsentation bietet börsennotierten Unternehmen die Möglichkeit, mit professionellen Analysten zu kommunizieren. Die Anlageempfehlungen dieser *Meinungsführer* haben erheblichen Einfluss auf andere Zielgruppen.

Damit die Analysten das Unternehmen verstehen und seine Entwicklung kontinuierlich verfolgen können, muss ein regelmäßiger Dialog stattfinden. Aus diesem Grunde sollten die Präsentationen mindestens jährlich erfolgen. Dabei berichtet der Vorstand von vergangenen Ereignissen, gibt Interpretationshilfen für Kennzahlen, stellt die aktuelle Markt- und Unternehmenssituation dar, erläutert Zielsetzungen und stellt die erwartete Entwicklung dar. Zur besseren Veranschaulichung müssen grafische Darstellungen eingesetzt werden. Im Anschluss an den Vortrag beginnt die Diskussion.

Die DVFA lädt im Namen des Unternehmens ihre Mitglieder ein und nimmt deren Anmeldungen entgegen. Nach Erhalt der Anmeldeliste kann das Unternehmen bereits im Vorfeld Informationen verteilen. Die Teilnehmer erhalten eine Informationsmappe mit dem Geschäfts- und Zwischenbericht, einem Redemanuskript und dem Factbook. Darüber hinaus enthält die Teilnehmerliste wertvolle Adressen für den gezielten Versand künftiger Informationen.

Roadshow

New York, London, Edinburgh, Paris, Tokio. Wer internationale Investoren sucht, muss mit ihnen vor Ort, das heißt in *wichtigen Finanzzentren*, in Kontakt treten. Die Effizienz dieser Veranstaltungen ist abhängig von der Qualität der Unternehmenspräsentationen und der Auswahl der Teilnehmer. Das *Investor's Targeting* zielt darauf ab, jene professionellen Investoren zu identifizieren, die auf Grund ihrer branchen-, unternehmensgrößen- und/oder länderweisen Spezialisierung als potenzielle Anleger in Betracht kommen. Nicht zu unterschätzen ist der organisatorische Aufwand solcher Veranstaltungen sowie der Stressfaktor für das Management. Neben der fremden *Sprache* müssen auch die unterschiedlichen *Informationsbedürfnisse* berücksichtigt werden. So werden angelsächsische Investoren häufig andere Kennzahlen fordern, als sie der HGB-Abschluss bietet.

Je kleiner die Gruppe der Gesprächspartner, desto höher muss der potenzielle Nutzen sein, um den zeitlichen und finanziellen Aufwand zu rechtfertigen. *Einzelgespräche und Round Tables* sollten deshalb nur mit den wichtigsten Großinvestoren beziehungsweise Analysten durchgeführt werden.

Hauptversammlung

Auf der Hauptversammlung können Aktionäre von ihrem Stimm- und Auskunftsrecht Gebrauch machen und damit die Unternehmenspolitik zu beeinflussen. Für den Vorstand ist sie gleichzeitig eine Gelegenheit zur *direkten Ansprache* der ansonsten kaum zu erreichenden Privatanleger. Bereits im Vorfeld der Hauptversammlung sollte das Management die *Aktionärsvertreter* kontaktieren, um sich auf die öffentliche Diskussion vorbereiten zu können. Der Vortrag des Vorstands umfasst neben der Präsentation des Jahresabschlusses und der Erläuterung der aktuellen Situation vor allem einen Ausblick auf die Zukunft des Unternehmens. Dabei werden auch elektronische Medien eingesetzt. Für eine rasche und zuverlässige Stimmauszählung bietet sich der Einsatz entsprechender Software an.

Bilanz-Pressekonferenz

Die Bilanz-Pressekonferenz findet in der Regel circa sechs Wochen vor der Hauptversammlung statt. Bei der Festlegung des Zeitpunktes müssen Überschneidungen mit anderen, vergleichbaren Veranstaltungen vermieden werden. Die Wahl eines geeigneten Ortes – die langfristige Bedeutung hat – sollte davon abhängig gemacht werden, wo die Informationswirkungen am höchsten sind. Basis für den Versand der Einladungen ist ein regelmäßig aktualisierter Verteiler, der die überregionale und die lokale Finanz- und Wirtschaftspresse, Nachrichtenagenturen und auch die Fachpresse umfasst.

Auf der Bilanz-Pressekonferenz stellt der Vorstandsvorsitzende den Geschäftsbericht des abgelaufenen Geschäftsjahres vor und berichtet über die Entwicklung in den ersten Monaten des laufenden Geschäftsjahres. Danach besteht für die Journalisten die Möglichkeit zur *Diskussion*. Die anwesenden Journalisten erhalten eine Pressemappe mit dem Geschäftsbericht, einem Zwischenbericht, dem Redemanuskript, der Pressemitteilung sowie Fotos und Unternehmensbroschüren. Im Anschluss an die Pressekonferenz wird eine Pressemitteilung mit den wesentlichen Aussagen veröffentlicht. Den nicht anwesenden Journalisten wird auf Anfrage eine Pressemappe zugesandt.

Im Rahmen der Pressearbeit kann das Unternehmen auch Einzel- beziehungsweise Exklusiv-*Interviews* geben. Dabei muss beachtet werden, dass keine Informationsasymmetrien unter den Anlegern entstehen. Außerdem kann sich die Bevorzugung bestimmter Medien auf die langfristige Kommunikationsstrategie negativ auswirken.

Eine weitere Form der direkten Kommunikation bietet ein *Call Center*. Dieses muss mit kompetenten Ansprechpartnern besetzt sein, die auf Anfragen von Investmentprofis genauso eine Antwort wissen wie auf den Informationsbedarf von Kleinanlegern.

4.2 Unpersönliche Maßnahmen

Für die unpersönliche Kommunikation können verschiedene Informationskanäle eingesetzt werden. Neben die *Printmedien* treten heute verstärkt *elektronische Medien*, wie zum Beispiel Internet, Diskette, CD-ROM, E-mail. Die mit der unpersönlichen Kommunikation einhergehenden Streuverluste können mit Hilfe einer kontinuierlich gepflegten Mailing List vermindert werden.

Factbook

Wie bereits dargestellt, beruht ein erfolgreiches Kommunikationskonzept auf einer theoretischen Grundlage – einem individuellen Unternehmensmodell. In einem Factbook lassen sich die wesentlichen Aspekte eines Unternehmens und seines Markts *kurz und anschaulich* darstellen. Dazu zählt die vergangene und erwartete Marktsituation, die Aufschluss über Nachfrage und Wettbewerb gibt. In diesem Zusammenhang kann auch die Unternehmensstrategie und die Unique Selling Position interpretiert werden. Darüber hinaus sollten die Zielsetzung des Unternehmens und – vorsichtige – Prognosen aufgezeigt werden. Neben diesen hauptsächlich qualitativen Angaben sind die wichtigsten Finanzkennzahlen über eine längere Zeitreihe hinweg darzustellen.

Für die Erstellung des Factbook müssen aus einer Fülle von Daten die relevanten Informationen herausgefiltert und möglichst einfach – beispielsweise in Form von *Stichwörtern oder Grafiken* – dargestellt werden. Zielgruppe sind Analysten und institutionelle Investoren. Da das Factbook zur regelmäßigen Kommunikation eingesetzt werden sollte, können die Angaben mit relativ geringem Aufwand jährlich fortgeschrieben werden.

Geschäftsbericht

Der Geschäftsbericht ist das *zentrale schriftliche Informationsmedium* in der Finanzkommunikation. Er bietet die Möglichkeit, die Lücke zwischen dem gläubiger- und deshalb vergangenheitsorientierten Jahresabschluss einerseits und den in die Zukunft gerichteten Informationsbedürfnissen der Anleger andererseits füllen. Um dies zu erreichen, ist es erforderlich, den Jahresabschluss zu erläutern, auf einzelne Positionen detaillierter einzugehen und mehr Informationen zum Marktumfeld und den Zukunftsaussichten zu geben.

An Aussagefähigkeit gewinnt der *Jahresabschluss*, wenn er um DVFA-Kennzahlen, eine Kapitalflussrechnung sowie eine Segmentberichterstattung ergänzt wird. Zu empfehlen sind weiter Mehrjahresübersichten, die in einem Überblick den Vergleich der wichtigsten Daten im Zeitablauf ermöglichen. Nicht nur ausländische Anleger fordern die internationale Vergleichbarkeit der Abschlüsse. Da auch inländische Aktionäre ihr Kapital grundsätzlich im Ausland anlegen können, wollen auch sie die Renditen weltweit vergleichen. Um diesen Anforderungen Rechnung zu tragen, sollte das Management prüfen, ob es seinen Abschluss nach den US-amerikanischen GAAP oder den International Accounting Standards aufstellt.

Auch der *Bericht des Aufsichtsrats* kann zusätzliche Informationen für den Aktionär enthalten, indem beispielsweise konkrete Aussagen zu den Arbeitsinhalten und zur Arbeitsorganisation des Gremiums getroffen werden.

Neben den Pflichtbestandteilen des Geschäftsberichtes bietet der *Image-Teil* Gelegenheit, zielführende Informationen weiterzugeben. Dabei wird das Unternehmen in seinem Marktumfeld vorgestellt und auf aktuelle Entwicklungen eingegangen. Hierzu gehören auch allgemeine Aussagen zur Gesamtwirtschaft und zur Marktentwicklung. Diese Hintergrundinformationen dienen dem besseren Verständnis der Unternehmenssituation. Der Bericht des Vorstands oder ein Aktionärsbrief gibt dem Leser Aufschluss über Philosophie, Strategie und Ziele des Unternehmens. Weitere Kapitel können Informationen zur Produktion, zur Produktpalette und zu den Mitarbeitern enthalten. Empfehlenswert ist darüber hinaus ein Abschnitt, der die wichtigsten Daten zur Aktie nennt. Dort findet der (potenzielle) Anleger die für seine Anlageentscheidung relevanten Kennzahlen, wie Ergebnis und Cash Flow je Aktie nach DVFA/SG, das Kurs/Gewinn-Verhältnis, das Kurs/Cash Flow-Verhältnis und die Dividendenrendite. Mit Hilfe von Charts lässt sich außerdem die Kurs- und Dividendenentwicklung darstellen. Ergänzend sollten Aussagen zu Investor-Relations-Maßnahmen, zur Dividendenpolitik und zur Aktionärsstruktur gemacht werden.

Als oberster Grundsatz für die Qualität des Geschäftsberichtes gilt neben dem *Informationsgehalt die Leserfreundlichkeit.* Damit die teure Hochglanzbroschüre nicht direkt im Papierkorb landet, muss sie ansprechend gestaltet sein und wichtige Informationen knapp und übersichtlich darstellen. Hierfür bieten sich Tabellen und Grafiken an. Eine klare Gliederung trägt wesentlich zur Verständlichkeit bei. Auf manipulierte Darstellungen und eine nicht zielgruppengerechte Sprache sollte unbedingt verzichtet werden. Grundsätzlich gilt für den Geschäftsbericht wie für alle anderen Kommunikationsmaßnahmen: *Je aktueller, desto besser.*

Zwischenbericht

Für den Geregelten Markt ist der *Halbjahresbericht* ein Soll, für den Amtlichen Handel hingegen Pflicht. Strenger noch sind die Anforderungen an Unternehmen, deren Aktien im Neuen Markt notiert sind: Sie müssen *Quartalsberichte* mit einer Kurzdarstellung von Kapitalflussrechnung und Gewinn- und Verlustrechnung veröffentlichen. Wer erfolgreich mit dem Kapitalmarkt kommunzieren möchte, sollte sich stets am strengsten Maßstab messen. Über gesetzliche Mindestanforderungen sind informationspolitische Zielsetzungen entscheidend. Dabei muss aber auch die Aussagefähigkeit der Angaben und der mit der unterjährigen Berichterstattung verbundene Aufwand berücksichtigt werden.

Für die Anleger ist es wichtig, jene Informationen zu erhalten, die ihnen eine Einschätzung der Unternehmenszukunft erlauben. Daran und nicht an den Pflichtangaben sollte sich das Unternehmen orientieren. Anleger interessiert neben der Darstellung von Umsatz und Ergebnis vor/nach Steuern vor allem ein Vergleich mit früheren Berichtsperioden. Neben Aussagen zu Investitionen und außerordentlichen Ereignissen muss die unterjährige Berichterstattung auch Hinweise auf saisonale Einflüsse und vor allem auf die Aussichten für das laufende Geschäftsjahr enthalten.

Zum Versand des Zwischenberichtes bietet sich ein gedrucktes *Faltblatt* an, das ansprechend gestaltet ist. Um eine breitere Leserschaft zu erreichen, können neben der Pflichtveröffentlichung auch weitere *Anzeigen* geschaltet sowie eine *Pressemitteilung* gestreut werden.

Anzeigen

Neben den gesetzlich vorgeschriebenen Finanzanzeigen im Bundesanzeiger und den Börsenpflichtblättern können mit Werbeanzeigen Privatanleger angesprochen werden. Dabei muss geprüft werden, welche Zeitungen und Zeitschriften die Zielgruppe effizient erreichen. In den Anzeigen werden beispielsweise Zwischenberichte veröffentlicht oder PR-Bilanzen dargestellt. Aber auch rein imagebildende Inhalte können zur Unterstützung der Pressearbeit eingesetzt werden.

Im TV nehmen Business News mittlerweile einen hohen Stellenwert ein. Börsennotierte Unternehmen können auf den entsprechenden Kanälen *Werbespots* schalten oder Informationen im *Teletext* veröffentlichen. Mit der zunehmenden Verbreitung des *Internet* steigt auch die Effizenz einer eigenen Homepage. Hierbei muss aber unbedingt sichergestellt sein, dass sie regelmäßig aktualisiert wird. Von dort aus können dann weitere Informationen wie der Geschäftsbericht oder jüngste Pressemitteilungen abrufbar sein. Für den Versand von Präsentationen bietet sich die *Video- und CD-ROM-Technik* an. Um dem Dialog-Anspruch von Investor Relations gerecht zu werden, ist jedoch Interaktivität gefragt.

Ad-hoc-Mitteilung

Das Wertpapierhandelsgesetz enthält die Vorschrift, kursbeeinflussende Tatsachen zu den Zeitpunkt zu veröffentlichen, zu dem sie dem Unternehmen bekannt werden, also ad hoc. Damit soll vermieden werden, dass Informationen selektiv durchsickern. Ziel der Regelung ist es, *Chancengleichheit* für (potenzielle) Aktionäre zu schaffen. Ad-hoc-Mitteilungen werden zunächst dem Bundesaufsichtsamt für Wertpapierhandel und den Börsenplätzen, an denen die Aktie notiert wird, übermittelt. Damit wird die so genannte Bereichsöffentlichkeit hergestellt. Erst wenn dies erfolgt ist, kann auch die breite Öffentlichkeit – beispielsweise über die Presse – informiert werden. Dadurch werden auch für Privatanleger faire Entscheidungsbedingungen geschaffen.

Pressemitteilung

Mit Pressebeiträgen werden in erster Linie *Privatanleger* angesprochen. Die Formulierung muss *unmissverständlich* sein, um Spekulationen zu verhindern. Für Rückfragen oder weiter gehende Fragen der Journalisten muss außerdem ein kompetenter Ansprechpartner zur Verfügung stehen. Die Effizienz der Kommunikation ist abhängig von der Qualität des Presseverteilers.

Corporate Action Plan

Damit die Finanzmarktteilnehmer im Voraus über *geplante Kommunikationsmaßnahmen* des Unternehmens informiert sind, empfiehlt sich die Veröffentlichung eines Terminkalenders (Corporate Action Plan). Er enthält Termin- und Ortsangaben zur Bilanz-Pressekonferenz, zur Hauptversammlung, zur DVFA-Präsentation sowie geplante Veröffentlichungstermine für Zwischenberichte und Pressemitteilungen.

5. Ausblick

Der Wettbewerb um Kapital nimmt mit der steigenden Anzahl kapitalsuchender Unternehmen zu. Professionelle Investor Relations heben das Unternehmen von der Masse ab und vermitteln ein klares *Profil*. Die Mittel wandern dank moderner Technik in Sekundenschnelle rund um den Globus in ihre produktivste Verwendung. Im 24-Stunden-Handel werden permanent Renditen verglichen. Durch die europäische Währungsunion wird die Vergleichbarkeit der Investitionsmöglichkeiten weiter erhöht, da das Währungsrisiko bei Transaktionen zwischen den beteiligten Ländern ganz entfällt.

Da an der Börse Erwartungen gehandelt werden, müssen die Kapitalmarktteilnehmer zukünftige Renditen schätzen. Um das Risiko hierbei zu reduzieren, müssen Unternehmensziele, -politik und -ergebnisse regelmäßig kommuniziert werden. Deutsche Unternehmen, die ausländische Kapitalgeber suchen oder auch nur in Konkurrenz zu ausländischen Kapitalnehmern stehen, haben einen *Wettbewerbsvorteil*, wenn sie die Informationsansprüche der Anleger befriedigen. Dies gelingt mit erfolgreichen Investor Relations.

Thomas Haffa

Kommunikationskonzept der EM.TV & Merchandising AG zum Going Public

1. Das international operierende Medienunternehmen EM.TV 446
2. Vertrauensbildung bei Analysten und Investoren 447
3. Öffentlichkeitswirksame Public Relation 449
4. Anforderungen an die IR- und PR-Abteilung 451
5. Integration des Vorstands in den IR- und PR-Bereich 451
6. Do's and Don'ts in der Finanzkommunikation 452

1. Das international operierende Medienunternehmen EM.TV

Die EM.TV & Merchandising AG, 1989 vom heutigen Vorstandsvorsitzenden Thomas Haffa gegründet, ist ein international führendes Medienunternehmen. Zu den Geschäftsbereichen zählen die Produktion von Kinder- und Familienprogrammen, der weltweite Handel mit TV-Rechten sowie die Vermarktung von Merchandisingrechten und weltweit bekannter Events. Die Unternehmensstrategie fokussiert eine Verknüpfung der Interessen der Medien auf der einen und des Handels und der Industrie auf der anderen Seite mit dem Ziel, die gesamte mediale Wertschöpfungskette abzudecken. Vor dem Hintergrund des Wachstumsmarkts Medien und seiner internationalen Ausrichtung war die unternehmerische Vision von Anfang an, zu einem global und international operierenden Medienunternehmen zu avancieren. Um für den internationalen Wettbewerb gerüstet zu sein, setzte die EM-Entertainment Merchandising, Film und Fernsehgesellschaft mbh (Firmierung vor dem Börsengang) bereits die Eckpfeiler für den heutigen Erfolg. Das Kerngeschäft konzentriert sich auf die Zielgruppe Kinder, Jugendliche und Familien. Die auf diesem Wege geschaffene Basis aus Kompetenz, Kontakten und international verwertbaren Rechten war ein fundierter Ausgangspunkt, um sich erfolgreich zu entwickeln. Das Entwicklungspotenzial wurzelte einerseits in den Unternehmensinhalten, der Struktur und dem breit gefächerten Marktzugang und andererseits im Medienmarkt an sich, in dem mehr denn je alle Zeichen auf Wachstum stehen. Der Börsengang im Oktober 1997 war ein grundlegender Schritt zur Globalisierung. Mit einem Plus von 700 Prozent in den ersten drei Monaten zählte die EM.TV-Aktie zu den besten Performern in Europa. Mit der Notierung am Frankfurter Neuen Markt wurde der Zugang zum Kapitalmarkt geschaffen, um das Unternehmen zu einem globalen, weltweit operierenden Unternehmen zu entwickeln sowie den Bekanntheitsgrad zu steigern, um sich zügig auf dem internationalen Parkett zu bewegen. Darüber hinaus kam es EM.TV mit dem Börsengang darauf an, sich langfristig ihre Unabhängigkeit zu sichern, um die unternehmerischen Perspektiven konsequent zu verfolgen und die Dynamisierung der Unternehmenskultur durch die Beteiligung der Mitarbeiter zu verstärken. Heute sind viele der gesetzten Ziele bereits Realität. EM.TV ist das am stärksten wachsende Unternehmen in seiner Branche, zählt zu den erfolgreichsten Aktiengesellschaften am Neuen Markt, ist Weltmarktführer im Kinder- und Familienprogramm und größter unabhängiger Merchandiser in Europa.

2. Vertrauensbildung bei Analysten und Investoren

Der Schritt an die Börse begann bereits lange vor seiner öffentlichen Ankündigung. Rund 15 Monate vor dem Börsengang, noch vor der Gründung des Neuen Markts, trat die WestLB an die Unternehmensführung, um die Idee eines Going Public zu diskutieren. Bislang kannten wir nur die DAX-notierten Werte, schwergewichtige Konzerne mit Milliardenumsätzen. EM.TV erwartete zum damaligen Zeitpunkt einen Umsatz von 20 Mio. DM für das Jahr 2000.

Doch die Ideen der beiden jungen Banker klangen nicht nur Erfolg versprechend, sondern auch verlockend für ein Unternehmen, dessen Grenzen des Wachstums ganz klar durch den Kapitalmarkt aufgezeigt wurden. In den Jahren vor dem Börsengang hatte die EM.TV ein sehr solides Wachstum gezeigt, doch jetzt waren eindeutige Schranken – insbesondere durch fehlende finanzielle Mittel – aufgezeigt.

Nach einigen Tagen Bedenkzeit entschieden sich Thomas Haffa und seine Führungsmannschaft den Schritt zu wagen. Doch zunächst folgten einige Monate, die die bislang härtesten in der Firmengeschichte der EM.TV waren. Legal- und Due-Dilligence erforderten nicht nur unendliche Unterstützung, sondern auch viel Nervenkraft des Unternehmens. Schnell wurde deutlich, dass hier ein vollkommen neues Geschäftsfeld entstand, dem das Management sich zukünftig widmen müsse.

Technisch mussten zunächst folgende Schritte unternommen werden: Bestimmung des individuellen Emissionskonzepts, des Platzierungsvolumens, Herkunft der Aktien, Aktiengattung, Börsensegment, Equity Story, Preisfindung etc. Auf Basis eines Konzepts zur Börseneinführung mit ersten Überlegungen zur Unternehmensbewertung und Ablauf der Emission, das von der WestLB vorgelegt wurde, ging am 25. März die Mandatserteilung an die WestLB, Düsseldorf. Am 23. Juli verkündete EM.TV der Wirtschaftspresse die geplante Börseneinführung. Die erste Bilanzpressekonferenz war eine enorme Herausforderung an die Führungsriege der EM.TV. Es war die erste Begegnung mit einer neuen Gattung von Journalisten. Wirtschaftsjournalisten, deren einzige Bestrebung in der Erfassung und Verarbeitung von Zahlen besteht. Unsere Unternehmensgeschichte schien nicht wichtig. Auch war das Segment Neuer Markt noch sehr jung und fand in den Augen der Presse kaum Beachtung. Aber auch diese Hürde und die daraus folgende Berichterstattung konnte uns nicht von unserem Ziel abbringen. Dann folgte in schnellen Abständen die Abstimmung mit dem Handelsregister, die Umwandlung in eine AG, das erste Analystenmeeting, eine Roadshow und die weiteren für ein Going Public üblichen Schritte. Durch ein Bankenkonsortium unter der Führung der Westdeutschen Landesbank Girozentrale sowie unter Mitwirkung der Bayerischen Landesbank Girozentrale und der Bayerischen Vereinsbank Aktiengesellschaft wurden EM.TV-Aktien international zum Kauf angeboten, wobei die Aktie überwiegend in Deutschland, mehrheitlich bei institutionellen Investoren, platziert wurde.

Eine offene und partnerschaftliche Informationspolitik ist neben den Faktoren – Bestandteil eines Wachstumsmarkts mit Zukunftschancen, einem Angebot innovativer Produkte beziehungsweise Dienstleistungen, einer transparenten Organisation und einem kompetenten Management – eine qualitative Voraussetzungen für einen erfolgreichen Börsengang. Beim Going Public verfügte EM.TV noch nicht über ein erfahrenes IR-Team und holte sich die professionelle Unterstützung der Agentur Haubrok, die auf die Kommunikationsstrategie bei IPO und Investor Relations spezialisiert ist. Statt durch Neueinstellungen die fehlenden IR-Spezialisten aufzustocken, beschloss man, im ersten Schritt an den Erfahrungen von Haubrok zu partizipieren und den Mitarbeitern der Abteilung Public Relations die Möglichkeit zu geben, in das neue Themenfeld hineinzuwachsen. Man wertete es als einen großen Vorteil, dass die meisten von ihnen bereits seit Jahren im Unternehmen arbeiteten und mit der Philosophie, dem Geschäft und den Prozessen bestens vertraut waren.

Die Bekanntmachung der Gesellschaft erschien satzungsgemäß ausschließlich im Bundesanzeiger und einem überregionalen Pflichtblatt der Frankfurter Wertpapierbörse. In Kooperation mit Haubrok erfolgte am 18. September 1997 das erste Analystenmeeting. Bereits bei dem ersten Meeting zeigte sich eine grundlegender Erfolgsfaktor im Umgang mit Analysten: Es dürfen keine offen gelassenen oder unpräzise beantworteten Fragen zurückbleiben. Das impliziert eine sehr intensive Vorbereitung des IR-Teams. Analysten verlangen exakte Unternehmensdaten, nachvollziehbare Ausführungen zum Zukunftspotenzial, zu Abschlüssen und Joint Ventures. EM.TV erstellte ein Factbook mit den wichtigsten Eckdaten zur Kapitalerhöhung, zum Zeitplan, zu Unternehmensinhalten und -zielen, jetzigen und zukünftigen Strategien, ausbaufähigen Unternehmensstärken, Aufkäufen, Beteiligungen, Joint Ventures und den Entwicklungen im Medienmarkt. Was aber noch wichtiger war: Wir ließen die Analysten an unserem Geschäft teilhaben, indem wir ihnen Filmausschnitte aus ihrem Rechteportfolio zeigten. Damit sich die Analysten in das Geschäft von EM.TV hineindenken können, werden sie neben Meetings und Telefonaten zu allen wichtigen Veranstaltungen von EM.TV geladen. Beispielsweise begleiten sie den Vorstand auf die MIP TV in Cannes, die bedeutendste Messe mit über 10 000 Fachbesuchern, um sich vor Ort ein Bild zu machen, wie der Ankauf von TV-Rechten in der Praxis funktioniert und welches Potenzial sich dahinter verbirgt.

Am 22. Oktober erfolgte die erste DVFA-Präsentation (Deutsche Vereinigung für Finanzanalyse und Asset Management) in Frankfurt. Einen Tag später reiste der Vorstand und das IR-Team im Rahmen einer Roadshow, das heißt einer Unternehmenspräsentation für institutionelle Investoren, nach London, um EM.TV auch internationalen Fondsmangern zu präsentieren. Eine Woche später, nachdem die Bookbuildingphase beendet war, die Preisfestlegung vollzogen und die erste Notiz am Neuen Markt erfolgt war, fanden auf der German Mid Cap Conference '98 – eine Konferenz für Unternehmen mit einer mittleren Marktkapitalisierung – One-on-One-Gespräche mit institutionellen und internationalen Fondmanagern statt.

3. Öffentlichkeitswirksame Public Relation

Gemeinsam mit Haubrok wurde am 23. Juli 1997 eine erste Pressekonferenz organisiert, um den Börsengang explizit der Wirtschaftspresse zu verkünden. Die Konferenz wurde parallel dazu als Podium genutzt, einen persönlichen Kontakt seitens EM.TV zu den Repräsentanten der Wirtschaftspresse aufzubauen, mit dem Ziel, von Anfang an in eine sehr enge Beziehung zu den Medien zu treten.

Kurz nach dem Börsengang folgte die zweite Pressekonferenz. Diese diente primär dazu, die Wirtschaftsmedien über den Verlauf des Börsengangs zu informieren. Beim zweiten Mal war das Unternehmen auf die spezifischen Fragen der Journalisten schon vorbereitet. Dennoch im Vergleich zu heute waren die pressespezifischen Aktivitäten um ein Vielfaches geringer. Ursache dafür war, dass die neue Größe im Finanzmarkt – der Neue Markt – erst im Begriff war, sich zu entwickeln und nur bedingt die Aufmerksamkeit der Presse auf sich ziehen konnte. EM.TV war das neunte Unternehmen, das sich am Neuen Markt platzierte. Nach den herausragenden Aktienperformances von Unternehmen wie Mobilcom oder EM.TV steuerte sich der Neue Markt bei Medien und Öffentlichkeit gleichermaßen immer stärker in den Mittelpunkt des Interesses. Entsprechend lief die Entwicklung der Nachfrage von privaten Anlegern. Diese wuchs erst, nachdem der Neue Markt sich fest zu etablieren begann und zudem Performances aufwies, die weit über den Erwartungen und denen des DAX lagen.

Am 25. September 1997 startete EM.TV eine Werbekampagne, die humorvoll mit der Aufforderung ‚Mehr Fantasie ins Depot' operierte. Eyecatcher der Kampagne waren weltweit bekannte Zeichentrick-Charaktere wie Jim Knopf, Tabaluga, Kermit oder Ernie aus der Sesamstrasse, die alle Teil des EM.TV-Portfolios sind, und die mit den Slogans „Was will diese Rasselbande an der Börse?", „Unsere Rasselbande bekommt Verstärkung!" oder „Sympathie kann man kaufen!" äußerst charmant und mit großem Enthusiasmus auf den Börsengang hinwiesen. Über Text und Bild wurde sofort verständlich, in welchem Markt EM.TV agiert, und dass hier ein Unternehmen heranwächst, das weltweit eine Brücke zwischen den Medien auf der einen und der Industrie und dem Handel auf der anderen Seiten zu schlagen gedenkt. Drei Jahre nach der Implementierung des Neuen Markts haben sich die Gewohnheiten bezüglich der Kampagnen zur Einführungen an die Börse gravierend geändert. Zeichnet sich die Werbung heute vielfach durch Witz und skurrile Sprüche aus, herrschte zur Zeit des Going Public von EM.TV eine sachliche Sprache vor. Vor diesem Hintergrund hob sich die sympathische, mit Zeichentrickfiguren operierende und auf Emotionen wie Informationen gleichermaßen angelegte EM.TV-Kampagne aufmerksamkeitstark von den üblichen Kampagnen ab. Die Zielgruppe der Werbung waren die Wirtschaftsmedien und damit eine an wirtschaftlichen Vorgängen äußerst interessierte Zielgruppe. Im Printbereich wurden die Motive in Focus, Handelsblatt und FAZ geschaltet. Im TV-Bereich konzentrierte man sich auf Spots, die in n-tv liefen sowie Informationen im Videotext von n-tv. Weitere, werbewirksame Aktivitäten fanden im Directmarketing, auf der Homepage von EM.TV und im Rahmen von Präsentationen statt.

Alle kursrelevanten Informationen muss ein Unternehmen in Ad-hoc-Meldungen verbreiten. Ad-hoc-Meldungen beinhalten Entwicklungen wie neue Abschlüsse, Joint Ventures oder Umsatzzahlen. Je mehr Öffentlichkeitsarbeit ein Unternehmen betreibt, umso intensiver ist es bei der Presse im Gespräch. Entsprechend der rasanten Entwicklung von EM.TV betreibt das Unternehmen stets eine sehr intensive Öffentlichkeitsarbeit – die Berichterstattung über das Unternehmen ist entsprechend umfangreich.

Die erste Kapitalerhöhung im Dezember 1998, die sich hauptsächlich an institutionelle Anleger richtete, wurde mit einer Roadshow und einer Pressekonferenz, aber ohne Werbekampagne und Prospekt durchgeführt. Sie war gleichfalls von großem Erfolg gekrönt. Im September 1999 folgte die zweite Kapitalerhöhung mit einer sehr aufwendigen Kampagne unter dem Motto „Die zweite Chance", die sich gezielt auch an Privatanleger richtete. Es würde zu weit führen, hier die einzelnen Schritte aufzuführen. Stellvertretend seien nur folgende Details genannt: Zwei IR-Teams realisierten eine 2½-wöchige Roadshow, die durch Deutschland, England, Schottland, Italien, Frankreich, die Niederlande, die Schweiz und USA führte. Über hundert One-on-One-Meetings fanden statt sowie unzählige Group Meetings. Und eine fünfzehn Millionen teure Werbekampagne, die alle Mediensegmente von Funk, TV und Print einschloss, trug dazu bei, dass bereits nach zwei Wochen die jungen Aktien 2,5-fach überzeichnet waren.

4. Anforderungen an die IR- und PR-Abteilung

EM.TV löste sich sehr schnell von der Agentur Haubrok, weil erkennbar wurde, dass nur eine funktionierende Inhouse-Abteilung den hohen Ansprüchen des Unternehmens an IR und PR gerecht werden konnte. Um Synergien und größtmögliche Effizienz zu schaffen, wurden beide Abteilungen zusammengelegt. Heute beträgt die personelle Stärke sechs Personen. 1999 wurde EM.TV von der Zeitschrift Capital der Investor-Relation-Award verliehen, zum einen für die herausragende Gestaltung des Geschäftsberichts und zum anderen für die hervorragende Leistung der IR- und PR-Arbeit. Diese Ehrung honoriert den hohen Maßstab, den das Team an seine Arbeit stellt: ein prinzipiell freundlicher Umgangston, bestmöglich informiert zu sein, einen persönlichen und intensiven Kontakt zu Medien und Investoren zu pflegen, Anfragen zügig zu beantworten, zu versuchen, auch Sonderwünsche zu erfüllen, bei jedem Medium – ob auflagenstark oder nicht – die gleiche Sorgfalt bei der Aufgabenerfüllung walten zu lassen und jeden Aktionär, egal ob privat oder institutionell, im Sinne eines Partners des Unternehmens ernst zu nehmen. Die Liste ist durchaus weiter fortführbar. Die IR- und PR-Abteilung von EM.TV versteht sich als Visitenkarte des Unternehmens. Nicht selten ist sie der erste Ansprechpartner, auf den ein Außenstehender trifft, und zugleich ist sie diejenige, die den kontinuierlichsten Dialog nach außen führt. Vor diesem Hintergrund stehen sie oft in der Verantwortung für den ersten und den bleibenden Eindruck. Auf den Punkt gebracht, versteht EM.TV IR und PR als einen Hauptbestandteil der Imagepflege.

5. Integration des Vorstands in den IR- und PR-Bereich

Thomas Haffa, Vorstandsvorsitzender von EM.TV, und Florian Haffa, stellvertretender Vorstandsvorsitzender der EM.TV, haben nach wie vor eine bedeutende Stellung für den IR- und PR-Bereich. Die Verantwortung für die Kommunikation nach außen ist direkt an sie gekoppelt. Thomas und Florian Haffa waren stets, ob beim IPO, bei der Roadshow oder bei Investorenmeetings, persönlich präsent. Ihre Kompetenz und ihre Visionen verkörpern das Potenzial von EM.TV, so gesehen sind sie das wichtigste Testimonial des Unternehmens, und deswegen ist es von Bedeutung, dass sie in relativ großem Umfang für alle Beteiligten außerhalb des Unternehmens – Analysten, Investoren und Medien – zur Verfügung stehen. Allein im IR-Bereich finden in der Regel bis zu dreimal wöchentlich Treffen mit Investoren oder Analysten statt.

Vor dem Hintergrund des Erfolgs von EM.TV sind die Brüder Haffa für die Presse zu einem äußerst attraktiven Ansprechpartner zu Themen wie Neuer Markt, Unternehmensgründungen in Deutschland und die Entwicklung des Medienmarkts geworden. Sie erhalten eine Fülle von Anfragen, sich in Interviews, Artikeln und Buchbeiträgen zu äußern. Trotz der Enge ihrer Terminkalender und der Menge ihrer Verpflichtungen, betrachten sie es nach wie vor als eine ihrer Aufgaben, der Presse und ihren Aktionären Rede und Antwort zu stehen und Andere durch viele Vorträge an ihren Erfahrungen partizipieren zu lassen. Der bereits oben erwähnte IR-Preis spricht für den Erfolg dieser Einstellung.

6. Do's and Don'ts in der Finanzkommunikation

- Zeigen Sie – insbesondere durch den Vorstand – Präsenz auf wichtigen Unternehmensveranstaltungen.
- Sorgen Sie für eine äußerst präzise Vorbereitung auf IR- und PR-Meetings und aufschlussreiche Aufbereitung der Informationsunterlagen.
- Entwickeln Sie eine gut funktionierende IR- und PR-Abteilung inhouse, um eine größtmögliche Nähe zum Vorstand und einen intensiven Austausch mit Investoren und der Presse zu gewährleisten.
- Pflegen Sie gute Kontakte zu den Banken – sie sind die wichtigsten Partner der IR-Abteilung.
- Zeigen Sie alle Bereiche des Unternehmens, wenn es um wichtige Investoren geht. Schließlich sind sie Partner des Unternehmens.
- Im Rahmen des Benchmarketing sollte man sich nicht nur mit Unternehmen aus Deutschland, sondern ebenfalls mit Unternehmen in den USA vergleichen.
- Nicht an falscher Stelle sparen. Präsentationsunterlagen, die Location bei Veranstaltung, die Technik etc. sind Imagefaktoren und sollten stets von höchster Qualität sein.

- Heute geht fast jede Woche ein neues Unternehmen an die Börse. Deswegen gilt es, bei Werbekampagnen den Spannungsbogen stets äußerst hoch zu halten.

Kapitel VI:

Post IPO – die erste Zeit nach dem Going Public erfolgreich meistern

Thomas Eufinger

Informations- und Verhaltenspflichten des Wertpapierhandelsgesetzes nach der Börseneinführung

1. Sinn und Zweck der Informations- und Verhaltenspflichten 459
   1.1 Gesetzesgrundlage des WpHG 459
   1.2 Ziele des WpHG 459
   1.3 Zuständige Überwachungsbehörde: das Bundesaufsichtsamt
       für den Wertpapierhandel (BAWe) 459
2. Markttransparenz 460
   2.1 Ad-hoc-Publizitätspflicht 460
       2.1.1 Rechtsgrundlage der Ad-hoc-Publizitätspflicht 460
       2.1.2 Voraussetzungen der Veröffentlichungspflicht 460
           2.1.2.1 Veröffentlichungspflichtige 460
           2.1.2.2 Wertpapierbegriff 461
           2.1.2.3 Tatsachenbegriff 461
           2.1.2.4 Eignung zur erheblichen Beeinflussung
                   des Börsenpreises 462
           2.1.2.5 Befreiungsmöglichkeiten 463
           2.1.2.6 Vorgehensweise bei der Mitteilung
                   und Veröffentlichung 464
           2.1.2.7 Sanktionsmöglichkeiten 465
           2.1.2.8 Empfehlungen 465
           2.1.2.9 Weitere Entwicklungen 466
   2.2 Stimmrechtsmitteilungspflichten 466
       2.2.1 Rechtsgrundlage für Stimmrechtsmitteilungspflichten 466
       2.2.2 Zurechnungsbestimmungen 467
       2.2.3 Sonderbestimmungen 467
       2.2.4 Befreiungsmöglichkeiten 467
       2.2.5 Sanktionsmöglichkeiten 467

	2.2.6 Information für die Marktteilnehmer	467
	2.2.7 Weitere Entwicklung	468
2.3	Aktienrückkauf, § 71 AktG	468
	2.3.1 Rechtsgrundlage für den Aktienrückkauf	468
	2.3.2 Mitteilungspflichten	468
	2.3.3 Entwicklungen	468
3. Marktintegrität		469
3.1	Überblick	469
3.2	Insiderhandelsverbot	469
	3.2.1 Rechtsgrundlage des Insiderhandelsverbots	469
	3.2.2 Insidertatsache, § 13 WpHG	469
	3.2.3 Insiderpapiere, § 12 WpHG	470
	3.2.4 Insiderbegriff	470
	3.2.5 Sanktionsmöglichkeiten	470
	3.2.6 Praxis	471
	3.2.7 Mitwirkungspflicht des Emittenten	471
3.3	Sonstige Delikte	472
	3.3.1 Kursmanipulation, § 88 BörsG	472
	3.3.2 Verleitung Unerfahrener zum Börsenhandel, § 89 BörsG	472
	3.3.3 Verbotene Geschäfte, Handeln ohne Erlaubnis, § 54 KWG	472
4. Zusammenfassung		473

1. Sinn und Zweck der Informations- und Verhaltenspflichten

1.1 Gesetzesgrundlage des WpHG

Am 1.1.1995 (in Teilen bereits am 1.8.1994) trat das Wertpapierhandelsgesetz (im weiteren WpHG genannt) in Kraft. Es enthält zahlreiche neue Regelungen, die für die Teilnehmer am deutschen Kapitalmarkt vorher nicht in diesem Umfang galten.

1.2 Ziele des WpHG

Die im WpHG festgelegten Informations- und Verhaltenspflichten dienen der Sicherstellung der Markttransparenz, der Marktintegrität und damit der Vermeidung der Begehung von Insiderdelikten sowie dem Anlegerschutz. Die Verfolgung dieser Ziele bezweckt, das Vertrauen der Anleger in den Kapitalmarkt zu stärken.

1.3 Zuständige Überwachungsbehörde: das Bundesaufsichtsamt für den Wertpapierhandel (BAWe)

Nach § 4 WpHG ist das Bundesaufsichtsamt für den Wertpapierhandel in Frankfurt am Main die zuständige Behörde zur Sicherstellung der Einhaltung der oben genannten Ziele. Es übt die entsprechende Aufsichtsfunktion aus und hat insbesondere solchen Missständen entgegenzuwirken, welche die ordnungsgemäße Durchführung des Wertpapierhandels, der Erbringung von Wertpapierdienstleistungen oder Wertpapiernebendienstleistungen beeinträchtigen oder erhebliche Nachteile für den Wertpapiermarkt bewirken können. Hierzu stehen der Behörde auch Zwangsmittel und Sanktionen (zum Beispiel die Verhängung von Bußgeldern und die Stellung von Strafanzeigen, zum Beispiel beim Verdacht der Begehung von Insiderdelikten) zur Verfügung.

2. Markttransparenz

2.1 Ad-hoc-Publizitätspflicht

2.1.1 Rechtsgrundlage der Ad-hoc-Publizitätspflicht

Nach § 15 WpHG besteht eine Ad-hoc-Publizitätspflicht. Diese verfolgt das Ziel, die Marktteilnehmer zeitnah über wesentliche kursrelevante Unternehmensnachrichten zu informieren. Vor Einführung dieser Regelungen gab es eine ähnlich lautende Bestimmung in § 44a des Börsengesetzes (BörsG). Diese wurde im Rahmen der Umsetzung der EG-Börsenzulassungs-Richtlinie vom 5.3.1979 erlassen. Die Publizitätspflicht und die sie ersetzende Ad-hoc-Publizitätspflicht im WpHG sollen die Regelpublizität nach dem Handels- und Börsenrecht ergänzen. Auf Grund der seit 1987 bis zur Einführung des WpHG bestehenden Regelung des Börsengesetzes erfolgten lediglich sechs Pressemitteilungen. Die Anzahl der jetzigen Ad-hoc- Mitteilungen liegt jedoch weit höher.

Jahr	Gesamtanzahl	Inländischer Emittent	Ausländischer Emittent	Übermittlung durch elektr. Medien	Übermittlung durch Printmedien
1995	1001	991	10	k.A.	k.A.
1996	1058	1024	34	1020	38
1997	1279	1272	7	1229	50
1998	1856	1805	51	1798	58
1999	3417	3219	198	3358	59

Abbildung 78: Anzahl der Ad-hoc-Mitteilungen

Ein Grund für die hohe, weiter im Ansteigen befindliche Zahl der Ad-hoc-Mitteilungen mag zunächst die Möglichkeit der Verhängung von Bußgeldern bis zu drei Millionen DM bei Verstößen gegen die Vorschrift gewesen sein. Zwischenzeitlich besteht jedoch das Bewusstsein, durch Publikationen nach den Ad-hoc-Vorschriften den Markt zeitnah zu informieren und das Vertrauen der Anleger in das Unternehmen zu stärken. In einigen Fällen wird die Ad-hoc-Publizitätspflicht zu Werbezwecken missbraucht. Dem wirkt die Aufsichtsbehörde entgegen.

2.1.2 Voraussetzungen der Veröffentlichungspflicht

2.1.2.1 Veröffentlichungspflichtige

Nach § 15 WpHG unterliegt der Emittent von Wertpapieren, die zum Handel an einer inländischen Börse zugelassen sind, der Ad-hoc-Publizitätspflicht. Betroffen sind in Deutschland die Marktsegmente Amtlicher Handel und Geregelter Markt. Daraus folgt, dass die Ad-hoc-Publizitätspflicht für Werte, die lediglich im Freiverkehr gehandelt werden, nicht gilt.

2.1.2.2 Wertpapierbegriff

Zu den betroffenen Wertpapieren gehören alle Arten von Wertpapieren, die zum Amtlichen Handel und Geregelten Markt an einer inländischen Börse zugelassen sind. Die verschiedenen Arten sind in erster Linie Aktien, Zertifikate, die Aktien vertreten, Schuldverschreibungen, Genussscheine, Optionsscheine, Derivate und ähnliche Rechte. Die genaue Definition ist in § 2 Abs. 1 des WpHG wiedergegeben.

2.1.2.3 Tatsachenbegriff

Zu veröffentlichen sind neue Tatsachen. Diese müssen im Tätigkeitsbereich des Emittenten eingetreten sein. Wie in anderen Rechtsbereichen müssen Tatsachen beweisbar sein. Werturteile (Meinungsäußerungen, persönliche Auffassungen, subjektive Äußerungen) gehören nicht hierzu.

Beispiele von Tatsachen im Tätigkeitsbereich des Emittenten:

- Kapitalmaßnahmen,
- Änderung des Dividendensatzes.

Beispiele von Tatsachen außerhalb des Tätigkeitsbereichs des Emittenten:

- in der Regel Abgabe eines Übernahmeangebots in Bezug auf das Unternehmen des Emittenten,
- volkswirtschaftliche Grundsatzentscheidungen (zum Beispiel Änderung der Leitzinsen der Europäischen Zentralbank).

Eine Tatsache ist erst dann gegeben, wenn sie tatsächlich feststeht. Insbesondere bei mehrstufigen Entscheidungsprozessen ist dies erst gegeben, wenn die Entscheidungsgremien (Vorstand und ggf. Aufsichtsrat) der beabsichtigten Maßnahme zugestimmt haben. Ziel ist es, den Markt nur über sichere Entscheidungen oder Gegebenheiten zu informieren. Es ist auch nicht gewollt, die Marktteilnehmer zeitlich vor der Befassung mit der Entscheidung durch die zuständigen Gremien einer Aktiengesellschaft zu informieren. So soll der Aufsichtsrat nicht durch die Presse erfahren, wozu das Gremium noch zustimmen muss. Anders liegt der Fall, wenn der Aufsichtsrat eine Entscheidung nicht mehr abändern kann.

Als weiteres Merkmal muss die Tatsache

- Auswirkungen auf die Vermögens- oder Finanzlage des Emittenten oder
- den allgemeinen Geschäftsverlauf haben.

Beim Beispiel der Unternehmensübernahme hätte die Übernahmeentscheidung im Regelfall dann Auswirkungen auf den allgemeinen Geschäftsverlauf des Emittenten, wenn mit der Übernahme maßgebliche Änderungen der Organisationsstruktur und/oder der Beschäftigtenzahl verbunden wären. Auswirkungen auf die Vermögens- oder Finanzlage sind jedenfalls dann gegeben, wenn sie nach bilanzrechtlichen Vorschriften einen Buchungsvorgang auslösen.

Schließlich darf die Tatsache noch nicht öffentlich bekannt sein. Öffentlich bekannt im Sinne des WpHG ist sie dann, wenn die Bereichsöffentlichkeit hergestellt ist. Dies ist dann der Fall, wenn die Kapitalmarktteilnehmer die Möglichkeit zur Kenntnisnahme hatten. Hatte nur ein kleiner Kreis von Personen die Möglichkeit von Tatsachen zu erfahren (etwa wenn Gerüchte über kurserhebliche Informationen umgehen), so liegt noch nicht die Bereichsöffentlichkeit vor. Die Ad-hoc-Pflicht besteht weiterhin und ist nicht entfallen.

2.1.2.4 Eignung zur erheblichen Beeinflussung des Börsenpreises

Gemäß § 15 WpHG muss die Tatsache schließlich noch geeignet sein, den Börsenpreis erheblich zu beeinflussen. Hierdurch soll gewährleistet werden, dass der Markt nur über wirklich wichtige kauf-/verkaufsentscheidende Tatsachen informiert wird. Dabei ist für die Beurteilung der Einzelfall unter Zugrundelegung der allgemeinen Erfahrung entscheidend. Teilweise wird empfohlen, Fachleute, wie etwa Wertpapieranalysten, zu Rate zu ziehen. Auch wenn die Entscheidung letztlich falsch war, kann dies den Emittenten unter Umständen von späteren Vorwürfen entlasten, da er eine Prognoseentscheidung zu treffen hatte.

Eine genaue Festlegung in Bezug auf die Frage der Geeignetheit zur erheblichen Beeinflussung des Börsenpreises kann nicht getroffen werden. Der ursprüngliche Ansatz, bei einer Abweichung von fünf Prozent vom vorherigen Preis von einer erheblichen Kursbeeinflussung auszugehen, wurde nicht aufrechterhalten. Stattdessen muss der Emittent sich am üblichen Kursverlauf des Papiers orientieren. Bei hohen Kursschwankungen ist eine erhebliche Kursabweichung auch nur bei zu erwartenden starken Abweichungen gegeben, bei niedrigen Schwankungen schon bei geringen Abweichungen, die auch unter fünf Prozent liegen können.

Im gemeinsam von der Deutschen Börse und dem BAWe herausgegebenen Leitfaden „Insiderhandelsverbote und Ad-hoc-Publizität nach dem Wertpapierhandelsgesetz", der in zweiter Auflage 1998 erschienen ist, sind Empfehlungen zur praktischen Vorgehensweise wiedergegeben. Die Empfehlungen sind Regelbeispiele, bei denen eine Ad-hoc-Pflicht gegeben beziehungsweise nicht gegeben sein kann.

Nicht veröffentlichungspflichtig sind danach:

- periodisch wiederzugebende Geschäftszahlen (zum Beispiel Quartalsberichte), die mit dem normalen Geschäftsverlauf übereinstimmen,
- Ereignisse, die keinen großen Einfluss haben (zum Beispiel die Ankündigung, auf einer regionalen Messe aufzutreten).

Veröffentlichungspflichtig sind:

- Geschäftszahlen, die vom üblichen Verlauf abweichen,
- Ereignisse, die vom normalen Geschäftsverlauf abweichen (zum Beispiel Insolvenzantrag),
- Entwicklungen gegen den Branchentrend, sofern sie kursrelevant sind (wäre zum Beispiel die Konjunktur und Auftragslage im Maschinenbausektor schlecht und erhielte der Emittent einen Großauftrag, so könnte dies, auch wenn es in seinen Augen der Normalität entspricht, Ad-hoc-publizitätspflichtig sein).

Besteht eine Ad-hoc-Publizitätspflicht, muss die Tatsache unverzüglich, das heißt ohne schuldhaftes Zögern, mitgeteilt und veröffentlicht werden. Dabei ist es unerheblich, ob die Tatsache innerhalb oder außerhalb der Börsenhandelszeiten eingetreten ist. Zur Erfüllung des Unverzüglichkeitsgebots genügt es daher grundsätzlich nicht, wenn eine am Vorabend eingetretene Tatsache erst am nächsten Tag vor Börsenbeginn publiziert wird.

2.1.2.5 Befreiungsmöglichkeiten

Das BAWe kann den Emittenten auf Antrag von der Veröffentlichungspflicht befreien, wenn die Veröffentlichung der Tatsache geeignet ist, den berechtigten Interessen des Emittenten zu schaden. Diese Vorschrift ermöglicht es in Einzelfällen (derzeit werden nur wenige Anträge gestellt), das Emittenteninteresse, von der Veröffentlichung vorübergehend Abstand zu nehmen, vor das Interesse der Marktteilnehmer an einer schnellen und umfassenden Information zu stellen.

Fälle für die Befreiung sind in erster Linie Sachverhalte, bei denen die Insolvenz droht und noch abgewendet werden soll. Hier muss der Emittent bei Antragstellung glaubhafte Konzepte zur Sanierung vorlegen. Würde in solchen Fällen keine Befreiung erteilt, so würde im Regelfall das Scheitern der Sanierungsbemühungen drohen. Sofern eine Befreiung erfolgt, wird sie nur für kurze Zeit (in der Regel wenige Tage) erteilt.

2.1.2.6 Vorgehensweise bei der Mitteilung und Veröffentlichung

Nach § 15 Abs. 2 WpHG hat der Emittent die zu veröffentlichende Tatsache vor der Veröffentlichung

- der Geschäftsführung der Börsen, an denen die Wertpapiere zum Handel zugelassen sind,
- der Geschäftsführung der Börsen, an denen Derivate gehandelt werden, sofern die Wertpapiere Gegenstand der Derivate sind und
- dem BAWe mitzuteilen.

In der Praxis hat sich eine Vorlaufzeit von 30 Minuten bewährt. Ziel ist es, den Börsengeschäftsführungen die Möglichkeit zu geben, über eine eventuelle Kursaussetzung noch zeitgerecht entscheiden zu können. Ist eine schnellere Veröffentlichung gewollt, so ist dies mit den Börsengeschäftsführungen abzusprechen. Die Vorabmitteilung an das BAWe dient dem Zweck der Überwachung der zeitgerechten Veröffentlichung.

Hinsichtlich der Veröffentlichung sind gemäß § 15 Abs. 3 WpHG zwei Möglichkeiten gegeben:

- die Veröffentlichung über ein überregionales Börsenpflichtblatt,
- die Veröffentlichung über elektronische Medien.

Überregionale Börsenpflichtblätter in diesem Sinn sind derzeit das Handelsblatt, die Börsen-Zeitung, die Frankfurter Allgemeine Zeitung, die Süddeutsche Zeitung, die Frankfurter Rundschau und Die Welt.

Die Veröffentlichung kann über ein elektronisches Medium erfolgen, das bei den Börsenteilnehmern, Kreditunternehmen und Versicherungsunternehmen weit verbreitet ist. Nach einer Umfrage des BAWe waren dies Anfang des Jahres 2000 Reuters, VWD und Bloomberg. Durch die Nutzung dieser Medien werden die Marktteilnehmer in ausreichendem Maß informiert. Dabei nutzen die Emittenten ein zwischengeschaltetes Unternehmen, welches auch für die zeitgerechten Vorabmitteilungen Sorge trägt. In Deutschland ist dies zum Beispiel die Deutsche Gesellschaft für Ad-hoc-Publizität in Frankfurt (www.dgap.de). Ein neuer Anbieter, die Firma XiQu, will ihre Dienste ab Mitte des Jahres 2000 anbieten (www.XiQu.de). Da gerade im Bereich elektronische Medien die Entwicklung voranschreitet, werden möglicherweise weitere Anbieter hinzukommen.

Bei der Ad-hoc-Veröffentlichung wird die Nachricht wie vom Emittenten vorgegeben in voller Länge veröffentlicht. Das BAWe (Hinweise unter www.bawe.de) empfiehlt dabei folgenden Aufbau:

Pflichtteil:
Überschrift: Ad-hoc-Mitteilung oder Mitteilung nach § 15 WpHG
Name des Emittenten: XY-AG/KGaA
Tatsache gemäß § 15 WpHG: zum Beispiel Steigerung des Jahresüberschusses um 25 Prozent

Hinweis: Umfang der Tatsachenbeschreibung möglichst nicht mehr als 10 bis 20 Schreibmaschinenzeilen!

Mögliche (freiwillige) Ergänzungen:
Erläuterung der Tatsache
Hinweise auf weitere Informationsmöglichkeiten, zum Beispiel Telefonnummern, Internet-Homepage

Nach § 15 Abs. 3 Satz 2 WpHG darf der Inhalt der Ad-hoc-Mitteilung nicht vorher, zum Beispiel durch eine Presseerklärung, veröffentlicht werden.

Ein Veröffentlichungsexemplar muss gemäß § 15 Abs. 4 WpHG unverzüglich den genannten Börsengeschäftsführungen und dem BAWe übersandt werden.

2.1.2.7 Sanktionsmöglichkeiten

Ordnungswidrig handelt, wer vorsätzlich oder leichtfertig eine Veröffentlichung nicht, nicht richtig, nicht vollständig, nicht in der vorgeschriebenen Form oder nicht rechtzeitig vornimmt. Hierbei kann eine Geldbuße bis zu 3 000 000 DM verhängt werden. Auch die Nichteinhaltung der übrigen Vorschriften (zum Beispiel die nicht zeitgerechte Übersendung des Veröffentlichungsexemplares) kann mit einem Bußgeld sanktioniert werden.

Nach § 15 Abs. 6 WpHG ist der Emittent jedoch einem Anderen nicht zum Ersatz des Schadens, der aus Verstößen gegen die Ad-hoc-Publizitätspflicht entsteht verpflichtet. Schadensersatzansprüche, die auf anderen Rechtsgrundlagen beruhen, bleiben unberührt.

Wird das Mittel der Ad-hoc-Publizität missbraucht (zum Beispiel für die Versendung reiner Werbebotschaften), so besteht die Möglichkeit, nach § 4 WpHG Untersagungsanordnungen zu treffen und bei Zuwiderhandlungen mit Zwangsmitteln durchzusetzen.

2.1.2.8 Empfehlungen

Die zeitgerechte Information des Markts ist ein wichtiger Indikator für die Seriosität eines Emittenten. Losgelöst von der Gefahr, mit hohen Bußgeldern bei Verstößen belegt zu werden, wiegt der Vertrauensverlust der Anleger viel schwerer. Gerade bei erneuten Kapitalaufnahmen über die Börse ist das Vertrauen der Anleger in die Ehrlichkeit und Zuverlässigkeit eines Emittenten für ihn von entscheidender Bedeutung.

Mehr als 95 Prozent der Ad-hoc-Mitteilungen werden auf elektronischem Wege veröffentlicht. Sind Ad-hoc-Tatsachen schnell zu veröffentlichen, so ist dies ein geeigneter Weg. Für die Veröffentlichung über Börsenpflichtblätter muss ein längerer Zeitraum einkalkuliert werden.

2.1.2.9 Weitere Entwicklungen

Die Information des Markts ist für die Emittenten von großer Wichtigkeit. Gerade die Dienstleister bei der elektronischen Verbreitung von Informationen beabsichtigen, neue Informationsgruppen (zum Beispiel analoge Ad-hoc-Mitteilungen für Freiverkehrswerte, wichtige Unternehmenszahlen) zu eröffnen. Dies ist eine positive Entwicklung, um den Marktteilnehmern die Möglichkeit zu geben, sich schnell und umfassend zu informieren.

2.2 Stimmrechtsmitteilungspflichten

2.2.1 Rechtsgrundlage für Stimmrechtsmitteilungspflichten

Nach § 21 WpHG hat, wer durch Erwerb, Veräußerung oder auf sonstige Weise fünf Prozent, zehn Prozent, 25 Prozent, 50 Prozent oder 75 Prozent der Stimmrechte an einer börsennotierten Gesellschaft erreicht, überschreitet oder unterschreitet, der Gesellschaft sowie dem BAWe unverzüglich, spätestens innerhalb von sieben Kalendertagen, das Erreichen, Überschreiten oder Unterschreiten der genannten Schwellen sowie die Höhe seines Stimmrechtsanteils unter Angabe seiner Anschrift und des Tages des Erreichens, Überschreitens oder Unterschreitens schriftlich mitzuteilen.

Nach § 25 WpHG hat die Gesellschaft diese Mitteilung unverzüglich, spätestens neun Kalendertage nach Zugang, in deutscher Sprache in einem überregionalen Börsenpflichtblatt zu veröffentlichen.

Börsennotierte Gesellschaften in diesem Sinne sind nur solche, deren Wertpapiere zum Amtlichen Handel zugelassen sind.

2.2.2 Zurechnungsbestimmungen

Nicht nur der Erwerb oder die Veräußerung von Aktien mit Stimmrechten können mitteilungspflichtig sein, sondern auch andere Umstände, die zu einer Zurechnung von Stimmrechten führen.

Nach § 22 WpHG ist dies zum Beispiel der Fall, wenn die Stimmrechte einem Dritten gehören, aber von diesem für Rechnung des Meldpflichtigen gehalten werden. Weitere Fälle sind in der Bestimmung aufgeführt. Bei Zweifelsfällen empfiehlt es sich, direkt mit dem BAWe Kontakt aufzunehmen (Tel: 069/ 95952-0).

2.2.3 Sonderbestimmungen

Nach § 26 WpHG gelten Sonderbestimmungen für Gesellschaften mit Sitz im Ausland. Hier sind die Veröffentlichungspflichten abweichend geregelt.

2.2.4 Befreiungsmöglichkeiten

Nach § 23 WpHG können Stimmrechtsanteile auf Antrag beim BAWe nicht berücksichtigt werden. Dies gilt beispielsweise, wenn Wertpapierdienstleistungsunternehmen die Aktien lediglich im Handelsbestand halten und sie nicht zur Einflussnahme auf die Geschäftsführung des Emittenten erworben werden. Weitere Fälle sind in der Bestimmung genannt.

2.2.5 Sanktionsmöglichkeiten

Verstöße gegen die Mitteilungspflichten werden mit Bußgeld geahndet. Viel schwerer wiegt jedoch die Folge des Rechtsverlustes (Stimmrechte und Dividendenanspruch) nach § 28 WpHG.

2.2.6 Information für die Marktteilnehmer

Nach Veröffentlichung und Übersendung eines Belegexemplares an das BAWe werden die Stimmrechtsinformationen in eine Datenbank eingestellt. Diese Datei ist über das Internet beim BAWe abrufbar und wird alle 14 Tage aktualisiert (www.bawe.de).

2.2.7 Weitere Entwicklung

Derzeit ist der Erlass eines Übernahmegesetzes in der Diskussion. Der Entwurf sieht die Ausdehnung der Meldepflichten über den bestehenden Bereich des Amtlichen Handels auch auf den Geregelten Markt vor. Ebenso soll das Erreichen der Schwelle für ein Pflichtangebot (der Entwurf sieht 30 Prozent vor) meldepflichtig werden. Hierdurch könnte der Markt zeitnah informiert werden.

2.3 Aktienrückkauf, § 71 AktG

2.3.1 Rechtsgrundlage für den Aktienrückkauf

Seit Mai 1998 ist es Aktiengesellschaften in erweitertem Umfang gestattet, eigene Aktien zurückzukaufen. Die Ermächtigung durch die Hauptversammlung darf sich auf höchstens 18 Monate erstrecken (§ 71 Abs. 1 Nr. 8 AktG).

2.3.2 Mitteilungspflichten

Nach § 71 Abs. 3 AktG muss der Hauptversammlungsbeschluss dem BAWe mitgeteilt werden. Wird der Beschluss umgesetzt, so besteht in der Regel eine Ad-hoc-Mitteilungspflicht nach § 15 WpHG. Hierzu ist über das Internet ein entsprechendes Schreiben des BAWe abrufbar.

Für die zum amtlichen Handel zugelassene Aktiengesellschaft kann sich eine Veröffentlichungspflicht nach § 25 Abs. 1 Satz 3 WpHG ergeben.

Werden die Aktien eingezogen, so ist auch hier im Regelfall eine Ad-hoc-Mitteilung erforderlich. Für die Aktionäre kann die Einziehung die Folge neuer, korrigierter Stimmrechtsmitteilungen nach sich ziehen.

2.3.3 Entwicklungen

Die Möglichkeit des Aktienrückkaufs wird von den Emittenten in starkem Maße genutzt. Der Zweck ist zum einen die Erhöhung des Shareholder Value, zum anderen die Möglichkeit, bei einer Unternehmensübernahme Aktien als „Tauschobjekt" anbieten zu können.

3. Marktintegrität

3.1 Überblick

Ziel der Marktintegrität ist es, wie bei der Markttransparenz auch das Vertrauen der Anleger in den Kapitalmarkt zu stärken. Seitens der Aufsichtsbehörden werden hier insbesondere Verstöße gegen das Insiderhandelsverbot, Taten der Kursmanipulation und der Verleitung Unerfahrener zum Börsenhandel sowie das unerlaubte Betreiben von Bank/Wertpapierdienstleistungsgeschäften verfolgt.

3.2 Insiderhandelsverbot

3.2.1 Rechtsgrundlage des Insiderhandelsverbots

Seit 1994 ist in Deutschland Insiderhandel durch das WpHG unter Strafe gestellt. Ziel der Verfolgung solcher Taten ist der Schutz des Kapitalmarkts als Ganzes und weniger der Schutz von Individualinteressen.

3.2.2 Insidertatsache, § 13 WpHG

Wie bei der Ad-hoc-Tatsache ist die Insidertatsache eine solche, die

- nicht öffentlich bekannt ist,
- sich auf einen oder mehrere Emittenten von Insiderpapieren oder
- auf Insiderpapiere bezieht und geeignet ist,
- im Falle ihres öffentlichen Bekanntwerdens den Kurs der Insiderpapiere erheblich zu beeinflussen.

Im Gegensatz zur Ad-hoc-Publizität ist es nicht erforderlich, dass die Tatsache Einfluss auf die Vermögens- oder Finanzlage oder den allgemeinen Geschäftsverlauf des Emittenten hat. Am Beispiel der Unternehmensübernahme können hier bereits erste Überlegungen, eine Übernahme tätigen zu wollen insiderrelevant, sein. Aus diesem Grund muss mit solchen Informationen mit äußerster Vorsicht umgegangen werden.

3.2.3 Insiderpapiere, § 12 WpHG

Insiderpapiere sind im Wesentlichen Wertpapiere und Derivate, die im Inland oder in den Staaten der EU oder des Europäischen Wirtschaftsraums an den Börsen gehandelt werden. Das bedeutet hier auch die Einbeziehung solcher Papiere, die in den Segmenten Amtlicher Handel, Geregelter Markt und Freiverkehr gehandelt werden. Auch der Verkauf von Papieren außerhalb der Börse (OTC- Geschäfte), die an einer Börse gehandelt werden, stellt einen Handel mit Insiderpapieren dar.

3.2.4 Insiderbegriff

In der Praxis wird zwischen dem Primärinsider und dem Sekundärinsider unterschieden:

Primärinsider ist, wer

- als Mitglied der Gesellschaftsorgane (Vorstand, Aufsichtsrat),
- auf Grund seiner Kapitalbeteiligung,
- auf Grund seines Berufs oder der Wahrnehmung einer Aufgabe,
- bestimmungsgemäß Kenntnis einer Insidertatsache hat.

Sekundärinsider ist, wer in sonstiger Weise Kenntnis von einer Insidertatsache erhält. Ein Beispiel wäre ein Fluggast, der beiläufig das Gespräch zweier Vorstandsmitglieder eines Unternehmens mithört, die sich über Insidertatsachen unterhalten.

Beiden Tätergruppen ist es verboten, unter Ausnutzung dieser Kenntnis Insiderpapiere für eigene oder fremde Rechnung oder für einen Anderen zu erwerben oder zu veräußern.

Den Primärinsidern ist es darüber hinaus verboten, die Tatsache unbefugt weiterzugeben oder Empfehlungen zum Kauf oder Verkauf auf Grund der Insiderkenntnis abzugeben.

3.2.5 Sanktionsmöglichkeiten

Insidertaten werden mit Freiheitsstrafe bis zu fünf Jahren oder Geldstrafe bestraft (§ 38 WpHG).

3.2.6 Praxis

Insiderfälle werden durch Marktanalysten im BAWe aufgedeckt. Dabei werden nahezu alle Wertpapiergeschäfte in Insiderpapieren (börslich und außerbörslich sind es circa drei Millionen Datensätze täglich) ausgewertet. Dies geschieht durch den Einsatz von Computern (Großrechner) und der automatisierten Auswertung der Daten nach Kurs- und Umsatzauffälligkeiten. Weitere Informationsquellen sind Ad-hoc-Mitteilungen, Mitteilungen anderer Stellen (zum Beispiel Handelsüberwachungsstellen), Hinweise aus der Bevölkerung und Medienauswertungen einschließlich Internet. Bestätigt sich ein Verdacht, werden die Fälle vom Referat Insiderüberwachung weiter untersucht. Am Ende steht die Einstellung eines Verfahrens, wenn sich ein Verdacht nicht bestätigt, oder die Abgabe an die Staatsanwaltschaft. Gegen zwei Personen erfolgte beispielsweise eine Verurteilung zu einer Freiheitsstrafe von jeweils einem Jahr. Die Strafen wurden zur Bewährung ausgesetzt. Neben der Strafe wiegen die beruflichen Konsequenzen für die Betroffenen in der Regel weit höher. Als Beispiel sei das Verfahren gegen Herrn Dr. Klaus Heugel in Köln genannt. Dieser verlor als ehemaliger Oberstadtdirektor und Oberbürgermeisterkandidat der Stadt nahezu alle politischen Ämter. Gleiches gilt für Personen, die Führungsverantwortung in Banken tragen. Bei diesen stellt sich die Frage der Zuverlässigkeit und Geeignetheit zur Ausübung solcher Positionen.

3.2.7 Mitwirkungspflicht des Emittenten

Nach § 16 WpHG muss der Emittent bei einer Untersuchung mitwirken. Er hat Unterlagen zu übergeben und Geschehensabläufe darzulegen. Bei Zuwiderhandlungen droht ein Bußgeld bis zu 100 000 DM. In der Praxis sind die Emittenten stets bemüht, mit dem BAWe zusammenzuarbeiten. Es liegt auch in ihrem Interesse, schwarze Schafe in den eigenen Reihen ausfindig zu machen. Bedeutsam ist, dass die Täter in der Regel Einzelpersonen sind, nicht aber die Unternehmen selbst. Wird eine Insideruntersuchung bekannt, so hat dies leider oft für den Emittenten negative Auswirkungen. Viele Emittenten versuchen daher, die Gefahr der Begehung von Insiderdelikten durch eigene Compliance-Konzepte zu minimieren.

3.3 Sonstige Delikte

3.3.1 Kursmanipulation, § 88 BörsG

In manchen Fällen geht mit dem Insiderdelikt der Verdacht der Kursmanipulation einher. Danach ist es verboten, durch unrichtige Angaben oder sonstige auf Täuschung berechnete Mittel, auf den Börsenpreis Einfluss zu nehmen. Die Tat wird mit Geldstrafe oder Freiheitsstrafe bis zu drei Jahren bestraft.

In diesem Bereich besteht eine enge Zusammenarbeit zwischen dem BAWe und den Landesbehörden.

3.3.2 Verleitung Unerfahrener zum Börsenhandel, § 89 BörsG

In gleichem Maße wird bestraft, wer andere Unerfahrene zu Börsenspekulationsgeschäften verleitet. Diese Taten werden durch die Landesbehörden verfolgt.

3.3.3 Verbotene Geschäfte, Handeln ohne Erlaubnis, § 54 KWG

Das Bundesaufsichtsamt für das Kreditwesen verfolgt schließlich ebenso zu bestrafende Taten der verbotenen Geschäfte und des Handelns ohne Erlaubnis. Ziel ist es, Wertpapierdienstleistungen und Bankgeschäfte nur mit Erlaubnis erbringen zu dürfen, um dem Anleger einen Mindestschutz zu gewähren. Die staatliche Überwachung dient hier dem Schutz des Kapitalmarkts und der Stärkung des Vertrauens der Anleger in den Markt.

4. Zusammenfassung

Pflichten:	Handelssegment:		
	Amtlicher Handel	Geregelter Markt	Freiverkehr
Ad-hoc § 15 WpHG	Ja	Ja	Nein
Stimmrechte §§ 21ff. WpHG, insbesondere § 25 WpHG	Ja	Nein	Nein
Aktienrückkauf § 71 AktG*	Ja	Ja	Ja
Auskunftspflicht bei Insiderverfolgung §16 WpHG	Ja	Ja	Ja

* Nach dem Gesetzeswortlaut gilt die Pflicht zur Mitteilung beim Aktienrückkauf für alle Handelssegmente. Sie ist insbesondere sinnvoll in den Bereichen, in denen auch die Ad-hoc-Mitteilungspflicht besteht.

Abbildung 79: Pflichten der Emittenten nach WpHG und AktG

Tobias Bürgers

Vorbereitung und Durchführung der Hauptversammlung

1. Einführung 476
2. Vorbereitung der Hauptversammlung 477
   2.1 Zuständigkeit im Unternehmen 477
   2.2 Erstellung eines Zeitplans 478
   2.3 Technische Vorbereitung 478
   2.4 Einberufung der Hauptversammlung 478
   2.5 Mitteilung an Aktionäre nach Einberufung – Weitergabe durch Kreditinstitute und Aktionärsvereinigungen 480
   2.6 Anträge von Aktionären 480
   2.7 Rechtsfolgen mangelhafter Einberufung 481
3. Durchführung der Hauptversammlung 481
   3.1 Teilnahmeberechtigung und Teilnehmerverzeichnis 481
   3.2 Leitung 482
   3.3 Tagesordnung 482
   3.4 Aktionärsrechte 482
   3.5 Nachbereitung der Hauptversammlung 484
   3.6 Kosten einer Hauptversammlung 484
4. Virtuelle Hauptversammlung 485

1. Einführung

Die Hauptversammlung ist das Willensbildungsorgan der Aktiengesellschaft. Durch sie nimmt der Aktionär seine Rechte in den Angelegenheiten der Gesellschaft wahr. Die Hauptversammlung entscheidet neben den jährlich zu beschließenden ordentlichen Tagesordnungspunkten insbesondere über fundamentale Fragen wie Kapitalerhöhungen, Fusionen, Änderungen der Satzung und andere Belange, die die wirtschaftlichen und organisatorischen Grundlagen der Gesellschaft betreffen.[1]

Die Hauptversammlung ist aber auch Aushängeschild der Aktiengesellschaft und findet weitreichende Beachtung in der Finanzpresse. Neben den *Investor Relations* und dem Geschäftsbericht ist sie ein wesentliches Instrument der Außendarstellung der Gesellschaft. Sowohl die rechtlichen Anforderungen als auch die Erwartungen der Finanzwelt machen deshalb eine sorgfältige Planung und eine reibungslose Durchführung der Hauptversammlung unumgänglich.

Im Folgenden soll der Normalfall der Vorbereitung und Durchführung einer Hauptversammlung geschildert werden. Es handelt sich dabei um die so genannte ordentliche Hauptversammlung gemäß § 175 AktG, die einmal jährlich stattfindet und die einem weitgehend gleich bleibendem Tagesordnungskanon unterliegt.

- Entgegennahme des festgestellten Jahresabschlusses nebst Lagebericht (§ 175 AktG)
- Beschlussfassung über die Verwendung des Bilanzgewinns (§ 175 AktG)
- Beschlussfassung über die Entlastung von Vorstand und Aufsichtsrat (§ 120 AktG)
- Wahl des Abschlussprüfers (§ 318 HGB)

Abbildung 80: Tagesordnungspunkte einer ordentlichen Hauptversammlung

Daneben können im Rahmen einer Hauptversammlung weitere Beschlussgegenstände behandelt werden, insbesondere Maßnahmen der Kapitalbeschaffung[2], Ermächtigungen für den Vorstand zum Erwerb eigener Aktien[3], wesentliche Strukturmaßnahmen, wie beispielsweise die Ausgliederung eines wesentlichen Betriebsteils auf eine Tochtergesellschaft[4] sowie Zustimmungen zu nachgrün-

---

1 Vgl. § 119 Abs. 1 AktG.
2 Vgl. §§ 182 ff. AktG.
3 Vgl. § 71, insbesondere Ziffer 8 AktG.
4 Vgl. BGHZ 83, 122, so genannte „Holzmüller-Entscheidung".

dungspflichtigen Verträgen, bei denen eine den zehnten Teil des Grundkapitals übersteigende Vergütung vereinbart wird[5].

Über Geschäftsführungsmaßnahmen entscheidet die Hauptversammlung nur, soweit der Vorstand diese gemäß § 119 Abs. 2 AktG verlangt oder bei Zustimmungsverweigerung durch den Aufsichtsrat zu einer Geschäftsführungsmaßnahme[6].

2. Vorbereitung der Hauptversammlung

Vorbereitung und Durchführung der Hauptversammlung einer börsennotierten Gesellschaft sind zeitintensiv. Gerade Unternehmen, deren Aktien sich erst seit kurzer Zeit in Streubesitz befinden, unterschätzen oft die rechtliche Relevanz und den Aufwand der ordnungsgemäßen Organisation einer Hauptversammlung. Mangelhafte Vorbereitung kann jedoch Anfechtungs- oder Nichtigkeitsklagen begründen.

2.1 Zuständigkeit im Unternehmen

Für die Einberufung der Hauptversammlung ist in der Regel der Vorstand zuständig.[7] Er trifft auch alle wesentlichen Entscheidungen im Vorfeld. Die Zuarbeit erfolgt jedoch durch die verschiedensten Unternehmensbereiche. Beteiligt an der Vorbereitung sind insbesondere die Ressorts Finanzen, Presse + Öffentlichkeitsarbeit, Investor Relations und Recht.

Missstände anlässlich der Durchführung der Hauptversammlung sind regelmäßig auf die mangelhafte Koordination der beteiligten Unternehmensbereiche zurückzuführen. Es ist daher empfehlenswert, ein für die gesamte Organisation verantwortliches Projektteam zu bilden, das eng mit dem Vorstand kooperiert. Dieses Projektteam koordiniert die Zusammenarbeit der verschiedenen Unternehmensbereiche, externen Berater wie Rechtsanwälte, Wirtschaftsprüfer sowie gegebenenfalls Marketingagenturen und die vermehrt am Markt auftretenden Gesellschaften, die die technische Organisation der Hauptversammlung einschließlich Stimmauszählung übernehmen.

---

5 Vgl. § 52 AktG.
6 Vgl. § 111 Abs. 11 Satz 3 AktG.
7 Vgl. §§ 121 Abs. 2 Satz 1, 174 Abs. 1 Satz 1 AktG.

2.2 Erstellung eines Zeitplans

Die ordentliche Hauptversammlung muss innerhalb der ersten acht Monate eines jeden Geschäftsjahres stattfinden.[8] Diese Frist kann, auch durch Satzungsbestimmung, nicht verlängert werden. Wird sie überschritten, drohen Vorstand und Aufsichtsrat unter Umständen Schadensersatzansprüche wegen verspäteter Dividendenzahlung. Auch kann das Registergericht in einem solchen Fall ein Zwangsgeld gegenüber dem Vorstand verhängen, um die Abhaltung der Hauptversammlung zu erzwingen.[9] Die Wirksamkeit der getroffenen Beschlüsse wird durch die verspätete Abhaltung allerdings nicht beeinträchtigt.

Im Rahmen der Erstellung eines Unternehmenskalenders[10] für das Geschäftsjahr sollte der Vorstand auch den Termin für die Hauptversammlung festlegen. Ausgehend vom Termin der Hauptversammlung ist eine detaillierte Terminplanung vorzunehmen, die vom Veranstaltungstag rückrechnend die jeweils relevanten Stichtage ermittelt. Ein solcher Zeitplan verschafft einen Überblick über die anfallenden Tätigkeiten und den dafür erforderlichen Organisations- und Zeitaufwand. Eine sorgfältige rechtliche Überprüfung bereits des Zeitplans gewährleistet die Einhaltung der erforderlichen Fristen. Ein grobes Muster eines solchen Zeitplans findet sich im Anhang 1.

2.3 Technische Vorbereitung

Bei der technischen Vorbereitung sind insbesondere entsprechende Räumlichkeiten oftmals mehr als ein Jahr im Voraus zu buchen. Auch die Verfügbarkeit von Organmitgliedern der Gesellschaft ist zu überprüfen. Weitere wesentliche technische Vorbereitungsmaßnahmen und deren zeitliche Gestaltung ergeben sich aus dem Anhang.[11]

2.4 Einberufung der Hauptversammlung

Die Einberufung der Hauptversammlung[12] dient der Wahrung der Aktionärsinteressen, indem sie die Aktionäre von Ort, Zeit, Tagesordnung sowie von den

---

8 Vgl. § 120 Abs. 1 Satz 1 AktG.
9 Vgl. § 407 AktG iVm. § 175 AktG.
10 Vgl. 7.2.4 Regelwerk Neuer Markt.
11 Vgl. ausführlich hierzu Semler/Volhard/Rappers, Arbeitshandbuch für die Hauptversammlung, S. 96 ff.
12 Vgl. § 121 bis § 128 AktG.

Bedingungen für die Teilnahme an der Hauptversammlung und die Ausübung des Stimmrechts in Kenntnis setzt.

Die Einberufung hat unmittelbar nach Eingang des Berichts des Aufsichtsrats über dessen Prüfung von Jahresabschluss, Lagebericht und Vorschlag der Gewinnverwendung zu erfolgen.[13]

Die Hauptversammlung ist mit einer Frist von einem Monat einzuberufen[14], das heißt, dass zwischen Einberufungstag und dem Tag der Versammlung mindestens ein Monat liegen muss. Wird in der Satzung des Unternehmens die Teilnahme oder die Stimmrechtsausübung von der Hinterlegung der Aktien abhängig gemacht, so hat die Einberufung einen Monat vor dem letztmöglichen Hinterlegungstag zu erfolgen.[15]

Die Einberufung mit Tagesordnung ist in den Gesellschaftsblättern der Gesellschaft, also zumindest im Bundesanzeiger[16], sowie in einem überregionalen Börsenpflichtblatt[17] bekannt zu machen. Hierbei ist zu beachten, dass der Bundesanzeiger sonntags und montags nicht erscheint. Des Weiteren empfiehlt sich eine rechtzeitige Platzreservierung für die Bekanntmachung.[18]

Gleichzeitig mit der Einberufung hat die Gesellschaft den Jahresabschluss, den Lagebericht, den Bericht des Aufsichtsrats sowie den Gewinnverwendungsvorschlag des Vorstands in den Geschäftsräumen zur Einsicht der Aktionäre auszulegen.[19] Es ist üblich und zweckmäßig, Einberufung und Bekanntmachung der Tagesordnung in einem Text zusammenzufassen.

Soweit die Wahl von Aufsichtsratsmitgliedern auf der Tagesordnung steht, ist durch das KonTraG[20] die Pflicht zur Nennung des ausgeübten Berufs des Kandidaten und weiterer Aufsichtsrats- oder vergleichbarer Mandate eingeführt worden.[21]

---

13 Vgl. § 174 Abs. 1 Satz 1 AktG.
14 Vgl. § 123 Abs. 1 AktG.
15 Vgl. § 123 Abs. 2 Satz 2 AktG.
16 Vgl. §§ 121 Abs. 3, 124 Abs. 1 AktG.
17 Vgl. §§ 63, 70 BZulVO; Wertpapierbörse Frankfurt am Main: FAZ, Börsenzeitung, Handelsblatt, Süddeutsche Zeitung, Die Welt.
18 Vgl. § 121 Abs. 3 AktG.
19 Vgl. § 175 Abs. 2 Satz 1 AktG.
20 Gesetz zur Kontrolle und Transparenz im Unternehmensbereich, vom. 27. April 1998.
21 Vgl. §§ 124 Abs. 3 Satz 3, 125 Abs. 1 Satz 3 AktG.

2.5 Mitteilung an Aktionäre nach Einberufung – Weitergabe durch Kreditinstitute und Aktionärsvereinigungen

Zur Vorbereitung der Aktionäre auf die Hauptversammlung sieht das Gesetz eine Mitteilungspflicht des Vorstands gegenüber Kreditinstituten, Aktionärsvereinigungen und bestimmten Aktionärsgruppen vor.[22] An diese Mitteilungspflicht knüpft sich eine Weitergabepflicht der als Informationsvermittler tätig werdenden Kreditinstitute und Aktionärsvereinigungen gegenüber den Aktionären.[23] Mitzuteilen sind in erster Linie die Einberufung der Hauptversammlung und die Tagesordnung. In der Praxis üblich ist darüber hinaus die Versendung des Geschäftsberichts.

Die Mitteilung hat ferner etwaige von einer Aktionärsminderheit ergänzte Tagesordnungspunkte zu enthalten. Auch aus dem Aktionärskreis gestellte Gegenanträge und Wahlvorschläge sowie etwaige Stellungnahmen der Verwaltung sind mitzuteilen.

Die Kreditinstitute und die Aktionärsvereinigungen, denen Mitteilungen zugeleitet wurden, müssen diese unverzüglich an die Aktionäre weiterleiten, für die sie im Zeitpunkt des Erhalts der Mitteilungen Aktien der Gesellschaft verwahren.[24] Die Kosten für die Weitergabe hat die Gesellschaft den Kreditinstituten zu erstatten.[25] Dies gilt nicht für Aktionärsgruppen.

2.6 Anträge von Aktionären

Jeder Aktionär kann zu den Tagesordnungspunkten und Beschlussvorschlägen der Verwaltung Gegenanträge formulieren. Übersendet der Aktionär diesen Gegenantrag innerhalb einer Woche nach Veröffentlichung der Tagesordnung im Bundesanzeiger, so hat die Gesellschaft diesen Gegenantrag verbunden mit einer eigenen Stellungnahme mitzuteilen.

Aktionäre, deren Anteile mindestens fünf Prozent des Grundkapitals oder den anteiligen Betrag von 500 000 € erreichen, können darüber hinaus verlangen, dass weitere Gegenstände zur Beschlussfassung in die Tagesordnung aufgenommen werden.[26] Auch diese Verlangen müssen bekannt gemacht werden, wenn

---

22 Vgl. § 125 AktG.
23 Vgl. § 128 Abs. 1 AktG.
24 Vgl. § 128 AktG.
25 Vgl. der Verordnung des Bundesjustizministeriums vom 17.11.1987.
26 Vgl. § 122 Abs. 2 AktG.

der Antrag innerhalb einer Woche nach der Einberufung der Gesellschaft zugegangen ist.[27]

Davon zu unterscheiden sind die Gegenanträge, die jeder Aktionär in der Hauptversammlung zu den einzelnen Tagesordnungspunkten stellen kann.[28] Diese bedürfen keiner Bekanntmachung.

2.7 Rechtsfolgen mangelhafter Einberufung

Eine mangelhafte Einberufung kann Anfechtungs- oder Nichtigkeitsklagen zur Begründetheit verhelfen. Auch sind die Einberufungsvorschriften Schutzgesetze zu Gunsten der Aktionäre. Ihre Verletzung kann Schadensersatzansprüche begründen.[29]

3. Durchführung der Hauptversammlung

3.1 Teilnahmeberechtigung und Teilnehmerverzeichnis

Teilnahmeberechtigt sind alle Aktionäre, auch Vorzugsaktionäre, sowie die Vorstands- und Aufsichtsratsmitglieder und der Abschlussprüfer.[30] Teilweise sind auch Behördenvertreter zur Teilnahme berechtigt. Der Versammlungsleiter kann darüber hinaus auch Gäste, zum Beispiel Vertreter der Presse oder von Wirtschaftsverbänden, zur Teilnahme zulassen. Die Legitimation der Aktionäre erfolgt bei größeren Publikumsgesellschaften in der Regel durch das Vorzeigen einer Eintrittskarte. Diese erhält der Aktionär bei der (regelmäßig vorgesehenen) Hinterlegung seiner Aktien, anlässlich derer auch seine Berechtigung zur Teilnahme überprüft wird.

Zur Feststellung der Präsenz und zur Durchführung der Abstimmung ist ein Verzeichnis der erschienenen und der vertretenen Aktionäre aufzustellen.[31] Dieses Verzeichnis wird bereits vorab anhand der Hinterlegungsnachweise beziehungsweise auf Grund des Aktienbuchs in elektronischer Form erstellt und bei der Eingangskontrolle vervollständigt. Das Verzeichnis muss vor der ersten Abstimmung zur Einsicht für alle Teilnehmer und während der Hauptversammlung aus-

---

27 Vgl. § 126 AktG.
28 Vgl. § 124 Abs. 4 Satz 2 AktG.
29 In Verbindung mit § 823 BGB.
30 Vgl. Semler/Volhard/Bärwaldt, aaO., S. 247ff.
31 Vgl. § 129 Abs. 1 AktG.

gelegt werden. Es ist vom Vorsitzenden der Hauptversammlung zu unterzeichnen und um Zu- und Abgänge zu berichtigen. Hierzu ist vor und während der Hauptversammlung für eine effiziente Saalkontrolle zu sorgen.

3.2 Leitung

Die Hauptversammlung wird von ihrem Vorsitzenden geleitet. In der Regel bestimmt die Satzung den Aufsichtsratsvorsitzenden als Versammlungsleiter. Schweigt die Satzung dazu, so hat die Hauptversammlung den Versammlungsleiter aus ihren Reihen zu wählen.[32] Um dem Vorsitzenden die Leitung zu erleichtern, wird ein detaillierter Leitfaden für die Hauptversammlung vorbereitet, aus dem sich alle Formalien (Abstimmungsprozedere, Beschlussfeststellungen) ergeben. Ebenso können darin Verhaltensweisen bei Störungen (Redezeitbeschränkung, Saalverweis) vorbereitet werden.

3.3 Tagesordnung

Der Vorsitzende eröffnet die Hauptversammlung und hat für die recht- und zweckmäßige Durchführung, also insbesondere für die zügige Abwicklung der Tagesordnung zu sorgen. Im Regelfall ist die Hauptversammlung an einem Tag abzuhalten.[33] Um dies zu gewährleisten, ist der Vorsitzende zur Abwehr von Störungen befugt. Zunächst wird er von seinem Recht zur zeitlichen Beschränkung des Frage- und Rederechts der Aktionäre Gebrauch machen. Im äußersten Fall kann der Vorsitzende auch einen Saalverweis aussprechen.

3.4 Aktionärsrechte

Jedem teilnahmeberechtigten Aktionär steht auf der Hauptversammlung das Rede-[34] und das Auskunftsrecht[35] unabhängig von seiner Stimmberechtigung zu. Das Rederecht muss sich nicht auf einen konkreten Tagesordnungspunkt, sondern nur auf Angelegenheiten der Gesellschaft beziehen. Es kann bei langer Dauer der Hauptversammlung durch den Vorsitzenden zeitlich beschränkt werden.

---

32 Vgl. Semler/Volhard/v. Hülsen, aaO., S. 273ff.
33 Vgl. Semler/Volhard/v. Hülsen, aaO., S. 287ff.
34 Vgl. § 118 Abs. 1 AktG.
35 Vgl. § 131 Abs. 1 Satz 1 AktG.

Fragen, die auf Grund des Auskunftsrechts gestellt werden, müssen einen Bezug zur Tagesordnung aufweisen. Grundsätzlich müssen alle Fragen beantwortet werden, wenn kein Fall des gesetzlich geregelten Auskunftsverweigerungsrechts[36] gegeben ist. Erteilt der Vorstand die erbetene Auskunft nicht oder macht der Aktionär geltend, die Auskunft sei nicht vollständig, so kann jeder Aktionär ein Auskunftserzwingungsverfahren einleiten.[37] Bei Verweigerung einer Auskunft kann jeder Aktionär auch Anfechtungsklage gegen den getroffenen Beschluss erheben, wenn er in der Hauptversammlung Widerspruch zu Protokoll erklärt hat. Um einen reibungslosen Ablauf der Hauptversammlung zu gewährleisten, ist es ratsam, bereits im Vorfeld Antworten auf diejenigen Fragen vorzubereiten, mit denen auf Grund der Tagesordnungspunkte gerechnet werden kann. Üblich ist es auch, die Aktionärsvereinigungen bereits im Vorfeld einer Hauptversammlung zu kontaktieren und etwaige Fragen abzustimmen. Da die Aktionärsfragen die unterschiedlichsten Bereiche der Gesellschaft betreffen können, sollte dafür Sorge getragen werden, dass im Back Office Mitarbeiter aus den einzelnen Bereichen zur Vorbereitung der Antworten bereit stehen.

Das Stimmrecht steht nur stimmberechtigten Aktionären zu, also nicht Vorzugsaktionären und auch nicht solchen Aktionären, deren Stimmrecht durch Gesetz oder Satzung ausgeschlossen ist.[38] Der wichtigste Ausschluss betrifft Vorstände und Aufsichtsratsmitglieder für die von ihnen gehaltenen Aktien bei Beschlüssen über die eigene Entlastung[39]. Auch aus von der Gesellschaft selbst gehaltenen Aktien darf kein Stimmrecht ausgeübt werden[40]. Werden bei Veränderungen des Stimmrechtanteils die Meldepflichten gemäß § 21 Abs. 1 WpHG nicht erfüllt, ruht das Stimmrecht des Meldepflichtigen ebenfalls. Vorzugsaktien steht ein Stimmrecht zur zu, wenn der Vorzug nicht ordnungsgemäß bedient wurde oder die Rechtsstellung der Vorzugsaktionäre betroffen wird. Zur Beschlussfassung ist grundsätzlich die einfache Stimmenmehrheit, das heißt die Mehrheit der abgegebenen Stimmen erforderlich, sofern nicht Gesetz oder Satzung eine größere Mehrheit verlangen. Stimmenthaltungen zählen nicht. Bei Stimmengleichheit ist der Antrag abgelehnt.

Im Regelfall werden Stimmkarten ausgegeben, die für den jeweiligen Beschlussantrag Stimmkartenabschnitte enthalten, die dann eingesammelt und ausgezählt werden. Auf der Stimmkarte sind zumindest Stimmenanzahl und die laufende Nummer, unter der der Aktionär im Teilnehmerverzeichnis geführt wird, anzugeben.

---

36 Vgl. § 131 Abs. 3 Satz 1 AktG, siehe dazu Anhang 2.
37 Vgl. § 132 Abs. 1 AktG.
38 Vgl. § 134 Abs. 1 Satz 1 AktG.
39 Vgl. § 136 Abs. 1 AktG.
40 Vgl. § 71 b AktG.

Die Auszählung erfolgt üblicherweise nach der Subtraktionsmethode, bei der die zahlenmäßig geringeren Abstimmungsgruppen ermittelt und von der Gesamtzahl der präsenten Stimmen abgezogen werden. Häufig wird dabei auch die konzentrative Abstimmung gewählt, bei der nach einer Generaldebatte über alle Tagesordnungspunkte zum Schluss über alle Anträge unmittelbar hintereinander abgestimmt wird. Nach der Abstimmung gibt der Vorsitzende das zahlenmäßige Ergebnis bekannt und hat den Beschluss zu verkünden.

Über jede Hauptversammlung einer börsennotierten Gesellschaft, in der Beschlüsse gefasst werden, muss eine notarielle Niederschrift aufgenommen werden.[41]

3.5 Nachbereitung der Hauptversammlung

Nach der Hauptversammlung sind die Dividendenbekanntmachung und der Jahresabschluss zu veröffentlichen sowie bei den Zulassungsstellen der Börsen einzureichen.

Des Weiteren hat der Vorstand unverzüglich eine öffentlich beglaubigte Abschrift der notariellen Niederschrift und ihrer Anlagen (Teilnehmerverzeichnis, Belege der Einberufung, Jahresabschluss mit Prüfervermerk) beim Handelsregister der Hauptniederlassung einzureichen.[42]

3.6 Kosten einer Hauptversammlung

Die Kosten der Hauptversammlung hängen im Wesentlichen von der Zahl der Teilnehmer sowie von der gewünschten Ausstattung ab. Für eine mittelgroße Aktiengesellschaft mit circa 350 erschienenen Aktionären ergeben sich ungefähr folgende externe Kosten (ohne Druckkosten für den Geschäftsbericht).

Daneben können Kosten für eine Internetübertragung in Höhe von circa 150.000 DM oder die Einschaltung einer Agentur, die die Vorbereitung und Durchführung der Hauptversammlung organisatorisch begleitet, in Höhe von circa 50.000 DM anfallen.

---

41 Vgl. § 130 AktG.
42 Vgl. § 325 Abs. 1 und 2 HGB.

- Raumkosten mit Technik   50.000
- Notarkosten   10.000
- Beratungskosten (RA, WP)   30.000
- Präsenzerfassung, Abstimmung   50.000
- Bewirtungskosten   20.000
- Druckkosten Eintritts-/Stimmkarten   20.000
- Kosten für Versand der Mitteilungen   50.000
- Sonstiges (Parkgebühren, Garderobe etc.)   20.000
                                                250.000

Abbildung 81: Kosten einer Hauptversammlung (in DM)

4. Virtuelle Hauptversammlung

Angesichts der zunehmenden Globalisierung und der Möglichkeiten, die das Internet bietet, gewinnt es zunehmend an Bedeutung, die Hauptversammlung für die weltweiten Groß- und Kleinaktionäre durch moderne Kommunikationsmittel virtuell besuchbar zu machen. Für die Aktiengesellschaft ergibt sich daraus zum einen der Vorteil einer verbesserten *Investor Relationship* und generellen Selbstdarstellung, zum anderen lassen sich durch eine geringere Präsenz Kosten einsparen.

Das deutsche Aktienrecht sieht die Möglichkeit einer virtuellen Hauptversammlung derzeit nicht vor. Die neuen Medien sollen aber – voraussichtlich in der ersten Jahreshälfte 2001 – durch ein Änderungsgesetz namens NaStraG in das Aktienrecht Einzug halten.[43] Auch die Anpassung des Privatrechts wird einige Erleichterungen bringen.[44] Durch beide Gesetzesvorhaben wird die Vollmachtserteilung in elektronischer Form zugelassen. Auch wird der Vorstand die ihn im Vorfeld der Hauptversammlung treffenden Informationspflichten in elektronischer Form erfüllen können.

Solange keine gesetzliche Regelung getroffen wurde, ist die rein virtuelle Hauptversammlung rechtlich nicht zulässig. Auch Mischformen aus reeller und virtueller Hauptversammlung unterliegen einer gewissen Rechtsunsicherheit.

Nach geltendem Recht zulässig dürfte derzeit bereits das so genannte Stimmrechtsbroker-Modell sein. Die herkömmliche Hauptversammlung wird im Inter-

---

43 Vgl. den „Entwurf eines Gesetzes zur Namensaktie und zur Erleichterung der Stimmrechtsausübung – Namenaktiengesetz – NaStraG)", Bundesministerium der Justiz, vom 15.11.1999.
44 Vgl. den „Entwurf eines Gesetzes zur Anpassung der Formvorschriften des Privatrechts an den modernen Rechtsgeschäftsverkehr", Bundesministerium der Justiz, vom 19.05.1999.

net übertragen. Aktionäre, die nicht physisch teilnehmen, können die gesamte Hauptversammlung verfolgen. Sie können dann ihren im Voraus schriftlich bevollmächtigten Vertreter, der tatsächlich an der Hauptversammlung teilnimmt, online Anweisungen zum Abstimmungsverhalten erteilen. Dieses Modell wird durch die Änderungen des NaStraG dahingehend vereinfacht, dass sogar eine Beauftragung während der Hauptversammlung möglich sein wird.

Zu beachten ist allerdings, dass einer Übertragung der Redebeiträge und Fragen der einzelnen Aktionäre im Internet widersprochen werden kann.

Es ist davon auszugehen, dass sich in nicht allzu ferner Zukunft das Potenzial der neuen Medien für den Willensbildungsprozess in der Aktiengesellschaft auf breiter Basis nutzbar machen lässt.

Martin Prillmann

Wertorientierte Unternehmensführung – Ziele, Anforderungen und Gestaltungsmöglichkeiten

1. Gründe für eine wertorientierte Unternehmensführung 488
2. Basisgrößen und Methoden für eine wertorientierte Steuerung des Unternehmens 489
   2.1 Ermittlung des operativen freien Cash Flow 490
   2.2 Bestimmung des Planungszeitraums 490
   2.3 Bestimmung des Bewertungszinssatzes 492
3. Vorgehensweise zur Einführung der relevanten Instrumente 493
4. Gestaltungsspielraum und wesentliche Stellschrauben 496
5. Fazit 500
   Literaturhinweise 501

1. Gründe für eine wertorientierte Unternehmensführung

Das Ziel einer wertorientierten Unternehmensführung ist die Maximierung des Unternehmenswerts.[1] Das zentrale Element ist dabei die Ausrichtung aller unternehmerischen Entscheidungen am Wert des Unternehmens aus Sicht der Anteilseigner. Als Erfolgsmaßstab dient in Publikumsaktiengesellschaften die Aktienrendite. Liegt die Aktienrendite über den Kapitalkosten – das heißt über der Verzinsung der bestmöglichen Investitionsalternative bei gleichem Risiko –, so wird zusätzliches Aktionärsvermögen geschaffen. Liegt die Aktienrendite unter den Kapitalkosten, so wird Wert für die Aktionäre vernichtet, da eine anderweitige Investition des Kapitals lukrativer gewesen wäre.

Der Unternehmenswert resultiert aus zwei wesentlichen Gestaltungsparametern, die im Grunde jegliches unternehmerisches Handeln bestimmen sollten:

- dem WAS, das heißt der Unternehmensstrategie, die die zukünftigen Cash Flows und die damit verbundene unternehmerischen Risiken bestimmt;
- dem WIE, das heißt der Effizienz des Kapitaleinsatzes, mit der die Strategie in Struktur und Wertschöpfung umgesetzt wird.

Obwohl vom Konzept her einleuchtend und im Grunde einfach, ist eine Steuerung nach Aspekten zur Generierung von Aktionärsvermögen bei weitem nicht selbstverständlich. Eine wertorientierte Unternehmensführung impliziert für das Management vielfach eine Umkehrung tradierter und lange Zeit gelebter Verhaltensmuster, die den unbequemen Weg darstellen:

- Geplante Strategien werden folglich immer danach beurteilt, inwieweit sie das Vermögen der Eigenkapitalgeber beeinflussen, und nicht, ob sie im Interesse des Management liegen.
- Wertpotenziale im eingesetzten Vermögen zu heben ist mit einer Optimierung oder Abgabe eben dieser Aktiva verbunden. Das Trennen von Assets, von liquiden Mittel bis hin zu ganzen Unternehmensteilen ist nicht selbstverständlich, sondern ist häufig einzufordern.
- Ein Zurechtschneiden von operativen Einheiten auf die wesentliche Wertschöpfung, zum Beispiel durch Trennung von regionalen, dezentralen und zentralen Aufgaben und Funktionen ist vielfach gleich bedeutend mit Kompetenz- und Machtverlust für das regionale Management.

Eine wertorientierte Unternehmensführung wird aus Sicht des Management dann zwingend, wenn sich ein Markt über die Verfügungsrechte am Unterneh-

---

1 Vgl. Reimann, B.C. (1988), S. 10.

men (market for corporate control) etabliert. In einem solchen Markt wird nur jenen Managern die Leitung eines Unternehmens übertragen, welche die vorhandenen Ressourcen am besten einsetzen, das heißt den Unternehmenswert maximieren. Die Diskussion um „Nieten in Nadelstreifen" relativiert sich schnell, es entsteht ein Selbstreinigungsprozess, denn nur der wertgenerierende Manager wird langfristig persönlichen Erfolg und Karriere vorweisen können.

Im angelsächsischen Raum konnte ein solcher Markt bereits in den Achtzigerjahren identifiziert werden[2], in Kontinentaleuropa wurden in der Vergangenheit die Geschicke eines Vorstands an der Kursentwicklung einer Aktie in Relation zu alternativen Anlagen nur in Ausnahmefällen beurteilt. Zunehmend wichtiger wird es nun auch bei uns, den Unternehmenswert als Handlungsmaxime zu betrachten. Einer der wesentlichen Gründe hierfür ist im wandelnden Umfeld der bedeutenden Anteilseigner zu finden. Mit steigenden Anforderungen der Aktionäre, getrieben durch den Einzug der Fondsgesellschaften als eine wesentliche Quelle von Eigenkapital wird der „Markt über die Verfügungsrechte an einem Unternehmen" zunehmend effektiver. Letztlich ist die Kursentwicklung einer Aktie auch damit verbunden, inwieweit es gelingt, den institutionellen Anlegergruppen die Shareholder-Value-Orientierung des Management plausibel zu dokumentieren.

Somit erklärt sich auch das weiterhin steigende Interesse an Konzepten zur wertorientierten Unternehmensführung im deutschsprachigen Raum. Die Orientierung an der Interessenlage der Aktionäre ist nicht mehr lediglich eine Modewelle, sondern wird mitunter zum Selbstzweck. Erfolgreich ist derjenige, der die richtigen Dinge richtig tut. Gelingt es dem Management nicht, eine zumindest erwartete Kapitalrendite zu realisieren, so erhöht sich der Druck der Fondsmanager, mitunter bis zum gezwungenem Austausch von Führungskräften.

2. Basisgrößen und Methoden für eine wertorientierte Steuerung des Unternehmens

Allen Konzepten zur wertorientierten Unternehmensführung ist gemeinsam, dass sie als Basisgröße zur Ermittlung von Unternehmenswerten auf die zukünftig zu erwartenden Cash Flows zurückgreifen. Der Cash Flow ist von bilanzpolitischen Gestaltungsmaßnahmen weitgehend unabhängig und erlaubt somit eine nachvollziehbare und zuverlässige Messung und Steuerung des Unternehmenserfolgs.[3] Um zukünftige Cash Flows in der Gegenwart zu bewerten und zu verglei-

---

2 Vgl. Jensen, M.C./Ruback, R.S. (1983), S. 5 ff.
3 Vgl. Breid, V. (1994), S. 140 ff.

chen, sind sie um einen Zinssatz auf den gegenwärtigen Zeitpunkt abzuzinsen. Der Zinssatz entspricht dabei der gewichteten, von Gläubigern und Aktionären geforderten Mindestrendite. So bewertet erhält man den Kapital- oder Barwert der zukünftigen Cash Flows.

2.1 Ermittlung des operativen freien Cash Flow

Die den Konzepten zu Grunde liegenden Zahlungsströme entsprechen dem so genannten operativen freien Cash Flow. Der operative freie Cash Flow stellt den tatsächlich im Unternehmen vorhandenen finanziellen Überschuss nach Steuern, Investitionen in das Netto-Umlaufvermögen (Working Capital) und Anlagevermögen und vor Abzug von Fremdkapitalzinsen dar. Der operative freie Cash Flow ist verfügbar für Dividenden, Zinszahlungen und Neuinvestitionen. Er spiegelt den Überschuss liquider Mittel aus der gewöhnlichen Geschäftstätigkeit wider, der weder an den Fiskus abgegeben noch sofort im Unternehmen reinvestiert werden muss. Unberücksichtigt bei der Ermittlung bleiben nicht betrieblich bedingte Zahlungsströme.

Als pragmatischen Lösungsansatz zur regelmäßigen Ermittlung lässt sich die heutige Ergebnisrechnung heranziehen, in Abbildung 82 basierend auf dem Gesamtkostenverfahren dargestellt. In der Praxis hat sich die Ermittlung der zukünftigen Cash-Flow-Ströme insofern als praktikabel und machbar erwiesen. Sofern ein ausgebautes Planungssystem vorhanden ist, werden sie aus Standardinformationen aus Planbilanzen und -gewinn-und-verlustrechnungen abgeleitet.

2.2 Bestimmung des Planungszeitraums

Die Prognose zukünftiger Cash Flows sollte jenen Zeitraum erfassen, für den die Entwicklung eines Unternehmens (beziehungsweise einer kleineren Einheit) noch verhältnismäßig sicher zu prognostizieren ist. Sinnvollerweise sollte eine detaillierte Planung der Dauer des erwarteten Wertzuwachses entsprechen. In Ausnahmen wird eine längere Planungsperiode anzusetzen sein. Je weiter eine Planung aber in die Zukunft reicht, desto unsicherer sind die ihr zu Grunde liegenden Planungsfaktoren.

Die Länge des Planungszeitraums wird üblicherweise vom Status Quo des Lebenszyklus und der Strategie bestimmt. Beispielsweise ist der Planungszeitraum für Expansionsstrategien entsprechend länger anzusetzen als für Abschöpfungsstrategien. Würde ein einheitlicher Planungszeitraum für alle strategischen Geschäftseinheiten und Strategieprogramme festgelegt werden, so würden Strate-

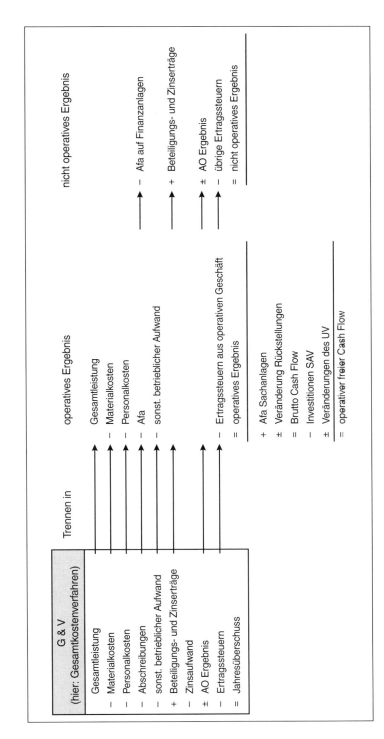

Abbildung 82: Ableitung des freien Cash Flow aus der Ergebnisrechnung

gien mit hohem Investitionsbedarf und geringem Cash Flow in den ersten Perioden eventuell als ungenügend erachtet werden. Unberücksichtigt blieben mögliche hohe finanzielle Überschüsse in späteren Perioden. In der Praxis werden üblicherweise Planungszeiträume zwischen fünf und acht Jahren festgelegt.

Der Restwert, das heißt der Barwert der Cash Flows nach der Planungsperiode, trägt häufig den weitaus größten Teil zum Unternehmenswert bei. Die dem Restwert zu Grunde liegenden Planungsansätze basieren in der Regel auf Annahmen. Eine häufig getroffene Annahme ist, dass sich der Cash Flow in Höhe der letzten Planungsperiode stabilisieren wird, oder aber mit einem gleichmäßigen prozentualen Wachstum weiter entwickelt.

2.3 Bestimmung des Bewertungszinssatzes

Sowohl Gläubiger als auch Aktionäre fordern eine Mindestrendite für das dem Unternehmen zur Verfügung gestellte Kapital in Höhe ihrer Opportunitätskosten. Die Opportunitätskosten der Investoren entsprechen der internen Verzinsung ihrer optimalen nutzenäquivalenten Alternativinvestition. Für das Unternehmen stellen die Renditeforderungen der Investoren Kapitalkosten dar.

Fremdkapitalkosten können anhand vorhandener Kreditverträge ohne weiteres bestimmt werden, wenn der Fremdkapitalzinssatz fest vereinbart ist und die Laufzeit der Vereinbarung miteinbezogen wird. Weichen die Vereinbarungen von den aktuellen langfristigen Marktkonditionen ab, sollten die Marktkonditionen als Maßstab herangezogen werden, da nur diese den Opportunitätskosten entsprechen.

Die Kosten für das Eigenkapital setzen sich aus zwei Komponenten zusammen: der durchschnittlichen Verzinsung einer quasi risikofreien Anlage sowie einer Prämie für das so genannte systematische Risiko oder Marktrisiko. Das unternehmensspezifische Risiko selbst wird der Investor durch ein diversifiziertes Portfolio ausgleichen und ist im Idealfall gleich Null.[4] Die Risikoprämie ergibt sich aus der Differenz der erwarteten Rendite des Marktportfolios und dem risikofreien Zinssatz gewichtet mit der Sensitivität (dem so genannten β-Faktor) dieser Aktie gegenüber Marktbewegungen.

Die Bestimmung des risikofreien Zinssatzes und der Rendite des Marktportfolios bereitet keine großen Schwierigkeiten. Beispielsweise werden Renditen von Marktportfolios des deutschen Kapitalmarkts von der Karlsruher Kapitalmarkt-

---

[4] Vgl. Evans, J.L./Archer, S.H. (1968), S. 761 ff.

datenbank ermittelt, auf die zurückgegriffen werden kann.[5] Als risikofreier Zinssatz können als Approximation die Renditen für Finanzierungsschätze des Bundes herangezogen werden, genauere Approximationen werden mitunter von Investmentbanken ermittelt.

Die letzte benötigte Größe zur Bestimmung der Eigenkapitalkosten ist der β-Faktor. Empirisch lässt sich das Beta einer Aktie als Regressionskoeffizient zwischen Aktien und Marktrenditeausprägung ermitteln. Allerdings kann auf diese für die Praxis recht aufwendige Regression verzichtet werden, indem eine der folgenden Möglichkeiten zur Ermittlung der Risikokompontente herangezogen wird:

- Sind Betas für andere börsennotierte Wettbewerbsunternehmen vorhanden, so können diese als Schätzwert herangezogen werden.
- Zur Schätzung divisionaler β-Faktoren können so genannte Branchenbetas herangezogen werden. Branchenbetas entsprechen dem Durchschnitt einzelner börsennotierter Unternehmen innerhalb einer Branche.[6]
- Subjektive Festlegung einer Risikoprämie: In der Praxis werden häufig Risikoprämien zwischen fünf Prozent und neun Prozent auf den risikofreien Zinssatz zugeschlagen.

Da die einzelnen Geschäftseinheiten unterschiedliche Geschäfte betreiben, welche im Allgemeinen voneinander abweichende Risiken bergen, können sie ein vom Gesamtunternehmen abweichendes Marktrisiko besitzen. Auch muss die Kapitalstruktur einzelner Einheiten nicht mit der des Unternehmens identisch sein. Demgemäß hat jede Geschäftseinheit eigene Kapitalkosten auf Grund unterschiedlicher geschäfts- und finanzierungsspezifischer Risiken. Insofern ist der Bewertungszinssatz für die einzelnen strategischen Geschäftseinheiten gesondert zu fixieren.

3. Vorgehensweise zur Einführung der relevanten Instrumente

In der Praxis haben sich mehrere Verfahren zum wertorientierten Management etabliert. Zu den bekanntesten und am häufigsten angewandten Verfahren zählen die Discounted Cash-Flow-Methode von Rappaport[7], die Added Value-Me-

---

[5] Institut für Entscheidungstheorie und Unternehmensforschung, Universität Karlsruhe, Deutschland.
[6] Vgl. Brealy, R.A./Meyers, S.C. (1988), S. 181 f.
[7] Vgl. Rappaport, A. (1986).

thode[8] sowie der Cash Flow Return On Investment[9]. Die Auswahl eines spezifischen Konzeptes ist dabei unternehmensindividuell durchzuführen und erfolgt anhand folgender Schritte:

- Überprüfung des heutigen Reporting im Hinblick auf seine Tauglichkeit (monatliche Berichterstattung, Budgetierung, Investitionsplanung); das vornehmlich statische klassische Berichtswesen wird ergänzt um dynamische, langfristig ausgerichtete Komponenten,
- Hinterfragen der Planungsgenauigkeit zwecks Bestimmung des zukünftigen freien Cash Flow,
- Ermittlung von geschäftsfeldspezifischen Kapitalkostensätzen,
- Festlegung eines unternehmensweit gültigen Berechnungsschemas,
- Fixierung der Darstellungsform:
  - Inhalt und Informationstiefe,
  - Verantwortlichkeiten für die Bereitstellung und Aggregation der Daten,
  - Periodizität der Berichterstattung, Empfänger und Besprechungswesen,
- bei Bedarf Erstellung eines Pflichtenheftes für die EDV zur Automatisierung bestimmter Erhebungsschritte (Reports, Auswertungen, Berechnungen).

Wird bevorzugt auf vorhandene Informationen aus dem Berichtswesen aufgebaut, so sind für eine Einführung eines gesamten Systems zur wertorientierten Unternehmenssteuerung ungefähr sechs bis acht Monate anzusetzen.

Zwangsläufig verbunden mit der Einführung eines Wertsteigerungsmanagement ist die (Neu-)Ausrichtung von Anreizsystemen an die Steigerung des Unternehmenswerts. Folgende Aspekte sind hier zu berücksichtigen:

- Fixierung der angestrebten Motivations- und Steuerungsgrößen,
- Bewertung und Auswahl alternativer Beteiligungsformen:
  - Stock Options (Wandelanleihen, Covered Warrants, „echte" Optionen),
  - Phantomaktien beziehungsweise wertabhängig anderweitige Prämiensysteme,
- bei Auswahl von Stock Options Programmen sind diese unter steuerlichen Gesichtspunkten zu bewerten (Zeitpunkt der Steuerpflicht),
- Ausarbeitung eines Beteiligungsprogrammes, Alternativen prüfen und entscheiden
  - Ausübungshürden, Mindestanforderungen für die Ausübung bestimmen,
  - Maßstab für die Beurteilung des Erreichens der Ausübungshürde festlegen,
  - Sperrfristen, Ausübungsfristen,
  - Bezugsverhältnis, Laufzeit und Turnus.

---

8 Vgl. Röttger, B. (1994).
9 Vgl. Lewis, T.G. (1994).

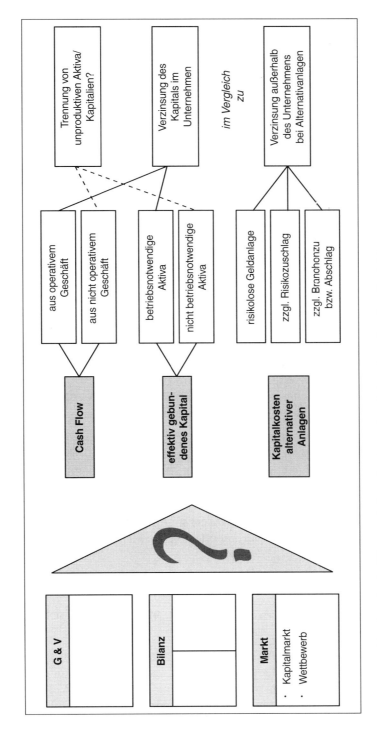

Abbildung 83: *Laufende Wertermittlung basierend auf dem bestehenden Berichtswesen*

In der Praxis hat sich gezeigt, dass sowohl verhaltensorientierte als auch finanzielle Anreizsysteme einen wesentlichen Beitrag zur aktionärsvermögensorientierten Unternehmensführung liefern. Es muss nicht immer ein Stock Option Programm sein, auch vor dem Hintergrund, dass ab der zweiten Führungsebene ein Zusammenhang zwischen Aktienkurs und eigenem Handel nur noch bedingt wiedergegeben wird. Wesentlich ist, dass die Zielgrößen beziehungsweise zu erreichenden Vorgaben nachvollziehbar und messbar sind. Die Soll-Vorgaben lassen sich hervorragend über ein Benchmarking ermitteln. Wichtig ist in diesem Zusammenhang die Konzentration auf das Wesentliche. Nicht die vollständige und allumfassende Theorie bestimmt, sondern praxisbezogene Aspekte liegen den Soll-Vorgaben zu Grunde.

Parallel zu der top-down Systematik des Unternehmenswerts und dem Herunterbrechen in seine einzelnen Bestandteile sind ebenfalls die Vorgaben top-down zu bilden. Die Mindestperformance aus dem operativen Geschäft ist nicht zwangsläufig der oberste Maßstab und bestimmend für den Cash Flow. Entscheidend ist, dass die Zielgrößen nicht aus dem Ist, sondern aus einem Soll abzuleiten sind. Denn neben reinen operativen Effizienzsteigerungsprogrammen spielen Mindestbetriebsgröße und Kapitalbedarf eine erhebliche Rolle. Hier wird auch der Zusammenhang zwischen Strategie und Unternehmenswert deutlich, denn der freie Cash Flow ist eben nicht gleich operatives Betriebsergebnis. Reicht beispielsweise die Marktposition nicht aus, so können die effizientesten Prozesse im Einzelfall strukturelle Nachteile – auf Grund beispielsweise zu geringer Kapazitätsauslastung oder falscher Auslegung der Produktion auf Variantenfertigung in einem preissensiblen Markt – nicht aufwiegen.

Eine wertorientierte Unternehmensführung führt also zwangsläufig zur Fragestellung, ob Strategie, Struktur und Prozesse überhaupt kongruent sind. Mit dem richtigen Anreizsystem gekoppelt, bringt die Methode Aspekte aus Bilanz und Gewinn- und Verlustrechnung zusammen, und zwar auf der Ebene einzelner Strategiefelder und nicht nach gesellschaftsrechtlichen Strukturen. Im Gegenteil werden gesellschaftsrechtliche Strukturen mitunter in Frage gestellt, wenn es etwa um die Frage nach Veräußerung oder Neuausrichtung einzelner Geschäftsfelder geht.

4. Gestaltungsspielraum und wesentliche Stellschrauben

Viel entscheidender als die Auswahl der Methodik ist indes die praxisgerechte Anwendung. Von zentraler Bedeutung ist der Gestaltungsspielraum eines Unternehmens sowie die Bedienung der wesentlichen Stellhebel zur Wertgenerierung. Wenn Maßstäbe wie Cash Flow und effektiv gebundenes Kapital die entscheidenden Größen sind, dann ist an diesen Größen der Hebel auch anzusetzen. Diese offenbar selbstverständliche Erkenntnis darf nicht durch allumfassende Diskussionen über Systeme und Methoden überlagert werden.

Traditionelle Bewertungsgrößen für segmentspezifische Erfolgsrechnungen wie Umsatz, Wachstum und Ergebnis werden ergänzt um zusätzliche bilanzielle Komponenten aus Aktiva und Passiva. Diese so genannten Wertgeneratoren bilden zusammen mit den Berechnungskomponenten des Unternehmenswerts ein Wertsteigerungsnetzwerk.

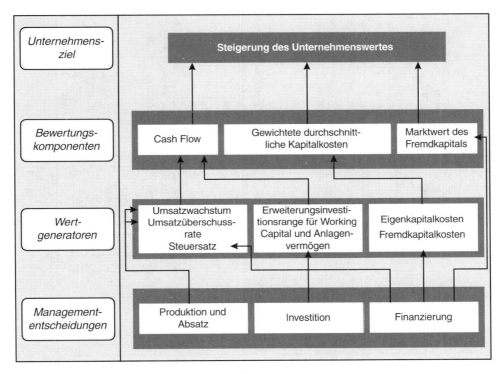

Abbildung 84: Wertsteigerungsnetzwerk

Um die Ansatzpunkte für ein wertorientiertes Management noch stärker transparent zu machen, können die einzelnen Wertgeneratoren in einem Werttreibermodell noch weiter differenziert werden bis hin zu operativen Steuerungsmaßnahmen. Die Erfahrungen in der Praxis zeigen, dass in allen drei Bereichen Strategie, Struktur und Prozess Wertpotenziale durch adäquate Steuerungsmaßnahmen realisierbar sind. Ein bewährtes Hilfsinstrument bietet dabei die Untersuchung möglicher Verbindungen zwischen Wertgeneratoren und Nutzenpotenzialen eines Unternehmens. Hier werden zunächst alternative Möglichkeiten zur Realisation potenzieller Wertsteigerungen aufgezeigt.

Erfolgs-potenzial ⇒ ⇓ Wertgenerator	Markt-potenzial	Beschaffungs-potenzial	Übernahme- und Restruk-turierungs-potenzial	Human-potenzial	Informations- und Logistik-potenzial	Produktions-potenzial
Umsatzwachstum	• Neue Produkte • Mix-Verbesse-rung • Neue Ange-botsformen • Angebotsver-bund	• Rückwärts-integration	• Auslands-akquisitionen • Diversifikation	• Incentives • Personal-verlagerung • Neuer Verkäufertyp	• Kunden-bindung • Service • Neue Zah-lungssysteme	• Flexibilität • Liefer-bereitschaft
Umsatz-rentabilität	• Preispolitik • Rabattpolitik • Absatz-förderung • Sortiments-Mix	• Zentralisierung des Einkaufs • Recycling • Rückwärts-integration • Global sourcing	• Abbau Overhead, Profit Center • Synergien • Reduzierung der Fertigungs-tiefe	• Flexible Arbeitsformen • Öffnungszeiten • Schulung • Quality Circles	• Gemeinkosten-wertanalyse • Automatisie-rung • Prozess-optimierung	• Größen-degression • Lernkurve • Baukasten-system
Investitionen in das Anlage-vermögen	• Flächenanalyse • Sell and lease back • Schließung der Außenlager	• JIT • Hochregallager	• Verkauf nicht betriebsnot-wendigen Vermögens • Zusammen-legung von Werken	• Aufbau Schu-lungszentrum • Outsourcing Weiterbildung • Aufbau Mana-gementkapazi-täten (strategi-sche Reserve)	• Fremdvergabe Logistik-funktionen	• Mehrschicht-betrieb • Zusammen-legung • Einsatz gebrauchter Anlagen

Erfolgs-potenzial ⇒ ⇓ Wertgenerator	Markt-potenzial	Beschaffungs-potenzial	Übernahme- und Restruk-turierungs-potenzial	Human-potenzial	Informations- und Logistik-potenzial	Produktions-potenzial
Investitionen in das Working Capital	• Factoring • Aktives Kreditmanagement • Skonti	• JIT • ABC-Analyse	• Zusammen-legung von Werken		• JIT, Kanban • Netting Systeme	• Senkung der Variantenviel-falt
Gewerbe- und Vermögenssteuer		• Zentrale Einkaufs-gesellschaft	• Standort-verlagerung • Rechtsform-änderung • Internationale Gruppen-struktur	• Steuerberater	• Computer-gestützte Steuerplanung	• Produktion im Ausland
Fremdkapitalko-sten	• Optimierung Kundenbonität	• Cash-Management • Ausnutzung Bonitäts-potenzial		• Investor Relationship	• Investor Relationship	

Abbildung 85: Wertsteigerungsmöglichkeiten aus Nutzenpotenzialen und Wertgeneratoren

Eine solche transparente Darstellung liefert naturgemäß zunächst nur einen Überblick. Der Einfluss der einzelnen Maßnahmen auf die Wertgeneratoren ist daher im Anschluss zu quantifizieren. Diese Vorgehensweise erlaubt eine Quantifizierung qualitativer strategischer und operativer Maßnahmen. Die wertorientierte Unternehmensführung schafft dabei mit Hilfe der Wertgeneratoren eine Schnittstelle zwischen Erfolgspotenzialen und den entscheidenden wertgenerierenden Größen.

5. Fazit

In Zukunft wird auch in Kontientaleuropa für börsennotierte Unternehmen eine wertorientierte Unternehmensführung zum Standardrepertoire moderner Führungsinstrumente zählen. Institutionelle Anleger bewerten nicht nur den Börsenwert; im Börsenwert selbst spiegelt sich die Ausrichtung des Management am Unternehmenswert wider. Der Reiz dieses Instrumentes liegt in seiner Zukunftsausrichtung. Richtig angewendet ist die Prognosesicherheit über zukünftige Aktienkurse und damit Unternehmenswert erheblich höher als dies mit mehr oder weniger durch Rechnungslegungskonventionen beeinflussten Größen wie zum Beispiel dem KGV der Fall ist.

Eine wertorientierte Unternehmensführung führt zwangsläufig zu der Frage nach dem Fit zwischen Strategie, Struktur und Prozessen einerseits sowie Kapital, Kapitalstruktur und Risiko andererseits. Mitunter ist die Frage zu beantworten, wo und wie die durch einen IPO generierten Kapitalien aus Investorensicht gut investiert sind. Wertneutral liefert die Methode ein Urteil, ob Renditen für das Eigenkapital die Erwartungen der Investoren erfüllen, oder ob im Einzelfall auch Mittel besser an die Aktionäre zurückgeführt werden. Im ein oder anderen Fall aus der Praxis wäre letzteres sicherlich die bessere Alternative gewesen. Finanzielle Mittel wurden stattdessen auf Grund mangelnder Bewertungsinstrumente, im Zweifel sogar basierend auf subjektiv geprägten Entscheidungen mit schlechten „strategischen Investitionen" vernichtet.

Dass die Steuerung eines Unternehmens nach seinem Wert kein „Hexenwerk" ist, sondern pragmatisch und mit überschaubaren Mitteln aufgebaut werden kann, sollte der weiteren Diffusion dieser Methode zuträglich sein. In der Regel lassen sich die notwendigen Änderungen mit geringen Anpassungen an das Standard-Berichtswesen bewerkstelligen. Auch die zusätzlich notwendigen Informationen sind in der Regel bereits vorliegend und können abgefragt werden.

Literaturhinweise

Brealy, R.A./Meyers, S.C. (1988): Principles of Corporate Finance. 3. Aufl., New York.
Breid, V. (1994): Erfolgspotentialrechnung. Stuttgart.
Evans, J.L./Archer, S.H. (1968): Diversification and the Reduction of Dispersion – An Empirical Analysis, in: Journal of Finance, S. 761–767.
Jensen, M.C./Ruback, R.S. (1983): The Market for Corporate Control – The Scientific Evidence, in: Journal of Financial Economics, April, S. 5–50.
Lewis, T.G. (1994): Steigerung des Unternehmenswertes – Total Value Management. Landsberg am Lech.
Rappaport, A. (1986): Creating Shareholder Value – The New Standard for Business Performance. New York.
Reimann, B.C. (1988): Managing for the Shareholders – An Overview of Value-Based Planning, in: Planning Review, Jan.-Feb., S. 10–22.
Röttger, B. (1994): Das Konzept des Added Value als Maßstab für finanzielle Performance. Kiel.

Klaus Rainer Kirchhoff

Gute IR bringt 20-prozentige Kurssteigerungen – Verantwortung des Vorstands

1. Investor Relations ist erste Aufgabe des Vorstands 504
2. An welcher Stelle sollte die IR eingegliedert werden? 506
3. Wann sollte mit dem Aufbau begonnen werden? 507
4. Welche Anforderungen werden an den IR-Verantwortlichen gestellt? . 507
5. Schnittstellen mit anderen Bereichen 509
6. Einfluss auf die Unternehmenskultur 509
7. Und was kommt nach der Erstnotiz? 510

1. Investor Relations ist erste Aufgabe des Vorstands

„Ich bin froh, dass ich mich nach dem IPO wieder ganz um mein Geschäft kümmern kann!" formuliert so mancher Vorstandsvorsitzende in der Schlussphase seines Börsengangs seine Sehnsüchte. Er erliegt damit einem fatalen Irrtum. Denn nach dem IPO beginnt eine neue Ära des Unternehmens, die neue Managementaufgaben erfordert – die Investor Relations.

Hauptaufgabe der Investor Relations ist es, dem Unternehmen im Wettbewerb um das Kapital zu helfen. Konnte sich das Management bisher auf die Wettbewerbsfähigkeit seiner Produkte und Leistungen im angestammten Markt konzentrieren, muss es sich nun mit dem gesamten Unternehmen dem globalen Wettbewerb um das Kapital stellen. Und in diesem Wettbewerb herrschen andere Gesetze und sind andere Instrumente gefragt.

Das Unternehmen hat viele dieser neuen Instrumente bereits während des Börsengangs kennen gelernt:

- den Geschäftsbericht, der als wichtigstes Instrument der Investor Relations weltweit anerkannt ist, und den Quartalsbericht,
- das Factbook, das auch weiterhin zur Präsentation des Unternehmens eingesetzt wird und dazu einer ständigen Weiterentwicklung und Aktualisierung bedarf,
- die Pressearbeit, die den Kapitalmarkt kontinuierlich über die Entwicklung und Planung des Unternehmens auf dem Laufenden halten muss,
- die Gespräche mit Investoren und deren Beratern, den Analysten.

Alle diese Instrumente erfordern das Engagement des Vorstands. Und deshalb ist Investor Relations Vorstandsaufgabe. Sie kann nicht delegiert werden – weder intern noch extern!

Investor Relations ist zudem Bestandteil des Wertsteigerungsmanagements. Denn eine Wertsteigerungsmaßnahme kann nur dann ihre volle Wirkung entfalten, wenn ihre erfolgreiche Durchführung auch professionell kommuniziert wird. Nur dann kann der Kapitalmarkt die erzielten Erfolge auch gebührend honorieren. Das Ziel ist die Übereinstimmung des inneren Werts des Unternehmens mit seinem Marktwert, der sich in der Börsenkapitalisierung ausdrückt. Ein offenes und schnelles Informationsverhalten schließt Wahrnehmungslücken seitens potenzieller und aktueller Investoren, wirkt damit Über- und Unterbewertungen entgegen und trägt zu einer fairen Bewertung der Aktie bei.

Insbesondere in den Baisse-Phasen des Markts kann man beobachten, dass die Gewinner beim Buhlen um die Gunst der Anleger nicht zwangsläufig die wirtschaftlich erfolgreicheren Unternehmen sind, sondern oft diejenigen, die ihre Erfolge dem Kapitalmarkt besser kommunizieren. Sie sind bekannter, werden leichter verstanden, und ihre Aktionäre vertrauen ihnen auch in wirtschaftlich schwierigen Zeiten.

Verschiedentlich ist die Vermutung geäußert worden, dass mehr als 50 Prozent des Börsenwerts eines Unternehmens von der Kommunikation abhängen. Auch wer dies anzweifelt, kommt nicht umhin festzustellen, dass die Kommunikation erhebliche Auswirkungen auf den Kurs der Aktie hat. Oft steigt der Aktienkurs nach einer positiven Meldung um mehr als 20 Prozent. Bei negativen Meldungen kann der Kurs freilich umso stärker fallen. Investor Relations bedeutet deshalb nicht nur Kommunikation. Damit ist vielmehr eine strategische Aufgabe verbunden. Wenn das Unternehmen beispielsweise seine Planzahlen entwickelt, so sind bei der Veröffentlichung dieser Angaben auch die Prämissen offen zu legen, unter denen diese Annahmen erfolgten. Wenn sich dann die Rahmenbedingungen negativ verändern, kann die negative Auswirkung auf die Planzahlen verständlich gemacht werden. Geschieht dies nicht, hat die Unterschreitung der veröffentlichten Planzahlen verheerende Auswirkungen auf den Aktienkurs – 30 Prozent Unterschreitung der prognostizierten Zahlen bedeuten oft 50 Prozent Kursrückgang.

Auch dieses Beispiel verdeutlicht die hohe Bedeutung der Investor Relations und die Verpflichtung des Vorstands, sich dieser Aufgabe anzunehmen. Und es gibt ein weiteres Argument für die Einbindung des Vorstands in die Investor Relations. Neben der Equity Story, die den Kapitalmarkt überzeugen muss, kommt dem Topmanagement die zentrale Funktion im Wettbewerb um das Kapital zu. Fondsmanager und Analysten verbringen die meiste Zeit damit, Unternehmen zu besuchen. Sie wollen sich einen Eindruck verschaffen von dem Management und der Kultur im Unternehmen. Nur persönlich kann das Management davon überzeugen, dass es die Bedürfnisse des Markts kennt und sein Unternehmen auf diese Bedürfnisse ausrichten kann. Und nur im persönlichen Kontakt kann man Vertrauen bilden. Vertrauen in die Professionalität des Managements ist aber für den Investor die bedeutendste Voraussetzung für ein Investment.

Aber wie soll der Vorstand, dessen Leben ja bisher nicht durch Langeweile geprägt war, diese zusätzliche Aufgabe bewältigen? Indem er die Investor Relations so wie andere Managementaufgaben auch professionell organisiert. Darüber soll nachfolgend gesprochen werden.

2. An welcher Stelle sollte die IR eingegliedert werden?

Die meisten Börsenneulinge, insbesondere die wachstumsstarken Unternehmen des High Tech Sektors, leiden unter permanentem Mangel an qualifizierten Mitarbeitern. Für sie galt bisher: alle menschlichen Ressourcen in die Entwicklung und Vermarktung der Produkte und Leistungen. Andere Aufgaben, zum Beispiel das Rechnungswesen und das Controlling, kamen dabei zu kurz. Genau diese Bereiche sind indes bei der Börseneinführung und danach von größter Bedeutung. Wer seine Zahlen nicht zeitnah und stimmig präsentieren kann, hat im Kapitalmarkt erhebliche Probleme. Für die Investor Relations ist die ständige aktuelle Verfügbarkeit umfassender Kennzahlen eine wesentliche Arbeitsvoraussetzung. Das bedeutet nicht, dass die Investor Relations im Finanzbereich angesiedelt werden müsste. Hier muss nur ein ständiger und intensiver Austausch gewährleistet sein. Allerdings ist die Anbindung an den Vorstandsvorsitzenden oder den Finanzvorstand zu empfehlen. Noch besser ist es, einen Vorstand für Investor Relations zu benennen, wie es zum Beispiel die 1998 an die Börse gegangene Ludwig Beck AG gemacht hat. Hier nimmt der Finanzvorstand in Personalunion auch diese Aufgabe wahr. Dies ist eine ideale Kombination. Die Verfügbarkeit der wichtigsten Kennzahlen ist ebenso gewährleistet wie die Einbindung in die strategischen Überlegungen des Vorstands. Obwohl in einem schwierigen Marktumfeld tätig, hat sich Ludwig Beck so seinen anerkannten Platz in der Financial Community erarbeitet.

Manche Unternehmen unterstellen die Investor Relations dem Marketing oder der PR. Davon ist in der Regel abzuraten. Denn die Marketing- und PR-Arbeit unterscheidet sich recht deutlich von den Investor Relations. Marketing und PR sind meist auf kurzfristige Effekte ausgerichtet: Ein neues Produkt muss mit viel Aufmerksamkeit in den Markt gedrückt werden, ein Event ist in möglichst vielen Zeitungen zu veröffentlichen. Ein grundlegender Unterschied zwischen Marketing und Investor Relations offenbart die gegenläufigen Denk- und Handlungsweisen dieser Bereiche. Während das Marketing bestrebt ist, den Kunden zum Erwerb und Ge- beziehungsweise Verbrauch eines Produktes zu bewegen, und sich danach sofort auf neue Kunden und Produkte konzentriert, müssen die Investor Relations nicht nur den Anleger als Aktionär gewinnen, sondern auf Dauer als zufriedenen Shareholder an das Unternehmen binden. Hier ist der sensible Umgang mit Tatsachen und Ideen gefragt, der permanente Dialog, hohe Transparenz in der Entscheidungsfindung, und vor allem: der faire Preis.

Sofern also die Investor Relations nicht im Vorstand angesiedelt sind, sollte eine entsprechende eigenständige Abteilung beim Vorstand angebunden sein, und zwar vorzugsweise beim Vorstandvorsitzenden oder dem Finanzvorstand.

3. Wann sollte mit dem Aufbau begonnen werden?

Nie wieder tritt ein Unternehmen mit der Financial Community in so intensiven Kontakt wie beim Börsengang. Auf den Pressekonferenzen und Pressegesprächen lernt das Management die für das Unternehmen wichtigen Journalisten kennen. In der DVFA-Konferenz und bei One-on-Ones trifft das Management die bedeutendsten Investoren und Analysten. Somit versteht sich von selbst, dass mit dem Aufbau einer Investor Relations-Stelle spätestens während des Börsengangs begonnen werden sollte. So erhält der IR-Manager die Gelegenheit, sich in der Financial Community zu positionieren, seine IR-Kartei aufzubauen und bereits in diesem Prozess die Spreu vom Weizen zu trennen. Denn eine seiner wichtigen Funktionen nach dem IPO wird sein, für seinen Vorstand die weniger bedeutenden Kontakte selbst wahrzunehmen und die wichtigsten Anspruchsgruppen, die den Vorstand persönlich erreichen müssen, zu identifizieren und mit dem Vorstand zusammenzuführen. Dazu ist es hilfreich, wenn er schon während des Börsengangs seine Erfahrungen machen konnte.

Hat es der IR-Manager erfolgreich verstanden, sich als Ansprechpartner der verschiedenen Zielgruppen zu positionieren, wird er auch als Kontaktperson akzeptiert. Nur so kann er seine Delegationsaufgabe wahrnehmen und verhindern, dass der Vorstand mit vielen unwesentlichen Aufgaben belastet wird.

4. Welche Anforderungen werden an den IR-Verantwortlichen gestellt?

Investor Relations finden rund um die Uhr statt. Als einzig wirklich globaler Markt kennt der Kapitalmarkt keine Begrenzungen – auch nicht in der Zeit. Das bedeutet für den IR-Manager die jederzeitige Verfügbarkeit. Da wir alle indes auch ausreichend Schlaf benötigen, heißt das zumindest schnellstmögliche Reaktion auf Anfragen. Und nach speziellen Veröffentlichungen oder Events tatsächlich Rund-um-die-Uhr-Verfügbarkeit.

Zweite wichtige Anforderung ist die schnelle Erreichbarkeit. Wenn der Interessierte mit dem Sekretariat lange darüber verhandeln muss, wann der Herr Vorstand wieder zu erreichen sei, wird er sein Interesse an der Aktie des Unternehmens mit der Beendigung des Telefonats aufgeben. Es ist also eine wesentliche Aufgabe, die organisatorischen Voraussetzungen für die schnelle Erreichbarkeit und Reaktion auf Kontaktgesuche zu schaffen.

Neben diesen – leicht zu verwirklichenden – organisatorischen Anforderungen bestehen vor allem Anforderungen an die Qualifikation und Persönlichkeit des IR- Verantwortlichen.

Dabei steht im Vordergrund die Kenntnis des Unternehmens und seines Zahlenwerkes. Es ist immer wieder peinlich zu bemerken, dass ein IR-Manager nicht wirklich in die Produkt- und Leistungswelt seines Unternehmens und des Markts eingetaucht ist. Aber wie soll man seinem Urteil trauen, wenn er offensichtlich wesentliche Aspekte seines Unternehmens nicht kennt, die zur Beurteilung des Unternehmens herangezogen werden? Ebenso unangenehm fällt auf, wer nicht wirklich in die strategischen Überlegungen seines Unternehmens einbezogen ist. Als ich für PR und IR in einem Unternehmen zuständig wurde, war meine erste Forderung, an den Vorstands-, Beirats- und Aufsichtsratssitzungen teinehmen zu können. Dass ich dafür die Protokolle anfertigen musste, hat nicht gestört. Ich war jedenfalls immer auf dem Laufenden. Die Vorstände erweisen sich einen Bärendienst, wenn sie Ihre IR-Manager nicht in die wichtigen strategischen Überlegungen einbeziehen. Sie degradieren sie zu besseren Sekretären. Aber diese können den Vorstand in den Investor Relations nicht wirklich entlasten. Also gilt es, die IR-Manager mit dem nötigen Know-how zu versorgen und sie in die strategischen Überlegungen einzubeziehen. Und auch – sie als Berater mit dem Ohr am Markt anzuhören.

Eine weitere wichtige Anforderung an den IR-Manager ist seine persönliche Kommunikationsfähigkeit. Er muss – in deutsch und englisch – präsentieren, Vertrauen gewinnen und auf Menschen zugehen können. Denn Investor Relations bedeutet nicht reagieren. Vielmehr muss der IR-Manager den ständigen Dialog auch mit denen suchen, die bisher noch nicht auf das Unternehmen zugegangen sind, also zum Beispiel wichtige Analysten, die das Unternehmen covern sollten, oder bedeutende institutionelle Anleger, in deren Portfolio man aufgenommen werden will.

Soll ein IR-Manager diese Aufgabe erfolgreich wahrnehmen, braucht er das unbedingte Vertrauen und die Unterstützung des Vorstands. Nur dann gewinnen die verschiedenen Ansprechpartner Vertrauen in seine Arbeit. Und nur dann kann der IR-Manager seinen Vorstand in gewissem Umfang entlasten.

Auf der Ebene des Vorstands ist neben den genannten Anforderungen, die hier entsprechend gelten, die Bereitschaft zu Transparenz wichtig. Der Investor (und seine Multiplikatoren) will das Unternehmen verstehen. Er muss Sicherheit gewinnen, und das kann er nur, wenn das Handeln und die Entwicklung des Unternehmens für ihn nachvollziehbar sind. Wer nicht bereit ist zu einem offenen, vertrauensvollen Dialog mit der Financial Community, der gehört nicht an die Börse. Wer als Vorstand treuhänderisch das Vermögen der Aktionäre verwaltet, ist diesen zu offener Information verpflichtet.

5. Schnittstellen mit anderen Bereichen

Damit der IR-Manager tiefen Einblick in das Unternehmen erhält, muss er zu allen Bereichen engen Kontakt pflegen. Darüber hinaus muss gewährleistet sein, dass das Unternehmen im Kapitalmarkt mit einer Stimme spricht. Sobald verschiedene Bereiche oder Vorstände unterschiedliche Aussagen zur Situation oder Strategie des Unternehmens machen, entsteht Verunsicherung im Kapitalmarkt, und das führt zu einer höheren Volatilität des Aktienkurses.

Alle kursrelevanten Informationen sollten also ausschließlich vom Vorstand und dem IR-Manager gegeben werden. Zugleich müssen die anderen Bereiche die Informationsstrategie kennen, um sie in ihrer Arbeit berücksichtigen zu können.

Wie funktioniert das aber in der Praxis? Was geschieht, wenn das Marketing eine Produktinnovation im Markt bekannt machen will und hierzu Marketing- und PR-Aktivitäten plant? Müssen sich diese dann den Investor Relations unterordnen? Hier ist zu unterscheiden zwischen den Informationen, die Ad-hoc-pflichtig sind und anderen. Bei Ad-hoc-Pflicht sind zuerst die gesetzlich vorgesehenen Prozeduren einzuhalten. Hierbei handelt es sich aber durchaus nur um einen Zeitunterschied von wenigen Stunden. Ist der Ad-hoc-Pflicht Genüge getan, besteht die Möglichkeit, alle Register der „Vermarktung" einer Information zu ziehen. An dem Beispiel der Produktinnovation wird deutlich, wie wichtig eine enge strategische Abstimmung zwischen den verschiedenen Bereichen ist. Denn wenn diese Information nur für das Marketing und die marktbezogene Öffentlichkeit genutzt wird, verpufft sie unter Umständen im Kapitalmarkt. Umgekehrt nützt die positive Aufnahme dieser Meldung im Kapitalmarkt nichts beim angestrebten Verkauf des Produktes. Hier ist eine konzertierte Aktion der beteiligten Bereiche nötig, um den maximalen Erfolg zu erreichen. Dabei können bei den verschiedenen Zielgruppen durchaus unterschiedliche Akzente gesetzt werden. Wichtig ist dabei die grundsätzliche Übereinstimmung in den Aussagen.

6. Einfluss auf die Unternehmenskultur

Mit dem Gang an die Börse verändert sich die Unternehmenskultur in der Regel enorm. Bisher nur dem engsten Führungskreis vorbehaltene Informationen sind nun allen Mitarbeitern zugänglich. Als Miteigentümer haben sie nicht nur das Gehalt und ihre individuellen Interessen im Auge, sondern sie spüren Verantwortung für das Ganze. Ihr Unternehmen steht plötzlich in der Öffentlichkeit und sie werden auch privat auf die gute oder schlechte Performance ihrer Gesellschaft angesprochen.

Die Mitarbeiter reagieren auf diese Veränderungen mit einer noch stärkeren Identifikation. Nicht selten konnte man bei Unternehmen im Neuen Markt erleben, dass die Mitarbeiter zu nahezu 90 Prozent Aktien zeichneten. Und in der schwierigen Marktsituation zu Beginn 2000 waren dies die besonnensten Aktionäre. Sie kennen ihr Unternehmen am besten und lassen sich durch kurzfristige Kursschwankungen nicht aus der Ruhe bringen. Wenn es danach weiter aufwärts geht, sie die Verwirklichung der beim Börsengang angekündigten Ziele miterleben, wächst das Engagement für das Unternehmen. Im Ergebnis stärkt der Börsengang das Zusammengehörigkeitsgefühl der Mitarbeiter.

7. Und was kommt nach der Erstnotiz?

Mütter kennen es und auch viele Väter: Schwangerschaft und Geburt sind höchst aufregende Zeiten, doch danach kehrt eine Ruhe ein (freilich nur, wenn man vom Babygeschrei in der Nacht absieht!), die nicht selten zur so genannten post-natalen Depression führt. Etwas Ähnliches erleben auch viele Börsenneulinge. Während des Börsengangs zeigt sich alle Welt interessiert, Journalisten fragen an um Interviews, die Roadshow ist von morgens bis spät mit Terminen voll gestopft, am Tag des IPO trifft man zur Feier des Tages selbst die Banker wieder, die man bisher nur bei der Akquisition erlebt hat. Der Kurs geht (hoffentlich nicht!) in Schwindel erregende Höhe. Und am Tag danach? Keiner ruft an, viele Aktionäre verkaufen so schnell, wie sie gekauft haben und nehmen Gewinne mit, der Kurs fällt (oft auf ein ganz gesundes Niveau). Versucht man dann Informationen zu veröffentlichen, stellt man plötzlich fest, dass die Journalisten bereits mit neuen Börsengängen beschäftigt sind und die eigene Pressemeldung – wenn überhaupt – nur noch als Fußnote erscheint. Spätestens dann wird die Bedeutung der Investor Relations und die Verantwortung des Vorstands für diese Aufgabe deutlich. Denn jetzt kommt es darauf an, ein möglichst schon vor dem IPO festgelegtes IR-Programm mit Leben zu erfüllen. Dabei sollten sich die Unternehmen immer vor Augen halten: nicht die kurzfristige Beeinflussung des Aktienkurses ist das Ziel, sondern eine langfristig faire Bewertung des Unternehmens. Und deshalb sollte man sich auch nicht durch kurzfristige Reaktionen nach dem Börsengang nervös machen lassen, sondern konsequent seine Investor Relations Strategie verwirklichen.

Eine solche Strategie hat ein detailliertes zwölf Monate umfassendes Maßnahmenprogramm zur Grundlage. Darin sind die verschiedenen IR-Instrumente festgelegt, Erscheinungs- und Veröffentlichungstermine und die Maßnahmen zur Aktionärsbindung und -gewinnung. Der Markt ist zu beobachten: Welche institutionellen Investoren investieren in meine Branche? Habe ich bereits Kontakt zu ihnen? Welche Analysten sollten unser Unternehmen covern? Welche Events bieten mir Gelegenheit, das Unternehmen vor potenziellen Investoren zu präsentieren? Zu welchen Personen, mit denen ich beim Börsengang positiven Kontakt hatte, kann ich einen intensiven Dialog aufbauen?

Umfangreiche technische Informationsmöglichkeiten, wie das Internet, lassen die Ansprüche potenzieller Investoren wachsen und steigern zusätzlich die Transparenz des vorhandenen Angebots. Investor Relations sind in diesem Zusammenhang ein bedeutender eigenständiger Wettbewerbsfaktor und können bei richtigem Einsatz das Wachstum und den langfristigen Erfolg des Unternehmens entscheidend beeinflussen. Ob es dazu kommt, liegt allein in der Verantwortung des Vorstands.

Stichwortverzeichnis

A
Abschlussprüfer 136
Ad-hoc-Mitteilung 442
Ad-hoc-Publizitätspflicht 460f.
Added-Value-Methode 173
Aktienkultur 320
Aktienoptionen 268, 271f.
Aktienoptionsprogramme 25
Aktienrendite 488
Aktionärspflege 291
Aktionärsstruktur 291, 302
Aktionärsvermögen 488
Allianzen 239
Altersvorsorge 204, 281
Amtlicher Handel 338, 340
Anfangsbesteuerung 271
Anzeigen 441
Asset Allocation 301, 303
Aufsichtrat 45, 50, 108, 111, 132, 138ff., 144
Aufsichtsratsvergütung 146
Auftrittssituationen 419
Auktionsverfahren 403f.
Auskunftsrecht 482
Ausübungshürden 282

B
Bankenexposée 349
Beauty-Contest 60, 350f.
Being-Public-Betreuung 348
Benchmarking 311, 315
Berichtspflichten 51
Beschlussanfechtungsklage 118
Besteuerung 109, 112, 121
Beteiligungsbreite 272

Betriebsrat 116
Bezugsrecht 126, 294
Bezugsrechtsausschluss 126
Bilanz-Pressekonferenz 438, 447
Bonitätsrisiko 310
Bookbuilding 288, 304, 395, 397, 399, 401f., 404
Börsenattraktivität 252
Börsenfähige Rechtsformen 107
Börsenreife 171, 205, 214f., 323f., 331, 369
Brainstorming 423
Branchenkompetenz 345

C
Cash-Flow-Return-on-Investment-Methode 173
Coach 331
Coaching 423, 426
Controlling 168f., 171f., 174, 176
Corporate Action Plan 442
Corporate Bonds 38
Customer Relationship Management (CRM) 248

D
Darlehen
– nachrangige 34, 36
Demand-Chain-Management 242
Discounted-Cash-Flow(DCF)-Verfahren 173, 378, 394
Diskontierungsmodelle 378
Dividende 294
Drittes Finanzmarktförderungsgesetz 203

Due Diligence 61f., 354f., 358 – 363, 372
DVFA-Konferenz 507
DVFA-Präsentation 437, 448
DVFA/SG 379 – 383, 387ff.
DVFA/SG-Methode 172, 395

E
E-Business-Konzepte 234
Economic Value Added 232
Eigenkapitalkosten 493
Eigenkapitalquote 2, 72
Eigenkapitalstrategien 253
Eigentümerstruktur 289
Einbringung 124
einbringungsgeborene Anteile 109, 123
Einheits-AG 109
Einzelrechtsübertragung 114
EM.TV 447 – 450
Emissionsbank 326
Emissionsberater 99, 332f.
Emissionsfähigkeit 71
Emissionskonzept 93, 325
Emissionskurs 354
Emissionspreis 88
Emissionsvolumen 93
Endbesteuerung 270
Engpassfaktoren 236
Enterprise-Value-Multiplikatoren 378
Entsenderechte 50
Equity Story 345f., 355, 369, 505
Erbschaft- und Schenkungsteuer 113
Erfolgsrechnung 172
Ergebnisrechnung 491
Erstnotiz 88
Ertragsteuern 388
EURO.NM-Märkte 4
Eventualstrategien 237
Extrapolation 236

F
Fachkompetenz 143
Factbook 59 – 62, 425, 439f., 504
Feedback 182, 184f.
360°-Feedback 181
Festpreisverfahren 396, 401
Finanzrisikoprofil 313
First Mover Advantages 205
Fixgehälter 263
Forecast 356
Formwechsel 114
Free-Float 94
Friends & Family-Programm 63
Führungskraft 178f., 181
Führungsorganisation 252
Fungibilität 107
Fusionen 246

G
Genussscheine 34
Geregelter Markt 338ff.
Geschäftsbericht 24, 292, 440, 504
Geschäftsportfolio 251
Geschäftsrisikoprofil 313
Geschwindigkeitswettbewerb 235
Gesetz für kleine Aktiengesellschaften 109, 119
Gesetz über Kapitalanlagegesellschaften (KAGG) 77
Gewerbebetrieb 113
Gewerbesteuer 112
Gewinnschätzungen 289
GmbH & Co. KGaA 111
Greenshoe 400

H
Handelbarkeit 300
Hauptversammlung 51, 108, 111, 132, 292, 438, 476, 482, 484f.
HGB 189f.

Höchststimmrechte 124
Holdingstrukturen 130
Holzmüller 128
Human Resource Management 178

I

IAS 188ff., 195 – 198
Idealkunde 247
Identifikation 261
Information 135
Informationsaufgaben 170
Informationsverteilung 75
Inhaberaktien 337
Innovation 216f., 220
Innovationshemmnisse 219
Innovationspotenzial 212, 219
Insiderhandel 469
Insiderpapiere 470
Internet 70, 82 – 85
Investitionsplanung 172
Investor Relations 311f., 340, 430, 434f., 504, 508
IPO-Berater 58

K

Kapitalerhöhung 125, 266, 476
– aus Gesellschaftsmitteln 127
– Bedingtes Kapital 31, 126
– Genehmigtes Kapital 32, 126
– ordentliche 31, 125
Kapitalwertmodelle 378
Key Account Manager 158f., 180
kleine AG 109
Kommanditaktionäre 111
Kommanditgesellschaft auf Aktien 110
Kommunikation 431ff., 436
Kommunikationsstrategie 413f.
Komplementär 111
Konsortialbanken 426
Konsortialführer 351

Konsortialkredite 37
Konsortialvertrag 124
Konsortium 342
Kooperationen 239
Kostenplanung 172
Kreditfinanzierung 37
Kundennutzen 227
Kurs-Gewinn-Verhältnis (KGV) 6, 379
Kurzpräsentationen 421

L

Lebenszyklus 366
Leistungskultur 262
Leistungsmotivation 259, 261

M

Management Meeting 314
Manuskript 420
Marketing-Phase 398
Marketingkampagne 410f.
Markt- und Wettbewerbsanalyse 355, 360
Marktanteile 172
Marktattraktivität 213
Marktpotenzial 212
Markttransparenz 469
Matrix-Organisation 158
MDAX 202
Mehrstimmaktie 44
Mehrwert 232
Mezzanine-Kapital 34
Mitarbeiterbeteiligung 258, 278
Mitbestimmung 108, 111
Mitbestimmungsgesetz 138f.
Mittelstand 22
Motivation 280

N

Nachgründungsvorschriften 128
Namensaktien 48f., 337
Namensaktiengesetz 129

Nennbetragsaktien 336
Neuer Markt 189, 202f., 338f., 368
New Game Strategien 240

O

One-on-Ones 507
Optionsanleihen 34, 36
Ordertaking 399
Organisationsverfassung 111
Organisationsziele 155
Outside-in-Ansatz 234

P

Personalberater 144
Personalplanung 172
Planzahlen 89
Platzierungskraft 346
Platzierungsrisiko 343
PR-Agenturen 326, 425
Präsentation 425
Pre-Marketing 398
Pressearbeit 504
Pressekonferenz 424
Pressemitteilung 442
Price-Earnings-Ratio 379
Private Equity 8
privates Veräußerungsgeschäft 109
Produktinnovation 217
Projektmanagement 321, 323, 370, 372
Projektmanager 322
Proxemik 419
Prozessorganisation 249
Prozessverantwortliche 162
Publizitätspflichten 23

R

Rating Committee 315
Rating 310ff.
Rechtsformumwandlung 107
Reden 419
Rederecht 482

Rentabilität 299
Retropolation 236
Risikodiversifikation 25
Roadshows 24, 63, 402, 418f., 438, 510

S

Satzung 45, 48
Satzungsstrenge 108, 111
Sekundärmarktentwicklung 88
Shareholder Value 16
SMAX 189, 202
Sperrminorität 46
Spitzenleistungen 228
Spitzensteuersatz 113
Sprache 422
Spruch(stellen)verfahren 120
Stammaktien 337
Steuerrecht 149
Stimmrecht 293, 483
Stimmrechtsmehrheit 45ff.
Stock Options 278
Stückaktien 336
Stuttgarter Verfahren 110, 113
Substitutionswettbewerb 234
Syndicated Loans 37

T

Teilnahmemotivation 259
Transformationspotenziale 232
TV-Interview 418

U

Überwachung 133, 136
Umwandlungsbericht 115
Umwandlungsbeschluss 116
Umwandlungssteuererlass 122
Underpricing 289
Unternehmensbewertung 354
Unternehmensführung 488
Unternehmenskultur 249, 509
Unternehmenswert 233

US-GAAP 188ff., 195ff.

V

Venture Capital 7, 20, 76ff., 367
Verbriefung 107
Verfahrensinnovation 218
Vermögensaufstellung 115
Verwaltbarkeit 300
Verwässerungseffekt 281
vinkulierte Namensaktien 124
Vorstand 108, 132
Vorstandsauftritte 418
Vorzugsaktien 46f., 124, 337

W

Wachstumsbranchen 209
Wachstumsfinanzierung 252
Wachstumsraten 90

Wandelschuldverschreibungen 34f.
Website 83
Werbebotschaften 420
Wertermittlung 495
Wertpapierhandelsgesetz 459
Wertsteigerungsmöglichkeiten 499
wesentliche Beteiligung 109

Z

Zeitaufwand 66
Zeitstrategien 248
Zivilcourage 143
Zuteilung 65
Zuteilungsverfahren 400
Zwischenbericht 441